U0463944

主編　吴洪澤　尹　波
主審　李文澤　刁忠民

宋人年譜叢刊

第七册

四川大學出版社

全國高等學校古籍整理研究工作委員會規劃項目

全國古籍整理出版規劃項目

國家「211工程」重點學科項目

目録（第七册）

胡憲行實考

郭齊 編

據《朱熹新考》附録增訂

胡憲（一〇八六—一一六二），字原仲，崇安（今福建武夷山）人。自少從其叔父胡安國學，紹興中入太學，復從譙定學《易》。後歸故山，力田賣藥，有隱君子之稱，學者稱籍溪先生。六年召對，賜進士出身，添差建州教授。以母老，求監南嶽廟。起爲福建路安撫司屬官，復請祠。時秦檜當國，遂家居不出。二十九年，召爲秘書省正字，主管台州崇道觀。三十二年卒，年七十七。

胡憲以經學知名，隱居教授，有聲當時，又是著名理學家朱熹的啓蒙老師之一。著有《論語會義》諸書。其事蹟見朱熹《籍溪先生胡公行狀》（《朱文公文集》卷九七）、周必大《籍溪胡先生憲墓表》（《周文忠公集》卷三五）、《宋史》卷四五九本傳。

本文爲郭齊著，據《行狀》、《墓表》等考證胡憲行歷，按年編次，有助於對胡憲及朱熹學術思想的研究。原附於作者所著《朱熹新考》（電子科技大學出版社一九九四年）後，本書據以收録，略有改動。

朱熹的父親朱松臨終時，對朱熹説：「籍溪胡原仲、白水劉致中、屏山劉彦冲，此三人者，吾友也。其學皆有淵源，吾所敬畏。吾即死，汝往父事之，而惟其言之聽，則吾死不恨矣。」（朱熹《屏山先生劉公墓表》）朱松死後，年僅十四歲的朱熹便遵照遺囑，把三先生當作自己的父親和導師，日游于其門。其後朱熹成爲一代大儒，與早年三先生對他的影響是分不開的。三先生中的劉子翚卒于紹興十七年，與朱熹相處僅五年；劉勉之卒于紹興十九年，與朱熹相處僅七年；而胡憲卒于紹興三十二年，與朱熹相處長達二十餘年。朱熹在《籍溪先生胡公行狀》（以下簡稱「《行狀》」）中説：「熹于三君子之門皆嘗得供灑掃之役，而其事先生爲最久。」這樣，胡憲對朱熹的影響就尤其不可低估。周必大説：「元晦以先大夫之命事原仲如父，既得其言行之美而又日進焉，今遂爲世儒宗，豈無所自而然哉！」（《籍溪胡先生憲墓表》）即道出了胡憲在青年朱熹成長中的作用。因此，有必要對胡憲的生平事蹟作一個比較詳盡的考察。

胡憲，字原仲，建州崇安人。《行狀》云：「建州崇安人，故侍讀南陽文定公從父兄之子也。祖聳、父淳皆不仕。」胡寅《先公行狀》言，胡安國「五世祖號主簿公五代中至建州之鵝子峰下，釣魚自晦，人莫知其所從來。後世相傳云本江南人也。」胡憲即當出自此族。父淳，事蹟無考。但從《斐然集》的有關記載中，可推知其生卒年。

胡寅本爲胡安國侄，安國養爲己子，而其生父母鮮爲人知。《宋史·胡寅傳》說：「寅字明仲，安國弟之子也。寅將生，弟婦以多男欲不舉，安國妻夢大魚躍盆水中，急往取而子之」，實誤。諸書或更有確指寅爲安國弟安老之子者，證之《斐然集》，可知其謬。該書卷九《申尚書省議服狀》云：「世母者，先父（指胡安國）同堂三兄之嫂也」，可知胡寅生父爲胡安國堂兄，亦即《行狀》中所稱「侍讀南陽文定公從父兄」。因排行第三，胡寅稱爲「三伯父」，又稱「先伯父」、「先伯」。下文又言：「（胡安國）作《辯謗》一篇，以授寅二弟寧、宏及三兄之子、見任建州教授憲。」卷一七《寄秦丞相書》又說：「蓋伯氏（指胡憲）與先伯今爲嫡長子。」據此，可確知胡寅的生父爲胡淳，胡寅乃爲胡憲的胞弟。胡憲既爲胡淳的長子，憲生于哲宗元祐元年，則可推知胡淳當生于仁宗末或英宗時。又卷一一《議服劄子》明言：「臣伯父以建炎三年身故」，可確知胡淳卒于建炎三年。

哲宗元祐元年丙寅

胡憲出生于建州崇安縣之籍溪（《行狀》）。

《行狀》云：「生而沈靜端慤，不妄言笑」，朱熹祭文（以下簡稱《祭文》）云：「惟公之生，氣溫質良。」林之奇《胡宣教行狀》（以下簡稱「《林狀》」）曰：「先生幼不好弄，而天資粹美夙成，凝然莊重，見者改容。」可以看出胡憲小時比較文靜端莊，性格溫和。

徽宗崇寧四年乙酉至大觀元年丁亥

大約二十歲左右，胡憲前往湖北，從學于胡安國。

《行狀》云：「稍長，從文定公學。」《祭文》云：「弱冠而學，有志四方。發軔蓬蒿，至于臨漳。」關于胡憲從學于胡安國，有兩個問題需要弄清，一是從學的時間，一是學習的內容及所受影響。

胡憲《上蔡語錄跋》云「憲大觀初年在長沙，侍文定公左右」，可知至遲在大觀初，胡憲已至湖湘。根據胡寅所作《先公行狀》，胡安國十五歲以前，皆在崇安。元祐三年以後，游學信州，入太學。紹聖四年登進士第，授江陵府觀察推官，始入荆門納室，遂爲江陵府學教授。此爲元符中事，時胡憲年方十四五歲，安國又初至湖北，席未暇暖，名亦未顯，故胡憲此時前往從學的可能性不大。江陵任滿，胡安國遂爲太學錄，遷博士，直至崇寧四年，才除湖北路提舉學事官，回到湖北。到官，又改使湖南。胡憲當即此時前往從學，時甫踰冠。當時胡安國在荆門，其父母也居此。荆門在漳水之濱，故《祭文》稱「至于臨漳」。安國出使湖南，憲也侍行，所以大觀初在長沙。《上蔡語錄跋》又說：「其後在荆門學舍，從朱二丈子發（朱震）游甚款。」

此爲胡安國罷湖南學事，回到荆門以後事。安國于大觀四年始復原官，這期間胡憲應居荆門。

關于學習的內容，《林狀》曰：「日從季父文定公游，文定公又益以堯舜孔孟道學授受之詳，爲之講貫演繹，曲盡精微，究極博大。」《行狀》稱：「始聞河南程氏之說。」周必大《墓表》云：「原仲自言少從其從叔文定公傳《論語》學。」可見主要是學習儒家的基本經典和基礎課程以及二程的學說。安國精于《春秋》，卻并未傳授給胡憲，也未言及《易》、《書》、《詩》、《禮》，這與後來朱熹所提倡的先四書後五經、由下學而上達的問學程序是完全一致的。胡憲正是從胡安國那裏，首次比較系統地接觸到傳統的儒學尤其是二程之學，從而奠定了一生思想、學術的基礎。他的湖湘之行，是其學術思想的主要源頭。

政和初年

以鄉貢入太學學習。

《行狀》云：「尋以鄉貢入太學。」《祭文》說：「學承于家，行著于鄉，乃獻王府，乃游膠庠。」胡憲入太學的確切時間，已不可考。《林狀》只是說：「當舍法盛行之際，入太學應科舉。」但自崇寧三年詔「天下舉士，悉由學校升貢，其州郡發解及試禮部法并罷」（《宋史·選舉志一》），至宣和三年罷三舍法，這期間皆爲舍法盛行之時，也難以據此確定胡憲入太學的時間。據《行狀》下文「乃獨與鄉人白水劉君致中陰誦而竊講焉」，胡憲乃與劉勉之同在太學，因此可以通過考知劉勉之入太學的時間來大致確定胡憲入學之時。根據以上《劉勉之事蹟考》所作考證，可知劉勉之居太學在政和二年至八年之間。胡憲雖不一定與劉勉之同時入學，同時離開，但其時間也不會相差甚遠。憲大觀中尚在湖湘，則入太學不得早于政和初。其于建炎二年始識劉子翬（宋劉學裘《劉氏傳忠録》卷三載胡憲《祭劉子翬文》：「建炎戊申，公由上都間關來歸，始獲見于里中。」胡憲《屏山集序》：「予少出游四方，迨中年始獲見于里中。」），則在太學實未與劉子翬謀面，即宣和元年以前也當離開太學了。《宋史》本傳及《宋元學案》稱胡憲「紹興中入太學」，諸家多有沿襲者，實爲誤載。

在太學，胡憲并沒有按照科舉的要求致力于時學，而是不顧當時「元祐學術政事不許教授」的禁令，繼續講習二程的學說。

《林狀》云：「獨不喜爲王氏《三經》、《字說》之習，汲汲然求所以學者，如是者有年。」《行狀》說：「會元祐學有禁，乃獨與鄉人白水劉君致中陰誦而竊講焉。」

從二程弟子譙定學《易》。

譙定，字天授，涪陵人，《宋史》有傳。據《建炎以來繫年要錄》卷八、《獨醒雜志》卷七及《程子年譜》等載，譙定于紹聖間從程頤講道于洛之伊闕山。後來程頤貶涪陵，與之朝夕講游于北巖。建中靖國元年，定送程頤返洛。大觀元年程頤死後，譙定到了京師，開始講學授徒。直至建炎元年高宗召其赴闕，定仍在汴京。胡憲在太學時，先是和劉勉之一起就其問學。朱熹《聘士劉公先生墓表》云：「聞涪陵譙公天授嘗從程夫子游，兼邃《易》學，適以事至京師，即往扣焉。」《行狀》言：「既又學《易》于涪陵處士譙公天授。」《林狀》云：「得涪州譙處士定于京師逆旅中而問學焉。」後來胡憲離開太學，又曾專門前往洛陽拜謁。《祭文》云：「中退而休，客彼洛陽。有隱其居，維蜀之莊。公乃東修，踵門升堂。」可見胡憲已不是一般地請教，而是正式執弟子禮于譙定。返家之後，他與譙定仍有書信往來。宋劉應李《新編事文類聚翰墨大全》辛集卷二尚存譙定《答胡籍溪論易》書一首，書云：「某老朽無用，常欲緘口例俗，迂疏之學得遂棄置，私心所尙。然以吾友聽過情之問，奮古學之志，曠心無擇，主善而適，當風之竅，雖冀泯聲，不可得也。示喻見乃謂之象，若如是言，推爲文辭則可，于見處則未必。公不思象之在道，乃《易》之有太極耶？語直傷絞，惟冀亮察。」

關于胡憲向譙定學《易》的具體情況，《行狀》云：「久未有得，天授曰：『是固當然。蓋心爲物漬，故不能有見，唯學乃可明耳。』先生于是喟然嘆曰：『所謂學者，非克己工夫耶！』自是一意下學，不求人知。」《林狀》的記載大致相同：「譙授以《易》學，開而未達，初未嘗爲其諄諄言也。而先生淵然深造，每自得之。譙喜甚，爲之盡發所藴，俾洞明格物致知之要。」周必大《墓表》曰：「復往問《易》于譙，譙謂其學有不可以言傳，特爲原仲稍發其端。原仲因誦所聞，譙弗許曰」云云。可見，胡憲學《易》本身并沒有多大的收獲，但在譙定的指授下，他卻「悟」出了治學的目的和入門的路徑。治學的目的是要「克己」，即專注于修身養性，揚善去惡，以逐步趨于人性之本眞，而不是要在學問上有什么建樹，以求人知。而入門的路徑，無非是「格物致知」，通過「學」去「明」「爲物漬」之「心」。這就是理學家念不離口的「明明德」。我們不要低估了胡憲這些收獲，如果記載者沒有爲長者飾美的話，那麼胡憲所「悟」到的即是整個理學家的人生觀及做人的最初起點。這些在朱熹的全部學說中占有極重要的位置，爲朱熹所反復強調。可以說，譙定的《易》學是胡憲思想學術的第二個來源。

政和末至建炎間

離太學，歸崇安里居，打魚賣藥，安貧樂道。

關于胡憲離開太學後的去向，《林狀》云：「既歸，日從季父文定公游。……文定公每謂其族黨：『爾輩皆弗如也。』」這就是說，胡憲由京師返回了湖湘。然《行狀》稱：「一旦揖諸生歸隱于故山，……力田賣藥以奉其親，文定公稱其有隱君子之操，而鄉人士子慕從之游日以益衆。」《祭文》說：「浩然東歸，衡泌洋洋。」言「故山」、「鄉人」，顯然是指崇安之籍溪。又如從京師返湖湘，則當稱「南下」，而不得言「東歸」了。由此可知胡憲離開太學即返回崇安故居，《林狀》蓋記載之誤。胡憲當然也嘗再入湖湘，但那只是短時期的探訪。「文定公稱」云云，也不一定是當面對胡憲所言。回到崇安以後，胡憲從此潛身匿迹于衡泌之下。關于胡憲的生活境況，我們見到了如下的記載：《祭文》云：「我簞我瓢，我糟我糠。或漁于溪，或圃于崗。水鯉鮮腴，藥潁豐長。以是爲養，胡考寧康。」《林狀》云：「其里居貧甚，饘粥或旬月不繼，人不堪其憂。」又林之奇祭文云：「全家食粥而不肯形乞米之帖，終日杜門而未嘗賦貧士之篇。食每至于幷日，突或幾于無烟。」《屏山集》卷一八《訪原仲山居》云：「好事長留客，雖貧亦置樽。」《朱子語類》卷一〇一載：「籍溪舊開藥店，『胡居士熟藥正鋪』幷諸藥牌猶存。」可見胡憲生活的確相當清苦，常常要自己去打魚、耕種和賣藥。在三先生中，他的經濟應該是最拮据的。但胡憲幷不以爲苦，《祭文》說他「以是爲樂，逍遙相羊」，《林狀》稱「其性怡怡融融，無一日不樂。」他還不肯輕易接受別人的幫助，「非其道義，一毫不取于人」（《行狀》），「曾不以一介求于人，至使家人忘其貧。」（《林狀》）這充分顯示了胡憲安貧樂道的達觀態度。呂本中稱其爲「平生苦節胡原仲」（《東萊詩集》卷一四《送謙上人回建州三首》之二），是不算過分的。

生活清貧，仍刻苦讀書，時與劉勉之、劉子翬講學。《屏山集》卷一七《訪原仲》謂其「白首窮經隱澗隈」，卷一八《有懷十首》云「夜燈相伴讀韋編」，是其清貧生活的眞實寫照。除自己刻苦攻讀外，胡憲還經常和劉勉之、劉子翬等人反復講論。朱熹《屏山先生劉公墓表》說：「與胡、劉二先生爲道義交，相見講學外無一雜言。」胡憲《屏山集序》也記述了自己與劉子翬講學的情形：「潭川之上，籍水之濱，杖履往來，彈琴賦詩，商今略古，每見必有所益。間數日不見，則必折簡相招，幞被對床，所以啓發蒙陋者多矣。其有缺失，必宛轉諷諭，不但已也。」

胡憲也樂于爲士子傳經講道，呂祖謙、林之奇、魏掞之、熊克、曾逢等人，都曾就學于其門（《道南源委》卷二）。又致力于童蒙教育，《林狀》云：「方且收召宗族子弟之髫齔未冠者，草衣芒屩，布褐不襪，環列其前，而教以句讀訓詁。窮年矻矻，惟日不足。見者莫不笑其徒勞，而先生樂此不倦。」

除讀書講學授徒外，胡憲的生活內容當然也有很大一部分是游山玩水，飲酒賦詩，琴棋書畫，這在《屏山集》卷一一、一二、一五、一七、一八、一九、二〇中有諸多記載，此不能盡舉。胡憲也偶有外出的時候，《屏山集》卷一五有《送原仲之荆南》，據其「不知爭戰幾時定，常恐別離相見難」之句，知其建炎末、紹興初曾前往湖南。卷一八《送原仲》有「看盡閩山看越山」之句，知其嘗往越中。《澗泉日記》卷中也載胡憲曾去湖南：「建陽自胡原仲歸嶽下，後來魏元履死，氣象便蕭然。」從《屏山集》中，我們還知道胡憲又號「清湖居士」。卷一一《詩寄懶庵兼簡士特溫其原仲致中昆季》云：「鵝峰諸劉吏互來，清湖居士時相訪，中郎司戶又繼歸。」其「鵝峰諸劉」指劉勉之兄弟；「中郎」指翁挺，字士特；「司戶」指劉遹其，「清湖居士」即指胡憲。蓋鵝子峰傍清湖及清湖峰，胡憲居此，即以此爲號。《屏山集》卷一九《原仲致中寄雪梅二詩再次前韻》云：「清湖讀《易》月當午」，又多處稱「五湖新隱」、「湖上客」、「湖上先生」等等，皆是明證。

建炎年間

胡憲往吊劉韐之喪，有《挽劉韐詩》。今載《劉氏傳忠錄》卷一。

紹興六年丙辰，五十一歲。

以折彥質、范冲、朱震、劉子羽、呂祉、呂本中等薦，出任建州州學教授。

《林狀》云：「從臣曾公開等十人以遺逸薦之于朝。」考《建炎以來繫年要錄》卷八八、一〇一、一一三，曾開紹興五年帥廣東，六年五月引疾奉祠，至七年八月方入爲中書舍人，是紹興六年不得稱「從臣」，爲薦首。《行狀》也不載曾開姓名，今從《行狀》。又胡憲《祭劉子羽文》（《劉氏傳忠錄》卷二）云：「顧茲眇劣迂愚，曲承眷矚，既久而彌親，延譽于卿相之間，而論薦于天庭。」可知起用胡憲實首唱于劉子羽。胡憲屢召不至，遂于是年九月賜出身，授官。《宋會要輯稿》選舉九之一八：「（紹興六年）九月二十三日，賜布衣胡憲進士出身，添差建州教授。」

首次出仕的胡憲，教導諸生不遺餘力。「日進諸生而告之以古人爲己之學」，又請郡人程元、龔何參予學政，以加強對學生的管理。

《朱子語類》卷一〇一載：「籍溪教諸生，于功課餘暇，以片紙書古人懿行或詩文銘贊之有補于人者，粘置壁間，俾往來誦之，咸令精熟。」他確實頗費了一番心血。

紹興十二年壬戌，五十七歲。

建州州學教授任滿後，連續兩次留任。由于母親年高，才于紹興十二年辭去職務，奉祠而歸。

此前，胡憲認識了朱松。關于朱松結識三先生及劉子羽的確切時間，不見于記載。據前《朱熹岳父劉勉之事蹟考》所作考證，朱松結識胡憲等人，當在紹興十年罷歸建州以後。《祭文》說：「惟我先君，志行文潔。有不吾儕，一顧不屑。而于我公，所愛無斁。豈面而朋，所趣同轍。」可見朱松與胡憲志同道合，交情是比較深的。

紹興十三年癸亥

春，朱松卒，朱熹遵遺命，稟學于胡憲等人之門。

朱松死後，負責料理其家事的主要是劉子羽，但胡憲也出了不少力。朱熹在祭文中說：「纘息之言，屬以其孤。公亦見哀，不鄙其愚。卜兆使藏，卜鄰使居。擇術使由，求田使餔。」可見朱松的後事、朱熹母子的安頓和生計及朱熹的學業，胡憲都積極參與了謀劃和奔走。

紹興十六年丙寅，六十一歲。

作《祭劉子羽文》（《劉氏傳忠録》卷二）。

紹興十七年丁卯，六十二歲。

冬，丁母憂。

《拙齋文集》卷九《上胡教授》云：「欲以書求益于左右，適遭李表兄之喪，哀切倥偬，故雖遇便而不獲一言。既而聞先生遭罹憂患，未終大事，又未敢以此浼瀆先生之聽。因循及今，且復一年矣。」李表兄，指李楠，字和伯。據林之奇《李和伯行狀》、《祭李和伯文》，李楠卒于紹興十七年九月。此言「既而聞先生遭罹憂患」，可知胡憲母卒于是年冬。

是冬，作《祭劉子翬文》（《劉氏傳忠録》卷三）。

文云：「臨終言別，歷歷在耳」，知劉子翬去世時，胡憲在其身旁。又言「某嬰戚于天，病不即死，衰服哭公，則有其禮」，也可證胡憲母剛剛去世，憲尚在服喪期中。

紹興二十二年壬申，六十七歲。

出爲福建路安撫司準備差遣，尋請祠而歸。

朱熹、林之奇《行狀》皆載此事，但無年月、姓氏。考《建炎以來繫年要錄》卷一六三紹興二十二年下載：「福州舊法，民歲輸錢而受鹽于官。其後不得鹽，而輸錢如故，民多私鬻以給食，而官亦不問。至是，龍圖閣直學士張宗元知州事，始再榷鹽，犯法者滋多，人不以爲是。安撫司屬官胡憲上書宗元，告以爲政大體。宗元不悦。久之，憲請嶽祠而去。」同書卷一六四載，紹興二十三年三月丙申，知福州張宗元與知洪州張澄兩易其任。至此，可知胡憲去官在紹興二十二年或二十三年三月張宗元改知洪州以前。

紹興二十九年己卯，七十四歲。

六月，以賀允中薦，胡憲除大理司直。

《建炎以來繫年要錄》卷一八二紹興二十九年六月戊申下載制詞曰：「爾父子兄弟皆以道名，而爾志行安恬，學術醇峻，尤見稱于士大夫間。置之中都，姑以示用。毋云棘寺之屬，而不屑就也。」按《宋宰輔編年錄》卷一六，賀允中紹興二十九年七月自吏部尚書除參知政事，則其薦胡憲在任吏部尚書時。

胡憲尚未赴官，八月壬戌，由大理司直改秘書省正字（《建炎以來繫年要録》卷一八三）。

關于這次出仕，朱熹與林之奇記載略有不同。《行狀》云：「人謂先生必不復起，而先生一辭即受，雖門人弟子莫不疑之。到館下累月，又默默無一言，人益以爲怪。」《林狀》作：「先生辭避再三，不屑就，已乃幡然而起。既至闕下，又求去堅甚。」朱熹乃親見親知，顯然當從其所志。林之奇「辭避再三」云云，蓋爲飾美之辭，不必以爲實錄。

是年四月，作《上蔡語錄跋》。

紹興三十年庚辰，七十五歲。

六月，胡憲前往臨安，赴上秘書省正字。

考朱熹《與籍溪胡原仲先生書》云：「范丈前月十八日遂不起疾」，范丈即范如圭，卒于紹興三十年六月十八日。此稱「前月」，可知書作于七月間。書又言「熹拜違教席，忽已月餘」，「計程月初可到」，又六月初一，胡憲爲劉玶作《屏山集序》，知其尚未啓程，據此可確知胡憲赴官在六月上旬。胡憲離家時，當地士人曾隆重地爲他送行，以致朱熹《送籍溪胡丈赴館供職二首》有「祖餞衣冠滿道周」之句。朱熹是年八月所作《與籍溪胡先生書》說：「前日劉子源來此，道嶺上拜別所聞誨言，以爲必極論天下事，至于慷慨灑涕，有以見仁人之心不能忘世如此。」可見胡憲此行還有一番抱負。

任正字期間，胡憲率先上疏請求起用張浚和劉錡，爲人所稱道。當時「二公皆爲積毀所傷，上意有未釋然者」（《行狀》），言及此事，是要冒風險的。王十朋《梅溪後集》卷五《送胡正字憲分韻得來字》說：「人言朝奏暮必逐。」但胡憲無所顧忌，林之奇說他「匭書于朝，羸數千言。」疏入，即作好了被罷免的準備，「思歸獨何事？起爲子規惱」（周必大《文忠集》卷二《送胡原仲》詩）。胡憲上疏之事影響很大，林之奇祭文稱「使斯言之或用，固可以上爲補袞職之缺，下爲使民瘼之痊。」《宋史》本傳說：「方憲以館職召也，適秦檜諱言之後，憲與王十朋、馮方、查籥、李浩相繼論事，太學生爲《五賢》詩以歌之。」但值得注意的是，早在是年八月，朱熹在《與籍溪胡先生書》中就已提出了「視天下人望之所屬者舉而用之」的主張。書云：「熹竊謂天下形勢如前所云者，亦當路所不可不知也。救之之術，獨在救其本根而已。若隨其變而一一應之，則其變無窮，豈可勝救也哉。而所謂救其本根之術，不過視天下人望之所屬者舉而用之，使其舉措用捨必當于人心，則天下之心翕然聚于朝廷之上，其氣力易以鼓動。」這番話正是針對防備金人南侵說的，胡憲上疏，是不是跟朱熹的建議有關呢？

紹興三十一年辛巳，七十六歲。

正月癸未，果然罷正字，改左宣教郎、主管台州崇道觀以歸（《建炎以來繫年要録》卷一八八）。

在士大夫看來，胡憲言事觸犯忌諱，皇帝沒有明示責罰，而是善待以祠祿，實屬寬恩。汪應辰、周必大、王十朋等七人置酒餞别，分韻賦詩。王十朋致有「胸中萬卷可醫國，首薦廊廟眞人才」、「先生學力到前輩，一時盛事光麟臺」之句，將其與歐陽修、范仲淹相提并論，周必大有「祠官厚禀假，命秩略資考，恩榮固無愧」之句，皆以其歸爲榮，以慰藉之。

胡憲罷歸，固以言事，但此行本以賀允中薦，而允中于紹興三十年八月癸丑罷參知政事，以資政殿大學士致仕（《建炎以來繫年要録》卷一八五、《宋宰輔編年録》卷一六），恐多少也有此影響。

光緒三年重修本《劉氏宗譜》卷一載有胡憲《屏山劉氏族譜序》一篇，署紹興三十一年作。文云：「劉氏著姓，自西漢楚元王之後有九族，□□□□□□乃九族之一也。五季亂，光州都督諱楚者，生六子：[illegible]、豳、幽三者居不離舊，翱、翔、豳三者避亂入閩。翱居建陽麻沙，翔居崇安五夫，豳居建陽馬鋪。楚亦來閩，卒葬浦城延慶寺。今世孫屏山子翬與予以道義相交，講論學問，慮宗祖之法廢，後世譜牒不存，無復親睦之教，宗族不數然，相視如路人，良可慨嘆，遂編宗派系圖，分爲東西二族，南北兩派，集成一帖，求爲序其源流，以盡尊祖敬宗之心，木本水源之義，以爲後世傳焉。紹興三十一年十月朔旦，左宣教郎、秘書省籍溪胡原仲序。」此序恐出于僞托。劉子翬卒于紹興十七年，不可能于紹興三十一年請序，此其一；是年正月胡憲已罷正字，不當再署秘書省官名，且結銜署「秘書省」，實屬不類，此其二；「以爲後世傳焉」以下無說，文理斷缺，不似序體，此其三，故此序應爲後人僞作。家牒族譜之類，往往好托名人以重其傳，其文百僞一眞，不可據信者多，姑附辨于此。

紹興三十二年壬午，七十七歲。

四月十二日，胡憲卒于家。

《祭文》記述了他臨終前的情況：「南風之薰，草堂晝寂。方侍公言，遽問公疾。公啓手足，我不及知。遣使饋藥，公猶見之。謂我當來，命延以入。我趨適至，則已無及。祖跣而入，哭于寢門。淵冰之戒，竟莫得聞。」字里行間，充滿着師生之間的眞摯感情。

隆興元年癸未

葬于建陽縣東田里（《行狀》）。訃聞，特謚「靖文」（《宋會要輯稿》禮五八之九〇）。熊慶胄挽詩作「靖肅」，詩云：「象賢餘二季，靖肅與文忠。」（《翰墨大全》戊集卷五）

胡憲不尙著述，《行狀》說他「讀書不務多爲訓說，獨嘗纂《論語說》數十家，復抄取其要，附以己說，與他文章稿藏于家。」朱熹《挽籍溪胡先生三首》之二「冊府遺編在」下自注：「公所定著《論語會義》副在秘閣。」《林狀》云：「有《論語集解》二十卷傳之學者，遺文若干卷藏于家。」《論語會義》及諸詩文皆已亡佚，今存者唯本文提及的數篇而已。

縱觀胡憲一生，做官的時間極短，主要從事于讀書講學。從其學術和思想來看，他始終徘徊于儒、釋之間。先看儒的一面。

胡憲的儒學師承于胡安國和譙定。《拙齋文集》卷一載：「范伯達被召，問于籍溪。籍溪久不應，再三扣之，籍溪云：『凡學者治經術、商論義理可以問人，至于出處，不可與人商量。』」有趣的是嘉靖《邵武府志》卷一三載，朱震「嘗訪胡安國以出處之宜，安國曰：『世間惟講學論政則當切切博問，至于行己，去就語默，如人飲食，饑飽遲速，可否冷暖，自家斟酌，不可決之他人，他人亦不能決也。』」胡憲語與之如出一轍。此可見胡憲師事胡安國，達到了亦步亦趨的地步。從學于譙定，則主要是講論《易》學。但胡憲平生在學術上并沒有很大的成就，從胡安國學《論語》，僅成《會義》，且影響不大；從譙定學《易》，又嘗治《書》（據《南宋館閣録》卷八），都沒有成説。最主要的收獲是在熟讀儒家經典的基礎上，領略到身心向裏、切于實用的「爲己之學」及入門路徑、問學程序，將其身體力行，并傳給後人。《林狀》説他「博取百家諸子之長，不主一説，而必體之于身，驗之于心。」又《拙齋文集》卷九《上胡教授書》載，針對林之奇「若不求之文字語言而強索之，則或至相忘而無日可見之效」的看法，胡憲提出了「讀書惟用得者是當」的觀點。以上這些，後來都爲朱熹所繼承。

作爲一個儒者，胡憲安貧樂道，淡于功名，既與人爲善，又不苟合取容。《行狀》説他「質本恬澹而培養深固，平居危坐植立，時然後言，望之枵然如槁木之枝，而即之溫然，雖當倉卒，不見其有疾言遽色。人或犯之，未嘗校也。」儼然是一位寬厚長者。而觀其上書張宗元，不效而去；進言高宗，不納而歸，又似直言敢諫的諍臣。

再看釋的一面。《東萊詩集》卷一四《送謙上人回建州三首》之二云：「平生苦節胡原仲，老大多才劉致中。爲我殷勤問消息，十年堅坐想高風。」卷一九《謙上人清湍亭》小注云：「上人錄寄彥禮、彥冲、原仲諸公題詩」，可知胡憲和道謙交往十分密切。道謙是宗杲的大弟子，其禪學對胡憲的影響是可想而知的。《東萊詩集》卷二〇《寄劉彥冲兼寄胡原仲劉致中》曰：「養生漫說終難效，學道無心亦未逢。若問眞歸是何處，五更常聽寺樓鐘。」又見胡憲和呂本中等人也經常談禪。《屛山集》卷一七《次韻原仲竹》云「禪心敲有韻，翠袖倚生香」，就是他們平時參禪的寫照。甚至在《祭劉子翬文》中，胡憲也大發議論：「人生世間，譬輕塵之棲弱草，直寄焉爾。合散去來，莫知其紀，又安知夫死之足悲，而生之足喜耶？」最能反映胡憲崇釋思想的，是胡宏《五峰集》卷二《與原仲兄書二首》。書云：「頃觀來書，頗推信釋氏，此誤之大者。」「言雖窮高極微而行不即乎人心，兄以爲最親切，得無未之思乎？」「至于致疑聖人以爲未盡，推信釋氏以爲要妙，則愚意之所未安。」「不知釋教有聖人所未嘗言者何道？言而未盡者何事？乞一一見教。」從胡宏所引錄的胡憲話語中，可以看到胡憲推崇佛學，曾經一度達到了超過儒學的地步。

儘管胡憲時而儒、時而釋，徘徊不定，

首鼠兩端，但他在這兩方面又都沒能達到較深的造詣。以致于作爲胡憲門人的朱熹也說：「胡籍溪人物好，沈靜謹嚴，只是講學不透。」「籍溪學于文定，又好佛老，……然于佛老亦未有見。」（《朱子語類》卷一〇一、一〇四）這應該是比較切當的評價。

朱熹與胡憲相處達二十餘年，自紹興十九年劉勉之去世後，即主要受胡憲的影響。他在《與范直閣書》中說：「又得胡丈來歸，朝夕有就正之所，窮約之中，此亦足樂矣。」《祭文》說：「我壯而頑，學無所至。悔尤已多，視公則愧。公不謂然，欲終誨之。其言諄諄，夫豈予欺。」這些都是朱熹就學于胡憲的記錄。甚至臨終前，胡憲還念念不忘朱熹，想和他見上一面，充分說明了師生關係的密切，感情的深厚。胡安國的儒學是朱熹所推崇的，他說：「文定大綱說得正。」「胡文定說較疏，然好。」（《朱子語類》卷一〇一）出自胡安國之門的胡憲，將「克己工夫」等儒學思想傳授給朱熹，使之成爲朱熹學說的重要組成部分。朱熹編《論孟精義》，其體例方法顯然深受胡憲《論語會義》的影響。直到紹興末，朱熹都服膺着胡憲的教誨。他在《與范直閣》書中說：「胡丈書中復主前日一貫之說甚力，但云若理會得向上一著，則無有內外上下遠近邊際，廓然四通八達矣。熹竊謂此語深符鄙意。」而在禪學方面，胡憲給予朱熹的影響同樣是不可低估的。朱熹在《祭開善謙禪師文》中說：「下從長者，問所當務。皆告之言，要須契悟。開悟之說，不出于禪。我于是時，則願學焉。」（《歷朝釋氏資鑑》卷一二）文中「長者」，即包括胡憲。此文作于紹興二十年，是時朱熹對禪學篤信不疑。直至紹興二十三年始見李侗，與其學說仍格格不入。《延平答問》卷下載：「熹赴同安任時，年二十四五矣。始見李先生，曾與他說禪。李先生只說不是，卻倒疑李先生理會此未得。」足見禪學影響之深。這些都是和胡憲的影響分不開的。可以說，青年朱熹實由三先生所一手陶冶，而胡憲施其功爲最久。只是到了胡憲去世之前，朱熹才正式師事李侗。他說：「初師屏山、籍溪。……其後屏山先亡，籍溪在。某自見于此道未有所得，乃見延平。」（《朱子語類》卷一〇四）從此，朱熹走上了「逃禪歸儒」的道路。

洪忠宣公年譜

（清）洪汝奎 編
張尚英校點

宣統元年晦木齋刊《四洪年譜》卷一

洪皓（一〇八八—一一五五），字光弼，鄱陽（今江西波陽）人。政和五年進士。宣和中，爲秀州司録參軍。建炎三年，假禮部尚書，爲大金通問使，被羈留十五年，不屈而歸，除徽猷閣待制，提舉萬壽觀兼權直學士院。出知饒州，忤秦檜，責濠州團練副使，英州安置。居九年，復朝奉郎，徙袁州，至南雄州卒，年六十八，謚忠宣。

洪皓博學强記，在北地作詩千篇，多懷念家國之什，廣爲傳佈。又著有《春秋紀咏》三十卷及《帝王通要》、《姓氏指南》、《金國文具録》等書，均已佚。今存《鄱陽集》及《松漠紀聞》二種。事蹟見《宋史》卷三七三本傳。

本譜爲清洪汝奎編，原書前有《緣起》，稱嘉慶十三年刊彭澤洪庥、洪聲編《洪忠宣公年譜》，疏略錯訛，于是重編，並取前譜中「信而有徵」者置入新譜，標曰【原編】。彭澤二洪譜今未見傳本，内容亦賴此存其一二。此譜取材豐富，辨析較細，記譜主著述及使金行事尤爲翔實，可資研究南宋洪氏家族之助。

序

洪琴西都轉篤於稽古，尤以表章先德爲事。纂輯宋世洪忠宣暨三子文惠、文安、文敏四公年譜，蒐采繁富，攷核精詳。藏諸緘縢，未及問世。嗣君翰香觀察將付剞劂，屬作霖復加校讎。讀既畢，作而言曰：自來外交之世最重使職，至不得已而用兵，則封疆亦宜慎選，大節以立身，高文以華國，經濟以匡時，三者固缺一不可也。洪忠宣起家甲科，文章爾雅，拯民饑，諫移蹕，請撫李成，其經濟固已裕矣。奉使金廷，被留十五年，不爲威劫，卒以忠節顯名，高宗比之蘇武，無媿色也。三子皆以鴻詞入選，耀采禁廷。文惠、文敏當紹興、隆興之交，尋盟報聘，後先持節，光照皇華。文安出守平江，供軍無乏。領建康留鑰，經營淮表，邊鄙晏然。南宋人才並世而生者，如虞允文、陳俊卿諸人已不多見，而洪氏乃以勛績名烈世其家，何其懿歟！都轉公曩在金陵開致吾知齋以談藝，作霖得侍游讌。於時海事初萌，朝議交訌，悵懷時局，輒景仰忠宣父子不置。時都轉公方輯是譜，草創未定，莫由拜讀。今事閱三十餘年，幸與校字之役，得仰窺都轉公憂時追遠之深心，益非偶然已。校讎既竟，因追述前事，敬弁簡端云。時宣統二年春二月，江甯陳作霖謹叙。

洪忠宣公年譜緣起

彭澤洪庥、浮梁洪聲聞舊有《忠宣公年譜》之輯，疏略特甚，譌舛亦多。今取其信而有徵者標云【原編】，俾覽者知此譜濫觴之由。

原編刊於嘉慶戊辰，江右洪族尙多傳本。汝奎於道光戊申過鄱陽時，曾及見之，並爲手鈔一過。譌舛之處，就其可知者逐一辨明。非欲爭勝前人，深恐貽誤後哲耳。

此譜自建炎三年使金以後，凡十五年，采用《金史》紀傳甚多。特於每年下注云：「是年爲金某（廟號）宗、某年號幾年，庶覽者參稽互證，開卷了然。

此譜以《宋史》紀傳及文惠公所作《先君述》爲主，其中偶有考訂之處，仍散見各年下。

譜中引用《盤洲集》、《隸釋》、《隸續》、《容齋隨筆》諸書，凡有卷數可考者每爲注明。惟《宋》、《金》二史以業經標明某紀某志某傳，覽者繙尋甚易，不復注明卷數。至《小隱》、《野處》二集久已亡佚，其文往往散見他書，譜中引用則稱「文安某篇」、「文敏某篇」，異日或能復見《小隱》、《野處》完書，當爲改訂，如引用《盤洲集》諸書之例。

此譜將公生平事實隱括入正文，書作大字，餘悉入注。注有未晰者，又爲注中夾注。期於傳信，不避煩複之嫌，覽者諒之。

《宋史》帝紀於金既講和之後，或稱金人，或稱大金，或稱金國。此譜正文輒援爲例，至注語所引諸書，有稱金者，有稱虜者，有稱北人者，悉依原文編入，不敢擅改一字。蓋正文與注語自不相承，不嫌稱金、稱虜之異。

譜中正文於文惠兄弟並稱名，禮父前子名也，注引諸書則亦悉依原文，按語則一律稱謚。

《先君述》稱「秦國公」曰「太中公」，稱「秦國夫人」曰「太碩人」，於「魏國夫人」稱「碩人」，《慈塋石表》又稱「太夫人」，此譜注中所引悉仍其舊。惟正文則譜首揭明考諱某贈「太師秦國公」，妣董氏贈「秦國夫人」，又於政和五年揭明娶「魏國夫人」沈氏。後凡正文悉以「秦國」、「魏國」入稱，與注語亦不相承，不嫌歧異。

洪忠宣公年譜

裔孫汝奎編輯

宋哲宗元祐三年戊辰，公生。

公諱晧，字光弼，饒州鄱陽人。《宋史·地理志》：饒州鄱陽郡隸江南東路，建炎四年合江東、西爲江南路，紹興初復分東、西。

曾祖諱士良，妣章氏。祖諱炳，贈少保，妣何氏贈紀國夫人。考諱彥先，《宗譜·世系表》作彥暹，字子深，此從周必大《洪文惠公神道碑》）。通直郎，贈太師秦國公，妣董氏贈秦國夫人。

文惠公《盤洲集》卷七十五《叔父常平墓志》云：昔包羲氏既衰，共工氏以水紀伯九域。共氏其後也，後世避怨爲洪氏。在吳有廬江太守矩，在唐有集賢學士孝昌，五季亂始自歙《宋史·徽宗紀》：宣和三年五月，改歙州爲徽州。徙名數於饒州樂平，又七世始家鄱陽。魏了翁《洪必之墓志》云：洪氏五季時由歙徙饒之樂平，又七世徙鄱陽。又卷三十二《徽州先達題名記》云：予十一世祖據《宗譜·世系表》：諱玉，唐昭宗時爲監主簿。繇歙之黄村徙番之樂平。又卷三十三《盤洲老人小傳》云：洪族本居徽州，唐末避亂徙樂平之東七十里，曰巖前，曰洪源，凡百餘家，世世業耕桑。高祖府君志操不羣，力敎二孫，欲振起門戶，自巖前常以幹至郡。又卷七十四《先君述》云：「洪氏始居樂平之金山，自曾祖府君種德重義，以氣節聞。子中大夫即少保公蚤世，二孫幼。府君慨然思所以成立計，即挈諸城中，訪先生之賢，力敎之。因占籍鄱陽。長孫諱彥昇，字仲達，《宋史》有傳。又《盤洲老人小傳》云：元豐乙丑，伯祖給事中始以進士起家。起家遂給事中。魏了翁《洪必之墓志》云：至給事中彥昇以進士起家，洪氏益大。太中即秦國公。雖不遇，至先君益顯。」據此，則自公之曾祖已遷鄱陽。今本《鄱陽志》列公寓賢，未得其實。《宋史·洪彥昇傳》稱饒州樂平人，從祖貫也，公傳直稱鄱陽人。王象之《輿地紀勝·饒州人物門·洪晧》注云樂平人，蓋亦從祖貫也。

《宗譜·世系表》：公兄弟七人，行第一，次曦，次曄，次暎，次暉，次曜，次杲。公諱左旁從「日」，與諸弟命名爲類，當非從「白」，今自《宋史》下及諸書，皆從「白」作「晧」，此從《宗譜》。

按：坊行諸書又有誤作「浩」、作「灝」、作「皎」者，《南宋書·高宗紀》：起復朝散郎洪浩。明監本、武英殿本《宋史·宇文虛中傳》並作「洪浩」。明監本《宋史·高宗紀》「金遣洪浩」亦作「浩」。趙彥衛《雲麓漫鈔》亦引作「洪浩」。張氏九成之甥于恕所編《横浦心傳錄》洪忠宣灝。元好問《中州集》末附《南冠五人》詩，有朱少章弁，而不及收忠宣詩，又於朱詩前綴《事略》云：「紹興十二年，皇子生，大赦宋使，洪皎、張邵、朱弁南歸。」均宜訂正。

【原編】公誕生於六月十一日，今按《盤洲集》卷六十九《大人生朝設醮青詞》全文見後。二篇，一云「自嬰滯疾再涉隆冬」，一云「自纏綿於末疾，茲經涉於三冬」。《宗譜·世系表》謂公生於十一月己卯，《孫莘老年譜》是年十一月丁卯朔，己卯係十一月十三日。與《青詞》合，或當有據。

元祐四年己巳，二歲。

元祐五年庚午，三歲。

元祐六年辛未，四歲。

元祐七年壬申，五歲。

元祐八年癸酉，六歲。

紹聖元年甲戌，七歲。

紹聖二年乙亥，八歲。

紹聖三年丙子，九歲。

紹聖四年丁丑，十歲。

元符元年戊寅，十一歲。

元符二年己卯，十二歲。

元符三年庚辰，十三歲。

徽宗建中靖國元年辛巳，十四歲。

崇甯元年壬午，十五歲。

少英儻有奇節。《先君述》。

《樂平縣志》：少負奇節，有經略四方志。

《宋史》本傳：少有奇節，慷慨有經略四方志。

崇甯二年癸未，十六歲。

崇甯三年甲申，十七歲。

崇甯四年乙酉，十八歲。

崇甯五年丙戌，十九歲。

【原編】公入太學。

《宋史·選舉志》：徽宗設辟雍於國郊，以待士之升貢者，臨幸，加恩博士弟子有差。然州郡猶以科舉取士，不專學校。崇甯三年，遂詔天下取士悉由學校升貢，其州郡發解及試禮部法並罷。自此歲試上舍，悉差知舉，如禮部試。宣和三年，詔罷天下三舍法。開封府及諸路並以科舉取士，惟太學仍存三舍，以甄序課試，遇科舉仍自發解。

王黼欲妻以女弟。給事公以同臺故，曲爲平章，公力辭不就。太中公有寄公詩，遂歸。

按：婺源洪騰蛟字鱗雨，乾隆間舉人。《壽山叢錄》云：「蔣一葵《堯山堂外紀》：宋熙甯中，餘杭進士洪浩遊太學十年不歸，其父作詩寄曰：『太學何蕃且一歸，十年甘旨誤庭闈。休辭客路三千遠，須念人生七十稀。腰下雖無蘇子印，篋中幸有老萊衣。歸時定約春前後，免使高堂賦式微。』浩得詩即歸養。或改首句作『太學何蕃去未歸』，以爲忠宣公皓詩，誤矣。自洪侍御覺山修《統譜》，冒昧紀載，後來相沿，所宜刊正。」已上並《叢録》原文。原編據餘杭詩，謂公留太學十年始歸，而以是年初入太學，下距乙未登第之歲爲十年。攷《宋史·徽宗紀》，崇甯五年，無賜上舍及第之事，與《先君述》所謂「以諸生待廷試京師」者不合，其誤可知。此後大觀元年六月，二年三月，四年三月，政和三年三月，四年二月皆嘗賜上舍生及第，並見《徽宗紀》。竊意公游太學當在政和三四年間。又《先君述》云「考官孫九鼎者有太學舊」，則所云「以諸生待試」亦謂在太學耳。

大觀元年丁亥，二十歲。

大觀二年戊子，二十一歲。

大觀三年己丑，二十二歲。

大觀四年庚寅，二十三歲。

政和元年辛卯，二十四歲。

政和二年壬辰，二十五歲。

政和三年癸巳，二十六歲。

政和四年甲午，二十七歲。

公以諸生待廷試京師，王黼請昏，卻之。

《宋史》本傳。伯父給事公曲爲平章，公卒卻之。

《先君述》云：以諸生待廷試京師，伯父

給事位南牀。唐杜佑《通典》：御史食座之南，横設榻，謂之「南牀」，例不出累月遷登南省，故號「南牀百日」。王黼爲中執法，按：《宋史·佞倖傳》：「黼以崇甯中進士第，何執中薦擢校書郎，蔡京復相，德其助己，除左諫議大夫、給事中、御史中丞。自校書至是財兩歲。」考蔡京復相在政和二年五月，則黼爲中執法亦當在政和二年後。《徽宗紀》：「重和元年正月庚戌，以翰林學士承旨王黼爲尚書左丞。」《宰輔表》：「重和元年四月庚戌，王黼自翰林學士承旨，以尚書左丞起復，九月庚寅，加中書侍郎。」據王偁《東都事略·徽宗紀》：「重和元年春正月甲申朔，庚戌，王黼爲尚書左丞。」由甲申朔推之，則庚戌係正月二十七日，與《宋史》正合。其下文云「夏五月壬午朔」，則四月内不得有庚戌，作四月者非也。又按：黼以宣和二年十一月入相，六年十一月致仕。慕先君爲人，欲（女）〔妻〕以女弟。給事以同臺，故曲爲平章。先君懇拜曰：「婦所以事舅姑也。家素壁立，今暴得一官，乃令鼎貴薦女，身得計矣，如父母何？」按：《先君述》方云「以諸生待試」，而下即述公語，云「暴得一官」，疑公未擢第時，或以給事恩澤入官歟。

政和五年乙未，二十八歲。

登何㮚《宋史·何㮚傳》：㮚字文縝，仙井監人，政和五年進士第一。榜進士第。《宋史》本傳：登政和五年進士第。《徽宗紀》：政和五年三月己卯，御集英殿策進士。癸巳，賜禮部奏名進士出身按：出身上當有及第二字。六百七十人。朱勔《東都事略·朱勔傳》：始廣供備以媚上，舟艫相繼，號曰「華石綱」。聲燄熏灼，賄賂紛紜成市，裒人穢夫争候門下，肆狎昵，因以求劇職要官，躐進至侍從者袂相屬也。請昏，公復卻之。《宋史》本傳。《先君述》云：暨擢第，朱勔復請昏，資送萬計，且啗以顯仕，拒尤力。朱不獲命，鑾榜中周審言壻之。及周直內閣，服金帶，爲秀州守，先君迺在幕下，人爲先君惜之，視之蔑如也。

娶魏國夫人沈氏。

《盤洲集》卷七十七《慈塋石表》全文見後。云：政和五年，先君及進士第，太夫人之兄太學博士松年在京師，聞先君名，定昏焉。

政和六年丙申，二十九歲。

官台州甯海縣主簿。

是年十月，給事公以朝請郎遷徽猷閣待制。

見文敏公《容齋四筆》卷十五。

政和七年丁酉，三十歲。

官甯海。作三瑞堂、交翠亭。

秋，長子文惠公适生。

《盤洲集》卷二有《交翠亭》詩，自序云：「政和丙申，家君主甯海簿，明年作交翠亭，是秋而某生。」詩云：「三十年中事，鸞棲築小亭。寒聲長新籜，清閟拂疏櫺。水轉前時綠，山濃遠處青。重來勤問訊，此別記秋螢。」

祝穆《方輿勝覽》：三瑞堂，洪光弼爲甯海主簿時建。適以荷花、桃實、竹榦有連理之瑞，已而生适。故适以貳車行縣，題詩云：「久矣馳魂夢，今登三瑞堂。故山有喬木，近事話甘棠。展驥慚充位，占熊憶問祥。白雲留未去，極望是吾鄉。」

《輿地紀勝·台州下》：交翠亭在甯海簿廳，三瑞堂在甯海主簿廳西。

攝甯海縣令。未詳何年，附著於此。

《先君述》云：主甯海簿，會令去，攝其事。民舊苦市絹不均，先君始令物力百千者賦一匹。大姓王隆多買田不受税，歲纔五十匹，至是數增三倍餘。以次定賦，蠲貧弱者四千八百戶。李氏富而戇，家藏妖書，號「二宗三際」，經時節，集鄰曲，醵香火祀神，元未嘗習也。姦人詭入伍中，通其女。既泄，即告縣逮送獄。先君入食，有小吏偶語，喜甚。詰之，曰：「李氏輩賂錢五十萬，故喜。」先君曰：「是下獄屬耳，而賕吏若此，可緩乎！」即呼囚立庭下，委曲問情，得并告者平決之。吏駭顧失色。

《盤洲集》卷二《過梁王寺書家君祠堂》詩云：「生還未列麒麟畫，舊德猶懷鸑鳳棲。共問翰林今孰似，凜然眉宇染風壁。」原注：舊有道流妄引《地記》，乞廢寺爲宮。外臺下其事於州，州下之縣。家君時攝邑事，力爲辯明，乃寢。

給事公出知滁州。

《容齋四筆》卷十五：政和末，伯祖仲達在東省，以疾暫謁告兩日。張天覺復官之命過門下第四廳，給事方會論，爲畏繳駁之故，所以託病，遂罷知滁州。

《宋史·劉拯傳》：張商英入相，《宰輔表》：張商英以大觀四年六月入相。召爲吏部尙書，拯已昏憒，吏乘爲姦。又左轉工部，以樞密直學士知同州。時商英去位，侍御史洪彥昇併劾之，削職，提舉鴻慶宮。

重和元年戊戌，三十一歲。

官甯海。

宣和元年己亥，三十二歲。

官甯海。

宣和二年庚子，三十三歲。

官甯海。

《先君述》云：方臘反，台之仙居民應

之，蹤捕反黨，及旁縣。一日驅菜食者數百人至縣，丞尉皆曰可殺，先君爭不得。丞尉用賞秩，不踰年，相繼死，皆見所殺爲厲云。

按：《宋史·高宗紀》：宣和二年十月，建德清溪妖賊方臘反，命譚稹討之。

據此，則蹤捕反黨當在是年。

除南京南京，今河南歸德府，宋爲南京應天府。國子博士，未就職。

據《先君述》，當在方臘陷杭州之前。

次子文安公遵生。

宣和三年辛丑，三十四歲。

遷宣教郎，爲秀州司錄事。

《先君述》云：拜南京國子博士，未上。賊犯杭州，經制使陳公亨伯《東都事略·陳遘傳》云：遘，字亨伯，零陵人也。方臘起睦州，二浙用兵，以亨伯爲龍圖閣直學士、經制使。檄主餉。奏功，遷宣教郎，爲秀州司錄事。

按：秀州到任年分失考，當在方臘寇平之後。《宋史·徽宗紀》：「宣和三年四月庚寅，中州防禦使辛興宗擒方臘於清溪。七月戊子，童貫等俘方臘以獻。八月丙辰，方臘伏誅。」又按：方臘黨方七佛以是年正月犯秀州，《宋史·徽宗紀》失書。詳見《童貫傳》傳云：「方臘者，睦州青溪人也。宣和二年十二月，陷睦、歙二州，南陷衢，北掠新城、桐廬、富陽諸縣，進逼杭州。郡守棄城走，州即陷。警奏至京師，王黼匿不以聞，於是凶燄日熾，東南大震。發運使陳亨伯請調京畿兵及鼎澧槍牌手兼程以來，使不至滋蔓。徽宗始大驚。三年正月，臘將方七佛引衆六萬，攻秀州。統軍王子武乘城固守。已而大軍至，合擊賊，斬首九千，築京觀五，賊還據杭。

宣和四年壬寅，三十五歲。

官秀州。

宣和五年癸卯，三十六歲。

官秀州。三子文敏公邁生。

宣和六年甲辰，三十七歲。

官秀州。

秋大水。公以荒政自任，所活九萬五千餘人，人呼爲洪佛子。

《宋史·徽宗紀》：宣和六年，兩河、京東西、浙西水。

《五行志》：宣和六年秋，京畿恆雨，河北、京東、兩浙水災，民多流移。

《先君述》云：宣和六年秋，大水，田不没者什一，流民塞路。倉府空虛，無賑捄策。先君白郡守以荒政自任，悉籍境內粟，留一年食，發其餘糴於城之四隅。升損市直錢五，戒米肆揭價於青白旗上，巡行無時，抶其旗靡者，皆無敢貴糴。不能自食者官主之，立屋於東南兩廢寺，十人一室，男女異處。防其淆僞，涅黑子識其手。東五之，南三之。負、嬰、樵、汲有職。民羸不可杖，有侵牟鬬嚚者，亂其手文，逐之。皆帖帖畏服。借用所掌發運名錢，錢且盡，會浙東綱常平米斛四萬過城下，先君遣吏鏁津柵，諭守使截留。守噤不肯，曰：「此御筆所起也，罪死不赦。」先君曰：「民仰哺當至麥秋，今臘猶未盡，中道而止，則如勿捄，甯以一身易十萬人命。」訖留之。居亡何，廉訪使者王孝竭至郡，曰：「平江哀號訴饑者旁午，此獨無有，何也？」守具以對。即延先君如兩寺驗視，民肅然無出聲。孝竭曰：「吾嘗行邊，軍政不過是也。違制抵罪，得爲君脫之。」且厚賞，呼吏草奏。先君曰：「免戾幸矣，安所賞，但食猶未足，公能終惠，復得二萬石乃可。」孝竭以聞，米如請而得。至麥秋，民相攜以歸。前後所活九萬五千餘人。州人既不死凶年，先君出，無不手加額，呼爲洪佛子。事並見《輿地紀勝·嘉興府·官吏門·洪晧》注所引《繫年録》。

又《宋史》本傳：宣和中，爲秀州司錄，大水，民多失業。晧白郡守以拯荒自任，發廩損直以糶。民坌集，晧恐其紛競，乃別以青白幟，涅其手以識之。令嚴而惠徧。

按：本傳「別以青白幟」一語與《先君述》所書，語意微異。

宣和七年乙巳，三十八歲。

官秀州。

欽宗靖康元年丙午，三十九歲。

官秀州。

高宗建炎元年丁未，四十歲。

是年三月，徽、欽二帝北狩。五月，高宗即位於應天府。

官秀州。

九月，御營統制辛道宗率兵討陳通，至嘉興縣，《宋史·地理志》：秀州以政和七年賜名嘉禾郡嘉興縣，附郭。兵潰。

《宋史·高宗紀》：建炎元年八月戊午朔，勝捷軍校陳通作亂於杭州，執帥臣葉夢得，殺漕臣吳昉。壬申，命御營統制辛道宗討陳通。九月甲午夜，辛道宗兵潰於嘉興縣。辛丑，陳通劫提點刑獄周格營，殺格，執提點刑獄高士曈。十月甲子，知秀州兼權浙西提點刑獄趙叔近入杭州，招撫陳通。丁卯，以王淵爲杭州制置盜賊使，統制官張俊從行。十二月辛酉，王淵入杭州，執陳通等誅之。

十月，孝宗皇帝生於秀州杉青牐之官舍。

《宋史·孝宗紀》：王夫人張氏《高宗紀》：紹興三十二年六月甲戌，加贈兄子偁爲太師中書令，追封秀王，謚安僖。妻張氏封王夫人。夢人擁一羊遺之曰：「以此爲識。」已而有娠。以建炎元年十月戊寅，生帝於秀州青杉，據《河渠志》，當作杉青。牐之官舍，紅光滿室，如日正中。

十一月，王公倫、朱公弁使金。

《宋史·高宗紀》：建炎元年十一月壬辰，遣王倫等爲金國通問使。

《王倫傳》：建炎元年，選能專對者使金問兩宮起居。遷朝奉郎，假刑部侍郎充大金通問使，閤門舍人朱弁副之。

《朱弁傳》：建炎初，議遣使問安兩宮，弁奮身自獻。詔補修武郎，借吉州團練使，爲通問副使。

建炎二年戊申，四十一歲。

累官朝散郎。丁父秦國公憂，奔喪歸饒州。時秦國太夫人與諸孫在秀州。秀卒以城叛，相戒毋入洪佛子家。

《先君述》云：累官朝散郎。丁太中憂，還鄉奔喪。太碩人年七十矣，與弱孫在秀。諸卒以城叛，鹵掠無一家免。過門，皆曰：「此洪佛子家也，毋得入。」

《宋史·高宗紀》：建炎二年五月己酉，秀州卒徐明等作亂，執守臣朱芾，迎前守趙叔近復領州事。命御營中軍統制張俊討之。六月乙丑，張俊至秀州，殺趙叔近，執徐明斬之。

是年五月，宇文虛中使金。

《宋史·高宗紀》：建炎二年五月丙申，命宇文虛中爲資政殿大學士，充金國祈請使。

《宇文虛中傳》：二年，詔求使絕域者。虛中應詔，復資政殿大學士，爲祈請使。楊可輔副之。尋又以劉誨爲通問使，王貺爲副。明年春，金人並遣歸。虛中曰：「奉命北來，祈請二帝。二帝未還，虛中不可歸。」於是獨留。虛中有才藝，金人加以官爵，即受之，與韓昉輩俱掌詞命。明年，洪皓至上京，見而甚鄙之。

建炎三年己酉，四十二歲。是年爲金太宗天會七年。

自饒州還。四月，至秀州。先是上將移蹕建康，公適過臨安，疏諫不納。五月，得旨召對，起復爲徽猷閣待制，假禮部尚書，充大金通問使。

《先君述》云：賊平，承上秀卒叛言。先君還過臨安，時苗傅、劉正彥出逃未伏誅，上將遷狩建康。先君上疏言：「今內難甫平，外敵方熾，若輕至建康，恐金人乘虛侵軼。宜遣近臣先往經營，庶事告辦，鳴鑾「鳴鑾」，《宋史》本傳作「回鑾」，誤。潛說友《咸淳臨安志》引此疏作「鳴鑾」。徐夢莘《三朝北盟會編》亦作「鳴鑾」。未晚也。時廟謨已定，不能從。既而悔之，上問宰輔：「近諫移蹕者爲誰，今安在？」丞相張和公時知樞密院，以對。過秀，邀先君至平江，欲以爲部使者招二凶，適捷書至，按：捷書至，非謂苗、劉伏誅也。據《宋史·高宗紀》，苗、劉以是年七月辛巳伏誅，在忠宣奉使後。此蓋謂二凶就俘耳。乃止。將辭歸，和公曰：「呂丞相欲見君。」即遣直吏介謁。俄有旨召見。時方墨衰絰，丞相脫巾服衣之。既對，上以國步艱難，兩宮遠狩狩，《宋史》本傳作「播」，誤。爲憂。先君極言天道好還，裔夷安能久陵中夏，此正《春秋》「邲郢之役，天其或者警晉訓楚」也。此上「郢」字蓋謂吳入郢之役。按，《左傳·哀公元年》：陳逢滑有「天其或者正訓楚也」之語，確指郢事，與鄢無涉。《續通鑑》改「郢」爲「鄢」，誤。所言反復當上意，上曰：「卿議論縱橫，熟於史傳，有專對之才，朕方擇使，無以易卿。」先君以母老父喪懇辭，不許。擢徽猷閣待制，遷五官，假禮部尚書爲奉使大金軍前使。令與宰執議國書。先君欲有所易，輔臣按，輔臣謂呂頤浩，見《宋史》本傳。護其文，不喜，遂抑遷官賜告。《續通鑑》：帝遣左副元帥宗翰書，稱「宋康王構謹致書元帥閣下」，願用正朔，比於藩臣。上令晧與宰執議國書。晧欲有所易，頤浩不樂。

《宋史·高宗紀》：建炎三年三月癸未，傅正彥等勒兵向闕。戊子，張俊部兵八千至平江。張浚諭以決策起兵問罪，約呂頤浩、劉光世招韓世忠來會。先是上命朱勝非節制平江府秀州，控扼軍馬。禮部侍郎張浚副之，尋召勝非赴行在，留浚駐平江。甲午，呂頤浩率勤王兵二萬發江甯。辛丑，傅等遣軍駐臨平，拒勤王兵。四月庚戌，頤浩、浚軍次臨平，苗翊、馬柔吉拒戰。不勝，傅正彥引兵二千，夜遁。《先君述》所云傅正彥出逃即此。辛亥，呂頤浩等入見。癸丑，《宋史》原文作癸未，誤。以呂頤浩爲尚書右僕射兼中書侍郎。丁卯，帝發杭州。按，此下帝次平江，《紀》失書。五月戊寅朔，帝次常州，以張浚爲宣撫處置使。辛巳，次鎮江府。乙酉，至江甯府，駐蹕神霄宮，改府名建康，起復朝散郎洪皓爲大金通問使。已上節録《宋史》原文，並附小注。今以《本紀》月日考之，則公過臨安疏諫移蹕，當在四月辛亥後、丁卯前，尋即歸秀。迨帝發杭州，呂、張二相扈從過秀，是以有邀至平江之事。與《先君述》云云正合。惟《先君述》於邀至平江下，即云將辭歸，俄有旨召見，似當日公被使命在平江，非在建康也。按：《本紀》特書起復洪皓於駐蹕建康之下，則又似被命建康矣。今據《宋史·本紀》，書作「五月奉使」，而詳具《本紀》及《先君述》原文，入注以備參考。

按：公奉使至金一節，《金史·太宗紀》、《交聘表》並失書。使還年月，則《熙宗紀》、《交聘表》皆書之，詳後。

兼淮南、京東等路撫諭使。

《先君述》云：淮甸賊蠭起，乃命先君兼淮南、京東等路撫諭使，俾李成時爲宿泗州都大捉殺使。以兵護至南京。成乃方與耿堅時爲遥郡防禦使。圍楚州，今江蘇山陽縣。時賈敦詩以通判權州事。以責其降虜爲名，實持叛心。《宋史·高宗紀》：「建炎三年二月庚戌朔，金人陷楚州，守臣朱琳降。」本傳云：「時淮南盜賊踵起，李成甫就招，即命知泗州，羈縻之。乃命皓兼淮南、京東等路撫諭使，俾成以所部衛皓至南京。比過淮南，成方與耿堅共圍楚州，責權州事賈敦詩以降敵，實持叛心。」據此知李成時方知泗州，而權知楚州者爲賈敦詩。抵成，成曰：「汴《乾隆府廳州縣圖志·靈壁縣下》：古汴水自河南永城縣界流入，逕宿州南，又東南入泗州界。涸，《宋史·河渠志·汴水》下：「靖康而後，汴河上流爲盜所决者數處，決口有至百步者，塞久不合，乾涸月餘，綱運不通。」又

《盤洲集·過穀熟》詩云：「汴水流乾轍迹深。」虹《宋史·地理志·泗州虹》下：「紹興九年自宿州來隸。」據此，則虹縣當隸宿州。有紅巾賊，非五千騎不可往，軍食絶，不克唯命。」先君聞堅可撼，陰遣説之曰：「君越數千里赴國家急，山陽縱有罪，當稟於朝。今擅兵攻圍，名勤王，實作賊爾。」堅意動，遂強成斂兵。先君行未至泗境，諜云有迎騎介而來。《宋史》本傳：「晧至泗境，迎騎介而來。」與此微異。副龔璹曰：「事叵測，虎口渠可入。」送兵亦不肯前，先君不得已，遂返。即上疏言：「李成以朝廷不撫卹，稽軍饟，有引衆納命建康之語。今靳賽據揚州，薛慶據高郵。萬一三叛連衡，何以待之？方含垢養晦之時，宜選辯士諭意，優進官秩，畀以京口綱運，如晉明帝待王敦可也。」疏奏，上遣閤門宣贊舍人賀子儀撫諭成，給米五萬石，令第將士名貤恩。初，先君戒所遣吏須疏從中出，乃詣政事堂白副封。時方禁直達，忤宰臣意。《宋史》本傳：頤浩惡其直達而不先白堂。以託事滯留，降承議郎。據《續通鑑》，貶秩二等，在是年六月。請出滁陽路。《宋史》本傳：請出滁陽路，自壽春由東京以行。張守忠、李貴嘯潁上，道益梗。提舉官范潩、張銳嘗招慰之，旋復亂。先君至順昌，聞賊有至近郊以牛驢市物者，約與相見譙門下。先君曉譬切至，曰：「自古無白頭賊。」賊竦寤，請歸報其渠，迺爲書至其窟穴。守忠、貴聽命，率所領入宿衛。守忠初名俊，入朝賜今名。李貴，即俗所謂李閻羅者。又云：撫諭京淮，降空名告身二十通，以便宜賞功，存其半。或求竄名，卻弗應對，以還尙書。

仍寓家秀州。

《先君述》云：「一日歸别，先君持太碩人拜且泣。時長子适甫十三歲，遜以下皆襁褓，呱呱省别，行路不能仰視，先君弗子也。」

又云：使虜得修職郎四人，時有六子，獨适預名，三以官弟姪，且乞以一弟暭奉甘旨。暭起布衣，奪哀爲秀州判官。

閏八月，至太原。【原編】

《宋史·高宗紀》：靖康元年八月，金帥黏罕《松漠紀聞》：「黏罕者，吴乞買三從兄弟，名宗幹。」按：《金史》作「宗翰」，恐「幹」字誤。乞買，金太宗名也。復引兵深入，陷太原。

《續通鑑》：晧至太原，金令其陽曲縣主簿張維館伴，留幾歲。

是年七月，崔公縱使金。九月，張公卲使金。

《宋史·高宗紀》：建炎三年七月丁酉，遣崔縱使金軍前。九月丙辰，遣張卲充金國軍前通問使。

建炎四年庚戌，四十三歲。是年爲金天會八年。

在太原，十二月徙雲中。【原編】

按：《先君述》云：「間關至太原，留幾一年。」《宋史》本傳亦云：「晧至太原，留幾一年。」若以己酉閏八月至太原，今年十二月徙雲中，則不止一年。疑由太原他徙，旋又徙雲中耳。

《宋史·地理志》：宣和四年，詔山前收復州縣合置監司，以燕山府路爲名，山後别名雲中府路。

又云：雲中府，唐雲州，大同軍節度石晉以賂契丹，契丹號爲西京。《松漠紀聞·西京》原注：北人稱雲中爲西京。按：雲中，今山西大同府。宣和三年始得雲中府、武、應、朔、蔚、奉聖、歸化、儒、嬀等州，所謂山後九州也。

按：宣和七年，燕、雲諸郡復陷入金。

是年二月，金人陷秀州。長子适等奉秦國、魏國二夫人，避亂歸饒州。

按：避亂歸饒，錢大昕《文惠公譜》叙於上年。蓋秀州雖陷於是年，而上年十一月，高宗已棄杭州，則秀州危迫，歸饒當在上年。此特連類書之耳。

旋復還秀州。

《宋史·高宗紀》：建炎四年二月辛卯，金人陷秀州。

許及之《文惠公行狀》云：值胡騎犯吳，間關奉秦國、魏國挾五弟三妹歸鄱陽。

又云：指衆食貧，忠宣奉入在秀，復迎挈以往。

公所著書悉厄於兵燼。

《盤洲集》卷六十三《跋先忠宣公鄱陽集》全文見後。云：先君以建炎己酉出疆，平生著作多悉留檇李，即秀州。庚戌之春，厄於兵燼。

九月，金人立劉豫爲齊帝。

《宋史·高宗紀》：建炎四年九月，劉豫僭位於北京。

《金史·太宗紀》：天會八年九月戊申，立劉豫爲大齊皇帝，都大名府。

紹興元年辛亥，四十四歲。是年爲金天會九年。

在雲中。時徽、欽二帝徙居五國城。公遣人奏書，并獻胡桃、梨、脩粟、麪諸物。

《宋史·高宗紀》：建炎四年七月乙卯，金人徙二帝，自韓州之五國城。

《先君述》云：兩宮蒙塵五國城，先君嘗私遣人奏書，并獻胡桃、梨、脩粟、麪諸物，兩宮始知趙氏中興。

《宋史·王倫傳》：有商人陳忠，密告倫二帝在黃龍府。倫遂與弁及洪皓，以金遺忠，往黃龍府潛通意，由是兩宮始知高宗已即位矣。

樓鑰《攻媿集·王公神道碑》云：金帥黏罕凶燄熾甚，公與之抗辯，旁若無人。金帥憤怒，留之雲中。從行者多不堪，公談笑自若，勉以節義。然尚未知兩宮安否，日禱於天，以「朝通夕死」爲言。有商人陳忠告使臣楊汝亨曰：「二聖、太后在黃龍府。」公以語副使朱公弁及洪公皓曰：「此天所贊也。」即遣之金，使達上意，由是兩宮始知本朝中興，而江南之信通焉。

金人迫使仕劉豫，怵以劍，不爲動。五月，徙冷山。

《宋史·劉豫傳》：洪皓久陷於金，黏罕勸皓仕豫，不從。竄皓冷山。

《先君述》云：先君間關至太原，留幾一年。虜遇使人禮益薄。及至雲中，大酋黏罕迫遣與副使官僞齊。先君曰：「萬里銜命，不得奉兩宮南歸，大國度不足以有中原，當還諸本朝，迺違天以奉逆豫。豫可磔萬段，顧力不能，忍事之邪？今留亦死，不即豫亦死，偷生狗鼠間，甘鼎鑊不悔也。」黏罕怒，命壯士擁以下，執劍夾承之，先君不爲動。旁貴人嗜曰：「此眞忠臣也。」止劍士，以目爲跽請，黏罕怒少霽。遂流遞於冷山，與假吏沈珍、隸卒邱德、党超、張福、柯辛俱。副使至汴，受豫命，知恩州。流遞猶中國編竄也。

《松漠紀聞》：冷山去燕山三千里，去金

國所都二百餘里，皆不毛之地。按《紀聞》：甯江州去冷山百七十里。又云：自上京至燕二千七百五十里，上京即西樓也，三十里至會甯頭鋪，四十五里至第二鋪，三十五里至阿薩鋪，四十里至來流河，四十里至報打孛堇鋪，七十里至賓州渡混同江，按《紀聞》：契丹自賓州混同江北八十餘里，建寨以守。予嘗自賓涉江過其寨，守禦已廢，所存者數十家耳。七十里至北易州，五十里至濟州東鋪，二十里至濟州，四十里至勝州鋪，五十里至小寺鋪，五十里至威州，四十里至信州北，五十里至木阿鋪，五十里至沒瓦鋪，五十里至奚營西，四十五里至楊相店，四十五里至夾道店，五十里至安州南鋪，四十里至宿州北鋪，四十里至咸州南鋪，四十里至銅州南鋪，四十里至銀州南鋪，五十里至興州，四十里至蒲河，四十里至瀋州，六十里至廣州，七十里至大口，六十里至梁漁務，三十五里至兔兒堝，五十里至沙河，五十里至顯州，五十里至軍官寨，四十里至愓隱寨，四十里至茂州，四十里至新城，四十里至廝吉步落，四十里至胡家務，四十里至童家莊，四十里至桃花島，四十里至楊家館，五十里至隰州，四十里至石家店，四十里至來州，四十里至南新寨，四十里至千州，四十里至潤州，三十里至舊榆關，三十里至新安，四十里至雙望店，四十里至平州，四十里至赤峰口，四十里至七箇嶺，四十里至榛子店，四十里至永濟務，四十里至沙流河，四十里至玉田縣，四十里至羅山鋪，三十里至薊州，三十里至邦軍店，三十五里至下店，四十里至三河縣，三十里至潞縣，三十里至交亭，三十里至燕。自燕至東京此東京謂宋東京開封府。金初曰汴京，後改曰南京。一千三百十五里，自東京至泗州一千三十四里。自雲中至燕山數百里皆下坡，其地形極高，去天甚近。

冷山皆完顏希尹《松漠紀聞》：悟室者，女真人，名希尹，封陳王，爲左相，誅宋衮、滕虞凡七十二王，後爲兀术族誅。聚落。公至，希尹命其八子受學於公。

【原編】悟室使誨其八子彥清等。今按《松漠紀聞》：「悟室長子源，第三子撻撻。」疑源即彥清也。撻撻勁勇有智，力兼百人。其死，悟室哭之慟，曰：「折我左手。」亦見《松漠紀聞》。又按《金史·完顏希尹傳》：「二子把答《熙宗紀》作「把搭」漫帶，與希尹同被誅。」

《先君述》云：雲中至冷山，行兩月程，距虜二百餘里。與《松漠紀聞》合。今又按《宋史》本傳「距金主所都僅百里」，恐誤。地苦寒，四月草始生，八月而雪。土廬不滿百，皆陳王悟室聚落。悟室使誨其八子，或一年《宋史》本傳作「二年」。不給衣食，盛夏至衣牸布。番課四隸，謂隸卒邱德等四人。採薪他山。嘗久雪，薪盡，致乞馬矢煨麪而食。

紹興二年壬子，四十五歲。是年爲金天會十年。

在冷山。

九月，王倫自金還，《續通鑑》：皓得以家問附倫而歸。言公奉使不屈。詔下秀州，存問家屬，賜銀絹二百。時長子适未冠，以修職郎得監南嶽廟。

《宋史·高宗紀》：紹興二年九月壬戌，王倫自金國使還，入見。《王倫傳》：紹興二年，黏罕忽自至館中，與倫議和云云。是秋，倫至臨安，入對，言金人情僞甚悉。帝優奬之。《先君述》云：紹興二年，使者王公倫歸，爲上言之，此承上黏罕迫仕僞齊及流遞冷山言。即下秀州存問家屬，賜銀絹二百。适未冠，得監南嶽廟。

【原編】是年十一月，作《太碩人七十三歲生辰》詩。

【附考】《先君述》云：嘗有旨，以先君母老，賜錢百萬，又與將仕郎恩澤五人，它賜予者三。按：當在紹興壬子後。

紹興三年癸丑，四十六歲。是年爲金天會十一年。

在冷山。

【原編】是年有《寒食思親》詩。

紹興四年甲寅，四十七歲。是年爲金天會十二年。

在冷山。

【原編】是年有《小原闕，《鄱陽集》作「小王」仲冬置酒次韻》詩。

紹興五年乙卯，四十八歲。是年爲金熙宗天會十三年。

在冷山。

是年，永祐陵諱聞，公北鄉泣血旦夕臨，遣使臣沈珍往燕山開泰寺建道場，爲文祭之。

《宋史·徽宗紀》：紹興五年四月甲子，《金史·熙宗紀》：在天會十三年四月丙寅。崩於五國城。七年九月甲子，凶問至江南。十二年八月乙酉，梓宮還臨安。十月丙寅，權攢於永祐陵。

《先君述》云：永祐陵諱聞，先君北鄉泣血，旦夕臨，後遇諱日，即燕山開泰寺爲文以薦云云。故臣讀之，無不掩涕。

按：《容齋三筆》載《開泰寺功德

疏》，較《先君述》爲詳，具錄如左。

《容齋三筆》卷八：徽宗以紹興乙卯歲升遐。時忠宣公奉使未反命，滯留冷山，遣使臣沈珍往燕山，建道場於開泰寺。作《功德疏》曰：「千年厭世，莫遂乘雲之仙；四海遏音，同深喪考之戚。況已上二十一字，《先君述》無。故宮爲禾黍，改館徒饋於秦牢；新廟游衣冠，招魂漫漫，當從《先君述》作「但」。歌於楚些。雖置河東之賦，莫止江南之哀。遺民失望而痛心，孤臣久縶惟歐《先君述》作「嘔」，古通。血。伏願盛德之祀，傳百世以彌昌；《先君述》作「無窮」在天之靈，繼三后而不朽。」北人讀之亦墮淚，爭相傳誦。其後梓宮南還，公已徙燕，率故臣之不忘國恩者出迎於城北，搏膺大慟。北人最重忠義，不以爲罪也。

岳珂《桯史》：徽宗上賓，洪忠宣蓋嘗於燕京愍忠寺肆筵以奠。是時方身縻異境，若於郡國禮制之外，因心薦嚴，雖前無此比，亦不失臣子盡誠之誼云。

按：朱彝尊《日下舊聞》引王沂公《上契丹事》云：幽州愍忠寺，本唐太宗爲征遼陣亡將士所造。又有開泰寺，魏王耶律漢甯造。皆遣朝使游觀。又朱昆田《日下舊聞補遺》引屈大均《鴻雪錄》云：燕舊有開泰寺，王沂公謂是遼魏王漢甯所建，元王惲《秋澗集》中載《重修開泰寺功德疏》，亦曰：「迺眷燕山，昔爲遼府開泰禪寺者，爰因鄴第，建自樞臣。」然《遼史·宗室》初無魏王漢甯傳。也據吳長元《宸垣識略》：愍忠寺，唐貞觀十九年建，明正統中改名景福，本朝雍正九年賜額曰法源寺。是憫忠寺未嘗有開泰之名。《程史》作憫忠寺，疑傳聞之譌耳。

在冷山。

紹興六年丙辰，四十九歲。是年爲金天會十四年。

在冷山。

紹興七年丁巳，五十歲。是年爲金天會十五年。

在冷山。

【原編】有「獨活他鄉已九秋」之句。

二月辛丑，詔存卹家屬，賜錢三百緡。《續通鑑》。

紹興八年戊午，五十一歲。是年爲金天眷元年。

在冷山。

【原編】聞金軍過江，未得確耗，憂憤成疾。有《遺懷》詩云「老母八十漫嗟予」。

十一月，夫人沈氏薨於秀州。

紹興九年己未，五十二歲。是年爲金天眷二年。

在冷山。

【原編】有《賀左相封陳王啓》。

按：《松漠紀聞》載陳王悟室加恩制詞，蓋金相韓昉爲翰林學士時所作。

紹興十年庚申，五十三歲。是年爲金天眷三年。

自冷山徙燕，八月至燕。

是年，金人誅完顏希尹，黨與皆坐死，獨公數與異議，獲免。

《金史·熙宗紀》：天眷三年九月癸亥，殺左丞相完顏希尹及希尹子昭武大將軍把搭、《希尹傳》作「同修國史把荅」。符寶郎漫帶。

又《完顏希尹傳》：熙宗即位，爲尚書左丞相兼侍中，加開府儀同三司。天眷元年，乞致仕，不許，罷爲興中尹。二年，復爲左丞相兼侍中。俄封陳王。與宗幹共誅宗磐、宗雋。二年，二年，當爲三年。

賜希尹詔曰：「師臣密奏，姦狀已萌。心在無君，言宣不道。逮燕居而竊議，語神器以何歸。稔於聽聞，遂致章敗。」遂賜死。是時，熙宗未有皇子，故嫉希尹者以此言譖之。

《松漠紀聞》：庚申年，星守陳承上「客星守」，魯言亦謂「客星」也。太史以告宇文，宇文語悟室。原注：悟室時爲陳王。悟室不以爲怪，至九月而誅。

《先君述》云：先君辱於悟室十年，多爲詩文以諷，皆憂國傷時語。悟室嘗得獻取蜀策，持以問先君，先君歷陳古事梗之。悟室銳欲吞中國，曰：「孰謂海大？我力可乾，但不能使天地相拍爾。」先君曰：「兵猶火也，弗戢將自焚。自古豈有四十年用兵不止者？」又數數爲言所以來爲兩國大事，今既不受使，迺令深入敎小兒，兵交使在，禮不當執。悟室或應或否，一日大怒，曰：「汝作和事官，卻口硬，謂我不能殺汝邪！」先君曰：「自分當死，顧大國無受殺行人之名。此去蓮花濼三十里，使之乘舟，一人蕩諸水，以墜淵爲言可也。」悟室義之而止。

又云：虜已遣使約和，悟室問所議十事，先君條折之甚至，曰：「封冊是虛名，年號本朝自有。金三千兩，景德所無。東北宜絲蠶，大國有其地矣，絹不可增也。至於取淮北人，搖民害計，本朝必不可。景德之盟，南北所得人皆不取，載書猶在，可覆視也。」悟室曰：「吾固欲取投附人誅之以懲後，何爲不可？」先君曰：「昔魏侯景舉十三州地歸梁，梁武帝欲以易其姪淵明於魏。景遂作亂，陷臺城，仆兩帝。中國所監，決不相從。」悟室稍悟，乃曰：「汝性直，所言不誑我。吾與汝如燕，遣汝歸議。」遂行。所存沈珍、邱德、党超三人。既而，莫公將北來。《宋史·高宗紀》：紹興十年正月丙戌，遣莫將等充迎護梓宮奉迎兩宮使。議不合，囚涿州。事復變，道達軶帳，其酋聞洪尚書名，爭邀入穹廬，出妻女胡舞，舉渾脫酒以勸。到燕一月，越王兀朮族悟室，黨與坐死數百千人，獨先君故與持論異，身幾死數矣，兀朮知之，故得免。書機事數萬言，藏故絮中，遣趙德歸上之。《先君述》云：燕人重先君執節，爭持酒食相勞苦。先君間行廛市，物色諜者，得趙德，書機事數萬言，藏故絮中以歸，曰：「順昌之役，虜震懼喪魄，燕之珍器重寶悉徙以北，意欲捐燕以南棄之。王師亟還，自失機會。雖再躪河南，後必更成。」此二語《宋史》本傳作：「今再舉，尚可。」具以悟室問答語，并兩宮諸王主所居報上。是歲紹興十年也。

《宋史·劉錡傳》：時洪皓在燕，密奏：「順昌之捷，金人震恐喪魄，燕之重寶珍器悉徙而北，意欲捐燕以南棄之。」故議者謂是時諸將協心，分路追討，則兀朮可擒，汴京可復。而王師亟還，自失機會，良可惜也。

十一月，有《上母書》。

《書》云：皓遠違膝下，忽忽十二年。中間兩大病，天憐羈苦，偶幸再生。日夜憂愁孃孃年高，恐不及一見慈顏，以此痛心，殆不堪處。皓自酉年閏八月至太原，明年十二月至雲中，兩處供給幸不缺。又明年五月，元帥晉王驅皓詣冷山悟室監軍家。監軍使皓教其子昭武。是行，在途兩月，跋涉四千里。冷山距金都二百五十里，其地苦寒，九月而雪，四月草始生。十年中受盡艱辛，不可勝說。衣著更不與，盛夏服麤布。隨行使臣沈珍、兵士邱德、党超幸在，張福、柯辛已死。皓至冷山之明年春，元帥嘗許南還。將行，監軍父子堅不肯。比至草地，元帥雖怒，已無及，乃遣王侍郎回。三二年來，監軍稍相信，前此見問南中事，皓不識其意，每每煩惱。戊年，金軍過江，有虜到秀州人，後卻到冷山，皓以秀事問之。雖知此州官吏並前期往華亭，免遭俘掠，終不得端確，緣此憂惱成病。監軍後除右丞相，不主和議。前年七月，罷知興中府。故宋、袞、魯三王內外用事，欲割地以和。去年正月，復召悟室入，專權益甚。三王不勝忿，謀共除之，爲二吏所告，七月三日遂誅三王。九月，王侍郎來，留肇州，遣其副。因索進奉及取投附人。朝廷既無素備，其銀絹禮數合入商量，乃一切峻卻，遂致交鋒。雖順昌軍捷，岳帥衆集，忽報班還，何補？何補？使臣履危受辱不足惜，當念上皇神柩久寓遐荒，太后年高，寗不思國？宗室困辱不忍說，生靈轉徙，何時休息？謂宜權以濟事，況爲親屈，所當容忍。悟室嘗問歲幣，皓答云：「契丹景德中雖有此例，緣山東、河北產絲蠶，其地今屬金國。責之東南，恐不如數。金三千兩，景德無之。」又問正朔，皓答云：「年號，本朝所自有。」悟室云：「南朝欲自用其年號，若表書來，當用此間年號。」又問封冊，皓答云：「此自虛名，不必較。」又問投附人還可得，皓答云：「昔東魏侯景以十三州投梁，有衆十萬，後敗於壽春，纔存四百。武帝欲以景易其姪淵明，景遂作亂，陷臺城，弑二帝。景雖即滅，梁祚亦亡。監戒甚明，恐不許，必須許亦不肯來就死，徒成禍亂。」悟室曰：「我亦道不可得，大人云須得投附人至，若不至，自壞爾國家。」久之，謂皓曰：「隨我到濟州看春水。爾是直性人，言語樸實，與我言合得。爾去與大人商議，我約監公佐四月間到來。若三兩椿事從得，使爾歸國商量。」遂以三月半到濟州，四月四日回冷山。居八日，悟室又云：「更隨我到燕京。」以二十三日起，五月初到草地。及聞莫將來，所請皆不從，大怒，起兵向河南。及順昌之敗，岳帥之來，此間震恐未幾。而岳帥軍回，吳璘兵大敗，河南、關西故地一朝復盡得。八月十八日，皓與宇文相公先入燕。至九月七日，車駕入。宇文去冬教悟室子孫，因此遂爲謀畫，每屏人私語至夜分。悟室問江南如何可取，宇文云先取四川。宇文前此已知貢舉及充規畫三省使，遣官制禮，凡百與議。今有男、女二人，自云南中一子是過房，一女是庶出，老年無親，惟此二子。自與悟室商議，換授光錄大夫、翰林學士兼太常卿、修國史、詳定禮儀。欲得皓亦換官，庶幾朝廷知得例換。九月二十二日，悟室父子八人同右丞相蕭慶父子四人，皆絞死城外，焚之，謂其跋扈擅命也。皓雖失倚託，幸免換官，亦未敢理會，請授教其一童爲饘粥之資。近又聞例有換授，擬皓朝散郎、翰林直學士。皓自聞此議，日夜號慟。有昭烈大將軍者，晉國之弟，從前相愛，聞此見憐。遂同晉國之子見平章相公，愬老母累重，乞免換授。雖已見許，未知其他宰執如何，更旬日間可決矣。嬢嬢年高，甯不因皓重添憂惱。然爲國亡身，自古有之，無可奈何。所願免得換授，將來和定，須可圖歸。萬一不免，老小長訣矣。臨紙抆淚，悲不自勝。

【附考】《先君述》云：懿節皇后按：高宗憲節邢皇后，初謚懿節。之姨高氏與其夫趙伯璘隸悟室戲下，貧甚，先君屢賙之。范蜀公之孫祖平，虜不以爲官，傭奴之。先君使以東坡所爲《蜀公銘》白曰：「我官人也。」虜曰：「東坡書之，不疑矣。」即釋之，先君資以歸裝。貴族有流於黃龍府優籍者二人，先君屬副留守趙倫除其籍。劉公光世之庶女小醜在虜豢家，爲贖以重價，求匹偶衣冠之家。略爲人奴者，贖之數十人。以上並互見《宋史》本傳。張待制宇發自蔚州死雲中，先君過荒寺，見其櫬，攜之至燕山，授其僕鍾禹功使葬。

《松漠紀聞》：嗢熱者，國最小，不知其始所居，後爲契丹徙置黃龍府南百餘里曰賓州。州近混同江，即古之粟末河黑水也。部落雜處，以其族類之長爲千戶統之。

又云：族多李姓，予頃與其千戶李靖相知。靖二子亦習進士舉，其姪女嫁爲悟室子婦。靖之妹曰金哥，爲金主之伯固碖側室。其嫡無子，而金哥所生，今年約二十餘，頗好延接儒士，亦讀儒書，以光祿大夫爲吏部尚書。其父死，託宇文虛中、高士談、趙伯璘爲志，高、宇文以趙貧，命趙爲之，而二人書篆其文額，所濡甚厚，曾在燕識之。

又云：勃海國去燕京、女眞所都皆千五百里。

又云：國少浮圖氏，有趙崇德者爲燕都運，「都運」疑是「都軍」，見《松漠紀聞補遺》原注：都監也。又《金史》官名有中都路都轉運使，此云「都運」，殆省文與？未六十餘，休致爲僧，自爲大院，請燕竹林寺慧日師住持，約供衆僧三年費。竹林乃四明人，趙與予相識頗久。

紹興十一年辛酉，五十四歲。是年爲金皇統元年

在燕。

夏，求得皇太后書，遣李微歸上之。冬，復以書奏上，并獻六朝御容、徽宗御書。

《宋史·韋賢妃傳》：洪皓在燕，求得后書，遣李微持歸，帝大喜曰：「遣使百輩，不如一書。」遂加微官。

《先君述》云：明年承上紹興十年言。夏，求得皇太后書，遣邵武男子李微來歸。上大喜，因御經筵，謂講讀官曰：「不知太母甯否？幾二十年，雖遣使百輩，不如此一書。」遂官李微。其冬，復以書曰：「虜已厭兵，勢不能久，異時以婦女隨軍，今不敢攜。朝廷不知虛實，卑辭厚幣，未有成約。不若乘勝進擊，再造猶反掌爾。所取投附人，只欲保守江南，歸之可也，獨不監侯景之禍乎？若欲復故疆，報世讎，不宜與。胡銓封事，《宋史·高宗紀》：紹興八年十一月辛亥，以樞密院編修官胡銓上書直諫斥和議，除名，昭州編管。壬子，改差監廣州都鹽倉。此或有之，知中國

有人，益生懼心。張丞相名動殊方，可惜置之散地。」并問李、趙二相安否，獻六朝御容、徽宗御書。其後和定，祐陵「祐陵」上疑脱「永」字。及太后歸音皆先報。凡四年中，以文書至者九。數陳軍國利病，謂施行之則宗社生靈之福，留中皆莫得聞。先君言無隱情，歸國以此觸罪。諸子懼深禍，過庭不敢一問北事，故忠謀祕策不詳得，獨係帛書所存，大略如此。

《宋史·朱弁傳》亦云：以金國所得六朝御容及宣和御書畫爲獻。

金人數及換授，《金史·太宗紀》：天會八年十月甲申天清節，詔遼宋官上本國誥命，等第換授。公皆力辭。至是，上金相韓昉《金史·熙宗紀》：皇統元年四月丙子，以濟南尹韓昉參知政事。書，誓以死不就職。遂令校雲中進士試，使者監上道。至雲中，以疾聞，復回燕。

《宋史》本傳：初，皓至燕，宇文虚中已受金官，因薦皓。金主聞其名，欲以爲翰林直學士。據此，則金人欲換授公官，乃由冷山徙燕之後。

《先君述》云：初，宇文虚中既換虜官，欲扳先君分譴，乃力薦於虜廷，換先君爲翰林直學士。力辭獲免。虚中爲詳定禮儀使，始造赦其文，復及換授。先君訴虜相韓昉，乞於眞定或大名養濟，圖逃歸計。昉怒，《宋史》本傳：皓有逃歸意，乃請於參政韓昉，乞於真定或大名以自養，昉怒。虚中贊其決，遂換中京副留守，復力辭。昉大怒，降留守司判官，爲承德郎。趣行者屢矣，誓以死不就職。虜法，雖未換官，而曾被任使者，永不可歸。虜欲以計墮先君，令校雲中進士試，使者監上道。先君日損食，陽爲有疾狀。既至，謂院官曰：「今取士以詩賦，吾故學經耳。」曰：「豈不能出語策士乎？」考官孫九鼎《三朝北盟會編》：天會十年，孫九鼎試經義第一人。者，有太學舊，爲以疾聞，得回燕。

按：雲中往還年月失詳，今以《先君述》訴虜相韓昉一語參考。《金史》韓昉入相年月，附著於此。

《宋史·朱弁傳》：金人欲易其官，弁移書耶律紹文曰：「上國之威命，朝以至則使人夕以死，夕以至則朝以死。」又以書訣後使洪晧曰：「殺行人非細事，吾曹遭之，命也。要當舍生以全義爾。」

是年，岳公飛死於大理獄。

《宋史·高宗紀》：紹興十一年十二月癸巳，賜岳飛死於大理寺。

《岳飛傳》：時洪晧在金國中，蠟書馳奏，以爲金人所畏服者，惟明監本《宋史》作「爲」，誤。飛，至以父呼之。諸酋聞其死，酌酒相賀。

【附考】《松漠紀聞》：「金人科舉，先於諸州分縣赴試，詩賦者兼論，作一日，經義者兼論策，作三日，號爲鄉試。悉以本縣令爲試官，預試之士，唯雜犯者黜牓。首曰鄉元，亦曰解元。次年春，分三路類試。自河以北至女眞皆就燕，關西及河東就雲中，河以南就汴，謂之府試。試詩、賦、論、時務策，經義則試五道，三策一論一律義。凡二人取一牓，首曰府元。至秋，盡集諸路舉人於燕，名曰會試。凡六人取一牓，首曰勅頭，亦曰狀元云云。府試差官取旨，尚書省降劄，知舉一人，同知二人。」據此，則校雲中進士試爲府試耳，當在是年春。

紹興十二年壬戌，五十五歲。是年爲金皇統二年。

在燕。

何鑄、曹勳使至燕，請歸皇太后。金人許諾，公遣人先報。

《宋史·韋賢妃傳》：鑄等至金國，首以后歸爲請。金主曰：「先朝業已如此，豈可輒改。」勳再三懇請，金主始允鑄等就館。館伴耶律紹文來，言金主許從所請。洪皓聞之，先遣人來報。鑄等還，具言其實，遂命參政王次翁爲奉迎使。

皇太后歸，過燕，公冒禁朝於燕。

《先君述》云云，見後。

《宋史·高宗紀》：紹興十二年四月丁卯，皇太后偕梓宮發五國城，八月壬午，皇太后至，入居慈甯宮。

万俟卨等使至燕，特持賜金帛。

《宋史·高宗紀》：紹興十二年八月甲戌，以万俟卨參知政事，充金國報謝使。

《先君述》云：參知政事万俟公出疆，上知先君急闕，命其副特持賜金帛。

錢大昕《廿二史考異》：「《金史·交聘表》皇統二年十二月，宋使上表謝歸三喪及母韋氏。是年，宋參知政事万俟卨爲報謝使，榮州防禦使邢孝揚副之。《表》失載。」又云：「《表》於宋使姓名多闕漏。《宋史》但有正使姓名，而不書官職，惟《繫年錄》所載甚備，今取以補《表》之闕。」據此，知持金帛之副使當即邢孝揚也。

日長至，宴張總侍御家，歸賦《江梅引》四闋。【原編】

《容齋五筆》卷三：紹興丁巳，所在始歌《江梅引》詞，不知爲誰人所作。己未、庚申年，北庭亦傳之。至於壬戌，公在燕，赴張總侍御家宴，侍妾歌之，感其「念此情家萬里」之句，愴然曰：「此詞殆爲我作。」既歸不寐，遂用韻賦四闋。時在囚拘中，無書可檢，但有《初學記》、韓、杜、蘇、白集所引用，句語一一有來處。其一《憶江梅》云：「天涯除館憶江梅。幾枝開。使南來。還帶餘杭、春信到燕臺。準擬寒英聊慰遠，隔山水，應銷落，赴愬誰。空恁遐想笑摘蕊。斷回腸，思故里。漫彈綠綺。引三弄、不覺魂飛。更聽胡笳、哀怨淚沾衣。亂插繁華須異日，待孤諷，怕東風，一夜吹。」其二《訪寒梅》云：「春還消息訪寒梅。賞初開。夢吟來。映雪銜霜、清絕繞風臺。可怕長洲桃李妒，度香遠，驚愁眼，欲媚誰。曾動詩興笑冷蕊。效少陵，慚下里。萬株連綺。歎金谷、人墜鶯飛。引領羅浮、翠羽幻青衣。月下花神言極麗，且同醉，休先愁，玉笛吹。」其三《憐落梅》云：「重閨佳麗最憐梅。牖春開。學妝來。爭粉翻光、何遽落梳臺。笑坐雕鞍歌古曲，催玉柱，金卮滿，勸阿誰。貪爲結子藏暗蕊。斂蛾眉，隔千里。舊時羅綺。已零散、沈謝雙飛。不見嬌姿、眞悔著單衣。若作和羹休訝晚，墮烟雨，任春風，片片吹。」第四篇失其稿，北人謂之《四笑江梅引》，爭傳寫焉。

《容齋隨筆》卷十三：先公在燕山，赴北人張總侍御家集，出侍兒佐酒，中有一人，意狀摧抑可憐，叩其故，乃宣和殿小宮姬也。坐客翰林直學士吳激賦長短句紀之，聞者揮涕。其詞曰：「南朝千古傷心地，還唱《後庭花》。舊時王謝、堂前燕子，飛向誰家？恍然相遇，仙姿勝雪，宮髻堆鴉。江州司馬，青衫溼淚，同是天涯。」激字彥高，米元章壻也。

今按：激乃宋進士吳栻之子。元好問《中州集》載《中州樂府》，首即彥高此作，調寄《人月圓》，微有異字，好問並記云：「彥高北遷，後爲故宮人賦此。時宇文叔通亦賦《念奴嬌》，先成而頗近鄙俚，及見彥高此作，茫然自失。是後，人有求作樂府者，叔通即批云：「吳郎近以樂府名天下，可往求之。」

《金史·文藝傳》：吳激，建州人。將宋命至金，以知名留不遺，命爲翰林待制。

皇統二年，出知深州，到官三日卒。有《東山集》十卷行於世。

是年，長子适、次子遵同中博學宏詞科。

《先君述》云：适、遵濫登博學宏詞科，宰臣以所試制詞進讀，上顧姓名，問曰：「是洪某子邪？父在遠，能自立，此忠義報也，可與陞擢差遣。」故遵除祕書省正字，适爲刪定敕令官，繼亦改秩入館。自博學宏詞改科即除館閣，自遵始。次月，宰輔賀皇太后有來期，上曰：「洪某身陷虜區，乃心王室，忠孝之節，久而不渝，誠可嘉尚。某之二子並中詞科，亦其忠孝之報也。士大夫苟能崇尚節義，天必祐之。」語在《慈甯宮回鑾事實》。

按：《宋史·藝文志》有万俟卨《太后

回鑾事實》十卷，又《禮志》：紹興二十六年十月，進呈《太后回鑾事實》。

【附考】程敏政《新安文獻志·汪觀察傳》云：汪介然，字彥確。紹興間，與侍郎沈昭遠使金，充上指節使，轉忠靖郎，就添差充本軍指使。先是，洪忠宣公皓陷虜，高宗用其子适爲相。按：文惠爲相在孝宗時，此誤。屢書求皓，虜以不知所在爲辭。及公使虜，遊城上，皓聞笑語曰南音也，密附蠟丸書，公剖股納之。歸聞於朝，帝召見，公以實奏，命於御前取書以進。上覽之涕泣，乃命适拜公，爲之厚賂，和議乃成。明年，洪公皓、朱公弁、張公邵皆南還。洪公令諸子孫羅拜之，曰：「微夫人之力，不及此。」适出知徽郡，爲公建府第。朱文公志朱弁墓，得邑人汪介然密附洪公皓蠟丸之功也。事見洪公《家錄》及《輶軒集》。按：《新安文獻志》有朱弁墓志，無汪介然一語。洪公《家錄》作《家書》。

紹興十三年癸亥，五十六歲。是年爲金皇統三年。

六月庚戌，公及張公邵、朱公弁使還。八月戊戌，公至自燕。

和議成。

《宋史·高宗紀》：紹興十三年六月庚戌，金遣洪皓、張邵、朱弁來歸。八月戊戌，洪皓至自金國入見。

《盤洲集》卷六十二《題輶軒唱和集》全文見後云：紹興癸亥六月庚戌，先君及張公邵、朱公弁自燕還。八月戊戌，先君至；辛丑，張公至；乙巳，朱公至。按：此與《本紀》年月符合。

《先君述》云：虜議遣奉使人各還其鄉，因赦及之。它使者幸稍徙，多占淮北，無敢言淮以南者。先君實以饒州聞，張公郃、朱公弁亦自言和州、徽州人。既議和，還淮以南使者，故先君三人在遣中。用事者多曰：「此等人若放了，幾時更有？今不留，後必爲我患。」歸計屢欲變。參知政事王公使至燕，先君得虜陰謀，從坡上與館中人語，爲留守易王金太祖第七子乃燕京留守，易王之父。見《松漠紀聞》。所獲對吏，將馳流星騎上其事。副留守勃海高吉祥按：高吉祥，即《金史》列傳中高楨也。傳云：「高楨，遼陽勃海人。天眷初，同簽書會甯牧。及熙宗幸燕，兼同知留守，改同知燕京留守。」考《熙宗紀》，熙宗以天眷三年九月戊申至燕京，皇統元年九月戊申至自燕京，則楨之改燕京副留守當在皇統元年九月以後。又按：周必大《洪文惠公神道碑》云：「虜既講好，首命公爲賀生辰使。虜遣同簽書宣徽院事高嗣先接伴，自言其父司空有德忠宣。」今考楨傳，於海陵時策拜司空。《廢帝海陵紀》：貞元二年八月戊申，以御史大夫高楨爲司空。參考紀、傳，凡年代、鄉貫、官稱一一脗合無疑。惟以「吉祥」二字表德，則「楨」似當爲「禎」耳。據《大明一統志》卷二十五，引作高禎，從示。素嘉先君忠，委曲護出之，且易以他牘。先君行月餘，方以元牘進。垂入境，追者七騎至。及諸淮，則在舟中矣。至盱眙，以奉使無狀自劾，上方以來歸爲喜，報無罪，可待日以御札趣覲。

又云：其歸也，北人治餞具。幾月後，使者至，虜多問先君今何官，居何地。

又文惠公《隸釋》卷三《三公山碑釋》云：頃者，先公太師以使事爲北方所留，紹興癸亥年，政地王次翁使至燕，先公隔垣牆與驛中人語，爲覘者所得，賴副留守高吉祥之力脫縲紲而歸。

《宋史·高宗紀》：紹興十二年四月甲子朔，遣王次翁爲奉迎兩宮時皇后邢氏訃猶未至，故稱兩宮。禮儀使。九月丙午，金使劉筈、完顏宗表等九人入見。戊申，以王次翁充報謝使。

按：是年王次翁再使金。《先君述》所稱「先君得虜陰謀」云云，當在王次翁報謝至金時。

《金史·熙宗紀》：皇統二年二月戊子，皇子濟安生。壬辰，以皇子生，赦中外。八月丁卯，詔歸朱弁、張邵、洪晧於宋。十二月甲申，皇太子濟安薨。《交聘表》：皇統二年八月丁卯，詔遣宋使朱弁、張邵、洪晧等歸。

按：《金史》遣歸年月與《宋史·高宗紀》所書相去一年之差。今以《先君述》「歸計屢欲變」及「爲留守易王所獲」二語，參合《宋》、《金》二史校之，竊疑金人於皇統二年八月遣還，遷延反覆，至明年六月始成行耳。《金史·熙宗紀》、《交聘表》稱其遣還使人之年月，則曰皇統二年八月丁卯。按《金史·王倫傳》：皇統二年五月，李正民、畢良史南歸。而下即云「七月，張邵、朱弁、洪晧南歸」，與《熙宗紀》年同月異。《宋史·高宗紀》稱其發自金國之年月，則曰紹興十三年六月庚戌。二史據事直書，是以互異，非有誤也。惟《宋史》本傳云十二年七月，見於內殿。「十二」當爲「十三」之誤。沈世泊《宋史就正編》（見《四庫全書總目提要·宋史下》）、錢大昕《廿二史攷異》曾辨之矣。《張邵》、

《朱弁傳》並作「十三年」，與《高宗紀》合。《朱弁傳》：「十三年和議成，弁得歸。」王明清《揮麈三錄》又有朱弁授修武郎、閤門宣（黄）〔贊〕舍人，副王正道倫出疆，被拘，在朔庭凡十九歲。紹興壬戌，始與洪光弼、張才彥俱南歸。按：「壬戌」當作「癸亥」。《張邵傳》：金嘗大赦，許宋使者自便還鄉，人人多占籍淮北，冀幸稍南，惟邵與洪皓、朱弁言家在江南。十三年，和議成，及皓、弁南歸，八月入見，周密《齊東野語》：歷陽張邵才彥，建炎三年自承奉郎上書，賜對，假大宗伯奉使撻覽軍前，拘留幽燕者凡十五年。及和議成，紹興十三年，始與洪皓、朱弁俱還。奏前後使者如陳過庭、司馬朴、《先君述》云：司馬侍郎朴，握節以死。居數年，無有能名之者，先君爲陳本末，詔以忠節顯著，贈兵部尚書。《宋史·司馬朴傳》：金命朴爲行臺左丞，朴辭而止。後卒於真定，訃聞，詔稱其忠節顯著，贈兵部尚書。滕茂實、崔縱、魏行可皆歿異域，未褒贈者，乞早頒卹典。邵併攜崔縱柩歸其家。《宋史·崔縱傳》：金人許南使自陳，而聽其還，縱以王事未畢，不忍言。又以官爵誘之，縱以恚恨成疾，竟握節以死。洪皓、張邵還，遂歸縱之骨。

又按：邵嘗以言劉豫事，觸怒金人，由燕山北徙會甯府。事見《邵傳》，但未詳何年。由會甯徙燕，其在會甯時，曾否與忠宣合并耳？

《宋史》本傳：金主以生子大赦，許使人還鄉。皓與張邵、朱弁三人在遣中。

又云：皓自建炎己酉出使，至是還，留北中十五年。

《松漠紀聞》：北人重赦無郊霈，予銜命十五年才兩見赦，一爲余都姑叛，按：余都姑，遼將降金者。《宋史·高宗紀》云：遼降將耶律余都，即此。一爲皇子生。

公自建炎三年己酉奉使，至紹興十三年癸亥使還，所謂銜命十五年也。

文惠公《隸續》卷十五《石經儀禮殘碑釋》云：己酉年，先公張膽請和，聽命於其酋黏罕，繼徙冷山，十有五年，然後歸。

《大清一統志·甯古塔·流寓》：宋洪皓，鄱陽人。使金不屈，將殺之，後流於冷山，又遷之，離會甯府二百里。金陳王悟室知皓賢，延使教子。凡留金十五年，和議成乃南歸。初，皓留金時，以教授自給，因無紙，則取樺葉寫《論語》、《孟子》、《大學》、《中庸》傳之，時謂之樺葉四書。

《甯古塔志》亦云：公留京甯古塔即金上京會甯府地。時，以教授自給，因無紙，則取樺葉寫《論語》、《孟子》、《大學》、《中庸》傳之，時謂之樺葉四書。

入見，上眷甚厚。奏事畢，力求鄉郡養母，不許。

《先君述》云：既至闕，登時見內殿，奏事罷，力求鄉郡養老母。上曰：「卿忠貫日月，志不忘君，雖蘇武不能過，豈可捨朕去也？」賜內庫金帶、《續通鑑》作「金幣」。鞍馬，既又以馬驚，復拜賜。又賜御銘盾制琴一、黃金三百兩、帛五百匹、象齒三百斤，綿、香、酒、茶、諸果物。中使日踵門咨訪，宸章沓至，且諭旨將柄用。王應麟《玉海》：高宗賜洪皓御銘盾制琴一。

又云：紹興十二年二月己巳，上謂大臣曰：「古人琴制不同，各有所屬，朕近出意作盾樣，以示不忘武備之意。」《杭州府志·寓賢傳》：洪皓全節歸朝，見內殿，乞歸鄉養母。帝曰：「卿忠不忘君，雖蘇武不能過也，豈可捨朕去？」因賜第於錢塘之葛嶺，命迎養其親，事載《敦煌事實》。

明日，皇太后召見，徹簾問勞。

《先君述》云：皇太后之歸也，過燕，先君冒禁朝焉。至陛對，乞賜見。明日按：公以八月戊戌至闕，明日爲八月己亥。即召之慈甯殿。已設簾，皇太后顧帘人：「吾故識尚書矣。」命撤之。問勞優渥，語必稱尚書，賚予係道。東朝對外庭臣，唯先君一人。

尋除徽猷閣直學士、提舉萬壽觀，兼權直學士院。

據《宋史》本傳，在八月。按《先君述》云：閱九日，以八月戊戌至闕計之，閱九日爲八月丁未，若承上「明日，皇太后召見」言，則爲戊申。進徽猷閣直學士、提舉萬壽觀兼權直學士院。沈該《翰苑題名》：「洪皓紹興十三年八月以徽猷閣直學士提舉萬壽觀，兼權直院。九月，依舊職知饒州。」據此，則權直院在八月。又云：「先君半世朔庭，入翰林，不旬浹。」文惠公《題輶軒唱和集》云：「九月乙卯，先君以徽猷閣直學士入翰林，是月甲子，出爲鄉州。」《跋鄱陽集》見《盤洲集》六十三卷，全文并見後。云：「紹興癸亥還朝，入直玉堂，不旬日領鄉郡去。」據此，則權直院在九月。竊疑直徽猷閣與兼權直學士院未必是同日事，且入直學士院定在九月乙卯，迨甲子，遂出知饒州，所謂「不使一旬寓乎玉堂之直」也。亦文惠語，詳後《賜謚下》。抑或《先君述》據其新除月日計之，《鄱陽》、

《輶軒》二集題跋據其入直月日書之歟。

《容齋三筆》卷四：「先公使金歸，除徽猷閣直學士，時劉才卲當制，日於漏舍屬之。至先公出知饒州，幾將一月，猶未受告。」按此，亦足證直徽猷閣與權直學士院非同日事。

數忤秦檜，檜風李文會論公。是月甲子，出知饒州。

《宋史·高宗紀》：九月甲子，洪晧出知饒州。

《先君述》云：見宰相秦檜，肆言無所避。彌三日不休，曰：「張丞相，虜所尊憚，乃不得用。」「錢塘暫蹕，而景靈太廟《宋史·高宗紀》：紹興十三年二月乙酉，建景靈宮，奉安累朝神御。極土木之工，示無中原邪！」語侵秦皆類此。秦謂适曰：「尊公信有忠節，得上眷，但官職如讀書，速則易終而無味，要當如黃鍾大呂乃可。」

又云：虜來取趙彬《宋史·高宗紀》：建炎四年十月，涇原統制張中彥、經略司幹辦趙彬叛降金人。紹興元年四月，金涇原帥趙彬犯耀州，守臣趙澄擊走之。五月，趙彬及金人合兵圍慶陽府，守臣楊可昇擊敗之。七月，趙彬來歸，張浚承制以彬爲陝西轉運使。紹興十年，趙彬爲兵部侍郎。輩三十家。先君疏言：「昔晉韓起謁環於鄭，鄭小國也，能引誼不與。虜既限淮，官屬皆吳人，留不遺，蓋慮知其虛實情僞也。彼方困於蒙兀姑，示強以試中國。若遽從之，彼將謂秦無人，而輕我矣。」

《宋稗類鈔·品行類》：金人來取趙彬等三十人家屬，詔歸之。時洪晧曰：「昔韓起謁環於鄭，鄭小國也，能引義不與。金既限淮，官屬皆吳人，宜留不遣。彼方困於蒙厄姑，示強以嘗中國。若遽從之，則知我虛實，謂秦無人，益輕我矣。」檜變色曰：

「公無謂秦無人。」按：《宋稗類鈔》原書不注所出。後三日，復上疏言：「或以不與之，故致渝盟，宜曰俟淵聖皇帝及皇族歸乃遣。」又言：「王倫、郭元邁輩以身徇國，棄之不取，緩急何以使人？」辭益剴切。《雲麓漫鈔》：郭公元邁字英遠，高宗駐蹕維揚時，募使虜通兩宮者，閩人魏行可請行，英遠亦慨然上表，補右武大夫、和州團練使，爲之副。既至，貽書虜帥黏罕，反覆論辨用兵利害，乞歸二聖，旋被拘留。紹興壬戌，忠宣洪公尚書歸自虜，奏王倫與公以身徇國，詞極剴切。按：「壬戌」當作「癸亥」。經筵進故實，引楚平王止子旗伐吳事，因言吳取州來，楚弗與校，撫民治國五年而後用師。今淮右之民勞罷流散，宜時使薄斂，勿令轉徙無告，中興急務也。秦益不喜。初，虜圍楚州久不下，時秦留黏罕所，《宋史·高宗紀》：建炎四年九月，金人攻楚州，趙立死之。十月辛未，秦檜自楚州金將撻懶軍歸於漣水軍。虜使之草檄諭降，有室撚者在軍知狀。先君與秦語及虜事，因曰：「憶室撚否？別時託寄聲。」羅大經《鶴林玉露》：洪忠宣自虜回，戲謂檜曰：「撻辣郎君致意。」檜大恨之。秦色變而罷。明日，侍御史李文會論先君在朝必生事，遂出知饒州。

《宋史·秦檜傳》：洪晧歸自金國，名節獨著，以致金酋室撚語，直翰苑不一月，逐去。室撚者，黏罕之左右也。初，黏罕行軍至淮上，檜嘗爲之草檄，爲室撚所見，故因晧歸寄聲。檜意士大夫莫有知者，聞晧語，深以爲憾，遂令李文會論之。

《輿地紀勝·饒州·人物門·洪晧》注云：奉使北虜不屈，後講和好，始還朝，兼權直學士院，出知鄉郡。

《繫年錄》云：初，秦檜在完顏昌軍中，昌圍楚州久不下，欲檜草檄諭降，有室撚者在軍知狀。紹興十三年，晧與檜語及虜事，因曰：「憶室撚否？別時託寄聲。」檜色變而罷。翌日，晧出知饒州。

又《英德·官吏門·洪晧》注云：建炎己酉，奉使虜庭。虜歸太后及梓宮，晧力多矣。癸亥，晧亦得歸。東朝德之，除直學士院，有大用意，秦檜嫉其功。晧乞不發南歸之人，及謂檜：「憶室撚否？」室撚者，虜庭用事之臣也。檜深銜之，竟出知饒，又謫英州。

又《宋史·秦檜傳》：凡論人章疏，皆檜自操以授言者，識之者曰：「此老秦筆也。」

又云：附己者立與擢用，如孫近、韓肖胄、樓炤、王次翁、范同、万俟卨、程克俊、李文會、楊愿、李若谷、何若、段拂、汪勃、詹大方、余堯弼、巫伋、章夏、宋樸、史才、魏師遜、施鉅、鄭仲熊之徒，率拔之冗散，遽躋政地，又多自言官，聽檜彈擊，輒以政府報之。

《宋史》本傳：侍御史李文會劾晧不省母，出知饒州。

《續通鑑》：李文會奏晧頃事朱勔之壻，夤緣改官，以該討論，乃求奉使。比其歸也，非能自脫，特以和議既定，例得放歸。而貪戀顯列，不求省母。若久在朝，必生事端，望與外任。檜進呈，因及宇文虛中事，帝曰：「人臣之事君，不可以有二心，爲人臣而二心，在《春秋》皆所不赦。」乃命黜晧。

《容齋四筆》卷十六：先公歸國，僅陞一職，立朝不滿三旬。

侍秦國太夫人。

《先君述》云：時太碩人春秋八十有五，晝錦膝下，學士大夫榮之。

《盤洲集》卷七十七《慈塋石表》云：先君持節南歸，祖母故無恙，所留九男女皆在旁。

時長子适官祕書省正字，以奉親自列，通判台州。

【附考】《容齋三筆》卷八：建炎三年，先忠宣公銜命使北方，以淮甸賊蠭起，除兼淮南、京東等路撫諭使，俾李成以兵護至南京。公遣書抵成，成方與耿堅圍楚州，答書曰：「汴涸，虹有紅巾，非五千騎不可往。軍食絕，不克唯命。」公陰遣客說堅，堅強成斂兵。公行未至泗，諜云有迎騎甲而來，副使龔璹憚之，送兵亦不肯前，遂返旆。即上疏言：「李成以餽餉稽緩，有『引衆納命建康』之語，今靳賽、薛慶方橫，萬一三叛連衡，何以待之？方含垢養晦之時，宜選辯士諭意，優加撫納。」疏奏，高宗即遣使撫諭成，給米五萬斛。初，公戒所遣持奏吏，須疏從中出，乃詣政事堂白副封。時方禁直達，忤宰輔意，以託事滯留爲罪，特貶兩秩，而許出滁陽路。按：此事前據《文惠公語録》入建炎三年，與《三筆》所述互有詳略，因復具録原文於此。紹興十三年使回，始復元官。時已出知饒州，命予作謝表，直叙其故，曰：「論事見從，猶獲稽留之戾；出疆滋久，屢沾曠蕩之恩。始拜明綸，得仍舊秩。伏念臣頃繇乏之使，不敢辭難。値三盜之連衡，阻兩淮而薦食，深虞猖獗之患，或起呼吸之間，輒露便宜，冀加勤卹。雖璽書賜報，樂聞充國之建言；而吏議不容，見謂陳湯之生事。虧除官簿，綿歷歲時。敢自意於來歸，遂悉還於所奪。茲蓋忘人之過，與天同功。念臣昔麗於微文，蔽罪本無於他意，故從數赦，俾獲自新。」書印既畢，父兄復共議。秦檜方擅國，見此表語言，未必不怒，乃别草一通引咎，曰：「使指稽留，宜速虧除之戾；聖恩深厚，卒從扙拭之科。仰服矜憐，唯知感戴。伏念臣早繇乏使，遂俾行成。値巨寇之臨衝，欲搏人而肆毒。仗節宜圖於報稱，引車何事於逡巡。徐偃出疆，既失受辭之體；中舟假道，初無必死之心。雖蒙貶秩以小懲，尙許立功而自贖。徒行萬里，無補一毫，敢妄冀於隆寬，乃悉還於舊貫。茲蓋忘人之過，撫下以仁。陽爲德而陰爲刑，未嘗私意；賞有功而赦有罪，皆本好生。坐使孤臣，盡湔宿負」云云。前後奉使，無有不轉官者。先公以朝散郎被命，不沾恩，凡十五年而歸，僅復所貶，而合磨勘五官，刑部皆不引用，秦志也，遂終於此階。

又《五筆》卷三：先忠宣公好讀書，北困松漠十五年，南謫嶺表九年，重之以風淫末疾，而繙閲書策，早莫不置，尤熟於杜詩。初歸國到闕，命邁作《謝賜物一劄子》，竄定兩句云：「已爲死别，偶遂生還。」謂邁曰：「此雖不必泥出處，然有所本更佳。東坡《海外表》云：『子孫慟哭於江邊，已爲死别。』杜老《羌村》詩云：『世亂遭飄蕩，生還偶然遂。』正用其語。」一在鄉邦，日招兩使者會集，出所將宣和殿書畫舊物示之。提刑洪慶善作詩曰：「願公十襲勿浪出，六丁取將飛辟歷。」「辟歷」二字如古文，不從雨。公和之曰：「萬里懷歸爲公出，往事宣和空歷歷。」邁請其意，曰：「亦出杜詩『歷歷開元事，分明在目前』也。」

《先君述》云：先君天性強記，書無所不讀，雖食不釋卷。稗官小說亦暗誦連數千言。

又云：善琴弈，好古，能別三代彝器，見書畫，不計直必得之乃已。有書萬餘卷，名畫數百卷，皆厄兵燼。據文惠公《鄱陽集跋》語，在紹興庚戌春，金人犯秀州時。居窮絕域，復訪求捆載以歸。

《盤洲集》卷五十《繳進太祖皇帝御書奏狀》云：頃年，先臣以使事久縶異域，訪求於鄽市之間，換易於酋渠之家，前後所積，凡得乾德、開寶中御府編次《太祖皇帝御筆》數十卷。

《容齋隨筆》卷三：神宗有御筆一紙，乃爲潁王時封還李受門狀者。狀云「右諫議大夫、天章閣待制兼侍講李受，起居皇子、大王」，而其外封題曰「台銜回納」，下云「皇子、忠武軍節度使、檢校太尉、同中書門下平章事、上柱國潁王名謹封。」名乃親書。其後，受之子覆以黃繳進，故藏於顯謨閣。先公得之於燕，始知國朝故事，親王與從官往還公禮如此。

又《四筆》卷十三：濮安懿王之子宗綽，蓄書七萬卷。始與英宗偕學于邸，每得異書，必轉以相付。宗綽家本有《岳陽記》者，皆所賜也。此國史本傳所載。宣和中，其子淮安郡王仲糜進《目錄》三卷，忠宣公在燕得其中袟，云：「除監本外，寫本、印本書籍，計二萬二千八百三十六卷。」觀一袟之目如是，所謂七萬卷者，爲不誣矣。三館祕府所未有也，盛哉。《宋史·宗室世系表》：贈太師、榮王、謚孝靖宗綽，長子襄王、謚康孝仲糜。《宗室列傳·濮安懿王下》云：宗綽嗣，官至河陽三城節度使、檢校司徒。紹聖三年二月薨，年六十二。贈太師，追封榮王，謚孝靖。按：蓄書事，傳未載。

又《續筆》卷十三：先公自燕歸，得龍圖閣書一策，曰《貽子錄》。有御書兩印存，不言撰人姓名，而序云：「愚叟受知南平王，政寬事簡。」意必高從誨擅荆渚時，賓僚如孫光憲輩者所編，皆訓儆童蒙。

《盤洲集》卷三十四《重編唐登科記序》云：先忠宣公還自朔庭，得昭文館姚康書，前五卷最爲詳盡，而亡其十有一卷。《唐書·藝文志》：姚康《科第録》十六卷。所載高祖、太宗兩朝進秀甲、乙，總二百六十三人。

又卷六十三《跋岐陽石鼓文》云：先公北歸，有宣和殿所刊《復古圖》一帙，圖十鼓而釋之，以《車攻》篇冠其首，章、韓二詩，歐、周二跋尾其後，折衷以雲漢之章，更有司馬天章公鳳翔所鐫韓公詩，篋中所藏甚備。復集東坡諸公詩文爲一卷。

《容齋三筆》卷六：杜詩云：「鬬雞初賜錦，舞馬既登牀。簾下宮人出，樓前御柳長。仙游終一閟，女樂久無香。寂寞驪山道，清秋草木黃。」先忠宣公在北方，得唐人畫《驪山宮殿圖》一軸，華清宮居山顛，殿外垂簾，宮人無數穴簾隙而窺，一時伶官、戲劇，品類雜沓，皆列於下。杜一詩，眞所謂親見之也。

又《四筆》卷十三：予記先公自燕還，

有房謂元齡碑一冊，于志甯撰。本欽宗在東宮時所藏，其後猶有一印曰「伯志西齋」。今亦不存矣。

又《續筆》卷十二：先公自燕還，得二硯。大者爲瓢形，背有隱起六隸字，曰「建安十五年造」。小者規範全不逮，而其腹亦有六篆字，曰「大魏興和年造」。皆藏姪孫僩處，予爲銘建安者曰：「鄴瓦所範，嘻其是邪。幾九百年，來隨漢槎。淬爾筆鋒，肆其滂葩。僩實寶此，以昌我家。」銘興和者曰：「魏元之東，狗腳于鄴。吁其瓦存，亦禪千劫。上林得雁，獲貯歸笈。玩而銘之，衰淚棲睫。」

《先君述》云：《四夷附錄》按：《四夷附錄》上當補「五代史」三字。所載西瓜，先君持以獻，故禁圃及鄉圃種之，皆碩大。西瓜始入中國。

《盤洲集》卷九《西瓜》詩云：萬里隨虜使，分留三十年。甘棠遺愛在，一見一潸然。原注：癸亥年，先公自北方帶歸。

在饒州。

紹興十四年甲子，五十七歲。

詹大方迎秦檜意論公。六月丁酉，謫提舉江州江州，潯陽郡，今九江府。太平觀。

《宋史·秦檜傳》：皓之罪，由白鍔延譽。

《先君述》云：大水，秦方鉗天下舌，不得言。中官白鍔，從皇太后北歸者，宣告：「燮理乖盭，洪尚書名聞華夷，顧不用。」秦聞，繫鍔大理獄，獄成。鍔實不識先君，特以虜中知名故。鍔既流嶺海，諫議大夫《續通鑑》作御史中丞。詹大方指先君與鍔刎頸交，更相稱譽，遂提舉江州太平觀。

《宋史·高宗紀》：紹興十四年六月丙申，內侍白鍔坐誹謗，及其客張伯麟俱黥配吉陽軍。

《秦檜傳》：閩浙大水，右武大夫白鍔有「燮理乖謬」語，刺配萬安軍。太學生張伯麟嘗題壁曰：「夫差，爾忘越人殺而父乎？」杖脊，刺配吉陽軍。

據《高宗紀》，則公謫當在六月丙申後。

按：《宋史》本傳及《秦檜傳》作「白鍔」，《高宗紀》作「白鄂」，今改正。《秦檜傳》「張伯麟」，殿本《宋史》作「張伯綸」，今從明監本，與《高宗紀》合。

八月，秦國太夫人董氏薨。

按：《先君述》於「出知饒州」下云「時太碩人春秋八十有五」，知是年八十有六。

又按：《盤洲集》卷七十《祖母周祥疏》云：「日薄西山，已愴含飴之遠；律中南呂，俄臻升穀之新。」太夫人薨以八月，第三語可證。

紹興十五年乙丑，五十八歲。

在饒州。

爲秦國公、秦國太夫人營葬濴潭。年月失詳。

《先君述》云：丁太碩憂，先君恨牽久使事，承顏闕養，空囊中辦大葬，一椽一石，心營指授，終日扶杖，與工傭等勞。而御史中丞何若《宋史·高宗紀》：紹興十七年正月壬辰，以御史中丞何若僉書樞密院事，三月乙亥，何若罷。猶論先君爲睥睨鈞衡謀不靖者。

《宋史》本傳：尋居母喪，他言者猶謂皓睥睨鈞衡。

《盤洲集》卷七十三《祖廟焚黃祭文》

云：謹以太子太傅黃告一通，俾弟某上家以告。

又《濲潭焚黃文》云：祖考自亞傅而冠三孤，祖妣自莒國而進衛國。

又《辛卯濲潭焚黃文》云：祖考繇帝保而躋帝傅，祖妣則有大國之封。

是年，三子邁中博學宏詞科。

紹興十六年丙寅，五十九歲。

在饒州。

《盤洲集》卷七十《祖母忌辰疏》云：望斷新阡，阻一官於千里；悲纏諱日，驚再見於三秋。時文惠公通判台州，故有第二語。

【原編】是年，作《祓殯》詩。

紹興十七年丁卯，六十歲。

服除，復提舉江州太平觀。檜黨余堯弼論公，五月己巳謫濠州濠州，隸淮南西路。《宋史·地理志》：濠州鍾離郡，乾道初移戍藕塘，嘉定四年始城定遠縣，復舊。團練副使，英州英州，隸廣南東路，今韶州府英德縣。宋初曰英州，宣和二年賜郡名曰湞陽。後慶元元年，以甯宗潛邸，升爲英德府。按《後漢·郡國志》，湞陽屬桂陽郡。殿本《宋史·地理志》作「貢陽」，誤。明監本缺，補葉亦作「貢陽」。《新唐書·地理志》：湞陽隸嶺南道廣州南海郡，本名真陽，貞觀元年更名。安置。

《宋史》本傳：終喪，除饒州通判李勤按：「除」字衍，「饒州通判」四字下屬李（文）勤爲句。附檜，誣皓作欺世飛語。

《高宗紀》：紹興十七年五月己巳《宋史》作「乙巳」，誤。洪皓責濠州團練副使，英州安置。

《宋史·秦檜傳》：十七年五月，移貶洪皓于英州。

《先君述》云：服除，復得太平觀。此語足正《宋史》本傳之失。饒州通判李勤與太守王公洋、同僚陳公之淵積不相能，且幸以訐進，誣先君作欺世飛語，王、陳與聞之。有雅憎先君者，從中實其事。殿中侍御史余堯弼以爲言，王、陳罷去，先君謫濠州團練副使，安置英州。《續通鑑》：洪晧責授濠州團練副使，英州安置。晧丁内艱，既終喪，復遂祠請。於是直徽猷閣王洋知饒州，而左奉議郎陳之淵添差通判，二人與右承議郎通判州事李勤積不相能。勤倖以訐進，告晧有欺世飛語，洋、之淵皆與聞之。殿中侍御史余堯弼即奏晧造爲不根之言，簧鼓衆聽，幾以動搖國是，請竄遐裔，洋、之淵亦宜寘之典憲。詔罷洋、之淵，而晧有是命。周必大作《汪元渤洋右史文集序》云：晚守鄱陽，洪忠宣適獲罪於秦，無敢過其居者，公獨修舍蓋故事，坐是罷郡。按：《容齋三筆》六：「吾州餘干縣東于越亭，有琵琶洲在下，唐劉長卿、張祜輩皆留題。紹興中，王洋元勃一絕句云：『塞外烽煙能記否，天涯淪落自心知。眼中風物參差是，只欠江州司馬詩。』眞佳句也。」據此，則周必大集作「汪洋」，誤。

按：《先君述》云「還鄉三秋，執喪之日過半」，此約略言之耳。自出知饒州至安置英州，凡首尾五年。

將卜築滄津，會南謫，不果。

《盤洲集》卷七十三《家廟祭考妣文》云：滄津之址基，我先君南遷不返，齎恨泉下。布椽治礎，遺訓在耳，歷載二十，始遂肯堂之志。會有稽山之命，不克俟落成而去。家廟居中，實存手澤。

《家廟祭高曾文》云：滄津之基，發自慈訓。前歲歸里，始獲肯堂。斤斧未休，往鎮禹會。乞祠得請，茲克奠居。家廟處中，式報遺蔭。永期燕妥，益壽後人。按：文惠公以乾道丙戌三月罷相，七月起知紹興府，距是實二十年。

又卷六十八《滄津卜築上梁文》云：念先公之始基，爲我里之佳處。

又云：茲契肯堂之志，敢辭治第之勞。

又卷六十九《滄津卜築青詞》云：卜築滄津，實虔遵於先志；用工累歲，豈無犯於凶神。欲保乂甯，敢伸祈謝。伏念臣頃因罷相，再獲還鄉，迺興土木之謀，以爲風雨之芘。前簷後廡，幸略就於規模；右築左穿，恐妄干於禁忌。已享一區之佚，久稽百拜之儀。茲肅清壇，仰酬洪覆。伏望高真委鑒，吉曜垂光。老穉伸眉，長受如茨之祉；巫醫埽迹，自臻勿藥之休。

又《盤洲集》卷三十一《慶善橋記》云：中番城有湖曰滄浦，大隄橫絕屬市，西輔小隄，湖判而三。唐爲放生池，自刺史顏魯公始。按：「滄津」疑即「滄浦」。

至英州，居法林寺。【原編】

《先君述》云：既至，得僧舍數楹於黃茆叢竹中，居之泊如。地產奇石，遺僮裹糧幽討，羅列四壁下，手斧鑿，晝連夕丁東其間。

【原編】是年，過曹溪，賦三絕句。

長子适省公於豫章。洪州豫章郡，隆興三年，以孝宗潛藩，升爲府。

按：是年，文惠公第三子槢殤，文惠爲墓銘，在《盤洲集》卷七十五。云：「予佐天台郡罷有日，聞家君謫英州，理裝亟行，時第三子病創甫痂落。次婺女，婺州東陽郡，今金華府。內子病且棘。既少間，予取捷道趨家君寓所。及之豫章，諸子奉其母還吾鄉。閱月，有執書汗而前者，言吾子創之毒未蕩治，隆暑登道，邪熱中蘊，痁遂痢，咽不粒者浹辰矣。居頃之，別膝下。回見吾子，尪然存其骨。喜吾之歸，則強內縻，飲匙匕，必吾親授，斯須不許離去。日昃則命乳保拂笙枕以俟，如是者二十日，其亡以八月之六日」云云。據此銘，則文惠公以是年六月省親豫章，七月歸饒州，未至英州也。原編謂「十一月，文惠公罷官趨侍」，誤。

三子邁隨侍英州。

《容齋三筆》卷十一：英州小市，江水貫其中。舊架木作橋，每不過數年，輒爲湍潦所壞。建安何智甫始疊石爲之，方成，而東坡還自海外，何求文以紀，坡作四言詩一首。予侍親居英，與僧希賜遊南山，步過橋上，讀詩碑。希賜云眞本藏於何氏，此有石刻，經黨禁亦不存。今以板刻之，乃希賜所書也。坡公作詩時建中元年辛巳，予聞希賜語時紹興十七年丁卯，相去四十六年。

紹興十八年戊辰，六十一歲。

在英州。

郡守倪謍欲釀公罪，取使節，未及發，謍死。未詳何年。原編在此，仍之。

《先君述》云：閩人倪謍老矣，以承務郎守郡。自謂秩卑無奧主，聞新興新州新興郡，隸廣南東路。守以巧中遷客取使節，意躍然效之，鉤先君爲奇貨，使主兵官左右狙鋂隙，捕鍛家奴獄中，欲持一兩事，釀成罪以梯己。未及發，詧死。

紹興十九年己巳，六十二歲。

在英州。瘴作，不食十有八日，口占秀州捄菑事授諸子，呼天請命。詰朝即能食，至於復初。

《先君述》云：屛徙厲土，嵐毒侵淫，無珍膳良藥自輔，二年而瘴作，蓋不食十有八日，惛不知人。嘗少寤，口占秀州捄菑事授諸子，呼天請命。夜夢之帝所，有宣赤章云云者。詰朝即能食，至於復初。後二年，乃卧末疾。

《夷堅志》乙集下「英州野橋」條云：先公謫居英州，無祿粟以食，日糴於市郡。人或云去城七十里曰東鄉，有良田。於是旋空裝買百畝，令季弟景徐景徐名遡。往檢校。方冬穫稻，而先公忽被疾，遣僕走報。徐弟得信時已黃昏，急持馬歸。行半道，馬忽跼局縮栗，若有所畏，馭者曰：「必有虎在近。」適月色籠明，遙望數百步外叢薄中，果一虎弭耳而過焉。蓋已見之，徐亦怖。然思親念極，強加鞭。將屆城五里許，値斷港，無船可渡。臨淵上下，得橫木經水中，謂爲野橋，遽踐之，甚滑，不可移足，乃跨之而進，手所托處黏膩如飴餳。曁到家，東方已明。他日，再經彼處，元無所爲橋，蓋晨「晨」疑「曩」之誤。夕蛟螭熟睡，以故人履其背不之覺。或謂誠孝所感，得濟港善還，且免搏噬之害，其危如此。

《盤洲集》卷六十九《爲大人禳謝靑詞》云：《陟岵》思親，悵循陔之甚遡；開緘聞疾，欲嘗藥以無繇。不勝人子之情，遂瀆皇天之聽。果蒙陰相，敢控微誠。伏念臣父，頃以臺評，謫于嶺表。逢魑遇魅，久窺白澤之圖；茹蠱踐蛇，致苦黃茅之瘴。初傳消息，采劇驚惶，肱三折以無醫，腸九回而終日。謀之卜筮，厄有星辰，輒披懇禱之私，即迓安平之喜。惟祭魚之匪報，爰舍肉而有祈。恭卜良辰，肅陳妙供。伏願凶躔轉禍，淵鑒發祥。土地所宜，冀適調於南食；雷雨作解，早整頓於北轅。

紹興二十年庚午，六十三歲。

在英州。

紹興二十一年辛未，六十四歲。

在英州。

患風淫疾。

原編於是年書云「在英州，卧末疾數月」。按：公自此年後，風淫之疾纏綿，迨於捐館。詳文惠公《歷年設醮青詞》中。原編「數月」二字誤。

《盤洲集》卷六十九《大人保安青詞》云：受生天地之中，夙憑覆載；請命星辰之下，願賜哀矜。虔即醮筵，輒披愚悃。伏念臣稟資窮薄，涉世迍邅。自竄南荒，于今五稔。山河乖異，惟瘴毒之滿前；魑魅逢迎，致風淫之中左。手攣足廢，氣耗神昏，汗多不可見寒，食少無以自養。每視蔭以度日，將卧蓐以周星。良醫弗値於折肱，沈痾何由而去體？詢求巫卜，推測吉凶，謂羅睺臨照於命宮，而熒惑遲留於厄度。迨仲秋之換節，方列曜以回光，不勝祈禱之私，預肅禬禳之具。念陋邦莫能備物，賴淵鑒有以享誠。總眞適屆於中元，儌福庸殫於下地，冀臻景貺，獲度災時。伏望上帝假年，衆靈轉禍，憐臣身久困於蠻貊，察臣行無負於神明，俯寬潰潦之誅，特駐崦嵫之景，脱孱軀於醜地，迎大眚之渥恩。未疾有痊，得比蹣跚之躄；故鄉在望，庶能匍匐而歸。

是年，方公滋始爲廣南東路經略使，經略，治廣州南海郡。按：《宋史·地理志》：大觀元年，升爲帥府。《續通鑑》：「紹興二十一年正月丁未，直祕閣知静江府方滋陞直敷文閣，知廣州。」《盤洲集》卷三十一《師吴堂記》云：「紹興辛未，桐廬方公以鷺序之舊，自桂林移節來鎮。」《宋史·高宗紀》：「紹興二十五年十一月辛未，列郡守臣王响、王鑄、鄭僑年、鄭震、方滋俱以諂附貪冒罷。」據此，則方滋罷守在忠宣既没之後，但《宋史》無方滋傳，恐中更他郡也。待公盡禮。時長子适趨侍，經略因延爲僚屬。

《容齋四筆》卷八：秦氏當國時，先忠宣公、鄭亨仲、資政胡明仲、侍郎朱新仲舍人皆在謫籍，分置廣東。方務德爲經略，師待之，盡禮。秦對一客言曰：「方滋在廣部，凡得罪於朝廷者，必加意護結，得非欲爲異日地乎？」客曰：「非公相有云，不敢輒言。方滋之爲人，天性長者，凡於人唯以周旋爲志，非獨於遷客然也。」秦悟曰：「方務德卻是箇周旋底人。」其疑遂釋。當時使一憸巧者承其問，微肆一語，方必得罪，而諸公不得安迹矣。

又《攻媿集·方參議墓志銘》云：父滋，敷文閣學士、通議大夫，累贈少師。在二廣八年，自趙忠簡公鼎、張忠獻公浚、洪忠宣公皓、李莊簡公光皆爲秦氏所擯斥，流散湖廣，或在海外，少師一一以時存省饋遺，濟其乏絶，不幸没於煙瘴者，又爲津致北歸。

又云：少師在番禺，羅致洪忠宣公長子适爲屬，丞相文惠公也。仍命君定交，共處郡齋。文惠入相，然後引之退，然惟循塗守轍而已。

按：參議名導，字夷吾。

紹興二十二年壬申，六十五歲。

在英州。

《盤洲集》卷六十九《大人生朝設醮青詞》云：寢瘵計窮，不避再三之瀆；籲空情切，庶祈萬一之哀。盡瀝危衷，仰干仁覆。伏念臣自嬰滯疾，再涉隆冬，足不良行，如遇股夷之繇；手無所措，豈知指運之能。既度日以減飧，常通宵而奪寐，怔忪自失，廢錮是憂。居此炎荒，闕然良劑，猶賴神明之護，尚容喘息之延。斯屆初生，敢陳清醮。居瘴茆之俗而不免因陋，庶蘊藻之信而可以揭虔。伏望淵鑒流祥，殃星退舍，憫其困阨，賜以安平。遭臾扁之高醫，復邯鄲之故步。念痿人不忘起，早脫舊痾；瞻衡宇以載奔，遂迎解澤。

紹興二十三年癸酉，六十六歲。

在英州。

是年春，長子适得馮氏故宅，作爽堂，奉公居焉。

《盤洲集》卷三十一《爽堂記》云：湞陽，五嶠之醜地也。郡城不百所步，財足周守，居曾巨室垣墉之不若。其民茨竹爲屋，人豕雜糅，四壁不墁，一室張鐙，則光浹比宇。紹興癸酉，於是家君謫七年矣。某再至，亦四換弆衣。初寓法林寺，溼燠庳窄，出門茅不見人，四旁皆狐貍所穴，瞿然惟盜之患。今春始以四十萬得馮氏故廬，倚山作阯，繫木護其後。家君枕疾既久，足未良行，居之即心開目明，疾亦少閒。某絜劑之隙，理策躋巘，則放然有邱壑之趣，忘其身之在瘴霧中也。面北有小堂，卬首舉踵，覬天澳之來，御親輿以返，遂謂之企歸。作亭于南，倚窗寄意，故以南寄標其顔。其左有二離支，高贏四尋，茂葉童童如蓋。南荒多暑，休其下，赫曦不能邇。西山横前，煙際雨歇，則遙岫崇壁，或立或奔，怪奇綿延，呈衒天巧。於是立屋四楹，曰爽堂。有鞠數本，直籬之東，誦「悠然見山」之句，遐景若人。輕去印組如脱屣，則韁鎖安能佗？我治小軒，以思陶爲名。登梁之日，有文曰：「九夷欲居，况在王略。一日必葺，少安老親。」非虚語也。

《先君述》云：徙居城北山中，仍年谿漲通衢，沒其棟。先君容郡人避水，扶攜老稚，塡溢堂廡，幾千指，皆廪食之。數日水退，然後去。

《盤洲集》卷六十九《大人生朝設醮青詞》云：射蓬紀旦，益驚垂老之衰；卧蓐積年，不避祈哀之瀆。仰干淵鑒，曲聽愚衷。伏念臣景迫桑榆，罪投魑魅，自纏綿於末疾，兹經涉於三冬。奄奄無聊，安否靡知於朝夕；蒼蒼所覆，護持猶賴於神明。致使孱軀，稍能運肘。重惟醜地，難遇良醫，無飲食奚以扶羸，乏湯劑未能起廢。復呼天而有禱，冀履地之可祈。不勝丹款之私，敢肅潢汙之薦。伏望帝心融祉，星度去災。體脱沈痾，早占勿藥之喜；恩歸故里，獲享誅茆之居。

紹興二十四年甲戌，六十七歲。

在英州。

紹興二十五年乙亥，六十八歲。

謫居英州，至是九年，始復左朝奉郎，主台州崇道觀，袁州《宋史·地理志》：袁州，宜春郡，隸江南西路。居住。未踰嶺，疾革，以十月二十日薨於南雄，《宋史·地理志》：南雄州，隸廣南東路。宣和二年，賜郡名保昌。年六十八。

《先君述》云：謫九歲，始復左朝奉郎，主台州崇道觀，居袁州。未踰嶺，疾革，以二十五年十月二十日薨於南雄。後一日，秦亡。

《宋史·适傳》：檜死晧還，道卒。

按：此誤。據《先君述》，當云：晧還，道卒，後一日，檜死。

《容齋隨筆》卷十五：先公自嶺外徙宜春，沒於保昌。道出南安時，猶未聞檜相之死。張子韶先生來，致祭其文，但云：「某年月日，具官某謹以清酌之奠昭告於某官之靈。嗚呼哀哉，伏惟尚饗！」其情旨哀愴，乃過於詞，前人未有此格也。

《宋史·高宗紀》：紹興十三年五月甲子，張九成坐黨趙鼎，南安軍居住。本傳云：在南安十四年。

詔復敷文閣直學士。

《宋史·高宗紀》：紹興二十五年十月丙申，秦檜薨。周密《齊東野語》：紹興乙亥十月二十二日，秦檜亡。翼日，曹泳勒停，安置新州。十一月甲子，幸秦檜第臨奠。乙丑，復洪晧官。

《續通鑑》：十一月乙丑，左朝奉郎、主管台州崇道觀、袁州居住洪晧復敷文閣直學士。晧謫英州九年，至是已卒。魏良臣等言皓在貶所病甚，欲復舊職宮觀，任便居住。帝曰：「皓頃在虜中，屢有文字到朝廷，甚忠於國。中間以言語得罪，事理曖昧，可依所奏。」

《先君述》云：訃至，輔臣入奏，上嗟惜久之，即復敷文閣直學士，制曰：「有功見知，聖人醲於用賞；不幸而過，君子爲之動心。矧予嚴近之臣，備載忠勤之績，眷倚方渥，愛憎隨生。坐一眚以投荒，積九年而不徙。人無言者，朕甚念之。洪某學有本源，氣存剛大，惟知忠力以衛上，不顧險夷之在前。銜君命以于征，厄海濱而不悔，誠貫白日，聲震朔方。義重於生，耿恭無玉門之望；天將悔禍，蘇武持漢節而歸。大節無虧，多言不宥。遂解禁林之直，卒遷瘴嶺之南。閱歲滋深，餘齡可憫。宜畀眞祠之逸，仍增延閣之華。尙對寵光，歸安鄉社。」自聖上躬萬幾，還逐臣非罪者，先君適以不起聞，而聖意哀厚，首得舊物，使及其生存而寵之，故訓詞惻怛如此。

尋復徽猷閣直學士。

《續通鑑》：紹興二十八年三月戊子，追復故敷文閣直學士洪皓，再復徽猷閣直學士，以其子起居舍人遵言復職未盡也。

尋賜謚曰忠宣。

文安公《乞賜謚劄子》云：先臣原係徽猷閣直學士，當今有司失於契勘，止復敷文閣。雖徽猷、敷文階品無殊，臣切恐天下後世無以表見，謂是貶黜，職未復舊，欲望聖慈，追復舊職。

按：復徽猷閣在紹興戊寅，類紀於此。

遺奏未至，特詔贈四官。

見《先君述》。《述》又云：「先君自爲

從官，不報考功課，故官止朝散郎，以贈至大夫。」

推遺致恩，別以一孫官江東漕司庀襄事。見《先君述》。《述》又云「槻，右迪功郎、江東轉運司準備差遣」，即此。按：「推遺致恩」，謂「致仕遺表」，《宋史》屢見。

爵至鄱陽郡開國侯，食邑至一千一百戶，見《先君述》。賜謚忠宣。

文安公《先臣謚告碑記》云：紹興二十五年十一月癸亥，臣自祕書省正字兼權中書舍人，以憂去國。今年正月辛巳，被庚午制書召臣赴行在。三月乙未，又召臣弟邁。壬子，臣對於垂拱殿，奏事畢，上曰：「久欲見卿，秦檜死，便欲擢用。偶卿丁憂，又隔三年。」即稱先臣朔庭全節，遂及秦檜奇中之語。臣對：「只緣先臣得覲慈甯，檜忌其軋己，有怒言。臣再入館時，檜語臣：『豈有外庭臣卻朝皇后之禮。』」上曰：「既在燕得見，此可得見，若舊不識，卻難見。」臣因奏室撚事，上曰：「卿父之貶，朕初不允，秦檜云：『不如此，人不畏。』」臣對以「非賴陛下保全，必致死地」。三月戊寅，弟邁入對。上曰：「卿父出使，與宇文虛中同時，虛中負國，卿父獨執節不屈。既還，朕即有意大用，何故與秦檜相失如此？自秦檜死，便欲擢用卿兄弟。」臣邁且對且奏：「先臣終始惟賴陛下照知，前年詔於諸逐臣中，首復官職，皆陛下生死骨肉之恩。臣兄弟功微，何勞勤以問記。」戊子，臣以吏事進對，上復及前事，曰：「非朝皇太后事，卻止是室撚事，蓋謂作檄諭降，秦檜恐人知，所以將他事中傷。」臣因奏先臣罷知饒州及貶英州時讒語，上咸記其人，又曰：「皇太后嘗說卿父在北方，常使人奏機事，所以朝廷得知，皆卿父之功。朕嘗諭卿父雖蘇武不能過。」臣奏：「先臣初歸，蒙陛下許書《蘇武傳》以賜，繼以得罪不敢請。」臣又奏：「先臣復職未盡。」上曰：「是徽猷閣，自當盡復。」臣又奏：「先臣既蒙聖睠之厚，乞賜美謚，爲忠義之勸。」即日，御筆依所乞。五月乙亥，臣復以職事對奏云：「先臣蒙復職，及賜謚忠宣。臣欲以指揮及謚告刻石，傳之無窮，侈美聖恩，以爲存殁光榮。」上曰可，且曰：「卿父不止奉使一節，朕見其學問議論，便欲大用，止緣忤秦檜。使令在時，已作執政。」臣奏：「先臣生不獲用，既沒之後，蒙陛下記錄稠疊如此，使九原有知，當結草於地下。」臣退。自惟三月之間，兄弟四對顧問，往復至數百千言。方臣入覲時，諭臣云：「召卿弟邁，幾時到？」宰臣進議，臣适見知荆門軍，上顧姓名曰：「是洪弟邪？」臣兄弟不肖，偶竊詞科，不能嗣續家聲，一日遭逢躐冒寵進，又幸得以先臣忠義大節及前後讒口排妒之迹陳露上前。先臣死且不朽，敢以謚告鐫之石，因竊識聖語其上。六月甲辰，遵謹記。

《盤洲集》卷六十二《敬書先忠宣賜謚制書後》云：臣聞足再刖而玉顯其美，火百鍊而金知其精，人臣忠邪，至身後而是非始判。發潛德之幽光，誅姦諛於既死，孔子作《春秋》之旨也。先臣當戎馬紛紜之際，使不可測之絕國，十有五年然後歸。陛下謂蘇武不能過，且許筆賜其《傳》，會先臣席不煖而逐，弗獲藏金璧之寶。今又十有五年，弟邈入對，陛下褒歎忠節，復道前語，恩隱再三，寵之令謚。生雖奇剝，芬香多矣。臣謂衛律、李陵屢說而武不降，先臣則爲宇文虛中、韓昉所逼，三換官而不受。張勝事泄，武有擬劍幽窖之危。先臣則不同龔璹仕齊，甯蹈利刃。冷山無以異於窮海之北，餬口於悟室，無以異於軒王。隻影南翔，所不及牧羝者四歲。至若通永祐之表，朝長樂于燕，間道蠟書，其至有九。潛見王人，幾僨牢戶，問答往反，皆有關庇民之語。投其詩文，篇篇以戢兵爲意，此則武之所無者。陛下以爲武不能過，聖訓明哉。然燕王聲霍光之罪，以武久縶而歸，財得一典屬國，楊敞無功，迺爲搜粟都尉，遂謂光顓權自恣，疑有非常。而秦檜排妒先臣，不使一句寓乎玉堂之直，致陛下有大用之意而不遂，終之流放醜地，九年不返，則得禍之酷特甚於武。武之一子黨叛人而誅，漢廷憐之，爲之遠贖胡出，蘇氏賴以不絕。而臣以先臣故獲戾亡檜，至謂家傳強暴，曲法免官。非遇天日清明，則亦禁錮就死。嗚呼！一言華衮，萬世不刊。易名崇終，匹休麒麟圖畫。諸孤不肖，咸叨錄用，恩徧存歿，又過蘇氏。臣礱石以識異渥，泰龜逢吉，鎮之松區。洩九京之冤，鼓忠義之氣，於茲見之。

後累贈至太師、魏國公。

《盤洲集》卷七十三《禰廟焚黃祭文》云：始入翰苑，繼擢宥庭，皆有密章，增飾禰廟。某印韍所縻，不獲躬至松楸之下。謹以少師、太師黃告二通，俾弟某上冢以告。

《故縣焚黃文》云：某頃叨秉鈞，朝廷推教忠之澤以光禰廟，始荒郳子之國。去夏邁階遷中奉。復進淇澳之封。暨逢郊禋，遂徙大名之壤。茲因冬朔，併舉黃告三通，燎於墓下。

又《故縣焚黃文》云：某憑藉德澤，奉祠佚居，遇此郊禋，慶延兩世。惟我顯考，位極帝師，雖封國尚有秦壤，而怨家之姓也，不欲以污栗主之神，故仍用舊邦，復受新渥。

據此，則是由少師進太師，非終於太子太師也，原編誤。《慈塋石表》云：「先君終徽猷閣直學士，鄱陽侯，賜謚忠宣，贈太子太師。」蓋在隆興元年以前。

趙與時《賓退錄》：封國公者，先小國，次次國，後大國。已至大國者，許于本等內改封，國朝之制也。洪忠宣以子貴，追封郳，徙封衛，乾道三年十二月，改封魏矣，至七年四月，又再封魏。其誥前銜稱贈太師，追封魏國公，又後云可特追封魏國公，餘如故。范文穆行詞，略云：「魏大名也，其命維新。」或謂既不改封他國，何必命詞給告，他人未見有重複如此者。然余讀許崧老翰外制，有大禮封贈曾祖，追封楊楚國公，贈太師者，逸其姓名，注云：「元贈太師，追封楊楚，今再封。」制略曰：「封兼楊楚，位極公師，雖寵數不可以復加，而申命用昭其無斁。」則知已有前比矣。

以紹興二十六年十一月丙申，葬於鄱陽縣和風南管村故縣之原。

《先君述》云：初，先君既得合葬二親于

滃潭，去五里許，其鄉曰和風，南管村故縣之原，瞻愛其山川，手畚鍤，晝墓位曰：「吾百歲後，必葬於斯，從二親不遠矣。」薨之明年，孤适等慟哭行所，卜問叢辰，五行家曰十一月丙申吉，將以其日葳事云云。

汝奎於道光戊申，一至鄱陽滃潭故縣之墓，均得瞻謁，但相去不止五里。《宗譜》云：葬故縣渡，又無「和風南管村」五字。按《夷堅志·己集》「鄱陽和風鄉民楊五郎家」，據此則和風乃鄉名。

斯時執喪者八男子：适，左奉議郎、主管台州崇道觀；遵，左朝奉郎、祕書省正字，兼權中書舍人；邁，左宣教郎、通判袁州；逖，右宣義郎、徽州婺源縣丞；遜，右宣務郎、簽書連州判官事；邈，右承奉郎、江西安撫司準備差使；邃、迅，未仕。四女子，嫁左從政郎、池州建德縣令余執度，右迪功郎、潭州湘陰縣主簿王駜，將仕郎臧棟，一尚幼。孫男十一人，槻，右迪功郎、江東轉運司准備差遣，柲、椭、楀、梂、桴、榅、槸、橰、櫹、梱。女九人。此段自八男子以下，並係《先君述》原文。按：《先君述》作於紹興丙子。越七年，當隆興癸未，文惠別作《慈塋石表》時，諸子官階升轉，孫、曾命名增易，多與《先君述》不同。詳後。

先是，适等葬夫人沈氏於無錫縣開化鄉白茅山之原。及公薨，諸子用治命不敢祔。《慈塋石表》云：太夫人沈氏，常州無錫人。祖諱宗道，贈朝請郎。考諱復，仕至朝奉大夫，贈左中奉大夫。妣令人陳氏。政和五年，先君及進士第，太夫人之兄太學博士松年在京師，聞先君名，定昏焉。先君既調官，與太夫人歸鄉。家故貧，有妹未行，太夫人傾匳中裝資遣之。先君官浙東西，奉祖母安輿，太夫人承顔色，一以順，朝晡所食，寒燠所衣，節適盡志。祖母得時病，視絮湯液不去側，夜分不脱衣，倦則假寐。建炎三年，先君奉使朔庭，時祖母年出七十，方寇盜旁午，外無寧居。洎家秀州，長子适財十三，穉兒多未免懷，不敢以家事辭，緊太夫人是賴。它姬有子，太夫人恩之有過於己出者。一姬甚嚚，以太夫人鍾愛其女，意小不懌，故詈辱之以撓太夫人。嘑聲一聞，則蹙然見顔面，必俟其嬉戲復常乃悦，終不少譴其母。蓋其仁厚出天資，行於自然，未嘗有所彊勉，數數然也。生理既薄，所仰以給者唯先君奉入，衣服飲食取財足。至諸子買書，或捐錢數萬不靳，訓之曰：「爾父以儒學起家，爾曹能一人趾美，我不恨。」嘗爲之迎師千里外，雖隆寒盛暑不使輟。叔氏之妻既移天於他門矣，復失匹，無所依歸。太夫人并其母畜於家，不與娣姒時異，訖又嫁迺已。平生鄭重，口不挂人之過差，心不念人之舊怨，左右僮侍，不聞一厲聲，見一怒色，盛德著于閨庭，放乎鄉黨。遠近戚疏，識與不識，講太夫人賢，以爲口實。紹興八年十一月二十三日，不疾而終，享年五十。初，先君宦吳，久又寓秀，男女昏嫁在焉。太夫人稍儲奉餘，買田一廛於舅氏。倉卒棄刀筥，鄉關回遠，莫能辦歸計。諸子稟舅氏指，護櫬往無錫。以明年十一月辛丑，葬於縣開化鄉白茅山之原。窆之四年，先君持節南歸，祖母故無恙，所留九男女皆在旁，而太夫人獨下世。先君痛之，常欲反柩於鄉，而陰陽以爲吉卜不克從。後十二年，先君薨，諸子用治命不敢祔。二塋相望千五百里，春秋祭祀，弗灑弗埽。遵通判常州日，以行縣數上冢。适使浙西，即移官，廑得一拜墓下。前年，遵守吳門，始能立屋數十楹於墓道西，居僧以職香火。邁官于朝，從督府江上，繼廷勞使客且報聘，六往來縣中，皆以王事奔命，不獲往松楸結戀，爲諸子無窮悲。今适在京口，尺五拱木，扁舟三日事爾，而又不能。孤墳異縣，懼數世之下，樵蘇之不禁也，乃書石表諸隧上。陵湮谷變，知其爲鄱陽洪氏慈塋，尚勿圮也。太夫人以先君恩封令人，贈碩人。以遵入翰苑，贈淑人。以四子恩，追封鄱陽郡夫

人。以遵入樞府，進博平郡。始時執喪者子孫十人，歷二十六年，唯它姬子邈不幸死，凡男女孫、曾，其存者三十有九。蓋子十五人，八男七女。适、遵、邁以太夫人薨後始中博學宏詞科，遂饗官榮，蒙祿仕，而三釜之養不洎矣，悲夫！适今爲左朝請大夫、戶部郎中、總領淮東軍馬錢糧。遵，左中大夫、同知樞密院。邁，左朝奉大夫，前起居舍人；逖，右承議郎、鑄錢司主管文字。邈，右宣義郎、浙西安撫司準備差使。邃、迅，皆右承奉郎。女三早卒，次嫁右從事郎董公衡，公衡卒，更嫁左朝奉郎、楚州通判余執度；次嫁右承直郎王駜，次嫁將仕郎臧棟，次許嫁同進士出身朱晞顔。孫二十四人，十四男十女。槻、柲、楄、槅、櫍、桴、楹、槔、棞、

梓、椿、榔、機、枬。槻，右迪功郎、湖廣總領所幹辨公事；柲，右修職郎；榰，將仕郎；槅，右從事郎，與柲皆監南嶽廟；檟，將仕郎；橰，右承奉郎。許嫁之三女婿，左承事郎、僉書平江軍判官木待問，左迪功郎、饒州司戶許及之。曾孫四人，男曰忱。先君諱某，終徽猷閣直學士，鄱陽侯，賜謚忠宣，贈太子太師。

《容齋五筆》卷六：予亡弟景何，少時讀書甚精勤，晝夜不釋卷。不幸有心疾，以至夭逝。嘗見梁宏夫誦《漢書》，即云：「唯谷永一人，無處不有。」宏夫驗之於史，乃服其說。

按：景何名遜。

周應合《景定建康志》通判廳東廳題名：洪邃，承議郎，淳熙十年四月初六日到，十一年十月轉朝奉郎，十二年八月二十五滿。

《夷堅志·丙集·孫儔寶劍條》云：景裴弟時官襄帥幕府。《丁集·鍾離翁詩條》云：眞本藏於建康府治軍質庫，絹素標飾處皆斷裂，獨字畫不動，景裴嘗見之。

按：景裴名邃。

《毗陵志》：洪邁紹興間，與兄原書作弟，誤。适、遵讀書外家沈氏白茅山墳廬。是歲墓有二松結毬成蓋，既而兄弟舉博學宏詞，亦木之祥也。

有文集十卷。（先君述）。

《宋史·藝文志》：《洪皓集》十卷。陳振孫《書錄解題》、馬端臨《文獻通考》皆云《鄱陽集》十卷。《宋史》本傳：「皓博學強記，有文集五十卷，及《帝王通要》、《姓氏指南》、《松漠紀聞》、《金國文具錄》以上諸書俱無卷數。等書。」按：《輶軒唱和集》、《春秋紀詠》二種，本傳未載，疑在文集五十卷中。

《盤洲集》卷六十三《跋先忠宣公鄱陽集》云：先君以建炎己酉出疆，時年四十有二矣，平生著書多悉留檇李。庚戌之春，厄於兵燼，無一餘者。紹興癸亥還朝，入直玉堂，不旬日領鄉郡去。明年而遭祖母之喪，服除未幾，有嶺表之謫，杜門避謗，不敢復爲文章。謫九年而即世，故手澤之藏於家者，惟北方所作詩文數百篇乃獨存。謹泣而叙之，以爲十卷，刻諸新安郡。未彙次者，猶有《春秋紀詠》千篇云。

《春秋紀詠》三十卷。《先君述》。

《宋史·藝文志》：洪晧《春秋紀詠》三十卷。

按：《藝文志》又有宇文虛中《春秋紀詠》三十卷。不應同時使金之人，書名、卷數皆同如此。據《先君述》云：「宣政間，《春秋》之學絕，《宋史·徽宗紀》：崇甯元年秋七月辛亥，罷《春秋》博士。《欽宗紀》：靖康元年四月乙巳，置《春秋》博士。先君獨窮遺經，貫穿《三傳》，在冷山摘褒貶微旨，作詩千篇。北人鈔傳誦習，欲刻板於燕，先君弗之許。」是《春秋紀詠》未經刊刻，疑北人傳鈔或譌爲宇文作，致《宋史》及諸家誤著於錄耳。尤袤《遂初堂書目·春秋類》有洪忠宣《春秋記詠》，誤「紀」爲「記」，而無宇文氏書可證。

《容齋隨筆》卷七：《檀弓》載吳侵陳事曰：陳太宰嚭使於師，夫差謂行人儀曰：「是夫也多言，盍嘗問焉。師必有名，人之稱斯師也者，則謂之何？」太宰嚭曰：「其不謂之殺厲之師與？」按：嚭乃吳夫差之宰，陳遣使者正用行人，則儀乃陳臣也。記禮者簡策差互，故更錯其名，當云「陳行人儀使於師，夫差使太宰嚭問之」，乃善。忠宣公作《春秋》詩引斯事，亦嘗辯正云。

《輶軒唱和集》三卷。（先君述）。

《宋史·藝文志》：《輶軒唱和集》，原注：洪皓、張邵、朱弁所集。按《朱弁傳》，《聘遊集》四十二卷外，又有《南歸詩文》一卷，疑即《唱和集》之類。《盤洲集》卷六十二《題輶軒唱和集》云：右《輶軒唱和集》三卷。紹興癸亥六月庚戌，先君及張公邵、朱公弁自燕還，途中相倡酬者。中興以來出疆者幾三十輩，或留或亡，得生度盧溝而南者三人而已。初，朔庭因赦宥，許使者歸其鄉，諸公懲久縶，幸稍南，率占籍淮北，惟先君及二公以實告。既約和，於是淮以南者迺得歸。八月戊戌，先君至，辛丑張公至，乙巳朱公至。九月乙卯，先君以徽猷閣直學士入翰林，是月甲子，出爲鄉州，後四年南遷。八年薨。又三年，賜謚忠宣。張公以修撰祕閣主佑神觀，是年出居明州。後六年，待制敷文閣。六年，爲池州。明年卒。朱公以直祕閣亦主佑神觀，明年卒。先君字光弼，饒州人；張公字才彥，和州人；朱公字少章，徽州人。

《帝皇通要》五卷。（先君述）。

按：《宋史·藝文志》失書。《宋史》本傳作《帝王通要》，亦無卷數。

《姓氏指南》十卷。《先君述》。

按：《宋史·藝文志》失書。《先君述》云：於姓氏尤精，官浙部日，使者胡公直孺嘗問祖之所自出，先君曰：「姓書以胡爲陳胡公之後，陳嬀姓也。若以謚爲氏，齊亦有胡公，豈獨陳乎。蓋胡自有兩祖，《春秋》有胡國嘗以女聘魯襄公，《經》書夫人歸氏薨，則胡以國氏歸其姓也。今爲安定胡氏，晉胡奮其後也。魏孝文入洛，改功臣複姓，以紇骨氏爲胡，今所爲河南胡氏者是也。」同列董公將戲曰：「董亦有兩祖邪？」曰：「昔飂叔安之裔子董父善擾龍，帝舜賜姓曰董，封諸飂川，飂夷氏其後也。又辛有之二子董督晉典，晉於是有董史，因爲董氏，董狐其後也。」二公歎服。

《松漠紀聞》二卷。《先君述》。

《宋史·藝文志》：洪皓《松漠紀聞》二卷。

《盤洲集》卷六十二《題松漠紀聞》云：右，《松漠紀聞》一卷。先君銜使十五年，深阸窮漠，耳目所接，隨筆纂錄。聞孟公庾《宋史·高宗紀》：紹興九年六月乙亥，以孟庾兼東京留守。王倫自東京赴金國議事。十年二月丁卯，以孟庾知開封府，爲東京留守。《紀》又云：紹興十年五月乙酉，兀朮入，東京留守孟庾以城降。十二年六月壬午，金國歸孟庾、李正民。發篋，汴都危變，歸計創艾而火其書。握節來歸，因語言得罪柄臣。諸子佩三緘之戒，循陔侍膝，不敢以北方事置齒牙間。及南徙炎荒，視膳餘日，稍亦談及遠事。凡不關今日強弱利害者，因操牘記其一二。未幾，復有私史之禁。

按：《宋史·高宗紀》：紹興十四年四月丁亥初，禁野史。此在忠宣未至英州之前。先君亦枕末疾，遂廢不錄。及柄臣蓋棺，弛語言之律，而先君已齎恨泉下。鳩拾殘編，廑得數十事，反袂拭面，不復彙次，或可廣史氏之異聞云爾。

文安公《題松漠紀聞》云：先忠宣公《松漠紀聞》，伯兄鏤板歙越。遵來守建鄴，又刻之。暇日搜閱故牘，得北方十有一事，皆曩歲侍親傍聞之者，目曰《補遺》，附載於此。

按：《文獻通考》作《松漠記聞》，誤。

《金國文具錄》，一卷。《先君述》。

按：《宋史·藝文志》失書。

《盤洲集》卷六十二《題金國文具錄》云：右，《金國文具錄》一卷。賈生五餌，昔云其疏解編髮而被純纘，用夏變夷，蓋非人力之所能致。宇文氏既爲蕕其書，力強先君同污新秩。初有翰林直學士之命，又有中京副留守之命，最後有承德郎、留司判官之命。先君以死自誓，文書銜袖，至於再三，卒拒不受。王春二月，家弟遵、邁接踵召對，上謂先君與宇文虛中同時作使，宇文受僞命，先君獨執節不屈，且道秦檜毀隔之說，所以不得大用。嗚呼！淵衷不忘，舊編具在，攬涕涉筆，存之左方。

【附考】錢謙益《絳雲樓書目·地志類》有《嘉興志》，下注「洪晧」二字，不詳卷數。

《景定建康志·文籍志·書籍》有《鄱陽集》、《盤洲集》。

《翰苑羣書》書版有《春秋紀詠》四百九十三版，《諸史精語》七百二十版，《翰苑羣書》二百五十版，《松漠記聞》四十五版，《輶軒唱和》三十一版。

《浙江通志·錢塘縣》：洪忠宣公祠在葛嶺，祀宋太師洪皓。建炎初，使金不屈，羈冷山十五年，放歸。按：「放歸」二字不合。賜第西湖葛嶺，遂建祠焉。久圮。國朝雍正九年，總督李衛重建。

《輿地紀勝·景物下·敬愛堂》注云：在州學，祀名守，顔眞卿、范仲淹及鄉賢洪皓、趙汝愚。

宣撫資政鄭公年譜

（宋）鄭良嗣 編
尹 波校點

金華叢書本《北山文集》卷末附

鄭剛中（一〇八八—一一五四），字亨仲，一字漢章，號北山，又號觀如，金華（今屬浙江）人。紹興二年進士，歷温州軍事判官，累官監察御史，遷殿中侍御史，移宗正卿。九年，除秘書少監，遷禮部侍郎。十一年，擢樞密都承旨，爲川陜宣諭使。十二年，爲川陜宣撫副使兼營田使。秦檜怒其治蜀專擅，奏罷之，提舉江州太平興國宫、桂陽軍居住。再貶濠州團練副使，復州安置，又徙封州。二十四年卒，年六十七。

鄭剛中爲政幹練有方略，尤以治蜀知名。所作詩文「簡古峭健」，奏疏則議論激切，有清介耿直之風。著有《周易窺餘》十五卷、《經史專音》、《左氏九六編》，均已佚。文集有《北山集》三十卷，共分三集，初、中二集由其手自編定，後集由其子良嗣編定，今存清康熙三十六年刻本、《金華叢書》本等。事蹟見何耕《資政殿學士鄭公墓誌銘》（《北山集》附録）、《宋史》卷三七〇本傳。

本譜附文集刊行，極簡略，且未題編者，年譜目録多題宋鄭世成編。考鄭世成乃清康熙間人，清張士紘《北山文集序》所謂「歲在甲戌（一六九四）」，「非曹子與其裔世成、弘能、弘升等不能梓斯集」，則鄭世成乃康熙間預刻其先祖文集者。據鄭剛中之子鄭良嗣於宋孝宗乾道九年撰《編次北山集後記》稱，《北山集》初中二集爲剛中自編，後集則良嗣所編，「仍以年譜冠于篇首，庶幾覽者按譜玩辭，得以見出處之大致。」則年譜於宋時已隨集刊行，當即爲良嗣所編。

元祐三年戊辰[一]

公以夏五月二十三日生於婺州金華縣之北山下。諱剛中，字亨仲。

政和二年辛卯

爲鄉貢首。

宣和六年癸卯

發兩浙漕司薦。

建炎三年庚戌

爲鄉薦首。

紹興二年壬子

賜進士及第，授左文林郎，溫州軍事判官。

紹興五年乙卯

春，赴溫州判官任。

紹興六年丙辰

秋，召赴行在所，未至，除詳定一司敕令所删定官。既至，賜對，改左宣議郎，除樞密院編修官。

紹興八年戊午

春，權尚書左司員外郎，除尚書考功員外郎，爲貢院參詳官。

秋，除監察御史。

冬，除殿中御史。

紹興九年己未

春，除宗正少卿，移秘書少監。

夏，爲樞密行府參謀，出諭京陝，左宣教郎。

冬，除權尚書禮部侍郎，轉左通直郎，尋兼詳定一司敕令，又兼權尚書刑部侍郎。

紹興十年庚申

秋，以年勞轉左奉議郎，遇明堂恩，封榮陽縣開國男，食邑三百戶。

冬，除試尚書禮部侍郎。

紹興十一年辛酉

夏，除寶文閣直學士、樞密都承旨。

冬，除寶文閣學士，爲川陝宣諭使。

紹興十二年壬戌

夏，除端明殿學士、川陝宣撫副使，兼營田，轉左朝奉郎。

冬，遇太母回鑾恩，轉左朝散郎，進爵子，食邑六百戶。

紹興十三年癸亥

冬，以年勞轉左朝請郎，遇郊恩，進爵伯，食邑九百戶。

紹興十五年乙丑

夏，除資政殿學士。

紹興十六年丙寅

冬，以年勞轉左朝奉大夫，遇郊恩，進爵郡侯，食邑一千二百戶。

紹興十七年丁卯

冬，以忤權臣罷使落職，提舉江州太平興國宮，桂陽監居住。

紹興十八年戊辰

冬，責授濠州團練副使，復州安置。

紹興十九年己巳

春，移封州安置。

紹興二十四年甲戌

夏，感疾，以其生之月日，終於封州，享年六十有七。

越乙亥，喪歸里舍。會權臣死，公道行，丙子春，追復原官職。冬，葬於東陽鄉招福原。

〔一〕三年：原作「四年」，誤。考四年爲己巳，非戊辰，且譜末云卒年六十七，逆推之亦當生於三年，據改。

大慧普覺禪師年譜

（宋）釋祖詠 編
釋宗演增訂
刁忠民校點

宋寶祐元年徑山明月堂刊本

釋宗杲（一〇八九—一一六三），字曇晦，孝宗賜號大慧，俗姓奚，宣州寧國（今安徽宣城）人。年十七出家，從明教紹珵、洞山微和尚、堅侍者遊，盡得曹洞宗旨。又謁心印珣、湛堂準禪師，爲丞相張商英所重，名其庵曰妙喜，因號妙喜庵主，且薦往天寧謁圓悟克勤。克勤主持雲居寺，命爲第一座，賜紫衣，號佛日大師。南渡初，張浚延請住臨安徑山能仁禪院。紹興七年，于臨安府明慶禪院開堂。十一年，因結識張九成，爲秦檜所惡，斥還俗，屏居衡州。二十年，移梅州。秦檜卒，特恩放還，復僧籍，住明州阿育王山廣利禪寺。歷住徑山能仁、江西雲門、福州洋嶼諸院。隆興元年卒于徑山，年七十五，賜號普覺禪師，爲南嶽下十五世。著有《指源集》（已佚）、《禪林寶訓》、《正法眼藏》等，其弟子釋蘊聞編有《大慧普覺禪師語録》。事蹟見張浚《大慧普覺禪師塔銘》（《徑山志》卷六）。

本譜爲宋釋祖詠原編，成於孝宗淳熙年間，前有張掄淳熙十年序。其後流行於世，至開禧元年，宗演以其「多闕失」，又校訂六十餘處，於寶祐元年重刊。其後有明萬曆十三年重刊本、萬曆四十五年刊《大慧普覺禪師語録》附録本，又曾刊入《嘉興藏》、《大正藏》。譜中多記禪偈與僧人行事，保存了不少詩文資料，有助於研究大慧其人及佛教的傳播途徑等，也可供詩文輯佚之用。

大慧禪師年譜序

禪人祖詠編《大慧禪師年譜》，敬菴黄汝霖以其先世入大慧室，求余爲序。余曰：雲駛月運，舟行岸移。編年，雲也，舟也，月與岸又在學人高著眼。大慧之名震天駭地，道傳其徒，徧滿天下，不待余序而後彰。余聞大慧嫡孫安永頌曰：「何處覓行蹤，大地無寸土。」敬以是題諸編年首。淳熙癸卯四月望日，蓮社居士張掄序。

哲宗皇帝元祐四年己巳

師，宣州寧國縣人也。姓奚氏。其母初夢神人衛一僧，黑頰而隆鼻，造于卧室，問其何所居，對曰：「嶽。」比覺而有娠。及誕之日，白光透室，舉邑歎異，實是年十一月初十日巳時也。

按，師答參政湯公致遠書云：「大林嘉木，大半爲國之棟梁。顧予樗散之材，分甘朽腐於陰壑。」又按，樞密樓公仲暉寄師詩云：「昔年同與長風煙，別後生涯各信然。霜雪豈應摧操節，大林依舊勢參天。」蓋二公皆同己巳也。

又按，《示吴景山偈》有「己巳同庚大林木，甲乙丙丁馬與祿。今年太歲守未宮，指上輪來五十足。山僧自是出家兒，陰陽豈可全拘束」之句云。

五年庚午

六年辛未，師三歲。

按其《家語》，上祖光祿常示子孫云：「昔漢于公爲獄吏，後曰：『余理獄多陰德，子孫必有榮顯者。』預高其門閭，庶以容車馬往來。吾建隆三年預旨收河東，所至城邑，保護生靈，免塗炭者不可以數計。後子孫當有享吾德者。」及師三歲，其祖仲曰：「光祿屢記子孫享其所積之德，今將百載，未見吾宗有符其語者。余觀此子生吾家，神儀秀發，異事多顯，但恐世間富樂不能羈絆耳。」

七年壬申

八年癸酉

紹聖元年甲戌

二年乙亥，師七歲。

形體岐嶷，氣宇如神，不喜戲玩，語不妄發，羣兒皆畏之。有僧道至其家，即侍父側，客去，記其談論，片言不遺，舉族異之。

按《普說》云：「余六七歲時，每聞僧語，唯喜視聽。」

三年丙子

四年丁丑

元符元年戊寅，師十歲。

師嘗謂侍者道先、了德曰：「吾家因我生之後，家道日微。及十歲，忽罹回祿，一夕蕩盡。父母以余命破祖業，親族間以善財呼之。余雖心知其戲，實未審何等語。後因閱《華嚴經》，至入法界品，不覺失笑耳。」

二年己卯

三年庚辰

徽宗皇帝建中靖國元年辛巳，師年十三。

入鄉校十有三日，因與同窗戲，以硯投之，誤中先生帽，償金三百而去。父責之，師曰：「讀世間書，曷若究出世法。」父曰：「吾欲置兒於空寂中久矣。」師願請行，而母不允。

崇寧元年壬午

二年癸未

三年甲申，師年十六。

父母知師無處俗意，遂令寓質縣之西寺。未幾，鄙所聞見，不就槽廠，棄去，於是年九月詣東山慧雲院，禮慧齊爲師。

按《正續傳》云：院先於元豐戊午塑釋迦文像，有異人丁生過焉，語寺僧曰：「今日立像，後當出一導師，大興宗教，照明濁世，然去此一紀方生。若像有難，是人始至；及像之毀，是人嬰禍。」崇寧甲申，果有盜穴像之腹，取其所藏。齊因追繹丁生之言，謂：「像有難而人至，符丁生之讖，非子而誰？」因以宗杲名之。

四年乙酉，師年十七。

九月，納僧服。十月，請具足戒于景德寺。自爾智辯聰敏，不假師承，日親禪學。

按《育王入院普說》云：「雖在村院，常覓諸家語錄看，便喜雲門睦州說話。」又《爲慈明大師普說》云：「余十七歲便知有宗門事，既落髮，出去禮拜善知識。惟恐這一件事不明了，異時撞入驢胎馬腹中去也。曾因看經，得箇歡喜處。」

五年丙戌，師十八歲。

按《爲然侍者普說》云：我初爲僧，發蒙在奉聖初和尚處，入室教看，僧問：「法眼如何是學人自己眼。」云：「是汝自己話。」初嗣昌，擔版雲門下，舉話：「師家須提撕三五番。」云：「是汝自己。」

是年離受業，述偈云：「古佛放光留不住，鐵牛無脚也須行。雖然未踏曹谿路，且喜今朝離火坑。」

大觀元年丁亥，師年十九。

按《爲妙圓居士普說》：「余十九歲，遊方尋知識。」

師初至太平州，遊隱靜杯渡菴，主僧迎待甚厚，且顧伽藍神而言，曰昨宵將三鼓，夢此人告以今日雲峰悅禪師來，且戒其爲待耳。師謝不敏。及隱靜老宿以悅語爲示，恍然過目成誦，終不忘，自此人謂是雲峰後身。

按雲卧菴主書云：丙子秋，師於潟渚舟中具言之，故詳載《紀談》。

又按《武庫》曰：武庫題篇之說，詳見於後癸酉年。師初依瑞竹紹珵和尚，乃琅邪之的孫，因請益雪竇《拈古》、《頌古》，珵令自見自說。師洞達微旨，珵稱於衆曰：「杲必再來人也。」又按《爲慈明大師普說》云：「昔在衆看玄沙語，見瑞巖喚主人公因緣，有歡喜處，遂詣珵通消息」云云。

是年秋，遊廬阜而至郢州。

二年戊子，師二十歲。

按《爲錢承務普說》云：「初行脚時，曾參洞山微禪師。二年之間，曹洞宗旨，一時參得。」又按《武庫》曰：「郢州大陽見元首座、微和尚、堅首座，微在芙蓉楷會中首衆，堅爲侍者十餘年。師周旋三公座下，盡得其旨趣。於授受之際，皆臂香以表不妄付授。乃自惟曰：『禪有傳授，豈佛祖自證自悟之法？』遂棄之。」又，《爲方敷文普說》云：「微卻有悟門，只是不合將功勳五位偏正回互五王子之類許多家事來傳，被我一傳得了，寫作一紙，牓在僧堂前。大丈夫參禪，豈肯就宗師口邊喫野狐涎唾，盡是閻羅老子面前喫鐵棒底。」

三年己丑，師二十一歲。

按，《爲眞空道人普說》云：「山僧大觀三年至舒州，依海會從禪師，乃羅漢南公嗣子也。」

師未幾至寶峰掛搭，受宣州化主。十二月二十日，離泐潭，洞山廣和尚送師頌曰：「杲公化主化宣陽，彼處檀那盡吉詳。回復祖師堂上獻，生生世世永馨香。」

四年庚寅，師二十二歲。

持鉢宣州。

按《爲然侍者普説》:「四月八日，遇奉聖初和尚，上堂問話畢，初顧視笑曰:『寶峰化主何不出來?』我即出，問:『承和尚有言，金蓮從地湧，寶蓋自天垂，爲復是神通妙用，爲復是法爾如然?』答曰:『金蓮從地湧，寶蓋自天垂。』進云:『鸞鳳不棲荆棘樹，燕雛猶戀舊時窠。』答曰:『三年不相見，便有許多般。』進云:『只如適來僧道，昔日世尊，今朝和尚，又作麽生?』初便喝。進云:『這一喝未有主在。』初回頭，取拄杖稍遲，我便云:『掣電之機，徒勞佇思。』拍手一下歸。衆你看，我那時何曾安排來?」

政和元年辛卯，師二十三歲。

持鉢宣州。師謂侍者曰:「寶峰作丐，以一年爲限。余以目録未遂，餘八箇月，因館于兄之家。」一日夜至五鼓，睡中見馬祖喚云:「起!施主西門俟汝之久。」師盥沐罷，將至奉聖寺前，偶邑人周節夫與僕荷橐而至，於旅亭少憩。語次詰師此行，師以實對。節夫乃邀至其居，出橐金以足目録，津遣回山，乃是年八月也。後師兩住徑山，節夫往來無間，師待之甚厚，蓋不忘其往日之惠也。

二年壬辰，師二十四歲。

居侍者寮。

按《武庫》曰:湛堂一日至寮，見看經次，乃問看甚經?對曰《金剛經》，湛堂曰:「是法平等，無有高下，爲什麽雲居山高，寶峰山低?」對曰:「是法平等，無有高下。」湛堂曰:「你做得箇事，一使下。」一日侍次，湛堂視師指爪云:「想東司頭籌子，不是汝洗?」師即承訓，交代黃龍忠道者作淨頭九箇月。

按《普說》：「某自聞湛堂和尚此說，終身不養爪甲，纔長一莖不剪，湛堂和尚便於手指上出現，此乃誠服其訓導也。」

三年癸巳，師二十五歲。

在淨頭寮，因書雲峰悅和尚小參語於座右。一日，廣道者至寮見之，乃私語湛堂曰：「宣州杲兄以雲峰小參爲警慕，非碌碌餘子之比。」湛堂曰：「此子他日必能任重致遠。」

是年八月，復歸侍者寮。

四年甲午，師二十六歲。

一日，湛堂問曰：「你今日鼻孔爲什麽無了半邊？」對曰：「寶峰門下。」湛堂曰：「杜撰禪和。」

又一日，於粧十王處問曰：「此官人姓什麽？」對曰：「姓梁。」梁乃湛堂姓也。湛堂以手自摩頭曰：「爭奈姓梁底少箇幞頭。」對曰：「頭雖不同，鼻孔髣髴。」湛堂曰：「杜撰禪和。」

又一日，問曰：「杲上座，我這裏禪，你一時理會得。教你說也說得，教你做拈古、頌古、小參、普說，你也做得。只有一件事不是，你還知麽？」對曰：「什麽事？某甲不知。」湛堂曰：「囫！你欠這一解，在你不得這一解。我在方丈裏與你說時便有禪，纔出方丈便無了；惺惺思量時便有禪，纔睡著時便無了。若如此，如何敵得生死！」對曰：「正是某甲疑處。」

五年乙未，師二十七歲。

是年季夏，湛堂示微恙，及疾亟，師問曰：「和尚若不起此疾，教某甲依附誰可以了大事？」湛堂良久乃曰：「有箇川勤，我亦不識佗。你若見佗，必能成就此事。若見佗了不得，便修行去，後世出來參禪。」

湛堂遷化後，其平日說法語要，不許抄錄，太半師憶持誦出，集成，攜謁洪覺範，以議編次。覺範題其後云：「石門雲菴示衆之語，多脫窠臼。於時衲子視之，如春在花木而不知其所從來。余每謂此老人可以起臨濟之仆。哲人逝矣，切嗟悼之，以謂世莫有嗣之者。湛堂於余爲弟昆，自其開法，未嘗聞其舉揚。殁後百餘日，得此錄於杲上人處，讀之，喟曰：雲菴餘波，乃發生此老種性耶？」

按《塔銘》曰：政和乙未七月二十二日，洪州寶峰住山準公入滅，闍維之，得五色舍利無數，目睛不壞，建塔于南山之陽。其徒志端、宗杲與同志李彭等相與議曰：「孰能銘吾師之塔？」彭曰：「無盡張公於眞淨父子有大法緣，吾師行解相應，非張公之文不足取信後世。衆中有可往見公者乎？彭願錄行狀以獻。師曰：「某甲雖不識公，聞公家風，先行業而後機辯，願請以行。」

六年丙申，師二十八歲。

往兜率求照禪師書爲紹介，之荆南，求塔銘於無盡居士丞相張公天覺。李商老以詩送師云：「落絮霏霏攪客心，鳴鳩歷歷喚春陰。未於蓮社添宗炳，先向蘭亭滅道林。遠嶠雲屯鍾磬晚，諸天日斷薜蘿深。詩緣病廢苦無思，爲子送將聊一吟。」

相見次，立而問曰：「上人只麼著草鞋遠來？」曰：「某數千里行乞，來見相公。」公曰：「年多少？」曰：「二十八。」公曰：「水牯牛年多少？」曰：「兩箇。」公曰：「什麼處學得這虛頭來？」曰：「今日親見相公。」公笑曰：「且坐喫茶。」纔坐，復問：「遠來有何事？」師趨前曰：「泐潭準和尚示寂荼毗，目睛、牙齒、數珠俱不壞，舍利無數。山中耆舊皆欲相公大手筆作塔銘，激勵後學。特特遠來，冒瀆鈞嚴。」公曰：「被罪于兹，未嘗爲人做文字。今有一問問上人，若道得即做，若道不得，與錢五貫，裹足歸兜率參禪去。」曰：「請相公問。」公曰：「聞準老眼睛不壞，是否？」曰：「是。」公曰：「我不問這箇眼睛。」曰：「問什麼眼睛？」公曰：「問金剛眼睛。」曰：「若是金剛眼睛，在相公筆頭上。」公曰：「老夫爲佗點出光明，令教照天照地去也。」師復趨前

曰：「先師多幸，謝相公作塔銘。」公笑而已。又問曰：「汝草履行乞數千里，通名以見余，爾師準，吾知之久矣。爾不遠辛苦而來，於準亦有得乎？」對曰：「若有得則不來見大丞相也。」公曰：「咄！這掠虛漢。」由是著之。其序略云：「舍利，孔、老之書無聞也。先佛世尊滅度，弟子收舍利，起塔供養。趙州從諗，舍利多至萬粒。近世隆慶閑、百丈肅，煙氣所及，皆成舍利。大體出家人本爲生死大事，若生死到來，不知下落，即不如三家村裏省事漢，臨終付囑，一一分明。四大色身，諸緣假合，從本以來，舍利豈有體性！若其梵行精潔，白業堅固，虛明廓徹，預知報謝，不驚不怖，則依正二報，毫氂不失。世間麤心，於本分事上，十二時中，不曾

照顧，微細流注，生大我慢，此是業主鬼來借宅。如此而欲舍利流珠，諸根不壞，其可得乎？」

又按，張德遠丞相作師《塔銘》曰：「湛堂歸寂，師謁張公無盡求準塔銘。無盡門庭高，天下少許可。見師一言而契，下榻朝夕與語，號之曰妙喜，字之曰曇晦。師既歸，以道路之艱，乃告於商老，商老作《清餓賦》以戲師。商老與師最爲莫逆，往來石門歐阜，追隨無間，以師卞急，因作《佩韋賦》以贈之曰：『李子曩有卞急疾，中歲少愈，夷粹自得。唯妙喜公政爾無敵，拽斷鼻繩，因風奔逸。念佩韋之戒，作賦以勉之，曰：妙喜來前，藥言甚力。吾嘗折肱，泛濫在昔。郗子好潔而廢於爐，魏妓授歌而取誅殛。禰衡持桃杖而大罵，周公出火攻於下策。袁彥道擲樗蒲而怒，王藍田踐雞子於屐。或逐蠅而拔劍，或搗蜂而聚液。是皆喪天眞於俄頃，蹈禍機於飄忽。』妙喜於是開懷以受，盡言止乎者也三，曰：『此吾之三益，盍書之以爲吾盤盂機杖之銘乎！』故李子夜呼燈，醉索筆，爲妙喜三令五申之而不惜也。」李作此賦，乃是年六月二十五日夜也。

七年丁酉，師二十九歲。

是年開《大寧寬和尚語錄》，求序於覺範。其略曰：「余猶及見前輩，能言老黃龍同時所遊從，有若楊岐會、翠巖眞、大寧寬，皆一時號明眼。而會、眞所得法子，照映江左，語言布寰宇，獨寬公少見機緣。有石門宗杲上人抗志慕古，俊辯不羣，遍遊諸方，得此錄讀之，喜曰：『雖無老成，尚有典刑。』此語老成、典刑也，其可使後學不聞乎？即唱衣鉢從余求序其所以，命工刻之。嗚呼！杲之嗜好可謂與世背馳。彼方尊事大名譽者，傳受其語；而杲獨取百年物故老僧之語，欲以誇學者，不亦迂乎！雖然，會有賞音者耳。」

師在寶峰，雖未參得禪，先會汾陽十智同眞，愛他面目現在，遂作頌云：「兔角龜毛眼裏栽，鐵山當面勢崔嵬。東西南北無門入，曠劫無明當下灰。」因舉似覺範，覺範歎曰：「作怪！我二十年做工夫，也只道得到這裏。」

八年戊戌，師三十歲。

參潛菴源禪師於豫章之章江。

按《武庫》曰：潛菴老源和尚退居章江，師參扣之久。一日，室中舉僧在大愚會中誦《金剛經》，至「應如是知，如是見，如是信解，不生法相」，驀然有省，遂白芝通所悟。芝遽指禪牀前狗子云：「狗子聻。」僧無語，芝便打。即慈濟大師寶緣，嗣北塔祚和尚，奉敕住南華，與雲峰悅和尚厚善。潛菴舉前話至「不生法相」處，芝云：「狗子聻，你作麼生會？」師對曰：「狗子。」潛菴大稱賞之，謂其不生法相也。師後曰：「大愚芝禪師方便善巧，如珠走盤，不留影跡。今以實法與人，豈不孤佛祖之心乎？」

時請海會從禪師住豫章觀音，師以親近故，乃述疏云：「道須神會，妙在心空。體之不假於聰明，得之頓超於聞見。無容擬議，豈用提撕長老；從公心契，一如道超三際。白雲巖畔，紅蓮已散於秋風；章水岸頭，玉蘂再敷於春色。念羣生之擾擾，嗟六趣之紛紛。背正投邪，迷源逐浪。不逢達士，誰挑暗室之燈；罕遇當人，孰指衣中之寶。願從勤請，無用勞謙。」

李商老手錄之，仍題其後曰：「妙喜《爲觀音請竹靈叟疏》，作語奇峭，若久致力於斯文者。乃知般若之靈驗如此，何必讀四庫書然後爲也。」

宣和元年己亥，師三十一歲。

依兜率照禪師席下。嘗語侍者：「余宣和改元二月，自觀音而往龍安兜率。至路中，例經改德士，遂憩一山院以易冠裳。山中卒無布賣，遂以被單製鶴氅。」草堂和尚時住黃龍，靈源和尚退居昭默堂，江西法席，以此爲冠。師三至山，靈源與語不倦，謂其徒曰：「杲禪神全似我晦堂老和尚，莫之挽留。」乃作四頌以贈師，期爲叔世之舟筏。而屢造草堂室中，堂嘗曰：「宣州杲兄見地明白，出語超邁，乃吾家千里駒耳。」因陞座次，師爲衆請益，進語有云「拈得道旁芒草索，翻身擊碎鐵圍山」之句，堂深喜之。

時韓子蒼宰分寧，洪覺範寓雲巖，師與二公從遊久之。一日，師作《覺範頂相贊》，有「種空花，抽暗楔」之句，二公擊節大稱賞之。

按，子蒼送師詩云：「憶惜分寧日，逢師谿上頭。裁書訪彭澤，倚杖話荆州。」

時師得陳瑩中書，欲再往荆州訪無盡居士。

二年庚子，師三十二歲。

是年春，再謁無盡居士於荆渚，同唐子西館於府第之西齋，爲法喜之遊。一日，居士問曰：「佛具正徧知，亦有漏網處？」師曰：「何謂也？」居士曰：「吾儒尚云西方有大聖人，不治而不亂，不言而自化。然堯舜禹湯皆聖人也，佛何故略不言及之耶？」師曰：「且堯舜禹湯與梵王帝釋有優劣否？」居士曰：「堯舜禹湯豈可比梵王帝釋哉？」師曰：「佛以梵釋爲凡夫，餘可知矣。」居士曰：「何以知之？」師曰：「吾教備言，佛出則梵王前引，帝釋後隨。」居士擊節以爲高論。

居士又一日語師曰：「余頃在江寧戒壇院寓居，再閱雪竇《拈古》，至百丈再參馬祖因緣，雪竇云：『大冶精金，應無變色。』投卷曰：『審如是，豈得有臨濟今日耶？』遂有頌曰：『馬師一喝大雄峰，深入髑髏三日聾。黄檗聞之驚吐舌，江西從此立宗風。』因舉似平禪師，平後致書云：『去夏閲臨濟宗派，知居士得大機用。愍諸方學語之流，來求頌本。』乃成頌寄之曰：『吐舌耳聾師已曉，搥胸只得哭蒼天。盤山會裏翻筋斗，到此方知普化顛。』今又數年，諸方往往以余聰明博記，少有知余者。公自江西法窟來，必辨優劣，試爲老夫言之。」師曰：「居士見處，與眞淨、死心符合。近世得此機用，獨二老矣。」居士曰：「眞淨何謂？」師乃舉其頌云：「客情步步隨人轉，有大威光不能現。突然一喝雙耳聾，那吒眼開黄檗面。」復舉死心拈提語云：「雲巖敢問雪竇，既是大冶精金，應無變色，爲甚卻三日耳聾？諸人要知麼？從前汗馬無人識，只要重論蓋代功。」居士躍然撫几曰：「不因公語，爭見死心、眞淨用處。若非二老，難顯雪竇、馬師。」由是仰而歎，俯而悲，歎則歎二老與我同志，悲則悲眞淨已歿而新老又不及識。慨然久之，乃述偈以示師云：「馬師喝下立宗風，嗟我三人見處同。海上六鼇呑餌去，棲蘆誰更問漁翁。」既而請違，無盡囑師曰：「子必見圜悟，吾助子往。」遂津致行李來京師。師於是年十月離渚宮，無盡乃十一月薨背。

按《與唐立夫舍人書》云：「某宣和庚子同尊丈居無盡書齋及八箇月，從遊甚樂，因作京師之行。自茲分攜，遂成契闊。」

三年辛丑，師年三十三歲。

按《答闕無黨書》曰：「伏自渚宮作別，徧遊襄沔，取道南陽。以冬春雨雪連作，沒溺道塗，其勞有不可勝言者。二月十七日，始至香嚴，少此息肩。偶天寧老子遣价相邀，既是道舊，初不苦辭。因卷褫此來，作度夏計。」又按《爲鄭成忠普說》云：「山僧往年行脚，將入京師，至鄧州天寧，有一蔡州道士遣人至藏司借《華嚴》、《寶積》二經。余竊知其爲佳士，翌日相見與語，果然符合也。」

四年壬寅，師年三十四歲。

初至京師，擬依法雲佛照杲和尙會下。適佛照退居景德鐵羅漢寺，躊躕將半月，未決去留。因追繹湛堂遺訓，時佛果和尙居蔣山，乃竟欲往焉，而同志勉之曰：「江淮豈此老久留，都下有闕，必此來也。」遂依咸平普融平禪師法席。

按《答王大受書》云：「密首座，某與渠同在普融會中相聚，盡得其要領。」

一日，因上堂謝知客，有語云：「三門頭忽有箇無面目漢來，又如何與伊相見？」師乃問僧：「今日和尙上堂，恁麼道你作麼生會，不得道遠來不易，不得道且坐喫茶，不得道後架洗脚，不得道寮舍不便，你別著得甚語？」僧無語，師乃舉似普融，融云：「你離卻，作麽生與伊相見？」師云：「且坐喫茶。」融云：「我情知你跳不出。」師云：「和尚離卻，如何與伊相見？」融云：「且坐喫茶。」師云：「猶較些子。」

咸平乃太宰王公大觀功德寺，太宰往來無間，而獨喜與師談論。師之酬酢，闊略主賓，其徒有陰忌之者，師頗無奠居意。太宰由是以府第後花囿易菴，遷師居之。

五年癸卯，師三十五歲。

居太宰菴，閫府敬事，過於所親，四事豐美，用適師意。菴中不事煙爨，二膳及賓客往還，凡有所須，皆府中應給。既親以道，遂爾佚居。

六年甲辰，師三十六歲。

九月，圜悟有天寧之命。詔既下，乃私自慶曰：「此老實天賜我也。幸早屆都城，速慰所願。」屢以湛堂、無盡委寄之語以白太宰，欲預往天寧俟圜悟之來。其閫府挽留之意愈篤，乃密令僕役移行李於宅庫。及圜悟將次國門，始託關無黨私喻鑰吏，獨竊祠部而往，乃自惟曰：當以九夏爲期，其禪若不異諸方，妄以余爲是，我則造無禪論去也。謾自枉費精神，蹉跎歲月。不若弘一經一論，把本修行，庶他生後世不失爲佛法中人也。遂贖《清涼華嚴疏鈔》一部，齎之天寧。

七年乙巳，師三十七歲。

四月，抵天寧掛搭。

按《爲禮侍者普說》云：五月十三日，因張康國夫人請，圜悟禪師陞座，舉僧問：「雲門如何是諸佛出身處門？」

云：「東山水上行。若是天寧即不然，如何是諸佛出身處？薰風自南來，殿閣生微涼，向這裏忽然前後際斷。雖然動相不生，卻坐在淨倮倮處。」入室次，圜悟曰：「也不易，你得到這箇田地。可惜死了，不能得活。不疑語句，是爲大病。不見道懸崖撒手，自肯承當，絶後再蘇，欺君不得，須信有這箇道理。」遂令居擇木堂，作不釐務侍者，每日同士大夫入室，只舉「有句無句，如藤倚樹」，纔開口便道不是，如是將半年。一日，同趙表之方丈藥石次，把筯在手，忘了喫食。圜悟顧師而語表之曰：「這漢參得黃楊木禪也。」師遂引狗看熱油鐺爲喻，圜悟曰：「只這便是金剛圈、栗棘蓬。」居無何，扣圜悟曰：「聞和尚嘗問五祖此話，不知記其答否？」圜悟笑而已。師曰：「若對人天衆前問，今豈無知者耶？」圜悟乃曰：「向問：『有句無句，如藤倚樹時如何？』祖曰：『描也描不成，畫也畫不就。』又問：『忽遇樹倒藤枯時如何。』祖曰：『相隨來也。』」師聞舉，乃抗聲曰：「某會也。」圜悟曰：「只恐你透公案不得。」云：「請和尚舉。」圜悟遂舉，師出語無滯。圜悟曰：「今日方知吾不汝欺也。」遂著《臨濟正宗記》以付之，俾掌記室，分座訓徒。師乃炷香爲誓曰：「寧以此身代衆生受地獄苦，終不以佛法當人情。」乃握竹篦爲應機之器，於是聲譽藹著，叢林咸歸重之。

按，圜悟跋示師法語後云：「杲首座昔游叢林，偏見大有道之士，軒昂騰踏，不可羈縻。曾於渚宮與無盡居士投契，公雅重其器，每囑曰：『應須見佛果。』宣和中，會余被旨領天寧，渠即先一日入堂。已而造室中，發語果異。嘗陞座舉諸佛出身處，薰風自南來，即大瞥然。自爾命於方丈側，寅夕與之鍛煉。以白雲老師昔所示『有句無句』，渠盡伎倆百種開展悉列下，幾乎以爲心倖移換，初無實地，因志誠語之。昔佛鑑與余正與是謗，使更絕意探頤，當不較多。後來驀然猛省，盡脫去機籌，知見玄妙，因爲渠云：『正好參禪也。』即踴躍向前，從頭一一加針錐，始浩然大徹。余不喜得人，但喜此正法眼藏有覷得透底，可以起臨濟正宗，遂於稠人中指令分座訓徒。久之，會都下多故，理瓶錫出汴，臨分書此以作別。閒年餘，自平江虎丘得得上歐阜再集。至山之次日，入首座寮，闔山數百衲子聳動。屢作師子吼，揭示室中，金圈栗蓬、大鉗鎚本色久參之流，靡不欽服，而德性愈恬穩。洪無諍之風，怙怙不較勝負，只欲深藏山谷，做古老火種刀耕，向钁頭邊收拾，攻苦食淡，兄弟木食澗飲，草衣茅舍避世。俟時清平，即發悲願，眞大丈夫慷慨英靈奇傑之人所企步！因再爲細書，仍作是跋焉。」

又書送師《持鉢頌》後：「杲公妙喜，宣和末投誠於天寧密室，四十一朝昏，而於一言之下領略。尋掌盂入廛市，發意甚銳。臨行作偈以餞之，不惟以一期小緣，要欲結萬人之志。洪荷此千二百斤檐子，既已了能事，即入記室，椎拂之下，訓徒四方，雲衲駢臻。遽遭金人渝盟，彼拂衣出汴。相分歲華，聿會於雲居首衆，即持舊語俾書之。」

按此二跋，師乃是四月初一日挂搭，圜悟初二日入院，五月十三日悟道。自四月初一日至五月十三，乃四十二日。悟道後持鉢化緣畢，入書記寮，明矣。

欽宗皇帝靖康元年丙午，師三十八歲。

居天寧記室，分座訓徒。

按，圜悟舉師立僧上堂曰：「鶻兒未出窠，已有摩霄志。虎子未絶乳，已有食牛氣。況復羽翼成，況復爪牙備。奮迅即驚群，八面淸風起。一條脊梁硬似鐵，一條白棒掀天地。相與建法幢，展衲僧巴鼻。」

按《祭圜悟文》云：「某宣和末謁無盡居士於渚宮，是時年盛氣鋭，眼高四海。公不惜推轂之力，寅緣幸會，始獲投足於汴都天寧之室，咨決大事。會陞堂舉『諸佛出身處，薰風自南來』之句，渙然冰釋。尋以古今商榷『有句無句』，晨鍛夕煉，了無凝滯。蒙於稠人中指令分座，有相與建法幢之語。」《七會録》以「相與建法幢」爲雲居上堂，非也。

一日，徐師川同圜悟至寮，見圜悟頂相，師川指云：「這老漢腳跟未點地在。」師謂師川曰：「甕裏何曾失卻鼈。」師川云：「且喜老漢腳跟點地。」師云：「莫謗佗好。」

一日，圜悟問曰：「據虎頭，收虎尾，第一句下明宗旨，如何是第一句？」對云：「此是第二句。」又問：「巖頭跨德山門，便問是凡是聖，德山便喝：『作麼生？』」對云：「殺人須是殺人刀，活人須是活人劍。」

四月，賜紫衣師號。

按《塔銘》曰：師於「有句無句」言下得大安樂法，縱横踔厲，無所疑於心，大肆其説，如蘇、張之雄辯，孫、吳之用兵，如建瓴水轉圓石於千仞之阪，諸老斂衽，莫敢當其鋒。于時士大夫爭與之遊，雅爲右丞相呂公舜徒所重，奏賜紫衣師，號佛日大師。

時女眞之肆驕，取禪師十數，師爲首選。圜悟遣惇上人侍行。有西竺密三藏，俱館金明池上，日與論義，密深敬服。虜酋壯師不少屈，由是一衆獲免其行。師於是年八月出京。

按，呂居仁送惇上人之雲居省師詩曰：「杲公昔踏胡馬塵，城中草木凍不春。胡兒卻立不敢問，其誰從者惇上人。袖手歸來兩無語，而今且向江西住。雲居老人費精神，送往高安灘頭去。」

高宗皇帝建炎元年丁未，師三十九歲。

居揚州天寧。十月，同琳普明渡江省侍圜悟于金山，信宿而別。偕隆藏主之吳門，少憩寶華，次虎丘，遂館於前資。

按《武庫》曰：圓通秀禪師云：「雪下有三種僧，余丁未冬在虎丘親見之，不覺失笑，乃知前輩語不虛耳。」

二年戊申，師四十歲。

居虎丘。

按《爲錢子虛普説》曰：余昔請益湛堂殃崛摩羅持佛語救產難因緣，湛堂雖設方便，余實不曉。後因在虎丘看《華嚴經》，至菩薩登第七地，證無生法忍，云佛子菩薩成就此忍，即時得入菩薩第八不動地，爲深行菩薩。難可知，無差別，離一切相，一切想，一切執著，無量無邊，一切聲聞辟支佛所不能及。離諸喧諍，寂滅現前，譬如比丘具足神通，得心自在，次第乃至入滅盡定，一切動心憶想分別悉皆止息，此菩薩摩訶薩亦復如是。住不動地，即舍一切功用行，得無功用法身，口意業念，務皆息住於報行。譬如有人夢中見身墮在大河，爲欲渡故發大勇猛，施大方便。以大勇猛施方便，故即便寤寤。既寤寤已，所作皆息。菩薩亦爾，見衆生身在四流中，爲救度故發大勇猛，起大精進，以勇猛精進，故至此不動地。既至此已，一切功用靡不皆息，二行相行皆不現前。此菩薩摩訶薩，菩薩心、佛心、菩提心、涅槃心尚不現起，况復起於世間之心。師云：「到這裏打失布袋，湛堂爲我說底方便忽然現前。」

十月，省覲圜悟於雲居。道由金陵，訪韓子蒼待制，留五宿而別，泛舟泝流以抵星渚。至山次日，入首座寮。

按，子蒼答師書云：「邂逅金陵，雖適我願，然始不謂遽往廬山，故對床夜談，不過四五。自離岸至今，不聞消息，極以憂懸。得書乃知到山旬日，道路安穩。又知便首衆僧，與老和尚分座說法，良深慰喜。昨煩作《覺範行狀》及出世入寂月日，欲爲作一銘，託同安入石，切不可緩也。」

秉拂略曰：「夷門昔日呈家醜，拈出無邊栗棘蓬。今日歐峰孤頂上，幸然無事又相逢。相逢即且置其中事作麼生？若有道得，便請歸堂；若道不得，打葛藤謾你諸人去也」云云。會中時多龍象，以圜悟久虛座元矣。師之來，頗有不平之心，一聞提唱，無不屈服。及冬至秉拂，昭覺元禪師出衆問：「眉間挂劍時如何？」師云：「血濺梵天。」圜悟時於座下，以手約云：「住，住！問得極好，答得更奇。」元乃歸衆，叢林由是改觀。

三年己酉，師四十一歲。

雲居首座寮。一日，因遺火燒卻簾，次日告香，拈狗子無佛性話云：「欲識佛性義，當觀時節因緣。雲門大師道：『若是得底人，道火何曾燒著口？』」遂作頌云：「趙州狗子無佛性，道火何曾口被燒。昨夜忽然簾上發，南海波斯鼻孔焦。」時圜悟有歸蜀意，師於中夏遣參徒於雲居山後尋得古雲門舊址，欲創菴以居。

按，圜悟與耿龍學書云：「杲佛日一夏遣參徒踏逐山後古雲門高頂，欲誅茅隱遁，其志可尚。今令謙去，山叟爲書數語及疏頭，亦欲輟長財成之，可取一觀。渠正欲奉鋤，更在高裁也。」

圜悟是年閏八月退雲居，復示師住菴法語云：「古德住山，率刀耕火種，不蓄長物，蕭然布衲，麤衣糲食，將大有爲也。慕義學道，兄弟相從，一切以寬量大度包納之。不暴怒，不峻阻，慈悲喜捨，以身帥之。蓋菴居五七間，不比叢林寬廣，咳唾動靜，無不與耳目相接。若一一責之以禮，則久久生怨，驀地顏色相及，便見參商，即攪道義。豈不見藥山數十年牛欄菴，只七八人，其後皆爲大法器；風穴和尚單丁久之，只二三相從，後來麟象駢集，答問汪洋，謂之衆吼；溈山十年煮橡栗喫，晚年大安，來者著五百衆；大梅入深山幽谷，初不與世接，因鹽官僧採拄杖乃逢之，問酬徑截，後半千人。今既不得已作避世隱遁，正欲韜晦，俟時清平，然後行己之願，豈可以小不忍而亂大謀哉？一切但低細和合，先防自犯三業。提向上那一著子教兄弟，日有趣向，自然忘倦向前去也。俗諺所謂『相見易得好，共住難爲人』，要須廓落寬容，半見半不見，且圖長久，斷與常流異矣。敎中道：『如爲一人，衆多亦然。』三家村裏，數間茅屋，立成箇本分規繩，不嚴不緩，凡百折衷，佗日便更多多益辦也。古人佩韋佩絃，各攻其偏，惟務中道而行。況辯智過人，不能照此細務，但患逞俊太過，一色便自性，久之便不好耳。此去有人議論，應當回轉著，亦令讚歎非常人所可及乃善。更有一箇急要最後句，不免略說之：佛法無多子，久長難得人。」一

四年庚戌，師四十二歲。

是年春，遷海昏雲門菴。時開善謙、薦福本、東林顏、雪峰空凡二十餘人侍師而往，朝參暮請，聲譽藹著。

九月，以盜賊猖獗，避地湖湘。抵長沙，訪佛性泰禪師於谷山。師與之雖法門昆季，而未之識。一見果合符契，商今（確）〔榷〕古，語必終日，坐必達旦。佛性喜楊歧正宗有賴於師，特揭振祖堂以館之。一日，師曰：「香嚴悟道頌『一擊忘所知』五字，曲盡其妙，後七句皆注腳耳。」佛性曰：「五祖師翁頌狗子無佛性，只消『趙州露刃劍』足矣，餘皆剩語。」二人欣慰，各以爲然。邊境既肅，遂作江西之行。

按，子蒼寄圜悟書云：「妙喜菴於雲門，

方成法席，以賊近境散去。近來豐城相見，云過谷山見泰老，甚安穩也。」

紹興元年辛亥，師四十三歲。

登仰山，邂逅東林珪禪師。

按，東林跋《頌古》云：「余靖康元年結茅分寧西峰，建炎四年遷仰山。明年，妙喜自湖外來，一見相契，遂定楊岐宗旨。」

二月，復還雲門菴。題《高菴悟禪師語要》、示學徒《雲門舉起竹篦》五頌。

二年壬子，師四十四歲。

深山闃寂，所處皆正因學道之士，而師不倦推拂，日夕與之鍛煉。一日爲衆曰：「此事人人見足，各各圓成，只向自己分上辦取。世尊初生下，一手指天，一手指地，周行七步，目顧四方，云天上天下，唯我獨尊。意在那裏？意在鈎頭。只要各各自知獨尊，只如長慶稜和尚悟道了，有頌云：『萬象之中獨露身，唯人自肯乃方親。昔年謬向塗中覓，今日看來火裏冰。』這箇須是自肯始得。我說底盡是塗中事，去禪牀角頭，覓說佛、說法、說妙、說玄事，理心盡性，是塗中事。且那箇是獨露底身？大丈夫漢須是自肯始得，那裏去古人舌頭上覓。纔見人道是，你也道是，道不是，你也道不是，只在聲色上走，有什麼交涉？」又曰：「今時人盡是順顛倒，不順正理。『如何是佛？即汝心是。』卻以爲尋常。及至問：『如何是佛？』答云：『燈籠沿壁上天台。』便道奇特，豈不顛倒耶？」又曰：「我這裏禪，如擊石火，當一擊時，拈起法燭，點著便行，纔眨眼便蹉過也。這些子不妨是難。」又曰：

「兄弟做工夫，不消舉因緣，只去近處看。只如六祖爲明上座云：『汝但善惡都莫思量，當恁麼時，一切不思量，還我明上座本來面目，但恁麼看。』」又曰：「此事大段近因甚不會。」良久曰：「只爲分明極，翻令所得遲。」

三年癸丑，師四十五歲。

東林珪禪師自仰山來同居，各作《頌古》一百一十篇。

按東林《書頌古後》云：「紹興癸丑四月，余過雲門菴，同妙喜度夏。山頂高寒，終日無一事，相從甚樂。妙喜曰：『昔白雲端師翁謝事圓通，約保寧勇禪師夏居白蓮峰，作《頌古》一百一十篇，有「提盡古人未到處，從頭一一加針錐」之語。吾二人今亦同夏於此，事跡相類，雖傚顰無媿也。』遂取古公案一百一十則，各爲之頌。更互酬酢，發明蘊奧，斟酌古人之深淺，譏訶近世之謬妄。不開知見戶牖，不涉語言蹊徑，各隨機緣，直指要津。庶有志參玄之士，可以洗心易慮於茲矣。」

臨川太守曾公紆以廣壽虛席，請師莫之得，遂託待制韓公子蒼及舍人呂公居仁以書勸諭，庶幾肯就，而師堅志莫屈。

按，子蒼書云：「昨顏知藏歸，附書奉勸，以彼太闃寂，山下時有劫掠，似非禪定之所，不若與衆來此。或須卓菴，極易事耳。不知何故了不見聽？今郡守欽仰道德，且采衆論，特屈公高蹈，說法廣壽。不肖語之曰：『此公誓不出世，雖堅請必不來。』然自聞議定，一方道俗無不延跂。昔汾陽累請不出，後來自要住院。乃知通人或出或處，豈嘗固執？

況今禪道頹壞，所以圜悟望公振起楊岐之風。若孤峰頂上草衣木食，終不爲人，此則獨覺行也，豈圜悟之意哉？」

九月，同珪禪師之臨川，訪子蒼、居仁，謁草堂和尚於疏山，因館子蒼之西齋。

按《普說》云：子蒼爲此事甚切，與某鼻孔廝拄者半年。

四年甲寅，師四十六歲。

是年二月，作七閩之行。

按，子蒼贈別詩，其略曰：「幻世吾方夢，迷津子作舟。禪心如密付，當爲少淹留。」又有「還應雪峰老，領衆待雲門」之句。

三月，至長樂，館於廣因寺，因遊雪峰。適建菩提會，眞歇了禪師請爲衆普說，其略曰：「今夏在廣，因開箇燈心皁角鋪子，隨分說些麤禪。室中問一句子，不思量計較，天眞自然。道得一句，便與一拶，擬議不來，劈脊一棒，別無細膩功夫。忽然打發一箇半箇，卻教上來就大爐鞴，事同一家。」

按，爲超、明、海三大師普說云：尼長老妙道號定光大師，往年在雪峰諸處參禪，聞我在廣因，遂破夏來求掛搭。山僧向他道：「我自是客，問取長老去。」長老諾之。其時只七十僧，一日兩遍入室，因爲光藏主舉話次，道：「在外面聽得，有歡喜處，便來吐露。」云：「適聞和尚舉不是心，不是佛，不是物，已理會得。」當時便問他：「不是心，不是佛，不是物，你如何會？」云：『妙道只恁麽會。』」道聲未了，山僧云：「㘞！多了箇只恁麽會。」渠乃瞥地。

林適可司法創菴於洋嶼，延師居之。時宗

徒撥置妙悟，使學者困於寂默，因著《辨正邪說》而攻之，以救一時之弊。

按《示遵璞禪人法語》云：「甲寅春，余自江左來閩，有祥雲曇懿長老開法莆中，衲子輻湊，璞亦從之爲表裏。余知其未穩當，恐誤學者，以書致懿，令塹來。懿畏得失，遲其行。遂因小參痛斥其非，揭牓於門以告四衆。懿不得已，乃破夏來。詰其所證，只如舊時，遂語之曰：『恁麼見解，何敢嗣圜悟？』便退卻院來。懿夏末果不食言，璞亦繼至。一日入室，余問僧：『德山見僧入門便棒，臨濟見僧入門便喝，雪峰見僧入門便道是什麼，睦州見僧入門便道現成公案，放你三十棒。這四箇老漢，還有爲人處也無？』僧曰有，余曰『劄』，僧擬議，余便喝出。璞聞之，忽然脫去從前許多惡知惡解，遂成箇灑灑地衲僧。懿亦相繼於一言之下，腳踏實地。」

有彌光禪人，叢林號光狀元者，蓋在洋嶼最初得法。一日入室次，師問曰：「喫粥了也，洗鉢盂了也，燒香了也，行道了也？去卻藥忌，道將一句來。」光云：「裂破。」師厲聲曰：「你又來這裏說禪也。」光於言下契悟，呈頌云：「當機一拶怒雷吼，驚起法身藏北斗。洪波浩渺浪滔天，拈得鼻孔失卻口。」師即撾鼓說偈以證云：「龜毛拈得笑咍咍，一擊萬重關鎖開。慶快平生是今日，孰云千里賺吾來。」

又，鼎需禪人入室，師問曰：「內不放出，外不放入，正當恁麼時，如何？」需擬對，師以竹篦打至三下，需忽大悟，不覺叫曰：「和尚，已是多也。」師又打一下。乃示一偈云：「頂門豎亞摩醯眼，肘後斜懸奪命符。瞎卻眼，奪卻符，趙州東壁挂葫蘆。」

又，大悲閑長老年八十有四，隨衆入室，師問：「不與萬法爲侶，是什麼人？」閑曰：「扶不起。」師曰：「扶不起是什麼人？速道，速道！」閑擬對，師便打，忽然大悟，復示以頌：「一棒打破生死窟，當時凡聖絶行蹤。返笑趙州心不歇，老來由自走西東。」

菴居纔五十三人，未五十日，得法者十三輩。

答曾天游侍郎、吳元昭提刑問道書，示祖元禪人、曇懿長老等十三頌。以頌戲了然居士鄭舉之，作《珪竹菴讚》。擬泉大道作《藞苴歌》，送文紀道者持鉢。

閩士鄭昂早聰鋭，該洽三教，粗見尊宿，所至談禪自若。聞師力排默照爲邪，昂忿氣可掬。一日持香來，聲色俱厲，引釋迦掩室及達磨魯祖面壁等語與師辯白，師曰：「我只將你屋裏底爲你說。莊子曰：『言而足，終日言而盡道；言而不足，終日言而盡物。』道、物之極，言、默不足以載；非言非默，義有所極。孔子曰：『參乎，吾道一以貫之。』曾子曰：『唯。』此亦言而足處，但措大多錯會。肇論釋迦掩室於摩竭四義，是皆理爲神御，故口以之而默，豈曰無辯？辯所不能言也。何得向黑山鬼窟裏坐地先聖，訶爲解脱深坑，極可怖畏。蒙莊座主尚不滯於默然，況祖師門下客。纔開口便落，今時有甚交涉？」尚明不覺作禮，師復徵以生死大事，乃省悟悦服。

是冬以浴司拾官夫所伐棄樹梢焴浴，縣尉

私意追攀菴鄰，師即拂衣過莆陽。憲使督尉躬請，不回，戲作偈寄檀越曰：「雲門燒浴盜官柴，帶累傍人枉受災。寄語嶼頭諸施主，已成鮑老送燈臺。」

五年乙卯，師四十七歲。

正月，赴蔡子應郎中天宮菴之命。泉南給事江公少明創新菴於小谿之上，延師以居。

按韓子蒼《答少明書》云：「竊知草菴得妙喜師開山，不喜妙喜得此菴，喜此菴得妙喜。然此道人孤高絕俗，與世寡合，此正其所長，以故惡嫉者衆，惟曠懷偉度乃能期之於物外。若得安居，使圜悟之風焜燿泉南，實叢林盛事。」

又按，師答郡王孟公仁仲、樞密徐公師川書云：「去春入閩，憩廣因、洋嶼及八箇月，而蔡子應以莆中靈巖天宮菴見招。坐席未煖，江少明復以今新菴遣人相延，遂領長樂五十三衲子，卷裓此來。四月初一入菴。見今內外度夏者二百人，皆叢林老成。從遊士夫，一時名士如李參政漢老、江給事少明、蔡子應郎中、儲彥倫、李端友、蔡春卿、正卿諸公。咨問扣擊，拳拳不倦。雖菴居幽僻，正拙者之所宜也。」

一日，因師示衆舉自頌趙州庭前柏樹子話，拈云：「庭前柏樹子，今日重新舉。打破趙州關，特地尋言語。敢問大衆，既是打破趙州關，因甚特地尋言語？」良久云：「當初將爲茅長短，燒了元來地不平。」李參政聞之，忽然有省，乃謂師曰：「若無後語，邴亦領略不得。」別後以書與師曰：「近扣籌室，伏蒙激發蒙滯，忽有省入。顧惟根識暗鈍，平生學解盡落情見，一取一捨，如衣壞絮行草棘中，適自纏繞。今一笑頓釋，欣幸可量。非大宗匠委曲垂慈，何以致此？自到城中，著衣喫飯，抱子弄孫，色色仍舊，既亡拘滯之情，亦不作奇特之想。其餘夙習舊障，亦稍輕微。臨別叮嚀之語，不敢忘也。重念始得入門，而大法未明，應機接物觸事，未能無礙。更望有以提誨，使卒有所至，庶不玷於法席矣。」

蔡子應郎中亦以書通所得於師，略曰：「某近看『狗子無佛性』一語，恰似平地釘箇繫驢橛子，一除除卻，頓覺廓然，本無窒礙。一切文字語言已沒交涉，故見得竹篦子徹底分明，信知從上佛祖切要。爲人處尤無多子，便見自己腳根下一段大事，明如皎日，廓若太虛。從本已來，不生不滅，不變不易，赤骨歷地，著一絲毫不得。直饒千佛出世，亦無摸索處。菩提煩惱，眞如涅槃，皆爲剩法。花梢柳眼，種種勝妙境界，盡是榼𣗳阿羅，應時瓦解冰消，慶快有不可勝言者。因作頌曰：『雲門篦子，逢人便舉。有眼無睛，徒勞下語。』二曰：『狗子無佛性，截斷衲僧命。打破趙州關，識得雲門病。』樞此回若不遇老師，空被從前一知一解以爲殊勝埋沒，過此一生，豈不可惜也。」師之所答，備於《語錄》。

六年丙辰，師四十八歲。

住泉州雲門菴。四月十六日，圜悟和尚訃音至，舉哀拈香，指眞云：「這箇老和尚，一生多口，攪擾叢林。近聞已在蜀中遷化了也，且喜天下太平。雲門昔雖曾親近，要且不聞他說，著箇元字腳。

所以今日作一分供養，點一盞茶，燒此一炷香，薰他鼻孔，即非報德酬恩，只要辱他則箇。」召大衆云：「既不聞他說箇元字腳，又無恩德可報，何故特地作這一場笑具，還委悉麽？冤有頭，債有主，偶因失腳倒地，至今怨入骨髓。」遂燒香祭文，略曰：「某近蒙大丞相張公委僧祖秀報，成都府昭覺圜悟先師去年八月初八日示寂闍維，煙所及處，五色舍利如菽。道俗祖送，悲動閩蜀。間關萬里，訃音不以時。乃以是年四月戊戌朔十六日癸丑成服，設伊蒲之饌，用展哀思。嗚呼！先師道德高大，麾斥八極。顧其得法之由，與夫平生出處大略，遭遇明天子，表師叢林，照映先烈。上自宸扆公卿，下逮閭里負販，草木昆蟲，戶知之矣。寧復鈎棘叙致，爲世俗文字不情之具乎！獨念孤陋不肖，蒙被剪拂之賜。含悽哽塞，其忍默然。自叙云云。重念先師眷眷如此其至者，豈於某有所私也？要之以付託之重，俾於钁頭邊覓本分種草，期得一箇半箇，恢張臨濟已墜之宗，開鑿後昆眼目，貴不虛閱世，實先師之志願也。不肖安足以承遺訓，區區圖報，未知所從。此其所以含悽哽塞，不能自已。傾倒底蘊，先師實臨之。」

至晚小參，舉僧問：「長沙南泉遷化，向什麽處去？」沙云：「東家作驢，西家作馬。」僧云：「未審意旨如何？」沙云：「要騎便騎，要下便下。」師云：「今日忽有人問雲門：『圜悟老師遷化，向什麽處去？』只向他道：『入阿鼻大地獄去也。』未審意旨如何？」「飲烊銅汁，呑熱鐵丸。」或問：「還救得也無？」云：「救不得。」「為什麼救不得？」「是這老子家常茶飯。」

十月，李參政漢老、呂舍人居仁、鄭編修尚明同訪師，令莆田鄭元亮寫師頂相，三公述讚書其上。讚見後録。

師自題曰：「趙州云：『似則打殺老僧，不似則燒卻幀子。』盡謂此本逼眞，獨未見有下毒手者，放過一著兩手，分付鈍叟。」鈍叟，尚明自號也。

作《釋迦出山相讚》、《趙州和尚》、《圜悟和尚眞讚》。

七年丁巳，師四十九歲。

住小谿雲門菴。

按《祭圜悟和尚文》曰：「大丞相張公德遠出蜀，先師餞別，臨分袂握手，以不肖孤蹤囑之尋訪，以至忍泣，意欲推挽為出世利物之事。張公之在閩也，以先師之故，忘位貌之崇，招以尺書。偶緣疾疹，不果一干典謁。然某素有不出人前之戒，業已退藏，豈復有所覬覦哉！」

又按，《塔銘》曰：「浚在蜀時，勤親以師囑，謂眞得法髓。浚造朝，遂以臨安府徑山延之。恐師痛事韜晦，必欲致師，移書泉守劉公彥脩趣其行，不得已幡然而起。」

按《題佛燈珣禪師祭文後》云「：余紹興丁巳春赴臨安府尹之命，主國一法席。」

又按《答泉守劉公書》云：「五月初離泉南，冒大暑，艱苦備嘗，七月方抵三衢。呂丞相易疏帖，遣人至衢相候。」

超然居士趙表之曩與師同法席于大梁歐阜，

每以不宜游出世爲戒。時表之偶辟南外宗正司，師赴徑山，適會衢之官驛，師述偈見意云：「超然、妙喜兩同參，驀地相逢各負慚。我去住山君躍馬，前三三與後三三。」

十七日至臨安，二十一日開堂於明慶寺。下座次，少卿馮公檝問曰：「和尚常言不作這蟲豸，爲什麼今日敗闕？」對曰：「盡大地是箇杲上座，你作麼生見？」馮公擬議，師便掌之。時羣僚失色，馮大笑曰：「長老與檝佛法相見。」

二十四日入院。

九月，歸受業。衆請小參，說偈：「山僧昔爲童子時，一念知道出家好。卻因脫白此伽藍，今日重來稱長老。兵戈之後亡者多，現前耆宿喜無惱。以尊就卑離我人，咸請舉揚無上道。後生當發勇猛心，四海求師宜撥草。徑山奉勸不虛施，辯口維摩須靠倒。」

次寧國，衆道友請陞座，說偈：「只這些兒住處，是吾生長之地。別去二十七年，日月疾如彈指。政和元年辛卯持鉢至紹興七年丁巳，計二十七年。走徧天下叢林，意圖出離生死。報答父母重恩，不是等閑遊戲。平生得箇剛強，方與佛祖出氣。今朝依舊還鄉，親戚百無一二。道是昔人猶非，道非昔人猶是。莫作是非論量，透過世間出世。慇懃普勸諸人，急着眼睛看取。」

冬，持鉢鄞郡，訪雙槐居士鄭禹功於璉市。作《佛燈珣禪師眞讚》、《金華聖者畫像讚》、《題吳氏六湛堂》。

八年戊午，師五十歲。

乃入院之明年，衆將一千，皆諸方角立之

士。師行首山，令起臨濟宗，憧憧往來，其門如市。學徒咨扣，日入玄奥，規繩不立，而法社肅如也。由是宗風大振，號臨濟再興。時給事馮公濟川、無著道人妙總同坐夏山中，馮館不動軒，日只一食，長坐不卧。

按《示永寧郡夫人法語》云：一日，因示衆舉藥山初參石頭及馬祖因緣，濟川、無著纔聞提撕，各有省悟下座。濟川隨師上方丈，云：「某甲理會得。」師曰：「居士如何？」濟川云：「恁麽也不得蘇嚧娑婆訶，不恁麽也不得㗭哩娑婆訶，恁麽不恁麽總不得蘇嚧㗭哩娑婆訶」。師曰：「梵語、唐言打成一塊，咄哉！俗人得此三昧。」師遂至無著寮，舉濟川語，無著云：「妙總曾見郭象註《莊子》，識者以爲《莊子》註郭象。」師乃舉巖頭婆子話問之，無著遂作頌曰：「一葉扁舟泛渺茫，呈橈舞棹別宮商。雲山海月俱抛棄，赢得莊周蝶夢長。」師以頌示之曰：「汝既悟活祖師意，兩段一刀直下了。臨機一一任天眞，世出世間無剩少。我作此偈爲證明，四聖六凡盡驚擾。休驚擾，碧眼胡兒猶未曉。」

按《爲瑩上座普説》云：「因遣道謙往零陵問訊紫巖居士，謙中途打發大事。及歸，老僧半山亭望見，便云這漢和骨都換了也，謙聞之大驚。」這些驗人處，設使釋迦、達磨來亦不讓。

作《不動軒記》、《答樞密富公季申問道書》。

冬，行化吳門。作《慧日雅禪師眞贊》。

九年己未，師五十一歲。

是年，龍象駢集，坐夏者一千七百有奇，

舉悟本、道顏二座元分座訓徒。

按《眞讚》曰：「一千七百癡衲子，圍繞這箇無明叟。」

以神龍未有封號，敷奏於朝，蒙賜侯曰廣闊，廟曰靈澤。

謁丞相張公德遠於四安，求圜悟和尚塔銘。

按《畫像讚》曰：「初識公於京師，後十五年再會吳之四安。」

又按《答佛性泰禪師書》：「屬者訪張丞相弟兄，艤舟霅川，爲數日之款，已爲先師製得塔銘，則刊石。他日尋便奉寄。」

答陳季任少卿、趙道夫待制、劉彥脩寶文、彥冲通判問道書，作布袋和尚、臨濟和尚《畫像讚》，贈醫師王公繼先、參政劉公大中頌，題超然居士六法圖，作《普照英禪師眞讚》，祭韓子蒼待制、江少明給事文。

十年庚申，師五十二歲。

創建千僧閣。時侍郎張公九成、狀元汪公應辰登山問道於師。

張與師談格物之旨，師曰：「公只知有格物，而不知有物格。」公擬議，徐曰：「師豈無方便邪？」師笑而已。張曰：「還有樣子否？」師曰：「不見小說所載，唐有與祿山謀叛者，其人先爲閬守，有畫像存焉。明皇幸蜀見之，怒令侍臣以劍擊像首，其人在陝西忽頭落。」公聞之，頓領厥旨，乃題偈於不動軒壁間曰：「子韶格物，曇晦物格。欲識一貫，兩箇五百。」

又一日，問曰「前輩既得了，何故理會臨濟四料揀，則甚議論問。」師曰：「公之所見，只可入佛，不可入魔，豈可不從料揀中去邪？」公遂舉克符問臨濟至人境兩俱奪，不覺欣然。師曰：「余則不然。」公曰：「師意如何？」師曰：「打破蔡州城，殺卻吳元濟。」公於言下得大自在，嘗曰：「某每聞徑山老人所舉因緣，豁然四達，如千門萬戶，不消一踏而開。或與聯輿接席登高山之上，或緩步徐行入深水之中。非出常情之流，莫知吾二人落處。然九成了末後大事，實在徑山老人處。此瓣香不敢孤負他也。」一日，與師座於方丈，偶僧持師頂相求師自讚，師曰：「無垢試爲題之。」公點筆疾書曰：「擊石揚沙，驅雷逐電。一觸其鋒，神飛膽戰。未及領略，火蛇燒面。」公擲筆於案，自有得色。師笑曰：「意未盡在。」公曰：「和尚如何？」師應曰：「何不道：此是阿誰，徑山老漢。」公唯唯，復書之。

答劉大中參政、張仲暘提刑、許壽源司理問道書，作《祭喻彌陀文》，《佛燈珣禪師塔文》，讚草堂和尚像。

十一年辛酉，師五十三歲。

千僧閣告成，師遣介泉南求記於李漢老參政。

其略曰：「師於臨濟爲十二代孫，其道大故其攝者衆，其門峻故其登者難，其旨的故其悟者親，其論高故其聽者驚且疑，而同時者譏毀嫌謗，不勝其忿。然四方學者，或自謂親證，或幾號罷參，皆肩摩袂屬，沓來於座下。而公所遇之，未嘗假詞氣，接慇懃，拒之而不去，疏之而益親，至於水灑梃逐，而戶外之屨常滿。平時不喜者亦皆鉗喙結舌，歎息其不可及。吾不知公之道自有以使之耶？院去城百里，自唐國一禪師始斬蓬藋、驅龍蛇而居之。寺無常產，山之神龍實助其緣化。公至之始，衆纔三百。二年，法席大興，衆將二千，而院有僧堂二，不足以容，創意於寺之東，鑿山開址，建層閣十楹，以盧舍那。南向嶢然，居中列千僧案位，於左右設連牀，齋粥於其下。經始於十年春，越明年春告成。余嘗問道於公，聞之而歎曰：非成是閣之難，致其衆之難。非致其衆之難，道行而不能使其衆不至之難。一閣之成，在公何足道。而循襲齷齪之者以爲奇特，不亦陋甚矣哉！獨喜其道行而衆從之，故爲書其本末，且以諭夫。」

是年四月，侍郎張公九成以父卒哭，登山修崇。師陞座，因說：「圜悟謂張徽猷昭遠爲鐵剗禪，山僧卻以無垢禪如神臂弓。」遂說偈曰：「神臂弓一發，透過千重甲。子細拈來看，當甚臭皮襪。」次日，侍郎請說法，台州了因禪客致問，有「神臂弓一發，千重關鎖一時開；吹毛劍一揮，萬劫疑情悉皆破」之語。未幾遭論列，以張坐議朝廷除三大帥事，因及徑山主僧應而和之。五月二十五日，準敕：九成居家持服，服滿別聽指揮；徑山主僧宗杲追牒責衡州。

按張子韶《答何中丞伯壽書》曰：「九成忽棄老親，此心痛割，欲死無路。四月十四，奄經百日，顧此寃苦無所舒豁。徑山老人道眼明徹，超然在生死之表，而一衆凡千七百人，皆不爲名聞，精心學道，宜飯此處，可以少慰先考之心。是日登山，十八下山。而除帥在月末，事理昭灼，當益安命義。」

按師《答馮給事濟川書》云：「張子韶四月十四日以父卒哭，十六日請陞座，十八下山。除三大帥卻在四月末。今坐此得罪，事體昭明，豈偶然哉？皆前報世中因緣，會遇一切歡喜順受，償足自定矣。」二十八日，除太保韓公世忠、少師張公俊充樞密使，少保岳公飛充樞密副使。

先是元豐戊午，慧雲塑釋迦文像，有異人丁生語寺僧曰：「若像之毀，是人嬰禍。」於時慧雲後昆忘丁生之讖，毀像新之，正此日師責衡州。

七月，至貶所。時昭遠知臨川，師以偈戲之曰：「小郡知州說大禪，因官置到氣衡天。常攜剗子勘禪客，誰知不直半分錢。」昭遠亦戲以偈酬師曰：「小菴菴主放憨癡，愛向人前說是非。只因一句臭皮襪，幾乎斷送老頭皮。」

是年冬，李參政泰發以絕句寄師，其引云：「適衡，聞州郡欲免旬呈，師毅然不可，曰：『無以我累人。』此意豈流俗泛泛者所能窺之哉！感歎成小詩曰：十畝荒園旋結茅，芥菘挑盡到同蒿。聖恩未許還磨衲，且向階前轉幾遭。」

按《爲盧時用普說》云：初到衡陽，諸處道友送錢來，因遣兩侍者往嶽山、潙山散處齋僧。

衡人初不知是說，因普說方與言宣律，師問：「韋馱天神世間功德，何者最大？」曰「齋僧功德最大」云云。人即聽信，稍知歸向焉。

十二年壬戌，師五十四歲。

居衡州廖季繹通直之西園，四方衲子雲委川會，擁糧景從，菴無以容來學，散處花藥、開福、伊山。遇小參入室，會集其所，師則籃輿往而據丈室。

其年蘊聞禪師復至臨安，見有以費孝先之術決前定休咎，因試問焉，其詩曰：「鴈回始覺瀟湘遠，石鼓灘頭莫怨天。一住十年秦楚隔，木弓重續舊因緣。」蓋謂衡陽及移梅陽矣。衡陽有回雁峰、瀟湘石鼓灘，自辛酉至庚午移梅陽恰十年。或云古者以梅木爲弓。

是年，接草堂禪師書慰問曰：「不續音問逾年，常思慕矣。遊人所傳徑山道旺，安衆甚多，拙者常憂。古人云：道旺則魔盛，城高則衛生。今年中夏，忽聞難作，將謂小撓。秋來方得的音，乃知有此禍患。可謂教法凌遲，叢林凋喪，遂致禍及弘護者。賴吾仁久煉眞空，頓明心地，不以爲憂。世諦如電光，身心如夢幻。樂然隨順，那事無妨。善惡業報，今古難逃。以此段靈光獨耀，想所至處，法法圓成，必有神明知鑒，互相安穩。唯望寬懷，一致度外。昔黃檗、勝雲、居舜皆有此患，後得歸源，傳揚正法，心契佛祖，豈虛然耶？如來成道，魔難堅固。老拙暮景相侵，住世不久，今守殘喘待盡而已。汝正英銳，莫忘初志。料想此生難得再晤，餘宜保愛，以順世緣。」

師答書，略曰：「自到衡陽，一向謝絕賓客，四方書問一切闊略，獨於吾叔祖老師未能忘懷。雖欲具狀致起居問，亦無由得達視覽。然瞻仰教誨，未始頃刻置念也。本宗上座至蒙惠書，種種安慰，褒揚存撫，不替昔時。返覆數過，不忍去手，足認爲物作則，曲折周旋之意，下情感戴，何時可忘！願叔祖龍天密護法，壽與趙州安國師輩齊年。某打箇筋斗回來，尚及依栽松道者例。妄意如此，不識老師那時肯放一線道否？」

師仍以金帛囑去僧蘊聞曰：「恐汝到寶峰，而此老去世。可設盛饌，以書讀而祭之。」既至，草堂已圓寂，僧如所教也。

十三年癸亥，師五十五歲。

按《紀談》云：明禪師自辛酉隨侍過衡陽，日化於市。癸亥秋，辭，往浙西持鉢，期明年上元回。師送偈有云：「驀苴明大禪，孟浪絕方比。識得玄中玄，作得主中主。赤腳走長街，一日數百里。色力既勇猛，殊不畏寒暑。如是二三年，日日只如此。」又云：「甲子上元前，卻要到這裏。」其隨師者多效勞如此，仍作畫像讚付之。

作丞相張公德遠、向宣卿直閣畫像讚，答內翰汪公彥章、舍人呂公居仁、隆禮郎中、夏志宏運使問道書，跋《草堂和尚語錄》，閱《維摩經》有感，以頌示傳禪師。

十四年甲子，師五十六歲。

《示提舉李獻臣法語》二十六段，答汪聖錫狀元、宗直閣問道書。作《富季申樞密妙高堂銘》、《延鴻寺鍾銘》，《題蔡知縣小菴》。張昭遠徽猷請作《維摩讚》。作《六祖畫像讚》、《祭衛寺丞文》。

十五年乙丑，師五十七歲。

正旦試筆，題韓司諫樂谷。藺庭彥知縣請作《入定觀音讚》。作《寂音尊者讚》。題魏邦達侍郎凈心閣、汪聖錫狀元燕坐軒。示廖季繹知縣、眞如道人、空慧道人法語。答林少瞻、嚴子卿、陳阜卿問道書。以頌代書謝張丞相惠兜羅綿。戲題如如菴曰：「契此如如理，豈論皮與髓。打破枯髑髏，百花生碓觜。」

十六年丙寅，師五十八歲。

解空居士侍郎劉公季高手寫《華嚴經》一部施師受持，仍請爲衆普說，發明奥旨。師以衣盂建閣於花藥寺之方丈，設龕像以所施經奉安其上。

眞如道人請作《補陀大士讚》、《文殊問疾讚》。作死心和尚、普融平禪師、佛性泰禪師眞讚，示陳次仲通判法語。作胡明仲侍郎、徐明叔郎中畫像讚。答徐稚山侍郎、曾天隱宗丞問道書。等觀居士廖季繹以書告疾，示之頌云：「左心小腸肝膽腎，右肺大腸脾胃命。於斯識得本來人，七顛八倒那伽定。」

十七年丁卯，師五十九歲。

侍者以師與衲子問答古今語句請名。

按，題篇首云：「余因罪居衡陽，杜門循省外無所用心。間有衲子請益，不得已與之酬酢。禪者仲密、慧然隨手抄錄，日月浸久，成一巨軸，持來乞名其題，欲昭示後來，使佛祖正法眼藏不滅。余因目之曰《正法眼藏》。」

尋以印本寄曾文清公，公欲作頌謝，但得二句曰：「摩醯太多臨濟少，唯有雲門師恰好。」因復書請續後句。既啓封，即曰：「爭如瞎驢滅卻休，露柱燈籠皆絕倒。」公得師指示，喜愜盈懷。已而以偈寄龍團茶與師曰：「蒼璧團團不暗投，舌端有眼似離婁。莫言茗盌無三寸，解問如何是趙州。」師答之曰：「趙州傳語龐居士，近日無端會喫茶。卻笑舊來多鹵莽，不將龍焙入脂麻。」

作《徐稚山侍郎畫像讚》。題薌林居士向伯

恭無熱軒。

時李漢老參政薨背，師作文遣僧致奠。偶曰：「泉南道友零落殆盡，今唯蔡郎中一人而已，不若生祭之。」乃戲爲文曰：「致祭於靈巖山下，半風半顛大脫空居士之靈。惟靈鐵器市裏牙人，脫空場中主將。黑豆換人眼睛，只做這般伎倆。將謂閻老不知，一向起模畫樣。而今死去見渠，看你有何憑仗。鑊湯爐炭橫行，劍樹刀山逆上。我儂聞說欣然，獃漢攢眉惆悵。人情敢不周旋，薄奠聊陳供養。郭郎線斷俱休，嗚呼哀哉尚享。」僧未至而蔡公卒，復繫之以詞而祭之，其略曰：「嗚呼！始以前文與公相戲，此意未達，公已瞥地。二俱偶然，初無實義。公既去矣，文焉敢棄。就而祭之，是法如是。」

性空道人築屋於城之西門外，謂之廖氏山堂，邀師居之。

十八年戊辰，師六十歲。

《正旦書事寄無垢居士》曰：「上苑王池方解凍，人間楊柳又垂春。山堂盡日焚香坐，長憶毗耶多口人。」示黄子餘知縣法語。作《李王見法眼畫像讚》、《普化和尚畫像》、《長靈卓禪師眞讚》。答劉季高侍郎、李彦嘉寶文問道書。題喻子才郎中觀我菴。作《李泰發參政轉物軒銘》。示幻住道人智常法語。作《祭薦福本長老文》云：「阿誰無生，阿誰無死。學道參禪，正要了此。汝今既了，吾復何憾。付明眼人，判此公案。」

十九年己巳，師六十一歲。

答無垢居士論正法眼藏書，向伯恭侍郎問

夢書，李泰發參政、似表郎中問道書。示鄧子立直殿法語，跋周子充手書《華嚴經》。作馬大師、龐居士讃、《路彥捷寺丞畫像讃》。祭劉彥脩寶文、彥禮直閣文。

《題自頂相示繼明禪人》曰：「光裕顯大，乃道之疣也；背道而馳求，乃其賊也。疣之與賊，若人之身有蟯蛔，木之實有蠹蝎，決欲血氣充盛而秀出於林，安得容此物於其間哉？疣之與賊，此之謂也。苟聞其道而晦其跡，光裕顯大，不馳求而自昭著矣；苟未聞其道，而欲去其疣而亡其賊，則疣之疣，賊之賊者也。吾佛聖人設教，亦如是而已。吾雖聞道矣，而不能晦其跡而蹈禍機，亦疣、賊之謂也。繼明禪人，學佛者也。畫吾像而求自讃，因作是說，以示明而自警，非敢自談己德而復作疣之疣、賊之賊者也。」

二十年庚午，師六十二歲。

師自讃：「身著維摩裳，頭裹龐公帽。資質似柔和，心中實躁暴。開口便罵人，不分青白皁。編管在衡陽，莫非口業報。永世不放還，方始合天道。」爲趨時者巧加誣訕之語，取憐勢位，以是年六月二十五日，準命移梅州。取道郴陽，抵曲江，訪舍人朱公翊於西園，作《雲門匡眞禪師畫像讃》。

七月十四日，至曹谿，留信宿，作《昺禪師眞讃》。

按，題其《語錄》云：「紹興庚午夏，自回鴈遷梅陽，道過韶石，禮老盧於窣堵波下，適遇堂頭明姪禪師舉揚宗旨。二十六日至南海，館于光孝方丈之西軒，凡三十二日。」

示何文綬、彭彥祥、鄭之壽、顧庭美、張彥清、元覽等法語。

莊彥質未畫師像，預以素縑求讚，云：「只此便是妙喜眞，何用畫工更忉怛。彥質抬眸子細看，南無急性王菩薩。」

八月二十九日，離五羊。九月十五日，抵羅浮。十月初三日，至貶所。

按《紀談》：師抵梅陽，郡守謝朝議語僚屬曰：「朝廷編置所謂長老者，但一僧耳。兵馬東偏隙地，從其居止。」既而僧行日至幾數百指，施鍬钁而平基址，運竹木而縛屋廬，聽其指呼，無敢怠者。守雖聞其服勤如此，亦未知果何人也。於是延見一二，觀其能爲。南閩脩仰書記適承命，乃與守從容彌日，語論英發，〔確〕〔権〕古商今，逢原左右。守復徵：「等伍更有蘊異能者否？」仰遂告以：「負大經論者有之，博極書史者有之，詩詞高妙者有之，翰墨飄逸者有之。其所以未能明徹，則佛祖大事因緣而已。是以不憚艱險，隨侍而來，得依仁政，幸莫大焉。」守且駭異，知其徒皆爲法忘軀之士，自是於師日益加敬。

二十一年辛未，師六十三歲。

居梅州。太守遣其子謝純粹求入道捷徑，示之以法語八篇。作《雪堂行禪師語錄序》、《祭安撫劉公方明文》。

二十二年壬申，師六十四歲。

示張觀察法語，以頌代書寄張聖者，賀福聖長老出世。答不二居士注《金剛經》求印證書、華心居士杜撰水陸儀文書。以頌滑稽敏棕皮歸蜀。作《覺明居士夏志宏畫像讚》。

二十三年癸酉，師六十五歲。

作《送黎文晦歸龍川序》、《南安巖主畫像讚》、《跋雪峰空禪師語錄》、書古寄婺女使君李公獻臣。《書古送立禪人歸雙林》曰：「空手把鋤頭，油瓮捉泥鰍。步行騎水牛，紙人火上遊。人從橋上過，猛虎當路坐。橋流水不流，高峰駕鐵舟。立禪歸到雙林寺，說與渠儂且罷休。妙喜爲君重說破，咄！且莫瞌睡。」按《雲卧書》云：師是年坐間，凡有所說，則法宏首座錄之。自大呂申公執政至保寧勇禪師，四明人。得五十五段而罷興。宏遂以老師洋嶼衆寮牓其間有「兄弟參禪不得，多是雜毒入心」之語，取稾而立爲《雜毒海》。今刊本名《武庫》者，乃紹興十年春，信無言等聞師語古道今，聚而成編，福清眞兄戲以《杜預傳》中「武庫」二字爲名。及庚午，師偶見是集，曰：「其間亦有我說話，何得名爲《武庫》？」以是知《武庫》之名，實非師意也。

二十四年甲戌，師六十六歲。

太守楊公王休建華嚴會，請爲衆普說，說偈略曰：「紹興甲戌上元節，自在居士興善利。梅民服化咸歡喜，仁風惠澤家家至。善哉奇特大因緣，不可思議絕倫比。上祝吾皇萬萬春，當與天地相終始。」

示唐彥舉覺軒法語，以頌代書答歸宗華姪長老，題圜悟和尚所付《楞伽經》授鼓山宗逮長老，題《臨濟正宗法語》，跋《古塔主語錄》。

韋參軍以花圃建菴，遷師居之。

二十五年乙亥，師六十七歲。

正旦，臨安淨空居士陳安常、不空居士張

處俊各具一百問答，遣价求印證。師題其後云：「自問自答，自倒自起。處俊、安常，各說道理。一人搖頭，一人擺尾。蚊錐鐵牛，賣弄口觜。賞伊膽大，來呈妙喜。盡令而行，坦入地底。放過一著，各自看取。若不放過，打出骨髓。且道是賞伊罰伊，明明向你道尚自不會，豈况蓋覆將來。」

師自衡遷梅，六年之間，遐陬遠俗，靡不從其攝化。家繪其像，敬事虔肅，有若臨淮之大士，南安巖之定光。

十二月，蒙恩自便。

按《龍王殿記》云：「二十五年冬，天度清曠，權綱獨攬，詔有司理寃枉，還之梅陽。梅爲南方煙瘴之郡，醫藥絕少，多有不及東歸者。」

按《答經略方公務德書》云：「往歲南遷，參隨僧行，零落瘴鄉，六十三人，義難以忘。今之所存，于兹無幾。間或薰爐茗盌，必異於衆，蓋不忘南荒朝遊夕處之義也。」

按《爲張縣尉普說》：「在梅陽六年，受人供養。臨行，菴中所有動使之物，盡散與人。平昔所收些施利，悉用辦齋，遍請合郡僧道士庶并見任官云。」

二十六年丙子，師六十八歲。

正月二十一日，離梅陽。太守鄧公酢賓禮，委官兵津發。居民扶老攜幼，遮道祖餞，眷戀有不勝情者，蓋其道使之然也。

取道汀州，二月至瀨川。時無垢居士侍郎張公子韶自橫浦蒙旨守永嘉，師維舟俟之，用慰契闊。既見，留連款語，遍賞名山。《留題馬祖菴》詩云：「中有奇道人，機鋒如劈箭。」謂師也。公因以自晝像需讚，師點筆疾書，有「貧兒索舊債」之句。已而聯舟東下至廬陵，衆信請說法於祥符寺。作《廬陵米價頌》。次太和，遊青原，分袂於臨江之新淦，作湖湘之行。

按，無垢贈別詩云：「相別十七年，其間無不有。今朝忽相見，對面成老醜。人生大夢耳，是非安足究。欲叙惓惓懷，老大慵開口。公作湖南行，我赴永嘉守。重別是今日，南北又奔走。已歃相過盟，長沙不宜久。」

邑宰黃公元綬迎師，館于東山寺。

三月十一日，被旨復僧，謝恩陞座，有「青氈本是吾家物，今日重還舊日僧。珍重聖恩何以報，萬年松上一枝藤」之句。《示黃元綬如是居士法語》云：「渝川江亭一見，心已許之。既而來驛舍吐露，若合符契，自慶驗人眼不讓古人。」作《黃世永主簿淨智菴銘》。

至宜春，憩於光孝寺，方外道友錢子虛計議請爲衆說法。時丞相和國張公德遠居長沙，其母秦國夫人問道於師。

按《殿記》曰：「浚竊惟先妣秦國太夫人晚聞道於徑山佛日大師，得自在無畏法。杲有忠君愛物之志，非若聲聞獨覺之私厭生死而樂寂滅也，是以浚與之遊。或者迷惑世網，循利背義，排斥己異，移怒於師，有識者憤之。」

秦國臥疾將亟，曰：「妙喜老師此生無復見也，老婆有私恩未報。」和公凡三走介之宜春，趣師之行。由是兼程而至，秦國捐館矣。和國公語師曰：「先妣願供養和尚一年，爲報德之私，今無復得。某謹遵遺訓，師幸少留，以九夏之期，盡某敬奉，一慰先妣之願，二伸人子之心。」師不可得而辭，遂館于光孝寺之東堂。

六月，卻饒州薦福之命，以偈遣四專使云：「萬死一生離瘴網，前程來日苦無多。收拾骨頭林下去，誰能爲衆更波波。」題《大溈智禪師語錄》後，示羅孟弼法語。

七月，秦國喪靈歸蜀，師亦次舟至荆南。和公力挽同往，師無入蜀意，遂作桑梓之行。尼慧覺以師頂相求讚，故有「雖然未即過江東，且隨覺禪看西蜀」之句。中書舍人唐公文若字立夫，於道自謂有所趣向，每聞蜀僧言師有未語已前之驗。立夫時召赴行在，維舟謁師，相見次，曰：「莫是子西之後否？」立夫曰：「乃大人也。」師曰：「尊丈與某昔在無盡府第相從甚久，不如公有箇無師自得底道理，但未喫得徑山手裏竹篦在。」立夫乃俛首感歎，然後炷香以致謝誠，遂連檣而之鄂渚。

按《示太守祠部熊公叔雅法語》有云：「近在渚宮見一破家散宅底漢，欲操吾刀，入吾室，便要殺人放火。被妙喜不動干戈，即時擒下，不必見贓而後知其爲賊。」蓋指立夫也。

又按，立夫跋師示熊法語後云：「徑山贓物并案款上納，異時鄂州有一點雜毒入心，定卻翻案也。縛虎須急，緩則噬人。事不兩存，要識方便。若只旗槍兩下，又涉廉纖」云云。

別後以頌寄師云：「人皆養子防身老，臨濟生兒不養家。三尺竹篦千古令，更無一物是生涯。」

武當軍節度使李公師顏請說法于府第。示徐敦濟提刑法語。已而下赤壁，次臨皋，望東坡雪堂，因作頌曰：「力將正說分邪說，夢到黃州與惠州。竹屋數椽容老兒，大江千古只東流。」

抵九江，太守朱公請說法於能仁寺，而以廬山圓通敦請住持，三辭而不獲，因舉道顏長老補其處，然後解維。

十月，至宣城，館于敬亭山。作《普明琳禪師眞讚》。謁方外道友太守樞密樓公仲暉。作《顏簡卿簡室銘》、《湯承事慶齡菴銘》。適明州阿育王山專使至，準朝命住持，十七日祗受。次寧國，入山東，安存悼往，三宿而別。

十一月，渡錢塘，由會稽，雙槐居士鄭禹功參議以詩迎師於旅亭，有「底事病魔渾不染，於將正見洗蠻煙」之句。帥座

參政魏公良臣請說法於能仁寺。十三日，就明州光孝寺開堂，十五日入院。

臘月，訪天童覺禪師及諸鄰峰。

二十七年丁丑，師六十九歲。

住育王。裹糧問道者萬二千指，百廢並舉，檀度響從，冠於今昔。雲巖典牛游禪師以頌寄師云：「五濁海底輾屎豬，躍出那邊三腳驢。鐸聲既已喧四衢，雲間騰踏天馬駒。諦聽典牛一句子，世上有你何用余。」於是增修廚屋，鑿二新泉，曰妙喜，曰蒙。

按《泉銘》略曰：育王爲浙東大道場，地高無水，僧衆苦之。紹興丙子，佛日受請周旋其間，令僧廣恭穿穴茲地，爲大池。鍬鍤一施，飛泉盆湧。知軍事祕監姜公見而異之，名曰妙喜。無垢居士爲之名，末句有云：「謂余未然，妙喜

其決之。」

師因說偈於其後，仍作《蒙泉銘》曰：「廣利東，泉曰蒙。源玲瓏，萬竅通。聲淙淙，出無窮。良施工，不落空。銘泉者爲誰？山僧妙喜翁。」

寺以衆多食貧，常住伏臘不給，陳請海岸閑地，僅千頃，命工開築，以爲南畝，費緡錢十萬餘。師率八萬四千人結般若勝會，人出緡錢，餘竭衣盂以成，歲入用贍齋廚。左丞相湯公思退敷奏，詔賜其莊名般若。

六月，弔衡陽太守石公彥和于新昌，遷佛智禪師塔，作《正堂辯禪師語錄序》、《廣福寺鐘銘》、《東坡先生畫像讚》。跋文殊道禪師偈頌，答樞密樓公仲暉、節使曹公功顯、侍郎曾公吉甫、侍郎榮公茂實、妙德居士黃公節夫問道書，示張晉彥運使、羅宗約參議、趙師厚觀使、孫長文通判、鮑夢符教授、呂舜元機宜、郭仲堪知縣、曾叔遲機宜法語，示內都知董德之入道頌。作《楊岐五世讚》，《黃龍忠道者天童覺禪師二老揖讓圖讚》。

時有太學上舍生楊麟冠帶拜師於堂上，垂泣云：「願從和尚出家。」語未訖，擲下巾帽，袖中出剪刀自落其髮，師疾呼左右執手問其故，乃以實對，因攝授之。次日上堂云：「已著槽廠，將錯就錯。騎卻聖僧，不妨快樂。龍象蹴踏，非驢所作。堪笑諸方，妄生穿鑿。休穿鑿，祥麟只有一隻角。」

十二月，主天童覺禪師喪。

二十八年戊寅，師七十歲。

正月初十日，被旨遷住徑山。

二月二十八日，就靈隱寺開堂。

三月初九日入院，坐夏千餘衆。

按《塔銘》：師之再住此山，道俗欽慕，如見其所親。雖老，引接後進不少倦。一日，忽廚屋傾仆，蓋神龍欲師興建之。始，師即撾鼓示衆云：「去歲育王方修了，今日徑山又倒卻。雲堂大衆一時驚，只有老僧渾不覺。敢問大衆因甚不覺？豈不見道：不啞不聾，不做大家公。」由是廣其址以新之，重建孚佑王殿及嚴像設，置東坡祠像於殿之右廡。

示佛照居士鄭提幹、內都知張公一之、鄧伯壽直殿、永寧郡夫人善因法語，作王德祖醫師、榮茂實侍郎、方務德侍郎畫像讚，答蘇仁仲提舉問道書、孫知縣擅改《金剛經》書。以頌代書戲答繼明長老曰：「既作蟲豸，又住鶴鳴。如水入水，似金博金。夜聽水流巖下石，曉看山起面前雲。此境此時誰得意？道得末後句，則不孤負老僧。」

九月，遣參徒之零陵求《孚佑王殿記》於丞相張公德遠。

冬，行化嘉禾，次吳門，弔方外道友信安郡王孟公仁仲，設無礙會於虎丘，以旌平日道義。長老靈沼請作《佛智裕禪師眞讚》。抵無錫，樞密巫公子先而次謂之錫山蓮社，請說法於南禪寺。陳阜卿侍郎撰疏，有「十七年現居士身，不動本來面目；幾萬里漂羅殺國，還歸舊處風光」之句。

孫尚書仲益爲前徑山訥老作《塔銘》，訥之嗣法最老請師署名其後，由是師致書仲益，其答略曰：「覿頌見佛果於開寶，時公道價籍籍滿都國矣。靖康以還，崎嶇兵亂，偶然不死。又罹罪罟，流竄嶺海。仰瞻一世龍象，如有仙凡之隔，只自媿歎。」又曰：「公高風絕塵，已出世外，而非意之干同。逐客放臣遷貶之例，正如癡兒摶空捕影，只堪一笑耳。然佛法遇厄而後奇勝乃見，所以化服同異也。」又曰：「僧最出所賜書，開讀三反，幸甚過望。承欲移舟臨賁衰老，至惠山旋棹，僧伽危坐一塔之中，有孰視而不見者。一睹天人，信有命也。」又曰：「自公入吳，一佛出世矣。侯王而下，皆獲瞻禮，獨覿尙未一詣，遂無以藉口。覿方欲上書謝事，得請後書疏小間，當由臨安入山，摳衣聽法，一洗塵陋。」又曰：「皇恐。大雅姪歸依至道，曲蒙與進，庶幾班斤郢斲也。訥老塔銘，重辱書名其後，衰陋有光焉。」

二十九年己卯，師七十一歲。

正月，泛太湖。按，《宗徐誠頌》曰：「紹興己卯正月旦，我因持鉢入太湖。徐誠權攝婆施羅，助我敷演此三昧。」長老元弗迎歸翠峰，爲衆說法。作《雪竇明覺禪師眞讚》。

二月，卻福州西禪之命。

三月，求退於朝，纔進表，即渡江之四明。臨安府尹張侍郎偁致書於師，其略曰：「竊聞拂衣禪席，再挽莫回，翩然清風，已趣高駕，此固不可以寵利勢力迎屈。然豈不念聖天子以公名德之盛，增重名山，以佛法護行闕，幸爲小駐，以副上意。偁職在守土，朝命是依，謹差衙校陳愈洊布區區，萬冀深察。使張京兆異日爲白蓮社中人，請自茲始矣。」師即答書。

四月，再歸徑山，上堂有「重理舊詞連韻

唱」之語。孝宗皇帝在普安潛藩，七月二日，遣內都監黃彥節命師就山中舉揚般若，說偈云：「大根大器大力量，荷擔大事不尋常。一毛頭上通消息，徧界明明不覆藏。」獻上，上嘉歎之。

是年重建庫院、行堂、西寮、倉院等處。作《寂室光禪師語錄序》，作維摩示疾、九祖伏馱尊者、達磨面壁、二祖立雪、言法華畫像讚。示徐敦立提刑法語，答丞相湯公進之、舍人張公安國問道書。

五月，弔無垢居士於海昌，作文以祭之。

六月，持鉢霅川，作《端獅子讚》。示給事劉公行簡入道頌、莫閏甫法語，題曹叔寶忘知軒。作道場辯禪師、護國遠禪師眞讚，以頌代書寄張欽夫定叟學士。

冬，行化雲間，作《船子和尙讚》。內翰莫公儔請爲衆普說於普照寺。作《三一堂銘》、《跋呂居仁送范司理序》。薛令人請題嗣法需長老眞，故有「常憶首山好言語，新婦騎驢阿家牽」之句。示崑山張知縣法語。

程詠之運使以無垢居士《與三川道人論不愁念起惟怕覺遲頌》請師書其後。無垢頌曰：「念是賊子，覺是賊魁。捱殺賊魁，賊子何歸。堂堂大路，惟吾獨之。越南燕北，遼東隴西。撒手便到，何慮何疑。神劍在山，鍔冷光寒。魑魅魍魎，莫之敢干。此名眞覺，秦時轆轢。」師說偈曰：「說覺說念，翻背作面。無念無覺，何處摸索。起是誰起，覺是誰覺。豁開戶牖，大虛寥廓。撒手前行不顧人，秦時轆轢何時作。」

跋《喻彌陀行實記》，示內都知李公伯和、妙圓道人善寶、成季恭機宜法語。

三十年庚辰，師七十二歲。

三月，丞相湯公請說法於靈芝寺，以偈送師育王開田，次韻曰：「毛錐子上通消息，大勝新開百丈田。居士不離香積界，老僧贏得日高眠。」

孝宗皇帝居建邸，內都監黃彥節侍次，誦於妙喜處所授《祖師偈》：「心隨萬境轉，轉處實能幽。隨流認得性，無喜亦無憂。」上聞之，理與神遇，欣愜盈懷，委內都監訪師，請陞堂。遂說偈以獻曰：「豁開頂門眼，照徹大千界。既作法中王，於法得自在。」上甚嘉納焉。尋復請爲衆說法，親書「妙喜菴」三字及製眞讚，題曰《文囿讚眞呈妙喜》。師演成四偈，其引曰：「宗杲伏承文囿至人頒示妙讚，大哉言乎！而思惟所不能及也。宗杲雖不敏，演成四章，謹繕寫上呈，伏乞一目而擲之。」偈見前録。

《示顯德居士御帶黃公仲威入道頌》云：「空卻十方，三世去卻。千非一是，目前烜赫。光明日用，隨緣遊戲。」題知省張公宗元隨分樓、董公德之假山，跋王日休《龍舒淨土文》，汪養源運使請作《維摩居士讚》。作《孫長文畫像讚》、《道端禪客端硯銘》、示法音首座豎刹竿法語，以頌送鄧子立直殿還都下、明長老歸長蘆，作《祭超然居士趙表之文》。

冬，行化宛陵，次當途，抵建鄴。留守尙書韓公仲通率僚屬請說法於保寧寺，長老曇華請爲衆普說於鍾山。嗣法了明迎之葦江，少休僕役。題呂文靖公《影堂遺事》，《次程子山侍講韻》，示可昇禪人，示留守韓公法語。作《達磨渡蘆讚》。

三十一年辛巳，師七十三歲。

正月，舟次儀眞，太守徐公敦立請說法於天寧寺。適州學文宣王殿建造未圓，學徒告師有以成就，師以說法施利二十萬而助之。次日，復攜軸求書法語以爲引導，故有「葫蘆必竟遭藤纏」之句。

至京口，謁劉公信叔太尉，訪吳傅朋郎中，請書「法寶輪藏」四字。遊浮玉，次海門，作《夢菴信禪師眞讚》。金壇謁參政湯公致遠，溧陽訪方外道友劉季高侍郎，取道荆谿而歸。跋顧凱之所畫維摩像。

四月，謝事徑山，五月初一遂所請。知省李公伯和施錢重建明月堂，爲師佚老之居。

秋，往受業慶懺輪藏。

按《行記》：妙喜老師辛巳夏謝事徑山，得請於朝。

九月，之山東歷陽，張孝祥自宣城來致敬請法要，而別施衣盂，重建選佛堂。

作《錢處和侍郎讚》。

三十二年壬午，師七十四歲。

居明月堂。雖老而益健，以法求人接物爲己任，學徒益親賢，搢紳爲道而至者無虛日。

三月，之金陵，謁丞相都督張公德遠。

按《塔銘》曰：「師雖方外士，義篤君親。每及時事，愛君憂時，見之詞氣。晚自徑山來秣陵，見某言：『先人不幸無後，某之責。願乞一給使，名藉公重，庶有肯就者。』某爲惻然興歎，遂奏其族弟道源奉師親後。」

孝宗皇帝即位之九月，詔師問佛法大意，適師卧疾，特賜大慧禪師號，以爲褒寵，二十八日受命。以頌謝招討李公顯忠施觀音像，作《祭榮侍郎文》。

孝宗皇帝隆興元年癸未，師七十五歲。

正旦，作《鄭禹功雙槐堂記》。

三月，聞王師凱旋，作偈曰：「氛埃一掃蕩然空，百二山河在掌中。世出世間俱了了，當陽不昧主人公。」出衣盂命闔山清衆閱《華嚴經》七百餘部，用祝兩宮聖壽，保國康民。

六月，之寧國，上冢葺治。

七月初一日，還山。上復取向所賜宸翰，以御寶識之，曰「賜大慧」。十二日，師已示微恙。大衆力請說法於千僧閣，以爲末後垂訓。師委曲付囑：「老僧來日無多，汝等侍吾之久，宜各隨所緣，以佛法爲念，莫負初志，實吾所願。」其語懇勵至切，於時衆皆悲感。十四日夜，有大星隕於寢室之後，流光有聲。師聞，微笑曰：「吾將行矣。」

八月初二日淩晨，法鼓震裂。初九日薄暮，學徒識師無意於世，環擁寢室。師以手搖曳曰：「吾翌日始行矣。」至五鼓，親書遺奏曰：「臣宗杲深荷聖恩，臣今年已衰，遂辭聖世。伏願陛下爲天下生靈保衛聖躬，力致太平，永光佛法。臣宗杲上奏。」及作丞相張公德遠書，以端石硯寄別丞相湯公進之，以外護吾宗爲囑。仍書委曲以示參徒曰：「吾歿之後，叢林自有常典，切不可過儀。小師不得披麻戴孝，慟哭過情，恐混世俗。所蓄書畫，老僧平日至愛道友彥光各送一本，庶以表意。」口授委曲付諸嗣法云：「吾自夏及秋，不美飲食，雖無甚疾苦，而幻體日見羸劣，蓋世緣止於此也。汝既應緣一方，宜更堅持願力，以報佛祖深恩，是吾之望。臨行以數語爲別，各宜悉。」及了賢等請偈，師厲聲曰：「無偈便死不得也！」衆告旣切，不得已而書，付了賢呈大衆云：「生也只恁麼，死也只恁麼。有偈與無偈，是甚麼熱大！」投筆就寢，吉祥而逝。

按，主喪事臨安府察判羅公公且祭文曰：「法鼓晨裂，流星夜墜。剡尺紙以上奏，即吉祥而飈逝。」

度門弟子淨初等八十四人，嗣法自教忠彌光、西禪鼎需、東禪思岳、薦福悟本、能仁祖元、東林道顏、西禪守淨、育王遵璞、開善道謙、伊山冲密、溈山法寶、雪峰慧日禪師藴聞、淨居妙道、資壽妙總、明因慧照而次，數過百十，星分棋布，列刹相望，皆其的子親孫。潛通密證，匿燿韜光，唯恐有聞於世者，殆不可勝數。

士大夫恪誠扣道，親有契證，如參政李公邴、侍郎曾公開、侍郎張公九成、吏部郎中蔡公樞、給事中江公安常、提刑吳公偉明，給事中馮公檝、中書舍人呂公本中、參政劉公大中、直寶文閣劉公子羽、中書舍人唐公文若、御帶黄公彥節、兵部郎中孫公大雅、編修黄公文昌、楞伽居士鄭昂、秦國夫人計氏、法眞幻住道人智常、超宗道人普覺。摳衣與列，佩服法言，如内翰汪公藻、參政李公光、樞密富公直柔、侍郎劉公岑、侍郎曾公幾、侍郎徐公林、樞密樓公炤、尙書汪公應辰、左丞相湯公思退、侍郎方公滋、提舉李公琛、侍郎榮公嶷、尙書韓公仲通、内都知昭慶軍承宣使董公仲永、成州團練使李公存約、安慶軍承宣使張公去爲、開府保信軍節度使曹公勛、中書舍人張公孝祥、御帶寧遠軍節度使黄公仲威、直殿鄧公靖、無住居士袁祖巖。其餘空而往，實而歸者衆矣。

是月二十日，衆以全身葬於明月堂之後。申明於朝，以所居爲菴，仍建層閣奉安宸翰。

按，丞相湯公書云：「禪師道德，聖上所慕。易菴建閣，計皆得可。塔名師號，當爲奏知。」

按《塔銘》曰：「隆興元年八月十日，大慧禪師示寂於徑山明月堂。皇帝聞之嗟惜，詔以明月堂爲妙喜菴，賜謚普覺，塔名寶光，其徒以全身葬於菴之後。卒被光寵，表之無窮，誠有以自致也。所賜御書，建閣藏於菴，與兹山不磨矣。其八處九會陞堂語要、普説、小參、讚、偈、機緣、長牋、法語，無慮數十萬言，參徒道印編爲六十卷，奉置於菴。宗璉、曇密、惟禋、宗演、淨智、居士黄文昌裒其綱要，離爲五冊，刊行於世。蒙詔賜入大藏，同聖教以永其傳。」

師之愛人及物，等之以慈。怒罵嬉笑，得之天眞。機辯迅雷霆，語言燦星斗。具大眼目，擒縱自如。破諸方之異解，死學者之偷心，必令實證實悟，得大自在而後已。所以始從分圜悟半座，至於數領菴園，一住鄮峰，兩坐雙徑，奔走天下奇衲，悦服名公巨儒，如優曇花，一現於世。以至上達天聽，感動宸衷，特垂叡語之褒，旌以徽名之寵。奎章寶墨，雲漢昭回。佛日重光，眞風普被。其所攝化，傾倉倒廩，唾玉揮金，誠心樂施，唯恐其後。而師喜濟惠，隨得隨與，况於細行毫髮無虧。雖遷遐裔，龍象擁隨，忍死不棄。及其示寂，如失恃怙。龍神爲之戴白，龍王聖屬出現綵亭之上，舉衆見其冠白。鳥獸爲之哀號。賢士大夫寫詞致哀，動逾百數。此皆法雨之所潤，恩人利物之大凡也。若其荷佛祖重任，恢臨濟正宗，號令人天，指呼凡聖，殆非筆舌所能紀。今以平生出處大略，列歲月而編次，及前後之所聞見，敬錄其實，以爲萬世標準云。

大慧先師示現七十五年，言行出處，章章可法。詠老集爲《年譜》，刊行於世，有補來學。但其間不能無誤脱。宗演頃在衆時，每覽之輒爲嗟惜。後得江西瑩雲卧書，亹亹譏其闕失，與昔所聞果若符契。逮開禧乙丑，青山無事，始獲校訂，删入六十餘處，粗得無差。噫！雲卧侍師於衡、梅，可謂親聞飫見與。育王雙徑之會，捨拙陋存亦無幾。今若不正之，則是非之辯不息。由今而後，學者閲繹無疑，奮烈丈夫志，追跨前作，臨濟墜地之緒庶可起焉。若真具大闡提，火此書可也。或未然，毋忽龜鑑。住華藏比丘宗演百拜敬書。寶祐癸丑，天台比丘德濬募緣重刊於徑山明月堂。

《大慧禪師語錄》板頃爲丙丁童所奪，寺僧德濬謀再繡梓，以惠後學。公許嘗爲作二頌，俾持叩檀度。辛亥歲，蒙恩召還班列，濬復來謁，則知信施雲集，工役將竣。以木石尤貳卿序跋見示，退而伏讀，所舉二事最爲切當。大率先正宿儒衛道植教，議論間不得不爲限防，然理之所在，本無二致。或者未嘗窺斑嘗臠，膠於形迹而輕加詆訾，余每病焉。後之覽是錄者，能先以木石之言而求之，思過半矣。是歲良月既望，滄州叟程公許書於武林寓舍。

祖謙悚息上啓。大慧入般涅槃法門，山摧梁壞，四海道俗失所師仰。自領遺問，私心慘怛，迨今未已。竊惟師資之重，其何以堪？此道墜地，任是責者，實在可庵，必將勉爲衆出，續佛慧命，固不可專於獨善也。至禱至禱。杖錫今尚留塔下，或徑爲歸福唐計，望一報。益遠道論，敢冀以時珍重。不宣。祖謙悚息上啓可庵禪師侍者。

祖謙有少香燭，託賢公爲爇於塔下。或賢公偶出，煩可庵爲爇之也。祖謙。

成公，學夫子者也，顧於大慧尊尚若此，夫豈無所爲而然哉？方賊檜擅國，挾虜要君，滅棄綱常，戕毒忠義，天下之士敢怒而不敢言。大慧於此時，乃能犯不測之禍，陳義切責，瀕死靡悔，風概凜凜，實紫巖、橫浦一輩人，此其有關於世道甚大，宜公重惜其亡而不能已也。豈惟成公，蓋文公朱先生初年亦嘗訪之徑山，後有偈寄公云：「徑山傳語朱元晦，相忘已在形骸外。莫言多日不相逢，興來常與精神會。」嗚呼！是未易與俗人道也。承天老智朋得成公眞迹，刻石置山中，爲書其後。淳祐十二年立秋日，渤海劉震孫。

宋韓忠武公世忠年譜

鄧恭三 編

據 重慶獨立出版社一九四四年刊本
新編中國名人年譜集成第十二輯 校訂

韓世忠（一〇八九—一一五一），字良臣，延安（今屬陝西）人。年十八從軍，宣和中以偏將討平方臘。靖康元年，攻殺李復。高宗即位，授平寇左將軍。平苗、劉之變，授武勝軍節度使，御營左軍都統制。建炎四年，以水師八千抗十萬金兵於黄天蕩。紹興初，大破金軍於大儀鎮，此舉被譽爲『中興武功第一』。六年，授京東淮東路宣撫處置使，置司楚州，力圖恢復。以三萬兵守淮河八年，敵不敢犯。十一年，入朝任樞密使，與岳飛、張俊同被解除兵權。嘗上疏奏論秦檜誤國，又嘗以岳飛冤獄，面詰秦檜，罷爲醴泉觀使。自此杜門謝客，縱遊西湖，口不言兵，自號清凉居士。二十一年卒，年六十三，追封蘄王，謚忠武。

韓世忠爲宋南渡名將，在中興諸將中，功業居最。其事蹟見趙雄《韓忠武王世忠中興佐命定國元勳之碑》（《名臣碑傳琬琰集》上編卷一三）、孫覿《通義郡王韓公墓誌銘》（《鴻慶居士集》卷三六）、《宋史》卷三六四本傳。

《年譜》爲鄧廣銘（恭三）先生所編，一九四二年重慶獨立出版社出版，一九四四年重刊，後收入《新編中國名人年譜集成》第十二輯，由臺灣商務印書館發行。本書即據此重排，并請鄧小南女士作了補訂，依全書體例，對標點及引書款式略有改動。

序例

南宋中興諸將，舉世以韓、劉、張、岳並稱，就中忠貞之節，武穆爲最；功業之偉，則當推蘄王；劉錡純謹可稱而勳績稍遜；若張俊則養威避事，附權妒能，較之劉光世雖或稍優，於四人之中要爲最下矣。武穆厄於權姦，終且爲所鍛鍊誣陷以死，然自秦檜身死之後，迄其孫珂籲天辨誣，篹成《金陀稡編》之時，不唯枉屈盡已獲伸，其經綸志節亦遂炳耀千秋而争光日月；劉錡身後則有章穎等人爲之傳以布於世，詳述其軍功政績，氣概行誼；其在張俊，亦且有姜夔慕厥大功，惜其細行小節之罕爲人知，砣砣然訪問搜採，編爲《張循王遺事》一書，以補國史之遺（見樓鑰《攻媿集》卷七十一《跋姜堯章所編張循王遺事》）。然明受之變，慷慨赴義以竟成復辟討叛之大業者，韓蘄王也，黄天蕩與金人相持，終使兀术僅以身免，金軍狼狽遁去者，韓蘄王也，大儀鎮重挫金軍，建中興以來之首功者亦韓蘄王也，則謂南宋立國之基均爲蘄王所手奠未爲過也。然而除正史之外竟無一人爲鋪叙其性行，網羅其遺事，雖其盛德豐功自足不朽，本無所藉賴乎此，而視彼三人終爲寂寞，此則道古者之所常致憾而本譜之所由作也。撰述凡例，略誌如下：

一、本譜以輯本《宋會要稿》、徐夢莘《三朝北盟會編》、熊克《中興小歷》、李心傳《建炎以來繫年要録》、杜大珪《名臣碑傳琬琰集》、李幼武《名臣言行録》及《宋朝南渡十將傳》、《宋史》等書爲主要取材之所。《繫年要録》博參群書，多所考定，視它書爲最詳，故本譜取材於其中亦視它書爲尤多。方志筆記文集中之涉及韓氏事蹟者，亦均旁搜博採，期少遺脱。

一、南宋寧宗朝章穎撰次岳飛、劉錡、李顯忠、魏勝四人事蹟，是爲《南渡四將傳》，其自序有云：「中興以來，諸大將宣皇威，敵王愾，垂功名於竹帛，紀勳伐於金石，眷遇始終，無遺憾者。獨此四臣，或困於讒姦，或抑於媢嫉，……志不獲伸，目不瞑於地下，跡其規恢次序，實係當時之强弱，關後世之理亂，使不詳記而備載之，則孰知機失於前而患貽於後世哉！」是其書唯以四將爲限也。後來刻本乃均益以韓世忠、張俊、虞允文、張子蓋、張宗顔、吴玠而改稱《宋朝南渡十將傳》，其中唯《吴玠傳》極疏略，似是屬筆未成之稿，韓世忠、張俊、虞允文、張子蓋、張宗顔五傳則記叙均詳核完贍，取與《宋史》各本傳相核，知史傳即從此出，疑其本爲國史中之正傳也。韓傳記建炎二年四月與金人戰於西京事有云：「世忠被矢如棘，力戰得免。還汴，詰一軍之先退者皆斬左右距。」此與《繫年要録》及趙雄所撰墓碑中「一軍皆斬左右趾以狥」之説全相脗合，《宋史》本傳叙此事之文與《十將傳》全同，獨以「距」爲字誤，改而爲「懼」，遂與事實大相謬戾。本譜唯以《十將傳》爲據，不復引録史傳。

一、凡各書同記一事而情節互有出入者則遍録各書之文，依其事之順序而比次之，其得失可得而斷定者，間亦加以考案。若僅有詳略之不同而大體不殊者，則引録最詳之一書而它書從略。

一、凡一事與他人之行事有涉，非徵引不足以明其原委者，則取徵於記載較簡之一書，庶梗概可得略見而不至有喧奪之弊。

一、方今士林通病，在束書不觀而好縱談史事。即如創作之文固應與考史之作殊科，然若以「歷史劇」或「歷史小説」爲名者，則終以大致不背於史實爲是，乃近今所有涉及韓氏或其夫人梁氏之作品，大都肆臆妄爲，不稍考核。抗戰以來後方書籍之不易獲得當亦造成此現象之主因。編者有鑒於此，故本譜編制，僅將各書資料詮次排比，不復施以修潤融貫之力，一以保存各書之真，一以便於參考者之自行擇取。所冀刊布之後，時彦如再有作，肯就此而取材焉，則亦庶乎其不悖矣。

一、各書所記地名人名多參差互出，如紹興十年八月韓氏部將解元與金人交戰之地，或作郯城，或作譚城；金之統帥四太子，或稱其漢名作「完顔宗弼」，或用其番名作「兀术」，而滿清更改譯爲「烏珠」；金穆宗子之爲統帥者，或稱其漢名作「完顔昌」，其番名譯音則或作「撻嬾」，或作「撻辣」，而滿清更改譯爲「達賚」。今所引録亦均因仍各書之舊，不爲改易。（《繫年要録》僅有清代輯印之本）

一、韓氏一生行事，不唯與安攘大計有關，其關係於一代政局者亦至密切，故本譜雖以篇幅關係未能盡量記叙其時之大政施措，而世局隆替亦終可藉以覘見焉。

一、本譜草創於兩年前寓居昆明之時，中間作輟無常，迄今春方得完稿於四川南溪之板栗其爲研究所所無之書坳，所用書籍均假自國立中央研究院歷史語言研究所，謹此誌感。均無法獲覩，挂漏必多，博雅君子進而教之是幸。

民國三十一年八月二十八日記於重慶南岸之海棠溪。

宋韓忠武公世忠年譜

曾祖則，贈太師、楚國公。曾祖妣郝氏，封吳國夫人。祖廣，贈太師、秦國公。祖妣高氏，封冀國夫人。考慶，贈太師、陳國公。妣賀氏，封楚國夫人。

公姓韓，名世忠，字良臣，延安人。

杜大珪《名臣碑傳琬琰集》上編卷十三趙雄撰《韓忠武王世忠中興佐命定國元勳之碑》：「王諱世忠，字良臣，姓韓氏。韓氏本古列國後，爲秦所併。子孫自韓原渡河，散居延安，以國爲姓，故王世爲延安人。曾祖諱則，居鄉以義俠聞。家故饒財，賑貧藥病，多所全活。既沒，有異人（抗）〔指〕其所葬地曰：『代代當生公侯。』後以王貴，贈太師楚國公。曾祖妣郝氏，吳國夫人。祖諱廣，考諱慶，皆贈太師，秦、陳二國公。祖妣高氏，妣賀氏，冀、楚二國夫人。楚國生五丈夫子，王其季也。」

風骨偉岸，鷙勇絕人。豪俠尙氣，里俗爲變。

《忠武王碑》：「少長，風骨偉岸，尙氣節，能屈西邊諸豪。里中惡少年皆俛首不敢出氣，則爭爲之服役。或負責不償者，王輒爲償，負者後聞，亟持所償愧謝，里俗爲之一變。有冤抑，不以謁郡縣而謁諸王，咸得其平，由是名聞關陝。嘗過米脂寨姻家會飲，日已夕而關閉，王怒，以臂拉門，關鍵應手而斷，且視之，其木蓋兩拱餘，關吏駭服。」《宋朝南渡十將列傳》卷五《韓世忠傳》：「韓世忠，字良臣，延安人。風骨偉岸，目瞬如電。早年鷙勇已絕人，能騎生馬駒。家富產業，嗜酒尚氣，不可繩檢。」李纫武《名臣言行錄續集·太師韓蘄王世忠傳》：「世忠家貧無生產，嗜酒豪縱，不治繩檢，人呼潑韓五。」日者謂當作三公。同書：「有席三者，算世忠當作三公，世忠以爲侮己，痛毆之。後到江南依世忠，贈錢三萬緡。」《十將傳》：「有日者嘗言世忠當作三公，怒其侮己，毆之。」天質忠勇，純誠不二。《十將傳》論：「忠勇蓋出天質，尤純誠不二。」《宋史》卷三六四《韓世忠傳》：「性戇直，勇敢忠義。」孫覿《鴻慶居士集》卷三六《咸安郡王致仕贈通義郡王韓公墓志銘》：「天資拳勇，未嘗以一毫屻於人。……嗚呼，靖康建炎，戎狄內訌，天下多故，公起行間，忠憤感發，奮不顧身，以徇國家之急。」生長兵間，習知戎事，故雖不諳書史，而能臨機制勝，一出意造。《墓志》：「公生長兵間，習知戎事，……臨機制勝，一出於意造，故能以少擊衆。」費衮《梁谿漫志》卷八韓蘄王詞條：「蘄王長子莊敏公云：『先人生長兵間，不解書，晚年乃稍稍能之耳。』」智謀勇略，兼而有之。《忠武王碑》：「自起、翦以來，山西出將，尚矣。呼吸雷風，動搖山岳，戰勝攻克，卓然以勇略聞者，班班不絕於冊書，至於達之以智謀，本之以忠義，如古之所謂名將者，山西蓋無幾也。秦漢而下可以言智謀忠義如古名將者，若諸葛亮、郭子儀其庶幾乎。王本山西之豪，與起，翦相望，而其智謀忠義，有過前修，無不及焉。……」

御軍嚴而有恩，甘苦與共，故能得士死力，且所至秋毫不犯。

李心傳《建炎以來繫年要錄》卷一一四，紹興七年九月辛未載太學生應詔上書論兵事有云：「臣聞張俊一軍號曰自在軍，平居無事，未嘗閱習，甚至於白晝殺人而圖其財者。惟韓世忠、岳飛兩軍，人馬整肅，其失有傷於太嚴。」

孫覿《鴻慶居士集》卷三六《咸安郡王致仕贈通義郡王韓公墓志銘》：「公御軍嚴而有恩，紀律修明，不以賞罰佐喜怒。藜羹糗飯與衆均。士以故樂爲用。」

《十將傳》：「持軍嚴重，與士卒同甘苦。」

《忠武王碑》：「城楚州，與士卒同力役，黄天蕩之役，楊國在行間親執桴鼓。家楚州，織薄爲屋。將士有臨敵怯懦者，王遺以巾幗，設樂大讌會，俾爲婦人妝以恥之，其人往往感發自奮，後多得其死力。」

《言行錄》：「世忠每出軍，必戒以秋毫無犯。軍之所過，耕夫皆荷鋤以觀。」

輕財好義，廉潔自持，凡有賜賚，悉分將士。

《忠武王碑》：「初，〔王〕淵輕財嗜義，家無宿儲，或勸以治生，淵曰：『國家官人以爵，使祿足代其耕也，若切切事錐刀，我何愛爵祿不爲大賈富商耶？』

王敬服其言，故握兵三十年，未嘗爲乾没貿遷之私。上所賜賚，悉分將士，故將士樂爲之用。」

《十將傳》：「嗜義輕財，凡賜賚，悉以分將士。」

每第功請賞，必覈其實，不以毫髮假人。

《忠武王碑》：「雖厚撫將士，千金有所不愛；至一官一級，則靳惜如肌肉。嘗謂將佐曰：『爲國立功，人臣常分，吾所以使汝輩功浮於賞者，乃所以遺爾子孫也。天日昭昭，爵祿虛受終必爲禍。他日爲國爪牙，尤當戒此。』舊制，戰勝第賞，必以首級，軍人貪得，至殺平人以希賞，王始建議不許以首級計功。然諸帥保奏將士武功左武各有隊伍，惟王所部須實有功乃奏，終不以毫髮假人。是以淮東一軍功最多而崇資者少。」

器仗規畫，精絕過人，所創有克敵弓、掠陣斧、狻猊鍪、連鎖甲等。

《忠武王碑》：「其制兵器，凡今跳澗以習射，洞貫以習射，狻猊之鍪，連鎖之甲，斧之有掠陣，弓之有克敵，皆王遺法，太上以其制下兵部及頒降諸將者是也。」

《十將傳》：「器仗規畫，精絕過人，今之克敵弓，連鎖甲，狻猊鍪，及跳澗以習騎，洞貫以習騎，皆其遺法也。」

知人善任，偏裨部曲，後多通顯。

《十將傳》：「世忠知人善獎用，成閔、解元、王勝、王權、劉寶、岳超率起行伍，秉將旄，皆舊部曲云。」

《忠武王碑》：「偏裨部曲，往往致身通顯，節鉞相望。」

對家人麾下，均以忠相教。

《忠武王碑》：「始，王鼎貴，嘗戒麾下及其家人曰：『忠者，臣子不可一日忘，不惟所當常行，抑亦所當常言。吾雖名世忠，汝曹勿得以忠字爲諱，若諱而不言，是忘忠也。吾生不取死不饗也。』」

事關宗社，必涕泣盡言。

《忠武王碑》：「性不喜便佞，事關廟社，必侚僂玉陛上，流涕極言之。雖不加文飾，而誠意眞切，理致詳盡，人主知其出於忠實，不以爲忤也。」

秦檜擅國，屈己和戎，舉朝畏威，務爲朋附，公獨力排和議，始終不渝。

《忠武王碑》：「於時舉朝憚檜權力，皆附麗爲自全計。獨王於班列一揖之外不復與親。每建大議讜言，家人危懼，或乘間勸止，王曰：『今明知其誤國，乃畏禍苟同，異時瞑目，豈可於太祖官家殿下喫鐵棒耶？』」言雖質而旨深，士君子至今傳之。……臣雄嘗待罪太史氏，獲覩日曆所紀太上皇帝聖語甚詳，最後論戰論和，章數十上，皆筭無遺策。蓋所謂定大事，決大疑，忠義稟於天資，智謀出於人表。」

《十將傳》：「及抵排和議，觸檜尤多，或勸止之。世忠曰：『今畏禍苟同，異時瞑目，豈可受鐵杖於太祖殿下！』時一二大將皆曲狥檜苟全，世忠與檜同在政地，一揖之外未嘗與之交談也。」

洎罷樞政，優游自適，口不言兵，杜門謝客，若未嘗有權位者。

《忠武王碑》：「晚以公王奉朝請，尤能以道卷舒，絕口不言功名。蓋自罷政居都城，高卧十年，杖履幅巾，放意林泉壺觴間，若未嘗有權位者。而偏裨部曲……歲時造門，類皆謝遣。」

徐夢莘《三朝北盟會編》卷二百六：「（紹興十一年十二月）二十八日，……世忠亦忌秦檜陰謀而請罷，遂以太傅爲醴泉觀使。世忠杜門謝客，絶口不言兵，不發親戚平交書，平時將佐部曲，皆莫見其面。」

《十將傳》：「然解兵罷政，卧家凡十年，澹然自如，若未嘗有權位者。」又論云：「釋兵辭位，謙和自守，優游湖山，以終天年，其蘊藉有足稱焉。」

愛好佛法，自號清涼居士。

《忠武王碑》：「而王終日澹然，獨好浮圖法，自號清涼居士。故雖權臣孔熾，王最爲所忌嫉，而能雍容始終，蓋《詩》所謂明哲保身者。」

《十將傳》：「晚喜釋老，自號清涼居士。」

然而夷狄憚其威名，群倫想望風采，幽閨婦女亦且以公之安否占天下事焉。

《忠武王碑》：「羣工列辟，想望風采而不可見，則相約於班朝望王眉宇而慰喜焉。至於外夷遠人，幽閨婦女，皆知有所謂韓郡王者，歲時輒相從詗王年幾安否以爲天下重輕云。」

《墓志》：「威名凜然，天下想見其風采。太母行殿歸次國門，將相大臣班迎道上，太母坐帷中，顧左右曰：『韓某孰是？虜中皆知其名。』既而嘉歎久之。間遇朝謁，傳呼道塗，老幼夾路，倚舂釋擔，聚觀太息。」

娶白氏、梁氏、茆氏、周氏。

《忠武王碑》：「娶白氏，秦國夫人。梁

氏，楊國夫人。茆氏，魏國失人。周氏，蘄國夫人。」

《墓志》：「公元配秦國夫人梁氏，今配魏國夫人茆氏。」

案：韓氏先後凡四娶，皆封國夫人。《墓志》但載梁、茆二氏，且謂梁氏爲秦國夫人，均非是，亦或「秦國夫人」下原尚有「白氏」二字，「梁氏」上原尚有「楊國夫人」四字而爲傳寫脱漏也。

子四人：彥直、彥樸、彥質、彥古。

《墓志》：「四男子：彥直，左朝請大夫、行光祿寺丞兼權尚書屯田員外郎。彥樸，右奉議郎、直顯謨閣。彥質，右奉議郎、直徽猷閣。彥古，右通直郎、直徽猷閣、充兩浙西路安撫司主管機宜文字。」

《忠武王碑》：「子男四人：長曰彥直，嘗任戶部尚書，今爲太中大夫，延水縣開國伯，食邑八百戶。次曰彥樸，奉議郎、直顯謨閣，蚤世。次曰彥質，朝奉大夫、直徽猷閣，知黄州。次曰彥古，起復朝奉大夫、充敷文閣待制、知平江府兼節制水軍，今家居終蘄國之制。」

《十將傳》：「子四人：彥直、彥質、彥古、彥明，皆以才見用，彥古至戶部尚書。」

案：四子之名及其長幼之序，均以碑志所載爲是，《十將傳》以彥樸作彥明，且列作最幼，誤也（《宋史》僅載彥直、彥質、彥古三人亦非是）。

彥樸爲茆出，彥古爲周出，彥直、彥質疑皆梁出。

徐松輯《宋會要稿·羣臣士庶家廟門》載：「（淳熙）五年九月二日，故韓世忠妻秦國太夫人茆氏狀：『恭覩聖旨，將妾所居前洋街宅第賜幼男彥古充家廟。重念妾衰老疾病之身，見同亡男彥樸孤遺幾百口將無棲止之地。』……」（禮卷十二之五）

范成大《吳郡志》卷十一《牧守題名》：「韓彥古，朝奉大夫秘閣修撰。淳熙元年七月到，當年九月二十六日丁母蘄國夫人周氏憂，解官持服。」

案：據右引兩條，彥樸爲茆出，彥古爲周出，蓋無可疑。彥直、彥質爲何氏所出，各書均不見載，然孫覿應彥直等之請，撰韓氏墓志，而僅載梁、周兩夫人，不及元配白氏，則白氏蓋無所出，因疑其俱爲梁出也。

女八人，適曹霑等。

《墓志》：「八女：右朝散郎、通判饒州曹霑，左迪功郎、充廣安軍教授馮用休，左迪功郎、充詳定一司勅令所删定官王萬修，左迪功郎、新授福州懷安縣主簿劉苜，左迪功郎、新授婺州東陽縣尉胡南逢，右承事郎、充秘閣修撰張子仁，其婿也。二人奉道爲黄冠。」

《忠武王碑》：「女八人：長適故朝散郎、通判饒州曹霑，次適宣教郎馮用休，次適宣教郎、知宣州寧國縣王萬脩，次適從政郎劉苜，次適宣教郎、宗正寺主簿胡南逢，次適承議郎、充集英殿脩撰、主管佑神觀張子仁。二人爲黄冠。」

孫男若干人。

《墓志》：「孫男四人：梃，右宣議郎、直秘閣。杕，右宣議郎、直祕閣。格，右承事郎。栩，右承奉郎。」

《忠武王碑》：「孫男十七人：曰梃，奉

議郎、太社令。曰杕，奉議郎、直祕閣。曰格，宣教郎。曰樞，承務郎。曰松，通仕郎。曰相，承事郎，曰椿，承務郎。曰楷，承奉郎。曰林，將仕郎。曰森、曰休、曰楫、曰傑、曰本、曰梓、曰樟。」

案：孫覿撰墓志在紹興末，趙雄撰墓志在淳熙三年，故碑中所舉孫男之數較墓志增益十數人，然恐後來亦仍有所增益，未必即以十七人爲限，故僅曰「若干人」。

孫女若干人。

《忠武王碑》：「孫女八人：一適將仕郎王大昌，餘未行。」

宋哲宗煦元祐四年己巳

十二月二十三日，公生於陝西之延安。

《北盟會編》卷二百四：「世忠以十二月二十三日誕生。」

《忠武王碑》：「始震之夕，有光芒出屋，聞鄉鄰以爲火，各具綆缶馳救，至則聞王生，皆異焉。」

襁褓中，每流瞬則目光如電。

《忠武王碑》：「就襁褓，輒流瞬，瞬則目光如電，楚國淳驚而心奇之。」

或謂是蛇精轉生。

《言行錄》：「世忠既貴，與將吏騎馬出郊，喜坐於淺草間。世忠語急而聲厲，每言則吐舌，或謂是蛇精。」

崇寧四年乙酉，十七歲。

公應募鄉州爲敢勇。從討西夏於銀州，有功，補一資。威名震西邊。

《忠武王碑》：「年未冠，以敢勇應募鄉州。挽強弓一百斤。嘗乘悍馬，手舞鐵槊，奔馳二郎山峭壁間，觀者膽裂，同列無一人敢繼者。軍府校藝，獨用鐵胎弓，所向雖金石皆洞貫。其騎射絶人類此。時崇寧四年也。屬西方多事，王每聞邊遽至，輒上馬，或不俟鞍而奮。喜與交游痛飲，資用通有無。或不持一錢相從，謁酒肆貰酒，期於戰獲鬻級以償。王出必多獲，由是同列皆饒給。銀州之役，綵（？）從党萬以行，父母素鍾愛，不許。王固請於陳公曰：『大丈夫當建功業，取公侯，豈宜齪齪自守。』陳公奇其志，乃聽去。軍甫至而城閉，王直排扉入，斬主將，擲首陴外，三軍乘之，大克。繼而夏人以重兵來寇，次蒿平嶺，王與党萬悉精鋭鏖戰，賊解去，而突騎忽出，間道擣我營，將士驚愕，王獨部敢死士殊死鬬，賊少卻。王爲殿，見一騎士甚武，揮槍而前，王問俘者爲誰，

曰：『十軍監軍駙馬郎君兀㖃也。』王躍馬從之，斬其首，賊遂大潰。由是西邊益服王威名。經略司圖上其事，且乞優賞，會童貫專制邊事，疑敢勇皆勢家子，有所增飾，止許補一資。衆譁不平，而王恬不芥蒂，當時識者知王器量宏遠矣。」

《十將傳》：「年十八，以敢勇應募鄉州，隸赤籍，挽強馳射，勇冠三軍。崇寧四年，西夏騷動，郡調兵捍禦，世忠在遣中，至銀州，夏人嬰城自固，世忠斬關殺虜將，擲首陴外。諸軍乘之，賊大敗。既而以重兵次蒿平嶺，世忠以精鋭鏖戰，解退，俄復出間道，世忠獨部敢死士殊死鬬，賊少卻，顧一騎士鋭甚，問俘者，知爲監軍駙馬兀㖃也，躍馬斬之，賊衆大潰。經略司上其功，乞優賞，童貫董

邊事，疑有所增飾，僅補一資，衆弗平。」

案：崇寧四年韓氏年十七，傳云「十八」，誤也。

孫覿《鴻慶居士集》卷三十六《咸安郡王致仕贈通義郡王韓公墓志銘》：「公諱世忠，字良臣，綏德人。年十八，始隸延安府兵籍，慓悍過絶人，不用鞭轡，騎生馬駒，挽彊馳射，勇冠軍中。家貧，無生産業，嗜酒，豪縱不治繩檢。閒從人貰貸，累劵千數，遇出戰則躍一馬先登，捕首虜馳還，得金幣償之。率以爲常。嘗從統制官党萬戰銀州，方解鞍頓舍，而賊騎出間道，直擣其營，萬狂顧不知所爲，公袒裼，持一戈，率其徒戰郤之。萬兵來援，殿而還。又嘗遙見一酋，金甲朱旗，護兵，意得甚，公馳一騎刺殺之，後諜知爲貴將駙馬郎君兀哆者。大帥張深表其功狀上之朝，而宣撫使童貫怒不先己，黜其功不録。」

同書卷三十五《陳豫神道碑》：「……簽書彰武軍節度判官，覃恩轉奉議郎，轉承議郎、經略司幹當公事，秩滿，再除提舉本路羅買，就遷提舉弓箭手。……公善知人，明於任使，嘗言：『御將士當使過，勿拘以文法，然後可使蹈白刃赴水火而不辭。……』韓公世忠少年喜鬥，數犯法，當伏誅，公顧謂帥曰：『世忠驍悍不畏死，寇至盍令當前斬捕自贖，而殺壯士乎？』帥從之，始隸兵籍。每戰先登，梟貴將之首以獻，遂知名。建炎南渡，提孤軍戡大憝，手擒二叛，威震夷狄，册封咸安王，時人方之狄武襄公。……政和七年五月甲子卒。……四男子，曰杌、曰模、曰桴、曰桷。桷，右朝議大夫、充敷文閣待制。……」

崇寧五年丙戌，十八歲。

徽宗大觀元年丁亥，十九歲。

大觀二年戊子，二十歲。

無名氏撰《東南紀聞》：「韓蘄王微時，貧困無聊，疥癩滿體，臭腐不可近，其妻孥亦惡之。夏日浴於溪間，忽一巨蟒直前將嚙之，韓窘急，以兩手握其首頷間，蟒以尾繞其身，韓不得已，握持還家，欲呼妻孥刺殺之，皆駭遁不敢近前，韓愈窘，入廚見切菜刀，偶仰置几上，遂持蟒首就上極力按之，來去如引鋸，卒斷其首。既免，不勝忿，置之鑊，煮而啖之。明日所病疥癩即脫去，肌體瑩白如玉。」

案：《東南紀聞》爲元人書，右舉之眞確性如何亦殊難知，姑附錄於此。

大觀三年己丑，二十一歲。

大觀四年庚寅，二十二歲。

徽宗政和元年辛卯，二十三歲。

政和七年丁酉，二十九歲。

徽宗重和元年戊戌，三十歲。

徽宗宣和元年己亥，三十一歲。

《朱子語類》卷一三二「中興至今人物」：「韓世忠作小官時，一城被圍，郡將無計，世忠令募敢死士，得二百人。世忠云：『不消多。』只擇得精者八十人，令人持一斧。世忠問云：『其間豈無能爲盜者？』遂令往偷了鼓搥，卻略將石頭去驚他門，他必往報中軍，便隨入，見有紅帳者便斫，俟彼人集便出來，恐有馬軍來趕，便與相殺。城上皆喊云馬軍進。如是果退。」

案：此事年代莫考，姑附於此。

宣和二年庚子，三十二歲。

十一月，方臘反，公從王稟往討。

《宋會要輯稿·討叛門三·方臘》：「徽宗宣和二年十一月，睦州青溪縣妖賊方臘據幫源洞僭號改元，妄稱妖幻，招聚兇黨，分道剽劫，本路將蔡遵、顔坦以兵五千死之，勢愈猖獗。……二十二日，詔童貫爲江淮荆浙等路宣撫使，譚稹爲制置使，王稟爲統制，將兵討之。」（兵一〇之一六）

《忠武王碑》：「會妖人方臘起桐廬，自號聖公，殺掠吏民，自浙河東西至於江南，流毒蓋千餘里。南方素無兵備，詔調西師討之，王部敢勇五十人隨王稟以往。」

《墓志銘》：「宣和初，妖人方臘起青谿，不旬朝，衆數萬，破衢、婺、杭、睦、歙五州，江淮大震，徽宗詔諸將發兵捕誅，時公隸統制官王稟。……」

宣和三年辛丑，三十三歲。

公隨王稟軍至杭州，與別將王淵相遇，説以智勝之術，并以所部破賊衆於杭州北關堰橋，遂與淵定交。

《會要·討叛門三·方臘》：「（宣和）三年正月十一日，詔貫、稟先據潤州。……時王稟已守揚子江口，劉鎭守金陵，童貫次鎭江，賊已陷崇德縣，方圍秀州。二十八日，王稟、辛興宗、楊惟忠夾擊之，秀州平。稟乘勝至錢塘。二月，……十八日，王稟統中軍，辛興宗統前軍，楊惟忠何灌統後軍，自江漲橋與賊接戰，屢捷，克復杭州。」（兵一〇之一七）

《忠武王碑》「遇別將王淵於杭之北關堰橋，會大潦，道不通，賊掩至，淵惶怖，不知所出。王造淵說曰：『今賊據險爭利，我不以智勝而以力拒可乎？』淵怒曰：『何人敢爾？』王益辯論不少屈，淵曰：『汝雖能言，願聞必勝之說。』王爲調一二，且請以所部邀擊，淵命取軍令狀以去。明日會戰，賊勢張甚，王選勇敢二十餘人伏堰橋旁，須臾伏發，賊衆大亂，王追至淵舟前，斬首數級，師遂大克。淵乃歎服曰：『眞萬人敵！』盡以所隨白金器賞焉。與淵定交自此始。至今杭人呼堰橋爲得勝橋云。」

《十將傳》：「宣和二年，方臘反，江浙震動，詔調兵四方，世忠以偏將從王淵討之，至杭州，賊掩至，勢張甚，大將惶怖無策，世忠請以二千兵伏北關堰〔橋〕，賊過伏發，衆蹂亂，世忠追擊之，乃遁。王淵歎曰：『眞萬人敵也！』盡以所隨白金器賞之，且與定交。」

《墓志銘》：「行次浙河，別將王淵駐兵在焉，公扣馬而進，曰：『公領騎兵而戰非其地奈何？』淵矍然問曰：『汝爲誰？』答曰：『韓世忠也。』淵善其言，移屯據便地。翌日，縱騎搏賊，公率所部突其旁，賊驚奔，追殺無噍類，淵喜甚，飲公酒，悉舉飲器授之。會稟卒，遂從淵不去。方臘授首，例補承節郎。」

案：王稟於靖康元年九月丙寅死於金人圍攻太原之役，《宋史·欽宗紀》及《續通鑑長編紀事本末》金寇篇所載均同，《墓志》謂稟卒於方臘授首之前，誤也。韓氏之隸王淵亦不在此時。

詔能得臘首者授兩鎮節鉞。四月二十六日

公越險入賊巢，縛僞八大王，并擒臘以出。功爲辛興宗所攘，故公未受上賞，但超轉承節郎。

《會要·討叛門四》：「四月……十九日，王稟復青溪縣。二十三日，姚平仲復浦江縣。初，王稟、劉鎮兩路軍預約會於睦歙間，包圍幫源洞，表裏夾攻。至是，劉鎮、楊可世、王渙、馬公直率勁兵從間道奪賊門嶺。二十四日平旦入洞，縱火爲號，王稟、辛興宗、楊惟忠、黃迪望燎煙而進，與劉鎮合兵，賊腹背受敵，凡斬獲萬餘級。二十六日，生擒臘於東北隅石澗中，并其妻孥兄弟僞將相等三十九人。其餘黨散據，皆以次平蕩。」（兵一〇之一八）

《忠武王碑》：「時天下忘戰日久，盜起倉卒，天子宵旰南顧，詔能得渠魁者授兩鎮節鉞，王單騎窮追至睦之清溪洞，賊根據巖屋爲三窟，諸將繼至，莫知所從入，王潛行溪谷間，問野婦得其洞口，即挺身仗戈而前，榛棘嵚崎，越險數里，擣其巢穴，縛僞八大王，格殺數人，臘遂就擒，併俘以出。辛興宗後至，領兵截洞口，掠王俘以爲己功，故王不受上賞。別帥楊惟忠還闕少伸其事，但超轉承節郎。」

《十將傳》：「時有詔，能得臘首者授兩鎮節鉞，世忠窮追至睦州清溪洞，賊探據巖崖爲三窟，諸將繼至，莫知所從入，世忠潛行溪谷，問野歸，得徑，即挺身仗戈直前，渡險數里，擣其穴，格殺數十人，擒臘以出，辛興宗領兵截洞口，掠其俘以爲功，故賞不及世忠，別帥楊惟忠還闕直其事，轉武節郎。」

案：《十將傳》右段亦繫於宣和二年內，於「轉武節郎」句下方出「三年」云云，查方臘之平在宣和三年四月，各書及《宋史·徽宗紀》所載皆同，今參照附隸於此。納京口娼梁氏爲室，或在本年。

羅大經《鶴林玉露》卷二：「韓蘄王之夫人，京口娼也。嘗五更入府伺候賀朔，忽於廟柱下見一虎蹲卧，鼻息齁齁然，驚駭，急走出，不敢言。已而人至者衆，復往視之，乃一卒也，因蹴之起，問其姓名爲韓世忠，心異之，密告其母，謂此卒定非凡人，乃邀至其家，具酒食，卜夜盡歡，深相結納，資以金帛，約爲夫婦。蘄王後立殊功，爲中興名將，遂封兩國夫人。」

《山陽縣志》卷十六「列女」：「韓世忠妻梁氏，北辰坊人，初，江淮兵亂，流落爲京口娼家女，五更入府賀令節，……（案：以下與《鶴林玉露》同）……祔葬蘇州靈巖山下。」

錢謙益《初學集》卷四四《韓蘄王墓碑記》：「宋蘄國忠武王韓世忠墓，在吳縣靈巖山下。……羅大經《鶴林玉露》云『蘄王之夫人，京口娼也。……』碑云：『楊國家楚州，織薄爲屋。』蓋楊國家本楚州，寓京口也。……蘄王起銀州，積功轉進武副尉。宣和二年調西師討方臘，部敢勇五十人隨王稟以往。遇楊國於京口當在此時。王爲裨將，非小卒也。……楊國起家北里，慷慨擇配，識英雄於韎韋之中，遂能定國難，奏膚公，豐碑青史，於今爲烈，豈不偉哉！」

案：韓梁姻緣，自來豔傳，而其事之

見於記載則以《鶴林玉露》爲始，於事在何年並未言及，實亦有欠詳盡，今姑依錢氏之說而附其事於此。世傳梁氏名紅玉，各書則均不之及，當爲後人所傳益也。

宣和四年壬寅，三十四歲。

宋金夾攻遼於燕，宋師潰敗，公於滹沱河岸追斬遼人甚衆。

《忠武王碑》：「朝廷議復燕山，調諸軍以行，至則皆潰。王往見劉延慶，抵滹沱河，獨與蘇格等五〔十〕騎俱，逢虜騎二千餘，從者失色，王遣五騎列於高岡，戒勿動，值燕山潰卒來會，然皆重傷者，王即命艤舟河岸，約曰：『虜奔，即鼓噪助聲勢。』王乃獨躍馬薄賊，回折自如，虜疑之，分爲二隊，據坡以視，王出其不意，突刺二執旗者，因縱擊，格等五騎應於後，舟中潰卒亦鼓噪如約，虜疑我伏發，遂大潰，追斬甚衆。」

《十將傳》：「三年，議復燕山，調諸軍至則皆潰，世忠往見劉延慶，與蘇格等五十騎俱[二]，抵滹沱河，逢虜騎二千餘，格失錯，世忠雍容令格等列高岡，戒勿動。屬燕山潰卒舟集，即令艤河岸，約鼓噪助聲勢。世忠躍馬薄賊，迴旋如飛，虜分二隊，據高阜，世忠出其不意，突其執旗者，因奮擊，格等夾攻之，舟卒悉如約鼓噪，虜大亂，追斬甚衆。」

宣和五年癸卯，三十五歲。

宣和六年甲辰，三十六歲。

宣和七年乙巳，三十七歲。

從王淵、梁方平討捕山東河北盜賊。

《忠武王碑》：「是時山東河北盜賊蜂起，王從王淵討捕，所在椎鋒於大名境中殺水賊幾盡，又破湯村强盜，累立奇功。轉秉義郎。以偏將從梁方平經略東事，賊楊天王、透手滑聚衆數千寇尉氏，一戰擒其渠帥，餘黨悉平。臨沂賊武鬍衆數萬，戰於韓王店，又平之。沂州賊徐進衆五萬，而官軍不滿五千，王止以衙兵五十餘薄賊，誅馘悉盡。又青社賊張先，水鼓山賊劉大郎，望仙山賊高托，集路山賊賈進，莒賊徐大郎，衆皆不下萬人，大者或跨州兼邑，王每身先諸將，次第擒滅。又殺獲東海賊張夔等，由濟南振旅而歸。於是山東諸盜悉平。轉武節郎。」

《十將傳》：「時山東河北盜賊蜂起，世忠從王淵、梁方平討捕擒戮殆盡。積功轉武節郎。」

《墓志銘》：「河朔山東羣盜蜂起，大者攻犯城邑，小者延蔓巖谷，多者萬計，少者千百爲聚。魏博則有楊天王之流，青、徐、沂、密如高託山等至不可勝數。公方從王淵招捕於兩河之間，而捉殺制置使梁方平又請公自副，除山東之盜。公皆次第討平之。以功累遷武節大夫。」

《言行錄》：「世忠方從梁方平之爲將也，破鄆城賊於齗河，又破大名賊於超化寺，又破内黄賊於沂州，又破徐靖於莒縣，又破張仙於擂鼓山。勇冠三軍。」

宋欽宗桓靖康元年丙午，三十八歲。

從梁方平屯濬州，金人壓境，方平遁，正月初二日戊辰，濬州破，公突重圍還京師。召對便殿，轉武節大夫。

《宋史·欽宗紀》：「靖康元年春正月（丁卯朔），金人破相州。戊辰，破濬州，威武軍節度使梁方平師潰。」

《忠武王碑》：「欽宗即位之初，王方從梁方平防河濬州，金人大軍已壓濬境，方平漫不顧，以爲他盜，王說曰：『今之來者金虜耳，願公速整行陣爲護河計。河一失守，宗社阽危，公可忽乎？』王忠憤由中，詞氣激烈，方平怒，俾王以三十騎當敵，名曰硬探，實欲致王死地。王遇敵輒戰，以實歸報，方平猶以爲紅巾賊，不設備。及虜進迫屯子橋，則方平脱身遁矣。王師既失主帥，數萬之衆皆潰，虜騎大至，陷數十重圍中，意氣彌壯，挺槍奮躍而前，所嚮披靡，虜歎異小卻，即潰圍出，殿諸軍，焚橋而歸。至京師，欽宗聞王勇冠軍，召對便殿，具詢方平失律之狀，王條奏甚悉。轉武節大夫。」

《十將傳》：「欽宗即位，從梁方平屯濬州，金人壓境，方平備不嚴，虜迫而遁，主帥數萬皆潰，世忠陷重圍中，揮戈怒戰，突圍出，焚橋而還。帝聞，召對便殿，詢方平失律狀，條奏甚悉。轉武節大夫。」

詔召諸道勤王兵，公領所部入衛，隸親征行營使李綱麾下。

《宋史·欽宗紀》：「正月壬申，金人渡河，遣使督諸道兵入援。」

《忠武王碑》：「俄召諸路勤王兵入衛，王隸京城四壁爲統領。」

《十將傳》：「詔召諸路勤王兵，領所部入衛。」

李綱《梁溪全集》卷二十八《以舊賜戰袍等贈韓少師二首》序云：「某靖康丙午春以尚書右丞充親征行營使，時少師韓公實隸麾下，每嘉其忠勇邁往之氣。」

金師退，王淵爲河北總管，辟公爲先鋒統制。

《忠武王碑》：「屬虜人許割三鎮而還。王淵爲河北總管，辟王爲先鋒統制。」

《十將傳》：「會虜兵退，河北總管司辟選鋒軍統制。」

勝捷軍統制張師正以兵敗被斬，所部爲亂，公率所部討平之。

《忠武王碑》：「有勝捷軍統制張師正者，戰敗，轉徙大名，留守宣撫使李綱斬之以徇。師正所部本童貫牙兵。初，貫創勝捷軍，極諸軍之選，每禁軍一指揮，所選止一二人或四三人，皆人物魁梧，武騎超絕者，纔五千餘人，後隸師正。師正死，此軍懷反側，遂相約爲亂，鼓行而東，劫掠淄青間，影附脅從者四五萬，號二十萬，所過無復噍類，山東復擾，王以戍將寓大名，雅爲綱所器重，遂檄王以所部五百人討之。至淄河，以軍分爲四隊，布鐵蒺藜窒歸路，令曰：『前則有功，退則死，有怯走者許後隊殺以爲功。』於是士皆效死，莫敢回顧。至夜半，縱兵襲賊砦，賊既驚擾，旦而接戰，大破之，斬其魁李復，餘悉奔潰，王窮追不已，賊伏潰卒數千，出我不意，王不及介胄，上馬趨之，矢石雨下，臂指吻鼻中四鏃，王怒，折箭披弓，拔刃徑前，殺爲首者六人，賊衆又奔，追至宿遷，其衆尚萬餘，謂已遠，王不能及，方擁所掠子女椎牛縱酒，王單騎疾馳，夜造其營，呼曰：『大軍來矣，速束戈卷甲，吾能保全汝等以共功名。』賊自淄河破膽，皆跽請命曰：『願吾父貸死。』因進牛炙斗酒，王下馬飲啖輒盡，衆莫敢動，悉束手降。黎明，見王所部止此，始悔之，而業已解甲，莫不相顧失色。遷左武大夫、梁州團練使，將所降朝京師。欽宗再錫對，慰奬甚渥。賜衣甲槍牌。除正任單州團練使。就命將所部屯滹沱河。」

《十將傳》：「時勝捷軍張師正戰敗，宣撫副使李彌大斬之，大校李復鼓衆以亂，淄青之附者合數萬人，山東復擾，彌大檄世忠將所部追擊，至臨淄河，兵不滿千，分爲四隊，布鐵蒺藜自塞歸路，令曰：『進則勝，退則死，走者許後人剿殺。』於是士莫敢返顧，皆盡力死戰，大破之，斬復，餘悉奔潰，乘勝逐北，追至宿遷，賊尚萬衆，方擁子女椎牛縱酒，世忠單騎夜造其營，呼曰：『大軍至矣，亟束戈卷甲，吾能保全汝，共功名。』賊駭慄請命，因跪進牛酒，世忠下馬解鞍飲啖之，賊衆於是悉就降。黎明，見世忠軍至，始大悔失色。以功遷武功大夫、果州團練使。詔入朝，賜衣甲鎗牌，授正任單州團練使，屯滹沱河。」

《墓志銘》：「靖康末，金人圍太原，樞密使會諸道兵赴援，而張師正統勝捷一軍，號精鋭，尚書李彌大素不知兵，欲誅一二裨佐立威以彊軍政，會太原不守，師正遁歸，彌大斬以徇，衆反側洶洶，又不時撫定，一夕潰去，所過焚掠，官軍莫能抗，淵聖皇帝詔公討捕，公晨夜兼馳，至宿遷，單騎扣其營，大言曰：『我輩山西良家子，好勇尚氣，豈肯作賊，此李公繆妄，使若等求活於草間耳。』衆素伏公勇，相視慨然投戈免冑，請從公自歸，公杖馬箠護之而還。淵聖召見嘉獎，面賜袍帶，正授單州團練使。」

宋高宗建炎元年丁未，三十九歲。

任嘉州防禦使，前軍統制。金人犯南京應天府，領所部擊破之。

李心傳《建炎以來繫年要錄》卷四，建炎元年四月戊寅記事有云：「直龍圖閣、東道副總、權應天府朱勝非至濟州。勝非，邦昌友婿也，械繫邦昌使者，以兵來衛。先是，金人分兵犯應天府，勝非惶懼，易衣逃匿，民間皇皇。會宣總司前軍統制、嘉州防禦使韓世忠，將官楊進引所部擊破之，勝非始出視事，民心稍安。」

《忠武王碑》：「太上皇帝時以天下兵馬大元帥駐濟陽，王領所部勸進，復自濟陽次南京，虜縱兵逼城，人心恟懼，王據西王臺力戰，虜稍卻。翌日再至，而酋帥白馬三郎以衆數萬薄城，王時所將近千人，與賊遇，即單騎突之，斬酋帥以還，部兵乘勝鏖鬥，虜衆遂潰。南京圍解，郡守帥父老迎謁，居民炷香夾道，多感涕者。於是還詣濟陽勸進，遂扈蹕如南京。」

五月庚寅朔，高宗即天子位於南京。授光州觀察使，帶御器械。

《要錄》卷五：「建炎元年五月庚寅朔，兵馬大元帥康王即皇帝位於南京，改元建炎。」

《忠武王碑》：「太上即位，授光州觀察使，帶御器械。王請移蹕長安，下兵收兩河，朝議不從。」

始制御營司，任左軍統制。

《要錄》卷五：「（五月）丁酉，中書侍

郎黃潛善兼御營使，同知樞密院事汪伯彥兼御營副使。自國初以來，殿前、侍衛馬步司三衙禁旅，合十餘萬人，高俅得用，軍政遂弛。靖康末，衛士僅三萬人，及城破，所存無幾。至是，殿前司以殿班指揮使左言權領，而侍衛二司猶在東京。禁衛寡弱，諸將楊維忠、王淵、韓世忠以河北兵，劉光世以陝西兵，張俊、苗傅等以帥府及降盜兵，皆在行朝，不相統一，於是始制御營司以總齊軍中之政，今因其所部爲五軍，以眞定府路馬步軍副總管王淵爲使司都統制，諸將韓世忠、張俊、苗傅等並爲統制官。又命鄜延路馬步軍副總管劉光世提舉使司一行事務。潛善、伯彥別置親兵各千人，優其廩賜，議者非之。」

《忠武王碑》：「始建御營，以王爲左軍統制。」

李綱除右僕射，赴行在，過睢陽，公率部遠迎於郊。

《梁谿全集》二十八《以舊賜戰袍等贈韓少師二首》序云：「某靖康丙午春以尚書右丞充親征行營使，時少師韓公實隸麾下，每嘉其有忠勇邁往之氣。建炎丁未夏，蒙恩詔除右僕射，赴行在所，少師迓於睢陽遠郊，戈甲旌旗，輝映道左。……」

案：據李綱《建炎進退志》及《繫年要錄》，綱蓋以六月一日至行在，其過睢陽則當在五月末。因次於此。

秋七月，受詔討單州魚臺賊，平之。

《建炎進退志》下之上：「是時四方潰兵爲盜，如祝靖、薛廣、党忠、閻瑾、王存之徒，皆招安赴行在，凡十餘萬人。

……獨淮南劇賊杜用，山東李昱、丁順、楊進皆擁衆數萬不可招，而拱州之黎驛，單州之魚臺，皆有潰兵數千人作過。余奏上曰：『方今朝廷外有大敵，而盜賊乘間竊發，擾居郡縣，其勢不先靖內寇則無以禦外侮，盜賊雖主於招安，然不震耀威武使知所懼，則彼無所忌憚，勢難遽平，宜分遣兵將，討殄數處則餘者自服。』上以爲然，乃命御營司都統制王淵率師討杜用，都巡檢劉光世討拱州叛兵，統制官喬仲福討李昱，韓世忠討魚臺賊，不旬月間皆破之，斬杜用、李昱，獲甲馬寶貨不貲，餘悉平殄。丁順、楊進乃就招撫司招安過河。」

《要錄》卷七：「建炎元年秋七月庚寅，命御營使司都統制王淵討軍賊杜用，都巡檢使劉光世討李昱，御營使司左軍統制韓世忠、前軍統制張俊分討魚臺、黎驛叛兵。自宣和末，羣盜蜂起，其後勤王之兵，往往潰而爲盜。至是，祝靖、薛廣、党忠、閻瑾、王存之徒皆招安赴行在，凡十餘萬人。李綱爲上言：『今日盜賊，正當因其力而用之，如銅馬、緑林、黄巾之比。然不移其部曲則易叛，而徙之則致疑，正當以術制之，使由而不知。』乃命御營司委官分揀，凡潰兵之願歸營，與良農願歸業者，皆聽之。所發至數萬。又擇其老弱者縱之。其他以新法團結，擇人爲部隊將及統制官，而其首領皆命以官，分隸諸將，由是無叛去者。獨淮寧之杜用，山東之李昱，河北之丁順、王善、楊進，皆擁兵數萬，不可招。而拱州之黎驛、單州之魚臺，亦有潰卒數千爲亂。綱以爲專事招安，則彼無所畏憚，勢難遽平，乃自遣淵等率所部分往討之。時李昱犯沂州，守臣某閉門拒守，以官妓十人遺之，昱乃去，至滕縣，掠民董氏女，有美色，欲妻之，董氏駡昱而死。昱自費縣引兵圍長清，光世遣其將喬仲福追擊斬之。既而用爲淵所殺，餘悉殄平。……既而丁順等皆赴河北招撫司自效，盜益衰。」

《忠武王碑》：「詔平濟州山口賊解大刀、李昱等，所屬剿除。」

《十將傳》：「是歲，詔討單州賊魚臺，平之。其初被命也，實與王淵、張俊、劉光世、喬仲福等分任討賊，受方略於都堂。淵、俊討陳州叛兵，光世討黎驛叛兵，仲福討京東賊李昱，而世忠討單州賊魚臺。世忠既破魚臺，而黎驛之叛兵亦爲世忠擊敗，皆斬之以獻。於是羣盜悉平，入備宿衛。而河北賊丁順楊進等皆赴招撫司，宗澤收而用之。」

案：韓氏受命討單州魚臺縣潰卒之爲亂者，《十將傳》謂爲「單州賊魚臺」，是以魚臺爲叛賊首領姓名矣，《宋史》本傳因之，均誤。

以平賊功，轉三官，升定國軍承宣使。

《宋會要》（一七八册）「捕賊下」：「高宗建炎元年七月二日，詔差御營使司都統制王淵，統制官張俊討陳州叛兵杜用，都巡檢使劉光世討黎驛馬忠下叛兵，統制官喬仲福討京東賊李昱，統制官韓世忠討單州魚臺軍賊。仍宣諭宰執召王淵等赴都堂授以方略。其後，光世、仲福、世忠盡破李昱，黎驛、魚臺賊衆，各斬首以獻，王淵、劉光世以功除節度使，張俊、喬仲福、韓世忠各轉三官。」（兵

門卷十二)

《要錄》卷八：「建炎元年八月庚申，侍衛新軍馬軍都虞候、威武軍承宣使、御營使司提舉一行事務都巡檢使劉光世爲奉國軍節度使，光州觀察使、帶御器械、御營使司左軍統制韓世忠爲定國軍承宣使。……並賞平賊之勞也。(世忠、俊遷官，《日曆》不載，《會要》云『以平黎驛魚臺叛兵各轉三官』。)」

《十將傳》：「建炎二年，升定國軍承宣使。」

案：韓氏平賊在七月，其以此轉官，不應遲至二年。《宋史》亦照錄《十將傳》文字，均誤。參下引《要錄》注文。

《忠武王碑》：「陞定國軍承宣使，依前帶御器械。制曰：『解趙城之圍，威鎮河朔；卻胡馬之牧，效著睢陽。』皆紀實也。」

十月，高宗幸淮甸，以所部扈駕從行。

《要錄》卷九：「九月戊子朔。己酉，詔：『諜報金人欲犯江、浙，可暫駐蹕淮甸，捍禦稍定，即還京闕，不爲久計。』」又，同書卷十：「冬十月丁巳朔，上登舟幸淮甸，翌日，發南京。」

《忠武王碑》：「車駕幸維揚，王以所部扈從。」

御營後軍中途爲亂，坐降觀察使。

《朱子大全集》卷九十五《張浚行狀》：「駕幸東南，道途倉卒，後軍統制韓世忠所部軍人掠劫作過，逼逐左正言盧臣中墜水死。公以雖在艱難擾攘中，豈可廢法如此，即奏劾世忠擅離軍伍，至使師行無紀，士卒散逸爲變，乞正其罰。有旨從贖，公重論奏及乞追捕散逸爲變者，上爲奪世忠觀察使，上下始肅然知有國法。」

《要錄》卷十：「十月己卯，上次寶應縣，御營後軍作亂，孫琦者爲之首。左正言盧臣中從駕不及，立船舷叱賊，爲所逼，墜水死。上命求臣中所在，得之水中，拱立如故。殿中侍御史張浚以爲雖在艱難中，豈可廢法，乃劾統制官定國軍承宣使韓世忠師行無紀，士卒爲變。詔世忠罰金，中書舍人劉珏言無以懲後，浚再上章論，且乞擒捕爲變者，乃降世忠觀察使。（朱熹《張浚行狀》云：浚劾世忠，上為奪世忠觀察使。案：世忠在南京已除承宣使，《行狀》恐誤。今改作降字，庶不牴牾。）上下聳然，始知有國法。」

癸未，高宗至揚州。

《要錄》卷十：「十月癸未，上至揚州，駐蹕州治。」

十一月戊子，張遇率羣盜犯池州，劉光世討之，爲所敗。復循江上犯。

《要錄》卷十：「十一月戊子，張遇入池州。遇本眞定府馬軍，聚衆爲盜，號一窩蜂，自淮西渡江，水陸並進。至是犯池州，守臣朝請郎滕祐棄城走，遇遂入城縱掠，驅強壯以益其軍。」

同書同卷：「是月，江淮制置使劉光世討張遇於池州，光世至近郊，行伍不整，或請嚴爲之備，光世曰：『遇烏合之寇，見官軍則自潰矣。』命速進兵奪城。將士叩南門，賊望之曰：『官軍少，且不整，可破也。』自城西出。時湖水涸爲平地，賊越湖，占長堤，遶出官軍之背，官軍亂，遂敗績。光世遁去，幾爲賊所執，前軍統制官王德救之得免。遇率衆循江而上，光世亦整兵追之。」

建炎二年戊申，四十歲。

春正月庚子，張遇陷鎮江府。

《要錄》卷十二：「建炎二年，春正月，庚子，張遇陷鎮江府。初，遇自黄州引兵東下，遂犯江寧。江淮制置使劉光世追擊之，遇乃以舟數百絶江而南，將犯京口，既而回泊眞州，士民皆潰。翌日，遇自眞州攻陷鎮江，守臣龍圖閣直學士錢伯言棄城去。」

辛亥，張遇、李民二賊首均以衆來降，衆不解甲，且四出劫掠。公與揚州守呂頤浩親造其壘，曉以禍福，磔其謀主，並收編其衆萬人。

《要錄》卷十二：「辛亥，兩浙制置使王淵招賊張遇降之。遇自金山寺進屯揚子橋，衆號二萬。會淵還行在，自將數百騎入其寨招之，遇見淵器械精明，惶懼迎拜。淵曰：『汝等賴我來晚，故得降，不然，已無遺類矣。』淵奏以遇爲閤門宣贊舍人，守臣錢伯言乃得還其府。遇猶統兵四劫，扈從者危懼，戶部侍郎兼知揚州呂頤浩、帶御器械御營使司前軍統制韓世忠聯騎造其壘，曉以逆順禍福，執其謀主劉彥磔於揚子橋，縛小校二十九人送淵戮之，餘黨怖而釋甲，得其軍萬人隸世忠。」

《忠武王碑》：「賊有張遇者，號一窠蜂，既破儀眞，自金山以衆來降，抵城而不解甲，扈從者危懼，王單騎造其壘，曉以逆順禍福，叱使速降，衆遂解甲聽命。」

「李民擁衆十萬，亦旣來降，比至維揚，復狼顧，整勵器械。詔王淵處置，淵以屬王，王往諭旨，誅梗議者劉彥，驅李民以出，縛小校二十九人送淵戮之，以民隸王軍，分其衆屬大將張俊等，事遂定。」（《十將傳》同）

案：《要錄》將李民納降改編等事均叙次於張遇來降事內，且始終不見李民之名。今以更無它書可供參稽，亦未知與《忠武王碑》所記孰是孰非也。

言行錄：「車駕至維揚，王以所部從。有賊張遇者，號一窩蜂，來降，抵城下不解甲，人心危懼，王獨入其壘曉之，悉聽命。」

授京西等路捉殺內外盜賊。

《忠武王碑》：「授王京西等路捉殺內外盜賊。」（《十將傳》同）

金人再犯河雒，三月，詔公率所部及張遇軍赴西京應援。

《要錄》卷十四：「建炎二年三月庚子，河南統制官翟進復入西京。先是，金人所命陝西諸路選鋒都統貝勒洛索入犯，旣得秦州，隴右大震，熙河經略使張深厲軍民爲守城計，遣兵馬都監劉惟輔將三千人騎禦之。……惟輔留軍熟羊城，以千一百騎夜趨新店。金兵自入陝西，所過城邑輒下，未嘗有迎敵者，故恃勝不虞。黎明軍進，短兵相接，殺傷大半，會惟輔舞矟刺其先鋒將貝勒哈藩墮馬死，敵爲奪氣。深聞洛索退，更檄隴右都護張嚴往追之。」

「時，上命御營左翼軍統制韓世忠爲京西等路捉殺盜賊，將所部及閤門宣贊舍人張遇軍萬人赴西京。左副元帥宗維聞張嚴東出，自河南西入關，遷西京之民於河北，盡焚西京而去。由是進得以其衆自山寨復入西京。」

《中興小曆》卷三：「三月乙酉朔，詔遣御營使司左翼軍統制韓世忠，領統領官陳思恭，及新招到張遇等一萬人赴西京。時金將羅索自長安進攻秦鳳，右都護張嚴擊敗之。又金將尼楚赫既破鄧，遂併掠汝、金、房凡四郡之民以歸。左副元帥尼雅滿聞世忠將至，而羅索已敗，親援之，乃留左監軍悟室與右都監余覩以待世忠。庚子，尼雅滿盡焚西京，掠其民而去。」

四月，公至西京，與金人戰，敗績。

《要錄》卷十五：「四月丙寅，京西北路制置使翟進襲金人於河南，敗績。時御營左翼軍統制韓世忠至西京，會進及大名府路都總管司統領官孟世寧、京城都巡檢使丁進，與金戰，進夜襲左監軍完顏希尹營，金兵先知，反爲所敗。進又導世忠與金戰於文家寺，會丁進失期，而統領官閤門宣贊舍人陳思恭以後軍先退，王師敗。金乘勝追擊，至永安後澗，世忠被矢如蝟，其將張遇以所部救之，乃力戰得免。世忠還東京，詰先退者，一軍皆斬左右趾以徇。於是世忠與丁進不合，軍士相擊無虚日。世忠慮有變，遂收餘兵數千人南歸。希尹復入西京。」

《宋史·高宗紀》：「夏四月乙丑，翟進以兵襲金帥兀室于河南，兵敗，其子亮死之。進又率御營統制韓世忠、京城都巡檢使丁進等兵戰于文家寺，又敗。世忠收餘兵南歸，兀室復入西京，尋棄去。」

《忠武王碑》：「時虜再犯河雒，王率敢

死士戰於孝義橋，所殺已數千人，而別將以後軍先退，虜衆乘我，王身被鏃如棘，卒力戰以免。後至汴，詰先退，一軍皆斬左右趾以徇，威令大振，自是，軍不復敗矣。」

《十將傳》：「金人再犯河南，翟進會世忠兵夜襲悟室營，不克，反爲所敗。會丁進失期，陳思恭先遁，世忠被矢如棘，力戰得免。還汴，詰一軍之先退者，皆斬左右趾。丁進以此與世忠有隙，尋以叛誅。」

案：《宋史》本傳叙此事之文與《十將傳》全同，唯改「詰一軍之先退者，皆斬左右趾」爲「詰一軍之先退者皆斬，左右懼。」大誤。

五月，金兵渡河，分頭出沒，攻圍虜掠，復詔公與閭勍率部攻討。

《宋史·高宗紀》：「五月辛卯，以金兵渡河，遣韓世忠、宗澤等逆戰。」

《宋會要·討叛三》：「建炎二年五月八日，陝西諸路帥臣、東京北京留守司、京東諸處奏報：金人渡河，分頭出沒，攻圍虜掠。詔韓世忠、閭勍各領所部人馬去京西攻討，令東京留守宗澤差楊進等諸軍相爲應接。」（兵門卷九）

《要錄》卷十五：「辛卯，陝西、京東諸路及東京北京留守並奏金人分道渡河，詔遣御營左軍統制韓世忠、主管侍衛步軍司公事閭勍率所部迎敵。命宗澤遣本司統制官楊進等援之。」

又引《靖康小雅》云：「建炎二年，有旨遣韓世忠之師屯伊、洛，又令滄帥劉錫密結河陽之人，自青州絶河進兵，命澤總大衆自滑州而北，期集於中山府，澤聞命欣躍，齎金銀兵械，纖細畢具。行有日矣，而黃潛善、汪伯彥恐澤成功，又以姦計從中止之。澤大憤懣，鬱鬱久之，疽發背而薨。」

六月，張俊引兵入秀州，殺前秀州守趙叔近，取露臺娼周氏以歸，御營都統制王淵以遺公。

王明清《揮麈三錄》卷二「趙叔近守秀州」：「趙叔近者，宗室子。登進士第，有材略。建炎初，爲兩浙提刑，統兵平錢塘之亂，擢直龍圖閣。時大駕駐維揚，以選掄守秀州，治績甚著。或有言其貪汙者，免所居官，拘係於郡，遣朱芾代其任。芾到官未久，頗肆殘酷，軍民怨憤。有茶酒小卒徐明者，帥其衆囚芾，迎叔近復領州事。叔近知事不可遏，登廳呼卒徒安慰而告之曰：『新守暴虐不衄，致汝輩所以爲此，我當爲汝等守印，請於朝，別差慈祥愷悌之人，來拊此一方。』羣卒俯伏，不敢猖獗。奏牘未及徹闕，而朝廷已聞，詔遣大軍往討之矣。」「先是，王淵在京爲小官時，狎露臺娼周者，稔甚。亂後爲叔近所得，攜歸家，淵每對人切齒。是時，適淵爲御營司都統制，張、韓俱爲淵部曲，淵命張提師以往。張素以父事淵，拜辭於廷，淵云：『趙叔近在彼。』張默解其指。將次秀境，叔近乘涼輿，以太守之儀郊迎於郡北沈氏園，張即叱令供析，方下筆而羣刀悉前，斷其右臂。叔近號呼曰：『我宗室也。』衆云：『汝既從逆，何云宗室。』已折首於地。秀卒見叔近被殺，始忿怒，返戈嬰城以拒敵。縱火毆略，一郡之內，喋血荼毒。翌日，破關，誅其首惡。雖曰平定，然其擾尤甚。凱旋行闕，第功行賞焉。」

「張於亂兵中獲周娼，以獻於淵，淵勞之曰：『處置甚當。但此婦人吾豈宜納，君當自取之。』張云：『父既不取，某焉敢耶？』時韓在旁，淵顧曰：『汝留之，無嫌也。』韓再拜而受之。既歸韓，甚得寵嬖，爲韓生子，韓既貴盛，周遂享國封之榮。」

《要錄》卷十六：「二年六月乙丑，徐州觀察使、御營使司中軍統制張俊引兵入秀州，前知州事、中大夫趙叔近爲所殺。……取周氏以歸。淵以予俊，俊不受，乃遺韓世忠。（此段據王明清《揮麈三録》增入。周氏，彥古母，後封蘄國夫人。熊克《小曆》，俊入秀州在六月戊辰。《日曆》：張俊申，十一日到秀州，十二日巳時收復。十五日申到。今從《日曆》。）」

《忠武王碑》：「娶白氏，秦國夫人；……周氏，蘄國夫人。子男四人，長曰彥直，……次曰彥古，起復朝奉大夫，充敷文閣待制，知平江府，兼節制水軍，今家居終蘄國之制。」

九月，丁進叛，時公軍中有進餘黨百餘人，盡斬於揚州竹西亭。

《要錄》卷十七：「建炎二年九月甲申，武節大夫、閤門宣贊舍人、京城外巡檢使丁進叛，率衆犯淮西。進初受宗澤招，澤薨乃去。時韓世忠軍中有進餘黨百餘人，世忠盡斬於揚州竹西亭。斬至王權，有武臣段思者，勸世忠釋而用之。」

授鄜延路副總管，加平寇左將軍，承節帶御營統制如故。

《十將傳》:「召還，授鄜延路副總管，加平寇左將軍，屯淮陽。」《忠武王碑》:「召還行在，授鄜延路副總管，加平寇將軍，承節帶御營統制如故。」

案：右事《要錄》失載，其確在何月何日，莫得而知。《十將傳》及《忠武王碑》均謂其事在由河南召還行在之後，但中間扈駕赴淮揚，途中以軍亂被責，各書於時均未叙及此數秩名，則至早當在既抵揚州之後。以《要錄》於下月已見平寇左將軍銜，姑次其事於本月内。

十月十二日，以金人渡河，詔差公與張俊諸人分道拒戰。

《宋會要·討叛三》:「建炎二年十月十二日，金人渡河，攻開德府不破，往濮州攻城，詔差御營使司統制官張俊領所部兵由京師前去開德府，差統制官韓世忠領所部兵由徐州前去東平府迎敵。先差河外總管見屯住冀州馬擴領所部兵與張俊、韓世忠互相應援。既而議者謂張俊爲中軍統制，不可遠去，留俊，差統制官范瓊由京師前去開德府。」(兵門卷九)

《要錄》卷十八:「十月癸亥，詔御營平寇左將軍韓世忠以所部自彭城至東平，中軍統制官張俊自東京至開德，以金人入犯故也。仍命河外元帥府兵馬總管馬擴充河北應援使，與世忠、俊互相應援。是日，金人圍濮州。初，馬擴既至北京，欲會兵渡河，復陷沒諸郡，次館陶，聞冀州已陷，而敵在博州，……擴遂引兵攻清平縣，金右副元帥宗輔、左監軍昌、右都監多昂摩合兵與擴戰於城南，……

清平人開門助金人，掩擴軍之背，擴軍亂，統制官任琳引衆叛去，其屬官吳鉢、孫茂皆降金，擴知事不集，乃由濟南以歸。……擴之未敗也，左副元帥宗維以兵來會。宗維自雲中南出，將歷懷、衛間而東，聞擴敗，遂由黎陽濟河以犯澶淵，守臣王棣禦之，不能下，進犯濮州。朝廷亦聞金在澶濮，故遣韓世忠、張俊以所部兵迎敵，而命擴佐之，蓋未知擴敗也。」

是月，丁進降。

《要錄》卷十八：「御營前軍副統制劉正彥擊丁進，降之。正彥之出師也，請通直郎劉晏偕行，晏以赤心騎八百從正彥行。逮至淮西而進軍頗衆。晏曰：『今賊勢張甚，當以奇計破之。』乃爲五色旗，使騎兵持之，循山而出，一色既盡，則以一色易之。賊見官軍累日不絶，旗色各異，遂不戰而請降。詔赦進罪，分其兵隸諸軍。正彥以功自武德大夫、威州刺史進階官武功大夫，而晏遷朝散郎，各賜金帛。晏悉以所賜分將士，將士皆悅。正彥始觖望。」

十二月，隆祐太后至杭州，詔以苗傅爲扈從統制。

《要錄》卷十八：「十有二月，乙卯，隆祐太后至杭州。扈從統制苗傅以其軍八千人駐於奉國寺。」

《中興小曆》卷四：「十二月，隆祐太后御舟以是月至杭州，詔鼎州團練使苗傅爲扈從統制官，駐軍奉國寺。上初開府時，傅爲右軍統制官，與楊維忠比肩。如王淵、張俊、韓世忠，皆出其下者。」

建炎三年己酉，四十一歲。

春正月丙午，公與金人戰，潰於沭陽，部將張遇死之。

《要錄》卷十九：「建炎三年春正月丙午，御營平寇左將軍韓世忠軍潰於沭陽。初，世忠在淮陽，將會山東諸寇以拒金，會左副元帥宗維兵至滕縣，聞世忠扼淮陽，恐稽師期，乃分東南道都統領兵萬人趨揚州，以議事爲名，使上不得出，而宗維以大軍迎世忠，世忠不能當，夜引歸，軍無紀律，未曉至宿遷縣，不虞金人之踵其後，質明覺之，奔於沭陽。世忠在沭陽，夜不安寢，與其帳下謀，夜棄軍乘潮走鹽城縣。翌日諸軍方覺，遂潰去。其將閤門宣贊舍人張遇死於連水軍之張渠村。（熊克《小曆》：『二年五月金人渡河，辛卯，韓世忠領兵迎敵，世忠至京西，為金所敗，其將張遇死焉。』案：去年五月，世忠與遇偕至京西，今春遇至京東乃死，克誤也。）後軍管隊官李彥先率本隊四十七人得二州，入海聚衆，自此輔逵聚衆於連水，李在據高郵，皆世忠之兵也。」

《十將傳》：「屯淮陽，會山東兵拒虜，粘罕聞世忠扼淮陽，乃分兵萬人趨揚州，而身以大軍迎世忠戰，世忠不敵，夜引歸，不虞虜之躡其後也，軍至沭陽而潰。閤門宣贊舍人張遇死之。潰軍輔逵、李在入海，遂聚衆爲盜。」（《宋史》本傳略同）

《宋史·高宗紀》：「丙午，黏罕陷徐州，……御營平寇左將軍韓世忠潰於沭陽，其將張遇死。世忠奔鹽城。金人執淮陽守臣李寬，殺轉連副使李跋，以騎兵三千取彭城，間道趨淮甸。」

二月，金人犯淮揚，高宗馳幸鎮江府，後從王淵請，復幸杭州。

《宋史·高宗紀》：「建炎三年二月庚戌朔，始聽士民從便避兵。命劉正彦部兵衛皇子六宫如杭州。江淮制置使劉光世阻淮拒金人，敵未至，自潰。……壬子，內侍鄺詢報金兵至，帝被甲馳幸鎮江府。是日，金兵過揚子橋。癸丑，游騎至瓜洲。……王淵請幸杭州，是夕，發鎮江，次呂城鎮。……壬戌，駐蹕杭州。」

公率所部由海道赴行在。

《要録》卷二十：「二月庚申，……時朝廷方以金人渡江爲慮，故命大將楊維忠守金陵，劉光世守京口，王淵守姑蘇，分受三大臣節制。於是韓世忠在海道未還，而范瓊自壽春渡淮，引兵之淮西境上，扈駕者惟苗傅一軍而已。」

《十將傳》：「在陽城，收合散亡，得數千人。聞上幸錢唐，即由海道赴行在所。」

《忠武王碑》：「王聞車駕幸錢塘，遂由海道趨行在。時建炎三年也。」

丁進復欲爲亂，王淵、朱勝非誘斬之。

《要録》卷二十：「二月丁巳，武經大夫、閤門宣贊舍人丁進既受招，以其軍從上行，遮截行人，恣爲劫掠。且請將所部還江北與金人血戰，其意欲爲亂。會御營都統制王淵自鎮江蹕至，進懼，欲亡入山東，朱勝非過丹陽……淵遣小校張青誘進詣勝非，至則斬之。」

三月，苗傅、劉正彦叛，勒兵向闕，殺王淵及內侍百餘人，迫高宗遜位於皇子魏國公，請隆祐太后垂簾同聽政。改元明受。

《宋史·高宗紀》：「三月辛巳，御營都統制王淵同簽書樞密院事。……壬午，詔王淵免進呈書押本院文字。扈從統制苗傅忿王淵驟得君，劉正彥怨招降劇盜而賞薄。帝在揚州，閹宦用事恣横，諸將多疾之。癸未，傅、正彥等叛，勒兵向闕，殺王淵及內侍康履以下百餘人。帝登樓，以傅爲慶遠軍承宣使、御營使司都統制，正彥渭州觀察使、副都統制。傅等迫帝遜位於皇子魏國公，請隆祐太后垂簾同聽政。是夕，帝移御顯寧寺。……己丑，改元明受。」

《忠武王碑》：「由海道趨行在……未至，有裨將段恩者，亡至都下，詭言王兵潰陷虜，物情震駭。殿前統制苗傅、劉正彥素畜異心，聞王陷沒，無復忌憚，遂勒兵反。殺簽書樞密院事王淵及內侍數十人，奉太上居別宮。凶焰熾甚。神武中軍統制吴湛又陰與同惡。王在海上聞變，望闕慟哭，舉酒酹神曰：『誓與此賊不共戴天。』舟中士卒亦皆慟哭思奮。」苗、劉矯詔加公捧日天武四廂都指揮使等官。

《要録》卷二十一：「三月甲申，起復定國軍承宣使、帶御器械、鄜延路馬步總管、御營平寇左將軍韓世忠爲捧日天武四廂都指揮使、御營使司專一提舉一行事務、都巡檢使。（世忠此除，《日曆》及《碑誌》皆不載，李陵《外制集》有制詞。案：世忠實代劉光世，當在此時。）」

張浚於平江決策討亂，公於是月丙申以所部至平江相會。

《朱子大全集·張浚行狀》：「三月九日，

有自杭持苗傅、劉正彥檄文來者，公慟哭。念王室禍變如此，戴天履地，大義所存，雖平江兵少力單，而逆順勢殊，豈復強弱利害之足較，便當唱率忠義，舉師復辟，誅討叛賊以濟艱難，雖孀母在遠，身無嗣繼，而義有所不可已也。……時承宣使張俊領萬人自中塗還，公遣問之。……俊立詣公所，公獨留俊握手語曰：『太尉知皇帝遜位之由否？此蓋傅、正彥欲危社稷。』語未終，泣下交頤。俊亦大哭。……公慮俊意未確，復再三感動之，俊曰：『只在侍郎。若官家別有它虞。何所容身？』公應曰：『某處置已定，當即日起兵問罪。』俊大喜，且拜曰：『更須侍郎濟以機權，莫令驚動官家。』……」

《要錄》卷二十一：「三月己丑，張浚欲奏請上復辟，……前密州州學教授邱彪見浚於軍中，浚問策安出，彪曰：『以至順誅大逆，易於反掌，顧公處之何如耳。』浚曰：『張俊指天誓地，願以死援君父之辱；韓世忠有仗節死難之志，二人可倚以辦事。惟浚士卒單弱，恐不足以任茲事，然呂樞密屯兵江寧，其威望爲人所信向，且通亮剛決，能斷大事，當爲天下倡。劉光世屯軍鎮江，兵力強悍，謀議沈鷙，可以倚仗。浚皆馳書往矣。』」

《中興小曆》卷五：「三月丙申，御營平寇將軍韓世忠以兵由海道至平江，見張浚，泣曰：『我便去救官家。』浚曰：『投鼠忌器，事不可急。已遣馮轓甘言誘賊矣。』初，王淵識世忠於微時，待之絕等，故至是世忠奮發，討賊尤力。」

《要錄》卷二十一：「丙申，韓世忠以所部至平江。初，世忠在常熟舟中，聞張浚遣人來，被甲持刃，不肯就岸。取浚及統制官張俊所遺書，遣人讀之，世忠乃大哭，舉酒酹神曰：『誓不與此賊共戴天。』舟中士卒皆奮。世忠見浚曰：『今日大事已成，世忠與張俊以身任之，願公毋憂。』世忠欲即進兵，浚諭之曰：『事不可急，投鼠忌器，急則恐有不測。浚已遣馮轓甘言誘賊矣。』」（熊克《小曆》云：『始王淵識韓世忠於微時，……』案：世忠雖王淵舊將，然其人忠誠最著，故首有『便去救官家』之語。及臨平之戰，身在前行，皆緣國事，非但感王淵疇昔之恩而為之復讎也。今不取。）」（《十將傳》略同）《忠武王碑》：「時禮部侍郎張浚在平江，方議討亂，與諸將環坐，計未有所出，聞王且至，更相慶曰：『韓公之來，此事必辦。』王至，見浚，相與號泣，曰：『何猶豫爲？』即日與浚定復辟之議，乃先諸將啓行。」《朱子大全集．張浚行狀》：「三月十五日，有報韓世忠海船到常熟岸者，俊喜曰：『世忠來，事辦矣。』即白公，公以書招之，世忠得書號慟。十八日，見公於平江，相對慟哭。世忠曰：『某願與張俊身任之。』偶甄援自杭來，詭稱睿聖面令促諸軍，公使徧諭俊、世忠、及至鎭江諭光世及部曲等，衆皆號慟。」

苗傅檄公命屯江陰，公報以好語，祈赴行在，傅許之。

《要錄》卷二十一：「初，苗傅聞世忠自海道還，以都統司檄命世忠屯江陰，世忠至平江，即詭爲好詞報傳，以所部殘零，人馬不多，欲赴行在，傳大喜，許之。」

《中興小曆》卷五：「二凶矯制召世忠，世忠陽爲語以報曰：『殘兵不多，欲部至行在。』二兇許之。」

《十將傳》：「初，傳、正彥聞其來，檄以其兵屯江陰，世忠以好語報之，且言『所部殘零，欲赴行在。』傳等大喜，許之。」

二十日戊戌，公以所部發平江，舟行三十里不絕，軍勢甚振。

《要錄》卷二十一：「戊戌，御營平寇前將軍韓世忠以所部發平江。……是日，張浚大犒世忠及張俊兩軍，酒五行罷，浚引諸將至府園，屏左右問曰：『今日之事，孰逆孰順？』衆皆曰：『我順彼逆。』浚曰：『若迷天悖人，可直取浚頭顱歸賊。聞以觀察使求，即日富貴矣。不然，一有退縮，當以軍法從事。』衆皆諾。初，沭陽之潰，世忠部曲皆散，幾不能軍。浚以其兵少，命前軍統制張俊以統領官劉寶二千人借之。（《平江實録》云：『世忠軍先發，更益以張俊甲軍千人。』而世忠碑云：『張俊遣兵三千人勤王。』二書不同，今從《勤王記》。朱勝非《閒居録》：『二凶言韓世忠自江北敗歸，部曲無百人，却於張俊處借得雜兵五七百人。』恐非其實。）世忠發平江，舟行不絕者三十里，甲士盡載其上，軍勢甚振。浚慮傳等以僞命易置，乃命世忠偏將張世慶搜絕郵傳，凡自杭來者悉投之水中。」

案：《宋史·呂頤浩傳》謂頤浩於江寧

聞苗、劉之變，即與諸將相約會兵討賊，遂至平江晤張浚，「即舟中草檄，進韓世忠爲前軍，張俊翼之」云云，《要錄》此段亦謂爲「御營平寇前將軍」，而不著其由「左將軍」改「前將軍」之原委。今查各書於苗、劉事定之後，所著韓氏官秩，唯《中興小曆》稱「前將軍」，餘均仍爲「左將軍」，疑「前將軍」之稱，乃因勤王各軍發臨平時原以韓氏所部爲前軍，此本臨時部署，其官爵未必有所改動，自以仍稱「左將軍」爲是。

《張浚行狀》：「二十日，公大犒俊、世忠將士，令世忠奏以兵歸行在，而密戒世忠急至秀據糧道，候大軍至。酒五行，公親呼諸將校至前，厲聲問曰：『今日之舉，孰順孰逆？』衆皆曰：『我順賊逆。』公復厲聲曰：『若某此事違天悖人，可取某頭歸苗傅等，聞傅等以觀察使及金鉅萬求某，得某者可即日富貴。不然，一有退縮，按以軍法。』衆感憤應諾。世忠軍自平江舟行，不絕者三十里，軍勢甚振。是時逆黨傳聞，已自震懾，有改圖之意矣。」

《中興小曆》：「壬寅，（吕）頤浩至平江府，凡兵三萬人。……時韓世忠兵寡，頤浩與張浚議，分俊兵濟之，俊乃以統領官劉寶一軍二千人借世忠。」

《忠武王碑》：「時道路譁言傳、正彥謀挾乘輿以出，中外恟懼。王曰：『賊素知畏我，我至，彼敢爾耶！』尋命偏將張世慶搜絕諸路郵置，使僞命不行。」

抵秀州，稱疾不行。造雲梯，治器械。苗傅等聞之大懼，矯制除公及張俊節鉞，均不受。

《張浚行狀》：「二十一日，復遣馮轓以書行，且令轓居中幾事相應。會得傳等書云：『朝廷以右丞待侍郎，伊尹周公之任，非侍郎其誰當之。』公不勝忠憤，度傳等已覺公義兵動，而我兵勢既已立，遂因遞報之。其略曰：『今建炎皇帝春秋鼎盛，不聞失德於天子，一旦遜位，豈所宜聞？自處已定，雖死無悔。』傳等得書怒，遣赤心軍及王淵舊部精鋭盡駐臨平，而韓世忠之軍已扼秀州矣。……世忠既抵秀州，稱病，日令將士造雲梯，修弓矢器械，傳、正彥震駭，亟除世忠、俊節度使，指揮略云：『世忠、俊均曉內禪大義，不受張某詿誤。』二人皆不受命。」

《要錄》卷二十一：「己亥，張浚復遣馮轓入杭紿傳等，告以禍福，使之改圖。先是，傳又遣浚書，浚報書曰：『……願二公畏天順人，無顧一身利害。借使事正而或有不測，猶愈於暴不忠不義之名而得罪於天下後世也。』初，浚發書及所措置事，皆託他詞，未敢誦言誅之，傳等雖聞大集兵，猶未深信。得此書始悟見討，奏請誅浚以謝天下。」

「始，張俊所部統領官安義陰與傳合，欲代俊而奪其兵，乃斷吳江橋以應賊。浚即令韓世忠屯秀以伐其謀。世忠至秀，稱疾不行，造雲梯，治器械，傳等始懼。」

「辛丑，新除捧日天武四廂都指揮使、定國軍承宣使韓世忠爲定國軍節度使，依前御營使司提舉一行事務都巡檢使。新除捧日天武四廂都指揮使、武寧軍承宣使張俊爲武寧軍節度使，知鳳翔府。二人皆以『深曉内禪大義，不受張浚註誤』，故有是命。（此以《日曆》及張浚《復辟記》、《林泉野記》參修。）」《忠武王碑》：「至嘉禾，造攻具甚急，傅、正彦矯止王，且除節鉞。王不受命。」

時苗、劉等深以勤王兵奄至爲憂，遂命御營都統司統領官苗瑀、參議官馬柔吉以赤心隊及王淵舊部精鋭駐臨平以謀抵拒。《要録》卷二十一：「御營都統司統領官苗瑀、參議官馬柔吉以赤心隊及王淵舊部精鋭駐臨平，以拒勤王之兵。然韓世忠扼秀州，張俊前軍在吴江，賊氣沮矣。」又，同書引朱勝非《閒居録》：「是日午間二凶到堂曰：『聞韓世忠領千餘人來秀州，出言不善。』余曰：『出何言？』二凶曰：『欲屠戮杭州一城人。今欲遣統領官苗瑀將三千人拒之於崇德縣。』余曰：『瑀是何人？』傅曰：『舍弟見充軍前將官。極驍勇，平日不伏世忠，願去對敵。設使交兵，必擒世忠來。』余大笑曰：『公等何言之誤也！世忠誰家將，所部誰家兵？豈可苟聽少年輕鋭之言，而不顧國家大利害乎？平江勤王兵馬甚盛，聞此中寧静，朝廷經畫，軍中聽順，故遲遲其來。借使瑀能勝世忠，大軍必繼進，彼此疑阻，玉石俱焚矣。』少頃瑀至，問：『何故欲出兵爲國生事？』瑀曰：『世忠向日揚州統兵四萬餘人，運糧十餘萬石，三軍戰馬往来奪去，行至淮陽軍，聞金兵南來，不戰而潰。近日將四千餘人，自蘇州界渡江來，敗兵如此，自當誅戮，尚敢妄言毀辱諸將，瑀實不平，欲往擒之。』余曰：『國事既平，方可正罪。彼方稱勤王，遽遣兵擊回，即賢先有罪矣。』瑀曰：『若突至城下，豈不驚擾？』余曰：『朝廷當任責，賢無慮。』左右報已迫晚朝，遂揖退。……忽平江傳檄，指名二凶之惡，來人以數十本傳城中，二凶得之忿怒。蓋自遭變故，五日而得（王）鈞甫，八日而得（王）世修，半月事定，……洎得此檄，……六人相從作檄文，曰：『某等前日之請，欲和金人以息兵革，……今勤王所傳檄，直以某等爲逆賊，實不能堪。欲率本軍徑至平江，與諸人理會了，卻來迎請，庶顯本心。……傳聞勤王所於民間率斂錢物，不可勝記，以犒設爲名，恣行分受，朝夕飲會，曾無憂國之心。既言大軍已集，何不來？韓世忠向自江北敗歸，部曲無百人，卻於張俊處借得雜兵五六百人作前軍來秀州，意欲反正後自以爲功，掩其前過。今已多日，恐人議論，故作此檄，且造行遣。又聞此檄出張浚之意。』……」

夫人梁氏及子亮爲苗傅取至軍中爲質，至是，朱勝非以計脫之，傅等亦欲其慰公，遂得至秀州相會。

《要錄》卷二十一：「壬寅，初，苗傅聞韓世忠在秀州，取其妻梁氏及其子保義郎亮於軍中以爲質。朱勝非聞之，乃好謂傅曰：『今當啓太后，招二人慰撫，使報知平江諸人，益安矣。』傅許諾。勝非喜曰：『二凶眞無能爲矣。』」（此以勝非《閒居録》修入。但《閒居録》繫之十七日，恐誤。今依《日曆》附二十四日壬寅。《日曆》稱『世忠妻在杭，世忠使人召之，傅不與。』張浚《復辟記》云：『傅質世忠家屬，以太母命，遣其妻往世忠所，囑之還朝。』二書復不同，以事考之，勝非所記當得其實，今從之。）太后召梁氏入見，封爲安國夫人，錫予甚渥。后執其手曰：『國家艱難至此，太尉首來救駕，可令速清巖陛。』梁氏馳出都城，遇苗翊於途，告之故，翊色動，手自捽其耳，梁氏覺翊意非善，愈疾驅，一日夜會世忠於秀州。』

《十將傳》：「時世忠妻梁氏及子亮爲傳所質，防守嚴密，朱勝非紿傅曰：『今白太后遣二人慰撫世忠，則平江諸人益安矣。』于是召梁氏入，封安國夫人，俾迓世忠，速其救駕。梁氏疾驅出城，一日夜會世忠於秀州。」

《忠武王碑》：「時楊國夫人及二子質傅軍，防守甚嚴，王略無顧念。會隆祐太后宣見楊國，楊國詣傅紿曰：『太尉作如許事，公來矣，於太尉何如？』傅乃屈膝拜曰：『願奉兄嫂禮，謹其鞍馬。煩夫人好爲言。』是日入見，隆祐宣問周悉，執楊國手垂泣曰：『國家艱危至此，太尉首來救駕，可令速清巖陛。』楊國奉詔，馳出都城，遇傅弟翊於途，告之故，翊色動，手自捽耳。楊國覺翊意非善，愈疾驅，一日夜會王於嘉禾，王見之，驚曰：『汝輩在耶？』」

明受改元詔書至，公焚其詔並斬其使。

《要錄》卷二十一：「壬寅，……俄而傅等遣使以麻制授世忠，世忠曰：『吾但知有建炎，豈知有明受！』斬其使，焚其詔。」

《忠武王碑》：「俄而明受詔至，王曰：『吾知有建炎官家，安知明受耶！』斬其使，焚其詔。」（《十將傳》略同）

二十五日癸卯，公與勤王各軍部署略定，乃組設勤王所，並檄告中外。

《要錄》卷二十一：「癸卯，呂頤浩、張浚議進兵。韓世忠率前軍，張俊以精兵翼之，劉光世親以選卒爲遊擊，頤浩、浚總中軍，光世分軍殿。遂以勤王所爲名。頤浩、浚傳檄中外曰：『……逆臣苗傅，躬犬豕不食之資，取鯨鯢必戮之罪，乃因艱難之際，敢爲廢立之謀。劉正彥以孺子狂生，同惡相濟，自除節鉞，專擅殺生。俾惟建炎皇帝憂勤恭儉，志在愛民，聞亂登門，再三慰喻，而傅等陳兵列刃，凶焰彌天，逼脅至尊，倉皇避位。語言狂悖，所不忍聞。大臣和解而不從，兵衛皆至於掩泣。詔書所至，遠邇痛心。駭戾人情，孰不憤怒。顧惟率土，何以戴天。況傅等揭牓闤市，自稱曰余，祖宗諱名，曾不回避，迹其本意，實有包藏。今者呂頤浩因金陵之師，劉光世引部曲之衆，張浚治兵於平江，韓世忠、張俊、馬彥溥各率精銳，辛道宗、永宗、陳思恭總率舟師，湯東野、周杞據扼險要，趙哲調集民兵，劉海、李迨餽餉芻糧，楊可輔等參議軍事，并一行將佐官屬等，同時進兵，以討元惡。師次秀州，四方響應。用祈請建炎皇帝亟復大位，以順人心。今檄諸路州軍官吏軍民等，當念祖宗涵養之恩，思君父憂廢之辱，各奮忠義，共濟多艱。所有朝廷見行文字，並係傅等僞命，及專擅改元，即不得施行。敢有違戾，天下共誅之。建炎三年三月二十四日，朝奉大夫、權發遣常州兼兩浙西路兵馬都監周杞，新除左武大夫、觀察使、兩浙西路提點刑獄公事趙哲，祕閣修撰、知平江府、兩浙西路兵馬鈐轄湯東野，寧武軍承宣使、帶御器械、秦鳳路馬步軍副總管、御營前軍統制張俊，起復定國軍承宣使、帶御器械、鄜延路馬步軍總管、御營平寇左將軍韓世忠，試尚書禮部侍郎、充御營使司參贊軍事張浚，新除檢校太保、奉國軍節度使、殿前都指揮使制置劉光世，新除資政殿學士、同簽書樞密院事、江淮兩浙制置使呂頤浩。」（臣謹案：印本檄書係三月二十四日。……其實二十四日壬寅草檄書，二十五日癸卯乃傳發耳。）」

初，劉光世以與公及張俊有隙，不預勤王事，至是，亦以所部至平江。《要錄》卷二十一：「三月庚寅，檢校太保、殿前都指揮使、奉國軍節度使劉光世爲太尉、淮南制置使。傅、正彥素憚劉光世，又知其與韓世忠、張俊舊不平，欲間之使爲己用，故首擢之。……」「甲午，……先是，張浚三遣劉光世書，諭以勤王，且遣參議軍事楊可輔至鎮江趣之，光世不報。」「癸卯，……是日劉光世亦以所部至平江，光世見張俊，相與釋憾，傅計不行。」（張浚《復辟記》云：『初，苗傅為光世與韓世忠、張俊嘗有語言之隙，屢行間牒，意令光世為己用，而俊、世忠三人盡釋憾交懽，傅計不行。』案：光世至平江時，世忠已在秀，且二人終身未嘗釋憾交懽，浚不應誤。但其上此記時，三人者並為大將，不容不如是言之耳，今略刪潤，令不失實。)」

《宋史·張俊傳》：「劉光世以所部至，俊釋舊憾。韓世忠來自海上，俊借一軍與之俱。」

《宋史·劉光世傳》：「苗、劉爲亂，素憚光世，遷光世爲太尉、淮南制置使。張浚在平江，馳書諭以勤王，光世不從。呂頤浩遣使至鎮江説之，乃引兵會於丹陽。」

苗、劉聞進兵急，益懼，迺遣使謝罪，並脅求詔旨撫慰公，公堅持須復辟事乃可已。

《忠武王碑》：「進兵益急，傳等大懼，遣將領張永載謝罪，且出御札曰：『知卿已到秀州，遠來不易。朕居此極安寧。苗傳、劉正彥本爲宗社，始終可嘉，卿宜知此意，徧諭諸將，務爲協和，以安國家。』王知脅求詔旨，非太上本意，諭永載曰：『天子即復位，事乃可緩。不然，吾今以死決之。』賊得語，知不可解，即日復太上明辟。」

《要録》卷二十一：「甲辰，御史中丞鄭瑴、殿中侍御史王庭秀抗疏論睿聖皇帝不當改號。瑴言探聞得詔書之意，迺遣閤門宣贊撫諭將臣韓世忠，歸道世忠之語，稱『須得太后陛下詔睿聖皇帝爲兵馬大元帥，方不進兵』。……」

四月戊申朔，呂頤浩張浚至秀州，公出郊迎之。

《要録》卷二十二：「夏四月戊申朔，呂頤浩、張浚次秀州，韓世忠以下出郊迓之，具言傳等用意姦回，當益爲備。（臧梓《勤王記》云：「頤浩至秀州，問韓世忠等曰：『與賊對壘，能知賊無佗虞乎？』對曰：『彼怙勢恃衆，脅取鐵券，自謂不死，無有佗虞。』又問曰：『我師可以必勝乎？』曰：『以衆敵寡，以順討逆，可以必勝。』頤浩曰：『知彼知己，可戰矣。』」案：此與《復辟記》所云世忠之語全不同，疑臧梓所書有所潤色。其後趙雄撰世忠碑又引而載之，今不取。）」

是日，高宗復辟，降詔復用建炎年號。

《宋史·高宗紀》：「夏四月戊申朔，太后下詔還政，皇帝復大位。帝還宮，與太后御前殿垂簾，詔尊太后爲隆祐皇太后。庚戌，復紀年建炎。」

勤王軍相次抵臨平。初三日庚戌，公與苗翊、馬柔吉戰，大敗之。傅等率衆遁去。公遂與勤王各將官先後入見高宗於行宮。

《要録》卷二十二：「庚戌，呂頤浩、張俊次臨平。苗翊、馬柔吉以重兵負山阻河爲陣，於中流植木爲鹿角，以梗行舟。翊以旗召世忠兵出戰。始，世忠以劉寶軍非所部，乃悉收其家屬詣軍。將戰，世忠艤家屬舟於岸下，率將士當前力戰。張俊次之，劉光世又次之。軍小卻，世忠叱其將馬彥溥揮兵以進。塗濘，騎不得騁，世忠下馬馳矛突前，令其將士曰：『今日各以死報國。若面不帶幾箭者，必斬之。』頤浩在中軍，被甲立水次，出入行伍間督戰，翊等敗走，傅、正彥遣兵援之，不能進。（朱勝非《閒居録》云：「四月初三日赴朝，上曰：『昨暮城上望見郊外水際有舟船火炬，朕遣人縋城探之，乃韓世忠下先鋒陳思恭船舶水中，不敢近岸。去人問之，但云

苗統制去也未？勤王兵乃如此。』余曰：『勤王兵不為無助。只要佗作聲援，……倘進兵至城下，必交戰，勝負果未可知。設使戰勝，二凶必生姦謀，以保護為名，分守兩宮，勤王兵雖勝，如何措手？』初四日午間，報韓世忠下將佐陳思恭、孫世詢等至，皆以塵土蒙面，破裂衣裳，亦有面頰封藥如金瘡者，州人指笑曰：『舟行未嘗有塵，不曾戰鬥，何故傷損？』」案：勝非所云，皆以貶損張浚之功，恐非其實。王廷秀《閱世録》亦云：『三日，聞韓將軍至臨平，為二凶（誤）〔設〕伏掩殺』，足明勝非所云皆私意也。今不取。）朱勝非命諸將集兵皇城門外，城中震恐。……是夕，傅、正彥引精兵二千人開湧金門以出，命其徒所在縱火，遇大雨，火不能起，遂夜遁。

尚書檄諸道捕傅等。」

「世忠、俊、光世馳入城，至行宮門，世忠欲入，其下張介曰：『不可。雖聞二賊已去，尚未可知。』閽者以聞，上步至宮門，握世忠手慟哭。光世、俊繼至，並見於內，上嘉勞久之。（朱勝非《閒居録》云：「初四日午間報韓世忠下將佐陳思恭、孫世詢等……皆奔走禁門，欲直入，衛士呵止，遂大殿擊而入。唱言曰：『韓太尉使來折簾。』經至殿門，叫呼不已。上大驚，遣人引至殿廷，望殿上無簾，慚怍而退。」恐未必果爾，今不取。）」

《宋會要·討叛類》：「高宗建炎三年四月三日，苗傅、劉正彥謀不軌，傅裨將苗翊與韓世忠兵戰於臨平南，翊敗，傅、正彥遣兵救之，朝廷命諸將皆集兵於皇城門外。是夕，傅、正彥引兵開錢湖涌金門而出。時大雨，賊軍倉黃夜遁。都省發收捉苗傅、劉正彥等牓，下淮南東西、兩浙東西、江南東西、湖南東西、京西南北、福建路諸州軍：『契勘賊臣苗傅劉正彥謀不軌，諸路勤王軍馬於杭州臨平鎮與賊兵接戰，王師大捷，皇帝已復尊位。其苗傅、劉正彥引同謀人王鈞甫、馬柔吉、張逵、王世修、苗翊、苗瑀並叛兵二千餘人，望嚴州路遁逃。除已擒到王世修、張逵凌遲處斬外，詔如生擒到苗傅、劉正彥，有官人與承宣使，無首級，亦與上件賞。其餘一行官兵將校並與放罪，一切不問。仰於所在陳首，出給公據，發赴行在，依舊收管。如不願就上件官，每獲苗傅、劉正彥一名，支賞錢十萬貫，餘人每名支賞錢一萬貫。若徒中官員將校人兵等有能斬到逐人首級，亦依此施行。』四日，詔：『苗傅、劉正彥下兵出清波門，其路至富陽，可通徽、宣、嚴、婺、湖、廣諸州軍，見今逢敵潰散，仰諸郡遣將領各於界首防托，如遇上件潰兵，便行招安。除苗傅等數人爲首，其餘應干脅從人、將佐、使臣、效用軍兵等，本不知謀，各係無罪之人，限一月出首，所在出給公據，赴行在依舊收管。其出首輒有擅行殺戮，幷依擅殺平人法。』（八日赦文又限百日出首。）」（兵門卷十）

《張浚行狀》：「四月二日，公次秀州，奉復辟手詔，而傅等大屯兵臨平，公進發，三日次臨平，世忠當前，俊次之，光世又次之。逆黨立旗招諭世忠等，世忠與戰，軍小卻，世忠親揮刃突前曰：

『今日不爲官家面上帶幾箭者斬之。』衆爭奮，賊黨苗翊等大敗。傅、正彦相繼逃遁。」

《忠武王碑》：「王顧所部或非素所拊循，乃悉收家屬諂軍。及合戰臨平，艤家屬舟岸下，由是師徒登岸擊賊，無一不用命者。賊將苗翊馬柔吉以重兵負山阻河爲陣，且於中流植木爲鹿角以梗行舟，岸間塗淖不可馳，王乃下馬揮戈令軍中曰：『今日當以死報國。若面不帶數箭者皆斬。』士殊死鬥。轉至剪刀山下，賊以乘神臂弓數千持滿而待，王嗔目大呼，挺刃徑前，賊辟易，矢不及發，連戰皆大克。直造北關門。傅、正彦自授江東制置使副，提禁旅數萬以遁。……王入朝行宮，拜且泣曰：『逆賊不道，主辱臣死，臣願受命縛此二逆。』」

《中興小曆》卷六：「夏四月戊申朔……時傅遣其弟翊伏赤心軍於臨平，伺擊勤王之師，御營前將軍韓世忠曰：『乳臭兒敢爾耶！』是日翊戰敗，二兇遣兵救之，朝廷諸將皆集皇城門外，守臣康先之以爲不可，不若遣人諭二兇速引兵去，是夕，二兇乃開湧金門以出，遇大雨，倉皇而遁。世忠勤王之師至北闕，辛亥，入城。」

手擒逆黨王世修、吳湛二人，皆斬之。

《要錄》卷二十二：「辛亥，平寇左將軍韓世忠手執工部侍郎王世修以屬吏，并拘其妻子。詔制置使劉光世鞫其始謀以聞。」

「癸丑，監察御史陳戩奉詔審鞫王世修於軍中。世修言：『苗傅等疾閹宦恣横，及聞王淵爲樞密，愈不平，乃與世修等謀，先伏兵斬淵，繼殺內官，然後領兵伏闕，脅天子禪位。此皆始謀實情。」戳以聞，詔斬世修於市。」

「甲寅，斬御營中軍統制官權主管侍衛步軍司公事吳湛。初，上以湛佐二叛爲逆，諭韓世忠使圖之，世忠曰：『此易與耳。』時湛已不自安，嚴兵爲備，世忠詣湛與語，手折其中指，遂執以出。門下兵衛驚擾，世忠按劍叱之，無敢動者。詔戮湛於市。」

《宋南渡十將傳》：「世忠馳入城，上步至宮門，握世忠手慟哭。上曰：『中軍吳湛，佐逆爲最，尚留朕肘腋，能先誅乎？』世忠即謁湛，握手與語，折其中指，擒戮於市。且手執王世修以屬吏。世修，以賊謀主也。」

《忠武王碑》：「太上握手語王曰：『統制吳湛，佐二叛爲逆，卿知之乎？』王曰：『此易與耳。』時湛已不自安，嚴兵爲衛，王詣湛與語，手折其中指，遂擒以出。……又親擒湛黨王世修，同日伏誅。」

除武勝軍節度使。

《要錄》卷二十二：「甲寅，起復定國軍承宣使、帶御器械、鄜延路馬步軍總管、御營平寇左將軍韓世忠爲武勝軍節度使。」

《忠武王碑》：「詔除武勝軍節度使、御前左軍都統制。」

爲王淵請葬地，並經紀其家。

《要錄》卷二十二：「甲寅，……始，王淵識韓世忠於微時，待之絕等，至是，世忠爲請地厚葬。經紀其家，不遺餘力。」

苗、劉率衆竄擾各地，公請身任剿除之責，詔除江浙制置使，自衢、信追擊之。

《要錄》卷二十二：「丁卯，御營左軍都統制韓世忠請親往討賊，以世忠爲江浙制置使，自衢、信追擊之。世忠入辭，白上曰：『臣當撲滅二賊，未審聖意欲生得之耶，或函首以獻也。』上曰：『能殺之足矣。』世忠曰：『臣誓生致之，顯戮都市，爲宗社刷恥。』時衛士宋金剛、張小眼者，號有膂力，世忠乞以行，欲使獲俘來上，上壯之，酌巨觥以餞世忠。（《日曆》於丁卯日已書車駕進發杭州，幸江寧府，命韓世忠為江浙制置使。戊辰日又書呂頤浩等乞留韓世忠前去衢信州，以求擒捕苗傅。）」

《要錄》卷二十二：「（四月）辛未，苗傅屯沙溪鎮，統制官喬仲福、王德乘間入信州，會統制官巨師古自江東討賊還，與仲福會，傅未至信州十里，聞官軍在，遂還屯於衢信之間。初，韓世忠喜德之勇鷙，欲使歸其麾下，乃令心腹健將陳彥章圖之，德與彥章適會於信州，同謁羣將，彥章進揖，德頗倨，彥章怒，拔刃刺德，不中，德奪刃殺之。」

《忠武王碑》：「傅、正彥提禁旅數萬以遁，朝廷慮其遂逸去，詔能生擒傅、正彥者，有官人轉承宣使，無官人授正任觀察使。其餘獲逆黨賞各有差。王入朝，……因奏曰：『逆賊擁精兵數萬，去甌閩甚邇，萬一寖成巢穴，愈難撲滅。臣請速除之。未審聖意欲生致之耶，抑函首以獻也。』太上曰：『能殺之足矣。』王曰：『臣誓生致之，顯戮都市，爲宗社刷恥。不然，則臣爲欺天。』殿前虎賁有宋金剛，張小眼者，號膂力，王乞以從，欲俾獲俘來上。時所部纔數千人，請止以所部行。太上壯之，酌巨觥以餞。」

五月戊寅朔，引兵發杭州，聞苗、劉趨信上，乃自浦城捷出邀擊之。

《要録》卷二十三：「五月戊寅朔，……是日，韓世忠引兵發杭州。」「庚辰，苗傅與其徒犯江山縣，……聞韓世忠且至，遂引兵趨信上。世忠聞之，恐其滋蔓閩、廣，乃自浦城捷出以邀之。」

《忠武王碑》：「王兼程追擊，賊方圍三衢，聞王師來，即解去，將趨上饒，王恐其或滋蔓閩廣也，徑自浦城捷出迎之。」

初八日乙酉，高宗至江寧府。

《中興小曆》卷六：「五月乙酉，上至江寧府駐蹕，仍改爲建康府，時以保寧寺充行宮。」

初十日，與苗、劉戰於漁梁驛，敗之，並擒劉正彦。

《要録》卷二十三：「丁亥，苗傅寇浦城縣。時御營副使司前軍統制王德既殺江浙制置使裨將陳彦章，欲與制置使韓世忠戰，世忠曰：『苗、劉未平，若與之戰，乃是更生一敵，不如避之。』夜，世忠將至浦城北十里，與傅、正彦遇於漁梁驛。正彦屯溪北，傅屯溪南，跨溪據險設伏，相約爲應。世忠率諸軍力戰。驍將李忠信、趙竭節恃勇陷陣，右軍統制官馬彦溥馳救，死之。賊乘勝至中軍，世忠瞋目大呼，挺矛而入，正彦望見，失聲曰：『吾以爲王德，乃韓將軍也。』

正彥少卻，世忠揮兵以進，正彥墜馬，世忠生擒之。盡得其金帛子女。傅棄軍遁去，墜馬不死，失傳所在。苗瑀收餘卒得千六百人，進破劍川縣，又犯虔州。……先是，朝散郎劉晏隸正彥軍中，傅使統赤心隊，晏謂其部曲曰：『吾豈從逆黨反者耶。韓制置來，吾事濟矣。』遂率衆歸世忠。浦城之戰，世忠以晏騎一百，爲疑兵於浦山之陽，賊見大駭。晏以所部力戰，世忠上其功，後遷一官。」

《十將傳》：「世忠自浦城捷出，至漁梁驛與賊遇，有數小將戰死，世忠徒步挺戈而前，賊望見，咋曰：『此韓將軍也！』乃驚潰。擒正彥及傅弟翊送行在。傅亡建陽。」

《忠武王碑》：「至漁梁驛，與賊遇，夜半勒兵，距浦城十里，……俄而接戰，部將李忠信、趙竭節恃勇陷陣，馬彥溥馳救死之。王挺槍徑前，賊望見，咋曰：『此韓將軍也！』乃潰。擒傅、正彥、及傅弟翊，遣所乞二虎賁護俘獻行宮，斬於建康市。」

案：漁梁驛之戰，苗傅、苗翊並未成擒，碑文及《十將傳》均誤。

己亥，苗翊既降復變，嗣復爲其裨將江池所擒，降於周望。

《要錄》卷二十三：「己亥，苗翊率衆出降，未解甲，復用其將孟皋計，欲遁之溫、台，裨將江池聞之，殺皋，擒翊，降於制置使周望。其衆皆解甲。」

苗傅收餘衆入崇安縣，喬仲福、王德追擊之，盡降其衆。

《中興小曆》卷六：「有舉子程妥者，崇安人，時擄在傅軍，乃爲傅畫策，領餘衆由小路入崇安縣境。」

《要錄》卷二十三：「有舉子程妥者，……爲傅謀，與苗瑀、張逵收餘兵入崇安縣，統制官喬仲福、王德共追之，盡降其衆，傅夜脫身去。」

壬寅，詔班師。

《要錄》卷二十三：「壬寅，詔諸將班師。以劉正彥、苗翊就擒故也。」

公班師過富沙，福建提刑林杞生擒苗傅來獻。遂檻傅赴行在。

《中興小曆》卷六：「（苗傅）既又夜棄其軍，變姓名作賈人，偕妥及其愛將張政西走，至歙鐸村，爲土豪承節郎詹標所邀，苛留數日，政覺不免，密告標曰：『此苗傅也。』標即報福建提刑林杞，遂聞於朝。」

《要錄》卷二十三：「傅夜脫身去，變姓名爲商人，與其愛將張政亡之建陽縣，土豪承節郎詹標覺而邀之，留連數日，政知不免，密告標曰：『此苗傅也。』標執以告南劍州同巡檢呂熙，熙以赴福建提點刑獄公事林杞，杞懼政分其功，與熙謀。使護兵殺政崇善境上，自以傅追世忠授之，遂檻赴行在。（紹興四年六月二十四日，刑部狀：「勘當呂熙元係南劍州同巡檢，據統制詹標申：『搜尋四山，見三人從廟山奔下。內一人是稅戶陸安，來報被賊拿擄去。內二人係張政、苗傅。』押至提刑林杞處出頭，內張政言冤屈事：『政是徒中反告三人，有金牌子與程十一郎，託他去告官。』林杞為見張政稱是告捉苗傅之人，有礙自己功賞，問呂熙道：『張政是苗傅使臣，只道他捉得苗傅，若送去韓世忠處，壞了我。

待殺了如何？』呂熙道：『可乘虛作緩急，令人取首級到建安縣界安泊，關報張瑀將兵來取苗傅。』林杞向呂熙道：『張政如何？』呂熙道：『因此急難取首級。』林杞言好，呂熙向邱萬、嚴景用刀將張政砍下首級。」此《日曆》所書也。)」

《中興小曆》卷六引《林杞遺事》：「苗傅、劉正彥既敗，擁衆南走，大將韓世忠尾賊而追之。時杞爲閩憲，恐賊至得脫，預檄諸郡扼其奔衝。既而正彥先爲大軍所擒，傅與其徒數人變姓名竄伏，人莫能蹤跡，杞立重賞捕之。俄而幕士詹標擒傅與其徒張政以至，是時世忠已班師，由太未(?)以歸，杞冒暑親部送傅、政，欲追赴世忠，至富沙境上，會日暮大雨，政乘此謀竄去，爲護兵所殺，杞獨以傅追及世忠授之，世忠得傅喜曰：『今當還朝，首爲公論功。』杞曰：『此非某之本心，況太尉自浙右提師破賊而追至，某借大軍餘威獲之，匹夫力耳，何功可論。』」

孫覿《鴻慶居士集》（卷三十二）《代劉節使跋御筆手詔》：「建炎二年春，臨安叛臣苗傅、劉正彥伏闕稱亂，懼罪而逃，臣從韓世忠奉詔追捕，至建安，手擒二叛，檻而上諸朝，蒙恩獎擢，超進位等。……」

七月初五日，公還至建康，斬苗、劉諸人於市。

《要錄》卷二十五：「秋七月，辛巳，韓世忠軍還，執苗傅、劉正彥、苗翊詣都堂，審驗畢，磔於建康市。梟其首。正彥臨刑，瞋目罵傅曰：『苗傅匹夫，不用吾言，遂至於此。』」

《忠武王碑》：「護俘獻行宮，斬於建康市。」

《十將傳》：「擒正彦及傅弟翊，傅之建陽，尋被擒，皆伏誅於建康。」

除武勝昭慶軍節度使，御書「忠勇」二字以賜。并封夫人梁氏爲護國夫人。

汪藻《浮溪集》卷十一《韓世忠除兩鎮節度使制》：「提貔虎以振天威，寀入山川之阻；取鯨鯢而攄國憤，永爲宗社之休。既執訊以來歸，宜酬勳於不次。肆頒明命，敷告治朝。具官某事上樸忠，臨機英果，稟剛故俗，甘陳兼六郡之良；決勝重圍，飛羽有萬人之敵。蚤備師干之試，旋膺齋鉞之除。豈惟蹇蹇以匪躬，每見多多而益善。昨屬時巡之遽，因成國步之艱。羣小窺朝，元兇干紀。既罪人之未得，斯王旅以徂征。迎敵鼓行，靡待前茅之偵；擒囚歸報，途成獨柳之誅。華夷由此以知威，天地爲之而卷祲。凱歌一奏，盟府交書。是用取畀朝最盛之規，加兩鎮久虛之幄。視班亞保，升爵元侯，增邑食於爰田，衍井腴於眞賦。併爲異數，用表元勳。於戲！見無禮於君，爾既殫於忠藎；歸飲至於廟，我何愛於寵褒。惟功名烈士之始終，惟爵祿有邦之勸沮。尚圖後效，更掞前休。」

《要錄》卷二十五：「癸未，武勝軍節度使、御前左軍都統制韓世忠爲檢校少保、武勝昭慶軍節度使。賞平苗、劉之功也。上遣使賜世忠金合，且御書『忠勇』二字表其旗幟。又封其妻梁氏爲護國夫人，制曰：『智略之優，無媿前史。』給內中俸以寵之。將臣兼兩鎮，功臣妻給俸，皆自此始。」

《忠武王碑》：「師還至蔣山，太上遣中貴人賜金合茶藥，并御書『忠勇』二字表王旗幟。詔曰：『餘杭之難，卿首奮忠勇，已破凶逆，朕之復辟，惟卿之功。』除檢校少保、武勝昭慶軍節度使、御前左軍都統制。楊國自碩人超封國夫人，制曰：『智略之優，無媿前史。』給內中俸，以示報焉。功臣妻給俸，自楊國始。」

案：韓氏本爲「御營左軍都統制」，今兹改爲「御前」者，《要錄》著其事由云：「除辛企宗爲御營使司都統制，韓世忠、張俊皆不服，乃命世忠、俊改「御營」爲「御前」。

建康府守臣連南夫緩不及事，公躬率使臣逐之。

《要錄》卷二十五：「七月庚子，尚書戶部侍郎……湯東野試工部侍郎，兼知建康府。時建康寓治保寧僧舍，而浙江制置使韓世忠屯蔣山，逐守臣顯謨閣直學士連南夫而奪其治寺。殿中侍御史趙鼎言：『南夫緩不及事固可罪，然世忠躬率使臣，排闥而入，逐天子之京尹，此而可爲，無不可爲者矣。願下詔切責世忠而罷南夫，仍治其使臣之先入者，此爲兩得。』上曰：『唐肅宗興靈武，諸軍草創，得一李勉然後朝廷尊，今朕得卿，無媿昔人矣。』乃降南夫知桂州，而以東野知建康府。」

閏八月丁亥，以金兀朮入寇，高宗召諸將議移蹕之地，公主守江淮，遂以公爲浙西制置使，守鎮江。

《要錄》卷二十七：「閏八月丁亥，上召諸將，問以移蹕之地，御前右軍都統制張俊、御營都統制辛企宗勸上自岳、鄂幸長沙，左軍都統制韓世忠後至，曰：『國家已失河北、山東，若又棄江淮，更有何地？』上乃命內侍押三人赴都堂議。上聞俊等退避之説殊怫然，至晚不食。戊子，呂頤浩等入對，上謂曰：『俊、企宗不敢戰，故欲避於湖南。朕以爲金人所恃者騎衆耳，浙西水鄉，騎雖衆，不得騁也。且人心一搖，雖至川廣，恐所至皆敵國耳。……張守入對，言不如留杜充建康，不可過江。』頤浩曰：『臣與王綯、周望、韓世忠議，本自如此。』上又欲令世忠守鎮江府，劉光世守太平及池州，頤浩等以爲然，防淮之議遂格。」

「辛卯，命尚書右僕射杜充兼江淮宣撫使，領行營之衆十餘萬守建康，留中書印付充。……御前左軍統制韓世忠爲浙西制置使。」

綦崇禮《北海集》卷二《韓世忠可除西路制置使應沿江防守戰守備禦之事並聽節制依舊鎮江府駐劄制》：「勅：控長江而作鎮，既先十乘之行；護諸將以臨屯，茲屬三軍之帥。爰加使號，用壯軍容。具官某沉毅有謀，驍勇無匹。臨機而出方略，弗資金版之書；定亂而事干戈，曷取毛錐之用。奮身邊塞，宣力顔行。勇蓋北方，夜擣全師之壁壘；勳高南土，生俘同惡之逋囚。洎視秩於三孤，仍兼榮於雙節。屬當備險，方俾移軍。列戍江津，實倚長城之重；分纛淛部，宜歸大將之權。遂權節制之雄，庶一師徒之志。臨淮號令，覺士氣之增新；道濟威名，想敵人之嚴憚。寛予憂顧，勉爾成功。可。」

《十將傳》：「（建炎）三年，上召諸將議移蹕，張俊、辛企宗請往湖南，世忠曰：『淮浙富饒，今根本地，詎可舍而之他？況人心懷疑，一有退避，則不肖者思亂，重湖閩嶺之遥，安保其道路無變乎。淮江當留兵爲守，車駕當分兵爲衛，約今十萬人，分半扈江淮，上下止餘五萬，可保其防守無患乎？』……」「兀朮將入寇，上召諸將問駐蹕之地，張俊、辛企宗勸上自鄂、岳幸長沙，世忠曰：『國家已失河北山東，又棄江淮，更有何地？』上於是以世忠爲浙西制置使，守鎮江。」

案：右引《十將傳》兩段文字，其前段在明受事變之前，後段在既平苗劉之後，似此則是建炎三年春秋二季凡有兩次議移蹕之事，細考之實誤。韓氏於建炎二年冬受命赴東平迎敵金人，其後兵敗沭陽，將兵多所散失，迄於明受之變，始終未在高宗左右，則春日斷無參與議移蹕之事。且所記二次與議之人均相同，各人之擬議亦無少異，則原爲一次之討論，更自可見。今將兩段文字畢録於此，庶不失實。

《忠武王碑》：「兀朮入寇，車駕復幸臨安，命杜充以尚書右僕射守建康，王守鎮江，兼制海道。」

壬寅，高宗發建康，幸浙西。

《要録》卷二十七：「壬寅，上幸浙西。是日，上發建康。……時劉光世、韓世忠各持重兵，畏杜充嚴峻，論説紛紜。

……時江浙人皆倚充爲重，而充日事誅殺，殊無制禦之方，議者爲之寒心焉。」

九月丙午朔，輔臣議以公爲兩浙江淮守禦使，兼隸鎭江至蘇、常界諸要害，高宗恐其與杜充爭衡，不許。

《要錄》卷二十八：「九月丙午朔，上幸登雲門外閱水軍，時諜報金人陷登、萊、密州，且於梁山泊造舟，恐由海道以窺江浙。初，命杜充居建康盡護諸將，至是，輔臣言：『建康至杭州千里，至明、越又數百里，緩急稟命，恐失事機，請以左軍都統制韓世忠充兩浙、江淮守禦使，自鎭江至蘇、常界圖山、福山諸要害處悉以隸之。』上曰：『未可。此曹少能深識義理，若權勢稍盛，將來必與杜充爭衡。止令兼圖山足矣。』」

十一月甲子，金人渡江南下，公悉裝所儲於海舟，引之江陰。

《要錄》卷二十九：「十一月甲子，陳淬與完顏宗弼遇於馬家渡，……淬孤軍力不能敵，還屯蔣山……統赤心隊朝請郎劉晏以所部走常州，浙西制置使韓世忠在鎭江，悉所儲之資，盡裝海舶，焚其城郭。既聞敵南渡，即引舟之江陰，知江陰軍胡紡厚待之……是日，有歸朝官自壽陽來報金人數道並進，已自采石濟江。……午間得周望奏，且錄杜充書，言充在采石防江，朝廷稍安，然不知充已敗矣。

「上未知世忠棄鎭江去，命追世忠赴行在，又欲令移軍常州。呂頤浩請以御筆召之，上曰：『朕與世忠約堅守，令聞急乃來。』頤浩固請，遂遣中書齎詔召之。」

《十將傳》：「既而兀朮分道渡江，諸屯皆敗，世忠亦自鎮江退保江陰。」

十二月，公大治戰艦於通惠鎮，欲俟金人之歸邀擊之。

《要録》卷三十：「十二月丙申，浙西制置使韓世忠以前軍駐通惠鎮。（《日曆》作青龍鎮。鎮此時已改名通惠，紹興元年九月甲戌方復舊名，史誤也。）中軍駐江灣，後軍駐海口。世忠知金人不能久，大治戰艦，俟其歸而擊之。」

建炎四年庚戌，四十二歲。

正月，公圖上方略，請以舟師往鎮江邀敵歸師，高宗從之。

《要録》卷三十一：「建炎四年春正月甲辰朔，大風，御舟碇海中。」「丙午，早，上御舟次章安鎮。……初，上遣中使召御前左軍都統制、浙西制置使韓世忠赴行在，世忠已治舟師於通惠鎮，乃請往鎮江邀敵歸師，盡死一戰，上從之。」

《中興小曆》卷八：「建炎四年春正月甲辰朔，詔浙西制置使韓世忠赴行在，世忠言見駐華亭江灣，願將所部全軍往昇潤，邀金人歸路，盡死一戰，丙午，詔從之。」

《十將傳》：「上召之至行在所，奏方留江上截虜歸師，盡死一戰。上謂輔臣曰：『呂頤浩比在會稽嘗建此策，世忠不謀而同。』賜親札，聽其留。」

張守《毗陵集》卷九《賜兩浙制置使韓世忠詔》：「邇者金人南渡，遽陷建康，復遣偏師，徑趨杭越。朕以宗社之重，暫避其鋒。然念敵人勞師深入，冒犯阻險，殘暴無厭，殆天亡之時也。比在會稽，呂頤浩獻議，欲會京口，邀截歸路，以爲永圖。方須卿來，講究利害，遽覽來奏及圖上方略，實契朕懷。惟卿忠憤之誠，謀慮之審，千里之外，不謀而同，載觀規圖，深所嘉嘆。尙能投機，一戰取勝，則中興宋祚，惟卿之功。不次之賞，朕不敢靳。凡獲賊所有資財玉帛，盡予將士。已令降空名告劄二百道，用資激賞，及助軍需。勉踐爾言，以副期待。故茲詔示，想宜知悉。」

十五日，於秀州張燈高會，遂引兵趨鎭江。

《要錄》卷三十一：「戊午，是日上元節，韓世忠在秀州取民間子女張燈高會，既遂引兵之鎭江。」

《十將傳》：「正月望日，就秀州張燈高會，忽引兵趨鎭江。及虜至，則我軍已先屯焦山寺矣。」

二月，兀朮棄臨安北去。

《中興小曆》八：「二月丙戌，金元帥兀朮尙據臨安，聞浙西制置使韓世忠自江陰復趨鎭江，恐邀其後。丁亥，兀朮遽引衆殺掠而去。縱火城中數日方滅。」

三月至四月，與敵相持於黃天蕩凡四十八日，屢破之。

《十將傳》：「虜將李選降，受之。兀朮遣使通問，約日大戰，許之。戰將十合，梁夫人親執桴鼓，虜終不得渡。願盡歸所掠假道，不聽。請以名馬獻，又不聽。撻辣在濰州，遣孛堇太一趨淮東以援兀朮，世忠與二酋相持黃天蕩者四十八日。太一孛堇軍江北，兀朮軍江南，世忠以海艦進泊金山下，預以長鐵綆貫大鈎，授士之驍健者，明日，虜舟譟而前，世忠分海舟爲兩道，出虜舟之背，每縋以綆，則曳一舟以沉之。兀朮窮蹙，求會語，祈請甚哀，世忠曰：『還我兩宮，復我疆土，則可以相全。』兀朮語塞。又數日，求再會，言不遜，世忠引弓欲射之，亟馳去。謂諸將曰：『南軍使船如使馬，奈何？』募人獻所以破舟之策，閩人王某者，教虜舟中載土，平板鋪之，穴船板以櫂槳，風息則出江，有風則勿出。海舟無風不可動也。又有獻謀於虜曰：『鑿大渠接江口，則在世忠上流。』兀朮一夕潛鑿河三十里，且用方士計，刑白馬，剔婦人心，自剺其額祭天。次日風止。我軍帆弱不能運，虜以小舟縱火，箭下如雨，孫世詢，嚴允皆力戰死，虜得絕江遁去。世忠收餘軍回鎭江。初，世忠謂虜至必登金山廟觀我虛實，迺遣二百兵伏廟中，二百兵伏岸滸，約聞鼓

聲，岸兵先欠，廟兵合擊之。虜果五騎闖入，廟兵喜，先鼓而出，僅得二人，逸其三，中有絳袍既墜而復馳者，詰之，即兀朮也。是役也，兀朮之兵號十萬，世忠所有僅八千餘人，上六賜札，褒獎甚寵。」

《忠武王碑》：「兀朮聞王在京口，遽勒三十萬騎北還。王即奏願留江上剿除，使絕南牧之患。遂提兵截大江以邀之。先降其將鐵爪鷹李選，太上賜札曰：『比在會稽，呂頤浩獻議，欲會兵京口，邀截歸路，遽覽來奏，及圖上方略，實契朕懷，惟卿忠憤之誠，謀慮之審，千里之外，不謀而同。載觀規圖，深所嘉嘆。今以獲賊資財物帛，盡與將士，並降空名誥劄二百道，用資激賞。』」

「兀朮遣使通問，王亦遣使臣石皋報之，

約日會戰。戰數十百合，虜終不得渡。復使致詞，願還所掠假道，不聽，請益以名馬，又不聽，虜乃益兵儀眞，勢接建康，兀朮軍於南，撻辣軍於北，王提海艦中流南北接戰，相持黄天蕩四十有八日，兀朮窘甚，求打話，王酬答如響，時於佩金鳳瓶傳酒縱飲示之，虜見王整暇，色益沮，乃祈假道甚哀，王曰：『是不難，但迎還兩宮，復舊疆土，歸報明主，足相全也。』兀朮語塞，又數日，求登岸會語，王以二人從，見之，復伸前懇而言不順，王怒且罵，引方將射之，亟馳去。」

「虜自知力僨糧竭，久或生變，而王舟師中流鼓枻，飄忽若神，凡古渡津口，又皆以八面控扼，生路垂絕，乃一夕潛鑿小河三十里，自建康城外屬之江，以通漕渠，刑白馬，剔婦人心，兀朮自割其頭，祭天，幸風濤少休，竊載而逃，王諜知其謀，悉舟師督戰，會風弱帆緩，虜得以輕舸渡去。土人稱爲番人河，其後秦檜主和，更名新開河云。」

「先是，王治兵鎭江，嘗曰：『是間形勢無如金山龍王廟者，虜必登此觀我虛實。』乃遣偏將蘇德以二百人伏廟中，又遣二百人伏岸下，約曰：『聞鼓聲，岸兵先出，廟兵繼出。』數日虜至，果有五騎趨入廟，廟中之伏兵喜，先鼓而出，五騎振策以馳，僅得其二，有一人紅袍白馬，既墜，復跳馳而脫。詰二人者，云即兀朮也。」

「是舉也，兀朮僅以身免，俘獲殺傷者不可勝計。所遺輜重山積，所掠男女獲免者不知數。又獲龍虎大王舟千餘艘。」

「捷聞，太上賜札曰：『卿比統帥舟師，邀擊虜寇，忠勇之節，遠近所聞，相拒大江，殆彌兩月，殺傷莫計，俘獲良多，所有已立功人，早以功狀來上，當優與推恩。』又札曰：『胡馬飲江，大肆殘虐，卿感激思奮，慷慨自期。獨提全軍，往邀歸路。將士用命，水陸齊攻。捷音遽聞，殺獲甚衆。言念忠勞，不忘嘉嘆。』」

《北盟會編》：「建炎四年四月二十五日丙申，韓世忠與兀朮再戰於江中，爲兀朮所敗，孫世詢、嚴永吉皆戰死。——金人在建康，韓世忠以海船扼於江中，乘風使篷，往來如飛。兀朮謂將軍曰：『使船如使馬，何以破之？』韓常曰：『雖然，見常軍則自遁矣。』兀朮令常以舟師犯之，多沒，常見兀朮，伏地請死，兀朮貸之。乃揭榜立賞，許獻所以破海船之策。有福州百姓姓王人，僑居建康，開米鋪爲生，見榜有希賞之心，及教兀朮以舟中載土，以平板鋪之，穴船板以櫂槳，俟無風則出江，有風則不出。海船無風不可動也。以火箭射其篛篷，則不攻自破矣。兀朮信之，一夜，造火箭成，以戊申出江，櫂槳行舟，其疾如風。天霽無風，赫日麗天，海船皆不能動，金人以火箭射篷則火起。世忠海船本備水陸之戰，人皆全裝，馬皆鐵面皮甲，每船有兵，有馬，有老少，有糧食，有輜重，無風不能行，火烘日爆，人亂而呼，馬驚而嘶，被焚而墮江者不可勝計。遠望江中，層層皆火，火船蔽江而下，金人鼓櫂以輕舟追擊之，金鼓之聲，震動天地，世忠敗散，孫世詢、嚴永吉皆力戰而死。兀朮既勝，欲之建康府謀北歸，而世忠海船扼於江中，不得去，或獻謀於金人曰：『江水方漲，宜於蘆陽地開掘河二十餘里，上接江口，舟出江背，皆世忠之上流矣。』兀朮信之，乃命掘河，一夜河成，次日早出舟，世忠大驚，金人悉趨建康，世忠尾襲之而已。」「初，長蘆崇福禪院行者普倫、普瓚，普瓚結集行者及強壯百姓千餘人，分爲三隊，在楊家洲上自相守保，世忠嘗約普倫等爲策應。至是，普倫、普璉、普瓚率其衆千餘人，駕小舟千餘艘，皆裹紅巾，立紅幟，來策應，至長蘆，遇世忠海船狼狽而來，金人至長蘆亦回，世忠與餘兵至瓜步棄舟而陸，奔還鎮江聚兵。沿江避走之人，往往取其舟中糧食，或有得銀絹錢物者。」

《中興小曆》卷八：「夏四月癸丑，上至越州，駐蹕州治。兀朮回至鎮江，而浙西制置使韓世忠已提兵駐揚子江焦山以邀之。左僕射呂頤浩請駕幸浙西，下詔親征以爲先聲，亟命鋭兵策應世忠，庶擒兀朮，此一奇也。參知政事王綯亦請遣兵與世忠夾擊。甲申，乃下詔親征。中丞趙鼎以爲平江殘破最酷，人心不樂是行，即奏曰：『臣在溫、台，屢言當俟浙西寧靜及建康之寇盡渡江，然後回蹕。今遽有此舉，必以韓世忠之報敵騎窮蹙可以翦除耳，萬一所報不實，及建康之衆未退，或回戈衝突，何以待之？』……時敵衆百萬，世忠戰士才八千。兀朮遣使與世忠約日合戰，世忠募海船百十艘進泊金山下，仍立一旂，書姓名於上，敵望見大笑曰：『此吾几上肉耳。』

世忠預命工鍛鐵相聯爲長綆，貫一大鉤，偏授諸軍之強健者。平旦，敵以千舟噪而前。比合戰，世忠分海船爲兩道，出其背。每縋一綆，則曳一舟而入，敵不得去，復遣使願還所掠及獻馬五千，世忠不聽，曰：『只留下兀朮乃可去。』時撻辣所遣之兵在儀真，江之南北兩岸皆敵衆，而世忠據中流與之相持，知揚州張績亦命偏帥控扼要處，與世忠爲援，兀朮閉門不敢出，乃即城之西南隅鑿渠三十里，欲潛師渡建康，而地勢高，潮不應，金之在儀真者又於城外鑿大渠三十里屬之江以通漕。兀朮刑白馬，殺婦人，自刃其額以祭天，幸風濤之息，使載以逃。世忠諜知之，悉師督戰，而風弱帆緩，我師不利，統制官孫世詢、嚴永吉死之，所掠金人又爲奪去，金以輕騎絕江而遁。世忠曰：『窮寇勿追，使去。』先是，世忠視鎮江形勢無如龍王廟者，敵來必登此望我虛實，因遣將蘇德以二百卒伏廟中，又遣二百卒伏江岸，遣人於中江望之，戒曰：『聞江中鼓聲，岸下人先入，廟中人又出。』數日敵至，果有五騎至龍王廟，廟中之伏聞聲而出，左騎者振策以馳，僅得其二。有人紅袍白馬，既墜乃跳馳而脫，詰二人者，云則兀朮也。是舉也，俘獲殺傷甚衆，金所遺輜重山積。又得龍虎大王舟十餘艘。龍虎大王者，乃僞封王爵而監龍虎軍，兀朮之婿也。」

《墓志銘》：「建炎三年冬，金人合諸種數萬騎，絕淮（沂）〔泝〕江，鼓行而南，如踐無人之境，一時將吏望風逃散，竄伏草莽間，無一人敢嬰其鋒者。當是時，太師鎭南武安寧國軍節度使咸安王韓公，以兩浙西路制置使，提孤軍駐揚子之焦山，募海舶百餘艘，具糗糧，治器械進泊金山下，連艫相銜爲圜陣，東向邀其歸路，植一幟書姓名表其上。金人望見，大笑曰：『此吾几上肉耳。』平旦，擁千舟譟而前。先是，公命工鍛鐵相聯爲長綆，貫一大鉤，徧授諸軍之伉健彊有力者，比合戰，分鑾舶爲兩道，出其背，每縋一綆則曳一舟而入，大酋立萬馬江上，鋭爲救，熟視躁擾莫能進一步。曾不逾時，掩獲數百舟幾盡，遂大敗，閉壁不敢復出。已乃並治城西南隅，鑿一大渠亘三十里，欲潛師度建康，而地勢高仰，潮不應，一日，乘南風縱火，千餘栰抗吾師，破巨浪，冒百死，趨瓜洲渡。公曰：『窮寇勿追。』縱使去。於是録俘囚束之沉江中，金帛盡分麾下，贖遣吾人之被係執者，書婦女州里姓氏揭諸道，以訪其家，然後獻捷行在所。是後兩淮交兵，伏尸流血，千有餘里，而虜人卒不能飲一馬於江者，緊公揚子一戰之捷也。……四年，金山捷書至，除檢校少師，改武威感德軍節度使。制曰：『屯兵要害，邀擊其歸，大振軍聲，殺傷過當，犬羊震疊，知國有人。』至今天下誦之。」

案：天蕩之役在建炎四年夏；《墓志》繫三年，誤也。

《毗陵集》卷九《賜兩浙制置使韓世忠詔》：「卿比統帥舟師，邀擊敵寇，忠勇之節，遠近所聞。相距大江，殆將兩月。殺傷莫計，俘馘良多。兹捷奏之屢聞，嘉茂勳之鮮儷。豈謂濟師之失援，至隳定亂之全功。然成敗者天理之難知，而勝負亦兵家之常事。度尙所亡之少少，豈足介懷；淮陰益辦於多多，尙觀來效。卿其撫傷痍之衆，上俘馘之功，以及戰亡，並當賞賚。今差內侍某前去撫問，如欲便赴行在，即仰疾速起發前來。或且駐師江陰，休養士卒，即令下戶部，行下所屬應副錢糧。故茲示諭，想宜知悉。」

《要録》卷四十七：「紹興元年九月戊午，觀文殿學士、提舉臨安府洞霄宮范宗尹落職，用侍御史沈與求奏也。與求言：『……去年敵騎將欲北歸，韓世忠於大江中流以舟師邀擊，臣僚數請號召上流舟師相爲應援，宗尹坐視不恤，敵人果自上流乘風縱燎，而世忠孤軍挫衄。……罪一也。』」

《鶴林玉露》卷二：「韓蘄王之夫人，京口娼也。……蘄王嘗邀兀朮於黄天蕩，幾成擒矣，一夕鑿河遁去。夫人奏疏言世忠失機縱敵，乞加罪責。舉朝爲之動色。其明智英偉如此。」

錢謙益《初學集》卷四四《韓蘄王墓碑記》：「……黄天蕩之戰，楊國在行間親執桴鼓，史云『戰將十合，梁夫人親執桴鼓，金兵終不得渡。』羅大經《鶴林玉露》載兀朮鑿河遁去，夫人奏疏言世忠失機縱敵，乞加罪責，舉朝爲之動色。而碑及史皆不載，爲蘄王諱也。」

案：梁夫人奏劾韓氏失機縱敵事，僅見於《鶴林玉露》。《神道碑》、《墓志銘》、《南渡十將傳》及《宋史》韓氏本傳之不載，或可依錢牧齋之説而以「爲蘄王諱」解之；但《中興遺史》、

《北盟會編》、《中興小曆》、《繫年要錄》等書中，亦無一略道其事者，則爲錢氏之説所不能解矣。因疑此事本屬子虛，《鶴林玉露》云云，蓋原出於傳聞之誤，羅氏亦漫爾記之而未加深察也。

五月，詔以白金三萬兩犒公部屬。

《要錄》卷三三：「五月癸丑，詔户部賜韓世忠白金三萬兩爲犒軍之用。」

六月戊寅，詔改御前五軍爲神武軍、御營五軍爲神武副軍。

《要錄》卷三十四：「六月戊寅，詔御前五軍改爲神武軍、御營五軍改爲神武副軍，其將佐並屬樞密院。」

庚寅，詔公以所部赴行在。

同書同卷：「庚寅，詔浙西制置使韓世忠以所部赴行在。」

七月丁巳，罷浙西制置。

《要錄》卷三十五：「詔浙西制置使韓世忠、浙西江東制置使張俊，並罷。以本路安撫大使劉光世言『兵火凋敝之餘，不任三處節制呼索』故也。」

納茆氏爲室，當在此時。

俞樾《茶香室續鈔》卷五「呂小小」條：「宋胡舜申《己酉避難録》云：『杭妓呂小小以有罪繫獄，其家欲脱之，投〔韓〕世忠，世忠偶赴待制飲，因勸酒，啓曰：某有小事告待制，若從所請，當飲巨觥。待制請言之，即以此妓爲懇。待制爲破械。世忠欣躍，連飲數觥。會散，攜妓歸。妓後易姓茅。』按：余于《叢鈔》卷四記韓蘄王妻妾有秦國夫人茅氏，今得此條，知茅夫人實呂小小也。因補録之。所謂待制者，即舜申之兄舜陟，字汝明，據其裔孫培翬所撰年譜，曾官徽猷閣待制。」

案：胡舜申《己酉避難録》今未見，俞氏所引當不至有誤。查《咸淳臨安志》卷四七《秩官》五《古今郡守表》載：胡舜陟於建炎四年六月戊寅以徽猷閣待制知臨安府，八月即以憂去。必其在臨安守任之時，方有權可釋呂小小之獄，則其事必當在韓氏受詔率所部抵行在之後也。

八月丁丑，録守江之勞，除檢校少師，易鎮武成、感德二軍。

《浮溪集》卷十一《韓世忠起復檢校少師武成感德軍節度使制》：「朕遭百六艱危之後，賴二三梟俊之臣。跪推轂而遣將軍，守境既騰於戎捷；歌《出車》而勞還師，酬勳敢廢於邦彝。爰錫贊書，用孚羣聽。具官某勇聞天下，氣蓋關中。堂堂將種之英，凜凜軍鋒之冠。行己恭而事上敬，蚤服周行；臨機果而料敵明，屢揚偉績。昨屬交侵之警，俾屯要害之區。蓄鋭以須，鼓儳而擊。縱精兵於數路，若珠走盤；擠勁敵於長江，如杵投臼。坐以中堅之整，成兹南紀之安。威行而海内息肩，師勝而國人屬目。是用兼隆徽數，特奏膚公。出擁齊旄，易兩鎮提封之大；入乘夏篆，視三孤絶等之崇。申衍采封，陪敦井賦。以永旂常之載，以昭帷幄之成。於戲！武能威敵者，將帥之榮；賞不踰時者，人君之信。惟忠力可以任安危之重，惟謙沖可以保富貴之終。勉圖而休，毋廢朕命。」

《要録》卷三十六：「八月丁丑，起復檢校少保、武勝定國軍節度使、神武左軍都統制韓世忠遷檢校少師、易鎮武成感德，始錄守江之勞也。翌日，上諭大臣曰：『世忠不親文墨，朕方手寫《郭子儀傳》，欲付卿等呼諸將讀示之。』」

《忠武王碑》：「未幾，除檢校少師、武成感德軍節度使、神武左軍都統制。」

《十將傳》：「還朝，拜檢校少保、武成感德軍節度使、神武左軍都統制。」

案：韓氏於黃天蕩戰功之前即拜檢校少保，及茲還朝，除拜檢校少師，《十將傳》仍謂拜檢校少保，誤。

九月，進高馬於高宗，未納，夫人梁氏請支積俸，詔特許支與。

《要錄》卷三十七：「九月己未，上曰：『昨韓世忠進一馬高五尺一寸，云非人臣所敢乘，朕答以九重之中，未嘗出入，何所用之，卿可自留，以爲戰備。』」「時世忠妻和國夫人梁氏言積俸未支，三省奏：『近惟隆祐皇太后殿下所積供奉物計直供支，潘賢妃勘請已不給。』上曰：『將帥朕委用，當厚恤其家，可特予之。餘人毋得援例。』」

《宋會要·俸祿類》：「（建炎四年）九月二十日，詔支韓世忠和國夫人梁氏自去年九月積下請給。三省檢會：『近有旨，特支隆祐皇太后殿積下供奉物。已估價支給。餘人不得援例。繼有賢妃位亦乞勘請，已降旨不給。』上曰：『朕妃嬪所請，可以不給。如將帥，朕所委用，當厚恤其家，可特支與。餘人不得援例。』」（職官門卷六十九）

朝議屢欲遣公以所部討劇盜李成，不果行。

《要錄》卷三十八：「建炎四年冬十月丙

申，范宗尹等進呈江東探報孔彥威、李成人馬，宗尹曰：『臣等商量，將來萬一移蹕，欲令韓世忠屯饒州，張俊留越州，相爲聲援。』上曰：『朕日夕念此，未嘗忘懷。世忠兵少，與李成相拒，萬一決戰，少有敗衄，國威欲挫。朕欲留世忠浙東，此人忠勇，不畏金人，敢與之戰，使張俊以五千精騎策應之，恐能成功。來春事定，朕親督諸軍，巡幸江東，雖過淮南，亦所不憚。平此二寇不難也。』」

同書卷三十九：「十一月甲子，建康府路安撫大使呂頤浩乞益兵討李成，……范宗尹曰：『頤浩意欲更得韓世忠爲助。』上曰：『若遣世忠提全軍往，破賊有餘力，但敵騎尚在江北，未可遽行。』李回曰：『成敢擁衆跨江跳梁，正倚金人南犯，朝廷不能遣發大兵，若陛下親帥六師，移蹕饒信間，則成破膽矣。』上曰：『朕日夜念此不少置，決意須親往。俟敵騎稍北，遣世忠先行，朕繼總兵臨之，先以賞招攜其衆，許歸自新，則成必易擒。亦不欲多殺士衆也。』」

同書卷四十：「十有二月丙戌，同知樞密院事李回進呈諸路盜賊數，上謂回曰：『卿意如何？』回曰：『臣意欲治數渠魁。』上曰：『卿意甚善，……第治李成輩三兩人可矣。』范宗尹曰：『俟更數日，江北探報稍定，便降車駕幸饒信指揮，先遣韓世忠往，盜賊自須聽命。』」

「乙未，神武右軍都統制張俊爲江南路招討使，進解江州之圍，且平羣盜，事急速特許便宜。時李成乘金人殘亂之餘，據江淮六七州，連兵數萬，有席捲東南之意，使其徒多爲文書符讖，幻惑中外，朝廷患之。至是，聞金人不渡江，上乃止饒信之行，范宗尹因請大將討成，故有是命。」

《十將傳》：「杜充以建康降虜，兀朮自廣德陷臨安，上幸浙東。世忠以前軍駐青龍鎮，中軍駐江灣，後軍駐海口，俟虜歸邀擊之。」

《忠武王碑》：「王方治舟秀之青龍，無何，充以建康叛，降於兀朮，兀朮遂自建康取宣城，直至廣德，徑趨臨安，車駕又幸四明，王聞之，亟以舟師赴難。」

紹興元年辛亥，四十三歲。

三月，隆祐皇太后崩，以公與李回諸人共營攢殯事。

《要錄》卷四十三：「紹興元年三月庚辰，隆祐皇太后崩於行宮之西殿，年五十九。甲申，同知樞密院事李回爲攢宮總護使，刑部尙書胡直孺爲橋（遣）〔道〕頓遞使，神武左軍都統制韓世忠爲總管，內侍楊公弼爲都監，調三衙神武輜重越州卒千二百人穿復土。」

六月，探報賊張琪犯臨安境，詔公分兵三千往捕，琪已它去。

《要錄》卷四十五：「六月戊辰，初，張琪自襄安鎮引兵渡江，遂犯建康府、太平、池州諸縣。（建炎四年）江東安撫大使司參謀官劉洪道招降之，復叛去。既而統制官韓世清、張俊會兵討之，追至溧水縣，其勢窮蹙，遂受浙西安撫大使劉光世招安，然琪實無降意，已進兵掠吉安縣。……」

「乙亥，張琪犯宣州。琪自吉安引兵至臨安境上，前一日報至，命神武左軍都統制韓世忠分兵三千往捕之，而琪已去矣。」

七月戊子，爲子亮請易文資。

《要録》卷四十六：「七月戊子，神武左軍都統制韓世忠請以明堂恩澤爲子忠翊郎、閤門祗候亮易文資，許之。諸將以文資録子孫，蓋自此始。」

十一月戊戌，以建州賊范汝爲連破州郡，福建制置使用兵累月未能戡平，詔以公爲福建江西湖南北路宣撫副使，與參知政事孟庾前往剿討之。

《宋會要·討叛類四》：「高宗建炎四年八月二十三日，臣僚言建州有范汝爲於吉陽嘯聚。詔令程邁節制諸軍，專一措置。」（兵門卷十）

《中興小曆》卷九：「建炎四年六月辛卯，建州范汝爲者，粗知書，其諸父以盜販爲事，而號黑龍、黑虎者尤善格鬥，羣不逞附焉，每數百人，負鹽横行州境，官不能捕。有選人建陽江鈿，老矣，郡守謂鈿有謀，使攝令甌寧以圖二范，未幾果擒之，皆斃於獄，其徒無所歸，復依汝爲。一日，因刃傷人至死，遂作亂（事在七月）。時方艱食，飢民從之者甚衆，州兵戰敗，賊勢滋盛。」

《要録》卷三十七：「建炎四年九月辛酉，神武副都統制官李捧、統領官王民以所部合三千人，與建賊范汝爲戰，爲所敗，官軍皆潰，捧等遁去，與其軍相失。」

同書卷三十八：「十月庚寅，遣朝散郎謝嚮措置福建民兵寨柵。時范汝爲盜熾，官軍多失利，故命嚮持金字牌往招之。」

《宋會要·討叛類四》：「建炎四年十一月

十一日，差神武副軍都統制辛企宗將帶一行官兵，前去建州收集撫定。二十三日，神武前軍統制王𤫉言：『得旨帶領全軍人馬並來信州，措置防托把隘。探報建州甌寧縣范汝爲賊馬幾數萬，已破建陽縣，殺散軍兵之後，聚衆愈多，氣焰益熾。信州與建陽北界相連，臣已差人賫公文旗榜并檄書。直入汝爲所止溪洞，婉順示以禍福，說諭招安。』」（兵門卷十）

《要錄》卷四十：「十有二月丁酉，朝散郎、措置福建民兵寨柵謝嚮言范汝爲已受招。先是，神武副軍都統制辛企宗駐邵武軍，距賊洞二百餘里，時遣兵攻賊，爲所敗。有從事郎施逵者，邵武人，上舍高第，自潁昌府府學教授代還，以策干企宗，反爲賊游說，而本路監司亦以招安爲便，乃募國學內舍生葉招積往招之，至是，授汝爲武翼郎閤門祗候，充民兵都統領。其徒葉鐵最驍健，亦以爲忠翊郎，更名徹。招積補下州文學，而逵還承直郎。時汝爲慕得官，且懼大軍繼至，故聽命，然未肯散其徒。企宗駐軍邵武軍，不能制。」

《宋會要·討叛四》：「十二月三十日，措置福建路民兵寨柵謝嚮等申范汝爲已受招安。從事郎施逵、國學內舍進士葉招積說諭招安，首先率部將范擒虎等出寨，繼而樞密（院遣）謝嚮等賫金字牌前去，內汝爲補從義郎，第二名范積中補忠訓郎，第三名葉格補忠翊郎。」

「紹興元年正月二十五日，詔范汝爲令聽辛企宗節制。」（兵門卷十）

《要錄》卷四十二：「紹興元年二月己

卯，淮康軍承宣使、神武副軍都統制辛企宗爲福建路制置使。時劍南賊余汝霖、余勝等作亂，輔臣欲假辛企宗事權，故有是命。」

《要錄》卷四十五：「紹興元年六月丙戌，朝請郎謝嚮特遷朝散大夫，錄招降范汝爲之勞也。於是同措置官修職郎陸棠亦授承直郎，並令赴行在。棠，建安人也。」

「是日，崇安民廖公昭聚衆爲盜，范汝爲所部提轄官保義郎熊志寧召募槍杖手，聲言往捕之，其意實欲爲變。會神武中軍統制官朱師閔以所部適至，志寧懼，遂散其衆。丁亥，福建制置使辛企宗以聞。未幾，建陽民丁朝佐作亂，志寧率射士以往，道與朝佐合，遂入建陽崇安二縣，官司不能制。」

《宋會要》（門類同前）：「紹興元年九月二十一日，詔辛企宗措置放散汝爲徒黨民兵去後，經今半年，未見了當，令企宗措置放散不得遷延，具見統放散人數聞奏。以汝爲見存留萬人分屯把隘故也。」

「十月四日，企宗〔奏〕汝爲乞移軍福州就糧，顯見不遵聖旨，若不就機措置，恐誤國事。詔企宗今係一路制置，令火急前來福州，依前後指揮措置，具已到福州日時聞奏。以樞密院言：『八月十一日已令企宗移軍福州就糧，聞丁朝佐、熊志寧在福建浦城縣界猖獗，企宗九月十七日尚在南劍州，似闕人彈壓。自去年十一月企宗差往福建措置盜賊，續差充本路制置使，放散汝爲徒黨，至今半年餘，並未見了當。』詔依前遷延，不能措置，即當別行遣將前去。」

「九日，監察御史福建路撫諭胡世將言：『范汝爲昨受招安，節次已補修武郎、閤門祗候，已次首領等第補官了當，其汝爲自就招安之後，心懷反側，依前剽掠。』詔官軍殺獲范汝爲，與補汝爲見帶官職，殺獲以次首領，亦與所獲人見帶名目。已有官資人，比附推恩。並其餘立功人，各等第優加賞典。徒中擒獲汝爲出首之人，特補武翼郎外，更與除一閤職。仍給降空名告一道，付宣撫司軍前旌賞。」

《要録》卷四十八：「冬十月丙寅。初，命福建制置使辛企宗移屯福州（八月壬午），而企宗留南劍州不進。呂頤浩聞之，是日，下堂劄詰責企宗，仍令斟量賊勢，如不措置，即具以聞，當別遣將。會范汝爲請屯福州就糧，企宗懼得罪，乃言：『初受命招捉盜賊，已招捉過二十三萬餘人，汝爲原係謝嚮等統轄之人，已令陸棠說諭赴軍前公參矣。』詔企宗係制置使，毋得分彼此，速往福州措置。」

「壬午，詔建州順陽村張毅特補保義郎，用樞密院請也。毅受李芘招安，屢與范汝爲戰，故官之。」

「是日，福建民兵統領范汝爲入建州。汝爲據建安，衆十餘萬，至造黃紅傘等，制置使辛企宗用兵連年，卒不能制。及是，汝爲引兵入城，守臣直祕閣王浚明以下皆遁，賊遂擧其城。」

「癸巳，范汝爲遣兵犯邵武軍，守臣朝散郎吳必明，統制官閤門宣贊舍人江西兵馬副都監李山率兵與載，衆潰，退保光澤縣，山遂走信州。（此據鉛山縣所申修入）。」

案：以上爲追載范汝爲作亂始末及官軍措置剿除失敗之經過。

同書卷四十九：「十有一月戊戌，參知政事孟庾爲福建江西荆湖宣撫使，神武左軍都統制韓世忠副之。時朝廷猶未知范汝爲據建州，而論者皆言神武副軍都統制，福建制置使辛企宗懦怯玩寇，福建安撫使程邁等請改命將帥，章四十三上，故更遣世忠自台州進。仍命世忠械招撫官朝散大夫謝嚮、承直郎陸棠赴行在（械二人之旨在此月庚子）。」

「辛丑，詔孟庾、韓世忠：應官吏軍兵一切事務，其爲一司，不得輒分彼此。自范汝爲外，餘皆與免罪，許令歸業。」

王明清《揮麈後錄》卷十一「孟富文爲執政」條：「孟富文庾爲戶部侍郎，紹興辛亥之歲，邊遽少寧，廟堂與一二從官共議，以謂不若乘時閒隙，分遣諸將剗平諸路盜賊。其方張不易擒者，莫如閩之范汝爲，乃以命韓世忠。而世忠在諸將雖號勇鋭，然病其難制，或爲州縣之害，當選從官中有風力者一人置宣撫，使世忠副之以行，而在廷實難其選，衆乃謂孟人物既厖厚，且嘗爲韓所薦，首遷本部尚書遣之，又以爲韓官已高，亦非尚書所能令，乃欲以爲同簽書，上意已定……遂亟批出富文除參知政事。」

案：據《要錄》，孟庾之除參政，事在本年冬月庚午，其後將及一月，方與韓氏同受福建等路宣撫使、副除命。王氏謂其除參政即在受命赴閩討賊之同時，稍有不合。但其所以與韓氏同受討賊之命，其原因或當如王氏所云，因節錄其文於右。

《忠武王碑》：「時劇盜數起閩中，荊湖震擾，朝廷爲之出禁旅，遣辛企宗討之，師老不能平，福帥程邁、監司侯懿等力請改命將帥，章四十三，太上乃除王福建江西荊湖南北路宣撫，副參政孟庾以行。」

《十將傳》：「建安范汝爲反，朝廷遣辛企宗等討捕未克，賊勢愈熾，詔以世忠爲福建江西湖南北路宣撫副使。」

《中興小曆》卷十一：「初，建寇范汝爲未平，而本路制置使辛企宗握兵玩寇，一路騷然。詔以大理少卿朱宗爲本路漕臣。宗，仙遊人，紱子也。宗入對，言：『民困無聊，弄兵以延一旦之命，陛下第追還制置使，以此事付臣，可毋戰而平也。』上詔宗行，而企宗方議募兵，檄取錢糧數多，宗遺書責之曰：『公擁兵彌年，州縣餽餉費百萬，而責取未已，民在溝壑矣。公爲則自爲之。』」

「初，詔企宗放散汝爲之黨，企宗乃奏汝爲乞於福州就糧，不遵聖旨，遂詔企宗措畫，而企宗怯懦不能制賊，反屯其衆於建之城外。上乃擢吏部郎官胡世將爲監察御史，往福建撫諭。世將既至，言汝爲懷反側，猶肆剽掠，而招撫官謝嚮、陸棠顧與賊通。亟捕嚮、棠與制置司屬官施逵付獄。」

「又樞密院計議官沙縣張致遠請歸鄉，因白宰執乞遣兵討之，而知福州程邁亦請改命將臣。……左僕射呂頤浩建言：『先平內寇，然後可禦外侮。』」

「十一月戊戌，乃詔參知政事孟庾爲福建江西湖南宣撫使，太尉、武成感（懷）

〔德〕軍節度使韓世忠副之，發大軍，由台溫路先往福建，次赴餘路。仍罷企宗，以其軍隸韓世忠。庾遂辟致遠充隨軍機幕。既而世將奏謝嚮、陸棠及施逵皆械送行在。嚮、棠死於路，逵得以歸罪二人，止從輕典，送遠郡羈管，中途逸去。後改名宜生，竄入僞境。」

奏請以閤皐軍幫同把截，並聽節制。

《宋會要》（門類同前）：「紹興元年十一月十七日，福建等路宣撫使司言：『范汝爲等見在建州，往來政和松溪界上；熊志寧見在建陽縣，往來浦城崇安界上劫掠。本司大軍前去福州，竊恐賊徒奔迸，侵犯鄰近州軍。今來閤皐見在建昌軍，欲令進兵往光澤縣或邵武軍把截，仍乞聽本司節制。』從之。」

紹興二年壬子，四十四歲。

春正月初四日，抵建州城下，圍之。

《要錄》卷五十一：「紹興二年春正月癸巳朔。丙申，福建江西荆湖宣撫副使韓世忠圍建州。先是，世忠行，師至州，福守臣程邁以賊方鋭，欲世忠少留以候元夕，世忠笑曰：『吾以元夕凱旋見公矣。』師次延平，劍潭湍險，賊焚橋以拒王師，世忠單馬先浮以濟，師遂濟。距建寧百里許，范汝爲已伐木埋竹，及布鐵蒺藜、開陷馬坑，以扼諸要路。世忠偃兵自間道急趨鳳凰山，是日旦，至城下，遂圍之。」

《忠武王碑》：「徑趣福唐，……福帥迎謁，且言賊方鋭，宜少休以俟元夕，王笑曰：『吾以元夕凱旋見公矣。』因酌酒以別。師次延平，劍潭湍險，賊焚橋以拒我師，王策馬先浮以濟，師遂濟，士氣益倍。距建寧百里許，賊盡塞途路，埋巨木爲鹿角，散布竹簽、鐵繖蒺藜、陷馬阬，凡可以旅拒王師者，無不用其至。王即命諸軍偃旗仆鼓，捨正路，俾各擇便利，沿山塹溪，披踐榛棘，遂達郡之鳳凰山，繞出賊背，下瞰城邑，如在井底。」

《十將傳》：「次劍潭，橋焚，世忠策馬先渡，師遂濟。賊盡塞塗路拒王師，世忠命諸軍偃旗仆鼓，徑抵鳳凰山，頫瞰城邑。」

初九日，克復建州城。范汝爲自縊死。

《宋會要·討叛類四》：「紹興二年五月二十六日，福建江西湖南北路宣撫使韓世忠言：『得旨提領大兵，前來福建路收捕范汝爲，正月四日卯時大兵到建州城下，攻城凡六日，破城。殺戮賊衆三萬人，生擒賊首張雄等五百餘人。其范汝爲走入回源洞窮迫自縊身死。其餘首領賊徒，或殺或招，已見盡靜。』」（兵門卷十）。

《中興小曆》卷十二：「紹興二年春正月，宣撫副使韓世忠師建城。辛丑夜，賊稍怠，官軍梯而上，城遂破。殺賊衆一萬餘人。賊將葉諒以一軍徑走邵武，范汝爲竄入回源洞自縊死。世忠遣兵追捕，並賊驍將張雄等皆擒戮之。」「初，世忠意城中人皆附賊，欲盡殺之。至福州，見觀文殿學士李綱，綱因曰：『建城百姓無辜。』世忠受教，故民得全活。及師還，父老送之，請爲建生祠，世忠曰：『活爾曹者李相公也。』」

《忠武王碑》：「火樓巨石，天梯雲梯，百道齊攻，汝爲震怖，以謂從天而下。

五日城陷。汝爲竄身自焚回源洞中。」

「又有陸必強、葉鐵骨、陸必先、張弓手、熊致遠等，皆號賊驍將，分兵四劫。而葉諒者別以一軍再寇邵武，王悉擒斬之。」

「凡殺賊衆三萬餘人，生擒魁首張熊等五百餘人。士人之附賊如施逵、謝嚮、陸棠等，皆械送行在所。迺令軍人悉駐城上毋得下，植旗於城之三隅，令士民自相別，農者給牛穀使耕，商賈者弛征禁，爲賊者使民得甘心，脅從者貸遣。建安之民自以爲蒙更生，家立生祠，刻其事於石，至今奉香火惟謹。」

《十將傳》：「設雲梯火樓等，連日夜併攻，賊震怖叵測，五日城陷，汝爲竄身自焚，斬其弟岳吉以徇。禽其謀主謝嚮、施逵及裨將陸必強等五百餘人。時紹興元年九月也。世忠初欲盡誅建民，李綱自福州馳見世忠曰：『建州百姓多無辜。』世忠聽之，遂下令軍士駐城上毋得下，聽士民自相別，農給牛穀，商賈弛征禁，眞賊者殺，脅從者貸。民感更生，家立祠。」

案：范汝爲之死，各書或謂自焚，或謂自縊，疑以韓氏所奏報作自縊者爲是。又，《十將傳》謂攻克建州事在紹興元年九月，大誤，其時韓氏猶未奉討賊之命，安得先期奏功哉！

過福州別李綱，綱以舊賜戰袍爲贈，並賦詩識別。

《梁谿全集》卷二八《以舊賜戰袍等贈韓少師二首并序》：「……某以罪戾憂患之餘，卧病江海，少師被命宣撫閩部，相見有故人繾綣之意。既而躬率將士，克復建域，討蕩羣寇，一方寧謐，奏功凱旋，將復言別，隨行有舊賜緊絲戰袍、鏤裝松文劍、鍍金銀纏笴槍、金花團牌，山林病夫，無所用之，輒以爲贈，願持此爲聖主折衝禦侮，討叛敵愾，建中興之功，使衰病者增氣，不其韙歟。賦詩二章以識別，且見意云。紹興壬子仲春晦，具官某序。胡騎當年犯帝閽，腐儒謬使護諸軍。尙方寶劍頻膺賜，御府戎衣幸見分。丈八蛇矛金纏笴，團欒獸盾繪成文。山林衰病渾無用，持贈君侯立大勳。舊欽忠勇寇三軍，每一相逢更絕倫。鐵馬金戈睢水上，碧油紅旆海山濱。氣呑勁敵唐英衛，力破羣兇漢禹恂。聖主中興賴良將，好陪休運上麒麟。」

《十將傳》：「捷聞，詔褒之曰：『雖古名將何以加？』賜黃金器皿。」

《忠武王碑》：「太上賜札曰：『省奏，范汝爲已就滅亡，遂釋朕南顧之憂。其餘畸零賊黨並葉諒等，想已招捉。惟務隨宜處置，勿留後患。』」

「又札曰：『卿比執訊獲醜，安靖一方，非特秋毫無犯，給耕夫之牛，使不失時，雖古名將，何以加諸？朕始聞此，喜而不寐。是惟威愛兼得。體我至仁，加惠斯民者也。卿之勞苦，實永朕懷。』」

十四日丙午，高宗至臨安。

《要錄》卷五十一：「紹興二年正月丙午，上至臨安。」

公奏請乘勝撲滅江西湖南羣寇，詔從之。

《忠武王碑》：「王遂條奏江西湖南羣寇，要須以時平定，乘勝撲滅，勢如破竹。詔從之。」

《十將傳》：「世忠因奏江西湖南寇賊尙多，乞乘勝平定，詔從之。乃二年三月也。」

嗣即移兵西向，討湖南賊曹成、李宏、劉忠等。

《要錄》卷五十二：「三月乙未，江西安撫大使李回言：『湖東名賊曹成在道州，馬友潭州，李宏岳州，劉忠處潭岳之間，雖時相攻擊，其實聞二宣撫之來，陰相交結，分布一路，爲互援之計。……今朝廷以岳飛知潭州，有腹背受敵之患，不若且置成不問，先引兵往袁州，約友、宏云討劉忠，以俟二宣撫之來。』……」「呂頤浩、秦檜進呈，因言『湖廣大寇，曹成爲首，馬友、劉忠次之。……』上曰：『宣撫使兵到，必能平湖南諸寇，續次令轉往湖北襄漢間，以通川陜。……』乃詔飛：『斟酌賊勢，如未可進，且駐袁州，以俟世忠會兵。』……」「戊申，詔孟庾、韓世忠至荆湖日，應措置事務，合從本司施行，候將來班師，令李綱措置。庾初受命宣撫福建、江西、荆湖三路，而朝議恐曹成度嶺，故令綱自閩廣之長沙。庾言措置相妨，乃有是命。」

同書卷五十三：「四月癸亥，詔神武前軍左部統領申世景以千人屯福州。……時宣撫副使韓世忠移兵西去，……帥臣程邁以兵少爲言，故有是命。」

受曹成之降於豫章江濱。

同書同卷：「閏四月丙午，神武副軍都統制岳飛敗曹成於桂嶺縣，成拔寨遁去，……遂走連州，飛命前軍統制張憲追之，成窮蹙，又走郴州，轉入邵州，會福建江西荆湖宣撫使韓世忠既平閩盜，乃旋師永嘉，若將就休息者，而道處、信，徑至豫章江濱，連營數十里，羣賊不虞其至，大驚，以爲神。世忠聞成屢敗，遣神武左軍提舉事務官拱衛大夫貴州刺史董旼往招之，成以其衆就招。……（曹成受韓世忠招安，諸書不見日月。案世忠以六月五日奏到，則必在五月半已前，去此蓋閱月。今併附此，當考。）」

《忠武王碑》：「王旋師永嘉，若將就休息者，已而道括蒼、上饒，徑至豫章江濱，連營數十里。賊不虞王之猝至，以爲神，大驚，於是曹成、馬友、李宏次第來降。王悉分配諸軍，即日移師長沙。」

案：韓氏於豫章江濱僅招降曹成一人，李宏之降乃在既抵長沙之後，碑云在移師長沙之前，誤也。

《十將傳》：「時廣西賊曹成擁餘衆在郴郡，世忠既平閩寇，旋師永嘉，若將就休息，忽由處、信徑至豫〔章〕，連營江濱數十里，羣賊不虞其至，大驚。世忠遣人招成，成以其衆就招，得戰士八萬人，發詣行在。遂師長沙。」

《中興小曆》卷十二：「紹興二年二月，……初，福建等路安撫副使韓世忠統兵自江西入湖南，至是，曹成已入賀州，世忠遣提舉官董旻馳往招之。」

六月朔日，李宏聞公將至長沙，遂襲殺馬友，引兵入據潭州。

《要錄》卷五十五：「紹興二年六月庚寅朔，武功大夫、貴州團練使、新知復州李宏引兵入潭州，執湖東招撫使馬友殺之，時韓世忠將至長沙，宏遂有殺友之謀。是日，因其詣天慶觀還，襲殺之於市。其將王進、王俊以所部數千人遁去。宏屯潭州。（宏殺馬友，趙甡之《遺史》在六月朔日，今從之。）」

朝廷聞岳飛已破曹成，乃下詔班師。

同書同卷：「戊戌，詔神武副軍都統制岳飛，以韓京、吳錫、吳全之衆戍江州，朝廷聞曹成爲岳飛所破，乃令孟庾班師，李綱徑入潭州，而飛以所部之江州屯駐。時綱甫自邵武引兵三千之江西也。（熊克《小曆》：「六月甲午，曹成自賀州至郴州。李綱遣使臣齎榜招之，成與其徒赴司參。於是李綱奏成已招，乃詔成自榮州團練加防禦使。」《日曆》，綱五月十七日所奏云：「本司已定六月五日進發，往邵武，建昌軍等處，就近措置。」甲午即初六日，綱在福州，安得有此事也？詳克所書「曹成已至郴州」及「遣使臣齎榜説諭」，乃是江西福建荆湖宣撫使司奏狀中語。其實孟庾、韓世忠所奏，以甲午至行在，而克誤以為綱奏。且是時曹成亦未赴宣撫司。成三年五月丁丑始進榮防，克實甚誤。）」

以平閩湘盜功，遷太尉。移屯建康府。並詔以親兵赴行在。

同書同卷：「庚子，檢校少師、武成感德軍節度使、神武左軍都統制、福建江西荆湖宣撫副使韓世忠，以平閩湘群盜功遷太尉，移屯建康府，恩數視執政。仍詔世忠以親兵赴行在。」

《北海集》卷七《除韓世忠特授太尉依前武成感德軍節度使神武左軍都統制福建江西荆湖南北路宣撫副使加食邑食實封制》：「門下：司勳等戰功之目，別庶績以稱多；太尉掌武事之官，視羣公而爲重。朕若稽周典，參酌漢儀，肆酬良將之勞，用冠元戎之號，誕揚明命，敷告大庭。檢校少師、武成感德軍節度使、神武左軍都統制、福建江西荆湖南北路宣撫副使、南陽郡開國侯、食邑二千戶、食實封七百戶韓世忠，鷙決有謀，驍雄無匹。馭軍得士，優兼程李之能；臨敵乘機，自合孫吳之法。身更百戰，勇蓋一時。積勳伐以居多，席寵名而加厚。受命不昨屬閩湘之擾，欲嚴斧鉞之誅。果諧注辭，俾副宣威之任；成功可必，意之求。航海道以濟師，環賊巢而擣壘。神兵天下，惡黨盡殲。敺狗鼠以無餘，撫方隅而悉定。捷書來上，旰食爲寬。方奏凱以北旋，遂移軍而西指。威聲既震，叛衆亦降。雖功不自言，益見賢能之節，而事當貴信，可忘懋賞之規。還九棘之上儀，假五兵之重柄，以侈有邦之典，以隆上將之權。增衍戶封，陪敦井賦，併昭寵數，用示眷懷。於戲！以德行仁者王，朕敢怠息民之志；自上安下曰尉，爾其思戡亂之圖。雖內寇之略平，顧外虜之未靖，尚勸方力，勿替前功。可特授太尉，依前武成感德軍節度使、神武左軍都統制、福建江西荆湖南北路宣撫副使，加食邑五百戶、食實封二百戶，封如故。主者施行。」

同書卷十七《賜新除太尉依前武成感德軍節度使神武左軍都統制福建江西荆湖南北路宣撫副使加食邑五百戶食實封二百戶韓世忠辭免恩命不允詔》：「勅世忠：省所劄子奏辭免恩命事，具悉。人主之興事，當勸於用賞；人臣之有功，常說於見知。卿出總王師，往行天討，一鼓而平甌粵，再舉而臨湖湘，妖孽悉除，逋逃自服。乃峻策勳之典，俾升掌武之班。朕既知卿徇國之勞，卿宜悅此褒功之意。亟祗成命，何用深辭。所請宜不允。故茲詔示，想宜知悉。」

乙卯，部將解元、程振，入潭州執李宏。

《要錄》卷五十五：「乙卯，福建江湖宣撫司前軍統制官解元、後軍統制官程振以所部入潭州，屯於子城之內，新知潭州李宏稱疾不出。夜，宏中軍由恩波門以遁，元遣將李義追擊之。翌旦，元盡拘李宏舟檝之在江皋者，引兵至寨中，見宏計事，因悉其兵械以歸。世忠即以宏爲宣撫司統制。時朝廷始聞馬友死，以敕書勞宏，而宏已執矣。」

七月，進軍討花面獸劉忠，大破之，忠遁去。

同書卷五十六：「七月丙子，韓世忠進師討劉忠，是日，至岳州之長樂渡，與賊對壘，賊開塹設伏，以拒官軍。」《忠武王碑》：「山東賊白氈笠劉忠，有衆數萬，嘗與兀朮轉戰，頡頏而南，據祁陽之白綿山，自黔其額，號花面獸，山險重複，營柵相望，凡一年，莫敢攖其鋒者。王始至即欲急擊之，曰：『少延歲月，湖南生靈無種矣。』庾不可，曰：『功幸已成而師勞，若更趨白綿，如有不捷，前功盡廢。』王曰：『兵家利害，世忠策之審矣，非參政所知。請期半月，當馳捷以獻。』庾不能奪，王即將所部與賊對壘。乃奕碁飲酒，按兵不動者累日，衆莫窺其際。」「一夕，獨與親信蘇格便服，聯小騎，直穿賊營，警夜者呵問，王曰：『我也。』蓋王已諜知賊中約以『我』字爲號，故所鄉不疑，遂周覽賊營而出，喜曰：『此天賜也。』即下令明日破賊會食。遂命諸軍拔柵前行，先遣鋭卒二千，銜枚夜進，伏於白綿山上，戒曰：『賊必空壘來戰，若疾馳入，奪中軍望樓，駐麾張蓋。』既而賊以三萬人拒戰，兵交，自寅至巳，賊精兵迭出，勝負未分，俄而所遣鋭卒二千，植旗蓋於賊之望樓，傳呼如雷，賊回顧驚愕，進退無所據，遂潰亂。王乃傳麾令上下夾擊，將士爭奮大破之，追斬忠於小舟，傳首闕下。下令敢掠子女者斬。湖南遂平。戰克之日，與庾所期，如合符契。詔除太尉，餘如故。」

《要錄》卷五十六：「七月庚辰，韓世忠先遣中、後、左、右四軍渡江，逼劉忠寨而屯。……旦（辛巳日旦），世忠親率選鋒及前軍俱進。暨戰，所遣卒疾馳入其中軍望樓，植麾張蓋，賊回顧驚潰，大敗，遁去。忠據白面山跨三年，及是乃敗。其輜重皆爲世忠所得。……（熊克《小曆》載此事於今年二月，蓋不知世忠進軍月日也。克又云『忠欲投劉豫，徒衆斬其首以降』，益誤矣。蓋趙雄撰《世忠碑》所書如此。其實忠以七月走淮西，九月在蘄陽爲解元所敗，乃走僞齊，明年四月始被殺也。克不深考，今各附本月日。）」

《北盟會編》卷一五一：「韓世忠大破劉忠於岳州伏龍崗。——劉忠爲韓世忠所敗，以數百人走潭州白面山，復聚衆走淮西。」

案：韓氏破劉忠之地點，各書所載，差互不一。《忠武王碑》謂在祁陽之白綿山，《北盟會編》謂在岳州之伏龍岡，而《繫年要錄》則於七月丙子謂於岳州之長樂渡與賊列陣相對，於後三日庚辰又忽謂破之於白面山。白面山者當即《忠武王碑》之白綿山，而《忠武王碑》謂在祁陽，《北盟會編》謂在潭州。又《忠武王碑》謂「劉忠據白綿山凡一年，莫敢攖其鋒者」，《繫年要錄》謂「忠據白面山跨三年」，而《北盟會編》則謂忠於岳州敗走之後方走潭州白面山。時限地望，紛紜至此，幾難定其是非。唯查《忠武王碑》於進討劉忠之前記孟庾反對之說，有「功幸已成而師勞，若更趨白綿，如有不捷，前功盡廢」等語，《中興小曆》、《十將傳》：《繫年要錄》中均承用其說（唯均改白綿為白面），是知在進討之前，原即以白綿（面）山爲目標，劉忠必已久據其地，自無可疑，則《北盟會編》謂其敗後方走白面山者誤也。又查今湖北通城縣境有白面山，《地志》謂以山多白石而得名，疑劉忠當年所據即此，若然則在南宋乃屬岳州，謂在潭州有誤，謂在祁陽者亦誤也。它如《中興小曆》謂平劉忠在本年二月，則以《繫年要錄》已加糾駁，故不再列入。《十將傳》及《宋史》本傳叙平劉忠事，大體均同於《忠武王碑》而文稍簡，茲不復贅。

《墓志》：「金人退舍，羣盜尚猖獗如故。時范汝爲據建州，曹成馬友李横衆數萬，轉掠湖南北，而劉忠者冠白氈笠自表，最強盛。上面命公副參知政事孟公庾爲福建江西荆湖南北路宣撫使。公次建安，傅城而陣，汝爲雖不敢出一甲，而嬰城固守，彌月不下。公周視城堞，一日，伺其怠，梯而上，將士隨之，盡夷其黨，而建州平。遂卷甲循江西路入湖南。公語其下曰：『成等烏合，無鬥志，非汝爲比。迫之則併力，玩之則生姦，一諭以招撫，一戒以勦除，俾自擇。』已而其徒更相猜貳，倒戈相誅，或畔散，或伏降。惟白氈笠者，負山阻水，旅拒自如，欲老我師，公曰：『忠作賊耳，欲何待？』一夕，部勒諸軍，分數道並進，忠大窮，馳小舟跳出，有頃，徒中持忠首至，湖道亦平。旋師建康。是歲建炎四年也。」

案：此段所叙各事既極簡略，而謂「徒中持忠首至」及「是歲建炎四年」，更大誤。今姑附錄於此。

高宗賜札褒獎，並詔樞密院以功狀頒示內外諸將。

《忠武王碑》：「又賜札曰：『出師今將期歲，以爾勞苦，繫我憂冲。比又李宏壞植（?），劉忠敗績，益張吾武，震撓凶徒，朕甚嘉之。且以防秋戒期，狄怨是念，卿其振旅來歸，竭盡智力，以圖大功，而後喜可知也。』」「王授鉞以出，掃清三方，太上偉其功，詔樞密院以功狀頒示內外諸將，各務奮勵，共舉中興，以光史冊。」

《要錄》卷五十七：「八月甲午，詔韓世忠蕩平諸寇，連奏大捷，已加優擢，其告內外諸軍統制官，各務立功報國，共濟中興，以光史冊。」

《十將傳》：「湖南遂平。詔授太尉，遣使賜帶笏，仍敕樞密院以功狀頒示內外諸將。」

詔孟庾與公總大兵至建康訖，即赴行在奏事。

《要錄》卷五十七：「八月壬辰，參知政事、福建等路宣撫使孟庾兼權同都督江淮荆浙諸軍事。」

「庚子，給事中程瑀言：『孟庾同都督之命，物論良以爲允，然已迫防秋，乞不俟其奏事，趣令開府，庶合事宜。』詔庾同韓世忠總大兵至建康訖，赴行在奏事。尋詔庾更辟官屬，事從便宜。自世忠以下，並聽節制。」

九月，除江南東西路宣撫使，置司建康府。

同書卷五十八：「九月庚辰，呂頤浩奏論防秋事宜，欲以韓世忠爲宣撫使，總大兵屯建康，諸路帥臣兼帶宣撫使名者並罷。……」

「辛巳，太尉、神武左軍都統制、福建江西荆湖等路宣撫副使韓世忠爲江南東西路宣撫使，置司建康府。沿江三大帥劉光世、李回、李光並去所領揚楚等州宣撫使名，其節制淮南諸州如故。」

《宋宰輔編年錄》卷十五紹興四年三月戊午趙鼎參知政事條下附載云：「初，端明殿學士趙鼎守建康，時參知政事同都督諸軍孟庾、江東宣撫使韓世忠各駐重軍于建康，鼎爲二府素有剛直之風，庾、世忠皆加禮，兩軍亦肅然知懼，民既按堵，商賈通行。」

申報所招曹成、馬友徒衆數額。

《要錄》卷五十八：「八月辛巳。……世忠言提舉官董旻招馬友、曹成之衆，得八萬人。詔戶部侍郎姚舜明往衡、邵、辰、沅等州揀其軍，仍應副沿路糧食。」至建康，置背嵬親隨軍。《中興小曆》卷十五：「初，世忠之在建康也，以金衆善射，常以騎兵取勝，世忠乃選少年敢死士爲一軍，號曰背嵬，如古羽林佽飛之類，皆以一當百。又自出新意，造克敵弓，斗力雄勁，每射鐵馬一發應弦而倒，蓋二者皆足以制敵。」《墓志》：「北方之俗善騎，壯士健馬，被鐵衣數重，上下山阪如飛，矢刃不能傷，故常以騎兵取勝。公在建康蒐東南惡少年敢死士爲一軍，教以擊刺戰射之法，號背嵬軍，如古羽林佽飛射聲越騎之儔。履鋒鏑，蹈水火，無不一當百。」《忠武王碑》：「師還建康，乃置背嵬親隨軍，皆勇鷙絕倫者。」（《十將傳》、《要録》略同，且均未著其事月日。）

是月，部將解元再破劉忠於淮西。《要録》卷五十八：「初，劉忠既爲韓世忠所破，復聚衆走淮西，駐於蘄陽口，世忠前軍統制解元以舟師奄至，襲忠，大破之，忠與其徒數十人遁走北去，遂附於劉豫。……」

十一月己巳，特詔恩數視執政。同書卷六十：「十有一月戊午朔。己巳，詔太尉韓世忠應得恩數如兩府例。上謂輔臣曰：『世忠有功，宜厚賜予。朕昨遣中使賜帶笏猶坐以寵之矣。』」

子亮以隨軍剿寇，進秩三等。同書同卷：「庚午，右宣教郎韓亮特進秩三等。以參知政事孟庾言亮從其父剿除賊寇，備見勤勞故也。」

赴臨安，奏對，論用兵事。

同書同卷：「尚書左僕射呂頤浩屢請因夏月舉兵北向，以復中原。且謂『……今韓世忠已到行在，臣願睿斷早定，命世忠、張俊與臣等共議，決策北向。』……壬申，上諭輔臣曰：『……朕謂中興之治，無有不用兵者，卿等與韓世忠曲折議此否？……朕前日與世忠論至晚膳過時，夜思至四更不寢。』」

呂頤浩召公至都堂論伐劉豫事。

呂頤浩《忠穆集》卷二《論運糧供軍事》：「仍乞申勅大將，軍兵所至，曉諭鄉村，使民通知王師弔伐，除糧食必藉鄉村百姓供應外，一行軍士如敢攘奪財物，劫掠婦女，並行軍法及處分大將。凡王師所至，搜索劉豫父子所聚糧料，準備資給金人者並行焚毁。紹興二年臣在政府日，已定計北伐，嘗請韓世忠到都堂，諭以焚毁劉豫糧料事，世忠曰：『此乃清野之法，不可不行。』合具奏知。」

詔公措置江東屯田事。

《宋會要·營田雜錄》：（紹興二年十一月）十八日，中書門下省言建康府江南北岸荒田甚廣。詔令孟庾、韓世忠措置，將兵馬為屯田之計，體倣陝西弓箭手法。所貴耕植漸廣，以省國用，以寬民力。」「十二月二十八日，中書門下省言湖北、江西、浙西路對岸荒田尤多，理合隨所隸一就措置。詔湖北委劉洪道、江西委李回、江東委韓世忠、浙西委劉光世措置。仍令都督府總治。」（食貨門卷五）

紹興三年癸丑，四十五歲。

二月，李橫進兵討偽齊，詔公與孟庾、劉光世措置應援。

《要録》卷六十三：「紹興三年二月庚戌，襄陽鎮撫使李横爲神武左副軍統制、京西招撫使。初，横既進兵僞齊。……又言：『臣已起兵撫定，克復神京，請命重兵宿將進屯淮西，按兵勿動，以揚聲援。』詔同都督江淮荆湖諸軍事孟庾、淮東宣撫使劉光世、江東宣撫使韓世忠措置。」

詔赴行在奏事。

《要録》卷五十七：「二月甲寅，詔劉光世、韓世忠赴行在奏事，以將易鎮也。」

三月，進開府儀同三司，充淮南東西路宣撫使。

同書同卷：「壬午，太尉、武成感德軍節度使、神武左軍都統制、江南東西路宣撫使韓世忠開府儀同三司，充淮南東西路宣撫使，泗州置司。朝廷聞李横進師，議遣大將，以劉光世兵不練，而世忠忠勇，故召見而遣之。仍賜世忠廣馬七綱，軍士甲千副，激賞銀帛三萬匹兩。又出錢百萬緡，米二十萬斛爲半歲之用，命戶部侍郎姚舜明往泗州總領錢糧。（賜世忠甲，在三月甲戌，文錢糧在癸未，賜綱馬在四月辛卯，壬辰。）」

《忠武王碑》：「除開府儀同三司，節制依舊，充淮南東路宣撫使，泗州置司。」

《十將傳》：「三年三月，進開府儀同三司，充淮南東西路宣撫使，置司泗州。朝廷聞李横進師討僞齊，議遣大軍，以世忠忠勇，故遣之。仍賜世忠廣馬七綱，甲千副，銀絹帛二萬匹兩。又出錢百萬緡，米二十八萬斛爲半歲之用。命戶部侍郎姚舜明往泗州總領錢糧，倉部郎官孫逸往平江府常、秀、饒州督發軍食。」

《北盟會編》卷一五五：「三月二十七日壬午，韓世忠加開府儀同三司，淮南宣撫使，泗州置司。……於是世忠軍於鎮江府。」

《北海集》卷七《除韓世忠特授開府儀同三司依前武成感德軍節度使神武左軍都統制充淮南東西路宣撫使加食邑食實封制》：「門下：朕負斧扆而蘄域中之尊，孰與慰普天之望？披輿圖而懷閫外之慮，其惟先推轂之求。乃眷虎臣，久從戎事。高勳當報，兹隆開府之儀；大任荐更，式倚干城之略。誕揚涣號，敷告治庭。太尉、武成感德軍節度使、神武左軍都統制、充淮南東西路宣撫使、南陽郡開國公、食邑二千五百戶、食實封九百戶韓世忠，英勇冠軍，純誠許國，摧鋒陷陣，績屢載於旂常；受命忘家，心靡渝於金石。頃宣威令，往殄寇攘。樓船南下而甌粤爲清，雖嘗舉褒寵之典；鐵馬西馳而荆湘繼定，顧未酬俊偉之功。屬已盛秋，方營（一作勞）嚴戍。廉頗居國，詎容鄰壤之加兵；李勣守邊，遂致敵人之遠塞。少稽信賞，及此移屯。維江表之藩離，任淮壖之屏翰。招徠失業，務綏撫於凋殘；備禦不虞，要防閑於侵軼。爰資宿望，用折遐衝。貴絶右班，既典五兵之重；寵仍雙節，其聯三事之華。予惟必踐於前言，爾尚克圖於來效。載倍多賦，加食眞封。並昭進律之常，庸示旌功之勸。威嚴夙著，信草木之知名；號令增新，見旌旆之動色。緊中權之有賴，庶外侮之自消。於戲！輔周則國必強，輕敵損威者惟汝之戒；將能而君不御，臨機制勝者惟汝之爲。顧方略之如何，期功名之未艾。往服予訓，毋隳乃成。可特授開府儀同三司，依前武成感德軍節度使、神武左軍都統制，淮南東西路宣撫使，泗州置司，加食邑五百戶、食實封三百戶。主者施行。」

《北海集》卷十四《賜新除開府儀同三司韓世忠辭免恩命不允詔》：「勅世忠：省所劄子奏辭免恩命事，具悉。朕以湖湘之境，氛祲既清；淮泗之衝，藩籬未固。惟卿志無遺慮，勇不辭難。酬其前勞，乃視儀於大府；加之今授，蓋倚重於長城。既兼將相之名，宜狥邦家之計。忠勤有素，謙遜何爲。所請宜不允。故茲詔示，想宜知悉。」

同書同卷《賜韓世忠再上劄子辭免恩命不允詔》：「勅世忠：省所再上劄子奏辭免恩命事，具悉。朕薄於奉己，而傾帑廩之入以養兵；愼於官人，而極臣鄰之寵以任將。顧何所事，蓋欲有爲。卿繼立奇功，進圖遠略，既削平於多壘，將綏定於中原。迨此策勳，適當遣戍，擬臺司而建府，臨淮甸以宣威。豈曰朕私，時惟國計。師言咸穆，廟勝可期，毋煩謙遜之辭，式副憂勤之念。所請宜不允。故茲詔示，想宜知悉。」

同書同卷《賜韓世忠三上劄子辭免恩命不允詔》：「勅世忠：省所三上劄子奏辭免恩命事，具悉。朕惟五材並用，誰能去兵？四海未安，注意在將。故不愛三軍之費以收其力，不遺一戰之勞以勤其功。卿昨定湖湘，未加信賞；茲屯淮泗，宜有寵行。進號儀同，式循典故。而乃深陳中懇，荐貢忱辭，欲消貪覬之風，願保謙沖之節，載觀於守，益歎爾賢。

然爵於朝而盡公，則今惟行而難返。第思厚報，毋執小廉，往體眷懷，亟祗成命。所請宜不允。故茲詔示，想宜知悉。」

四月，上言論屯田事。

《宋會要·營田雜錄》：「（紹興三年）四月四日，太尉、武成感德軍節度使、充江南東西路宣撫使韓世忠言：『契勘陝西因創建州軍城寨之後，應四至境內田土盡得係官，即無民戶税業交雜其間。其田荒隙，遂招置土人充弓箭長行，每名給地二頃，有馬者別給額外地五十畝。率空地八百頃，即招集四百人，立爲一指揮。一境之中，均是弓箭手，自相服從。今內地州縣田土，皆係民戶税業，雖有戶絕逃棄，往往畸零散漫。若便依傚陝西法標給，須合零就整，湊數分撥。其田遠近不同，既不接連，難相照管。又如去城百餘里外，給地付之軍兵，使混雜莊農養種，切慮生事。今相度欲先將建康府管下根括到近城荒田，除戶絕逃田一面措置耕種外，其有主而無力開墾者，散出文榜，限六十日，許人戶自陳頃畝着實四止，如情願將地段權與官中合種，所用人戶、牛具、種糧，並從官給，候收成日，據地段頃畝先次依本色供納二税及除豁牛具種糧，其餘，據見在斛斗量給地主外，盡給種田人，候至地主有力耕時，赴官自陳，即時給還元業。若限滿不自陳，即依逃田例直行標撥，庶幾不致荒閑田畝，軍民兩有所濟。并契勘人戶願與官中合種地段，若伺候將來收成，除豁二税種糧外，據見在臨時量給，竊慮地主妄稱鄉原舊例，過數邀求。今欲於人戶自陳日，即便議定，據將實收到斛斗除上件除豁外，以十分爲率，内二分給地主。若稱所給數少，不願官種者，即具村保姓名，開排地段，送本縣置籍收係。田雖荒閑，須管依條限催理二税，無令少欠，庶幾地主不敢僥倖妄有希求。』都督府言：『勘會今已二月，伺候朝廷指揮，方立限許人戶投狀，與官中合種，深恐已過布種時月，轉致荒蕪。已將昨因兵火逃亡未曾歸業，見今荒田，令世忠先次措置，召人承佃耕種。其令納税租，第一年全免，第二、第三年以下分爲率，各與免納五分。三年外依舊全納。田主歸業自種，在五年内者，聽依已布種法，見佃人收畢交割。五年外不歸業者，聽見佃人爲主。庶幾不致荒閑，失陷二税。已

行下世忠照會施行。如蒙僉允依，湖北、江西、浙西未歸業逃田，幷乞依此施行。』戶部勘當：欲依都督府奏請事理施行。如有人戶歸業，即依去年四月十八日已降指揮年限理認，即時給還。内已布種者，收畢交割。並下江南東路轉運照會。仍乞令湖北江西路疾速措置利便，申取朝廷指揮。從之。」（《食貨門》卷五）〔二〕

《要錄》卷六十四：「夏四月丙戌朔。己丑，韓世忠言：『近被旨措置建康府江南北岸荒田，以爲屯田之計。沿江荒田雖多，大半有主，難以如陝西例。乞募民承佃。』都督府奏如世忠議，乃蠲三年租，田主自訟則歸之，滿五年不言，給佃人爲永業。於是詔湖北浙西、江西皆如之。尋又免科配徭役。」

奉詔移屯鎮江。

《北海集》卷八《賜新除鎮江府建康府淮南東路宣撫使韓世忠詔》：「勑世忠：朕惟時以戒寒，守當嚴備。循江流而鎮險，顧力散以難周；聯形勝以宿師，則勢專而易應。眷昇潤東西之府，據江淮南北之衝，走集所趨，舳艫交會，封疆之接，鷄犬相聞，曾無數舍之遙，奚假兩軍之重。乃命江東之戍，更蒞池陽；遂因京口之屯，並臨建鄴。仍資威望，分控長淮。惟卿勇不顧身，忠無擇事。寬其分部，庶能展足以赴功；睦乃比鄰，尙克同心而濟務。念國家之至計，繄將相之□恭，勉就大勳，毋懷小忿。譬猶捕鹿，要爲犄角之圖；有若獻豜，皆獲公私之利。往體朕意，佇觀厥成。已除卿鎮江建康府淮南東路宣撫使、鎮江置司。故茲詔示，想宜知悉。秋冷，卿比平安，好遣書指，不多及。」

是月，與劉光世更戍，移屯鎮江府。

《要錄》卷六十四：「四月辛卯，劉光世爲檢校太傅、江東宣撫使，屯鎮江，時光世與韓世忠更戍，世忠至鎮江城下，而姦細入城焚其庫，光世擒而鞫之，皆云世忠所遣，於是訴於上。」

《北盟會編》卷一五五：「韓世忠與光世更戍，世忠至鎮江府城下，遣人入城潛燒倉庫，爲光世所擒，訴諸朝。王德請於光世曰：『韓公之來，獨與王德有隙耳，當身往迎見之。』其下皆不可，曰：『往見韓公，必有不測，請勿行。』如不止，當以騎從。』不聽。德獨馳往，或報世忠曰：『王德來矣。』世忠不信，俄頃，德入謁，世忠驚曰：『公誠烈丈夫，曩者小嫌，各勿介意。』因置酒結而別。光世移軍建康府，世忠猶以兵襲其後。」

《宋史·王德傳》：「三年，光世宣撫江淮，當移屯建康，命韓世忠代之，德從數十騎自京口逆世忠，度將及麾下，徒步立道左抗言曰：『擅殺陳彥章，王德迎馬頭請死。』世忠下馬握其手曰：『知公好漢，嚮來纖介不足寘懷。』乃設酒盡歡而別。」

《宋史·劉光世傳》：「三年，命光世與韓世忠易鎮，同召赴闕，授檢校太傅、江東宣撫使。世忠既至鎮江城下，姦人入城焚府庫，光世擒之，皆云世忠所遣。」

去神武左軍都統制兼職，專爲宣撫使。

《要錄》卷六十四：「四月癸巳，仍詔神武後軍統制巨師古、御前忠鋭將崔增、李捧等並受韓世忠節度。於是世忠始去神武左軍都統制，專爲宣撫使（世忠解都統制，不見月日。案世忠三除宣撫使，並帶都統制入御，自此却不兼帶，當以與王瓊、巨師古官稱相犯故也。今且附此。）」

劉忠爲其部下王林等所殺。

同書同卷：「丁未，僞齊登萊沂密都巡檢司劉忠在懷仁縣，爲其部下王林等所殺，傳首行在。詔以林爲修武郎，閤門祗候，充樞密院準備差使，其徒九十三人授官有差。（林等授官在六月戊戌。忠死不得其日，依趙甡之《遺史》附此以俟考。）」

詔全軍渡淮。

《宋會要·討叛類四》：「三年四月二十七日，樞密院奏：『韓世忠除淮南宣撫使，泗州置司，所有預支半年糧二十八萬石，已於平江及常、秀支撥，伺候韓世忠舟船到來裝發。及差倉部郎官孫逸前去監督，其軍須專委都督按月應副。』詔：『韓世忠忠誠體國，能任大事，仰疾速進發，或先遣輕兵夾淮屯駐，全軍相繼起發，毋失機會。所有糧運，分委近上將官統押舟船接續裝發前去。』」（兵門卷十）

《要錄》卷六十四：「壬子，詔韓世忠全軍渡淮，毋失機會。」

李横以無援，引兵歸。

同書卷六十五：「五月己未，權河南鎮撫使翟琮，權陝虢經略使董先言：『今歲臣等首同李横東擊僞齊，京城震恐，復以無援，引兵而歸，思之痛迫。……望選委重臣於行朝宣司之中，屯駐一司以爲聲援。』詔報以令韓世忠充宣撫使，領大軍屯淮南。」

五月丁卯，遣韓肖胄、胡松年充金國軍前奉表通問使，遂寢出師之議。

同書同卷：「五月壬戌，詔奉使官左承議郎潘致堯、武經郎高公繪赴内殿奏事，致堯等言金人欲遣重臣以取信。……先是，朝廷以果茗縑帛遺劉麟假道，麟不納，致堯等復持還。時吕頤浩已定議出師，而恐與和議相妨，事遂中止。」「丁卯，尚書吏部侍郎韓肖胄爲端明殿學士，同簽書樞密院事，充大金軍前奉表通問使，給事中胡松年試工部尚書充副使。」「乙亥，天申節。樞密院言：『已遣使詣大金議和，恐沿邊守將，輒發人馬，侵犯齊界，理宜約束。』詔出榜沿邊曉諭，如敢違犯，令宣撫司依法施行。」

「己卯，詔淮南宣撫司統制官解元以所部留屯泗州，朝廷既遣韓肖胄等行，乃俾元退屯盱眙，且戒以勿侵齊地。宣撫使韓世忠請留淮南兵馬都監劉綱以五百人屯泗上，而大軍悉還鎮江，詔元以二千人戍泗州，餘留屯江北。」

「庚辰，……時朝廷聞李横失利，乃詔横等逐鎮屯駐，非奉朝旨，毋得進兵。」

《中興小曆》卷十四：「初，淮東宣撫使韓世忠遣統制官解元、杜琳等將兵渡淮北去，至是，詔世忠：金人已約講和，所遣兩軍且駐盱眙，勿侵齊國之境。」

《十將傳》：「李横兵敗，還鎮江，世忠不果渡淮。」

案：據《要錄》，李横於退師之後，奉詔逐鎮屯駐，非還鎮江，《宋史》韓氏本傳作「還鎮」是也。《十將傳》之「江」字或係衍文。又「不果渡淮」，《宋史》改作「不果渡江」，誤。

劉光世與公交惡，至是，二人交訴於朝。

《要錄》卷六十六：「六月丁未，江東宣撫使劉光世引兵發鎮江，時淮南宣撫使韓世忠屯登雲門，光世懼其扼己，改途趨白鷺店，世忠遣兵千餘襲其後，光世覺之乃止。」

「既而光世奏世忠掠其甲士六十餘人，且言：『世忠身爲大將，當國家多事之時，正宜謹愼共濟大事，而乃不循法度，強奪戰兵，若非臣彈壓嚴切，必致兩軍相挺，上貽聖憂。』」

「樞密院言：『近兩軍申奏，各有互招過官兵。』詔同都督孟庾體究發還，如無實迹，行下逐司照會。」

「上尋遣使和解，仍書賈復寇恂事賜之。」

《日曆》：『七月丁巳，劉光世奏臣六月二十六日統率軍馬離鎮江。故附此日。光世所奏甚譸張，而熊克《小曆》乃云世忠猶欲以兵襲其後，蓋為光世諱也。今參酌附見。』）」

同書卷六十七：「八月己酉，殿中侍御史常同言：『陛下乘此艱難，注意在將，而二三將臣不能協心共謀，以濟國事。……惡由幕府謀議之官，以妄言激怒主帥，贊畫無狀，理宜罷免。』詔以付諸將。同所言，蓋指劉光世、韓世忠也。」

同書卷六十八：「九月乙卯，參知政事、同都督江淮荆浙諸軍事孟庾自軍中朝行在，至是復還鎮江。時江東宣撫使劉光世、淮南宣撫使韓世忠因私忿交爭，事下督府，庾不能辨曲直，乃走愬諸朝焉。」

「戊午，都督江淮荆浙諸軍事呂頤浩罷爲鎮南軍節度使，……提舉臨安府洞霄宮。頤浩再相凡二年，侍御史辛炳劾其不恭不忠，敗壞法度，及頤浩引疾求去，殿中侍御史常同因論其十罪，大略謂：『……近兩將不協，幾至交兵，不能辨曲直以申國威，而姑息之，七也。』……」

於江西新隆縣置產，當在本夏。

《新淦縣志》卷九《藝文門·文徵類》：「宋高宗敕：世忠爲朕爪牙之臣，出師必克，克且無擾，是宜有後於我。比覽有司奏聞，卿欲買新淦之田，爲子孫計，蓋亦善矣，今舉以賜卿，非惟示朕之私，亦聊以旌有功也。卿宜勉哉。故敕。六月十一日付世忠。」

「臣杕竊惟先臣世忠丁時厄運，際會風雲，始名震於西陲，繼威行於河朔，擎天霸府，復辟臨安，鏖戰懾鄰，決策定國，佐成高宗皇帝中興之業，猗歟盛哉。而閩廣湖湘劇寇充斥，師老無功，宸扆霄旰，以屬先臣，曾不數月，兇渠悉平，三方就肅，捷書來上，高宗皇帝令劄與內外諸軍，各務奮勵，時先臣位已師保，節兼兩鎮，駿功異數，焜燿當代。第鄉里彰武，剪於戎境，家無寸產，方握重兵，或謂明哲之圖在所當講，於是有請於朝欲買新淦籍官之田。上聞之，親御宸翰，舉以爲賜，先臣抗疏控免賜恩，終閟俞旨，且有獎諭之詔。洪惟高宗皇帝素知先臣有狥國忘家之志，既表其忠矣，又賜之上田以爲諸將之勸，故御札有曰：『非惟示朕之私，亦聊以旌有功也。』厥有旨哉。昭迥之章，旌功之田，祖而父，父而臣，七十三年矣。奎璧所在，百神固當呵護，然惓惓私憂，萬一遺脫，遂蹈不恭，謹登堅珉，寅奉私莊，以侈千載一時之遇，以永億萬斯年之傳。子子孫孫，當飯必思其所自，上圖宗祊之報，下顯先臣之志云。嘉泰四年三月十五日，孫朝議大夫、直秘閣、知新興軍兼管內勸農營田使、敷政縣開國男、食邑三百戶、紫金魚袋臣韓杕拜手稽首恭書。」

案：高宗詔旨雖云「舉以賜卿」，據韓杕跋語中「終閟俞旨」句，則是辭免得遂，終以私貲購得此籍官之田也。以韓氏功狀頒示內外諸將，俾各奮勵，事在去年八月，則置產事當在本夏。跋在寧宗嘉泰四年，上溯七十三年亦正爲本年也。

冬十月，奏乞揀軍，詔令存恤。

《中興小曆》卷十五：「冬十月戊戌，……淮東宣撫使韓世忠奏，見管兵四萬四千餘人，乞揀去老弱。詔世忠軍練已精，陝西南北、山東兵隨世忠累經出入，難以例汰，令存恤之。」

十二月，遣幹辦公事聞人武子赴行在奏事，並申請製造新收諸項軍士器甲。

《要錄》卷七十一：「十有二月乙未，鎮江建康府江東宣撫使韓世忠遣幹辦公事聞人武子來奏事，上召對，世忠言：『本司近收到曹成、李宏、馬友、劉忠、王方等諸頭項數萬人，全無器甲，緩急遇敵，恐誤國事。』詔令軍中造甲千付。其工料之直，以浙路度牒、真州榷貨務見鏹金銀中半給之。」

紹興四年甲寅，四十六歲。

春三月，詔以平江府朱勔南園及陳滿塘官地一千二百畝賜公。

《要錄》卷七十四：「三月乙亥，鎮江建康府淮南東路宣撫使韓世忠乞承買平江府朱勔南園，及請佃陳滿塘官地一千二百畝。詔以園地賜世忠。」

夏五月，自揚州入朝，高宗諭以應與劉光世消除私隙。

同書卷七十六：「五月辛酉，……世忠與光世交惡不已，至是，世忠自揚州入朝。」

《中興小曆》卷十六：「時淮西宣撫使劉光世屯建康，淮東宣撫使韓世忠屯鎮江，以私隙未下，殿中侍御史常同奏：『二臣蒙恩，不思協心報國，一旦有急，其肯相援。望分是非，正典刑，以示國威。』上以章示劉韓兩軍。至是，世忠乞差劉光弼充本軍統兵官，辛酉，上謂宰執曰：『茲事未便，恐光世疑也。光世弟光烈與世忠弟世良，皆帶御器械，光烈近召世良，世良峻拒之，昨世忠語及此，朕諭之曰：世良等內諸司耳，設有不和，罷其一可也，至如大將，國家利害所繫，漢賈復寇恂以私憤幾欲交兵，光武一言分之，即結友而去。卿與光世不睦，議者皆謂朝廷失駕馭之術，朕甚愧之。世忠頓首曰：敢不奉詔。他日見光世，當負荆以謝。』」

於平江私第建閣藏御書。

同書同卷：「時世忠於平江府私第建閣寶藏御書，乞賜名，有旨賜名懋功，學士綦崇禮奏罷之。」

《宋會要·御書賜勳戚類》：「（紹興）四年五月二十八日，詔韓世忠私第御書閣以懋功爲名，從其請也。」（崇儒門卷九）

《要錄》卷七十六：「五月丁丑，淮東宣撫使韓世忠言於私第建閣以藏所賜宸翰，乞賜閣名，詔名懋功。已而翰林學士綦崇禮言：『祖宗以來，人臣之家，不聞有以所藏御書賜閣名者。始於蔡京崇觀間賜第城西，遂起君臣慶會閣，錫名揭榜以侈大之，由是大臣貴倖之家更相援比，以邀上賜，無間內外，兵火以來所存無幾，今陛下乃於世忠復有此賜，竊探聖志，蓋以寵光世忠，勉其立功之志以歆豔諸將，非若前日誇詡之風，未有過舉。然方京都淪陷，官省汚穢，龍圖、天章、寶文、顯謨、徽猷所藏七朝典訓，一時委棄，而陛下乃自以所賜將臣御書，聽其建閣，且爲製名顯示天下，臣恐有識之士得以竊議而未以爲當也。在世忠之分，則被遇聖主，感激眷知，親獲宸翰，焜燿私室，寶藏崇奉，唯恐不至，實臣子之義，顧陛下勿與焉斯可矣。欲望指揮特賜追寢，今後臣寮不許有請，仍著於令，以明陛下謙恭抑畏之德。』從之。（崇禮所奏在六月庚寅，今併附此。）」

七月，祠部員外郎范同奏論將帥不睦事。

同書卷七十八：「七月乙卯，祠部員外郎范同言：『……陛下拔用才傑，禮遇勳賢，備極榮寵，固將憑藉忠力，掃除腥穢，一清寰宇，恢復祖宗之業；而道途竊議，以爲將帥忘輯睦之義，記纖介之怨，或享高位而忌嫉軋己，或恃勳勞而排抑新進。審明是，他日必有重貽聖慮者。欲望明示至意，及其細微易於改圖，使之視春秋諸卿以爲戒，進漢唐名將而踵其迹，豈惟社稷是賴，而勳名寵位尤享始終，亦陛下保全之德也。』詔劄與諸將帥。先是，劉光世、韓世忠久不協，而岳飛自列校拔起，頗爲世忠與張俊所忌，故同及之。」

高宗聞金人渡淮，再以札賜公，十月乙卯，公以所部復如揚州。

同書卷八十一：「十月乙卯，淮東宣撫使韓世忠以所部自鎮江復如揚州。初，上聞敵騎渡淮，再以札賜世忠，略曰：『今敵騎正鋭，又皆小舟輕捷，可以橫江徑渡，浙西趨行朝無數舍之遠，朕甚憂之。建康諸渡，舊爲敵衝，萬一透漏，存亡所繫。朕雖不德，無以君國子民，而祖宗德澤猶在人心，所宜深念累世涵養之恩，永垂千載忠誼之烈。』世忠讀詔感泣，遂進屯揚州。」

《忠武王碑》：「明年，以建康、鎮江、

淮東宣撫使駐鎮江。是歲，兀朮與晉帥撻孛耶合三路兵入寇，騎兵自泗取揚，步兵自楚取高郵，塵覆飛鳥，太上賜札曰：『覽卿承楚之奏，良用駭歎，今虜氣正鋭，又皆小舟輕捷，可以横江徑渡，想卿謀畫已定，可保無虞。更宜率勵將士，戮力勦除，此亦卿前日之所論奏也。浙西趨行朝無數舍之遠，朕甚憂之。卿忠憤憂國，朕所素知，協濟艱難，正在今日，切更多筭，以決萬全。』」

「又札曰：『朕以逆臣劉豫，外挾強虜，驅率吾民，遣兵東嚮，觀其措意，必欲圖危社稷，人神所共嫉，覆載所不容。卿爲國大臣，乃心王室，忠憤之氣，想實同之。今賊眞滁，已逼江上，而建康諸渡，舊爲賊衝，萬一透漏，存亡所係。卿宜戮力一心，以赴國家之急，先飭守備，徐圖進取，無失事機，以墮賊計。朕雖不德，無以君國子民，而祖宗德澤猶在人心，所宜深念累世涵養之恩，永垂千載忠義之烈。興言及此，當體至懷。』」

「王受詔感泣，曰：『至尊憂勤如此，臣子何以生爲！』遂自鎮江濟師，以前軍統制解元守高郵候虜步兵，而王親提騎隊往大儀以當淮泗之寇，伐木爲柵，自斷歸路，大會將佐曰：『金人馬步分道並進，車駕方在江南，如有不勝，必爲社稷憂。諸軍奮忠勇以報國，此其時矣。吾平昔恨無死所，以拔橋斷路示無生還之望。』遂大饗（匕）〔士〕，俟戰，士皆感奮，氣自百倍。」

《十將傳》：「四年，以建康、鎮江、淮東宣撫使駐鎮江，是歲，金僞合兵分道入寇，帝手札命世忠飭守備，圖進取，辭旨懇切，世忠受詔感泣曰：『主憂如此，臣子何以生爲。』遂自鎮江濟師，俾統制解元守高郵，候虜步兵，親提騎軍駐大儀，當虜騎。伐木爲柵，自斷歸路。」

是月戊子，邀擊金人於大儀鎮，敗之。

《要録》卷八十一：「十月戊子，淮東宣撫使韓世忠邀擊金人於大儀鎮，敗之。」「初，奉使魏良臣、王繪在鎮江，被旨趣行，乃以是月丙戌渡江。丁亥，至揚子橋，遇世忠，遣使臣督令出界，繪顧良臣曰：『幸免管押二字，亦是光華。』時朝廷已知承、楚路絶，乃連僞界引判官牒付良臣等，令賫執，於阻節處照驗。又令淮東帥司召募使臣，説諭承、楚州，令放過奉使。良臣等至揚州東門外，遇選鋒軍自城中還。問之，云：『相公令往江頭把隘。』入城，見世忠坐譙門上，頃之，流星庚牌沓至，世忠出示良臣等，乃得旨令移屯守江，世忠留食，良臣等辭以欲見參議官陳桷、提舉官董旻，遂過桷等共飯。（熊克《小曆》稱世忠置酒與良臣別，盃一再行，流星庚牌沓至。蓋承墓碑之詞，今從王繪《甲寅録》。）世忠遣人傳刺字謝良臣、繪，且速桷等還。桷、旻送二人出北門，繪與桷有舊，駐馬久之，以老幼爲託，泣數行下，左右皆傷怛。晚宿大儀鎮。翌日，行數里，遇敵騎百十控弦而來，良臣命其徒下馬大呼曰：『勿射，此來講和。』敵乃引騎還天長，問『皇帝何在？』良臣對曰：『在杭州。』又問『韓家何在，有士馬幾何？』繪曰：『在揚州，來時已還鎮江矣。』又曰：『得無用計復還掩我否？』曰：『此兵家事，使人安得知？』去城六七里，遇金將聶兒孛堇，同入城，問講和事，且言自泗水來，所在州縣多見恤刑手詔及戒石銘，皇帝恤民如此。……又問：『韓家何在？』良臣曰：『來時親見人馬出東門望瓜州去矣。』繪曰：『侍郎未可爲此言，用兵、講和，自是二事，雖得旨抽回，將在軍，君命有所不受，還與不還，使人不可得而知。』又云：『元帥已到高郵，三太子已到泗州，是行皆劉齊間牒所致。劉總管謂韓家有幾萬，岳家有幾萬，俱在淮南，自入境來，何嘗見一人一騎。』」

「初，世忠度良臣已遠，乃上馬令軍中曰：『視吾鞭所向。』於是引軍次大儀鎮，勒兵爲五陣，設伏二十餘處，戒之曰：『聞鼓聲則起而擊敵。』聶兒孛堇聞世忠退兵，喜甚，引騎數百趨江口，距大儀鎮五里，其將撻也擁鐵騎過五陣之東，世忠與戰不利，統制官呼延通救之得免。世忠傳小麾鳴鼓，伏者四起，五軍旗與敵旗雜出，敵軍亂，弓刀無所施，而我軍迭進，背嵬軍各持長斧，上斫人胸，下捎馬足，敵全裝陷泥淖中，人馬俱斃，遂擒撻也。世忠又遣董旼分兵往天長縣，遇敵於鴉口橋，擒女眞四十餘人。」

《忠武王碑》：「會朝廷遣魏良臣使虜，至維揚，王置酒送別。杯一再行，流星庚牌沓至，良臣問故，王曰：『有詔移屯守江。』乃撤炊爨班師。良臣竊自喜，疾馳去。王度良臣已出境，乃上馬令軍中曰：『視吾鞭所嚮。』於是六軍大集，北行至大儀，勒精兵爲五陣，設伏二十餘處，戒聞嚴鼓之節，則次第起擊。良臣至虜，虜果問我師動息，悉如所見以對。兀朮號知兵，聞大軍倉卒南還，喜甚，與羣酋厲兵秣馬，直趨江口。至大儀五里所，王縱虜騎遇吾軍之東，直北傳小麾，鼓一鳴，伏者四發。吾騎旗與虜雜出，虜軍亂，我師伍伍迭進，步隊各持長斧斫馬足，虜全裝陷涂淖，弓刀無所施。王東西麾勁騎，四面蹂之，虜太半乞降，餘皆奔潰，追殺數十里。兀朮乘千里馬以遁。積尸如丘垤。擒其驍將撻孛耶，女眞千戶長五百餘人，獲戰馬五百餘匹，器械輜重與平山堂齊。軍勢大振。」

「兀朮還泗上，召良臣，詰責其賣己，將斬之，良臣好詞以免。」

「解元至高郵，亦遇賊，虜設水軍，夾河而陣，我師皆願效死，虜整隊迭出，一日之間，合戰十三，士力稍罷，相拒未決，王遣成閔將勁騎往援之，閔與元軍合，復大戰，俘生女眞及千戶長等，虜敗去。俄而王至，窮追於淮，虜復大戰，敗潰奔走，相蹈藉沒溺死者不可勝計。」

《十將傳》：「會朝廷遣魏良臣使虜，世忠炊爨，給良臣有詔移屯守江，良臣疾馳去。世忠度良臣已出境，即上馬令軍中曰：『眡吾鞭所嚮。』於是引軍次大儀，勒爲五陣，設伏二十餘所，約聞鼓即起擊。」

「良臣至虜，虜問王師動息，具以所見對。聶兒孛堇聞世忠退，喜甚，引兵至江口，距大儀五里，別將撻孛也擁鐵騎過五陣之東，世忠傳小麾鳴鼓，伏兵四起，旗色與虜旂雜出，虜軍亂，我軍迭進，背嵬軍各持長斧，上揕人胸，下斫馬足，虜被甲陷泥淖，世忠麾勁騎四面蹂躪，人馬俱斃，遂擒撻孛也等二百餘人。」

「所遣董旻亦擊虜於天長縣之鵶口，擒女眞四十餘人。」

「解元至高郵，遇虜設水軍夾河陳，日合戰十三，相拒未決，世忠遣成閔將騎士往援，復大戰，俘生女眞及千戶長等。世忠復追襲至淮，虜驚潰，相蹈藉，溺死甚衆。」」（《宋史》本傳略同）

《要錄》卷八十一引《日曆》：「韓世忠甲申十月十三日親令軍馬渡江，到揚州大儀鎮，逢金人掩殺，趕及二十餘里，又有伏兵它頭迎敵廝殺，至酉時，殺敵，尾襲殘零兵馬，走回天長縣以北，四散前去。殺死蕃人橫屍二十里，不令砍紛，活捉到萬戶、千戶、百人長以下闥孛也等二百餘人，奪得蕃馬一百餘匹，衣甲弓箭器械等物二千餘件。」

同書同卷引趙甡之《遺史》：「世忠以董旻軍於天長，以解元屯於承州，親與呼延通率十（萬）〔餘〕騎綽路，去大儀鎮十餘里遇金人鐵騎二百餘，世忠與通方立馬議所以待之，有三四十騎直衝世忠，與戰不利，金人有驍將獨戰世忠，世忠力疲，通自後攻金將。世忠墜馬，幾被執，通救止之，世忠復得其馬，四顧金人百餘騎，計得世忠，通據坡坂扼其路，以弓箭當之，世忠得還。」

《墓志》：「於是胡馬牧淮楚間，公至天長之大儀與之遇。虜酋孛堇撻也擁鐵騎奔突而前，背嵬者人持一長柄巨斧，堵而進，上搥其胸，下掮其馬足，百遇百克，人馬俱斃。又自出新意，創剋敵弓，斗力雄勁，可洞犀象，貫匕札，每射，鐵馬應弦而倒，虜大震駭，若有鬼神，捕獲千人長、萬人長，鎧甲器械甚衆。又轉戰至高郵，卒擒撻也等，具舟載俘獲，獻之朝。至是，胡人一再敗衄，稍知沮畏，雖時時小入盜邊，無復跳梁不制之患矣。」

案：大儀鎮之役，各書所載戰功大小互殊，《要錄》卷八十一於前引之記事下附注考語云：「熊克《小曆》多據墓碑，……以世忠捷奏考之，所獲人馬亦不及墓碑之數，蓋世忠行狀誇言之，熊不深考耳。以諸書參究，此時完顏宗弼實不在大儀軍中，又據所申虜到器甲弓箭果三千件，亦安得便與平山堂齊耶。如《遺史》所云，則其捷太小。今且參取并書之，更須詳究也。」今檢《宋會要》不見有關此役之捷報，除右所徵引之各書各說外，亦更無他項材料以爲判定其孰是孰非之資據，姑並列諸說以竢考定可矣。

《要錄》卷八十一：「己丑，……初，聶兒孛堇既敗歸，召奉使魏良臣等至天長南門外，良臣等下馬，敵騎擁之而前，聶兒憤甚，脫所服貂帽，按劍瞋目謂曰：『汝等來講和，且謂韓家人馬已還，乃陰來害我。』諸將舉刀示之，良臣等指天號呼曰：『使人講和，止爲國家。韓世忠既以兩使人爲餌，安得令知其計？』往返良久，乃曰：『汝見元帥。』遂由寶應縣用黃河渡船以濟。」

屢奏捷於朝，並遣趙何、董旻、陳桷等造

朝獻俘，高宗賜札奬勞，論者羣以此舉爲中興首功焉。

同書同卷：「十月戊子，……早朝，輔臣進呈世忠奏已統兵渡江。上曰：『世忠忠勇，朕知其必成功。』沈與求曰：『世忠平日慷慨自許，恐其乘勝追襲深入，更宜戒其持重。』上曰：『朕已戒其可戰則戰，可守則守。可令戶部支銀帛萬匹兩，犒賞過江將士，以激其心。』與求曰：『自敵騎蹂踐中原，未嘗有與之戰者。今諸將爭先用命，此成功之秋也。』既而世忠又奏『見在揚州，適霖雨未能進師，恐朝廷訝成功之遲。』上曰：『兵事豈可遙制。』趙鼎曰：『軍事不從中覆，古之制也。』乃詔世忠聽其臨機制變。而捷書已至矣。（臨機制變指揮在此月庚寅。）」

「癸巳，韓世忠遣武功郎趙何來獻捷，詔遷何一官。」

「戊戌，上登舟至臨安府。己亥，上次崇德縣。韓世忠遣翊衛大夫宣州觀察使本司提舉一行事務董旻、右朝奉郎直祕閣本司參議官陳桷以所俘女眞一百八人獻行在。因言承州陣歿人，乞厚加贈恤。上蹙然曰：『使人死於鋒鏑之下，誠爲可憫，可令收拾遺骸，於鎭江府擇地埋殯。仍歲度童行一名照管。今胡松年尙在鎭江，可令就設水陸齋致祭。』沈與求曰：『自建炎以來，將士未嘗與金人迎敵一戰，今世忠連捷以挫其鋒，其功不細。』趙鼎曰：『陛下既親總六師，則第功行賞與他時不同。』上曰：『第優賞之，庶幾人知激勸，必有成功。』乃詔改除宣州觀察使陳桷遷右朝奉大夫、充祕閣修撰，中奉大夫、相州觀察使解元階官爲同州觀察使，武功大夫、康州刺史呼延通爲吉州刺史。」

《宋會要·軍賞類》：「（紹興四年）十月二十六日，詔董旻特除正任觀察使，陳桷特轉三官除祕閣修撰，仍賜紫。以韓世忠言承楚獲捷功也。」（兵門卷二十一）

《忠武王碑》：「捷書沓至，羣臣入賀，太上曰：『世忠忠勇，朕知其必能成功。』賜札曰：『聞卿獨抗大敵，勦殺犬羊數以萬計。攘逐過淮，全師而還，甚慰朕望。兀朮舉國來寇，憑陵邊圉，非卿智勇冠世，忠義徇國，豈能冒犯矢石，率先士卒，以寡勝衆，俊偉如此？朕深念卿躬擐甲冑之勞，將士摧鋒力戰之苦，夙霄震惻，痛切在躬。得卿來報，頓釋朕懷。』」

「初，虜旣傾國內侮，朝廷過計，有勸太上他幸者，於是降旨議散百司，物論譁然。獨宰相趙鼎與王議合，曰：『戰而不捷，去未晚也。』至是，虜旣潰敗，王自淮上振旅凱旋，江左遂安。故論者以此舉爲中興第一。」

《十將傳》：「捷聞，羣臣入賀，上曰：『世忠忠勇，朕知其必能成功。』沈與求曰：『自建炎以來，將士未嘗與金人迎敵一戰，今世忠連捷以挫虜鋒，其功不細。』上曰：『第優賞之。』」於是部將董旻、陳桷、解元、呼延通等皆峻擢有差。故論者以此舉爲中興武功第一。」

《十三處戰功録》（《中興戰功録》）：「韓世忠大儀鎮（屬揚州）紹興四年八月，逆豫遣其子麟、姪猊引虜兵渡淮，淮東宣撫使韓世忠自承州退保鎮江府。九月己卯，韓世忠以所部過江，復如揚州。初，上以敵騎渡淮，再以札賜世忠，略曰：『今敵氣正鋭，又皆小舟輕捷可以横江徑渡，浙西趨行朝無數舍之遠，朕甚憂之。建康諸渡舊爲敵衝，萬一透漏，存亡所係。朕雖不德，無以君國子民；而祖宗德澤猶在人心，所宜深念累世涵養之恩，永垂千載忠誼之列。』世忠讀詔感泣，遂進屯揚州。」

「丙申，韓世忠以提舉官董旻軍於天長，以統制官解元軍於高郵。時奉使魏良臣過揚，世忠置酒與别，盃一再行，流星庚牌沓至，良臣問故，世忠曰：『有詔移軍守江。』乃命徹爨班師。良臣去，世忠度其已出境，乃上馬令軍中曰：『視吾鞭所嚮。』於是諸軍大集。行至大儀鎭，勒精兵爲五陣，設伏二十餘處，戒聞鼓聲則起而擊之。」

良臣至虜軍，虜問我軍動息，良臣以所見對，大酋兀朮喜甚，勒兵趨江口，距大儀五里，其將孛菫撻也擁鐵騎過吾軍之東，世忠親與呼延通率十餘騎綽路去大儀十數里，遇虜人鐵騎二百餘，世忠與通方立馬議所以待之，有三四十騎直衝世忠，世忠與戰不利，虜人有驍將獨戰世忠，世忠力疲墜馬，幾被執，通自後擊虜殺之，世忠復得馬，回顧虜人百餘騎，計得世忠，通據坡坂扼其路，以弓箭當之，世忠得免，遂傳小麾鳴鼓，伏者四起，五軍旗與虜旗雜出，虜軍亂，弓刀無所施，而我師迭進，背嵬軍各持長斧上砍人胸，下捎馬足，虜全裝陷泥淖中，世忠麾勁騎四面蹴之，大半乞降，餘皆奔潰，追殺十餘里，兀朮乘千里馬以遁，積屍如邱垤，擒孛堇撻也，女眞千戶長五百餘人，獲戰馬五百餘匹，器械輜重與平山堂齊，軍勢大振。」

「元朮還泗上，召良臣責其賣己，將斬之，良臣好詞以免。」

「董旻在天長，遇敵於鵶江橋，擒女眞四十餘人。」

「虜人侵高郵，未至三四十里，解元先知之，逆料虜人翌日食時必至城下，乃伏百人於要路，又伏百人於城之東北嶽廟下，自引四百人伏於路之一隅，令白：『虜人以高郵無兵，不知我在高郵，必輕易而進，俟虜人過，我當先出掩之，伏要路者見我麾旗則立幟以待，虜人進無路，必取嶽廟廟路走矣。若果然，則伏者出。』衆皆諾。又密使人伏樊良，俟虜人過則決河岸以阻其歸路。食時，虜人果徑趨城下，元密數之，有一百五十騎，乃以伏兵出，麾旗以招伏要路者，伏兵皆立幟以待，虜人大驚，躊躇無路，遂向嶽廟走，元率兵追之，金人前遇兵，無所施其技，盡被擒，凡得一百四十八人，金牌銀牌與執事居其半。」

「癸巳，世忠遣武功郎趙何來獻捷，且奏通之功，乞優異推恩，授武功大夫，吉州刺史，世忠繳其告命，再奏乞重賞以勸將士，遂前階官授吉州刺史。通，贇遠孫也。元與旻各加正任觀察使。」

《朱子語類》卷一三一《中興至今日人物》：「只有韓世忠在大儀鎮算殺得虜人一陣好。高宗初遣魏良臣往虜中講和，令韓世忠退師渡江，韓聞魏將至，知其欲講和也，遂留之，云：『某方在此措處得略好，正抵當得虜人住，大功垂成而主上乃令追還何也?』魏云:『主上方與大金講和以息兩國之民,恐邊將生事敗盟,故欲召公還,愼勿違上意。』韓再三歎息以爲可惜,又云:『既上意如此,只得抽軍歸耳。』遂命士卒束裝,即日爲歸計,魏遂渡淮。兀朮問以韓世忠已還否,魏答以『某來時韓世忠正治疊行,即日起離矣。』兀朮再三審之,知其然,遂稍弛備,世忠乘其懈,回軍奮擊之,兀朮大敗,魏良臣皇恐無地,再三哀求云:『實見韓將回,不知其紿己。』乃得免。」

【附錄】莊季裕《雞肋編》:「韓世忠輕薄儒士,常目之爲『子曰』,主上聞之,因登對,問曰:『聞卿呼文士爲子曰,是否?』世忠應曰:『臣今已改。』上喜,以爲其能崇儒,乃曰:『今呼爲萌兒矣。』上爲一笑。後鎭江帥沈晦因虜退錫宴,爲致語曰:『飲罷三軍應擊楫,渡江金鼓響如雷。』韓聞之,即悟其旨,云:『世忠非不敢過淮。』已而自起以大觥勸之,既而使諸將盡獻。沈不勝杯杓,屢致嘔吐,後至參佐僚屬,斟既不滿,又容其傾寫,韓怒曰:『萌兒輩終是相護。』又戲沈曰:『向道教給事休引惹邊事。』蓋指其詞爲引惹也。」

案:《嘉定鎭江志》十五「宋太守門」載沈晦於紹興四年以徽猷閣待制知鎭江,右事如確有之,當即在是年大儀鎭奏捷之後,因附著於比。

朝廷遣魏矼,田如鼇分往劉光世、張俊軍前計事,並趣二人援公。

《要錄》卷八十一:「十月甲午,遣侍御史魏矼往劉光世軍,監察御史田如鼇往張俊軍前計事。時光世軍馬家渡，俊軍采石磯，上命趣二人往援韓世忠，而光世等軍權相敵，且持私隙，莫肯協心。矼至光世軍中，諭之曰：『賊衆我寡，合力猶懼不支，况軍自爲心，將何以戰？爲諸公計，當滅怨隙，不獨可以報國，身亦有利。』光世意許，矼因勸之移書二帥，以示無他，使爲犄角。已而二帥皆復書交致其情，光世遂以書奏於上。（熊克《小曆》附此事於十月朔，恐太早。《日曆》：『十八日甲午，魏矼特引進對。』『丙申，田如鼇狀：奉旨差出計議軍事，日下出門。』據此則矼等之行當在世忠捷奏之後。今併附甲午，更俟參考。）」

遇大禮恩，爲長女乞封號，詔依所乞。

同書卷八十二：「十一月丁巳，武成感德軍節度使、開府儀同三司、淮南東路宣撫使韓世忠言：『遇大禮恩，乞長女封號。』吏部言：『世忠非現任宰執，難以施行。』詔特依所乞。」

移軍鎭江。

同書同卷：「戊午，金人陷滁州，於是淮西江東宣撫使劉光世移兵建康府，淮東宣撫使韓世忠移軍鎭江府，浙西江東宣撫使張俊移軍常州。」

高宗幸平江，起用張浚知樞密院事，并命赴江上視師。

《要錄》卷八十一：「十月壬寅，御舟次姑蘇館，上乘馬入居平江府。」

《張浚行狀》：「（紹興四年）九月，劉豫之子麟果引虜大兵綵數路入寇，騰言侮慢，上下恟懼。上思公前言之驗，罷宰相朱勝非，而參知政事趙鼎亦建請車駕幸平江，召公任事。遂以資政殿學士提舉萬壽觀，兼侍讀。……以十一月十四日入見，……即日復除公知樞密院事。……公既受命，既日赴江上視師。時大酋兀朮擁兵十萬於維揚，朝廷先遣魏良臣王繪奉使軍前，還，夜與公逮於中塗，公問以虜事及大酋問答，良臣、繪謂：『虜有口平之衆，……又約韓世忠尅日過江決戰。』公密奏：『使人爲虜恐怵，朝廷切不可以其言而動。及不須令更往軍前，恐我之虛實反爲虜得。』上然之。公遂疾趨臨江，召大帥韓世忠、張俊、劉光世與議，且勞其軍。」

金帥約戰，公覆書應之，十二月庚子，金人全師退去。

《忠武王碑》：「王在鎭江，一日，方會諸將置酒，虜帥撻辣恥前敗覆，以書幣來約戰，王即席遣伶人張軫王愈持橘茗爲報，報書略曰：『元帥軍事良苦，下諭約戰，敢不疾治行李以奉承指揮也。』撻辣謀屈，卒不來，未幾，全軍遁去。」

《張浚行狀》：「令韓世忠移書兀朮，爲言張樞密已在鎭江。初，虜諜報公得罪遠貶，故悉力來寇。至是，兀朮問世忠所遣麾下王愈：『吾聞張樞密貶嶺外，何得已在此？』愈出公所下文書，兀朮見公書押，色動，即強言約日當戰。公再遣愈以世忠書往問戰期，愈回一日而虜宵遁。士馬乏食，狼狽死者相屬。遣諸將追擊，所俘獲甚衆。」

《十將傳》：「時虜金副元帥撻辣屯泗州，右都監兀朮屯竹塹鎭，爲世忠所扼，以書幣約戰，世忠許之，且使兩伶人以橘茗報聘。會雨雪，虜饋道不通，野無所掠，至殺馬而食。蕃漢軍皆怨，兀朮夜引軍還。劉麟、劉猊棄輜重遁去。於是江北之虜皆遁。」

《要錄》卷八十三：「十二月庚子，金人退師。（《日曆》：紹興五年正月十三日樞密院劄子：『據劉光世、韓世忠、張俊申：敵馬自十二月二十六日節次從楚州路遁走。』故繫於此日。）初，右副元帥完顏昌在泗州，而右都監宗弼屯於竹塾鎮，嘗以書幣遺淮東宣撫使韓世忠約戰，世忠方與諸將飲，即席遣伶人張軫王愈持橘茗爲報，報書略曰……（此據世忠墓碑增入。《張浚行狀》云：『……。』二書差不同，今但云敵遺世忠書，更須詳考。但碑載此事於世忠凱旋之後則誤也。《日曆》，通書人乃王愈、王德，而墓碑云張軫、王愈，亦須詳考。）時金師既爲世忠所扼，會大雨雪，糧道不通，野無所掠，至殺馬而食，蕃漢軍皆怨憤。簽軍又爲飛書擲於帳前云：『我曹被驅至此，若過江，必擒爾輩以獻南朝。』俄聞上親征，且知金主晟病篤，將軍韓常謂宗弼曰：『今士無鬭志，過江不叛者獨常爾，他未可保也。況吾君疾篤，內或有變，惟速歸爲善。』宗弼然之，夜引還。全軍已去，乃遣人諭劉麟及其弟猊，於是麟等棄輜重遁去，晝夜兼行三百餘里，至宿州方敢少憩。西北大恐。」

案：致書韓氏挑戰之人，各書所載，或謂撻辣或謂兀朮，李心傳於《要錄》中即已不能考定其究爲何人，故但云敵遺世忠書而不及其名。至《張浚行狀》中謂韓氏之覆書應戰爲出於張浚之指使者，則係誇大之詞，蓋朱子所作《行狀》全據浚子栻之所述而稍加潤色者，自不免有掠功之處。《朱子語錄》中對此已頗露悔意，知其不盡可據也。

紹興五年乙卯，四十七歲。

正月十八日除少保，與劉光世、張俊相繼入覲。

《宋會要·三公三少類》：「五年正月十八日，武成感德軍節度使、開府儀同三司、充鎮江建康府淮南東路宣撫使韓世忠除少保。」（職官卷一）

同書賚賜類：「五年正月十九日，詔韓世忠、劉光世、張俊各賜銀三千兩、絹三千匹，賞其入覲，有卻敵之功也。」（禮卷六二）

《要錄》卷八十四：「紹興五年春正月壬戌，武成感德軍節度使、開府儀同三司、充鎮江建康府淮南東路宣撫使韓世忠爲少保，充淮南東路宣撫使，鎮江府置司。時世忠與劉光世、張俊相繼入覲，世忠奏：『敵騎遁去，陛下必喜。』上曰：『此不足喜，若復中原，還二聖，乃可喜耳。然有一事：以卿等將士賈勇爭先，非復昔時懼敵之比，所喜蓋在此也。』……」

「癸亥，詔韓世忠、劉光世、張俊各賜銀帛三千匹兩，異姓親補承信郎者二人，一子五品服，有服親封孺人者三人，冠帔五道。」

「戊辰，上謂大臣曰：『劉光世、韓世忠、張俊相繼入觀，朕嘉其卻敵之功，錫賚甚厚。勝服御物有可予者，亦以予之，皆拜賜涕泣，願身先士卒，圖復中原以報。』趙鼎曰：『此社稷之幸也。』

……」

《十將傳》：「五年，進少保。」

《忠武王碑》：「除少保、武成感德軍節度使、淮南東路宣撫使，鎮江置司。」

案：韓氏於紹興五年除少保，各書所載皆同，唯《忠武王碑》叙其事於撻辣移書約戰之前，誤也。

壬申，與劉光世、張俊同入辭，高宗諭以應釋嫌結歡，皆感泣奉命。

《要錄》卷八十四：「壬申，劉光世、韓世忠、張俊入辭，尚書右僕射趙鼎、知樞密院事張浚、參知政事沈與求、簽書樞密院事胡松年侍。上命光世等升殿，諭曰：『敵人南侵，諸名將皆在其中，蓋有侵噬江浙之意，賴卿等戮力捍敵，卒伐姦謀，使其失利而去，朕甚嘉之。然中原未復，二聖未還，朕心慊然。卿等其勉之。』光世曰：『臣等蒙國厚恩，敢不效死。』鼎曰：『臣聞降人程師回言，逆臣劉豫紿金人云：光世、世忠比失懽。及至淮甸，異所聞，其氣已沮矣。』上曰：『有告朕光世、世忠坐少嫌，意不釋然者，烈士當以義氣相許，先國家之急而後私讎，小嫌何足校？昔寇恂戮賈復部將，復以爲恥，深銜之，光武曰：天下未定，兩虎安得私鬭，今日朕分之。於是並坐極歡，共車同出，結友而去。光世、世忠縱有睚眦，今日朕爲之，宜釋前憾，結懽如初。』光世、世忠感泣再拜曰：『臣等頃過聽，嘗有違言，至於國家，不敢分彼此，今已相好無他矣。乃煩君父訓飭丁寧，臣等皇懼無所容，敢不奉詔！』鼎等頓首賀。上曰：『將帥和，社稷之福也。』上命近侍出內金盤尊斝賜光世、世忠、俊，酒一行，光世等飲之酹，并所飲器賜之。陛辭而退。……詔光世妻漢國夫人向氏，俊妻華原郡夫人魏氏並特給內中俸，如世忠妻例。」

沈與求《龜谿集》卷四《賜劉光世韓世忠張俊詔》：「朕自渡江以來，志在恢復，深惟足食足兵之計，夙夜疚懷。凡財賦所入，未嘗一毫妄費，悉用以養兵而已。故比年訓練士卒精強，而器械亦皆犀利，比之曩昔，實不相侔，是以去冬敵人之來，卒賴卿等極力捍禦，致彼遁歸，蓋前此所未有也。朕甚嘉之。然中原之未復，二聖之未還，而僭僞之徒，方挾強國之援，狡謀日急，顧我所以勝之者，惟是上下內外合爲一家，如報私仇，乃克有濟。倘或各以其職，自分彼此，日復一日，成功實難。卿爲國重臣，安危所繫，諒必察此，不待朕言。今國用空殫，民力耗竭，雖有司錙銖積累，而費出之數，日以寖廣。苟無以繼，何以聚人？每一念之，心當怵惕，想卿亦爲朕慮及此也。至於差辟官屬，保明功賞，軍須用度之類，更在精覈，勿至泛濫，使賞當而罰祿不私，用足而資給不匱，則存養事力，漸圖進取，朕與卿等同享無窮之利，顧不美哉！布朕此意，卿宜悉之。」

二月壬午，高宗返臨安。

《要錄》卷八十五：「二月乙亥朔。壬午，御舟至臨安府……上乘輦還行宮。」

閏二月，公舉軍渡江，屯楚州以撼山東。

《張浚行狀》：「上還臨安，公留相府。未閱月，復出江上勞軍。至鎮江，召韓

世忠，親喻上旨，舉軍前屯楚州以撼山東，世忠欣然受命，即日舉軍渡江。」（《繫年要録》卷八十六同）

以王𤩽軍萬五千人隸公麾下。

《要録》卷八十六：「閏二月丁卯，除授神龍衛西廂都指揮使、健武軍承宣使、權主管侍衛馬軍司公事王𤩽提舉江州太平觀，免辭謝。初，𤩽既除騎帥，而侍御史張致遠奏𤩽之罪惡不在辛企宗下，而善交結則過之。……殿中侍御史張絢奏𤩽之敗師誤國，擢髮莫數其罪。……𤩽聞，亦奏辭新命，乞在外宫觀。乃詔權主管侍衛步軍司公事，而以𤩽萬五千人隸淮東宣撫使韓世忠。後三日，又從𤩽奏，罷軍職。」

以措置屯田，建請收買耕牛，趁時耕種，詔賜福建耕牛千頭。

《宋會要·營田雜録類》：「（紹興）五年閏二月二十八日，諸路軍事都督行府言，淮南東路宣撫使韓世忠言：『見措置屯田，乞收買耕牛，趁時耕種。今措置下項：一、浙東、福建係出産耕牛去處，欲令兩路各收買水牛一千頭，并依市價，委税務官一員，置場和買，限三箇月數足。一、逐路買到耕牛，每一百頭作一綱起發，日行三十里，選差兵士二十人、將校節級各一名管押，赴淮東宣撫使司交納，仍每頭用牌子標號齒口格尺，別用申狀依此開具，令宣撫司照會交割，以防換易。一、牛綱所至去處，並仰依數應付草料，不得違滯。一、合干人并仰如法餵養，不管瘦損，每綱交納了畢，如倒死不及五釐，將校節級並與轉一資，管押人支賜銀絹各一兩匹。如死損過分，

從杖一百科罪，仍依元買價賠償。』詔令章傑措置收買一千頭，餘依。」（食貨門卷五）

《要錄》卷八十六：「閏二月壬申，命經制福建財用章傑市耕牛千頭賜韓世忠，爲淮東屯田之用。選軍校部送，十不失一者遷資給賞，所失過分者抵罪，乃責償之。」

遣參謀官陳桷入朝乞兵守建康。

同書卷八十七：「三月甲戌朔。丁丑，起復祕閣修撰、淮東宣撫司參謀官陳桷入對。右僕射趙鼎奏：『臣已細詢桷，據言韓世忠已過淮南，視控扼之所。桷今來乞兵守建康，蓋欲張俊分占江上，同負此責。臣以通泰鹽利爲重，乞飭世忠且在承楚捍敵，或采石等處有警，即令引前軍趨江東或浙西，而通泰鹽利在所不顧也。桷又言世忠軍老幼在鎮江非便，臣與桷議，欲令還平江，桷以爲然，此亦張俊之意也。』」

詔兼鎮江府宣撫使。

同書同卷：「己卯，淮西宣撫使劉光世兼太平州宣撫使，淮東宣撫使韓世忠兼鎮江府宣撫使。」

高宗以公率大軍發鎮江，特賜手札獎勞。

同書同卷：「甲申，淮東宣撫使韓世忠以大軍發鎮江。世忠將行，上賜手劄曰：『昨因敵退，議者以經理淮甸爲言，人多憚行，卿獨請以身任其責，朕甚嘉之。』翌日，趙鼎進呈世忠已過淮南，乞遣中使撫問，上曰：『當別有所賜。近劉光世進馬來，問朕乞花瓶，已輟玉瓶賜之矣。』乃復賜世忠銀合茶葯，且以手劄勞之曰：『今聞全師渡江，威聲遐暢。

卿妻子同行否？乍到，醫藥飲食，或恐未備，有所須，一一奏來也。』」

《忠武王碑》：「諸將徘徊顧望，無敢渡江者，王獨請移軍窮邊，經理中原。太上賜札曰：『昨因虜退，議者以經理淮甸爲言，人多憚行，卿獨慨然請以身任其責，朕用嘉之。』又曰：『今聞全師渡江，威聲遐暢，卿妻子同行否？乍到，醫藥飲食，或恐未備，有所須，一一奏來也。』」

大軍至山陽，公親披荆棘以立軍府，與士卒同力役。夫人梁氏親織薄以爲屋。時山陽殘敝，乃撫集流散，通商惠工，遂爲重鎮。

《要録》卷八十七：「甲申，……時山陽殘弊之餘，世忠披荆棘，立軍府，與士卒同力役，其夫人梁氏親織薄爲屋。將士有臨敵怯懦者，世忠遺以巾幗，設樂大燕會，俾爲婦人妝而恥之。軍壘既成，世忠乃撫集流散，通商惠工，遂爲重鎮。」

《忠武王碑》：「時楚累經殘掠，邑屋皆丘墟榛棘。王至，則撫集流亡，通商惠工，創新營壘，民心安固，軍氣日益振厲。於是曩時煨燼瓦礫之場，化爲雄都會府，隱然爲國長城矣。」

《十將傳》：「楚疲弊之餘，世忠拔草萊，立軍府，與士同力役，夫人梁氏親織薄爲屋。將士有怯戰者，世忠遺以巾幗，設樂大燕，俾爲婦人妝以恥之。故人人奮厲。且撫集流散，通商惠工，山陽遂爲重鎮。」

四月，以公紀律嚴明，詔學士院降詔獎諭。

《要録》卷八十八：「四月甲辰朔。庚

申，詔韓世忠紀律嚴明，岳飛治軍有法，並令學士院降詔奬諭。時世忠移屯淮甸，軍行整肅，秋毫無犯。飛移軍潭州，所過不擾，鄉民私遺士卒酒食，即時償直。上聞之，故有是詔。」

遣公兄世良赴軍前撫問。

同書同卷：「甲子，遣帶御器械韓世良往韓世忠軍前撫問。上召對而遣之。」

令提舉官董旻以屯楚州事入奏，高宗親筆諭如所奏。張浚以是請祠。

同書卷九十：「六月癸卯朔。甲寅，尚書右僕射、都督諸路軍馬張浚乞在外宮觀。先是，浚與淮東宣撫使韓世忠議，令舉軍屯泗上，既而世忠退屯楚州，且令提舉官董旻入奏事，浚遂請祠。趙鼎進呈，上曰：『浚未必知此間曲折，故有此請。昨日朕已降詔諭之矣。世忠移屯既略如初議，浚復何疑。』」鼎曰：『臣等各已作書詳報浚矣。董旻亦謂他日有警，老小必移歸鎮江，則積糧淮南非便。浚必具曉此意。』沈與求曰：『聞浚與世忠初議屯泗上，既而世忠退屯承楚之間，則已與浚初議小異矣。若緩急之際，老小必須動，則儲糧南岸，逐旋般運，似極穩當。』上曰：『朕見旻所請似合宜。』乃以親筆諭世忠如所奏。」

《忠武王碑》：「王上奏極論虜情叵測，其將以計緩我師，乞獨留此軍，遮蔽江淮。太上賜札曰：『覽奏欲依舊留屯淮甸，誓與敵人決於一戰，已悉。朕迫於強敵，越在海隅，每慨然有恢復中原之志，顧以頻年事力未振，姑鬱鬱於此。自去冬敵人深入，卿首剉其鋒，鼓我六師，人百其勇，既至，彼潛師引遁，而卿復率先移屯淮甸，進取之計，恃此爲基，朕甚嘉之。前日恐老小或有未便，委卿相度，今得所奏，益見忠誠，雖古名將，亦何以過？使朕竦然興歎，以謂在臣如此，禍難不足平也。古人有言：閫外之事，將軍制之。今既營屯安便，控制得宜，卿當施置自便，勿便拘執。至於軍餉等事，已令三省施行。』」

案：此段原在「既而秦檜議和，諸帥已屯建康及武昌，詔王徙屯京口」云云之下，《繫年要錄》即依此次第而載此詔於紹興七年十二月內。查此詔本沈與求所草，迄今猶存《龜溪集》內。文字與碑中所載相同，唯「亦何以過」作「殆無以過」，「已令三省施行」下猶有「方此酷暑，將士良勞，行飭便人賫賜夏藥撫問，卿並宜知之」諸語。既云「酷暑」，則不合繫於冬季。且沈與求於紹興四年七月自知鎮江府召入爲吏部尚書兼翰林學士，同年九月除參知政事，六年二月罷參政，七年六月卒。各事具見《宋宰輔編年錄》及《龜溪集》李彥穎、張叔椿兩序文。是知此詔之作必在沈氏身居政府之日，不得在七年冬也。詔中以「去冬敵人深入，卿首衂其鋒」上承「頻年事力未振」之句，則所謂「去冬」之事當即指大儀鎮之捷而言，若在紹興七年則不得作此語也。且若果在高宗秦檜均已決心屈己議和之時，亦斷不得再作「進取之計」及「施置自便」云云諸詔，此又事理之極明顯者。不知何以趙雄、李心傳均漫不加察而誤繫於彼時也。茲改著於此，並附糾二氏之謬焉。

《要録》卷九十一：「秋七月壬申朔，趙鼎奏淮東宣撫司提舉官童旻齎親筆至軍前，移諭屯事，韓世忠拜詔感泣。上曰：『卿可作書報張浚此事，張浚亦必喜。今日廟堂不比靖康間有妨功害能之人，凡軍旅事，彼此議定，然後行之。』」

《龜溪集》卷四《賜張浚詔》：「覽奏爲韓世忠移屯事遽有外祠之請，良用憮然。卿謀慮精審，宜無遺策，而世忠遣濟等來固自有意，繼遣旻至，陳義激昂，其所設施略如初議，至其曲折，方適厥中，卿復何疑而有斯請？比以亢旱，鼎等方求罷政，使朕茫然莫知所措，已降詔趣還朝，當體朕懷，即日引道，勿憚徒御之勞也。」

《張浚行狀》：「始公定議，令韓世忠屯承楚，於高郵作家計，及公出征而廷議中變，公復請去，上悟，優詔從公初計。」

案：張浚初議乃欲韓氏屯泗上，其後韓氏終以顧慮形勢而屯承楚，且爲高宗所特允，均與張浚初議不合，《行狀》云云，誤也。

岳飛破楊么，以所獲樓船及兵徒戰守之械贈公，公大悅，遂釋前憾。

《要録》卷九十：「六月丁巳，時淮東宣撫使韓世忠、江東宣撫使張俊皆已立功，而飛以列校拔起，世忠、俊不能平，先是，飛皆屈己下之，數通書俱不答。及飛破楊太，獻樓船各一，兵徒戰守之械畢備，世忠始大悅，而俊益忌之。」

八月，遣統領官韓彥臣等襲僞齊鎮淮軍，獲其知軍王拱等，獻於朝。

同書卷九十二：「八月壬寅朔。己未，淮東宣撫韓世忠遣統領官韓彥臣等襲僞鎭淮軍，獲知軍成忠郎王拱等，遣親校溫濟獻於朝。詔實拱罪，以本官隸忠鋭第五將。上因言：『宿遷僞官，本吾赤子，他時邊臣，如此等小吏不須賞，庶免生事。今世忠既有請，可量與推恩』」

《忠武王碑》：「劉豫間遣兵入寇，每爲王所攻卻，生擒僞知鎭淮軍王拱，及糧食軍數百獻於朝。」

《十將傳》：「劉豫兵數入寇，輒爲世忠所擊卻，嘗生擒其僞知鎭淮軍王拱獻之行在。」

夫人梁氏卒，詔賜銀五百兩、絹五百疋。

《要錄》卷九十二：「丁卯，淮東宣撫使韓世忠妻秦國夫人梁氏卒，詔賜銀帛五百匹兩。」

《宋會要·賻贈類》：「少保、武成感德軍節度使、淮南東路宣撫使韓世忠（紹興五年）八月，以妻秦國夫人梁氏亡，賜銀絹五百疋兩。」（凶禮門）

僞齊以沂海等州簽軍攻犯漣水軍，公遣統制官呼延通等引兵擊殪之。

《要錄》卷九十四：「冬十月庚子朔。乙丑，淮東宣撫使韓世忠奏僞齊遣沂、海等州簽軍攻犯漣水軍，世忠遣統制官吉州刺史呼延通等引兵擊殪之，所脫無幾。上曰：『中原赤子，爲豫逼脅，死於楚鏑，良可憫也。可令收拾遺骸埋瘞，設水陸齋追薦。仍出榜曉諭，使彼知朝廷矜恤之意。』乃賜通袍帶，將官拱衛大夫貴州刺史王權已下金椀。仍以通爲果州團練使，權領吉果州團練使，餘將推恩有差。」

《忠武王碑》：「是年虜又犯漣水，王迎擊，殺其將孫統領，追至金城。」

紹興六年丙辰，四十八歲。

正月，上疏請倚閣合得俸祿，俟中原恢復後支請，優詔不許。

《要錄》卷九十七：「紹興六年春正月己巳朔。癸未，淮東宣撫使韓世忠言：『恭惟主上當焦勞之日，減放宮女，節省中禁之費，務爲勤儉以率天下，在於臣子宜上體天心。伏自國家多事以來，養贍軍旅，調賦日新，所費不貲。世忠積俸之餘，尙可支吾，願將世忠合得俸祿，一切倚閣，俟至恢復中原，職方貢賦咸入天府，然後請於有司。』優詔不許。」

二月，詔兼營田大使。

《宋會要·營田雜錄類》：「（紹興六年）二月三日，詔淮南西路兼太平州宣撫使劉光世、淮南東路兼鎭江府宣撫使韓世忠、江南東路宣撫使張俊，並兼營田大使。」（食貨門卷五）

《要錄》卷九十八：「紹興六年二月己亥朔。庚子，江西制置大使李綱、湖南制置大使呂頤浩幷兼本路營田大使。翌日，詔淮西宣撫使劉光世，淮東宣撫使韓世忠……亦如之。」

張浚視師江上，命公自承楚以圖淮陽，是月乙卯，公引兵至宿遷縣。翌日圍淮陽，與僞齊劉猊及金兀朮兵戰，數敗之，凡七日，引兵歸楚州。

《張浚行狀》：「六年正月……至江上會諸帥議事，命韓世忠據承楚以圖淮陽，命劉光世屯合淝以招北軍。……公於諸將中尤稱韓世忠之忠勇，岳飛之沈鷙，可倚以大事。世忠在楚州時，入僞地叛賊頗聚兵，世忠渡淮擊敗之，直引兵至淮陽而還，士氣百倍。上手書賜公曰：『世忠既捷，整軍還屯，進退合宜，中外忻悅。每患世忠發憤直前，奮不顧身，今乃審擇利便，不失事機，亦卿指授之方。』」

《十將傳》：「時張浚以右相視師，命世忠自承楚圖淮陽。劉豫方聚兵淮陽，世忠即引兵渡淮，旁符離而北至其城下，爲賊所圍，奮戈一躍，潰圍而出，不遺一鏃。其裨將呼延通與金將牙合孛堇搏戰，扼其吭而擒之，乘鋭掩擊，虜敗去。」「既而圍淮陽，賊堅守不下。虜爲之相約曰：『受圍一日，則舉一烽。』至是，六烽皆舉，兀朮與劉猊皆至。世忠求援於張俊，而俊以世忠有見吞意，不從。世忠勒陣向敵，遣人語虜曰：『錦衣驄馬立陣前者，韓相公也。』或危之，世忠曰：『不如是不足以致敵。』虜果至，殺其引戰者二人，虜遂引去。尋有詔班師，復引兵歸楚州，淮陽之民從而南歸者以萬計。聞之督府，授以田。」

《忠武王碑》：「時（劉）豫之鋭卒盡屯宿遷聖女墩，王以輕兵破之。轉戰至徐之駕口，軍既單弱，而虜援兵訛里耶索賈舍人至，遂以背嵬輕騎五百衝之，爲虜所圍，王突圍拔衆以出，復乘鋭掩擊，過落馬湖五十餘里，殺傷不可計。」「攻淮陽，且暮且下，會詔班師，王亟還。道遇僞齊帥劉猊率金國三路都統太一孛堇、鏊山水晶相公、青州五路都統、東平府總管及兀朮舉兵自河間與諸道會。王結陣向敵，遣小校郝彥雄造其軍大呼曰：『錦袍氈笠驄馬立陣前者，韓相公也。』衆咎王，王曰：『不如是，不足以致敵。』及虜騎至，王先以數騎挑之，殺其引戰者二人，諸將乘之，大破虜衆，暴屍三十里。」

《要錄》卷九十八：「二月乙卯，淮東宣撫使韓世忠引兵至宿遷縣，執金人之將貝勒雅哈。時劉豫聚兵淮陽，世忠欲攻之，乃引兵踰淮西，旁符離而北。前一日，遣統制官岳超以二百人硬探，僞知邳州賈舍者亦以千騎南來，與之遇，衆欲不戰，超曰：『遇敵不擊，將何以勝敵。』鳴鼓起，率衆突入陣中，出入數回，敵乃還。」

「翌日，世忠引大軍進趨淮陽城下，命統制官呼延通前行，世忠自以一騎隨之，行二十餘里，遇金人而止。世忠陞高丘以望通軍，通騎至陣前請戰，金將貝勒雅哈大呼令解甲，通曰：『我乃呼延通也。我祖在祖宗時殺契丹立大功，誓不與契丹俱生，況爾女眞小國，侵犯王界，我肯與爾俱生乎？』即馳刺雅哈，雅哈與通交鋒，轉戰移時不解，皆失仗，以手相格，去陣已遠，逢坎而墜。二軍俱不知。雅哈刃通之腋，通扼其吭而擒之。」

「既而世忠爲敵所圍，乃披甲不動，俄麾其衆曰：『視吾馬首所鄉。』奮戈一躍，已潰圍而出，不遺一鏃。世忠曰：『敵易與耳。』復乘鋭掩擊，敵敗去。」

「丙辰，韓世忠圍淮陽軍。」

「辛酉，韓世忠自淮陽引兵歸楚州。世忠既圍城，敵堅守不下。劉豫遣使入河間求援於金，右副元帥宗弼皆至，金、僞與其守將約：『受圍一日，則舉一烽，每日益之。』至是，城中舉六烽，劉猊與宗弼皆至。世忠之出師也，請援於江東宣撫使張俊，俊不從，世忠乃還。道遇金師，世忠勒敵向陣，遣小校郝彥雄造其軍大呼曰：『錦袍驄馬立陣前者，韓相公也。』衆咎世忠，世忠曰：『不如是不足以致敵。』及敵至，世忠以數騎挑之，殺其引戰者二人，諸軍乘之，敵敗去。（趙雄撰《世忠碑》云：『攻淮陽，旦暮且下，會詔班師，王亟還。』此與趙甡之《遺史》所書不同。案：世忠實以無援而退，非得城而不取也。今從《遺史》。碑又云：『大敗敵衆，暴屍三十里。』恐亦不然。蓋雄所撰碑，第據當時功狀，不參考他書故也。今不盡取。）淮陽民從軍南歸者萬數，都督行府悉授田居之。上聞，詔州縣存恤之，毋令失所。」

《墓志》：「劉豫聚兵泗上，公戍山陰，與之對壘，屢戰破之。嘗乘勝逐北，踰淮泗，並符離，經淮陽之宿遷，豫亟召北軍四面而至，圍之數重，公按甲不動，俄麾其衆曰：『視吾馬首所嚮。』奮戈一躍，已潰圍而出，不遺一鏃，按轡而旋。公曰：『虜易與耳。』益治兵赴利。」

三月，遷京東淮宣東宣撫處置使。

《十將傳》：「三月，詔除京東淮東宣撫處置使、兼節制鎮江府，仍楚州置司。」

《要錄》卷九十九：「三月戊辰朔。己巳，少保武成感德軍節度使、淮南東路兼鎮江府宣撫使韓世忠爲京東淮東宣撫處置使，兼節制鎮江府，徙鎮武寧安化，楚州置司。」

《忠武王碑》：「改除武寧安化軍節度使、

依前少保、充京東淮東路宣撫處置使、兼營田大使、楚州置司、兼節制鎮江。」案：《忠武王碑》原叙改除事於上年三月自鎮江移屯楚州之前，甚誤，今移次於此，庶不乖實。

時張浚仍欲倚公以進圖淮北，以兵少未果。

《要錄》卷九十九：「乙亥，詔江東宣撫司統制官趙密、巨師古軍並權聽殿前司節制。時都督張浚在淮南，謀渡淮北向，惟倚韓世忠爲用，世忠辭以兵少，欲摘張俊之將趙密爲助。浚以行府檄俊，俊拒之，謂世忠有見吞之意。浚奏乞降聖旨，而俊亦稟於朝。趙鼎白上曰：『浚以宰相督諸軍，若號令不行，何以舉事。俊亦不可拒。』乃責俊當聽行府命，不應尚稟於朝。復下浚一面專行，不必申明，慮失機事。時議者以爲得體。至是，浚終以俊不肯分軍爲患，鼎謂浚曰：『世忠所欲者趙密耳，今楊沂中武勇不減於密，而所統乃御前軍，誰敢覬覦？當令沂中助世忠。卻發密入衛，俊尚敢爲辭耶。』浚曰：『此上策也，浚不能及。』（此以熊克《小曆》修入。但克繫於今年八月俊入奏之後，蓋不知其日月也。案《日曆》：今年二月二十日戊午，有旨：楊沂中赴都督行府使喚。三月八日己亥，有旨：趙密權聽殿前司節制。此事正與克所云相合。但其後世忠兵未出，而金重兵犯淮西，反以沂中隸浚。蓋臨機區處，非夙議也。故表而出之，以補史闕。）」

遣陳桷等赴行在奏捷。

《要錄》卷九十九：「三月辛卯，京東淮東宣撫處置使韓世忠奏捷。上因語及：

『世忠將所得青、徐州士兵弓箭手皆放歸，甚善。朕思之，不若更與數百錢令去。此事雖非急務，然使中原之人，知朝廷恩意，縱被劉豫父子驅率，亦豈肯爲之盡力？』顧趙鼎曰：『卿可作書速諭張浚。』」

同書卷一百：「夏四月壬戌朔。壬子，韓世忠遣參謀官右朝散大夫祕閣修撰陳桷、參議官右通直郎新知建昌軍張稱、幹辦公事右承直郎竇灝等來奏捷，上引對，詔桷進一官，稱直祕閣，灝時改右宣教郎。」

「甲寅，京東淮東宣撫處置使司統制官、果州團練使呼延通特遷永州防禦使，諸將王權、劉寶、岳超、許世安、劉銳、崔德明、單德忠、杜琳等十八人並進官有差。賞淮陽之捷也。是役也，將士受賞者萬七千人，論者或以爲過云。」

朝廷遣公兄世良再往楚州軍前撫問，並頒兩鎮節度使印。

同書同卷：「壬寅，遣帶御器械韓世良往楚州軍前撫問，以淮陽之捷故也。仍以兩鎮節度使印賜世忠。」

特授橫海武寧安化軍節度使，賜號揚武翊運功臣。

同書同卷：「甲子，少保、武寧安化軍節度使、京東淮南東路宣撫處置使韓世忠賜號揚武翊運功臣，加橫海武寧安化軍節度使，賞淮陽之捷也。韓世忠乞犒軍銀帛三萬匹兩，詔以五千予之。節度開三鎮，大將賜功臣號，皆自此始。」

《十將傳》：「四月，賜號揚武翊運功臣加橫海、武寧、安化三鎮節度使，賞淮陽之功也。」

《忠武王碑》：「捷聞，太上賜札曰：『卿誠存報國，義獨奮身。長驅濟淮，力戰破賊。俘獲羣醜，撫輯遺黎，眷言忠勞，實所嘉歎。然王師之出，本以弔民；上將之威，尤宜持重。軍旅之外，毋爽節宣。深體至懷，副朕倚注。』特授橫海、武寧、安化軍節度使，賜揚武翊運功臣，依前少保，充京東淮南東路宣撫處置使、兼營田大使。」

五月，以淮陽之俘入獻。

《要錄》卷一百一：「五月戊辰朔。甲戌，武議大夫帶御器械韓世良自楚州以淮陽之俘入獻。詔遷一官。」

詔以平江府陳滿塘地賜公。

同書同卷：「丙辰，詔以平江府陳滿塘地賜韓世忠。以世忠歸所賜南園而請佃塘地，故撥賜焉。」

七月，奏劾屬官陳桷。得詔獎諭。

同書卷一百三：「秋七月丁卯朔。辛未，起復右文殿修撰、京東淮東宣撫處置使司參謀官陳桷落職，令吏部差監澧州在城酒務。先是，韓世忠遣桷陳乞淮陽功賞，而桷以空名印紙增塡其從行吏士，冒賞者衆，爲世忠所劾，故黜之。」「丁丑，賜京東淮東宣撫處置使韓世忠、淮西宣撫使劉光世詔書獎諭。時右司諫王縉論唐郭子儀、渾瑊皆於唐室有大功，而恭愼抑畏，故能以功名終始。近者淮西以部下將領有欺隱軍人之劵，淮東以幕中參佐有妄冒將士之賞，皆能按劾聞奏，以俟誅戮，小心恭愼，有足嘉尚，望特降詔獎諭。……故有是賜。」

九月，高宗幸平江，公自楚州往朝。

同書卷一百五：「九月丙朔，上發臨安

府。……癸酉，上次平江府。」「乙亥，韓世忠自楚州來朝，上特宴世忠，令入內侍省都知黃晃押伴。上督世忠進兵，世忠不從。（此據趙甡之《遺史》，《日曆》不書世忠入見，但於今月十五日書世忠辭免御筵。今併附此。）」《十將傳》：「九月，上在平江，世忠自楚州來朝。」

十月，引兵渡淮，與金將訛里也孛堇力戰。既而還楚州，扼僞齊兵使不得進，於是楊沂中大敗僞齊劉猊於藕塘。

同書：「十月，邊報不一，劉光世欲棄廬州回太平，張俊亦請益兵，都督張浚曰：『今日之舉，有進擊，無退保。』於是世忠引兵渡淮，與虜將訛里也孛堇力戰。劉猊將寇淮東，爲世忠之兵所扼，不得進，於是楊沂中有藕塘之勝。」

《要錄》卷一百六：「冬十月乙未朔。丙申，於是淮東宣撫使韓世忠統兵過淮，遇敵騎，與阿里雅貝勒等力戰，既而亦還楚州。……時劉猊將東路兵至淮東，阻世忠承、楚之兵不敢進，復還順昌。（劉）麟乃從淮西繫三浮橋而渡。於是賊衆十萬已次於濠、壽之間，江東宣撫使張俊拒之，即詔併以淮西屬俊。主管殿前司楊沂中爲俊統制官，浚遣沂中至泗州與俊合。……戊戌，沂中至濠州。」「會劉光世已舍廬州而退，浚甚怪之，即星夜至采石，遣人喻光世之衆曰：『若有一人渡江，即斬以徇。』且督光世復還廬州。……上親筆付沂中：『若不進兵，當行軍法。』光世不得已，乃駐兵與沂中相應，遣統制官王德、酈瓊將精卒自安豐出謝步，遇賊將崔皐於霍邱，賈澤於

正陽，王遇於前羊市，皆敗之。「是日，賊攻壽春府寄治芍陂水寨，守臣閤門祗候孫暉夜劫其寨，又敗之。」「甲辰，沂中至藕塘，與猊遇。賊據山險，列陣分嚮，矢下如雨。沂中曰：『吾兵少，情見則力屈，擊之不可不急。』乃遣摧鋒軍統制吳錫以勁騎五千突其軍，賊兵亂，沂中縱大軍乘之，自將精騎繞出其脅，短兵接，即大呼曰：『破賊矣！』賊方愕視，會江東宣撫司前軍統制張宗顏等自泗州南來，率兵俱進，賊衆大敗。猊以首抵謀主李諤曰：『適見一髯將軍，銳不可當，果楊殿前也。』即以數騎遁去。餘黨猶萬計，皆僵立駭顧，沂中躍馬前叱之曰：『爾曹皆趙氏民，何不速降？』皆怖伏請命。官軍獲李諤與其大將李亨等數十人。麟在順昌聞猊敗。拔寨遁去。光世遣王德追擊之。先是，上賜德親劄，諭令竭力協濟事功，以副平日眷待之意。德奉詔，與沂中追麟至南壽春而還。是役也。通兩路所得賊舟數百艘，車數千兩，器甲、金帛、錢米、僞交鈔、告敕、軍須之物，不可勝計。於是孔彥舟圍光州，守臣敦武郎王莘拒之，彥舟聞猊敗，亦引去。北方大恐。」

十一月，以扼拒敵師，賜詔獎諭，並遣內侍盧祖道往軍前撫問。

同書同卷：「十有一月乙丑朔。庚辰，詔韓世忠駐軍淮上，簡練有方，金、豫畏服，不敢輕犯，令學士院降詔，遣內侍盧祖道往軍前撫問，仍以銀合茶藥賜之。」

十二月，引兵攻淮陽軍，敗之。

同書卷一百七：「十有二月甲午朔。戊戌，京東淮東宣撫處置使韓世忠引兵攻淮陽軍，敗之。（此據趙甡之《遺史》。《國史》及世忠碑誌皆無之。《日曆》紹興七年正月十六日戊寅，京東淮東宣撫處置使司差右武大夫劉寅齎捷報前來行在所投進，有旨：劉寅特轉一官回授，即此事也。）」

紹興七年丁巳，四十九歲。

春正月，高宗在平江。公以還軍楚州事上奏。

《要錄》卷一百八：「紹興七年春正月癸卯朔，上在平江。」

「辛巳，韓世忠奏已還軍楚州。上因論：『淮陽取之不難，但未易守。』張守曰：『必淮陽未可進，故世忠退師。』張浚曰：『昔西伯戡黎，祖伊恐，奔告於受，以要害之地不可失也。淮陽今劉豫要害之地，故守之必堅。』上曰：『取天下須論形勢，若先據形勢，則餘不勞力而自定矣。正如弈棋，布置大勢既當，自有必勝之理。』」

二月，高宗巡幸建康，三月朔日，公以親兵扈駕。

同書卷一百九：「二月癸巳朔。庚子，詔巡幸建康，可令有司擇日進發。」

「己未，上發平江府。」

「三月癸亥朔，上次丹陽縣，京東宣撫處置使韓世忠以親兵赴行在，遂衛上如建康。」

「辛未，上次建康府。」

增大高郵城，民恃以無恐，家立生祠以報。

《忠武王碑》：「以承楚單弱，正當寇衝，寇至無以守，乃增大其城，身自督役，役不勞而城固，民恃以無恐。家立生祠以報。」

《十將傳》：「七年，築高郵城，民益安之。」

案：增築高郵城事，《要錄》不載，其月日不可知，姑次於此。

公先後屢遣間中原結豪俊，多願奉約束者。

《十將傳》：「初，世忠移屯山陽，遣間結山東豪傑，期緩急爲應，宿州馬秦及太行羣盜，多願奉約束者。」

《忠武王碑》：「先是，移峌陽，與敵接境，王乃多遣間結山東豪俊，俾緩急爲應，東人及太行群盜多願奉約束者。」

八月，詔公與張俊同入見，議移屯。九月，二人同造行朝。

《要錄》卷一百十三：「八月辛卯朔。丙辰，右司諫王縉入對，言：『……今張浚引咎求罷，方防秋之際，二大將又入奏事，朝無宰相，無乃不可乎？』」時已詔韓世忠、張俊入見，議移屯，故縉言及之。」

同書卷一百十四：「九月庚申朔。丁卯，京東淮東宣撫處置使韓世忠、淮西宣撫使張俊皆入見，議移屯。秦檜曰：『臣嘗語世忠、俊，主上倚兩大將譬如兩虎，固當各守藩離，使寇盜不敢近。』上曰：『此喻猶未切，政如左右手，豈可一手不盡力也？』乃命俊將所部自盱眙移屯廬州。」

冬十月，公圖上淮陽形勢，且欲遣偏師破僞兵，不允。

同書卷一百十五：「冬十月庚寅朔。癸卯，初京東淮東宣撫處置使韓世忠遣親校溫濟來奏事，且圖上淮陽形勢，言賊並淮陽增築保障，欲遣偏師平之，使濟諗於朝，上戒濟曰：『歸語汝帥，當出萬全，不宜輕動，以貽後悔。』濟既稟命，復要他日將帥之賞，上曰：『有功則當賞，但須覈實，然後有功者勸。世忠既以狀來上，則朝廷不欲違。如去年攻淮陽，賞一萬七千餘人，人不以爲當也。』濟恐悚奉詔。至是，趙鼎奏濟已行，上曰：『昨呼來訓飭之矣。』（熊克《小曆》稱世忠使其屬官温濟諗於朝，按濟乃世忠軍中事務官，非屬官也。）」

十一月，金人廢僞齊劉豫爲蜀王。

同書卷一百十七：「十有一月己丑朔。乙巳，金右副元帥瀋王宗弼執僞齊尚書左丞相劉麟於武城。先是，金主亶已定議廢豫，會豫乞師不已……於是尚書省上豫治國無狀，金主亶下詔責數之，略曰：『建爾一邦，逮茲八稔。尚勤吾戍，安用國爲。寧責爾君，無滋民患。』遂令（左副元帥魯王）昌等以犯江爲名，伐汴京。先約麟單騎渡河計事，麟以二百騎至武城，與宗弼遇，金人張翼圍之數帀，悉擒而囚之。」「丙午，金人廢劉豫爲蜀王。初，右副元帥宗弼既執劉麟，遂與左副元帥昌，三路都統葛王褒同馳赴京城下，以騎守宣德、東華，左右掖門，……宗弼將褒等三騎突入東華門問劉齊王何在，僞皇城使等錯愕失對，宗弼以鞭擊之，徑趨垂拱殿，入後宮門，問劉齊王何在，有美人揭簾曰：『在講武殿按射。』宗弼等馳往，直陞殿，豫遽起欲更衣，宗弼下馬執其手曰：『不須爾，有急公事，欲登門同議。』於是偕行，出宣德門，就東闕亭少立，宗弼乃麾小卒持羸馬強豫乘之，約令偕至寨中計事，豫拊手大笑上馬，從衛猶數十人，宗弼露刃夾之，因於金明池。」

朝廷優禮勳臣，以公屢有捷奏，特授長子彥直直祕閣。

同書同卷：「丙辰，……時朝廷方優假勳臣，故以右通直郎張子儀爲軍器監丞，右承議郎韓彥直直祕閣。（按韓世忠《碑誌》，世忠四子：彥直、彥樸、彥質、彥古。而《日曆》：世忠長子亮紹興四年十二月庚午自右宣教郎特轉三官。不知亮復是何人，《碑誌》何以全不及之，當考。）殿中侍御史金安節言：『……崇觀以來，因父兄秉政而得貼職者，近制皆在討論之數，蓋惡其濫也。今彥直復因父功而授，得無類於昔乎？……』不報。（……韓彥直除職亦不見月日，安節所奏有云：『近以韓世忠屢有捷奏，特授其子彥直初等貼職。』而安節明年二月丁憂，則彥直之除亦在此時矣。）」

劉豫既廢，公奏乞北討，爲恢復計，以高宗欲與金人議和，優詔不允。

《忠武王碑》：「金人廢劉豫，中原軍潰盜起，王以爲機不可失，奏乞全師北討，招納叛亡，爲恢復計，懇請誠切，太上賜札曰：『覽卿來奏，備見忠義許國之意，深用歎嘉。今疆埸之事，以安靜爲先，變故在彼，不必干預，當敦信約。卿其明遠斥堠，謹固封疆，以備不虞，稱朕意焉。』」

《十將傳》：「金人廢劉豫，中原震動，世忠謂機不可失，請全師北討，詔納歸附，爲恢復計。」

詔令移司鎮江。公因上奏乞留軍守江淮，以便與敵人決戰。

《要錄》卷一一七：「十有二月庚申朔。庚子，樞密院進呈，先得旨令京東宣撫處置使韓世忠移司鎮江府，留兵以守楚州。秦檜奏曰：『諸軍老小既處置得宜，萬一警急，諸帥當竭力捍寇。』時已命張俊、岳飛皆留屯江內，故檜奏及之。」

「世忠上奏，極論敵情叵測，其將以計緩我師。乞獨留此軍，遮蔽江淮，誓與敵人決於一戰。上賜札曰：『朕迫於強敵，越在海隅，每慨然有恢復中原之志，顧以頻年事力未振，姑鬱鬱於此。前日恐或小有未便，委卿相度，今得所奏，益見忠誠，雖古名將，亦何以過，使朕悚然興歎，以爲有臣如此，禍難不足平也。古人有言：閫外之事，將軍制之。今既營屯安便，控制得宜，卿當施置自便，勿復拘執。至於軍餉等事，已令三省施行。』」

紹興八年戊午，五十歲。

高宗在建康，二月，公與岳飛同往朝。

《北盟會編》卷一八三：「八年二月，韓世忠、岳飛來朝。」

是月，高宗返臨安。

《要錄》卷一一八：「二月戊寅，上至臨安府。」

四月公與岳飛等各遣間招誘中原士民，其所齎蠟丸旗榜爲金人所得。

《要錄》卷一一九：「夏四月，徽猷閣直學士王倫見金左副元帥魯王昌於祁州。時韓世忠、岳飛、吳玠軍各遣間招誘中原民，金得其蠟彈旗牓，出以語倫曰：『議和之使繼來，而暗遣姦諜如此，君相給，且不測進兵耳。』倫言：『所議靖民，乃主上之意，邊臣久而無成，或乘時希尺寸爲己勞，則不可保，主上決不知之。若上國孚其誠意，確許之平，則朝廷一言戒之，誰最爾者。』諸帥相視無語。（熊克《小曆》附此事於今年春末，又云達賚、兀朮皆在祁州。按張匯《節要》，紹興八年夏達賚自東京北歸祁州，留兀朮、大托卜嘉守東京。克所云差不同。今移附四月，仍去兀朮字，更當求他書參考。）」

與樞密副使王庶論應舉兵伐金。

《要錄》卷一一九：「夏四月壬戌，命樞密副使王庶暫往沿江及淮南等處措置邊防。」

同書卷百二十：「六月戊辰，……樞密副使王庶時在合淝，上疏曰：『臣聞敵中自廢豫之後，遼人與漢人上下不安，日夕思變，前此歸正者甚衆，其驗可見。彼知其屯戍不足，又旋起簽軍以實疆埸，其所起之人又非昔日簽軍之比，老弱盡行，人心乖離，抑又甚焉。緣此岳飛近與臣咨目，稱今歲若不舉兵，要納節請祠。韓世忠亦以爲然。……』」

王庶以公所部分屯天長及泗州，與張宗顏、巨師古等互爲聲援。

同書同卷：「王庶自淮上歸，命（張）宗顏以所部七千人屯廬州，命中護軍統制官巨師古以三千人屯太平州，又分京東淮東宣撫處置使韓世忠二軍屯天長及泗州，使緩急互爲聲援。徙（劉）錡屯鎭江，爲江左根本。」

九月，公復入朝。

《北盟會編》卷一八四：「九月，韓世

忠、張俊、岳飛來朝。」

十月金主遣蕭哲等爲江南詔諭使，使來計事，公聞之，四上書極論其事，并乞赴行在奏事，不許。

《要錄》卷一二三：「冬九月甲寅朔。丁丑，京東宣撫處置使韓世忠乞赴行在奏事。先是，徽猷閣直學士王倫既與烏浚噶思謀至金庭，金主亶復遣簽書宣徽院事蕭哲等爲江南詔諭使，使來計事，世忠聞之，上疏曰：『金人遣使前來，有詔諭之名，事勢頗大。深恐賊情繼發重兵壓境，逼脅陛下別致禮數，今當熟計，不可輕易許諾，其終不過舉兵決戰，但以兵勢最衆去處，臣請當之。』因乞赴行在奏事，馳驛以聞，上不許。（按史，此年張通古為使，蕭哲副之，而明年王倫答金主乃云：『簽宣蕭哲持國書許歸地。』或者通古乃元帥達賚輩就行臺所遣，亦未可知。故先書金主遣哲，後乃書通古。）」

同書卷一二三：「十有一月癸未朔。丁亥，京東淮東宣撫處置使韓世忠復言：『恐金人詔諭之後，遣使往來不絕，其如禮物以致供饋賜予，蠹耗國用，財計闕乏，贍軍不給，則經所謂不戰而屈人之兵，望宣諭大臣，委曲講議，貴在得中，以全國體。』」

「癸卯，京東淮東宣撫處置使韓世忠言：『臣得泗州申，詔諭使先遣到銀牌郎君，言須要接伴跪膝階墀，州縣官拜詔。若不如此，定復回。接伴不肯，本州取接官兵歸州。臣竊詳金人自要講和，本非實情，今使人方欲過界，便要接伴跪膝階墀，州縣拜詔，如此即是使人經過一道，郡縣聽伏命令，與臣前奏事理，頗相符合。兼既立此題目，意在難從，收拾釁端，故要生事，敢爾恣橫，決有重兵在後，專意脅持，若到行朝，必要陛下卑屈，禮數更重，萬一俯從，外則四方解體，內則恐失人心，定須別有難從須索，如何應副？事體至大，伏望以國體爲重，深加計慮，熟賜講究，貴在詳審，免貽後患。』」

高宗親劄付公，令防護北使往回。公仍屢上疏論和議不可之狀。

同書同卷：「壬辰，京東淮東宣撫處置使韓世忠言：『臣今續體探得銀牌郎君言，到臨安府日要陛下易衣拜僞詔，及詔諭使要賓客相見，如劉豫相待禮數。及稱今來詔諭所行禮數并是大金闕下定到。臣竊詳上件事理，使人非久到行朝，未審陛下何以應之，想已宣付大臣，預行講究，非臣所知。臣自聞此事，曉夜實不遑安。以臣愚見，萬一陛下輕賜俯從，即是金人以詔諭爲名，暗致陛下拜順之義。此若果有實心欲修和好，必須禮意相順，闊略細故，各存大體。今使人所來行徑，皆是難從之事，灼見姦謀，欲生釁端。臣雖聞欲還陛下關陝諸路，誠見詭詐。且如實欲交割，若劫要山東河北等路軍民歸業，豈可遣發？此聲一出，人心搖動，復難安固。今雖國勢稍弱，然兵民事力，尚可枝梧，況諸軍將士訓習之久，睹此屈辱，少加激勵，豈無鬬心？若隨從稍有失當，舉國士大夫盡爲陪臣，深慮人心離散，士氣凋沮，日後臨敵，如何賈勇？若四方傳聞陛下以有拜順之禮，其軍民定須思鄉，自然散去，散易聚難，悔將何及？今若待其重兵逼脅，束手聽命，坐受屈辱，不若乘此事力，申嚴將士爲必戰之計，以伐其謀，免貽後患。臣邊遠庸材，荷國厚恩，無以補報，今正當主辱臣死之時，臣願效死節，激昂士卒，率先迎敵，期於必戰，以決成敗。臣若不克，事勢難立，至是陛下委曲聽從，事亦未晚。竊詳金人欲要陛下如劉豫相待禮數，且劉豫係金人僞立，而陛下聖子神孫，應天順人，繼登大寶，豈可相同？顯見故爲無禮，全失去就，玷辱陛下。伏望特回聖念。』時上親劄付世忠，令差人防護北使往回，不得少有疏虞，仍嚴戒將佐及所差人，不得分毫生事。」

「癸巳，世忠復言：『傳聞金人欲還陛下陝西五路，未必實情，設若果肯交割，萬一卻要山東河北等路軍民歸業，陛下如何遣發？縱未如此，且先要歸朝及北來投附之人，其數已衆，散布中外，諒陛下亦難依從。大概金人姦謀，凡所施設，巧僞甘言，以相啗賺，盡欲陛下先失天下人心，繼爲大舉。臣曉夜痛心疾首，唯恐陛下輕易許從，自速後患。』疏入，上優詔答之。」

「甲午，京東淮東宣撫處置使韓世忠言：『竊詳金人本朝結怨至深，又金人事力熾盛，賊情窺伺，已踰十年，朝夕謀畫，意在呑併，今遣使講和，及傳聞許還關陝諸路，謂是懼我兵威。謂復是曾遭毒殺，事不得已，故來講和？臣深思熟慮，但恐以交割諸路爲名，先要山東河北等路軍民，或先要應北來歸朝投附女眞契丹渤海漢兒簽軍等，出此聲勢，搖動人情，或假此講和割地，或以兵勢逼脅，有無厭難從須索，蠹耗國用，使陛下先失天下人心，坐致困弊，方爲大舉。今國家避地東南，目前軍勢，賊尚提防，雖謀吞并，未敢輕易深入，故用此謀，詐許交還陝西，意望移兵就據，分我兵勢，其賊必別有謀畫，志在一舉，決要傾危，絕彼後患。況陝西諸路，出兵產馬，用武根本之地，豈肯眞實交割，資助我用？顯是巧僞甘言，以相誑賺。切恐使人暗贏陛下禮數，輕賜許諾，傳播四方，人心離散，士氣凋沮，事繫安危，在此一決。委非細事。望許臣輕騎星夜暫赴行朝，而稟聖訓，以盡曲折。」

《忠武王碑》：「初，國朝軍政日修，虜師屢衄，於是陰謀沮撓吾事，秦檜還自沙漠，力勸太上屈己和戎，鎖兵罷將，朝廷遣使交割河南境土，虜亦遣使來議，而使名不遜。時檜主〔和〕議甚力，自大臣宿將，萬口和附，王獨慷慨上章以十數，爲太上開陳和議不可之狀。大略以爲：『虜情詭詐，且陝西諸路出兵產馬用武之地，豈肯眞實交割。』又曰：『但恐以還地爲名，先要山東河北等路軍民及北人之歸明者，出此聲勢，搖動人情。我若太加卑屈，深慮人心離散，士卒凋沮。』又曰：『今當主辱臣死之際，臣願效死節，激昂士卒，率先迎敵，期於必戰，以決成敗，若其不克，陛下委曲聽從，事亦未晚。』又曰：『如王倫、藍公佐交割河南地界，別無符合誑賺朝廷，雖以王爵處之，未爲過當。欲乞令供具委無反復文狀於朝，以爲後證。如臣言虛妄，日後事成虛文，亦乞重寘典憲。』其言深切懇到，出於忠誠，且謂單騎赴闕面奏，太上率優詔褒答。」

《十將傳》：「八年，兀朮再陷三京。虜使蕭哲之來，以詔諭爲名，世忠聞之，凡四疏言不可許，不過舉兵決戰，兵勢最重處，臣請當之。又言金人欲以劉豫相待，舉國士大夫盡爲陪臣，人心離散，士氣凋沮。且請馳驛面奏，上不許，優詔答之。」

高宗手詔褒答，公再上疏切論。

《要錄》卷一二三：「辛丑，京東淮東宣撫處置使韓世忠言：『臣伏讀宸翰，鄰邦許和，臣愚思之，若王倫、藍公佐所議講和割地，休兵息民，事蹟有實，別無符合外國誑賺本朝之意，二人之功，雖國家以王爵處之，未爲過當，欲望聖慈各令逐人先次供具委無反復文狀於朝，以爲後證，如臣前後累具，已見冒犯天威，日後事成虛文，亦乞將臣重寘典憲，以爲狂妄之戒。』先是，世忠數上書論不當議和，上賜以手劄曰：『朕勉從人欲，嗣有大器，而梓宮未歸，母后在遠，陵寢宮禁，尚爾隔絕，兄弟宗族，未遂會聚，十餘年間，兵民不得休息，早夜念之，何以爲心？所宜屈己和戎，以圖所欲，賴卿同心，其克有濟，卿其保護來使，無致疏虞。』世忠既受詔，乃復上此奏，詞意剴切，由是秦檜惡之。」

《忠武王碑》：「太上率優詔褒答。其略曰：『卿勇冠世，獨當一面，國威既震，和議漸諧，南北兵民，可冀休息，究其所自，卿力居多，卿其保護來使，無致疏虞。所乞入朝奏事，俟有機會，當即召卿，衆方懷疑疆埸事大，正倚卿爲重，未可暫離軍中也。』」

紹興九年己未，五十一歲。

公伏兵洪澤鎮，欲劫北使以壞和議，事未果成。

《要錄》卷一二五：「紹興九年春正月（壬午朔）己丑，詔以黃金一千兩附北使張通古進納兩宮。時通古與報謝使韓肖胄先行，而京東淮東宣撫處置使韓世忠伏兵洪澤鎮，詐令爲紅巾，俟通古過則劫之，以壞和議。肖胄至揚州，世忠將郝抃密以告直祕閣淮東轉運副使胡紡，紡白之肖胄，故通古自眞和由淮西以去。世忠怒，追抃欲殺之，抃棄家依岳飛軍中，世忠奏知鄂州范澿縱之，澿坐奪官，編管汀州，仍命鄂州拘澿，俟獲抃訖，赴貶所。（《日曆》無此，今以紹興十一年五月二十九日世忠乞放范澿狀修入。）」

以講和恩，遷少師。

同書同卷：「庚寅，以金人歸河南地，命官奏告天地宗廟社稷。……揚武翊運功臣、少保、京東淮東宣撫處置使韓世忠遷少師。……其所領三鎮節鉞皆如舊，以講和恩也。」

四月，詔賜宴臨安府治，並以建康永豐圩田千頃賜公，公辭不受。

《要錄》卷一二七：「四月（庚戌朔）乙亥，詔京東淮東宣撫處置使韓世忠、淮西宣撫使張俊及隨行將佐並賜宴臨安府治。上以世忠持身廉，特賜建康永豐圩田千頃，世忠辭不受。」

五月，公請倚閣俸給之半以助軍用，不許。

同書卷一二八：「五月（庚辰朔）丁亥，少師、京東淮東等路宣撫處置使韓世忠請倚閣俸給之半以助軍用，不許。」

八月，公欲乘虛掩襲金人，不許。

同書卷一三一：「八月（戊申朔）丙寅，京東淮東宣撫處置使韓世忠言：『金人誅戮大臣，其國內擾，淮陽戍卒及屯田盡勾回。』世忠意欲乘虛掩襲。上曰：『世忠武人，不識大體。金人方通盟好，若乘亂幸災，異時何以使敵國守信義。』遂不從。」

遺書秦檜，論遣還金國降人王威、趙榮事不當。

同書卷一二七：「紹興九年三月丙申，東京留守王倫始交地界。先是，趙榮既納款，知壽州王威者亦以城來歸。（趙雄撰《韓世忠碑》云：『兀朮既陷三京，又犯漣水，王遂率背嵬軍走破兀朮，偽守趙榮以宿州降，李世輔以亳州降。』按榮之降在未割地之前，不應附於明年五月。而世輔自陝西入夏國後，乃來歸，亦不從亳州路。碑蓋誤也。）及倫至東京，見金右副元帥瀋王宗弼，首問榮、威。……接伴使烏陵噶思謀至館，亦以榮、威爲問，必欲得之。……」

同書卷一三一：「紹興九年八月乙亥。初，金人欲得王威、趙榮，已遣還之，韓世忠遺秦檜書曰：『榮、威不忘本朝，以身歸順，父母妻子悉遭屠滅，相公尚忍遣之，無復中原望耶！』檜慚，且慮世忠沮遏，乃令榮、威自六合趨淮西而去。……」

公乞以李顯忠爲本軍統制，不許。

《十將傳》卷三《李顯忠傳》：「（紹興九年）八月二十四日往臨潼縣詣行府，至滻河與灞河並，山水暴溢，勢如江潮，顯忠不避水勢，徑渡。入臨潼行府，受告敕金帶，除神龍衛四廂都指揮使、護國軍承宣使，翌日隨行府入長安，二十六日進謝表。行府犒勞將佐官兵各有差。顯忠先詣行府，道由泗州，宣撫韓世忠令統制許世安以舟數十來邀顯忠入楚州議入覲事，有將兵柴其姓者，說顯忠以未可往，顯忠然之，乃遣人送馬與世忠而徑赴行在云。九月，顯忠朝參。」《要錄》卷一三二：「紹興九年九月戊寅朔，龍神衛四廂都指揮使護國軍承宣使李世輔……賜名忠輔，除樞密院都統制。俄又賜名顯忠。京東淮東宣撫處置使乞以顯忠爲本軍統制官，上不許。（《顯忠行狀》云：『公與韓世忠同鄉里，而未嘗少屈於韓。及公歸朝，韓力於上前奏乞公於麾下，上以公才非韓所能服，遂以樞密院都統制處之。』按：靖康建炎之間，世忠已立功爲觀察使，而顯忠尚未官，且年小於世忠二十餘，固非其儕匹也。顯忠既歸朝，繼爲劉光世、楊存中軍中統制，而世忠視存中爲先達，且威名年位又皆過之，存中能服顯忠，世忠胡爲不能服之哉！蓋自趙鼎再相，朝廷漸欲易置偏裨，秦檜又忌世忠，故不欲以驍將畀之耳。《行狀》緣飾而云，蓋非其實。）」

溫濟以事誣公，公連上書論濟狂惑犯分，濟坐譴斥逐。

同書同卷：「戊戌，拱衛大夫、威州防禦使溫濟勒停，南劍州編管。濟爲京東淮東宣撫處置使司提舉一行事務，以其徒左武大夫耿著陰事告於朝，語連韓世忠，故有是命。世忠意未快，連上書奏濟狂惑犯分，罪惡顯著，乞遣至軍中。

詔濟移萬安軍編管。(王次翁《敘記》云:『濟以世忠陰事來告,上命黜居湖南,世忠連上章乞遣至軍中,詞甚不遜。』按濟先貶海外,十一年七月乃移潭州,《敘記》誤也。移萬安,《日曆》不載,今以世忠奏狀修入,林待聘《外制集》:『左武大夫耿著摑人至死,降五官,軍前自效。』恐即是此事。當求他書參考。)」

紹興十年歲次庚申,五十二歲。

二月,封公妾茅氏爲國夫人,周氏、陳氏爲淑人。

《要録》卷一三四:「紹興九年二月(丙午朔)。是月,封少師京東淮東宣撫處置使韓世忠之妾茅氏爲國夫人,周氏、陳氏並封淑人。(林待聘《外制集》有制詞。)」

三月,入朝臨安,賜宴。

同書同卷:「三月辛卯,賜京東淮東宣撫處置使韓世忠、淮西宣撫使張俊燕於臨安府,以其來朝故也。」

五月,金人敗盟,分四路入犯。

《北盟會編》卷二百:「金人敗盟,兀朮率李成、孔彦舟、酈瓊、趙榮入寇。——金人以還我三京河南地爲非便,因大悔悟,遂定議敗盟,復侵三京河南,以兀朮爲帥,提兵渡河。」

《要録》卷一三五:「五月(甲戌朔)丙戌,金都元帥越國王宗弼入東京,觀文殿學士留守孟庾以城降。初,左副元帥魯國王昌既廢僞齊,乃言邊面四塞,未免枕戈坐甲之勞,兼以江左爲鄰,易生釁隙,不可徹警,不若因以河南地錫與大宋。宗弼時爲右副元帥,力不能争。

及昌誅，宗弼始得政，以歸地非其本計，決欲敗盟，乃舉國中之兵集於祁州元帥府大閱，遂分四道入犯。命鑷哷貝勒出山東、右副元帥薩里干犯陝右、驃騎大將軍知冀州李成犯河南，而宗弼自將精兵十餘萬人與知東平府孔彥舟、知博州酈瓊，前知宿州趙榮抵汴。至是，犯東京。孟庾不知所措，統制官王滋請以兵護庾奪門走行在，庾以敵騎多，不能遽去，遂率官吏迎拜。宗弼入城，駐舊龍德宮。於是金主亶詔諭諸州縣以達賚撻割河南，且言朝廷不肯徇其邀求之故，詔詞略曰：『非朕一人與奪有食言，恩威弛張之間蓋不得已。』」

《忠武王碑》：「其後虜果負約，如王所言。檜甚恐，即上疏曰：『臣聞德無常師，主善爲師，善無常主，協於克一，此伊尹相湯咸有一德之言也。臣昨見金國撻辣有講和割地之議，故贊陛下取河南故疆。既而兀朮戕其叔撻辣，藍公佐之歸，和議已變，故勸陛下定弔民伐罪之計。』又曰：『臣言如不可行，即乞行罷免，以明孔聖陳力就列不能者止之議。』其詞反覆無據。由是天下服王精識，而尤檜益深云。」

六月，進太保，封英國公。

《要錄》卷一三六：「六月甲辰朔，少師京東淮東宣撫處置使韓世忠爲太保，封英國公。」

兀朮進犯漣水，高宗賜札許便宜措置結約招納等事。

《忠武王碑》：「兀朮既再陷三京，又犯漣水，太上賜札曰：『金人復占據已割舊疆，卿素蘊忠義，想深憤激，凡對境事宜，可以結約招納等事，可悉從便宜措置，若事體稍重，即具奏來。』」

劉錡大敗兀朮於順昌。

《要錄》卷一三六：「六月壬子，金都元帥宗弼攻順昌府。……平明，敵兵攻城，凡十餘萬，府城惟東西兩門受敵，錡所部不滿二萬，而可出戰者僅五千。敵先攻東門，錡出兵應之，敵衆敗退，兀朮自將牙兵三千往來爲援，皆帶重甲，三人爲伍，貫韋索，號鐵騎馬，左右翼號拐子馬，悉以女眞充之，前此攻所難下之城，并用此軍，故又名長勝軍。時敵主帥各居一部，衆欲擊韓（常）軍，錡曰：「擊韓雖退，兀朮精兵尚不可當也。法當先擊兀朮，兀朮一動則餘軍無能爲矣。時叛將孔彥舟、酈瓊、趙榮輩騎列於陣外，有河北簽軍告官軍曰：『我輩元是佐護軍，本無鬥志，惟兩拐子馬可殺。』故官軍皆憤。時方劇暑，我居逸而彼暴露，早涼則不與戰，逮未申間，彼力疲而氣索，錡忽遣數百人出西門，敵方來接戰，俄以數千人出南門，戒令勿喊，但以短兵極力與戰，統制官趙樽、韓直皆被數矢，戰不肯已，錡遣屬扶歸，士殊死鬭，入敵陣中，斫以刀斧，至有奮手捽之，與俱墜於濠者，敵大敗，殺其衆五千，橫屍盈野，兀朮乃移寨於城西，掘塹以自衛，欲爲坐困官軍之計。是逢大雨，平地水深尺餘，錡遣兵劫之，上下皆不寧處。」

「乙卯，順昌圍解。元帥宗弼之未敗也，秦檜奏俾錡擇利班師（此據郭喬年《順昌破敵録》修入，喬年云『遞到御筆』云云，其實宰相所擬也），錡得詔不動，至是，宗弼不能支，乃作筏繫橋而去。……擁其衆還汴京，自是不復出師矣。」

公遣統制官王勝、背嵬將成閔率衆北伐。

《要錄》卷一三六：「六月庚午，京東宣撫使韓世忠遣統制官王勝率背嵬將成閔北伐，遇金人於淮陽軍南二十里，水陸轉戰，掩金人入沂河，死者甚衆，奪其舟二百。（熊克《小曆》載此事於辛未，小誤。按《日曆》在六月二十七日庚午，今附本日。）」

《會要·兵捷門四》：「（紹興十年六月）二十八日淮南宣撫使韓世忠言：統制官王勝二十七日辰時到淮陽軍界，離城二十餘里，逢見淮陽軍都統周太師親自押軍馬二千餘騎，水陸轉戰約兩時辰，勝等並背嵬將官成閔鼓率將士，向前血戰，金賊敗走，掩殺入沂河及城壕內，填塞盈滿，殺傷及淹死者甚衆外，活捉到女眞漢兒共一百餘人，並各傷重。並水陸迎敵戰船，除奪到二百隻外，餘燒毀了當。」（兵一四之二八）

閏六月，公遣郭宗儀、韓彥臣赴行在奏事。

同書同卷：「閏六月（癸酉朔）己丑，京東淮東宣撫處置使韓世忠遣統制官武功大夫閤門宣贊舍人郭宗儀、左武大夫貴州團練使韓彥臣來奏事，上引對。先是，世忠圍淮陽軍未能下，或有獻計決淮水以灌其城者，上諭秦檜曰：『決水所及，京東民田必有被其害者。』檜曰：『陛下聖度兼愛如此，宜無敵于天下也。』（上語在是月辛卯）」

丁酉，公所遣統制官王勝克海州。

同書同卷：「丁酉，京東淮東宣撫司統制王勝克海州。先是，韓世忠命勝率統制官王權、王升等攻海州，守將王山以兵逆戰，去城六十里與官軍遇，敗走。夜二鼓，勝以舟師傅城北，山乘城而守，勝命諸軍分地而攻，火其北門，軍士周成先入，生執山。父老請哀金帛以犒軍，勝不受。世忠每出軍，必使秋毫無犯，軍之所過，耕夫皆荷鋤而觀。」

《北盟會編》卷二百四：「二十五日丁酉，王勝克海州，擒僞知州軍事王山。——韓世忠遣都統制王勝率統制王權王升等諸軍取海州，僞知海州及統兵官花太師至磨行與官軍相遇，官軍擊退之，去海州六十里，勝令二更到城下，諸軍齊進，果二更至城下，轉城不住，牽舟趨城北，城上以瓦礫抛擲亂擊，舟人皆不顧而行，逼曉至城北。是時花太師退兵，惟王山守城。勝令諸軍分地攻擊，勝坐于北壁濠下，令諸軍早飯，要白米飯豬肉段子，食畢，先使搭材以長竹繫刀斷其釣橋繩，釣橋落，以大竹卷草如黄河卷掃樣，使數百人推至北門，釣橋有妨礙處，即以鋸截去之，然後推入縱火，凡三卷擁其門而火發，守陴者於黑煙中擲磚瓦打火，燒門盡，打火亦滅，有磚瓦蓋地，地不甚熱，行隊方鱗次於門外，而第四隊周成先入，行隊皆入，成舉認旂於城上，呼衆曰：『周成第一功！』勝傳令盡開諸門，諸軍自諸門皆入，然火燒門道尚有火在瓦礫之下，舁水沃滅之，治道而後勝入，坐於十字街之民舍，生執王山。時花太師率兵到城下，不及戰而退去。父老僧道詣勝唱喏謝罪，勝曰：『國家以海州久陷僞境，故遣官軍收復境土，國家專行仁德，不事殺戮，各各安心照管老少。』父老再拜謝曰：『欲乞裒斂金銀犒軍。』勝曰：『官軍入境，秋毫不犯，不須裒斂金銀。如有豬肉米穀，犒諸軍一飯可也。』父老拜謝而去，率斂城中豬羊牛驢並般擔米面犒軍，勝受之，分給諸軍，即時報世忠。勝在城北，居人猶未覺，尚有賣糕者，少頃攻城，居人方稍避之。世忠每出軍，令諸軍秋毫不得擾民。諸軍緣過僞境，路旁有農夫，皆倚鋤而觀。」

《要錄》卷一三七：「七月乙丑，右承務郎、京東淮東宣撫使司書寫機宜文字曹霑爲右宣義郎，賜六品服。武功大夫武眷領威州刺史。時韓世忠遣霑等獻王山之俘於行在，故以命之。仍詔押山回世忠軍隨宜區處。山，隨金人至順昌城下者也。秦檜請今後獲敵不必解來，上曰：『不然，須令押數人來問之，庶得其實。』」

《會要·兵捷門四》：「（紹興十年七月）七日，淮南東路宣撫使韓世忠言：『中軍統制官王勝等探報蕃人萬戶聶兒孛堇、千戶聶兒孛堇、花太尉馮觀察，將帶軍馬解圍海州。勝於閏六月二十八日遣發王權、王升將帶軍馬前去蔣家莊與賊見陣，賊馬退去，趕殺三十餘里，活捉到女眞契丹一百餘人，奪到戰馬三百餘匹，衣甲器械旗槍（案：此下疑有脫文），將海州懷仁縣撫定了當。』」（兵一四之三○）

八月初，公圍金人於淮陽軍。乙亥，別將解元敗金人於郯城。

同書同卷：「八月十二日，韓世忠言：『親率軍馬到淮陽軍，探得沂州滕陽軍劉冷莊三頭項蕃賊前來，尋分遣統制官解元等將帶軍馬迎敵。八月四日早，到地名譚城，逢見金裝馬軍二千餘騎，解元等極力戰鬭，其蕃賊敗而復合，自早至巳，賊方敗走，追殺二十餘里，殺死數百人，奪到鞍馬一百五十餘匹，器械數多，及捉到知淮陽軍都統訛里七所差告急走馬天使二人。」

《北盟會編》卷二百四：「解元敗金人於郯城縣。」

《要錄》卷一三七：「乙亥，韓世忠圍淮陽軍，……別將解元掩擊金人於沂州郯城縣，敵溺死者甚衆。」

《北盟會編》卷二百四：「八月四日乙亥韓世忠圍淮陽軍。——世忠圍淮陽軍，命諸軍齊攻之。有帳前親隨成閔者，隨統制許世安奪門而入，大戰于門之內，閔身中三十餘鎗，世安亦脛中四箭，力戰奪門復出，閔氣絕而復蘇者屢矣，世忠大呼賞之。初，閔之叔父戰於馬家渡身死，所得恩澤無子承受，時閔爲僧童，世忠尋而得之，令受其叔之恩澤，補初官。世忠教以弓馬。久之，轉至武翼郎，爲帳前親隨，而奪門立功。世安以箭瘡不能乘馬，遂肩輿而行，世忠怒，令世安馬前步行。世忠奏閔之功，授武德大夫遙郡刺史。世忠繳到告身，復奏乞重賞閔以激勸將士，乃授涿州團練使。」

初九日庚辰，公擊金人於洳口鎮，敗之。統制官劉寶等亦敗金人於千秋湖陵。

《會要·兵捷門四》：「（紹興十年八月）十六日，韓世忠言，『今月八日探得蕃賊自滕陽軍路前來，離淮陽軍西北九十里地名洳口鎮劄寨。世忠躬親將帶軍馬前去。初九日拂明，到賊寨十里以來，逢賊，綽路馬下活捉十餘人，問得滕陽軍金牌郎君、青州總管三郎君、沂州高太尉等會合馬軍七千餘騎，前來淮陽軍解圍，其蕃賊見世忠軍馬到，一發回頭四散遁走，世忠分頭追趕三十餘里，殺死數百人，活捉到千戶長等二十餘人，奪到鞍馬一百匹，旗鼓軍器甚衆。』」「十九日，韓世忠言：『八月九日千秋湖陵有蕃賊五千餘人，並酈瓊下使臣效用等二千餘人，水陸剳立硬寨，擺布戰船。劉寶等申時分頭攻打，至二更以來，打破賊寨，活捉到千戶郎君郭太尉一名、毛毛可四人、契舟漢兒一百三十餘人，外奪到大小樓子戰船二百餘隻，蕃馬五十三匹。』」（兵一四之三一）

《要錄》卷一三七：「庚辰，金人自滕陽來救淮陽軍，韓世忠逆擊於洳口鎮，敗之。是日，世忠所遣統制官劉寶、郭宗儀、許世安以舟師至千秋湖陵，遇金人所遣酈瓊叛卒數千人，寶等與戰，大捷，獲戰船二百。」

《十將傳》：「十年，金人敗盟，兀朮率撒離曷、李成等陷三京，分道深入。八月，世忠圍淮陽，金人來救，世忠迎擊於洳口鎮，敗之。又使別將解元擊虜於潭城，劉寶擊虜於千秋湖，皆捷。親隨將成閔隨統制許世安奪淮陽門而入，大戰於門內，世安中四矢，閔被三十餘創，復奪門而出，世忠奏其功，擢武德大夫，閔以此知名。是歲，進太保，封英國公，兼河北諸路招討使。」

《忠武王碑》：「王遂率背嵬軍由洳口破走兀朮。僞守趙榮以宿州降，李世輔以亳州降。詔除少師，餘官悉如故。明年，虜都統周太師者，以大軍入寇，水陸並進，未及渡淮，王督士馬拒戰於淮陽，又走之。因取劉冷莊，設伏掩擊，遂至沂水，虜溺水不知其數。又遣偏將王勝攻下海州，取懷仁諸縣，破千秋湖陵大寨，擒虜帥郭太師。依前功臣、三鎮節鉞，淮東宣撫處置使、兼河南北諸路招討使、營田大使，封英國公。」

案：碑中所述趙榮、李世輔歸降事，《要錄》中辨其不然，引見去年八月「遺書秦檜」條下。《十將傳》所載各事次第亦頗有前後失序之處，因將二者彙附於此。

《墓志》：「進攻淮陽，虜酋撻里孛堇者驍勇蓋衆，獨出挑戰，不勝而逃。有馬太師亦號勇將，欲乘兩虎相斃之勢，奮迅而出，亦重傷敗去，退而太息曰：『名不虛得矣。』師旋，斬捕首虜過當，封英國公。」

案：當韓氏之進攻淮陽也，金之統帥非撻里孛堇，馬太師之名亦不見它書。韓氏之封英國公亦非此時事。《墓志》此段蓋無一是處。

九月，宰相秦檜主罷兵，命李易詣公諭旨。

《要錄》卷一三七：「九月壬寅朔，遣起居舍人李易赴韓世忠軍前議事。宰相秦檜主罷兵，召湖北京西宣撫使岳飛赴行在，遂命易見世忠諭旨，時淮西宣撫副使楊沂中還師鎮江府，三京招撫處置使劉光世還池州，淮北宣撫判官劉錡還太平州，自是不復出師。」

十月，李寶率其衆歸於公。

《北盟會編》卷二百四：「十月十五日丙

戌，李寶以其衆歸於淮東宣撫使。——李寶自五月在渤海廟克捷，即放船越廣濟軍，遇金人綱船，得銀絹錢米甚多，將抵徐州，與金人船相遇，乃來戍徐州者，寶方欲嚴備，過徐州，曹洋曰：『我有備矣，金人不知我至，必無備，當掩擊之。』金人果無備，皆不及持丈，爲寶所殺，生擒七十餘人，寶欲殺之，洋曰：『不可。我方欲歸朝廷，何不留金人生口以爲實驗。』寶然之。已過淮陽軍，知軍賈舍人乘馬率人從十數進攻，叩岸呼曰：『爾爲誰？』時寶之衆皆緋襭頭巾緋襭袍爲號，寶應曰：『我曹州潑李三也，欲歸朝廷耳。』言訖，引弓一發，賈舍人中矢墮馬，船已行矣。出清河古渡南岸而見胡深，作一寨聚居民養種，深乃具申宣撫使，韓世忠差許世安、王權來接引。丙戌，寶到楚州，世忠犒勞甚厚。寶以生口七十餘解赴世忠，世忠大喜。」

十二月，呼延通投淮陰縣運河卒。

《北盟會編》卷二百四：「《遺史》曰：韓世忠晚年好遊宴，常赴諸統制之請，莫不以妻女勸酒，世忠必酣醉而後歸，惟呼延通忿忿有不平之意，雖備禮邀世忠到私宅，然未嘗輒離左右。一日，世忠與水軍統制郭宗儀會於通家，世忠略寢，通以手捉世忠之佩刀，宗儀適見之，搦通之手而呼曰：『統制不可。』世忠覺而大驚，急馳馬奔歸，而令擒呼延通。既至，世忠數其罪，責爲崔德明軍中自效，德明戍淮陰，故通在淮陰。世忠以十二月二十三日誕生，是日，諸軍獻壽者甚盛，世忠臨廳事坐而受之。最後通獻壽酒，世忠見通即走入府第不出，通伏於地，滴淚成泓，衆勸促通，通乃起身而去，出門上馬，奔還淮陰。德明獻壽回，數通不合擅自離軍之罪，決數十下，通快快投運河，運河水深，急救之出水，已不甦，倒控其水，以身著毛衫，領窄，水脹，束其頸，水不得出而死。人皆惜之。世忠後亦深自悔恨。」

紹興十一年辛酉，五十三歲。

二月，公赴援淮西。

《北盟會編》卷二百五：「（紹興十一年二月）初六日乙亥，韓世忠、岳飛以兵援淮西。」

張俊、楊沂中、劉錡大破金人於柘皋鎮。

同書同卷：「二月十八日丁亥，張俊、楊沂中、劉錡及金人戰於柘皋鎮，大破其軍。——金人退軍也，日行三五里或一二十里，退至柘皋，柘皋皆平地，金人謂騎兵之利也。張俊、楊沂中會劉錡之軍皆到，兀朮率鐵騎十餘萬，分兩隅夾道而陣，沂中輕進不利，統制官輔逵被箭中目。王德曰：『賊右隅皆勁騎，吾當先破之。』乃麾軍濟渡，奮勇先登，薄其右隅，賊陣動，有一酋被鎧躍馬指畫部隊。德引弓一發，酋應弦墮馬，德乘勢大呼馳擊，諸軍皆鼓譟，金人以拐子馬兩翼而進，德率衆鏖戰，大破之。金人退還紫金山。劉錡謂德曰：『昔聞公威略如神，今果見之，請以兄禮事公。』錡遂再拜焉。俊有愛妾，錢塘妓張穠也，知書，俊文字，穠皆與之。柘皋之役，俊發家書囑穠照管家事，穠有書報俊，引霍去病、趙雲不問家事以堅俊之意。且言：『今日之事惟在於宣撫，不當以家事爲念，勉思報國。』俊得書，釋然而喜，遂以其書繳奏，上大喜，親書獎諭以賜穠。」

案：《要録》卷一三九記柘皋之役與此略同，但「兀术率鐵騎十餘萬」句改作「敵將邢王與鎮國大將軍韓常等以鐵騎十餘萬」，其下並附有考語云：「趙甡之《遺史》、熊克《小曆》皆稱『兀术以鐵騎十餘萬夾道而陣』，按三宣撫所申，止稱『邢王、韓將軍五太子大兵及自廬州前來兀术軍馬』，蓋兀术自廬州濟師，非其親出也。甡之、克小誤。」今查《十三處戰功録》亦作「虜將邢王與韓常等以鐵騎十萬分爲兩隊夾道而陣」，而無兀术之名，則李氏所考爲是。今以《會編》叙事稍簡，故用之。

三月七日，公敗金人於聞賢驛。

《要録》卷一三九：「三月（庚子朔）丙午，京東淮東宣撫處置使韓世忠舟師至招信縣。夜，世忠以騎兵遇金人於聞賢驛，敗之。」

《會要·兵捷門四》：「三月十三日，韓世忠言：今月七日濠州探報兀术賊馬欲來攻取本州，即時選揀馬軍，於當夜二更以來，躬親將帶前去迎敵，至五更到地名聞賢驛，與兀术賊軍相遇，追殺三十餘里，除殺蕃賊約一千餘人外，生擒到女眞吵環等一十二人，並奪到鞍馬軍器一千餘件，賊馬直過淮北，一發奔潰，占據濠州了當。」（兵一四之三五）

八日，金人陷濠州。

《要録》卷一三七：「丁未，金人陷濠州，武功大夫、忠州刺史知州事王進爲所執，兵馬鈐轄、武功郎、閤門宣贊舍人邵青巷戰死之。」

十日，公引兵至濠州。

同書同卷：「己酉，韓世忠引兵至濠州。（《日曆》：『世忠申，初十日與賊接戰，至三更以來，賊馬滚隊直過淮北，世忠占據濠州。』趙雄撰《世忠神道碑》云：『敵别將數萬屯定遠，王遣成閔以輕騎追之，轉戰數日，兀朮中克敵弓以走，其衆大潰，遂奪鍾離。』以諸書參考，兀朮此時不在濠州，又金人既破濠州，即焚掠而去，不待官軍收復也。碑之所云，皆非其實。）」

「庚戌，秦檜奏：『近報韓世忠距濠三十里，張俊等亦至濠州五十里。又岳飛已離池州去會師矣。』上曰：『首禍者唯兀朮，戒諸將無務多殺，惟取兀朮可也。……』」

十二日公與金人戰於淮岸，謀乘夜泝流劫之，未成。

同書同卷：「辛亥，韓世忠與金人戰於淮岸。夜遣游奕軍統制劉寶率舟師泝流，欲劫金人於濠州，金人覺之，先遣人於下流赤龍洲伐木以扼其歸路。有自岸呼曰：『赤龍洲水淺可涉，大金已遣人伐木，欲塞河扼舟船，請宣撫速歸。我趙榮也。』諸軍聞之，皆以其言有理，世忠亦命速歸，而金人以鐵騎追及，沿淮岸且射且行，於是矢著舟如蝟毛。至赤龍洲，金人果伐木漸運至淮岸，未及扼淮而舟師已去。金人復歸黃連埠。（此據趙甡之《遺史》附入。據《日曆》載世忠申狀乃云：『十二日三更後遣劉寶泝流再往濠州兩岸攻擾賊寨，至十三日，終日接戰，萬户以下共折萬餘人，馬數千匹。』與牲之所云全不同，不知何也。）」

《十將傳》：「十一年，兀朮恥順昌之敗，復謀再入，詔大合兵於淮西以待之，既而虜破敗於柘皋矣，復圍濠州。世忠受詔救濠，以舟師至招信縣，而夜以騎兵擊虜於聞賢驛，敗之。虜攻濠五日而陷，陷甫三日而世忠至，則楊沂中之軍已□奔矣。世忠與虜戰於淮岸夜遣劉寶泝流將劫之，虜伐木塞赤龍洲扼我歸路，世忠知之，全師而還。金人亦自渦口渡淮北去，自是不復入寇矣。」

《會要·兵捷門四》：「三月十七日，淮東宣撫司言：『今月十二日早兀朮親領馬步軍前來衝撞官軍，世忠遣發舟船水陸轉戰，自早至申殺退，射死兀朮所領萬戶千戶以下及當陣落馬身亡幾二萬餘衆。』」（兵一四之三五）

高宗賜手札褒獎。

《忠武王碑》：「是年，虜犯淮西，殿帥楊存中合宣撫使張俊之師與戰於鍾離，弗克，詔王赴援。虜別軍數萬屯定遠，王遣成閔以輕騎擊破之，轉戰數日，兀朮中克敵弓以走，其衆大潰，遂奪鍾離。捷聞，太上賜札曰：『聞卿親率將士，與賊接戰，迫逼直至城下，賊馬一發奔潰過淮，卿已復據州。卿忠義之氣，身先士卒，親遇大敵，嘉歎何已。何卿前後所料賊情，一一必中，今日善後之策，更爲深加思慮措置以聞也。』」

案：兀朮中克敵弓及克復鍾離事，《要錄》中辨其不然，已見前引。「太上賜札」云云，爲他書所不載，想即在圍攻濠州之後，因次於此。

公上章論爵賞之濫。

《忠武王碑》：「王因上章極言爵賞之濫，乞自今非破虜復境土，不畀崇資，以塞倖門。」

夏四月，秦檜密奏於高宗，以柘皋之捷，召公與張俊、岳飛並赴行在，論功行賞，遂罷三人兵柄，分除樞密使、副。

《要錄》卷一四〇：「夏四月（己巳朔）辛卯，詔給事中直學士院范同令入對。初，張浚在相位，以諸大將久握重兵難制，欲漸取其兵屬督府，而以儒臣將之。會淮西軍叛，浚坐謫去。趙鼎繼相，王庶在樞府，復議用偏裨以分其勢，張俊覺之，然亦終不能得其柄。至是，同獻計於秦檜，請皆除樞府而罷其兵權，檜納之，乃密奏於上，以柘皋之捷，召韓世忠、張俊、岳飛并赴行在，論功行賞。時世忠、俊已至，而飛獨後，檜與參知政事王次翁憂之。……及是，飛乃至，上即召同入對，諭旨令其與給事中兼直學士院林待聘分草三制。是夕鎖院。」「壬辰，揚武翊運功臣、太保、京東淮東宣撫處置使兼河南北諸路招討使、節制鎮江府、英國公韓世忠，安民靖難功臣、少師、淮南西路宣撫使兼河南北諸路詔討使、濟國公張俊，並爲樞密使。少保、湖北京西路宣撫使兼河南北諸路招討使岳飛爲樞密副使。並宣押赴本院治事。世忠既拜，乃製一字巾，入都堂則裹之，出則以親兵自衛。檜頗不喜。飛披襟作雍容狀。檜亦忌之。」

徐自明《宋宰輔編年錄》卷十六《世忠除樞密使制》曰：「合將相之權，均任安危之寄；兼文武之用，式恢長久之圖。

乃眷勳賢，宜膺榮寵。爰契華戎之望，俾親帷幄之咨。載協剛辰，誕敭顯冊。具官韓世忠才資剛果，智慮精深。英規默合於孫吳，義概羞稱於賁育。忠貫日月，靡渝金石之堅；功若丘山，具渙旂常之紀。屢東巡於吳會，資外屏於淮壖。雖固壘深軍，志必以全取勝；而枕戈待旦，誓不與虜偕存。蠢爾逆胡，擾我近服，幸偷生于淝水，復送死於濠梁。露橈千艘，實贊征南之策；夾道萬弩，旋致馬陵之師。方摩牙搖毒而競前，忽洞胸達腋而俱靡。折姦挫銳，寧論破敵之奇；禁暴息民，正賴興邦之略。朕惟膏粱不可以愈疾，尸祝不可以代庖。觀時適變，則事得其宜；因能授職，則才周于用。故勾踐以二臣治國，蠡蓋總於甲兵；漢高以三傑開基，信實顯於征伐。是（命）〔用〕分命雋哲，延登廟堂，越升樞極之崇，仍復公臺之貴。益封多戶，衍食眞租。褒是徽章，庸昭異數。於戲，貴謀賤戰，是謂王者之兵；同寅協恭，乃大賢人之業。欽承丕訓，益厲遠猷。（朱震詞）」

【附錄】《朱子語類》卷一三一《中興至今日人物》：「嘗見《征蒙記》（李成之子某從兀朮征蒙國，因記征蒙時事。）云：兀朮在甚處，淮上一士人說之曰：『今韓世忠渡江，遺棄糧草甚多，若我急往收取，資之以取江南，必可得也。』兀朮然其言，遂急來淮上，則空無所有。蓋已先般輜重糧草歸而後抽軍回也。彷徨淮上，正未有策，而糧草已竭，窘不可言。先已敗於劉錡，錡在順昌扼其前，進退不可，遂遣使請和。兀朮謂其下曰：『今南朝幸而欲和，即大幸；不然即送死耳，無策可爲也。』這下又不知其狼狽如是，若知之，以偏師臨之，無遺類矣。是時稍勝，然高宗終畏之，欲和，因其使來，喜甚，遂遣使報之欲和，兀朮大喜，遂得還。是兀朮不敢望和，自以爲必死，其遣使也，蓋亦謾試此間耳。可惜此機會，所以後來也怕，一向欲和。」

案：右事它書俱不載，其確否蓋亦難斷。以其謂在劉錡順昌捷後，姑附次於此。

乙未，張俊希秦檜意，首納所統兵。是日，詔罷宣撫司。

《要錄》卷一四〇：「乙未，樞密使張俊言：『臣已到院治事，見管軍馬伏望撥屬御前使喚。』時俊與秦檜意合，故力贊議和。且覺朝廷欲罷兵權，即首納所統兵。上從其請，復召范同入對，命林待聘草詔書獎諭。詔詞略曰：『李郭在唐，俱稱名將，有大功於王室，然光弼負不釋位之釁，陷於嫌隙，而子儀聞命就道，以勳名福祿自終。是則功臣去就取舍之際，是非利害之端，豈不較然著明。』意蓋有所指也。上謂韓世忠、張俊、岳飛曰：『朕昔付卿等以一路宣撫之權尙小，今付卿等以樞府宣撫之權甚大，卿等宜共爲一心，勿分彼此，則兵力全而莫之能禦，顧如兀朮，何足掃除乎！』是日，詔宣撫司並罷。遇出師臨時取旨。逐司統制官已下，各帶『御前』字入銜，令有司鑄印給付。且依舊駐劄。將來調發，並三省樞密院取旨施行。仍令統制官等各以職次高下輪替入見。」（罷宣撫司事，

《會要・職官》四一之三四所載略同）

癸卯，進公部曲王勝等人官。

同書同卷：「癸卯，御前統制昭信軍承宣使王勝、江州觀察使劉寶並加龍神衛四廂都指揮使，磁州團練使成閔爲棣州防禦使，中亮大夫、果州觀察使岳超領武勝軍承宣使。四人皆韓世忠部曲也。」

乙巳，公獻西馬五百匹。

同書同卷：「樞密使韓世忠獻西馬五百匹在楚州諸軍者，詔收入帳。」

丁未，詔公聽候御前委使，張俊、岳飛出使按閱，措置戰守。

同書同卷：「丁未，詔韓世忠聽候御前委使，張俊、岳飛帶本職前去按閱御前軍馬，專一措置戰守。時秦檜將議和，故遣俊、飛往楚州，總淮東一路全軍還駐鎮江府。（二樞使出使，未見降旨之日，今年六月二十日耿著狀云：『五月上旬有指揮，韓世忠聽候御前委使，張俊、岳飛出外按閱軍馬。』丁未初十日也，故附於此日。又按《日曆》，此月十一日戊申韓世忠獻錢糧之在楚州者，宜與此相關。權附此，須求他書參考本日。）」

《北盟會編》卷二一六：「五月二十九日丙寅，張俊、岳飛往淮東撫定韓世忠之兵。……更軍制之初，諸軍未悉朝廷之意，將士不安，乃命張俊、岳飛拊循之。」

戊申，公以軍須錢，椿管米及鎮江等地公使回易激賞等酒庫進納，受詔嘉獎。

《要錄》卷一四〇：「戊申，樞密使韓世忠言：『自提兵以來，有回易利息及收簇趲積軍須見在錢一百萬貫，排垛楚州軍前；軍中耕種並樁管米九十萬石，見在楚州封樁，及鎮江府揚、楚、眞州、高郵縣、江口、瓜洲鎮正賜公使回易激賞等酒庫一十五，合行進納，望下所屬交收。』詔嘉奬。」

六月癸未，張俊、岳飛至楚州，飛深歎公治戎之才。俊總軍還鎮江，惟背嵬軍赴行在。

同書同卷：「六月（戊辰朔）癸未，張俊、岳飛至楚州。飛居城中，俊居於城外，中軍統制王勝引甲軍而來。或告俊曰王勝有害樞使意。（俊父名密，四月甲午得旨以樞使稱呼。）俊亦懼，問何故擐甲，勝曰：『樞使來點軍，不敢不貫甲耳。』俊乃命卸甲，然終憾之。飛視兵籍，始知韓世忠止有衆三萬，而在楚州十餘年，金人不敢犯，猶有餘力以侵山東，可謂奇特之士也。時統制河北軍馬李實戍海外，飛呼至山陽，慰勞甚悉，使下海往山東牽制，寶焚登州及女登縣而還。俊以海州在淮北，恐爲金人所得，因命毀其城，遷其民於鎮江府，人不樂遷，莫不垂涕。俊遂總世忠之軍還鎮江，惟背嵬一軍赴行在。」

章穎撰《岳飛傳》：「俊與飛視韓世忠軍，世忠嘗以謀劫虜使敗和議忤檜，俊承檜風旨欲分其背嵬，俊謂飛曰：『上留世忠而使吾輩視其軍，朝廷意可知也。』飛曰：『不然，國家所賴以圖恢復者唯自家三四輩，儻主上復令韓太保典軍，吾儕將何顏以見之？』俊不樂。比至楚州，登城行視，俊謂飛曰：『當修城以爲守備計。』飛曰：『所當戮力以圖恢復，豈可爲退保計？』俊變色，遷怒於二候兵，以微罪斬之。韓世忠軍吏耿著與總領胡訪言：『二樞密來，必分世忠之軍，以爲生事。』訪上其語，檜怒，捕著下大理獄，擇酷吏鍛鍊，欲誣世忠，飛嘆曰：『吾與世忠同王事，而世忠以無辜被罪，吾爲負世忠。』乃馳書告世忠，世忠大懼，亟奏乞見，伏地自明，上諭之曰：『安有是？』撫勞起之。明日宰執奏事，上以語檜，且促具著獄，著坐妄言追官流嶺外，而分軍之事不復究矣。俊於是大憾飛。」

秋七月甲戌，岳飛罷樞密副使，復爲武勝定國軍節度使，充萬壽觀使。

《要錄》卷一四一：「秋七月（丁酉朔）壬子，右諫議大夫万俟卨言：『伏見樞密副使岳飛，爵高祿厚，志滿意得。平昔功名之念，日以積惰，今春敵寇大入，疆場騷然，陛下趣飛出師，以爲犄角，璽書絡繹，使者相繼於道，而乃稽違詔旨，不以時發。久之，一至舒蘄，匆卒復還。所幸諸帥兵力自能卻賊，不然，則其敗撓國事，可勝言哉。比與同列按兵淮上，公對將佐謂山陽不可守，沮喪士氣，動搖民心，遠近聞之，無不失望。伏望免飛副樞職事，出之於外，以伸邦憲。』」

「癸丑，上謂大臣曰：『山陽要地，屏蔽淮東，無山陽則通泰不能固，賊來徑趨蘇、常，豈不搖動？其事甚明。比遣張俊、岳飛往彼措置戰守，二人登城行視，飛於衆中倡言楚不可守，城安用修，蓋將士戍山陽厭久，欲棄而之他，飛意在附下以要譽，故其言如此。朕何賴焉？』秦檜曰：『飛對人之言乃至是，中外或未知也。』先是，飛數言和議非計，檜大惡之。（《岳侯傳》云：「紹興十一年大金約和，上令議和事便與不便，侯奏白：『金人無故約和，必探我國之虛實，如前年正約和間併兵盡舉，張浚不能迎過，其軍大潰，失陷川陝。兀朮韓常重兵攻淮西，是時韓世忠在楚州，亦無所措，遂求救於朝廷，後無旬日，盡失淮楚，退兵回往鎮江，以拒江為險，更無前進之意。大概行兵無方略，料敵無智勝，賞罰不明，信令不行，兵無鬥志，是以戰之不克，攻之不拔，則敗之由也。如臣提兵深入敵境，潁昌之戰，我兵大捷，敵衆奔潰，前入汴京。當時戮力齊心，上下相副，併兵一舉，大事可成。今日兀朮見我班師，有何懼而來約和，豈不為詐？據臣所見，為害不為利也。』」

此奏不見於他書。按飛自郾城歸後，兀朮未嘗求和。又其詞拙樸，疑亦未真。附著於此，存其意可也。）飛自楚歸，乃令卨論其罪，始有殺飛意矣。（熊克《小曆》稱卨言：『飛倡言棄兩淮以動朝廷，此不臣之漸也。』蓋孫覿撰卨墓誌云爾，今《日曆》載卨三章，乃無此語，克又不考而遂因之。今仍載其本文，庶不失實。）

「甲戌，少保、樞密副使岳飛復爲武勝定國置節度使、充萬壽觀使。右諫議大夫万俟卨既劾飛罪，未報，御史中丞何鑄、殿中侍御史羅汝檝復交疏論之，大略謂飛被旨起兵，則略至龍舒而不進；銜命出使，則欲山陽而不守。以飛平日不應至是，豈非忠衰於君耶？自登樞筦，鬱鬱不樂，日謀引去。嘗對人言：此官職數年前執政除某而某不願爲者。妄自尊大，略無忌憚。近嘗倡言山陽之不可守，軍民搖惑。使飛言遂行，則幾失山陽，後雖斬飛何益。伏乞速賜處分，俾就閑祠，以爲不忠之戒。卨章四上，又錄其副示之，飛乃丐免，故有是命。（熊克《小曆》載：『張俊、岳飛皆在鎮江府，而万俟卨等論飛罪，於是飛上章匄罷，以為萬壽觀使。飛既罷，而俊獨留鎮江為備。』按趙甡之《遺史》，今年七月初，俊、飛自楚州俱還，而本月俊再出使，飛不行，故此月己卯諫疏有云：『岳飛官屬，盡辟充行府差遣，飛既不行，遂各請宮祠，平居無事，聚於門下，比緣臺諫繳納副本，一夕散去。』以此考之，蓋知飛不在鎮江無疑也。克實甚誤。）」

冬十月壬午，遣魏良臣、王公亮往兀朮軍前通問。

《要錄》卷一四二：「冬十月（丙寅朔）壬午，權尚書吏部侍郎魏良臣落權字，充大金軍前通問使。翊衛大夫、保信軍承宣使、知閤門事王公亮落階官，爲福州觀察使，副之。國書但使之斂兵，徐議餘事。」

癸巳，公罷樞密使，除太傅，爲橫海武寧安化軍節度使、充醴泉觀使。

《要錄》卷一四二：「癸巳，揚武翊運功臣、太保、樞密使、英國公韓世忠罷爲橫海武寧安化軍節度使，充醴泉觀使，奉朝請，進封福國公。世忠既不以和議爲然，由是爲秦檜所抑。至是，魏良臣等復行，世忠乃諫，以爲中原士民迫不得已淪於域外，其間豪傑莫不延頸以俟弔伐。若自此與和，日月侵尋，人情銷弱，國勢委靡，誰復振乎。又乞俟北使之來，與之面議。優詔不許。世忠再上章，力陳秦檜誤國，詞意剴切，檜由是深怨世忠。（據趙雄撰《世忠神道碑》增入。碑在除樞密使之前，誤也。自敵渝盟之後，未嘗有使到，今移於此，庶不牴牾也。）言者因奏其罪，上留章不出。世忠亦懼檜陰謀，乃力求閒退，遂有是命。世忠自此杜門謝客，絕口不言兵，時跨驢攜酒，從一二童奴游西湖以自樂，平時將佐，罕得見其面云。」

《會要·宮觀使門》：「（紹興十一年）十月二十八日，太保、樞密使韓世忠除太傅，充醴泉觀使。」（職官五四之一四）

《十將傳》：「世忠既不以和議爲然，爲秦檜所抑。及魏良臣使虜，世忠又力言自此人情消弱，國勢委靡，誰復振之？北使之來，乞與之面議。優詔不許。遂抗疏言秦檜誤國。檜諷言者論之，上格其奏不下。世忠連疏乞解樞柄，繼上表乞骸骨。十月，罷爲醴泉觀使，奉朝請，進封福國公，節鉞如故。自此杜門謝客，絕口不言兵。時跨驢攜酒，從一二奚奴縱游西湖以自樂。平時將佐罕得見其面。」

《墓志銘》：「封英國公。會虜主遣完顏烏陵孛堇來聘，請以太上皇梓宮、皇太后鑾駕來歸，除前事，復故約。上曰：『誠如書，吾能忍詬以從。』使驛五反，歲行兩周，而和戎之議定，兩地宴然解兵徹警。公自山陽造朝，拜樞密使，貂冠赤舄，入侍帷幄，極人臣之道。閱數月，思避時柄，上書解機務，不許。章累上，且曰：『臣蒙國厚恩，誓捐軀戰場，效一死以報。今以非材，承輔樞極，進陪國論，實懷危溢之懼。所冀天慈，俾解將相之官，以祠官奉朝請，日望清光，不勝區區至願。』上不能奪，加太傅、鎮南武安寧國軍節度使，充醴泉觀使、咸安郡王。恩禮褒寵，度越前比。公受命已，杜門謝客，絕口不論兵，時跨一驢，從二三童奴，負几杖，挈酒壺爲西湖山水之游。解衣籍草，命酒獨酌，興盡而返。平時將佐部曲，皆莫見其面。」

案：韓氏之拜樞密使不在完顏烏陵孛堇來聘議和之時，此上逐年各條可見。其進封咸安郡王在十三年二月，改除鎮南武安寧國軍節度使在十七年三月，孫氏以爲即在罷樞密使之時，誤也。然其所節韓氏章疏云云，則當在乞罷樞使之時，故合併錄附於此。

《忠武王碑》：「時和議復成，秦檜權力益盛，異己者禍如發矢，王復危言苦諫，以爲中原士民迫不得已，淪於腥羶，其間豪傑莫不延頸以俟弔伐，若自此與和，日月侵尋，人情銷弱，國勢委靡，誰復振之？太上復賜札嘉獎。又乞與北使面議，優詔不許。尋再上章，力陳秦檜誤國，詞意剴切，檜由是深怨於王。已而盡撤邊備，召諸大將還闕，王及張俊、岳飛除樞密使副。王上表乞解樞務，避寵丐閑，時論高之。時紹興十一年也。又上表乞骸骨，不許，除太傅，依前三鎮節鉞，充醴泉觀使，進封福國公，賜第都城，奉朝請。」

案：韓氏之諫和議當在已除樞密使之後，碑文云云頗失先後之序，詳見前引李心傳辨正之文。以「賜第」事爲他書所不載，姑附錄於此。

《宋宰輔編年錄》卷十六：「十月癸巳，韓世忠罷樞密使。（自太保、英國公授太傅、橫海武寧安化軍節度使，充醴泉觀使，加揚武翊運功臣。）制曰：『進則顯密席之崇，允賴威名之重；退而處殊庭之秩，蓋從偃息之休。眷若勛賢，勞於事任。茲力祈於閒佚，其寵渙於恩褒。爰造治朝，誕敷明命。具官韓世忠忠懷亢烈，風概沉雄，偉然一世之英，凛有萬夫之望。陳軍謨而訓旅，勇且知方；持師律以臨戎，多而益辦。自歷艱虞之險，備殫守攻之勤。勳在王家，爛若旂常之紀；威行夷裔，烈如雷電之馳。比由外閫之嚴，入幹鴻樞之柄。予深注意，日觀前箸之籌；敵亦聳聞，固已側席而坐。何忽陳於悃愊，願即遂於燕申。謂收身於百戰之餘，難復縻以萬微之務。冀黃樞之得謝，追赤松而與遊。載嘉止足之風，固宜從欲；獨念倚毗之久，弗忍遐遺。是用斥帝傅之峻班，還將壇之疊組。乃冠靈臺之號，併增井食之封。俾諧就第之榮，不廢造朝之體。有蕃命數，式侈寵光。於戲！知臣下勤勞，朕尙迪寬洪之度；以功名終始，爾克遵明哲之規。雖出處之或殊，實安危之並倚。勿云釋位，不我告猶。』」

和議復成。

《要錄》卷一四二：「十有一月（乙未朔）辛丑，金國都元帥宗弼遣魏良臣等還，許以淮水爲界，歲幣銀帛各二十五萬匹兩，又欲割唐鄧二州，因遣其行臺戶部侍郎蕭毅、翰林侍制同知制誥邢具瞻審定可否。」

「乙卯，御史中丞何鑄充端明殿學士簽書樞密院事，充大金報使。」

「丁巳，拱衛大夫、利州觀察使、知閤門事曹勛落階官爲容州觀察使，充報謝副使。」

「戊午，金國審議使蕭毅等辭行。時朝廷許割唐鄧二州，餘以淮水中流爲界。毅辭，上諭曰：『若今歲太后果還，自當謹守誓約；如今歲未也，則誓文爲虛設。』」

同書卷一四三：「十有二月（乙丑朔）乙亥，簽書樞密院事大金報謝使何鑄等至軍前，金國都元帥宗弼遣鑄往會寧，且以書來索北人之在南者，因趣割陵西餘地。是日，朝廷亦遣莫將、周聿往割唐鄧。又命鄭剛中分劃陝西，以劉豫、吴玠元管地界爲準。」

十二月二十三日辛巳，公生日，詔賜羊酒米麵等。

劉才邵《檆溪居士集》卷六《賜太傅韓世忠生日詔》：「頃從右府，均逸眞祠。屬茲載誕之辰，爰舉匪頒之式。其留寵數，益保壽康。今賜卿生日羊酒米麵等，具如別錄，至可領也。故茲詔示，想宜知悉。」

案：四庫本《檆溪居士集》於此詔標題下附考語云：「案周必大《玉堂雜記》：宰執及親王使相太尉生日，天章閣排辦牲餼，預申學士院撰詔及寫賜目一紙，各請御寶，前一日差內侍持賜。又云：祖宗朝，牲餼外又賜器幣，過江後惟牲餼耳。米麵本色，羊準價，酒則臨安釀造，臨時加以黃封。賜韓世忠以下十詔，蓋當時故事也。附識於此。」而此詔降於何時，則未之及，茲據起首「頃從右府，均逸眞祠」二句，斷其即在本年，當不誤也。

二十九日癸巳，岳飛賜死。

《要錄》卷一四二：「九月癸卯，鄂州前軍副都統制王俊詣都統制王貴告副都統張憲謀據襄陽爲變。……張俊在行府聞之，遂收憲屬吏。」

同書卷一四二：「十月戊寅，少保、醴泉觀使岳飛下大理寺。先是，樞密使張俊言：張憲供通爲收岳飛處文字後謀反，行府已有供到文狀。左僕射秦檜乘此欲誅飛，乃送飛父子於大理獄，命御史中丞何鑄、大理卿周三畏鞫之。」

同書卷一四三：「十有二月癸巳，岳飛賜死於大理寺。飛既屬吏，何鑄以中執法與大理卿周三畏同鞫之，飛久不伏，因不食求死。命其子閤門祗候雷視之。至是，万俟卨入臺月餘，獄遂上。及聚斷，大理寺丞朱若樸、何彥猷言飛不應死，衆不從，於是飛以衆證，坐嘗自言己與太祖俱以三十歲節度使爲指斥乘輿，情理切害；及敵犯淮西，前後受親札十三次，不即策應，爲擁兵逗留。當斬。……詔飛賜死。……仍籍其貲，流家屬於嶺南，天下冤之。飛死年三十九。初，獄之成也，太傅、醴泉觀使韓世忠不能平，以問秦檜，檜曰：『飛子雲與張憲書雖不明，其事體莫須有。』世忠怫然曰：『相公，莫須有三字，何以服天下乎！』……」

【附錄】李心傳《舊聞證誤》卷四考證一則：「紹興壬戌罷三大帥兵柄，時韓王世忠爲樞密使，語馬帥解潛曰：『雖曰講和，敵性難測，不若姑留大軍之半於江之北，觀其釁。公其爲我草奏以陳此事。』解用指爲劄子，韓上之，已而付出，秦會之語韓云：『何不素告我而遽爲是耶？』韓覺秦詞色稍異，倉卒皇恐，即云：『世忠不識字，此乃解潛爲之使其上耳。』秦大怒，翌日貶潛單州團練副使，南安軍安置。張子韶云。（出王明清《揮麈後録》）。按：解承宣初以趙忠簡引爲步帥，紹興八年，忠簡罷，解力求去。九年夏，罷爲福建總管。此時韓良臣爲淮東宣撫使也。十一年四月韓罷爲樞密使，乃命張、岳二將往山陽總其兵還屯京口。十四年三月，言者劾解本忠簡之客，不從和議，乃責散官，安置南安軍。王所聞皆誤。先是，七年十一月，秦檜之爲樞密使，奏令韓還屯京口，韓言：『敵情難測，將以計緩我，乞留此軍遮蔽江淮。』上然之，乃留屯山陽。時忠簡再相，解典步軍在金陵，或指此也。然當張通古來時，韓五上書力諫，及蕭毅再至，又力論其非，請與敵使面議，且上疏論檜之誤國。由是觀之，韓非倉卒退避而諉之他人者。子韶與解同謫居，不應誤，王之言未深考。」

紹興十二年壬戌，五十四歲。

八月，金人以徽宗梓宮及皇太后還。庚午，入楚州界。

《北盟會編》卷二一一：「紹興十二年八月十日庚午，徽宗皇帝、顯肅皇后、懿節皇后梓宮及皇太后歸自金國，入楚州界。」

辛巳，高宗迎皇太后於臨平鎮，公從行，

皇太后特召至簾前慰問焉。

《要錄》卷一四六：「辛巳，上奉迎皇太后於臨平鎮。初，后既渡淮，上命秦魯國大長公主、吳國長公主逆於道，至是，自至臨平奉迎。……上初見太后，喜極而泣。軍衛歡呼，聲震天地。時宰相秦檜、樞密使張俊、太傅醴泉觀使韓世忠及侍從兩省三衛管軍從上行，皆班幄外。太后自北方聞世忠名，特召至簾前曰：『此爲韓相公耶？』慰問良久。其後餉賜無虛月。」

《北盟會編》卷二一一：「車駕如臨平鎮奉迎皇太后也。是日，上入幄朝見，宰相及文武百官班幄外，起居如儀。上初瞻慈容，喜深感極，淚濕龍綃。軍衛歡聲動天地。父老童稚，攜持夾道擁觀，以手加額，咸感歎曰：『不圖復見聖神母子之重驩如此也。』初，太后見將相大臣班列於道，顧左右曰：『孰是韓世忠？虜中皆知其名。』左右指世忠，太后嘉歎久之。」

冬十月，進封潭國公。

《要錄》卷一四七：「冬十月壬午，太傅、醴泉觀使、福國公韓世忠進封潭國公。」

十一月，劉光世薨。

同書同卷：「十有一月（己丑朔）辛丑，和衆輔國功臣、太保、護國鎮安保靜軍節度使、充萬壽觀使、楊國公劉光世薨於行在，年五十四。詔贈太師。光世早貴，其爲大將，御軍姑息，無克復志，論者以此咎之。（光世乾道八年追封安城郡王，開禧元年又封鄜王。熊克《小曆》載光世薨在今年正月，蓋《林泉野記》

之誤，而克又因之。)」

十二月，公上書願獻所賜田及私置田三年所收之穀助軍儲，不許。

同書同卷：「十有二月己未朔。己卯，太傅、醴泉觀使、潭國公韓世忠奏：『先蒙賜到田土，並私家所置良田，歲收糞萬石，願以三年所收之數獻納朝廷，以助軍儲。』不許。上謂秦檜曰：『唐藩鎮跋扈，蓋由制之不早，遂至養成。今兵權歸朝廷，朕要易將帥，承命奉行，與差文臣無異也。』」

作詞贈蘇符，當在本年前後。

費袞《梁谿漫志》卷八《韓蘄王詞》：「紹興間，韓蘄王自樞密使就第，放浪湖山，匹馬數童，飄然意行。一日，至湖上，遙望蘇仲虎尙書宴客，蘄王徑造其席，喜甚，醉歸。翌日折簡謝，餉以羊羔，具作二詞手書以贈，蘇公緘藏之，親題其上云：『二關三紙勿亂動。』淳熙丁未，蘇公之子壽父山丞太府，攜以示蘄王長子莊敏公，莊敏以示予，字畫殊傾敧，然其詞乃林下道人語。莊敏云：『先人生長兵間，不解書，晚年乃稍稍能之耳。』其一詞《臨江仙》云：『冬看山林蕭疏淨，春來地潤正濃。少年衰老與山同。世間爭名利，富貴與貧窮。榮貴非干長生藥，清閒是不死門風。勸君識取主人公。單方只一味，盡在不言中。』其二《南鄉子》云：『人有幾何般，富貴榮華總是閒。自古英雄都如夢，爲官寶玉妻男宿業纏。年邁衰殘，鬢髮浪骨髓乾。不道山林有好處，貪歡。只恐癡迷誤了賢。』世忠上。」

樓鑰《攻媿集》卷七五《跋韓世忠武王

詞》云：「近見費補之（衮）《梁谿漫志》：『紹興間韓蘄王，……晚年乃稍能之耳。』嘉定改元，莊敏公次子樞密承旨帶御器械杕以二石詞本見示，益信梁谿之說，但詞中一二字不同耳。昔人有競病之詩，及塞北煙塵之句，雖皆可稱，殆未有超然物外如蘄王之曠達者也。中元日四明樓鑰書。」

案：蘇符字仲虎，軾孫，邁子。據《繫年要錄》，蘇符，紹興十年十月權禮部尚書，十一年兼侍講，十二年二月罷爲左朝散郎，提舉江州太平觀，十三年二月知遂寧府，因有田在蘇，遂留居其地，秦檜不樂。十四年五月，右正言詹大方劾符踰年不行，徘徊近地，窺伺時事，詔降符二官趣之任。嗣即入蜀，迄於紹興二十五年未肯再出蜀。然則《梁谿漫志》所記湖上會客之事，或即在罷侍講後，提舉江州太平觀時也。未能確定，姑附於此。

紹興十三年癸亥，五十五歲。

正月，公上書乞統計歷年私產及所賜田未輸之稅歸之官，從之。

《要錄》卷一四八：「紹興十有三年春正月（己丑朔）癸巳，太傅、醴泉觀使、潭國公韓世忠請以其私產及上所賜田統計從來未輸之稅，併歸之官，從之。仍賜詔獎諭。」

二月，公與張俊等乞將帶直省官散祗候各二人入殿，趁赴朝參。

《會要·羣官儀制門》：「（紹興）十三年二月三日，詔三公三少親王使相趁赴常朝，許帶直省官二人入殿門，至暮次止。

先是，太傅韓世忠、張俊、少保楊存忠、開府儀同三司潘正夫言，乞將帶直省官、散祗候各二人入殿，趁赴朝參，故有是命。」（儀制卷五之二五）

初八日丙寅，進封咸安郡王。

《要錄》卷一四八：「二月（己未朔）丙寅，揚武翊運功臣、太傅、横海武寧安化軍節度使、醴泉觀使潭國公韓世忠進封咸安郡王。時劉光世始薨，舊功大臣惟世忠與張俊在，俊勳譽在世忠左，特以主和議，故爲秦檜所厚顧，先得王。至是，世忠願輸積年租賦於官，乃有此命。時上又數召世忠等兼家屬燕於苑中，賜名馬寶劍等甚渥。（世忠所以得王，墓碑及諸書皆不載。其制詞曰：『頤會賦租，並歸官府，重惟遠識，實麗前賢。蓋度越於常人，宜顯頒夫異數。』即指此也。）」

十一日，詔公赴六參起居。

《會要·常參起居門》：「（紹興）十三年二月十一日，詔張俊、韓世忠、韋淵並特令趁赴六參起居，皆以在京宮觀奉朝諸故也。」（儀制卷二之二一）

【附錄】劉才邵《檆溪居士集》卷四《擬韓世忠加恩制》：「勅：朕祗率累朝之大典，丕昭元祀之上儀。璧玉華光，兼致精純之薦；簫管備舉，肆宣皦繹之音。神人以和，福祿來下，特博施於純嘏，宜先及於舊勳。爰擇令辰，誕揚渙號。具官某處躬莊厚，秉德忠純，屹然勁鋭之資，而以沈雄之量。韜傳龍豹，素推料敵之明；陣列鸛鵝，獨奮陷堅之勇。屢疇功閥，備載旂常。兼三鎮之節旄，聯上公之衮繡。頤神眞館，列位王藩。高而不危，蓋惟侯度之謹；卑以自牧，務全謙德之光。屬熙事之克成，宜神釐之均錫。乃舉褒崇之典，用酬陪侍之勤。申衍圭腴，併加眞食。茲惟親渥，式示殊私。於戲，櫜弓矢而戢干戈，時雖臻於偃武；聽鼓鼙而思將帥，朕方厚於念功。其茂對於恩崇，以益綏於燕譽。可。」

案：四庫本《檆溪集》於此制標題下附考語云：「案自此以下三制，當亦紹興十三年郊祀推恩故事。」於「列位王藩」句下云：「案《宋史》，紹興十一年世忠抗疏言秦檜誤國，檜諷言者論之，世忠連疏乞解樞密柄，且乞骸，遂罷爲醴泉觀使奉朝請，封福國公，十二年改潭國公，節鉞如故，十三年封咸安郡王，故此云『頤神眞館，列位王藩』也。」於「務全謙德之光」句下云：「案史稱世忠既解兵柄，杜門謝客，絕口不言兵，時跨驢攜酒，縱游西湖，部曲舊將不得一見其面。制所謂『高而不危，惟侯度之謹；卑以自牧，全謙德之光』，爲道其實云。謹附識於此。」今查標題中有「擬」字，則是制詞雖已命就而實並未用也。劉才邵以紹興十三年八月由軍器監守起居舍人，兼權中書舍人，是年十一月庚申郊祀，制詞或確如四庫館臣所考，即擬於此時者。他無可考，姑附於此。

紹興十四年甲子，五十六歲。

春正月（癸丑朔）丙寅，公上書乞住支請給，並將背嵬使臣及官兵一百人還歸朝廷使用。詔嘉獎之。

《要錄》卷一五一：「初，太傅、醴泉觀

使、咸安郡王韓世忠之罷樞筦也，上命存部曲五百人，俸賜如宰執。丙寅，世忠言：『兩國講和，北使朝正恭順，此乃陛下沈機獨斷，廟堂謀謨之力。臣無毫髮少裨中興大計，望將請給截日住支，並將背嵬使臣三十員，官兵七十人，撥赴朝廷使用。』詔使臣令殿前司交割，餘不許。」

《會要·導從門》：「（紹興）十四年正月十四日，太傅、横海武寧安化軍節度使、充醴泉觀使、咸安郡王韓世忠言：『臣先蒙異恩，請給人從並依見任宰執。今乞將臣見今請給截日住支，並朝廷元撥到官兵五百人、親隨背嵬使臣三十人，除事故外，見有四百餘人，今乞將親隨背嵬使臣三十人，兼官兵七十人，通作一百人，還赴朝廷使用，外有三百餘人，乞留照管家屬。』詔背嵬使臣三十人交割付殿前司，餘不允。初，朝廷以世忠有功，特加異禮。世忠心不安，故有是請。」（儀制卷四之一八）

《檆溪居士集》卷六《賜韓世忠乞住請給等詔》：「敕世忠：省所上劄子奏，乞將見今請給截日住支，先蒙朝廷差撥到官兵五百人數內將背嵬使臣三十員兼官兵七十人，通作一百人，還歸朝廷使用事，具悉。惟東漢建武之世，優禮功臣，全其封祿，用能使之咸以功名延褒於後，朕甚嘉之。故推異數，以答舊勳，期無愧於古焉。卿早列將壇，輸忠王室，陷堅卻敵，茂著雋功，頃均逸於殊庭，既備膺於褒典，置兵衛以加寵，厚祿秩以隆恩。併示優崇，於禮爲稱。乃存謙牧，忽露忱辭。雖嘉知足之風，豈朕念功之意。難盡從於冲尙，宜深體於眷懷。所請背嵬使臣三十人交割付殿前，餘不允。故茲詔示，想宜知悉。」

案：四庫本《檆 溪集》於此詔標題下附考語云：「案《宋史》列傳，紹興十二年四月秦檜收三大將權，拜世忠樞密使，遂以所積軍儲八萬貫、米九十萬石、酒庫十五歸於國。十月，罷爲醴泉觀使，奉朝請，進封福國公。是詔乃爲其乞仕請給及歸還使臣官兵等事，當是繳還軍儲之後，請宮觀之前有此疏，史未及詳耳。」查韓氏之獻軍須錢椿管米及酒庫等，事在紹興十一年四月戊申，乞仕支請給等事則在本年，混二事爲一談，誤也。

紹興十五年乙丑，五十七歲。

紹興十六年丙寅，五十八歲。

紹興十七年丁卯，五十九歲。

三月，移節鎮南武安寧國軍。

《要錄》卷一五六：「（紹興十七年）三月（甲子朔）戊子，揚武翊運功臣、太傅、醴泉觀使、咸安郡王韓世忠移節鎮南武安寧國軍。」

紹興十八年戊辰，六十歲。

紹興十九年己巳，六十一歲。

紹興二十年庚午，六十二歲。

紹興二十一年辛未，六十三歲。

秋，公病，上表謝事。八月初五日壬申，拜太師致仕。是日薨於臨安府之賜第。

《宋會要·致仕門》：「（紹興）二十一年八月五日，太傅、鎮南武安寧國軍節度使、充醴泉觀使、咸安郡王韓世忠乞致仕，詔除太師致仕。」（職官七七之六九）

葛立方《歸愚集》卷八《韓世忠除太師

致仕制》："盡瘁於國，久輸衛社之忠；諗疾於朝，忽露奉身之請。禮宜從欲，恩特疏榮。亶爲進退之光，用輯始終之眷。具官某性資英果，知略沉雄，素馳玉塞之名，肅稟金方之氣。六奇制勝，坐摅帷幄之謀；七萃宣威，屢奏邊疆之捷。剛致征鼙之戢，益堅帶礪之誠。苴茅異姓之王，受鉞三方之鎮，何期謝事，遽抗封章。其峻陟於帝師，用增崇於勳閥。噫，趙營平之就第，豈徒四馬之恩；李固始之乞骸，加賁三公之位。往祇休寵，益介壽康。"

《忠武王碑》："二十一年秋，王病，不能朝，迺上表謝事。策拜太師。問疾之使，肩摩轂擊於道。於是悉召故人列候，勉以忠義大節，焚通券百萬，親視含襚，曰：『吾以布衣，百戰致位公王，可以無憾矣。』以是年八月四日薨於私第之正寢，享年六十有三。疾方革，累詔宣醫診視。訃聞，太上盡然爲輟視朝。贈通義郡王，賻以內帑金帛各三千匹兩，錫尚方名錄龍腦香以斂。襚服用一品。所以慰卹其家甚至。"

《宋宰輔編年錄》卷十六，紹興十一年十月癸巳《韓世忠罷樞密使制詞》後附載云："二十一年八月壬申世忠卒。世忠疾，上勅太醫馳視，問勞之使相屬於道。平時將吏問疾卧內，世忠曰：『歷事三朝，大小百餘戰，冒白刃，中流矢，未嘗退衄，瘢痏尚存。』發衣視之，舉體皆是。且曰：『賴天地之靈，得全首領卧家簣而沒，諸君尚哀之耶？』疾益侵，册拜太師致仕。訃聞，不視朝，贈賻有加。遣中貴人護喪事，贈通義郡王，官其親屬九人。」

《要錄》卷一六二：「八月（戊辰朔）壬申，揚武翊運功臣、太傅、鎮南武安寧國軍節度使、充醴泉觀使、咸安郡王韓世忠爲太師致仕。是日，世忠薨於賜第，年六十三。始，世忠得疾，上飭太醫馳視，問訪之使相屬於道，將吏問疾卧內，世忠曰：『吾以布衣，百戰致位公王，賴天之靈，得全首領卧家而歿，諸君尚哀其死耶？』……其制兵器：凡今跳澗以習騎，洞貫以習射，狻猊之鍪，連鎖之甲，斧之有掠陣，弓之有克敵，皆世忠遺法。嘗中毒矢洞骨，則以強弩拔之。十指僅全四，不能動。身被金瘡如刻畫。晚以王公奉朝請，絶口不言功名。自罷政居都城，高卧十年，若未嘗有權位者，而偏裨部曲往往致身通顯，節鉞相望，歲時造門，類皆謝遣。獨好浮屠法，自號清涼居士。於時舉朝憚秦檜權力，皆附麗爲自全計，世忠於班列一揖之外，不復與親。逮薨，有詔選日臨奠，檜遣中書吏韓瑊以危語脅其家，於是其家辭而止。賜朝服、貂冠、水銀、龍腦以斂。賻銀帛三千匹兩，追封通義郡王。其子直敷文閣彥直、直祕閣彥樸、彥質、彥古，皆進職二等。孫右承奉郎梃、杕並直祕閣，賜五品服。又命睿思殿祗候徐伸護葬事。（世忠追封在是月癸酉，降旨臨奠在丁丑，其家辭免在庚辰，諸子孫進職在二十三年三月丙申。今聯書之。二十七年九月乙巳，二子五孫又各進一官。）」

案：韓氏之薨，《神道碑》謂在八月四日辛未，《北盟會編》從之。《宰輔編年錄》及《繫年要錄》則均謂在五日壬申，《會要》所載除太師致仕之詔亦在五日，與《要錄》所載同，且《要錄》所載各事亦均較詳確，今從之。

初六日癸酉，追贈通義郡王。

《歸愚集》卷八《韓世忠贈通義郡王制》：「吉祝無憑，莫起河魚之疾；遺占來上，俄與隙駟之傷。眷予心膂之臣，久寄爪牙之任，宜頒密贈，用侈泉扃。具官某烈概凌霜，純誠貫日，氣稟山西之銳，書傳齊北之奇。際雲龍千載之時，居貔虎萬夫之長。行軍用將，理無探簡之難；陷陣摧堅，勢有建瓴之易。威揚紫塞，功紀青編。胡不永年，遽淪長夜！乃廣峨眉之壤，追封通義之邦。易受王章，錫茲帝祉。噫，克遵廟算，坐消赤白之囊；遐想朝儀，惟有丹青之像。尚期冥漠，韻我寵靈。」

初十日丁丑，降旨臨奠。十三日庚辰，魏國夫人茆氏上疏辭免。

《會要·臨奠門》：「二十一年八月十三日，故太師通義郡王韓世忠妻魏國夫人茆氏狀：『亡夫世忠身薨，恭聞車駕將欲臨奠，經由道路窄隘，不敢仰勤清蹕臨幸，乞賜寢免。』詔依所乞，令三省取索臨奠劉光世推恩體例取旨。尋詔世忠男彥直、彥質、彥古，孫梃、杕、格、栩、樗各與轉一官。」（禮四一之二三）

【附錄】《夷堅志》：「紹興二十一年，韓蘄王病篤，詔王繼先往診視，至則已亡。迨暮復甦，言爲四卒追去，中途忽思有三事未了，不料死期遽至，啣恨無窮。行抵大官府，聞贊引之聲，如世間呵殿，指揮卷簾，主者盛服據案，威貌肅然，揖吾升廳相見，敘寒溫，坐定，始認爲晏景初尚書。晏云：『適在道有所思，何也？』吾起拱白曰：『正謂三事未了而之死地，是以不能忘。一者世忠久叨將帥，殺人至多，雖王事當然，顧安得無枉濫，擬欲建黃籙大醮拔濟之，且解釋冤結。二者侍妾頗多，未辦分付，欲令有父母者歸之，無者嫁之。三者外間舉債負錢，慮子孫追索，不無擾人，欲悉焚券。今不可爲矣。』晏公云：『若郡王不起此念，冥中亦不以客禮相待。當令郡王且還，不幾日可了？』吾曰：『一月足矣。』晏云：『容爲奏請，如期卻來。』乃得活，亟命營所欲，一月皆畢，遂斃矣。」

孝宗眘乾道四年戊子，公卒後十七年。

五月，追封蘄王。

《宋會要·追贈雜錄》：「（乾道）四年四月十八日，宰執進呈統制官張青言韓世忠之功，乞追封王。上曰：『事已歷年，又無所因。』宰臣陳俊卿曰：『張俊、楊存中已封王，則於韓世忠似有不足。前此失於無人建白，若聖意行之，亦足勸有功而勵將士。』上可之，遂封蘄王。」（儀制一三之一〇）

同書《再贈官門》：「（乾道）四年五月十一日，詔揚武翊運功臣、太傅、鎮南武安寧國軍節度使、通義郡王、贈太師韓世忠追封蘄王。」（儀制一二之一九）

淳熙元年甲午，公卒後二十三年。

九月，蘄國夫人周氏卒。

《吳郡志》卷十一《牧守題名》：「韓彥古，朝奉大夫、祕閣修撰，淳熙元年七月到，當年九月丁母蘄國夫人周氏憂，解官持服。」

淳熙三年丙申，公卒後二十五年。

二月，謚忠武。

《宋史·孝宗紀》二：「（淳熙三年二月）賜韓世忠謚曰忠武。」

《忠武王碑》：「上纘祚之十五年，威行德孚丕冒，海隅出日，罔不畏服，罔不願爲臣妾。上益勵精行健，冀大有爲，聞鼓鼙而思勳臣，于昕夕不忘。乃二月甲午，制曰：『韓世忠感會風雲，功冠諸將，可特賜謚忠武。』蓋太師韓蘄王之薨之葬，至是已二十有六年，而褒寵益光，遂與漢丞相亮、唐汾陽王子儀同謚。宸奎內出，不由有司，中外偉之。」

公子彦古奏請御撰碑文，孝宗親書「中興佐命定國元勳之碑」以賜，並命禮部尚書趙雄撰文。

《忠武王碑》：「時王子彦古方居蘄國夫人憂，聞詔感泣繼血，即拜書謝。又拜書請曰：『草土臣彦古謹昧死言：臣先臣世忠，發身戎行，逮事徽宗、欽宗，皆著顯效。暨委質太上皇帝，自大元帥霸府，洪濟於中興，始終實備大任。仰憑宗社威靈，與太上皇帝廟謨神筭，摧勍敵如拉朽，芟劇盜如刈菅，大戰數十，小戰數百，豐功盛烈，光照古今。不幸早棄明時，亦既積年，陛下憫念勳勞，固嘗爵以眞王，錫之美謚，獨墓道之石無名與文，惟陛下哀矜，究此光寵，豈獨諸孤顯耀，抑先臣有知，亦當效結草之忠。』天子曰：『嗚呼，惟乃父世忠，自建炎中興，實資佐命，式定王國，時惟元勳，予其可忘？』乃親御翰墨，大書曰『中興佐命定國元勳之碑』。翌日朝諸將於凌虛閣，特詔彥古戎服入見，面賜御書，俾冠于碑首，顧謂諸將曰：『世忠有大功於帝室，今彥古亦克有志世其家，予惟寵嘉之，是用錫此豐碑。諸卿勉哉！』諸將感激奮躍，益知國家之不負臣下也，忠孝之不可以不盡也，功名之不可以不力也，皆趨下再拜，彥古亦再拜泣而出。既又詔禮部尚書臣雄曰：『汝其銘世忠之碑。』臣雄以謂聖主褒崇元臣，茲事體大，顧末學弗稱，且祖諱與王名謚適同，尋上書懇辭，上遽批出，略曰：『君前臣名，臨文不諱，不許辭免。』臣雄於是惶恐奉詔，謹拜手稽首上故太師蘄忠武王遺事。」

孝宗淳熙十五年戊申，公卒後三十七年。

三月，以公與呂頤浩、趙鼎、張俊配饗高宗廟庭。

《宋會要·配饗功臣門》：「淳熙十五年三月十七日，禮部尚書宇文价等言：『奉詔令臣等詳議高宗皇帝祔廟配饗功臣者。恭惟高宗聖神武文憲孝皇帝天錫勇智，紹開中興，撥亂之勳，同符於藝祖，揖遜之德，光媲於唐堯。一時將相名臣，著在彝鼎，宜列侍太室，席於大烝，丕昭雋聲，式叶舊典。伏見故宰臣太師秦國公謚忠穆呂頤浩，再登鼎司，能斷大事，主盟義舉，取日虞淵，訖於瀛海無波，復安宗社，艱難之際，厥功茂焉。特進觀文殿大學士謚忠簡趙鼎智慮湛明，學識醇固，北邊受敵，力贊親征，國本未正，建萬世之長策，望實高劭，斯民具瞻。太師蘄王謚忠武韓世忠身更百戰，義勇橫秋，建炎勤王，投袂奮發，連營淮楚，虎視無前，名聞羌夷，至今落膽。

太師循王謚忠烈張俊策翊霸府，披荆棘以立朝廷，禦侮鄞川，靖寇江左，功名之盛，溢於旂常，而秉心忠勤，終始一節。四人皆有名績，見稱於世。宜如明詔，伏請并配饗高宗廟庭。』從之。」（禮一一之九）

光宗惇紹熙元年庚戌，公卒後三十九年。

三月，配饗繪像訖。

《宋會要·配饗功臣門》：「光宗紹熙元年三月九日，詔呂頤浩、趙鼎、韓世忠、張俊並已配高宗皇帝廟庭，繪像訖，各許長房陳乞恩例一名。……」（禮一一之六）

《墓志銘》　孫覿

炎正中否，有天來驕。牂羊之首，墳犬爲妖。萬騎控弦，鼓行而至。諸將按兵，拱手坐視。暨暨韓公，山西之雄。赤心許國，誼不營躬。羣梟譟讙，伏闕稱亂。奮梃一呼，奉頭鼠竄。手格二叛，檻載而歸。磔之東市，封爲鯨鯢。胡馬飲江，千艘北渡。公挺一身，塞其歸路。犬羊膽落，江水爲丹。電掃霆驅，威憺八蠻。移屯楚甸，坐鎮千里。長城隱然，彊寇氣死。釋兵十萬，歸居廟堂。玉帶金魚，異姓之王。麒麟圖象，中興第一。巍巍堂堂，莫與公匹。國恩粗報，胷矣歸休。奉身而退，以老菟裘。大雅君子，明哲是保。一馬二童，擔夫爭道。烏乎逝矣，生雖有終。與宋亡極，惟公之功。闔閭之西，靈山之麓。有墳巋然，過者必肅。

《神道碑銘》　趙雄

昔在宣靖，崇極而傾。胡曾不恭，神州

盡腥。天地重開，眞人龍翔。德業巍巍，周宣漢光。凡此中興，誰實佐命。緊時元勳，王國以定。元勳謂何，維師蘄王。王奮山西，起翦之鄉。鐵胎之弓，悍馬長槊。方在童年，氣震山嶽。逮事徽皇，至於欽宗。天下兵動，外阻內訌。王先戎行，是磔是剪。浙西山東，績用不顯。霸府肇新，來乘風雲。掃清南都，大駕時巡。淮海之間，劇盜蝟起，解甲束戈，如父詔子。帝幸餘杭，王征徐方。逆臣乘虛，反易天常。賊虐樞臣，都城喋血。凶燄孔熾，震驚宸闕。王在海上，聞變號呼。凡爾衆士，今當麋驅。吾與羣凶，不共戴天。山川鬼神，實臨此言。舟師鼓行，雷動電擊。撓彼凶徒，裂膽褫魄。天位反正，乾清坤夷。生擒渠魁，梟首大逵。有狡汝爲，盜據富沙。流毒全閩，血人於牙。大江之西，重湖之南。蜂屯蟻結，虎猛狼貪。三方百城，地數千里。奪攘矯虔，聲勢相倚。當宁謀帥，宜莫如王。授以斧鉞，往椿其吭。覆其穴巢，鋤其根萌。閱歲未周，三方悉平。奔旗奔師，捷書相望。貸遣脅從，旌別善良。爾商爾財，我弛爾征。爾農爾田，我資爾耕。仁義之兵，弔伐是尙。帝有恩言，卿古名將。胡馬飮江，充叛以降。金陵不支，洊窺上邦。王整虎旅，邀截歸路。虜朮雖強，望風震怖。海艦如雲，江之中流。北剉援兵，南衄歸舟。水戰陸攻，摧枯拉脆。殺傷莫數，俘獲萬計。酋帥小黠，僅脫其身。敵勢寖銷，皇威益信。朮猶不悛，纔數年期，傾國南侵，步騎分馳。逆黨成林，塵暗穹蒼。九重制詔，罪己如湯。王曰吁嗟，君父旰食，臣何生爲，矢死報國。部分將佐，直趨淮壖。較彼起翦，王其過之。王起寒素，飯糗衣紵。出際盛時，蛟龍雲雨。解衣推食，言聽計行。任用不疑，天子之明。三鎭節旄，三事典策。報功惟優，天子之德。惟聖天子，使臣以禮。哀榮死生，福祿終始。重華神武，志大有爲。眷日勳勞，恨不同時。眞主啓封，貴窮人爵。忠武之謚，如葛如郭。八言衮褒，更瞻雲章。誰克有勳，上不汝忘。豐碑峕峕，億載有耀。凡百臣子，其思忠孝。

親窒歸途，示無生還。妙筭既定，奇計先施。聲言守江，已駐大儀。衆寡雖殊，我整彼亂。虜騎紛呶，馬足俱斷。四面鏖擊，若降若屠。積骸爲丘，洒血成渠。折馘獻俘，千里相踵。驍將數百，豈計輜重。偏裨在楚，亦以捷聞。王來窮追，虜師大奔。振旅凱歌，天子曰都。世忠世勇，虜不足誅。江左人心，恃此寧謐。中興以來，武功第一。淮陽鍾離，莫非俊偉。生平戰多，竹帛莫紀。王屯極邊，志清中原。和議既諧，弛強鑠堅。王之論和，忠憤激烈。利害皎然，黑白區別。聖主俞之，權臣讎之。明哲令終，天實休之。孰不爲將，孰不建功。動搖丘山，呼吸雷風。惟王天資，與勇將異。達以智謀，本以忠義。大疑大事，決於片詞。

〔一〕五十騎：原作「五騎」，據下引《十將傳》及《宋史》卷三六四本傳補。

〔二〕「食貨門卷五」：原在「《要録》六十四」條下，今移於《宋會要》下。

簡齋先生年譜

（宋）胡穉 編

刁忠民 校點

影印宋刊本增廣箋注簡齋詩集卷首

陳與義（一〇九〇—一一三八），字去非，號簡齋，洛陽（今屬河南）人。政和三年登太學上舍甲科，授開德府教授，除辟雍録。後以《墨梅》詩受知於宋徽宗，宣和四年除太學博士、著作佐郎，宣和末貶監陳留酒税。靖康之亂，流離于河南、湖湘、兩廣等地。紹興元年召赴臨安，爲起居郎，遷中書舍人，拜禮部侍郎。出知湖州，召爲給事中，除翰林學士、知制誥。七年，擢參知政事。次年五月以疾奉祠，是冬病逝，年四十九。

陳與義爲南北宋間著名詩人，爲江西詩派「三宗」之一。著有《簡齋集》二十卷，南宋紹熙時胡穉爲注，有《增廣箋注簡齋詩集》三十一卷傳世，宋末劉辰翁又爲評點，今存影元抄本《須溪先生評點簡齋詩集》十五卷，中華書局一九八一年出版有校點本《陳與義集》。事蹟見張嵲《陳公資政墓誌銘》（《紫微集》卷三五）、《宋史》卷四四五《文苑傳》七。

自宋以來，即有多種陳與義年譜。宋胡穉撰《簡齋先生年譜》一卷，隨其集刊行，流傳甚廣，而極簡略。近人夏敬觀撰有《陳與義年譜》（《陳與義詩》卷首，一九四〇年長沙商務印書館排印），較簡明。今人鄭騫亦有《增訂陳簡齋年譜》（《幼獅學報》二卷二期），對前譜多有補訂，較詳細；白敦仁撰《陳與義年譜》（中華書局一九八三年版），最爲詳悉。本書收録編著年代最早的胡譜，據四部叢刊初編影印宋刊本《增廣箋注簡齋詩集》卷首附《年譜》整理。胡穉字仲孺，號竹坡，爲宋孝宗、光宗年間人。其所箋注陳與義詩，樓大防稱其「貫穿百家，出入釋老，旁取曲引，能發簡齋之祕」。原譜無序，今移胡穉所撰《簡齋詩箋序》，置於譜前。

簡齋詩箋序

詩者，性情之谿也，有所感發，則軼入之，不可遏也。其正始之源，出於《風》、《騷》，達於陶、謝，放於孟、王，流於韋、柳，而集於今簡齋陳公。故公之詩，勢如川流，滔滔汩汩，靡然東注，非激石而旋，束峽而逸，則静正平易之態常自若也。特其用意深隱，不露鱗角，凡採擷諸史百子以資筆端者，莫不如自其己出。是以人惟見其沖瀜滉瀁，深博無涯涘而已矣。若夫蜲蛇蜿蜒之怪，交舞於後先，有不能徧識也。余因暇日，網斷義，擿所得，踰十八九，乃編紀歲月而悉箋之，將使覽者目擊心諭，可撫而玩焉。而或人笑之曰：「古今作者衆多，子獨疲精神，蠹鉛槧，唯簡齋是好，不其惑歟？」余應之曰：高涯之曝，窮谷之湍，非不清且美矣，其源深而流長，或未有如江漢者，則宜以公爲正。況其憂國愛民之意，又與少陵無間，自坡、谷以降，誰能企之？余故竊嗜焉。若謂探賾索隱，曾不能發明聖經之萬一。顧乃用力於此，徒費光陰，則余所自笑而深悔，不待人言而後知也。夫羊棗之好，雖曾晳之所獨，不當以律天下之人，然天下之人豈得無好羊棗者？姑留以示仝志而已，君無誚云。紹熙改元臘月上澣，竹坡胡穉仲孺識。

簡齋先生年譜

竹坡胡穉仲孺編次

元祐五年庚午

先生以是年六月生於洛陽。

政和三年癸巳

時年二十四，以釋褐歸上舍第，授文林郎。八月，充開德府教授，有《示朝城簿劉宣叔》詩。

政和四年甲午

任開德教官，有《題劉路風月堂》等詩。

政和五年乙未

在開德，有《江南春》等詩。

政和六年丙申

八月，解開德教官而歸。

政和七年丁酉

春晚，入京，有《襄邑道中》詩。

政和八年戊戌

留京師，有《雨》詩云：「袞袞繁華地，西風吹客衣。」至十月，除辟廱錄。

宣和元年己亥

爲辟廱錄，時年三十。有《示友》詩云：「二十九年知己非，今年依舊壯心違。」

宣和二年庚子

春，尚爲辟廱錄，有《寄張元東》詩云：「四歲冷官桑濮地，三年羸馬帝王州。」繼丁内艱憂，居汝州，有《聞葛工部寫經成》詩。

宣和三年辛丑

是年《詠懷》詩有「路斷赤墀青瑣賢」及「夢裏老萊衣更斑」之語。及有《賦織佛圖》等詩。

宣和四年壬寅

時居汝州，有《吳學士觀我齋分韻》并《和天寧老覺心》等詩，及《畫山水賦》。

春末歸洛，有《道中》及《龍門》詩。

夏，服除。

七月，擢太學博士。入京，有《過中牟》、《遊葆眞》等詩。

冬，有《和王堯明郊祀顯相》詩。

宣和五年癸卯

任太學博士，有《遊玉仙觀》、《集葆眞》、《遊慧林》等詩。既而徽（徽宣）〔宗〕見先生所賦《墨梅》詩，善之，亟命召對，有見晚之歎，以七月除秘書省著作佐郎。有《道山宿直》詩。

八月，爲考官，有《書試院所寓窗》詩。

宣和六年甲辰

閏三月，除司勳員外郎，爲省闈考官，有《試院春晴》及《書南鎭酒稅務》，有《赴陳留》詩云：「全家無十人。」

宣和七年乙巳

至陳留，有《至鎭赴縣》及《題酒務壁》詩。又嘗市玉而於村西，觀魚於竇池，俱有詩賦。

靖康元年丙午

正月，北虜入寇。復丁外艱。自陳留尋避地出商水，由舞陽次南陽。

七月，復北征，還陳留。未幾再從汝州葉縣，經方城至光化，上崇山，俱有詩。

建炎元年丁未

正月，與富季申、孫信道，自襄陽光化復入鄧，有《書事》詩云：「再來生白髮，重見鄧州春。」又有《述懷》詩云：「物態紛如昨，世事再嗚呼。」

建炎二年戊申

正月，自鄧往房州，遇虜，奔入南山，抵回谷，與孫信道、夏致宏、張巨山會於山中，有唱酬詩。至春末出山，至青溪，有《石壁》詩。

夏，至均陽，有《聞王道濟陷虜》詩。

八月，離均陽，經高舍，度石城，上岳陽，有《登樓》詩云：「乾坤萬事集雙鬢，臣子一謫今五年。」

建炎三年己酉

留岳陽，從使君王粹翁借後圃君子亭居之，自號園公，有《春寒》詩。

四月，差知郢州，有《和周尹（賛）〔潛〕》詩。

五月，避貴寇入洞庭，過君山，泊宋田港，復從華容道還，有《書事》詩，及與粹翁、奇父唱酬詩。

九月，別巴丘，由南洋抵湘潭，有與其帥向伯共《玉剛卯》詩。復自長沙過衡嶽，有《道中》諸詩。

建炎四年庚戌

自衡嶽歷金潭，下甘泉，至邵陽，過孔雀灘，抵貞牟，即紫陽山居焉。有《謝主人》及《遠軒》等詩。

五月，聞赦，有《雷雨行》。

六月，《次邢九思韻》有「倦遊我棄七年官」之語。

至秋被召，以病辭，不允。自紫陽入邵州，出石（根）〔限〕，遊浯溪，之愚溪，經道州，上九（疑）〔嶷〕，度桂嶺，登秦巖，至賀州，冬杪矣，有詩云：「江南今歲無胡虜，嶺表窮冬有雪霏。」

紹興元年辛亥

春，出賀溪，泝康成，過封州，經五羊，度庾嶺，上羅浮，歷漳州，遊雁山，之天台。

至夏，抵會稽行在所，繼除兵部員外郎。

八月，遷起居郎，有《喜雨》及《醉中》

等詩。

紹興二年壬子

春，從駕來臨安，有《渡錢塘》詩。至武陵，有《夙興》詩云：「西湖已無金碧麗，雨抹晴妝尙娛客。」

四月，除左通直郎、中書舍人。

七月，兼侍講。

紹興三年癸丑

正月，除試吏部侍郎，兼侍講。

紹興四年甲寅

二月，以病辭劇，改禮部侍郎，兼侍講。

至九月，丐閑，除徽猷閣直學士，知湖州。

紹興五年乙卯

三月，復召爲給事中。

六月，又以病告，除顯謨閣直學士，提舉江州太平觀，乃寓青鎮壽聖院塔下，有《示智老天經》詩。

紹興六年丙辰

春，居青鎮僧舍，有《訪智老天經》詩。

六月，被召。適時相有不樂公者，復用爲中書舍人，兼侍講，直學士院。

九月，從駕幸平江。

十一月，除翰林學士、知制誥，有《玉堂儤直》詩。

紹興七年丁巳

正月，除左中大夫，參知政事。

三月，從幸建康。

紹興八年戊午

春，扈蹕還臨安。

五月，以疾請去，除資政殿學士、左太中大夫，復知湖州。

七月，疾益侵，丐閑，得請差提舉臨安府洞霄宮，還青鎮僧舍。有《病骨》、《晨起》等詩。

九月八日，有《示妻子絶句》云：「今夕知何夕，都如未病時。」

冬，病革，以十一月二十九日薨，時年四十九。

鄧肅年譜

王兆鵬
陳為民
編

鄧肅（一〇九一—一一三二），初字志宏，後改字德恭，號栟櫚，南劍州沙縣（今屬福建）人。李綱謫沙縣，與肅爲忘年交。宣和中補太學生，獻《花石》詩十一章以諷東南貢花石綱擾民事，被斥出學。靖康元年，特補承務郎，召對，授鴻臚寺主簿。次年，被命押釋道經版入金營，被拘五十日放還。高宗即位，擢左正言，上疏二十道，言皆切至。李綱罷相，抗章挽留，忤執政黄潛善等，罷歸居家。紹興二年卒，年四十二。

鄧肅學有淵源，少時即有文名，明人張夔稱其「剛直嬰鱗之氣，雖與日月争光可也」（《栟櫚居士集跋》）。其詩豪放壯闊，多感慨時事之作。亦有詞名，清鄧廷禎稱其「不涉綺語」，如「藍水遠來，玉山高并」（《雙硯齋詞話》）。所著《栟櫚居士集》二十五卷，最初刻于南宋乾道、淳祐間，均已失傳，今存明正德十四年羅珊刻二十五卷本、萬曆中鄧崇純刻十二卷本、《四庫全書》本、道光五年鄧廷禎校刊本。事跡見萬曆刻本《栟櫚先生文集》附録鄧柞所撰《栟櫚先生墓表》、《宋史》卷三七五本傳。

本譜由王兆鵬、陳爲民編集，據本集及李綱《梁溪先生文集》、《墓表》、《宋史》本傳、《靖康要録》、《建炎以來朝野雜記》及方志等書，鈎輯其事蹟、世系、履歷、交遊及詩文繫年，間多考證，較爲簡明。

鄧肅，字志宏，一字德恭，號栟櫚。

鄧柞《栟櫚先生墓表》（下簡稱《墓表》）：「公諱肅，字志宏。」《宋史》卷三七五《鄧肅傳》：「鄧肅，字志宏。」陳淵《默堂集》卷二十《鄧德恭字序》：「余友鄧南夫之子名肅，請字於余，余字之德恭，又趣余廣其說。」題注云：「肅，初字至宏。」

按：他書皆作「志宏」，唯《默堂集》作「至宏」，或抄寫致誤。

因所居在栟櫚山下，故自號栟櫚。

李綱《梁溪先生文集》卷十《將游栟櫚二首序》云：「去沙陽百里有山曰栟櫚，峻峰清流，頗與武夷相似，地尤僻遠，人罕知者。予將游焉，作是詩以識之。」詩中「栟櫚聞說自栟櫚」句自注：「鄧志宏自號栟櫚子。」

鄧肅政和八年戊戌（一一一八）春所作《論書》即自署「栟櫚鄧肅」（《栟櫚集》卷二五）。其《送成材》和《送張巨源》詩亦皆自稱「栟櫚狂」（同前卷七）。

原籍南劍州沙縣。明分置永安縣，故爲今永安（今屬福建）人。

鄧肅籍貫，歷來無爭議。《墓表》謂其「南劍州沙縣人也」。《宋史》本傳亦謂其爲「南劍沙縣人」。宋王明清《揮麈錄》後錄卷二、熊克《中興小紀》卷一、李心傳《建炎以來繫年要錄》卷三等所載相同。

按：以出生地考之，鄧肅應爲今福建永安縣人。嘉靖《延平府志》卷一六《鄧肅傳》注：「肅之產，在龍山鄉二十七都，讀書栟櫚山中。本都今屬永安縣，則肅實爲今永安之人物也。」

又，鄧肅所居在栟櫚山，而栟櫚山至明代景泰三年劃屬永安縣。同書卷二《山川》：「栟櫚山，在（永安）縣治北二十七都，多產栟櫚木，故名。宋左正言鄧肅居其下，自號栟櫚居士。」同書卷一《沿革》：「永安，本沙、尤二縣地。」「景泰三年（一四五二），始析沙縣新嶺以南、尤溪縣寶山以西地置永安縣。」同書卷三《鄉都》載「沙縣坊二都二十有三」注：「按，宋爲三鄉，統八里。元折里爲三十三圖。國朝改附縣爲坊，在鄉爲都。景泰三年分二十四至三十二共九都隸永安縣。」要言之，鄧肅出生地，在宋代屬沙縣第二十七都（即栟櫚山下），至明代景泰三年，劃歸新建的永安縣管轄。故鄧肅應爲今福建永安人。

父穀，字南夫。

《墓表》云：「父穀，舉進士。政和八年以特奏名得官。辭不就。」平生未仕，不顯於時。然與當時名流、同鄉陳了翁友善。楊時《龜山集》卷二六《跋了翁祭鄧南夫文》：「余聞南夫，平居家人不見其喜怒。一日，因事怒甚，已而悔之，自恨其養之未至也。充是心以往，可謂知好學矣。了翁友之。其厚如此。不問可知其賢。余幸與之同鄉，未及識而南夫已逝。悲夫！不復見斯人。因讀了翁之文，悵然久之。故姑書其聞附於後。」南夫與陳了翁從孫陳淵亦過從甚密。陳淵《默堂集》卷三有《怀鄧南夫》、卷五有《留別鄧南夫四首》。其四有云：「有子才如汗血駒，新門高大可容車。」卷二一《祭鄧南夫文》云：「我友多矣，實唯兄賢。孝友忠信，非學則然。」「憶昨西游，同寓京師。飲食起居，跬步不離。」陳淵既是楊時的高第，也是楊時的女婿。楊時與了翁關係密切，故楊時有《跋了翁祭鄧南夫文》。

母羅氏。

《栟櫚先生墓表》云：「公南還閩中，太夫人羅氏尚康強，日侍親側，先意承志，極甘旨之養。」

妻童氏。

《栟櫚先生墓表》：「娶童氏。後公十七年卒。」

弟晝，字志中。

鄧肅《栟櫚集》（以下簡稱「本集」）卷一六《亦驥軒記》：「志中名晝，於予爲弟云。」此爲堂弟，因李綱《顯親庵序》載志宏自謂「終鮮兄弟」。

有一妹，歸吳方慶。

李侗《李延平先生文集》卷一《吳方慶先生行狀》：「公娶張氏，繼娶沙陽鄧氏，栟櫚先生之妹。」按，吳方慶（一〇八八—一一五二），字少緋，宣和三年登第。建炎元年（一一二七），李綱爲相，召爲參議，至則綱已罷相。授福州司戶參軍。後知松江縣。

志宏本集中卷二有《謝吳少緋和詩》。

有子曰普、曰慈。

《栟櫚先生墓表》：「有子曰普、曰慈。普早卒。初，公之亡也，慈才三數歲。」本集卷一三《誡子》亦云：「余長子普，偶請余書。」

有《栟櫚集》、《栟櫚詞》。

本譜所引鄧肅文，係據文淵閣四庫全書本，詩據《全宋詩》（其中誤字已據別本校正），詞據《全宋詞》引錄。所引詩文出處，爲省便，俱稱「本集」某卷。

哲宗元祐六年，志宏一歲。

是年，志宏生。

《栟櫚先生墓表》：「因侍母疾，積憂成病而卒，實紹興二年五月初九日也，享年四十有二。」自紹興二年（一一三二）逆推四十二年，得其生年在本年。又其本集卷十《謝李舍人題額》：「顧我何爲者，傳家空一經。棲遲已三十，寒燈尙短檠。」此詩作於宣和二年（一一二〇）七月（詳後譜），逆推三十，得其生年亦在本年。

元符三年庚辰，志宏十歲。

已能文。

《栟櫚先生墓表》：「十歲能屬文。」《宋史》本傳：「少警敏能文，美風儀，善談論。」

徽宗崇寧四年乙酉，志宏十五歲。

作《代人上縣令》。

本集卷一四《代人上縣令》題注：「時年十五。」

政和元年辛卯，志宏二十一歲。

居沙縣。游陳淵之門，有上楊時書，欲拜識之。

本集卷一四《上龜山先生楊博士》謂「今者得游於令婿知默之門」，又謂「今先生去而家於毗陵，徘徊鄉郡，某適在此，幸可以瞻拜屨舄。此某所以輒布區區之誠。」據楊時《龜山集》卷一三《語錄》之《毗陵所聞》題注：「辛卯七月十一日自沙縣來，至十月去。」知楊時本年七月前在沙縣，七月十一日已自沙縣至毗陵（今江蘇常州）。志宏上書謂「今先生去而家於毗陵」，則其書當是六月底、七月初楊時離沙縣前所奉上。志宏希望在楊時離沙縣前能拜見其一面。依情理推測，楊時見書後當與之會見。

按：陳淵字知默，初名漸字幾叟，沙縣人。從學於楊時，楊時嫁之以女。南渡後始出仕，曾任右正言。有《默堂集》傳世。事跡見《宋史》卷三七六、嘉靖《延平府志》卷一五本傳。楊時，字中立，號龜山先生，南劍州將樂（今屬福建）人。南渡前後著名道學家。有《龜山集》。事跡具《宋史》卷四二八《道學傳》，另參宋黃去疾編《龜山先生文靖楊公年譜》（明正德十二年刊本《龜山先生集》卷首）。

政和二年壬辰，志宏二十二歲。

居鄉。

政和三年癸巳，志宏二十三歲。

居鄉。

政和四年甲午，志宏二十四歲。

居鄉。

政和五年乙未，志宏二十五歲。

居鄉。

政和六年丙申，志宏二十六歲。

居鄉。

政和七年丁酉，志宏二十七歲。

居鄉。

政和八年（重和元年）戊戌，志宏二十八歲。

居鄉。是春，撰《論書》。

本集卷二五《論書》末云：「丹霞賾師學余書未半年，亦有可觀者。今來求益，吾術窮矣。姑使之擇筆墨之精者以利其器，然後品藻古今能字者，以俾其自取耳。賾勉之！風韻不凡，他日所學當有不止於書者，吾將並得而告也。政和戊戌春志宏鄧肅朝陽堂書。」

按：丹霞賾，法名宗本，邵武農家子。原不知書，大觀四年庚寅中，「游山間，遇異僧，示以出家時節因緣，且密有所付，心地豁然，遂能通儒釋諸書」，即削髮出家。政和元年辛卯（一一一一），於邵武軍泰寧縣瑞光岩創建丹霞禪院（見《梁溪先生文集》卷一三三《邵武軍泰寧縣瑞光岩丹霞禪院記》）曾編《丹霞賞音文集》，志宏曾爲之作序（見本集卷一五《丹霞賞音文集序》）。

丁父憂。

李綱《梁溪先生文集》卷一六二《書鄧南夫祭文後》云：「予來沙陽，時南夫已死，不及識。識其子肅，俊美而力學，有以見南夫之義。」又謂：「南夫不通於時，有令子以傳家，又得名卿碩儒之文悼惜而振發之，可以垂於不朽矣。夫又何憾！宣和二年二月九日。」李綱宣和元年六月因上書言京師大水，被貶爲沙縣稅務，當年十二月至沙縣（參趙效宣《李綱年譜長編》）。李綱既然說他至沙縣時「南夫已死」，則南夫應卒於宣和元年或以前。而宣和二年志宏所作《謝李舍人題額》詩云：「寸草春未報，秋風樹不停。三年眞忽耳，過隙白駒奔。廬墳吾豈敢，白堂有老人。」（詳後譜）據知至宣和二年，志宏已守孝三年。進而可知，其父南夫應卒於政和八年。自此志宏居鄉丁憂。

宣和元年己亥，志宏二十九歲。

居鄉丁憂。

宣和二年庚子，志宏三十歲。

居鄉丁憂。二月，結識李綱，爲忘年交。

《宋史》本傳：「李綱見而奇之，相倡和，遂爲忘年交。」前引李綱宣和二年二月九日所作《書鄧南夫祭文後》云：「予來沙陽，時南夫已死，不及識。識其子肅，俊美而力學，有以見南夫之義。」志宏之識李綱，最遲在本年二月九日。

初春，有《寒梅上李舍人》詩。

本集卷四《寒梅上李舍人》詩有云：「竹間忽破一枝梅，對月嫣然耿寒水。」「故作先鋒驅殘臘，挽回天地變春風。」據「驅殘臘」云云，知詩作於初春。李綱宣和元年底至沙縣，二年十月即離閩北歸，在沙縣僅過一春。故知此詩必作於本年初春。李舍人，即指李綱。「舍人」爲中書舍人或起居舍人之簡稱。李綱於政和八年（一一一八）曾任起居郎（參《李綱年譜長編》），起居郎與起居舍人職掌相同，故稱其爲李舍人。李綱同時和作，見《梁溪先生文集》卷七《次韻鄧志宏梅花》。

請李綱爲其所藏畫題跋，李綱爲作《墨戲六首》。二人反復唱和。

李綱《墨戲六首序》云：「鄧志宏所蓄墨戲凡六，曲盡其妙，求予題跋，各爲賦小詩以見意。」（《梁溪先生文集》卷七）李綱同時有《六竹外尚有偃風頂雨二本留故家志宏欲之而未得戲作絕句附卷末庶幾異日悉歸志宏也》（同前）、《志宏以墨戲見遺並貺古風次韻答之且歸其畫》、《以墨戲歸志宏復有詩來次韻答之》、《再次韻》、《志宏復有詩來再賦兩篇爲報其往復之無已也故寓意卒章以止之》（同前）。據李綱諸詩題，知二人已反復唱和四次。故李綱在最後一首詩的「卒章以止之」。可惜志宏原唱不傳。

按：《梁溪先生文集》所收詩全是按編年排列，以上諸詩列於《次韻鄧志宏梅花》後，當亦本年初春所作。又二人反復唱和，既是當時詩壇風氣使然，也是平居寂寞無聊，借詩消遣。李綱《再用陳園韻示鄧志宏》詩即謂：「儒生舍翰墨，無以寄幽抱。」（《梁溪先生文集》卷七）

與李綱同游陳氏園，李綱有詩紀事。

李綱《吳愼微鄧志宏同游陳氏園》云：「我本惜春人，常恐春色老。沙陽渺天南，春到一何早。群芳忽爛漫，自覺被春惱。」（《梁溪先生文集》卷七）據「春到一何早」句，其游陳氏園亦當在初春。

李綱寫此詩後似未盡興，又作《再用陳園韻示鄧志宏》、《乘興游鄧季明園池邀志宏同會再賦陳園韻》（同上）。吳愼微不詳。

仲春，有和李綱《春雪》詩。

本集卷三《和李梁溪春雪韻二首》有云：「白白朱朱春已深，那知雪意更陰陰。」「等爲遷客俱逢雪，誰似梁溪獨醉吟。」據「春已深」句，此當作於仲春。

李綱原唱《春雪》云：「怪底春來暖太深，忽驚雪片墮層陰。」「沙陽逐客家何在，擁鼻淒涼但越吟。」（《梁溪先生文集》卷八）李綱同時另有《次韻志宏見示春雪長句》云：「百花爛漫如冶容，頗訝徒然春色濃。」（同前）志宏原唱不傳。

與李綱唱和荼蘼、岩桂、芍藥諸詩。

李綱《梁溪先生文集》卷八有《志宏以牡丹荼蘼見遺戲呼牡丹爲道州長且許時餉荼蘼作二詩以報之》、《志宏見和再次前韻》、《再賦荼蘼贈志宏》、《次韻招志宏見過》、《余賦佚老堂志宏見和復用前韻成一篇呈興宗》、《志宏送岩桂並惠長篇求予賦詩次韻答之》、《志宏送千葉鶯粟走筆代簡》、《再賦志宏千葉鶯粟》諸詩，卷九有《戲成短歌從志宏求芍藥》、《志宏供芍藥且以詩來再賦前韻》等詩，俱作於本年春。由「志宏見和」云云，知志宏原有和作，惜不傳。

按：岩桂本爲秋日開花，然志宏送李綱之岩桂以及李綱和詩，卻在本年春。因知李綱所賦岩桂爲春桂，李綱《岩桂》詩云：「閩山气候眞不常，浪蕊浮花渾欲狂。團團岩桂著春雨，擢秀不待秋風涼。」其《志宏送岩桂並惠長篇求予賦詩次韻答之》亦云：「我來閩嶺值春月，坐見園林花競茁。」

《梁溪先生文集》卷八《羅疇老同游雲院瞻禮新藏》：「寶峰古叢林，深寂雲所棲。」志宏有《次韻李舍人》與之酬唱：「道山文章伯，杖履作幽棲。」（本集）

按：李綱此詩編列於第八卷之末，緊隨《再賦志宏千葉鶯粟》詩後，亦是春天所作。棲雲院，「在（沙縣）九都，僞閩王延政建，宋建隆三年重建」（嘉靖《延平府志》卷四）。

有《跋羅右文李左史題棲雲眞戒大師營治》文。

本集卷二十《跋羅右文李左史題棲雲眞戒大師營治》云：「沙縣佛宮，殆以數百計，獨無輪藏以聳觀者，棲雲禪院眞戒大師可臣首造之。金碧相照，恍若天宮，蓋閩中所未有也。」「羅公見曰：『此老當爲吾邦之傑然者。』嘆賞久之，乃紀以詩。而左史李公亦曰：『豈特此邦耶？雖求之天下，指不多屈。』遂次其韻，亦以贈焉。」李綱《梁溪先生文集》卷八有《羅疇老同游棲雲院瞻禮新藏》詩。所謂「新藏」，當指棲雲禪院眞戒大師新造之輪藏。詩有云：「莊嚴極精麗，金碧光陸離。」與志宏文中所言「金碧相照，恍若天宮」相符合。據《梁溪先生文集》編年，李綱此詩作於本年春。志宏此文亦約略同時作。姑繫於此。李左史，即李綱。左史，即起居郎。政和八年，李綱曾任起居郎，故稱。《梁溪集》卷一六二《跋了翁墨跡》謂：「當宣和之初，余以左史論事謫沙陽。」

羅右文，名畸，字疇老，沙縣人。羅從彥之從父。因曾爲右文殿修撰知廬州，故稱「羅右文」。熙寧九年（一〇七六）進士，調福州司理（嘉靖《延平府志》卷一七）。紹聖二年（一〇九五），除滁州司法參軍（《宋會要輯稿》選舉一二之四）。崇寧三年（一一〇四），爲太常博士（《宋會要輯稿》禮一九之八、《宋史》卷一〇三《禮志》）。崇寧五年，爲秘書少監（《宋會要輯稿》選舉一九之二一）。後以右文殿修撰出知廬州、福州、處州（嘉靖《延平府志》卷一七。按《宋會要輯稿》選舉三三之二五謂大觀三年四月，爲集賢殿修撰知廬州。《淳熙三山志》卷二二和《北宋經撫年表》卷四謂大觀三年六月以朝請大夫集賢殿修撰知福州）。有《文海》百餘卷、《講義》五卷、《道山集》三十卷、《秘閣秘錄》四十卷、《蓬山志》五卷、《洞霄錄》十卷（嘉靖《延平府志》卷一七、《宋史》卷二〇三《藝文志》）。

李綱在沙陽期間，常與之唱和。《梁溪先生文集》卷九有《羅疇老所藏李伯時畫馬圖二首》、《次韻疇老贈丹霞三篇並寄丹霞以代簡書》；卷十有《疇老修撰所藏華岳衡岳圖》、《次韻羅修撰古風》、《羅修撰寵示龍興老碑刻》、《同羅疇老鄧季明燕凝翠閣泛碧齋》、《疇老見示荔枝絕句次韻》等詩。

四月十五日，有《跋李舍人放鷴文》。

本集卷一九《跋李舍人放鷴文》：「夏四月己卯，侍舍人李公遊於隱圃，公以放鷴之事語某。聞而異之。」是年四月辛未朔，己卯爲初九。初九日游陳圃時志宏聽李綱講夢鷴事後，請其爲文紀之。李綱遂撰《放鷴文》，李文末署「宣和二年四月十五日梁溪居士書。」（《梁溪先生文集》卷一五六）李綱文既作於四月十五日，則志宏跋文亦在此時。又，隱圃，在沙縣，爲陳正式之園林（見《梁溪先生文集》卷一三二《叢桂堂記》），李綱本年春曾在此與志宏題詩唱和。李綱有《題陳氏隱圃佚老堂二十韻》和《余賦佚老堂志宏見和復用前韻成一篇呈興宗》詩（《梁溪先生文集》卷八）。

初夏，送菖蒲、竹筍與李綱，李綱有詩。

李綱《梁溪先生文集》卷九有《輯西軒已畢工奉呈志宏成彥》、《志宏送石菖蒲乃菖陽也作此詩戲之》、《志宏見和西軒詩再賦前韻》、《志宏供筍以詩報之》、《次韻志宏見贈拙軒》諸詩。此數首緊列於《從志宏求芭蕉》詩後，而《從志宏求芭蕉》詩有「小圃初宜夏，靈蕉日日新」之句，是此詩作於夏間。以上諸詩亦爲本年初夏所作。又，拙軒，李綱在沙縣所居之小軒。其《拙軒記》云：「梁溪寢室之側有小軒焉，以爲燕居食息之所。竹樹蔥蘢，鳴禽上下，清風徐來，梁溪欣然悦之。因名之曰拙軒。」（《梁溪先生文集》卷一三二）據文末所署，此文作於「宣和二年四月二十五日」。志宏「見贈拙軒」詩原唱雖已不存，但當作於拙軒命名之後，即四月二十五日後。李綱《次韻志宏見贈拙軒》乃同時作。此又可証以上諸詩皆爲初夏所作。

有《送丹霞》詩。

本集卷二《送丹霞》詩云：「白蓮結社記前緣，偶到人間共一年。對學三生形已改。相逢一笑性猶全。」李綱有和作，題爲《次韻志宏贈丹霞師》：「傾蓋相逢亦有緣，那堪心契更同年。六根靜處三生現，一點通時萬法全。」（《梁溪先生文集》卷九）李綱此詩編列於《輯西軒已畢工奉呈志宏成彥》之前，亦是初夏所作，故繫於此。

丹霞，即丹霞禪院的宗本禪師（見前政和八年）。此時志宏、李綱與丹霞交往頻繁，多有唱和，志宏另有《送丹霞》、《訪丹霞》（本集卷五）、《謝丹霞老師》（本集卷九）等。李綱另有《次韻丹霞宗本長老見寄古風》、《次韻丹霞錄示羅疇老唱和詩四首》、《題丹霞晏坐軒》（《梁溪先生文集》卷十）、《羅疇老錄示和丹霞絕句五首次韻》、《寄題丹霞雨花軒》（同前卷一一）等詩。

仲夏五月，志宏家枯梅產芝，李綱有詩賦詠。

李綱《梁溪先生文集》卷一四〇《瑞芝贊》：「宣和二年仲夏之初，有芝生於沙陽鄧肅志宏家。」同書卷九有《志宏遺枯梅產芝》和《志宏以家所生新芝遺予並以詩來次韻報之》詩。前詩序云：「鄧志宏家枯梅產芝，大小凡六。予爲名軒作贊，志宏因分其三以遺予。賦詩以答其意。」

六月十八日，志宏同李綱聚會凝翠閣，游泛碧齋，有詩唱和。

李綱《梁溪先生文集》卷十有《六月十八日同陳興宗鄧成彥志宏早會凝翠閣晚游泛碧齋》詩紀游。凝翠閣，在沙縣南太史溪上，原爲「征商之所」，宣和元年底毀於火，宣和二年五月重建，「因其基而增廣之」，李綱名之曰「凝翠閣」（見《梁溪先生文集》卷一三二《凝翠閣記》、嘉靖《延平府志》卷四）。泛碧齋，船名。「宣和二年孟夏」李綱所作《泛碧齋》詩序云：「閩溪類多湍瀨，小舟詰屈行亂石間，稍大則膠。獨沙陽不然，溪平緩無灘聲者幾十餘里。縣故有舫，焚於雷火，因不復置，迨今八年。清流如席，可泛可濯。坐視莫爲，非闕典耶？予謫官來此，暇日爲邑中同僚道其故，不旬月而舫具，華麗宏壯，有浙舸之風，名之曰泛碧齋。相與置酒以落成。」（《梁溪先生文集》卷九）

陳興宗，名正式，沙縣人，陳瓘之侄。宣和二年已「年逾六十」，然「風度夷曠。嗜作詩，得前輩句法」（同前卷一三二《叢桂堂記》）。鄧成彥，亦沙縣人，此時與李綱唱和甚多。餘不詳。

約在此前後，李綱另有《次韻志宏戲與宗耳疾之作》、《次韻志宏泛碧齋會連飲三罰爵》、《次韻志宏見示》（《梁溪先生文集》卷十）、《次韻志宏見示山居二首》、（同前卷一一）等詩。然志宏原唱不傳。

七月，於父墳旁築室，李綱題名曰「顯親」。志宏有詩謝之。

志宏父三年前去世，然至本年七月才安葬。志宏在新墳旁築庵建堂，並請李綱題額作序。《梁溪先生文集》卷一三五《鄧氏新墳庵庵堂名序》：「栟櫚鄧肅一日造予，請曰：『先子力學砥行，有聲場屋間。不幸捐館舍，卜兆於沙溪之南，將葬焉。而肅終鮮兄弟，煢然哀疚之中，竭力營辦，幸克有成。今即新阡建堂以奉祭祀之事，結庵以修香火之緣。愿夫子名而書之，以光存歿。』余來沙陽，雅聞南夫之賢，恨不及識，而與栟櫚甚厚，義不得辭。名其堂曰『思遠堂』，名其庵曰『顯親庵』。」「時宣和二年七月十九日，昭武李某序。」李綱題額後，志宏作《謝李舍人題額》詩：「寸草春未報，秋風樹不停。三年眞忽爾，過隙白駒奔。廬墳吾豈敢，白堂有老人。作庵居釋子，佛事勤朝昏。太史憐此意，高額揭顯親。」（本集卷十）李綱亦有詩題顯親庵，志宏又和作一首《題顯親庵謹次嚴韻》（同前卷四）。

有題《舫齋》詩。

本集卷十《舫齋》詩：「陳子作舫齋，端能世外趣。」李綱《梁溪先生文集》卷一一亦有《題陳公叙舫齋》，詩云：「但聞泉石美，景物方清秋。」當爲初秋所作。志宏詩作於同時，故繫於此。陳淵《默堂集》卷五亦有《題公叙叔舫齋》詩，是陳公叙爲陳淵之叔父。然其人不詳。

其時李綱有《十三夜有小偷迫曉而獲志宏戲以詩來次其韻》、《次韻志宏秋曉見示古風二首》、《志宏復示秋意五篇次韻和之》、《次韻志宏見示寒翠亭之作》、《和志宏見示亭字韻》（《梁溪先生文集》卷一一）等詩，俱作於初秋。然志宏原唱俱不傳。

中秋前後，與李綱唱和岩桂詩。

李綱《梁溪先生文集》卷一二有《隱圃岩桂盛開興宗屢以爲供賦長篇以謝其意並簡志宏》：「沙陽岩桂雖云多，不若隱圃爲駢羅。」志宏見後，曾和作一首（已不傳），李綱再作《興宗志宏見和岩桂長篇再賦前韻奉呈》（同前卷）。李綱《寓軒用竹爲窗隔以御西風戲成小詩紀其事示志宏》（同前卷）亦同時作。

九月十五日夜，與李綱登閣觀月，乘船泛溪。志宏有《凝翠閣陪李梁溪次韻》和《陪李梁溪游泛碧》等詩和《一剪梅》詞。

李綱《梁溪先生文集》卷一三有《九月十五日夜同陳興宗鄧志宏登凝翠閣觀月》詩。首聯云：「溪閣臨虛而勢寬，涼天佳月共追歡。」志宏即和作一首，題作《凝翠閣陪李梁溪次韻》，其首聯云：「欄前碧玉四圍寬，滿座清風文字歡。」（本集卷二）下凝翠閣後，李綱、志宏、陳興宗三人又乘泛碧齋夜游，分韻賦詩。李綱作《是夜復乘泛碧齋至北溪口觀新橋與興宗志宏分題予得泛字》（《梁溪先生文集》卷一三）。志宏作《陪李梁溪游泛碧》：「涼天夜無雲，寒江秋更碧。冷照月華中，水天同一色。畫船渺中流，三更群動寂。」（本集卷十）李綱再作《志宏得碧字以詩來次其韻》和《興宗得齋字以詩來次其韻》（《梁溪先生文集》卷一三）。

按：李綱因曾居無錫梁溪（參《李綱年譜長編》），故自稱梁溪居士。前引李綱《凝翠閣記》文末即自署「梁溪居士李某記」。其詩中亦常自稱梁溪，如《志宏送岩桂並惠長篇求予賦詩次韻答之》：「栟櫚送花來覓句，端恐梁溪得歸去。」（《梁溪先生文集》卷八）《戲成短歌從志宏求芍藥》：「栟櫚也是可憐人，每送梁溪慰愁寂。」（同前）故志宏稱之爲李梁溪。

志宏又有《一剪梅·題泛碧齋》詞：「夢因風定斗杓寒，漁笛一聲天地秋。」亦是本年秋間所作，姑繫於此。

九月二十八日，陳淵爲文祭志宏父南夫。

志宏安葬乃父後，陳淵於宣和二年九月二十八日作《祭鄧南夫文》：「維宣和二年九月丁卯朔二十八日辛丑，陳淵謹以清酌庶羞之奠致祭於亡友南夫十九兄之靈。」（《默堂集》卷二一）

十月，李綱離閩北歸。

十月中旬，李綱復官，離閩北歸（參《李綱年譜長編》）。行前李綱有《將去沙陽留別鄧季明諸公》（《梁溪先生文集》卷一三）。此「諸公」應包括志宏。志宏亦當有詩詞送行，然已不傳。

宣和三年辛丑，志宏三十一歲。

居鄉。春，上書劉韐獻平方臘之策。

本集卷一四《上劉延康》：「某月某日，南劍州上舍貢生鄧某，謹齋戒沐浴，裁書束拜，寓獻判府經略大學相府先生鈞席。」「今年睦、歙寇嘯山谷，奮臂疾呼而群小附之。攻城圍邑，江浙騷然。官吏狼顧，喪魂沮魄，棄城而遁者不可勝數。會稽大府，又賊所必爭之地。奔命來寇，動以千計。中外聞之，莫不爲之股栗也。而判府大學，報國赤心可動天地，驅兵力戰，卒保城池，使賊人累然卵破草折，是可謂障百川而東之，回狂瀾於既倒者也。其視大唐四公又不知孰爲優劣哉？」「某雖無似，其生得與先生同時，而家於閩中，而喜從於學，又獲令弟爲齏鹽之友，家於閩中，是鄰先生之居也。」「是其姓字可以達於左右者也。其天幸如此，顧雖家有老母，不能遠去掃門執鞭，以快平生之願，而揮毫染翰，寫此精誠，亦安得獨後於衆人乎？」「蓋先生既立已然之功，必建未然之策。雖奇謀妙算已定胸中，而芻蕘之言或有可采。此某所以愿有獻也。某無他能，頗解通古今。曩聞盜賊之興，私竊念其既治其已甚，又欲阻其方來。」「研精竭慮，得十策焉。欲進九重，恨無因也。效死有志，窮鱗可惜。謹寫之別卷以干台視。」

按：劉延康，指劉韐。文中所謂「會稽大府」，指越州。劉韐本年任越州知州，曾抵禦方臘，守城有功。《嘉泰會稽志》卷二載：「劉韐宣和二年二月以中大夫充徽猷閣待制知（越州），四年五月召赴闕。」同書卷一三又載：

「宣和二年冬，睦州青溪縣民方臘起爲盜，勢張甚，及破杭州，與越隔一水，越大震。官吏往往遁去，知州事徽猷閣待制劉韐獨調兵筑城固守。」「已而盜益熾，連陷衢、婺二州，以三年二月抵城下。」「公麾衆出，直攻其腹心，破之，擒佛母指。賊遂大潰，僵尸蔽野，不敢復進。明、台、溫賴越哽賊喉牙得以皆全。」宇文虛中所撰《宋故資政殿學士銀青光祿大夫贈特進資政殿大學士開府儀同三司謚忠顯劉公神道碑》亦載：「桐溪回穴，有盜竊發。既蹂餘杭，七州幅裂。官吏曹奔，官軍氣奪。或請公避，公顧而言：爲上郡守，其可棄捐。乃治闉闍，乃礪戈鋋。畜牧牧野，什伍比聯。寇來瞰城，公親被堅。揮兵出門，空拳爭先。一戰而勝，肩體盈川。溫台暨明，賴公以全。越民德公，郊墟市廛，飯食必祝，愿公永年。」（徐夢莘《三朝北明會編》卷七五引）志宏文中所謂「驅兵力戰，卒保城池，使賊人累然卵破草折」，「既立已然之功」，正與《嘉泰會稽志》和《劉公神道碑》所載相符。本年二月，劉韐抵禦方臘建守城之功，而四月二十六日方臘兵敗被俘（參方勺《泊宅編》卷五、《宋史紀事本末》卷五四）。志宏上書獻平定方臘之策當在三、四月間。又從志宏書中「家有老母，不能遠去掃門執鞭」云云，知其上書時尚在家鄉。

又，延康，指延康殿學士。劉韐於宣和五年以延康殿學士、銀青光祿大夫知福州（《淳熙三山志》卷二二謂宣和五年「十月，劉鞈以延康殿學士銀青光祿大夫知」福州。而《宋會要輯稿》職官六九之一二則載宣和五年八月一日，「延康殿學士、知福州劉鞈落職，提舉南京鴻慶宮。先是，御史中丞陸德光被旨根治劉延慶公事，而鞈私謁德光。爲言者所論故也。」二書所載劉鞈出帥福州的時間有異，然以延康殿學士知福州則同），故稱「劉延康」。志宏書中又以唐顏眞卿、顏杲卿、張巡和許遠四人比劉鞈之功，謂「某嘗讀顏眞卿、杲卿及張巡、許遠四公列傳，見其爲唐社稷奮身不顧，守節死義，名高日月，未嘗不拊髀而嘆。」「以功烈論之，則四公猶有所愧，獨於先生一無疵焉。蓋節義等於四公而勛又遠也。」而志宏紹興元年所作《劉忠顯挽詞》序云：「頃嘗論公之節如顏眞卿、杲卿等」，「忽忽十年，而公竟以節聞，更出顏公之右。識者然後知某前日之言自有管見，蓋非偶然耳。」（本集卷七）兩相印証，亦見「劉延康」是指劉鞈。劉鞈爲福建崇安人，與志宏同鄉，故志宏曰「家於閩中，是鄰先生之居也」。然則此書所題「上劉延康」，卻是後來編集時所加，而非上書時原題，一則本年上書時志宏不可能稱劉鞈爲「劉延康」（劉鞈兩年後始晉升延康殿學士），二則書中也未曾稱其爲「劉延康」。劉鞈，字仲偃，事跡參《三朝北盟會編》卷七五引《劉公神道碑》、《宋史》卷四四六本傳。另參後譜紹興元年紀事。

中秋，作《丹霞清泚軒記》。

本集卷一八《丹霞淸泚軒記》：「邵武丹霞明蹟作軒於其院之西。中植草蒲數種，鬱然几案間。不遠數百里來乞名於枅櫚鄧某。某名曰淸泚軒。」「宣和辛丑中秋瑞芝軒書。」瑞芝軒，志宏堂名，已見上年譜。丹霞禪師明蹟，已見前政和八年。

冬，作《和謝吏部鐵字韻三十四首》

本集卷六《和謝吏部鐵字韻三十四首》，共十一題三十四首，每首全用「鐵」字韻。第十二首題爲《邑官有和者亦以詩紀之其人自云禦方寇有功》。所謂「禦方寇有功」，指平滅方臘有功。其事在本年春天。第十四首《題丘宰生日二首》其二「黎明當動有泉水」句自注云：「冬至後十日泉水動，此以宣和辛丑歷推之耳。」「宣和辛丑」即本年，此詩當作於本年冬至前後。第十六首《自叙》有「夜淸火冷不成眠」句，亦是冬天情景。第三十至三十四首題爲《呈幾叟儀曹四首》，幾叟，即陳淵。陳淵《默堂集》卷六有和韻，題爲《次韻鄧志宏和吏部謝公鐵字韻詩二首》、《再和鄧志宏二首》，前題有「寒氣薄人如著水」句，也是冬天情事。故定此三十四首作於本年冬。謝吏部，未詳何人。

年底，在京師太學。除夕，作《分歲》詩。

《宋史》本傳謂「入太學，所與游皆天下名士」，然未言何時入太學。本年春志宏《上劉延康》自稱「南劍州上舍貢生」，應於當年升貢入太學上舍。而其除夕所作《分歲》詩云：「餘臘羈人少共歡，那堪瑞雪降雲端。四時欲盡三更鼓，六出番成兩歲寒。欺壓嶺梅殘艷白，密敲亭竹碎聲乾。公卿休掃黌堂下，留與來朝賀歲看。」（本集卷三）「黌堂」，此指太學。明年夏，志宏在太學上詩諷諫被逐回鄉里，則除夕在太學作詩，自當是本年事。

志宏在太學期間，有《上先生》詩：「疲馬踏殘月，荷策來泮宮。入門見先生，先生何雍容。」（本集卷五）

按：泮宮，指太學。本集卷二一《寄朱喬年》其二有「頃在泮宮，嘗與同舍」云云，可証此詩是作於今年抑或是明年，難以確考。參繫於此。

宣和四年壬寅，志宏三十二歲。

在太學。五月，上《花石詩十一章》諷諫，被斥歸田里。

《宋史》本傳：「入太學，所與游皆天下名士。時東南貢花石綱，肅作詩十一章，言守令搜求擾民，用事者見之，屏出學。」此十一首詩現存，見本集卷一《花石詩十一章並序》。然何年上《花石》詩，史載歧異。

《宋史》卷二二《徽宗紀》謂在宣和元年十一月，「朱勔以花石綱媚上，東南騷動，太學生鄧肅進詩諷諫，詔放歸田里。」元無名氏《宋史全文》卷一四亦繫於此年十一月：「太學生鄧肅進詩諷取東南花石，坐屏出學，押歸本貫。肅，南劍州人也。」畢沅《續資治通鑑》卷九三亦謂此年此月「太學生鄧肅，以朱勔花石綱害民，進詩諷諫，詔放歸田里。」《續資治通鑑長編拾補》卷三七又繫於政和七年十二月。

按：宣和元年志宏在家鄉居憂守孝，不可能在太學。如果是宣和元年事，李綱謫居沙縣一年，鄧、李唱和詩中不可能不提及此事。故謂志宏宣和元年或以前上詩而遭放逐，不可信。王明清《揮麈錄》後錄卷二載：「宣和壬寅歲〔艮岳〕始告成。」「命睿思殿應制李質、曹組各賦詩以進。質云：『宣和四年歲在壬寅夏五月朔，艮岳告成。』」「是時獨有太學生鄧肅上十詩，備述花石綱之擾，其末句云：『但愿君王安萬姓，圃中何日不東風。』詔屏逐之。」王明清所言艮岳（又名萬歲山、萬壽山）建成於宣和四年，可信。宋陳均《九朝編年備要》卷二八即載：政和七年十二月，「作萬壽山。上之初即位，皇嗣未廣，道士劉混康以法籙符水入禁中，建言宮城西北隅地協堪輿，倘形勢加以少高，當有多男之祥。始命爲數仞崗阜。已而後宮占熊不絕。上甚喜。於是財信道教，土木之工興矣。一時佞幸因而逢迎，遂竭國力而經營之。至是命戶部侍郎孟揆築土增高，以象餘杭之鳳凰山，號萬壽山。後因神降有『艮岳排空』之語，因名艮岳。宣和四年始告成。」《宋史》卷八五《地理志》亦載：「政和七年，始於上清寶籙宮之東作萬歲山。山周十餘里，其最高一峰九十步。上有亭曰介，分東西二嶺，直接南山。山之東有蕚綠華堂，有書館，八仙館、紫石巖，棲眞嶝，覽秀軒，龍吟堂。山之南則壽山兩峰並峙，有雁池、噰噰亭，北直絳霄樓。山之西有藥寮，有西莊、有巢雲亭，有白龍沜，濯龍峽，蟠秀、練光、跨雲亭、羅漢巖。又西有萬松嶺，半嶺有樓曰倚翠，上下設兩關，關下有平地，鑿大方沼，中作兩洲：東爲蘆渚，亭曰浮陽；

西爲梅渚，亭曰雪浪。西流爲鳳池，東出爲雁池，中分二館，東曰流碧，西曰環山，有閣曰巢鳳，堂曰三秀，東池後有揮雪廳。復由嶝道上至介亭，亭左復有亭曰極目，曰蕭森，右復有亭曰麗雲、半山。北俯景龍江，引江之上流注山間。西行爲漱瓊軒，又行石間爲煉丹、凝觀、圜山亭，下視江際，見高陽酒肆及清澌閣。北岸有勝筠庵，躡雲臺、蕭閑館、飛岑亭。支流別爲山莊，爲回溪。又於南山之外爲小山，橫亘二里，曰芙蓉城，窮極巧妙。而景龍江外，則諸館舍尤精。其北又因瑶華宮火，取其地作大池，名曰曲江，池中有堂曰蓬壺，東盡封丘門而止。其西則自天波門橋引水直西，殆半里，江乃折南，又折北。折南者過閶闔門，爲複道，通茂德帝姬宅。折北者四五里，屬之龍德宮。宣和四年，徽宗自爲《艮岳記》，以爲山在國之艮，故名艮岳；蔡絛謂初名鳳凰山。後神降，其詩有『艮岳排空霄』，因改名艮岳。」王明清所言宣和四年艮岳建成不誤，其所言本年志宏上《花石》詩當亦可信。志宏後來曾兩度提及上詩遭貶事。本集卷一二《第十三劄子》：「臣誤蒙三朝之知，實緣論事。宣和之末，嘗進乞罷花石詩。群臣欲置於死地，上皇舍之。」同書卷一四《答張居實》：「某何人，當宣和之末，見九州需索，東南一空，花石之奉鼎沸無已。學校諸生，仰瞻白雲，相顧泣下。且自度曰：聖天子未嘗殺一諫臣，士大夫呑聲端坐愿固位耳。偶得數章，槌鼓以進，雖爲齏粉不顧也。聖意包荒，未賜誅殛。」志宏自言上花石詩在「宣和之末」，與王明清所言在本年基本相符。如依《宋史》所載是宣和元年事，志宏絕不會言「宣和之末」，而當言「宣和之初」。

六月，上廬山，有詩。

本集卷五《廬山》詩：「平生作意廬山游，往來卻貪吳越舟。陛下許臣鞭匹馬，芒鞋因得款清幽。是時六月蒸炎暑，六合黃塵空一雨。上方冷翠襲衣襟，便覺笑談在天宇。」據「陛下」句，此次游廬山，當是被逐出太學後。姑繫於本年。

回故里，有《南歸醉題家圃二首》。

本集卷一《南歸醉題家圃二首》其一云：「塡海我如精衛，當車人笑螳螂。六合群黎有補，一身萬段何妨。」顯然是回故里沙縣後作。然本年內何時到家，不可考。姑繫於年底。

又有二書寄朱喬年。

本集卷二一《寄朱喬年》其一云：「某頓首再拜。數千里之遠，才抵舍，便見君子。」「某前此狂妄，幸脫虎口，今當疏泉種竹作安焉計。」

按：後數句指因上花石綱詩被逐出太學而回鄉事，前幾句指從京師方歸即見朱松等君子。朱松，字喬年，朱熹父。其時朱松任南劍州尤溪縣尉，參《韋齋集》卷首朱熹所撰《行狀》。

宣和五年癸卯，志宏三十三歲。

居鄉。春，有《偶成三首》、《賀朱喬年生日》詩。

本集卷二《偶成三首》其三有云：「萬里歸來卧白雲，蚍蜉撼樹正紛紛。」當是被逐出太學回鄉後所作。又據其二「絲絲細雨晚煙合，閣閣蛙鳴蔓草深」二句，應是春日所作。姑繫於本年春。

本集卷四又有《賀朱喬年生日》。據《(朱松)行狀》，朱松生日在二月，志宏詩「三春一半入群芳，朱朱白白競天香」所寫正是春景。或本年春作。姑繫於此。

八月五日，有《題開平院》。

本集卷一九《題開平院》：「栟櫚鄧某志宏游此勝景，超然固非塵俗鄙。而住持材成之新詩健筆，氣欲凌雲，淸談終日，了不及世事也。白蓮結社，當在異日，率俗而行，惘然作惡。宣和癸卯八月五日志之。」嘉靖《延平府志》卷四載有「佛智開平寺，在(南平)縣治西南開平里。五代梁開平四年建，舊名報國顯親院，元改爲寺。」此位於南平縣開平里的開平寺，原爲院，至元代始改爲寺。志宏所游開平院，或即此院。住持材成，

不詳。

赴京應試，朱松有《送志宏西上》詩。

朱松《韋齋集》卷二《送志宏西上》詩云：「起瞻帝鄉雲，感嘆不成坐。何須飛霞佩，自辦凌風舸。瀛洲渺溟渤，萬里一掀簸。」據詩意，當是送志宏西上赴京應試所作。

途經無錫梁溪，訪李綱。綱有詩送行。

李綱《梁溪先生文集》卷一六《送鄧志宏赴試南省》：「杜門憂患餘，戚戚常鮮歡。故人千里來，一笑解我顏。念昔寓沙陽，溪山鬱回環。游從得良友，妙賞窮躋攀。別來幾何時，歲月驚飛翻。索居無與游，衰病兩鬢斑。子充觀國賓，假道扣我關。」「努力取殊第，自致青雲端。春風得意後，期子從茲還。」據《梁溪先生文集》編年，李綱此詩作於宣和

五年秋冬間。自宣和三年五月至五年，李綱一直居無錫（今屬江蘇）梁溪丁父憂（參《李綱年譜長編》）。又據《梁溪先生文集》卷一六之卷首載李綱宣和五年「癸卯冬至後三日」自序，居憂期間未曾作詩，自宣和五年八月除服（二十七個月丁憂期滿）後「漸理筆墨畦徑，吟哦綴緝，寄情煙霞泉石間，以寫閑居之適」。此首送志宏赴試南省詩，正是本年秋「漸理筆墨」後所作。

按：「試南省」，即應禮部進士考試。「南省」即尚書省，因宋代貢舉考試由尚書省禮部掌管運作，故禮部試又稱「省試」、「南省試」。

宣和六年甲辰，志宏三十四歲。

初春，過泗州。作《臨江仙·登泗州嶺九首》。

志宏離無錫後沿運河北上，於初春到達泗州，作有《臨江仙·登泗州嶺九首》詞。其一有云：「帶雨梨花看上馬。」其五有云：「雨過荼蘼春欲放。」其九有云：「樓北樓南青不斷，晴空總是春容。」都是春日景致。必定是初春所作。又詞中多寫與佳人調笑或分袂情事，頗符合舉子應試前樂觀輕狂心態。自無錫赴開封，宋時最便捷的是水路，即沿運河北上，而泗州是必經之地。又，宣和年間只兩度舉行省試，一在宣和三年三月（見《宋會要輯稿》選舉七之三六），一在六年閏三月（同前。按，本年殿試在閏三月二十三日，禮部試在此前）。而宣和三年三、四月間志宏在故鄉（參前譜），不可能參加此次省試。故志宏應「南省試」必定在六年春。初春在泗州，然後赴汴京參加閏三月之省試，時間亦吻合。故繫此九首詞於本年春。

閏三月，應省試，不第。

志宏本年閏三月應省試，已詳上考。然此次應試未及第。直至靖康元年始獲賜進士出身。

遇吳曾。

胡仔《苕溪漁隱叢話》後集卷三九：「《復齋漫錄》云：鄧肅謂余言：『宣和五年，初復九州，天下共慶，而識者憂之也。都門盛唱小詞曰：「喜則喜，得入手。愁則愁，不長久。忻則忻，我兩個廝守。怕則怕，人來破門。」雖三尺之童，皆歌之。不知何謂也。』七年，九州復陷，豈非不長久焉？郭藥師，契丹之帥也，我用以守疆，啓敵國禍者郭耳，非破門之驗耶？」

按：《復齋漫錄》，即《能改齋漫錄》（今傳《能改齋漫録》無此記載），作者爲吳曾。志宏所説都門所傳小詞，當是在京城所聞。然何時與吳曾相會並告之此事，不詳。姑繫於此。

又按：此段記載，有兩種理解或兩種標點方式：一是志宏所言至「不知何謂也」止，「七年」（指宣和七年）以下爲吳曾之解釋。一是「鄧肅謂余言」以下全是志宏所言。依前一種理解，則志宏所言是在靖康之難前，其時尚不知歌詞所指何事。如此，則志宏是在靖康之難前與吳曾相會。依後一種理解，則鄧肅所言是在靖康之難發生，即小詞所唱之事被應驗以後。若是，則志宏與吳曾相會是在靖康之難後。

宣和七年乙巳，志宏三十五歲。

居鄉。七月十五日，作《丹霞賞音文集序》。

本集卷一五《丹霞賞音文集序》：「邵武軍泰寧僧明蹟走人四百里，以書抵余曰：『吾師得士大夫詩，亡慮三百篇。』『請爲我序之。』」「丹霞，法名宗本，棄妻而庵居。得度五年，風號露泣之地，化爲金碧。太守請於朝以名於院，所謂丹霞是也。」末署「宣和七年中元瑞芝軒書」。中元節，爲七月十五日。瑞芝軒，鄧肅在沙縣之居室。瑞芝軒、丹霞院明蹟禪師，屢見前。

冬，作《何長善墓誌銘》。

本集卷二四《何長善墓誌銘》謂墓主何長善爲邵武桃溪人，「宣和七年冬得疾逾月，未嘗揮枕，但揮肉食耳。十一月三日晨興，正冠西首，奄然而逝。得歲六十有七。」此墓誌即作於何氏死後不久。

靖康元年丙午，志宏三十六歲。

居鄉。有《沙縣靈衛鄧公祝文》、《興化重建院記》和《一枝庵記》等文。

本集卷二二《沙縣靈衛鄧公祝文》自跋云：「宣和八年春二月庚寅，聞金人不恭，敢拒大邦，羽檄星馳，郡邑驚擾。」「丙午謹撰此錄未果，而捷音到矣。天兵所指，摧枯拉朽。因其請降，舍之使去。」據文中所叙，此篇當作於本年初春。

同時還作有《靈衛廟賽祝愿文》（本集卷二二）。

本集卷一七《興化重建院記》：謂「南劍沙縣有寺曰興化」，「政和丙申」重建，「閱十年而後成」。按，自政和六年丙申（一一一六）「閱十年」，即爲本年。

本集卷一七《沙縣福聖院重建塔》：「明年而塔成，實靖康改元之春也。」本集卷一八《一枝庵記》：「庵在（沙）縣之南，起於宣和之際，落成於靖康之初云。」以上三篇記文俱爲本年在故鄉作，而本年夏志宏離閩赴行在就職，故繫此三文於本年春。本集卷五有《東林一枝庵》詩，或同時作。姑繫於此。

清明節，有《棲雲日新軒記》。

本集卷一八《棲雲日新軒記》：「余蓋知眞戒之志之氣之才果有絶人者，乃與之坐於小軒上，作終日款。師以軒榜爲請。予故字之曰『日新』。」末署「靖康改元清明記」。文中又謂日新軒在「沙縣棲雲古禪院」。

三月中旬，因李綱等薦，召赴闕，補承務郎。

《靖康要錄》卷四載：靖康元年三月「十五日，聖旨：南劍州進士鄧肅、通州進士任申先、常州布衣鄒柄並特補承務郎，發來赴闕，令引見上殿。」韓淲《澗泉日記》卷上所載相同：「靖康元年三月丁巳（按，是月丁卯朔，丁巳為十五日），召南劍州進士鄧肅、通州進士任申先、常州布衣鄒柄赴闕，並補承務郎。」然十二卷本《栟櫚先生文集》附録特補承務郎《誥詞》所署時間則在「靖康元年三月十八日」。誥詞云：「敕南劍州進士鄧肅等：朕嗣位之初，樂聞狂直，以輔不逮；崇奬善類，以勸方來。維肅以疏遠之賤，嘗貢讜言。維申先、柄，以忠義之嗣，克守家法。命官召口，兹謂異恩，幾聞嘉猷。（毋）副虚佇，可依前件。」或是「聖旨」於三月十五日先下，十八日才行誥詞。志宏此次起用，乃李綱所薦。熊克《中興小紀》卷一建炎元年六月丁卯日下引呂本中《雜説》曰：「鄧肅前一年因李綱薦得官，時又用汪伯彥薦爲右正言。」（又見下引《揮麈録》後録卷二）是時李綱在朝任尚書右丞、知樞密院事（參《李綱年譜長編》）。

是月，有《答張居實》書。

本集卷一四《答張居實》謂宣和間雖被斥出太學，然「未賜誅殛。今得邸報，乃有詔命，是將詔我以前日未死之軀以爲今日報也」。從邸報上得知的「詔命」，即是三月十八日朝廷所下召赴闕之命。文末有「春且老」之句，當爲三月下旬所作。

四月二十三日，仍居鄉，未赴詔命。有《題稱老開堂疏》。

本集卷一四《題稱老開堂疏》末署「靖康改元四月己未栟櫚某書」。四月丁酉朔，己未爲二十三日。文中有「稱老挂錫延平」、「今居天王」云云，知志宏是在沙縣寫此文。蓋「挂錫」，指行脚僧投寺暫住；「挂錫延平」，謂稱老暫住延平（即志宏所屬之南劍州）。「今居天王」指稱老時居天王寺。而「天王寺，在（沙）縣西北和仁坊。唐中和四年建，宋元祐三年建二門，陳瓘爲記。」（嘉靖《延平府》卷四）

朝廷十一次催促，始擬赴任。有《答陳夢兆》書。

本集卷二一《答陳夢兆》有云：「前日被受聖旨，令日下就道。」「前後凡十有一次催促，自顧何人敢遲延？既對之後即歸。」書中又有「夏熱」云云，時當在四月底五月初。

九月十六日，入京後召對，授鴻臚寺主簿。

《宋史》本傳：「欽宗嗣位，召對便殿，補承務郎，授鴻臚寺簿。」十二卷本《栟櫚先生文集》附録《除鴻臚寺主簿誥》：「敕承務郎鄧肅：爾頃以布衣叩閽，主文而譎諫，深得詩人之旨。朕聞而嘉之。」「可特授依前承務郎、守鴻臚寺主簿。須副見聞。靖康元年九月十六日。」

按：《宋史》卷一六五《職官志》：「鴻臚寺，舊置判寺事一人，以朝官以上充。元豐官制行，置卿一人，少卿一人，丞、主簿各一人。卿掌四夷朝貢、宴勞、給賜、送迎之事，及國之凶儀、中都祠廟、道釋籍帳除附之禁令。少卿爲之貳，丞參領之。」

高宗建炎元年丁未，志宏三十七歲。

正月二十日，在汴京。有《靖康迎駕行》、《次宋左司韻》等詩。

去年閏十一月二十五日，汴京被金兵攻陷。同月三十日，宋欽宗被迫至金營。十二月初二日，欽宗奉表降金後回宫（參徐夢莘《三朝北盟會編》卷七十至七一）。本年正月初十日，金人勒索金銀，宋廷無法滿足，欽宗又被脅迫至金營，一去不返。二十日，志宏作《靖康迎駕行》傷之。詩有曰：「虜人慕得猶貪利，千乘載金未滿意。釵鈿那爲六宫留，大索民居幾卷地。六龍再爲蒼生出，身磨虎牙恬不恤。重城突兀萬胡奴，杳隔鑾輿今十日。」

按：「六龍再爲蒼生出」，指欽宗二赴金營。徐夢莘《三朝北盟會編》卷七四靖康二年正月「十日庚子，車駕再幸青城軍前」條下引《靖康遺録》云：「自十二月至正月，金帛不足，無如之何。粘罕催迫愈急，頻數號令，欲縱兵入城。百姓輒驚，不安其室。上（欽宗）以問蕭慶，答云：『此事須陛下自見元帥乃可了畢。』會粘罕亦遣人來請再相見，上身經百戰，番賊見期，意欲無往，而金銀不足，恐其縱兵，不得已乃以皇太子監國。」「遂以初十日駕復出。」「杳隔鑾輿今十日」，謂欽宗二赴金營已十日，尚無音訊。欽宗自正月十日離宫赴金營，十日後即爲正月二十日。故定此詩作於是日。

本集卷二《次宋左司韻》有云：「往事無如今日新，鑾輿一再冒胡塵。」也是指欽宗兩赴金營事。詩中又有「柳怨花愁不忍春」句，所寫爲初春景。此詩約與《靖康迎駕行》同時作。宋左司，疑是宋齊愈，其時任左司員外郎。此人在本年二月曾推舉張邦昌爲皇帝，七月，坐此被腰斬（《宋史》卷二四《高宗紀》、《建炎以來繫年要録》卷七，《三朝北盟會編》卷一一一）。正月底志宏赴金營被拘留五十餘日，至三月底始得釋歸。被拘期間，似不可能與宋齊愈唱和。故繫此詩於本年正月十日欽宗二赴金營之後。又，宋齊愈能詩，《宋詩紀事》卷四二録其詩三首。

二十六日，被命赴金營，留五十日始返。

《宋史》本傳：「金人犯闕，肅被命詣敵營，留五十日而還。」本集卷一二《第三劄子》：「臣嘗備員鴻臚寺主簿，因虜人須道釋板籍，以職出，拘於虜中凡五十日。」

按：據《三朝北盟會編》所載，知志宏赴金營，在本年正月二十六日。《會編》卷七七於正月二十六日「金人來索什物儀仗等」條下引《宣和錄》云：「又取書錄及所藏古器，又取車輅冠冕及女童六百人、教坊樂工數百人。鴻臚卿康執權、少卿元當可、寺丞鄧肅押道釋經印板，校書郎劉才邵、傳宿、國子監主簿葉將、博士熊彥詩、上官悟等五人押書印板並館中圖籍，往營中交割。」

三月七日，張邦昌稱帝，志宏義不屈，作《瑞鷓鴣》詞以明心跡。

《宋史》本傳：「張邦昌僭位，肅義不屈。」

按：張邦昌稱帝，在本年三月初七。《建炎以來繫年要錄》卷三載，三月「丁酉，金人冊張邦昌爲皇帝。」《三朝北盟會編》卷八三：「三月二日壬辰，金人入文字來，限三日內立邦昌。不立，城中盡行殺戮。」同書卷八四：「（三月）七日丁酉，金人立張邦昌僭位。」

志宏聞訊，作《瑞鷓鴣》詞曰：「北書一紙慘天容。花柳春風不敢穠。未學宣尼歌鳳德，姑從阮籍哭途窮。此身已落千山外，舊事回思一夢中。何日中興煩吉甫，洗天陰翳放晴空。」「北書一紙」，指金人立張邦昌爲皇帝之冊文。當時「京城印賣推戴權立邦昌文字一紙，虜人僞詔一紙，邦昌榜示赦文一紙。」（《三朝北盟會編》卷八九）「未學宣尼歌鳳德」，指義不屈於張邦昌，決心不爲所用。據

「花柳春風」句，顯然是春天所作。此詞當作於三月七日張邦昌即位後不久。其時，志宏尚拘留在金兵營中（詳下）。

按：此詞《全宋詩》卷一七六九《鄧肅二》錄作詩，非，應删去。

三月二十三日，自金營歸來。

李心傳《建炎以來繫年要錄》卷三載是年三月癸丑，「尚書左丞馮澥、簽書樞密院事曹輔、侍衛馬軍副都指揮使郭仲荀等歸自金營」。「孫覿、汪藻、秘書著作佐郎沈晦、鴻臚寺主簿鄧肅亦因得歸。」「肅，沙縣人也。」

按：三月辛卯朔，癸丑爲二十三日。自正月二十六日赴金營至是日歸來，實有五十七日。志宏所言「拘於虜中凡五十日」，乃舉成數而言。

四月，入傅亮軍，乘機奔赴南京，作《後迎駕行》。

《宋史》本傳謂「張邦昌僭位，志宏義不屈，奔赴南京」。志宏赴南京（今河南商丘），當自金營回歸後。熊克《中興小紀》卷一：「鴻臚主簿鄧肅，沙縣人也。宣和間因進花石綱詩得名。李綱爲起居舍人，論京師水災。謫沙縣監稅，與肅游相善。靖康間，肅被召得官。京城破，還入統制官傅亮軍中。至是以肅爲右正言。」《三朝北盟會編》卷九十載本年四月四日，江淮發運司統制官傅亮「率兵在陳、蔡間，聞金人退，遂至京城下」。九日，「始開諸城門。圍城半年，至是諸門始開」。志宏當是九日京城城門開啓之後方得入傅亮軍。五月一日，趙構在南京即位。五月五日甲午，傅亮已至南京。《建炎以來繫年要錄》卷五載是日「通直郎傅亮直秘閣、通判滑州」。「會趙子崧薦亮之才，得召見」。五日傅亮既已至南京並被宋高宗召見，志宏亦當在五日前同時到達。汴京距南京二百八十里（參《元豐九域志》卷一《南京》），志宏如九日離汴京赴南京，十天之內即可抵達。志宏應於四月底前到達南京。本年八月志宏追憶云：「今年不食楚粟，飢餓殆不能行。萬死一生，奔赴行在。陛下即擢於言路。」（本集卷一二《第十三劄子》）

到達南京前，志宏作有《後迎駕行》詩，

有曰：「君看天宇間，紫微已輝光。」紫微，星座名，象徵帝位。《晉書》卷一一《天文志》：「紫宮垣十五星，其西蕃七，東蕃八，在北斗北。一曰紫微，大帝之坐也，天子之常居也，主命主度也。」「紫微已輝光」，謂康王趙構將即位。詩又謂：「躍馬今朝去，定拜御爐香。」似是抵南京前語氣，意謂「躍馬」到達南京，定能拜見新皇上。詩當是五月一日高宗即位前作。

按：群臣自四月初開始紛紛奉表勸進登位，四月九日大元帥府議定在南京即位（參《三朝北盟會編》卷九十、卷九二），故志宏在五月一日之前能預料到康王趙構的登極。

五月八日，擢左正言，上《辭免除左正言第一劄子》。

《宋史》本傳：「奔赴南京，擢左正言。」本集卷一二《辭免除左正言第一劄子》：「建炎元年五月二十日准當月初八日劄子，奉聖旨，除臣左正言，聞命震驚。」《建炎以來繫年要錄》卷五亦載是月八日丁酉「鴻臚寺主簿鄧肅守右正言」，時間相合。而十二卷本《栟櫚先生文集》附録《除左正言誥》謂除左正言在「建炎元年五月十一日」，或是除命行下之日。五月二十日志宏上辭免劄子，則其就任在五月二十日以後。按：《建炎以來繫年要録》、《中興小紀》卷一、《揮麈録》後録卷二等俱謂是「右正言」，誤。應從本集作「左正言」。

按：左正言，與左司諫等「同掌規諫諷諭。凡朝政闕失，大臣至百官任非其人，三省至百司事有違失，皆得諫正。」（《宋史》卷一六一《職官志》）

就職後，志宏有《祝詞》自明心志：「帝乃拜臣左正言，臣用夙夜慄慄危懼。」「謹拜手稽首告於皇天后土，請自戒者三：其一曰：罔以國事用報我私德。其二曰：罔以國事用報我私怨。其三曰：罔以國事用資我富貴服食。」（本集卷一三）

李綱拜相，志宏有詩文賀之。

本集卷五《賀梁溪李先生除右府》序：「伏承大觀文丞相先生，親蒙聖恩，擢置右府，縉紳交慶，正豪傑林立謀猷川行之時也。肅不敢效世俗諂語致賀，直述京城圍閉、君父蒙塵之狀，以見不共戴天之讎在所必報也。伏乞鈞慈，特賜采覽。門人左正言鄧肅謹百拜上。」

按：李綱於本年五月五日拜尚書右僕射兼中書侍郎，然至六月初一始自湖南至南京就任（參《三朝北盟會編》卷一〇三、卷一〇四，《建炎以來繫年要録》卷五、卷六，《李綱年譜長編》）。志宏賀詩，當是李綱到達南京，二人會面後所作。詩序中自稱「左正言」，而志宏五月二十日後始就任左正言，則此賀詩最早也是在就職之後作。本集卷二一《上李右丞相啓》、《上李右丞相簡》亦當與賀詩同時作。

六月初六，《第十二劄子》論周武仲，朝廷以所言非實，不聽。

《建炎以來繫年要錄》卷六，建炎元年六月六日甲子，「朝奉大夫周武仲試吏部侍郎。」「武仲，浦城人。宣和末，爲御史中丞，坐論童貫事，責黃州安置。至是復用，時右正言鄧肅新進，不知前朝事，上疏論武仲爲中司，觀望王黼，曾無一言。且當建伐燕之謀，乞誅殛以謝天下。上察其非實。不聽。」

按，志宏論周武仲疏，見本集卷一二《第十二劄子》。

《宋史》本傳謂：「肅在諫垣，遇事感激，不三月凡抗二十疏。言皆切至，上多采納。」志宏在左正言任所上二十疏，今存十九篇，即本集卷一二所收十九篇《劄子》。本集所錄此十九篇，並非按上疏的時間先後編排。

上《第三劄子》乞置賞功司，朝廷從之。

本集卷一二《第三劄子》論置賞功司事，被朝廷采納。《建炎以來繫年要錄》卷六載本年六月二十一日己卯，「詔三省樞密院置賞功司。三省委左右司郎官、樞密院委都承旨檢察，以授功狀。三日不行者必罰；行賂乞取者依軍法，許人告。仍以御史一員領其事。用右正言鄧肅請也。」又載同日「檢校少傅、寧武軍節度使、京城留守范訥落節鉞，淄州居住。右正言鄧肅論訥去年出師兩河，望風先遁，遂奔南京。」「疏入，遂有是命。」（又參《宋史》本傳）。志宏所論既在六月二十一日被采納，則其上書當在此前。

按：志宏論范訥之疏，今不存。又，《三朝北盟會編》卷一〇九將置賞功司事繫七月二十八日。姑從《要錄》。

七月初一，因病請假，上《第二劄子》。

本集卷一二《第二劄子》：「臣自供職以後，伏暑傷冷，且汗且下，日加一日，狀至危急。終未能一望冕旒，以吐胸中之所欲奏者。」「今幸得國子監待問堂粗可安身，臣欲望聖慈賜臣假十餘日，就此將治。」文末注：「七月初一日申尚書省乞指揮。初三日再申尚書省乞指揮。初四日准奏。得旨依所乞。初五日參假，放見乞對。初六日第一班對。」據此注，志宏所請病假獲准，然於七月初六日上殿論事（所論之事詳下）。

七月初六，上殿論事，有《第四劄子》、《第五劄子》。

《第四劄子》乞正僞楚諸臣之罪，「欲乞先立罪格，然後按籍定刑」。《第五劄子》論耿南仲父子主和之過（見本集卷一二）。

按：《第六劄子》謂「臣今月初六日以本職上殿，論前日叛臣爭事僞楚，大小輕重，亦自不等」。《第八劄子》又謂「臣於今月初六日上殿論耿南仲與其子延禧主和之過」（本集卷一二）。據知《第四劄子》、《第五劄子》爲「今月初六」上殿論事時所上。「今月」，即七月。蓋據《第二劄子》，志宏自任左正言至七月一日從未上殿奏事，「一望冕旒」，至七月「初六日」

才得「以本職上殿」，「第一班對」。

又按：《第六劄子》乃列具僞楚諸臣姓名及其行事，係補充《第四劄子》所論。其時當在七月六日《第四劄子》所上之後。姑繫於此。

七月十日侍班殿下，上《第七劄子》，乞懲治宦官陳良弼。

本集卷一二《第七劄子》論宦官陳良弼恃寵驕横，乞予懲戒。劄中有「臣於初十日侍班殿下，見陳良弼」云云，此札當在十日或稍後所上。

七月十三日，上《第八劄子》，再劾耿南仲父子。

本集卷一二《第八劄子》：「臣於今月初六日上殿論耿南仲與其子延禧主和之過。」「今越八日未蒙行遣，臣竊惑之。謹再爲陛下敷奏。」

按：「越八日」，時在七月十三日（首尾俱計）。《建炎以來繫年要錄》卷七即載七月十三日辛丑，「觀文殿學士提舉杭州洞霄宮耿南仲、龍圖閣學士新知宣州耿延禧坐父子主和，並奪職，仍以延禧提舉江州太平觀。用鄧肅再疏也。」志宏之「再疏」，即《第八劄子》。

上《第十五劄子》，劾呂好問。

本集卷一二《第十五劄子》論呂好問曾在僞楚時執政，而「今爲右丞」，乞治其罪。《建炎以來繫年要錄》卷七載七月十五日癸卯，「尚書右丞呂好問充資政殿學士、知宣州。初，好問與李綱論事不合，會鄧肅奏僞命臣僚，其言事務官，頗及好問」。「疏入，乃有是命」。尚書右丞呂好問貶知宣州，乃因志宏等論劾。七月十五日好問旣貶，則志宏所上疏當在此稍前。

按：呂好問貶謫時間，《中興小紀》卷二、《宋宰輔編年錄》卷一四等均繫於七月癸卯，而呂祖謙《呂東萊先生文集》卷九《東萊公（好問）家傳》謂在七月二十一日己酉。此從《要錄》等。又，呂好問，字舜徒，著名詩人呂本中之父，《宋史》卷三六二有傳。

七月二十一日，上《第九劄子》，乞罷買拆洗女童。

本集卷一二《第九劄子》謂「十四日拜賜緋，二十一日上殿」，論「御藥院奉聖旨下開封府買拆洗女童，不計其數」事，實爲擾民，乞罷之。

同卷《第十劄子》乞減免京畿百姓秋租，《第十一劄子》乞正逃遁官吏之罪，《第十六劄子》論漕運事，《第十七劄子》論文書日煩而政事日緩，《第十八劄子》議巡狩，乞還應天府供奉物之値。《第十九劄子》乞下責己詔以廣開言路。諸札俱爲七月前後所上，姑繫於此。

八月十八日，上《第十三劄子》，論李綱不當罷相。

《三朝北盟會編》卷一一三、《建炎以來繫年要錄》卷八俱載八月十八日乙亥，李綱因黃潛善、汪伯彥排擠而罷相。志宏聞訊，當即上《第十三劄子》論李綱不當罷相（本集卷一二）。

按：李綱在相位雖僅七十五日，然已穩定政局。罷相後，其所施行之一切邊防軍政全被廢除，金兵乘機再度南侵，中原遂歸金有。而太學生陳東、撫州進士歐陽澈上書謂李綱不可罷相，被斬於市。志宏論李綱不可罷相，亦激怒宰相黄潛善等（参《建炎以來繫年要録》卷八）。

八月二十一日，上殿奏《第十四劄子》，再論不當罷相。

本集卷一二《第十四劄子》：「臣於今月二十一日上殿奏事，復論李綱有可取者二。」不當罷相。又謂「臣見居私家，不敢供職」。

按：此劄又謂李綱於「今月十一日罷之」，「十一」爲「十八」之誤。

十月，罷左正言，回鄉里。有《亦驥軒記》和《偶題》諸詩。

《宋史》本傳謂會李綱罷，肅奏留之，「執政怒，送肅吏部，罷歸居家」。《建炎以來繫年要録》卷八在八月十八日紀事下引録志宏《第十三劄子》後謂：「肅尋與郡，而言者極論其罪。上曰：『肅亦何罪？』然猶送吏部。」所謂「尋與郡」，意謂上書後不久，志宏被罷左正言之職而放外任，然因言者論其有罪，遂送吏部處治。志宏何時送吏部免職，史無明載。而其詩文則曾言及，其明年所作《玉山避寇》云：「去年十月間，左省謫征商。」（本集卷九）可見其貶謫在十月間。

罷職後志宏即回歸鄉里，並爲其弟志中作《亦驥軒記》云：「余謫自左掖，遠歸里閈。志中出郭十餘里迓余於高砂郵亭。」「予過之，而字其軒曰亦驥軒。」（本集卷一六）。

另又有《偶題》詩云：「才薄難趨供奉班，歸來作意水雲閑。謫官謾説九年計，客枕曾無一夕安。」（本集卷三）《次韻二首》云：「玉殿曾叨侍冕旒，才疏意廣誤旁求。匪征哪敢私蓮茹，勇退何妨在急流。」（同前）據「謫官」、「勇退」二句，此兩題三首當作於被貶歸鄉之後。具體何時作，難考實，姑繫於本年末。

本集卷二一有《答吳時中》，其中自謂「罪逐孤蹤，日復一日，便當叩角作歸農計，但時勢未寧，恐不可以安枕耳。」當作於被貶回鄉之後。姑繫於此。

建炎二年戊申，志宏三十八歲。

居鄉。二月，爲文祭陳瓘。

本集卷二二《奉安陳諫議祭文》：「維建炎三年歲次戊申二月乙卯朔二十日甲戌，某謹以清酌庶羞之奠，昭告於故諫議大夫了齋先生陳公之靈。」

按：「三年」，應作「二年」，係抄刻之誤。建炎三年「歲次」己酉，二月是庚戌朔；而建炎二年歲次戊申，二月乙卯朔（參《二十史朔閏表》及《建炎以來繫年要録》卷一三和卷二十）。據文中「歲次戊申二月乙卯朔」，應是本年二月，而非明年二月。陳瓘，字瑩中，號了翁，沙縣人。北宋末名士，抨擊蔡京兄弟不遺餘力，由是知名。《宋史》卷三四五有傳，另參拙著《張元幹年譜》。

三月，作《沙縣重修縣學記》及《新建三清殿記》。

本集卷一六《沙縣重修縣學記》云：「余於建炎之初，論事謫自左掖，因以冷居里閈，蓋將束書負琴日造庠序以爲廢事之慾。侯乃以記文見屬。」據知作此文時志宏居鄉里。

按：嘉靖《延平府志》卷一九引此文，

題作《沙縣重修儒學記》，文末有如下數句爲本集所無：「侯字舜卿，汝賢其名者也。學興於慶曆二年春二月有二日，而新於宣和七年冬十月二日，建炎二年三月吉日記云。」據知此文作於本年三月。復按：郭汝賢，字舜卿，建安人。宣和間以興化軍通判攝沙縣事。以績彰著，遂實授知縣。廉明簡重，吏民怀其德而畏其威（嘉靖《延平府志》卷十）。又按：志宏此文頗有影響，王應麟《困學紀聞》卷一五曾引及其中「學校之興，雖自崇寧，而學校之廢，政由崇寧」一段（商務印書館一九五九年重印本，第一二二九頁）。本集卷一七《新建三清殿記》亦謂是「郭侯」「叩予門請以文記之」，且言及靖康元年任職於鴻臚寺之事，當與《新修沙縣縣學記》先後同時所作，姑繫於此。

有《與郭舜欽朝請》、《次韻郭宰兼簡丞尉三首》諸詩。

本集卷四《與郭舜欽朝請》有云：「成均冷坐窮吞紙，頷叩龍墀濱九死。背負琴書偶生還，賴有春風滿故里。」按：「舜欽」，據上引嘉靖《延平府志》當作「舜卿」，即郭汝賢，其人時知沙縣，主持新修縣學事。又據「九死」、「生還」、「春風」云云，詩當作於本年春。

本集卷三《次韻郭宰兼簡丞尉三首》、《洪丞和來再次韻》、《成彥女奴琵琶》、《寄璨老西軒》四題八首用同韻，係一時唱和之作。郭宰即縣令郭汝賢。洪丞，即洪姓縣丞（其人不詳）。而據次韻洪縣丞詩中「萬里歸來一小窗，利名心滅不須降」云云，當是建炎間謫居鄉里時作。詩中又有「春漲」、「春風」云云，知作於本年春天，因郭氏自宣和七年任沙縣縣令，明年郭汝賢當離任，明年志宏亦遠離故鄉。唯本年春志宏能與之在家鄉唱和。

冬，攜家避亂至玉山，有《雲際嶺》、《玉山避寇》諸詩。

本集卷九《玉山避寇》：「前年十月間，胡兵滿大梁。小臣阻天對，血淚夜沾裳。去年十月間，左省謫征商。扁舟歸無處，江浙俱豺狼。今年十月間，叛卒起南方。」

按：「前年」，指靖康元年，「今年」，即建炎二年。本年六月「建州卒葉濃等作亂」（《宋史》卷二五《高宗紀》），相繼攻陷古田縣、福州和政和、松溪、浦城諸縣，十一月投降後被殺（參《建炎以來繫年要録》卷一六至一八，《宋史紀事本末》卷六十六）。志宏謂「叛卒起南方」，當指此事。然謂「今年十月間」「叛卒」起事，志宏或是至十月始知其事，或是葉濃亂兵至十月間才至沙縣。詩又謂「官兵且二萬，一時忽已亡」，或是傳聞，於史無徵。又據詩中「奉親走窮荒」，「八口無處藏」，「空山四十日，晝餅誑飢腸」，「倒床得安寢，不知冬夜長」云云，知十月舉家外出避難，在山中熬過四十餘日，於深冬到達玉山（今屬江西），方得「安寢」。

到達玉山之前，途經光澤縣雲際嶺，志宏作有兩首《雲際嶺》詩。本集卷二有七律《雲際嶺》：「狂直初無涉世才，雷公斥下九天來。面衝風雪吹三月，鳥避干戈易四回。帶雪燒柴平體粟，瀝槽沽酒慰飢雷。如聞明日登閩嶺，茅舍春風夜滿怀。」卷九有五律《雲際嶺》，其中有云：「雲際在天上，我去更攜家。」

按：「風雪吹三月」，是冬天情景；「鳥避干戈」，寫避難，「我去更攜家」，寫舉家避難。正與《玉山避寇》詩所寫情事一致。雲際嶺，《八閩通志》卷一一《邵武府·光澤縣》謂「在（光澤縣）二十五都，接弋陽、鉛山二界，路通浙江。」嘉靖《邵武府志》卷二亦謂在光澤縣，「北溪之水出焉」。志宏離沙縣，經邵武過光澤縣雲際嶺，出福建界，再由鉛山、信州（今江西上饒）至玉山。

本集卷三有《子安提舉二首》，其一云：「南奔千里已途窮，更向長江避賊鋒。十口未容謀去住，片帆哪暇擇西東。」詩末自注：「某初欲過興化，今乃止耳。」是外出避地時作。姑繫於此。

離玉山，有《偶成》詩。

志宏在玉山小住後，欲往江浙。離去前作有《偶成》：「乘風上天款天語，天公不怒雷公怒。煙霄一斥下人間，豺狼旁午歸無路。欲度三吳血盈川，欲泛九江兵暗天。扶笻卻出徽城去，去天一握五危巔。水陸辛勤已足矣，雪花更開九萬里。」（本集卷四）

按：前四句寫去年被貶謫；接下二句寫欲往江浙避難，然其地戰火不斷，無法前往。「扶笻」二句寫離開徽城（今安徽宣城？）。據「雪花」句，知其離徽城亦在深冬。

年底，回沙縣。有《過黃楊巖》詩。

本集卷十《過黃楊巖》：「朔風夜號空，於喁幾枝木。深山自春色，芳草不凋綠。」是深冬情事。又云：「歸路沙溪淺，危橋踐寒玉。」是自外地返沙縣。又云：「開緘得捷音，豺狼俱面北。」當指葉濃投降事。黃楊巖，在永安縣（宋屬沙縣），《八閩通志》卷十載：「黃楊巖，在二十五都界，永安、歸化二縣間，巖上多產小黃楊木，故名。」

建炎三年己酉，志宏三十九歲。

居鄉。二月，作《具瞻堂記》。

具瞻堂，爲紀念李綱而建。李綱宣和初貶謫沙縣管庫，本年新安呂之望襲其職，遂「新其堂而榜曰具瞻」，志宏爲作《具瞻堂記》。末署「建炎三年二月二十一日記」（本集卷一六）。此記作於沙縣，是志宏本年二月已自徽城回沙縣安居。

按：此文寫成五日後，志宏有附識云：「某不善作眞字，記成而不能書，畏禍者又不肯書。建安張博見而喜曰：『李公之德卓卓如許，豈獨呂子愿游其門哉？僕請書之。禍福之來，吾弗計也。』噫！世間惟不計禍福者，方可與論出處。某今又何幸，而得與二子同游乎？後五日某題。」李綱去歲十一月遠貶萬安軍（今海南萬寧）安置（參《李綱年譜長編》），其時建堂作文紀念李綱，有被禍之虞。然志宏全然不顧個人安危，毅然爲文，可見其正氣。又附識中謂與沙縣管庫呂之望等同游，則其時志宏在沙縣可知。

七月，作《瑞花堂序》。

本集卷一五《瑞花堂序》末署「建炎三年七夕鄧肅序」，知作於七月七日。

八月，有跋文。

本集卷一九《跋朱喬年所跋王安石字》末署「建炎三年閏月庚辰栟櫚老農」。按：據《二十史朔閏表》，本年閏八月。是月丁丑朔，庚辰爲閏八月初四。

有《別珠公》詩。

本集卷八《別珠公》有「寒江夜渡秋蕭索」句，知爲秋天作。又有「年來狂妄嬰逆鱗，去國三秋又出奔」句，自建炎元年冬被貶至今已歷「三秋」，當是本年深秋所作。

又本集卷二十《跋蔡君謨書》末署「建炎己酉」，是本年作，然月日不詳。姑繫於此。

建炎四年庚戌，志宏四十歲。

居鄉。春，有《次韻王信州古風》諸詩。

本集卷十《次韻王信州古風》詩有「沙溪春蕩漾」句，當是春間作。「栟櫚付冷居」、「杯酒七峰下」之句，知在故鄉所作。七峰，在沙縣。《輿地紀勝》卷一三三：「太史溪，在沙縣七峰下。」嘉靖《延平府志》卷二《峰·沙縣》：「七峰，在溪濱。《寰宇記》謂之七朵山。石壁峭立，各異情態。」

同卷《再次韻謝之》二首和《第四章兼簡其子》爲同時次韻之作。中有「去國三年心，海隅日淒愴」之句，志宏自建炎元年離朝至今已「三年」。知爲本年作。王信州，其人不詳。《再次韻謝之》謂「四海王信州，志氣老益壯。家學九夷聞，人物萬夫望。」又謂其「斥下九天來」，「也泛閩溪浪」，當是貶謫至沙縣。同卷《次韻王信州游棲雲》：「從君如附驥，顧我愿爲雲。」亦同時作。棲雲山「在（沙縣）九都，上有棲雲亭」（嘉靖《延平府志》卷二）。

夏，又有《次韻王信州》諸詩。

本集卷八《大水雜言》、《次韻王信州》和《再次韻》係一時次韻之作。第二首有「那知夏雨逢甲子」句，又本年春天志宏與之反復唱和，此三首亦應是本年夏所作。卷二《次韻王信州三首》其一有「梅霖灌灌未應休」句寫梅雨季節，亦是夏間所作。並繫於此。

十二月，在杉口，作《跋了翁墨跡》。

本集卷一九《跋了翁墨跡》，末署「建炎四年十二月初十日，鄧某書於杉口」。杉口，詳下考。

爲虞茂實作《原直》。

本集卷一三《原直》：「建炎初，余謫歸沙邑，有主簿虞君茂實諱某者相遇。」「予以得罪至重，流落益久。君又安於小官，不能遽去，忽忽相從，且三年矣。」此志宏自建炎元年謫歸，至今已三年。此文當作於本年。本集卷四《謝虞守送酒》、《別虞守》之「虞守」，當是虞茂實。此二詩亦當作於建炎間，姑繫於此。

紹興元年辛亥，志宏四十一歲。

初春，奉親避亂，離沙縣赴福唐。有《黃楊巖》、《避賊引》諸詩。

《墓表》：遇盜發順昌，公奉親避地福唐。

按：順昌縣與沙縣爲鄰，自沙縣「北至順昌縣界八十里」（嘉靖《延平府志》卷一）。順昌「盜」，指余勝。《建炎以來繫年要錄》卷四一載本年正月

「順昌盜余勝等作亂，官吏皆散」。次年八月，余勝被殺（同書卷四四）。本年正月余勝在順昌「作亂」，則志宏離鄉赴福唐（今福建福州）避難當在初春。

志宏途中作有《黄楊巖》詩。詩中「異草幽花鎖春色」，是初春景致；「我因避地訪名山，扁舟夜渡沙溪寒」（本集卷七），顯然是因外出「避地」而過此。姑繫此詩於本年春。黄楊巖，已見前建炎二年。

又本集卷三《避地過雷霹靂灘》：「門前又見馬如流，兵革紛紛幾日休。」亦是自家鄉外出避地作。而建炎、紹興間志宏兩度外出避兵亂，姑繫於此次。

按：雷霹靂灘，在沙縣（見嘉靖《延平府志》卷二、卷二十）。

又有《避賊引》詩：「羽檄星馳暴客起，西望烽煙無百里。」

按：「暴客」，當指余勝。順昌在沙縣西北，余勝在順昌「作亂」，自沙縣「西望烽煙」，正「無百里」。詩中又有「今此扁舟壓殘雪」句，亦是初春時令。詩又云：「半夜驚呼得漁舠，老稚相攜三百指。」（本集卷七）可見是舉家外出避難。

《次韻師皐》與《避賊引》同韻，係同時作。當是志宏作《避賊引》後，師皐和之，志宏又次其韻。詩中「閩山今復暗旌旗」（本集卷七）等句，亦涉及順昌兵亂之事。師皐，其人待考。

本集卷十《避地山谷》，有「内外三百指，奔竄若爲怀」之句，與《避賊引》中「老稚相攜三百指」所寫爲同一情形。又據其中「顧我雖逐客，解雨已春回」，避難時間在初春。亦當同時作。

又本集卷五《龍興避難》，亦約略同時作。龍興，在沙縣。嘉靖《延平府志》卷四：「龍興寺，在十二都。宋鄧肅嘗避地居此。」（又見《八閩通志》卷七八）。

四月晦，有《跋李丞相跋鄧成材判官》詩。

鄧柞在建昌軍義不降金，棄官歸閩後（已見上年），曾遇李綱。李綱見其詩，遂作《次韻奉酬鄧成材判官二首》，勉勵其「好去江南吐奇策，從來勛業屬吾曹」（《梁溪先生文集》卷二八）。志宏讀李綱詩後，作《跋李丞相跋鄧成材判官》詩，末署「紹興元年四月晦」。

按：本年四月李綱居福州（參《李綱年譜長編》），志宏讀其詩，或亦在福州。與鄧柞唱和，有《和鄧成材五絕》。

本集卷一《和鄧成材五首》其一自注：「僕在杉口，未謁成材，先游靈巖。」據前引《跋了翁墨跡》，志宏本年十二月在杉口，則此詩所謂「仆在杉口」，亦同時。志宏又謂「在杉口」，「先游靈巖」，表明靈巖與杉口不遠。

按：靈巖，在福建建安「縣東北一百三十里」的川石里（見嘉靖《建寧府志》卷三、卷十）。而杉溪，正在建安縣東北，至松溪縣城流入松溪（參嘉靖《建寧府志》卷三；譚其驤《中國歷史地圖集》第六册第六七、六八頁）。杉口，疑指杉溪某處。又按：沙縣亦有杉口渡（嘉靖《延平府志》卷三：「杉口，在二十三都」），而沙縣去建安靈巖有數百里之遙。志宏所在之杉口，應非沙縣之杉口，而當是杉溪某處。鄧成材，名柞，「沙縣人。建炎二年第進士，授建昌軍簽判。金虜入寇，破洪州，傳檄至建昌，守率屬納帛擬以城降，柞毅然斥之曰：『虜使至，當殺之而焚其書，寧死不降。』守欲執以畀虜，柞不爲屈，遂棄官歸。李綱宣撫湖廣，辟爲屬。」（嘉靖《延平府志》卷一六。按：該卷謂鄧柞字「成林」。「林」為「材」字之誤刻。志宏《跋李丞相贈鄧成材判官》詩明謂柞字成材。詳後譜。）後官至知隆興府、江西安撫使。與志宏友善。志宏卒後，曾應志宏子慈之請作《栟櫚先生墓表》。本年，鄧柞自建昌軍簽判棄官歸閩。志宏詩其三自注：「建昌已拜番檄，成材棄官歸里。」本集卷二十

《跋李丞相贈鄧成材判官》詩亦謂：「建炎三年冬十一月，金寇破洪，傳檄下建昌。當時無敢誰何者。判官鄧柞獨不可曰：『寧死耳，妨負吾君父乎？』拂袖而去，誓不降辱。南奔閩山。」《建炎以來繫年要錄》卷二九載建炎三年十一月癸酉，「金人犯建昌軍」。「先是，金人既入洪，遣十人持檄至城下」。《要錄》、《延平府志》所載與志宏所言金人破洪州後持檄至建昌勸降事相合。志宏詩其四自注：「嘗辱成材過避地之所。」其二自注：「成材詩中相招，而某又避地西去，不能往赴。」據知志宏是避兵亂至杉口。卷七有《送成材》詩，約當同時作。姑繫於此。

避建安范汝爲亂，何以至建安，豈非自入

危地?定在建炎三年十一月鄧柞歸閩後。嘉靖《延平府志》卷二十錄有其《新嶺庵》(之二十八)佚詩。

夏，在福州。有《游鼓山》詩。

本集卷八《游鼓山》有「蘭橈艤岸雷霆駭，疾雨狂風欲翻海」，是夏間情景。而志宏今年夏在福州，其游福州鼓山並作此詩，當是本年之事。

十一月，主管江州太平觀。

《建炎以來繫年要錄》卷四九載，本年十一月十七日庚戌，「承務郎鄧肅主管江州太平觀，從所請也。」

作詩悼劉韐。

紹興二年壬子，四十二歲。

在福州。正月初七，爲張元幹題跋。

張元幹《蘆川歸來集》卷十附錄《宣政間名賢題跋》中有志宏題跋，末署「紹興二年人日，栟櫚鄧肅志宏」。志宏此跋，本集未收，係佚文(文長不録)。「人日」，爲正月初七，其時志宏在福州(詳下)。張元幹，字仲宗，號蘆川居士，永福(今福建永泰)人。事跡詳拙著《張元幹年譜》(南京出版社一九八九年版)。

正月二十一日，與李綱等雅集。

清陸增祥《八瓊室金石補正》卷九七《參知政事孟庾等題名》載：「參知政事孟庾宣撫閩部，按視城守回，邀嗣濮王仲湜、資政殿大學士李綱、龍圖閣直學士許份、顯謨閣待制王仲嶷、監察御史福建撫諭胡世將、集英殿修撰程邁、前右正言鄧肅、參議官尚書屯部(按：據《建炎以來繫年要録》卷四九，「部」當作「田」)員外郎李易、機宜朝散郎胡紡、幹辦公事直秘閣馬咸、承議郎鄭士彥，會於烏石山之長樂瑞雲庵。紹興壬子正月二十一日。」

按：烏石山，在福州城内（《淳熙三山志》卷三三）。孟庾，字富文，濮州（今山東鄄城）人。紹興元年十月，除參知政事；十一月，爲福建、江西、湖南宣撫使。事跡見《宋宰輔編年録校補》卷一五。

趙仲湜，字巨源，初名仲洹。熙寧十年，授右内率府副率。欽宗嗣位，授靖海節度使，更今名。建炎元年，封嗣濮王。紹興七年卒，謚恭孝。《宋史》卷二四五有傳。

許份，字子大，侯官（今福建福州）人。崇寧二年進士（《淳熙三山志》卷二七）。建炎元年，以龍圖閣直學士知揚州；紹興四年卒（《建炎以來繫年要録》卷四、卷七二）。是時許份閑居閩中。事跡參《梁溪先生文集》卷一六六《宋故龍圖閣直學士許公神道碑》。

王仲嶷，字豐甫，政和四年知越州（《嘉泰會稽志》卷二），李綱集中多有詩與之唱和。

胡世將，字承公，常州晉陵（今屬江蘇）人。登崇寧五年進士第。累官至四川安撫、制置使，兼知成都府。《宋史》卷三七〇有傳。

程邁，字進道，黟縣（今屬安徽）人。元符三年進士。曾兩帥福州。紹興十五年卒，年七十八。羅愿《新安志》卷八有傳。另參拙著《張元幹年譜》紹興十二年紀事。

李易，字順之，江都（今屬江蘇）人。

建炎二年狀元及第。累官知揚州。紹興十二年卒。事跡散見於《建炎以來繫年要錄》各卷及莊仲方《南宋文範》作者考上。

胡紡，建炎三年知江陰軍，李易爲簽書判官廳公事（《要録》卷二一）。紹興二年三月「福建荆湖宣撫使司奏以朝奉郎胡紡充本司參議官。從之。」（同上卷五二。按：原参議官為李易。當是李易回朝後由機宜胡紡繼之。《要録》卷五六載本年八月李易已任太常少卿兼宗正少卿，則其離閩回朝當在春夏間）紹興六年，胡紡知楚州（《要録》卷一一一）。九年，爲淮東轉運副使（卷一二五）。十一年，爲司農少卿、總領淮東軍馬錢糧，置司楚州（卷一四〇）。次年罷職（卷一四七）。

馬咸、鄭士彥，事跡不詳。

是時孟庾、許份、王仲嶷、程邁等，與李綱來往甚密。李綱《梁溪先生文集》卷二八有《王豐甫待制會宴湖亭》、《秋日奉陪王豐甫許子大康平仲游賢沙宿鳳池登升山偶成二首》、《奉贈宣撫孟參政二首》、《題止戈堂奉呈安撫程待制》等詩與之唱和。志宏當因李綱引薦而與孟庾等游處。

正月二十八日，有《跋文恭公墓誌》。

本集卷二十《跋文恭公墓誌》末署「紹興二年春正月庚申」。是月癸巳朔，庚申爲二十八日。

清明前，李易還朝。志宏有《送李狀元還朝》、《訴衷情·送李狀元三首》等詩詞送之。

去冬，福建江西湖南宣撫使孟庾、副使

韓世忠辟李易爲參議官，隨孟、韓至閩剿平范汝爲兵亂。本年正月，韓世忠平滅范汝爲後，即率兵赴湖南（參《建炎以來繫年要録》卷五一至五二、《中興小紀》卷一一），而李易則回朝任職。然李易回朝時間，史無明載，據《建炎以來繫年要錄》卷五二載，紹興二年三月「福建荆湖宣撫使司奏以朝奉郎胡紡充本司參議官」，宣撫使司參議官原爲李易，胡紡爲機宜。而此時任命胡紡爲參議官，當是李易回朝後由胡紡繼任。《宋會要輯稿》職官二十之十載，本年七月，李易已在朝任太常少卿兼宗正少卿，亦證本年上半年李易已離閩回朝。又志宏所送李易還朝詩詞，俱作於春天（詳下），又可證李易自閩還朝是在本年春。

李易離閩還朝時，志宏作《送李狀元還朝》詩贈之，詩云：「功成揮鞭朝玉闕，九重閶闔開春色。」據知李易還朝是在春天。詩又云：「我今去國已五年。」志宏自建炎元年冬被貶回鄉至今恰是五年。志宏同時有《訴衷情·送李狀元三首》詞贈之。其二有「龍頭一語定閩山」，「詔書促歸金闕」云云，據知志宏是在閩中送李易還朝。其三有「春至一瓢顔」，知此詞亦是春日作。志宏又有《蝶戀花·代送李狀元》，詞有「春風吹斷梨花雨」、「何妨醉過清明去」云云，據知李易還朝是在清明前夕。又其《菩薩蠻·和李狀元》、《菩薩蠻》（一心唯欲南園去）亦當同時作。蓋前詞首句「騎鯨好向雲端去」，顯然是指李易還朝。後詞末句謂「破賊凱還歸，沖天看一飛」，亦是對李易隨韓世忠平定范汝爲兵亂後回朝之禰福。

又，志宏《南歌子》之四有「鳳城一別幾經秋。身在天涯海角、忍回頭」云云。亦當是本年或去年在福州時作，因詞中自稱「身在天涯海角」，與本年春所作《蝶戀花·代送李狀元》詞中「海角三千」之句都指同一地理環境。而《浣溪沙》其五有「高會横山酒八仙」句，横山，在福州（《八閩通志》）。李彌遜曾在此建横山閣，並有詩紀事。參拙著《張元幹年譜》）。亦當是本年或去年在福州作。姑繫於此。

又本集卷一有《次韻李狀元送酒》和《次韻順之奏雅四首》詩，亦當本年春作，因後題之三有「忽遇清明」之句，與前引《蝶戀花·代送李狀元》「何妨醉過清明去」之時節相同。一並繫之於此。

李易離閩後，志宏又有《寄李狀元》詩：「渡頭送君泛小舟。」（本集卷七）顯然是別後語。詩末云：「一笑春風不忍獨。」亦是春天所作。

三月十五日，與友人游鳳池寺、賢沙寺，有題記和《鳳池小飲》詩。

本集卷一九《題鳳池寺》：「漕使陳汝作邀西清黄堯翁、議郎張泰定、延平外史鄧志宏同游鳳池寺。」同卷《題賢沙寺》：「莆田陳汝作邀三山黄堯翁、毗陵張泰定、延平鄧志宏晚集賢沙寺。」二文均署「紹興二年三月丙午」。丙午，爲十五日。又本集卷一七絶《鳳池小飲》有「爲霽春寒十日心」句，知爲春天所作，與題記所記游鳳池之季節相符。此詩當爲同時作。本集卷三之七律《鳳池小飲》，亦當同時作。

按：鳳池寺，在侯官縣（今福建福州）鳳池山；賢沙寺，在侯官縣升山（見《清一統志》卷四二六、《八閩通志》卷七五）。李綱《梁溪先生文集》卷二八亦有《秋日奉陪王豐甫許子大康平仲游賢沙宿鳳池登升山偶成二首》，亦可見賢沙、鳳池二寺相距不遠。

五月初，有《送李丞相四路宣撫》詩。

本年二月八日，朝廷除李綱爲觀文殿大學士、荆湖廣南路宣撫使兼知潭州；李綱具奏辭免。四月十日，高宗遣使至長樂（即福州）傳宣撫問，李綱始受命。五月初六，李綱始率師離福州。李綱離閩前，志宏作《送李丞相四路宣撫》（本集卷八）詩，有「繡衣使者天上來」、「手持天書傳天語」句，顯然是指四月初朝廷遣使撫問之事。又「不辭馬上蒸溽暑」云云，指李綱五月初冒酷暑率師離閩赴任。

按：志宏五月初九病逝，此詩當爲其絕筆之作。

與此同時，曾致書李易言生活近況。

本集卷一四《與李狀元工部》：「某客此餘年，巢南之念，無食頃置，但以鄉里殘破之後，斗米千錢，雞豚蔬筍，一切無有。疫癘大作，死亡相枕，遂不能去。」「客此」，指客居福州。其中又有「即日溽暑」云云，與送李綱詩中「不辭馬上蒸溽暑」之時令相合，當爲四月底五月初作。文中又謂「老兄湖南之行竟可免否？蘭省亦豈能久留老兄耶」，李易是時似欲往湖南。

五月初九，病卒。

《墓表》：「公奉親避地福唐。因侍母疾，

積憂成病而卒，實紹興二年五月初九日也，享年四十有二。七年十二月，歸葬於沙陽羅坑先塋之側。」

是月三十日，友人張元幹等有祭志宏文，詳見張元幹《蘆川歸來集》卷十《諸公祭鄧正言文》（參抽著《張元幹年譜》）。

鄧肅墓，在（沙）縣東南八都（嘉靖《延平府志》卷四）。鄧肅宅，在（沙）縣東南洛陽里鄧墩（同上卷四）。

張元幹年譜

王兆鵬 編

據南京出版社一九八九年版節編

張元幹（一〇九一—一一六一），字仲宗，號蘆川居士，又號真隱山人，福州永福（今福建永泰）人。早年從徐俯學詩，與洪芻、洪炎、吕本中等結社唱和。政和三年上舍釋褐，宣和七年爲陳留縣丞。靖康初，入李綱幕，後同被謫。汴京失陷，避難吴越間。高宗即位，起爲將作監丞、撫諭使，隨高宗至明州。紹興元年，以右朝奉郎致仕歸鄉，年僅四十一。胡銓被貶謫安置新州，作《賀新郎》詞送行，坐此繫獄，削籍除名。三十一年卒，年七十一。

張元幹博覽群書，尤好杜詩、韓文，詩受江西派影響，而以詞最爲知名。早年詞風清麗，南渡後，一變而激越高昂，豪邁奔放，充滿愛國激情。著有《蘆川歸來集》十五卷，原集已佚，清四庫館臣自《永樂大典》重輯編定爲十卷、附録一卷，上海古籍出版社一九七八年出版有標點本《蘆川歸來集》。

《宋史》不爲元幹立傳，其事蹟略見《宋詩紀事》卷四五、《宋史翼》卷七及野史筆記、時人文集等。據《中國歷代人物年譜考録》載，今人白敦仁撰有《張元幹年譜》，爲稿本，未見刊印。本譜爲王兆鵬編，鈎稽排比相關資料，考述張元幹歷年行踪以及家世、交游、詩詞唱和等事跡，可補史傳之缺，對研究張元幹詩詞乃至南北宋詩詞，均可資參考。原譜初由南京出版社一九八九年出版，本書收録時删略了原文所載時事及附録等内容，並請原作者作了訂補。

張元幹，字仲宗，號蘆川，又號眞隱山人。

蘆川之號，始見于十六卷殘本《蘆川歸來集》（下簡稱殘本《歸來集》）卷一四《薦拔水陸功德疏》：「蘆川老隱紹興六年四月二十六日伏睹永福縣……。」復見于通行十卷本《蘆川歸來集》（下簡稱本集）卷九《跋山居圖》及卷一〇《甲戌自贊》。眞隱山人別號則始見于本集卷九《跋少游帖》。

永福人。

蘆川籍貫，歷來衆說紛紜。其《跋山谷詩稿》自稱「閩人張某」（本集卷九）；胡穉《增廣箋注簡齋詩集》卷四《送張仲宗押戟歸閩中》題注：「仲宗，名元幹，閩人。」陳振孫《直齋書錄解題》卷二一：「《蘆川詞》一卷，三山張元幹撰。」黃昇《花庵詞選》：「張仲宗，三山人。」宋人皆稱其郡望，未明言何縣。《四庫全書·蘆川歸來集提要》曰：「周必大跋其送胡銓詞，稱長樂張元幹；睢陽王浚明跋其《幽巖尊祖錄》則稱永福張仲宗，皆宋人之詞，莫詳孰是也。」宋以後，或稱其永福人，或謂其長樂人，莫衷一是。如清莊仲方《南宋文範·作者考上》和呂留良等《宋詩鈔·蘆川歸來集鈔》謂蘆川「永福人」；而陸心源《宋史翼》卷七和厲鶚《宋詩紀事》卷四五等則稱蘆川是「長樂人」，迄今仍存二說。

按：張元幹，《宋史》無傳，南宋梁克家《淳熙三山志》及清代所修《福州府志》、乾隆《永福縣志》亦未著錄張元幹，故其籍貫前人難以斷定。最近福建省永泰縣文化館所發現的明萬曆十九年重修《永泰張氏宗譜》（以下簡稱《宗譜》)可澄清歷來張元幹籍貫異説的疑案。《宗譜》前有鄉貢進士陳樂《序》云：「謹按譜諱睦者，固始人，乃其鼻祖。唐昭宗時，從王氏入閩，家于侯官縣十都。子三人：廡、膺、賡。廡公仍其舊居，膺、賡避亂居于永福月洲之前後。……膺之曾孫曰仁遇、仁建，永福前張祖也。……仁建有孫曰肩孟者，生五子：曰勵、曰勔、曰勳、曰勸、曰動，父子兄弟相繼登科，時有『丹桂五枝芳』之語。五子生孫十二人，并顯官于時。惟動之子元幹，號蘆川居士，其聲名尤見重于世。至今州治有堂曰『晝錦』，坊曰『棣萼』，皆爲其名也。」(譜文引自《文獻》一九八八年第四期官桂銓《詞人張元幹世系》，下同)按：蘆川本集卷一〇《蘆川豫章觀音觀書》云：「先祖凡五男子，其仕宦者四。」與《宗譜》所載蘆川祖父張肩孟有五子相合。乾隆《永福縣志》卷二載永福有張肩孟住宅：「張肩孟宅，在半月洲。」此文與《宗譜》謂蘆川曾祖張膺避亂居「永福月洲之前後」相合。蘆川《豫章觀音觀書》亦自稱：「先祖有舊屋在村落中，子孫不復居，今爲傭耕者所舍。」《宗譜》及《淳熙三山志》俱謂張肩孟爲永福人，則蘆川籍貫爲永福(今福建永泰縣)可斷定無疑。同是宋人的王浚明、周必大何以稱蘆川籍貫不一？尚需略加辨識。王浚明與蘆川同時，其跋文係紹興二年與蘆川當面題書(詳後譜紹興二年)，故其謂蘆川爲永福人，不會有誤，且與

《宗譜》相合。而周必大稱「長樂張元幹」之長樂，是指長樂郡，而非長樂縣。蓋長樂在宋代有兩指，一指長樂縣，一指長樂郡。宋無郡制，而依漢唐之舊別稱福州爲長樂郡。《宋史·地理志五》：「福州，大都督府，長樂郡，威武軍節度。」何以知周必大之稱「長樂張元幹」是指長樂郡而非長樂縣？其一，宋永福縣屬長樂郡（即福州），而長樂縣在南宋高宗紹興六年十一月已廢爲鎮（畢沅《續資治通鑑》卷一一七）。其二，宋有稱人郡望之習，如《四庫全書·浮溪集提要》云：「（汪）藻字彦章，《宋史·文苑傳》云『饒州德興人』，孫覿作藻集序則云『鄱陽人』。考《宋史·地理志》，德興縣屬鄱陽郡，覿蓋舉其郡名也。」其三，周必大文集及其他宋人別集確有稱福州爲長樂者。周必大《益公題跋》卷一《跋張忠獻公答宋待制手書》曰：「張忠獻公（浚）紹興九年秋起鎮長樂。」此處長樂即指福州。《宋史·張浚傳》、《宋史·高宗紀》等俱謂張浚紹興九年出帥福州（詳後譜紹興九年）。又韓元吉《南澗甲乙稿》卷一《萬象亭賦》：「紹興十有三年，石林先生自建康留鑰移帥長樂。」知長樂爲福州之別稱，則周必大稱「長樂張元幹」亦非誤。此與宋人稱蘆川爲「閩人」或「三山人」（三山，亦為福州之別稱）一樣，皆稱其郡名。後人不明乎此，遂與王浚明所稱縣名混淆莫辨。

有《蘆川歸來集》十六卷、《蘆川詞》二卷。

《蘆川歸來集》宋刻本爲十六卷，今通行

本《蘆川歸來集》十卷，乃四庫館臣自《永樂大典》輯得。其源流參拙文《張元幹蘆川歸來集版本源流考》（《南京師大學報》一九八八年第二期）。

祖父肩孟，字醇叟，終朝散郎、通判歙州。累贈特進、少師，謚文靖。

肩孟始爲布衣，蘆川本集卷一〇《祭祖母彭城郡夫人劉氏墓文》云：「昔我先祖，未取科第，于時夫人，始作之配。儒生窮愁，想見中饋。」同卷《宣政間名賢題跋》蘇迨跋文亦有「仲宗得其祖布衣時前夫人劉氏墓文」云云。肩孟于仁宗皇祐五年（一〇五三）進士及第，《宗譜·少師文靖公傳》：「公諱肩孟，弱冠擢皇祐五年進士第。」《宗譜·題名志》：「肩孟，皇祐癸巳（五年）登鄭獬榜進士。」梁克家《淳熙三山志》卷二六：

「皇祐五年鄭獬榜：張肩孟，字醇叟。」登第後授程鄉縣尉（民國《永泰縣志》卷九《宋列傳》引《乾叟雜著》）。神宗熙寧間嘗爲常州武進縣祕丞（見蘆川本集卷一〇附録《大監蘆川老隱幽巖尊祖事實》）。後以朝散郎通判歙州。《淳熙三山志》卷二六：「張肩孟，字醇叟，永福人。終朝散郎，通判歙州」（《宗譜·題名志》、《福州府志》、乾隆《永福縣志》同）。「所至有善政，勇于及物，嗇于營己」（《永泰縣志》卷九）。年七十致仕居里。《宗譜·少師文靖公傳》：「歷宦方面，皆有奇績。年七十致仕。有宅一區，在流泉之中，宅西一樓未額，課諸子讀書其中，夜夢神人告公曰：『君看異日拿龍手，盡是寒光閣上人。』」遂榜以『寒光閣』額。後五子俱登顯宦，時有『丹桂五枝芳」之語。「以子貴累贈開府儀同三司、特進、少師，謚文靖。」故蘆川于乃祖或稱「特進」、或稱「少師」、或稱「文靖」（參《蘆川豫章觀音觀書》、《大監蘆川老隱幽巖尊祖事實》、《祭祖母彭城郡夫人劉氏墓文》等）。

肩孟兩娶。前妻劉氏，無子。繼室林氏，蘆川諸父皆林氏所生。《蘆川豫章觀音觀書》云：「先祖幼養于姑，長則爲其婿。劉氏無男子，而祖母止出一女，適陳氏，亦不壽。今家姑暨諸父，皆林夫人子也。」《宗譜·少師文靖公記》亦謂肩孟「年方幼，寄養于姑家。及長，姑以女妻之，是爲劉氏。無男嗣，只出一女，適于陳，亦不壽。再娶夫人林氏，生五男：長曰勵、次曰劻、三勳、四勸、五動」。劉氏卒後封贈彭城郡夫人。按宋代敘封之制，「凡遇大禮封贈二代者，太子太師、太子太傅、太子太保、特進、觀文殿大學士、太子少師……封贈祖母、母、妻郡夫人」（《宋史》卷一七〇《職官志》）。肩孟以子貴封贈少師，故其妻劉氏封贈郡夫人。繼室林氏生五子而未受封，可見宋人嫡庶之別甚嚴。

父動，字安道（一作幾道），官至龍圖閣直學士。能詩。

《宗譜·龍圖閣英顯公傳》：「公諱動，字幾道，以恩奏出身。」《宗譜·題名志》亦謂張動字幾道。

按，蘆川本集卷一〇《宣政間名賢題跋》（下簡稱《題跋》）歐陽懋跋文、李綱跋文俱稱蘆川父爲「安道少卿」，或張動字安道，一字幾道。今兩存之。

徽宗崇寧間，張動嘗仕于鄴（今河北

臨漳），與歐陽修之孫歐陽懋爲同僚，後入朝爲少卿。上引《題跋》歐陽懋跋文曰：「余崇寧間，與安道少卿同仕于鄴，公餘把酒以詩相屬，……安道既入朝，其後數年，余亦歸自河朔，再會于京師。」按：宋有太常寺少卿、宗正寺少卿、光祿寺少卿、大理寺少卿、衛尉寺少卿等七寺少卿，未知張動爲何寺少卿。

政和三年，張動任荆湖北路提舉常平公事。《宋會要輯稿》食貨六九載：「政和三年十月三十日，提舉荆湖北路常平張動奏：『竊見諸路皆于會府作院制造等稱，給付州縣出賣，往往輕重不等。』」

高宗建炎元年，張動知建州。九月，兵亂被執，十二月罷官。李心傳《建炎以來繫年要錄》卷九：「建炎元年九月己丑，建州軍亂。先是，調健卒往守滑州，爲金人攻退，故例當得卸甲錢。轉運司不時與。是日大閱，軍校張員等作亂，殺福建轉運副使毛奎、判官曾仔，執守臣直龍圖閣張動（《叢書集成》本誤刻爲「勤」）、提舉常平公事直祕閣王浚明，嬰城固守。提點刑獄公事陳桷檄朝請郎王淮將土軍射士討之，不能克。」同書卷一一：「建炎元年十二月，初，建卒張員等既叛，統制官朝請郎王淮雖駐兵城下，未能破賊。有軍校魏勝者獨不從亂，頗能調護其黨。至是有詔招安，員等聽命。守臣張動、提舉常平公事王浚明皆坐失職罷去。會淮持喪，乃起復故官知建州，使之撫定，而以勝爲承信郎、權本州兵馬監押。」蘇籀《雙溪集》卷一五《故中奉敷文閣王公墓誌銘》所載可與此參證：「（王浚明）提舉福建茶事。建炎初，建卒爲亂，凡職掌兵民之官，束手顯踣。公誠至豈弟，衆所共知，一言撫存，千夫帖然。由是魁首就戮。朝廷論貸詿誤，許其自新。遂以艾寧除知泰州。」據此，《建炎以來繫年要錄》所載建州兵亂、張動被執而後落職事，可信。

按：《宗譜·龍圖閣英顯公傳》：「公諱動，字幾道。以恩奏出身。政和間，出知建州。范汝爲反，劍南騷動，公以州兵保建城，民皆安堵。後募兵剿寇，恢復數邑。疏上，當叙功，而公歿。劍民立祠以祀，敕英顯廟。」此載有誤。據上《建炎以來繫年要錄》所載，張動知建州非在「政和間」，而在建炎元年。其時叛兵爲張員，而非范汝爲。「范汝爲反」，乃在建炎四年，當時知建州者，爲王浚明。宋熊克《中興小紀》卷九：「建炎四年八月辛卯，建州范汝爲者，粗知書，其諸父以盜販爲事，而號黑龍、黑虎者，尤善格鬥，群不逞附焉。每數百人負鹽横行，州境官不能捕。有選人建陽江鈿，老矣。郡守謂鈿有謀，使攝令甌、寧，以圖二范。未幾，果擒之，皆斃于獄。其徒無所歸，復依汝爲。一日，因刃傷人致死，遂作亂（原注：事在七月）。時方艱食，饑民從之者甚衆。州兵戰敗，賊勢滋盛。癸巳，詔福建帥臣、徽猷閣待制歙縣程邁遣兵討之。」十二月，范汝爲「慕得官，亦懼大軍繼至」，遂受招安，授汝爲閤門祗候民兵統領。次年（紹興元年），范汝爲復叛。十月壬午，「福建民兵統領范汝爲入建州。汝爲據建安，衆十餘萬。至造黄、紅傘等，制置使辛企宗用兵連年不能制。及是汝爲引兵入城，直祕閣王浚明以下皆遁。賊遂據其城。」（畢沅《續通鑑》卷一一〇）《宋史·高宗紀》亦明謂「范汝爲復叛，入建州，守臣王浚明棄城走。」蘇籀《故中奉敷文閣王公墓誌銘》亦載王浚明此時「以功遷直祕閣，改知建州。初，郡中有招降賊兵數千屯駐，已而復叛。坊市盡爲誘脅，賊黨僭竊，勢如蜂蟻，公徐行避寇，以仁厚素著，賊不敢害，上章自劾，除領宫祠。」范汝爲叛時，知建州者既爲王浚明，張動其時自不可能「以州兵保建城」。此後范汝爲是被韓世忠帶兵平定（參《中興小紀》卷一二、《建炎以來繫年要録》卷五一、《宋史·韓世忠傳》、李綱《梁溪先生文集》卷一四二《甌粵銘》），而《宗譜》謂張動「募兵剿寇，恢復數邑」，顯屬文飾不實之詞。故「疏上，當叙功」云云，亦難據信。又《宗譜》謂南劍州民「立祠以祀」張動，亦可疑。張動所守既爲建州，南劍州何以爲之立祠？《淳熙三山志》卷二六載元幹族叔張覺于范汝爲反時，知南劍州，平賊有功，城賴以全（《宋史》卷三七九《張覺傳》同）。「後南劍既立爲廟，乞奏入祀典，詔賜號英顯公」。疑《宗譜》誤以張覺事爲張動之功。俟確考。

蘆川殘本《歸來集》卷一四有《家公生朝設醮青詞》云：「伏念臣父子俱塵于仕籍，閩吳并脱于賊兵。初赴難以請行，驚駭未定；迨再生而聚首，舊觀復還。」據「再生聚首，舊觀復還」云云，知元幹紹興元年挂冠歸閩時其父張動尚在世。歐陽懋謂崇寧間與張動同仕于鄴，「公餘把酒以詩相屬」，知張動能詩。然其詩今已無存。

伯父勵，字深道，終中大夫。能詩。《宗譜·殿撰忠節公傳》：「公諱勵，熙寧六年進士（《淳熙三山志》卷二六、《福州府志》卷三六、乾隆《永福縣志》卷七皆同）。早爲韓魏公所器，既及第，調岳州司理右丞。蒲公宗孟一見大奇之，疏請于朝，由是六鎮雄藩，八持使節，歷任州郡，多所釐正。遇事剛果，不避權貴。蔡京、王黼等皆忌之。」徽宗崇寧初，由朝散郎淮南發運副使轉兩浙制置發運使（見慕容彦逢《摛文堂集》卷四《朝散郎淮南運副張勵可兩浙運副制》），與著名書法家米芾同僚。王明清《揮麈後錄》卷七：「米元章崇寧初爲江淮制置發運司勾當直達綱運，置司眞州。大漕張勵深道見其滑稽玩世，不能俯仰順時，深不樂之，每加形迹，元章甚不能堪。」

按：《宋詩紀事》卷二九謂張勵「神宗朝，官江淮制置發運使」，實誤。大觀三年，張勵任祠部郎中。《宋會要輯稿》瑞異一載大觀三年二月二十一日，「三省樞密院奏，今來河水澄清，欲詣東上閤門稱賀，依奏送祕書省，仍差祠部郎中張勵前去致祭」。政和元年十月二十七日，張勵由朝請大夫轉集賢殿修撰知福州（見《宋會要輯稿》選舉三三。而《淳熙三山志》卷二二、吴廷燮《北宋經撫年表》俱謂政和二年四月張勵知福州，當是紀其到任之期)。政和二年冬登福州于山金粟台，有石刻：「提舉常平等事長沙何誼直浩然、走馬承受公事大梁張珪君瑞、知州事郡人張勵深道，同登金粟台，政和壬辰冬至後一日」(石刻今存，參《文獻》一九八八年第四期官桂銓《詞人張元幹世系》)。政和三年二月移知廣州(《淳熙三山志》卷二二、《北宋經撫年表》卷五、《廣州府志》卷三七)，作有《重修五仙祠記》。政和七年以朝請大夫充右文殿修撰守濟南，有石刻《靈巖寺題記》、《禱雨題記》等(阮元《山左金石志》卷一八)。宣和二年加集英殿修撰知洪州(《北宋經撫年表》卷四)。後移知建州，終中大夫(《淳熙三山志》卷二六)。張勵建炎四年十一月二十日卒，享年八十三(《宗譜》所載李光《張公墓誌銘》)。張勵能詩，蘆川本集卷一〇《題跋》李易跋曾引張勵詩句「莫言伯道無兒嗣，看取千秋祀事存」。《宋詩紀事》卷二九載錄張勵《題張公翊清溪圖》詩一首，詩後引《吳禮部詩話》云：「坡公作詞之後，有長樂張勵深道長句，仿佛蘇體亦佳。」《宋史·藝文志》載《張勵詩》二十卷，今不傳。《宗譜·殿撰忠節公傳》亦謂張勵「性酷嗜學，有《文筆峰書堂總錄》、《文集》、《中庸論語解》，世皆宗之」。今俱失傳。

伯父勔，字臻道，官至朝散郎，少有才名。《宗譜·中奉大夫文簡公傳》：「公諱勔，熙寧九年進士」(《淳熙三山志》卷二六、《福州府志》卷三六、乾隆《永福縣志》

卷七同）。公天資醇厚，孝友廉謹。七歲時，能誦唐人詩，以形容所居之勝云：『誰把玉環分兩半，半沉江海半浮空。』登第後，除授知建州，建民剽悍健訟，公諭以禮義，期年風俗丕變。嘗作《聚蚊賦》，以諷群黨。」乾隆《永福縣志》卷八所載略同，亦謂「嘗爲《聚蚊賦》，以議奸黨，以是不容于季世。」《淳熙三山志》卷二六謂張勔「終朝散郎」。按，朝散郎爲正七品。

伯父勔，字衛道，官太學博士，早卒。《宗譜·太學博士昭毅公傳》：「公諱勔，字衛道。熙寧丙子，公應文武兩舉，官太學博士。既通文史，復諳韜鈐。倘天假之年，其表樹必有大赫奕者。竟以二十七齡賫志也，惜哉！」

伯父勱，字宏道，官至工部尚書，能詩。《宗譜·少師工部尚書惠莊公傳》：「公諱勱，字宏道，元符二年進士（《淳熙三山志》卷二六、《福州府志》卷三六、乾隆《永福縣志》卷七俱作元符三年，當以三年為是）。公天性穎悟，幼而不群，一日看龍舟，宗長戲令咏詩，公即應聲曰：『兩岸人人開盛宴，飛來飛去如掣電。明年文場角勝時，也如此日舟人戰。』時年方十歲。」政和元年爲奉議郎、監越州稅務，《八瓊室金石補正》卷一一〇所載《越州新學碑》，末署「政和元年十月望日將仕郎充州學教授陸友諒重立石，奉議郎監在城稅務張勱書」。政和七年五月，由朝奉大夫、提點醴泉觀使、諸王府贊讀除直龍圖閣（《宋會要輯稿》選舉三三）。同年七月，任度支員外郎（同上食貨六四）。政和八年三月二十八日，爲嘉王府學官，因「勸學有勞」而遷秩，并賜緋章服(同上帝系二)。宣和元年四月十三日，由中書舍人兼諸王府贊讀(同上方域三)。其時曾撰書進呈，并因此而轉官。翟汝文《忠惠集》卷四有《張勸黄伯思翁彥深周穎蔡經國朱載蔡竑蔣寧祖進書轉官制》。宣和三年，張勸出知池州，是年李綱有《贈池守張宏道》詩：「綉衣執法出瀛臺，邂逅還如特特來。華省舊曾陪笑語，清溪今復接樽罍。喜公筆有江山氣，顧我心如世味灰。天下蒼生待經濟，坐看蟠蟄起驚雷。」(《梁溪先生文集》卷一四)宣和七年，張勸爲工部尚書兼蕃衍宅翊善(《宋會要輯稿》帝系二)。《淳熙三山志》卷二六謂張勸「歷中書舍人、給事中、御史中丞，除述古殿學士知本州。陛辭，除工部尚書，終大中大夫」(《宗譜·題名志》同)。其任給事中、御史中丞當在宣和三年前，李綱詩「綉衣執法」，即指張勸出知池州前任御史中丞事。後知福州，《宗譜·少師工部尚書惠莊公傳》云：「及爲官，帥福建，以鄉邦人情風俗素所詳究，興利剔弊，民深德之。歲時禱祀，爲公祈福，雖禁之不止也。」然知福州時間未詳，《淳熙三山志》、《北宋經撫年表》等皆未載録。

靖康元年正月四日，金兵圍攻汴京，張勸逃遁，被除名勒停。《靖康要録》卷一：「工部尚書張勸(原誤刻為「張勤」，據徐夢莘《三朝北盟會編》卷二七改)身爲八座，乃求淮南幹當公事而去(《三朝北盟會編》謂「棄官而遁」)。張勸特除名勒停，令開封府差人勾捉前來。」

按：《宗譜·少師工部尚書惠莊公傳》謂其「以工部尚書致仕」而不書其除名事，蓋諱之也。

張勸能詩，從李綱「喜公筆有江山氣」可知。宏道與詩人汪藻、葛勝仲等亦有詩唱和。然張勸原唱今不傳，唯于汪、葛二集中得知。汪藻《浮溪集》卷三一有《次韻張宏道西池小集》、葛勝仲《丹陽集》卷二〇有《元巳日王循德孝迪招飲方池宏道兄有詩奉和以紀一時之事》，詩有「愛君多藝能傾坐，豈但流觴記逸詩」之句，卷一六有《次韻張宏道勸釋奠致齋》等詩。

《宋史·藝文志》載《張勸詩》二卷，今佚。唯《宋詩紀事》卷三五據《淳熙三山志》存錄其《山輝堂》詩一首。

舅父向子諲字伯恭，以忠義名當世。能詞。胡仔《苕溪漁隱叢話》前集卷五四：「向伯恭，仲宗之舅也。」蘆川嘗題向子諲麥秋亭云：「東坡喜雨事如此，吾舅名亭終不群」（本集卷四《麥秋亭》）。

向子諲（一〇八五—一一五二），河南開封人。哲宗時即已出仕。高宗建炎元年，金人犯亳州，子諲自勤王所以書遺金人，言兵勢逆順，責令退保河外。張邦昌僞立，子諲嘗拘其來使以俟王命。後知潭州，遇金兵入侵湖南，子諲率軍民死守，「力爲巷戰，奮以忘軀」（周必大《益公題跋》卷四《大元帥康王與向子諲咨目及御筆等跋》）。紹興九年致仕，退閑十三年。自號所居曰薌林。《宋史》卷三七七有傳。曾幾《茶山集》卷四《挽向伯恭侍郎三首》贊其「忠義雲霄逼，名與日月懸。」蘆川《薌林居士贊》亦稱其

「視富貴如浮雲，棄軒冕猶敝屣。良由天資拔俗，雅志好賢。臨事必欲出奇，爲善常恐不及」（本集卷一〇）。子譔有《酒邊詞》傳世。

嘗有一弟，早夭。

《蘆川豫章觀音觀書》：「元幹平生坎壈，屬遘手足之釁，去家時僅存一弟，甫三歲，又夭折。」

有子三人。一名靖，蘆川詞集賴其編成。蘆川本集卷一〇附蘆川之孫張欽臣跋云：「先君昆仲三人，二居華亭，叔父知縣歸閩，其後未有顯者。」蔡戡《定齋集》卷三〇《蘆川居士詞序》：「公之子靖，裒公長短句篇，屬爲序。」一名竦，一名竑。《宗譜·葉洋小姑張氏族譜序》：「元幹生三子：曰竦，主廣東市舶提舉；曰靖，通直郎泉州南安縣宰；曰竑：朝議大夫潼州路轉運使。」《宗譜》又有《張公（竑）墓誌銘》，謂竑生于宣和四年，卒于淳熙十年，享年六十一。

有孫十三人。多曾仕宦，然未有顯者。

據《宗譜》，蘆川十三孫之名爲：欽臣、堯臣、舜臣、禹臣、湯臣、周臣、清臣、巽臣、師臣、渙臣、益臣、泰臣、震臣。清臣嘗通判南安（今江西大餘）「巽臣、師臣二兄未脱選而殂。渙臣兄自太學登科，止于一尉。益臣弟今已升舍奏平請舉該免，且丁家棘」。益臣曾于理宗寶慶間任蘄春教授，與俞文豹同僚。《吹劍錄·外錄》云：「寶慶戊子，余陪華亭張廣文益臣分教蘄春。」按，「廣文」，指廣文館生。

據《宗譜》及上所考，列張元幹世系簡表如下：

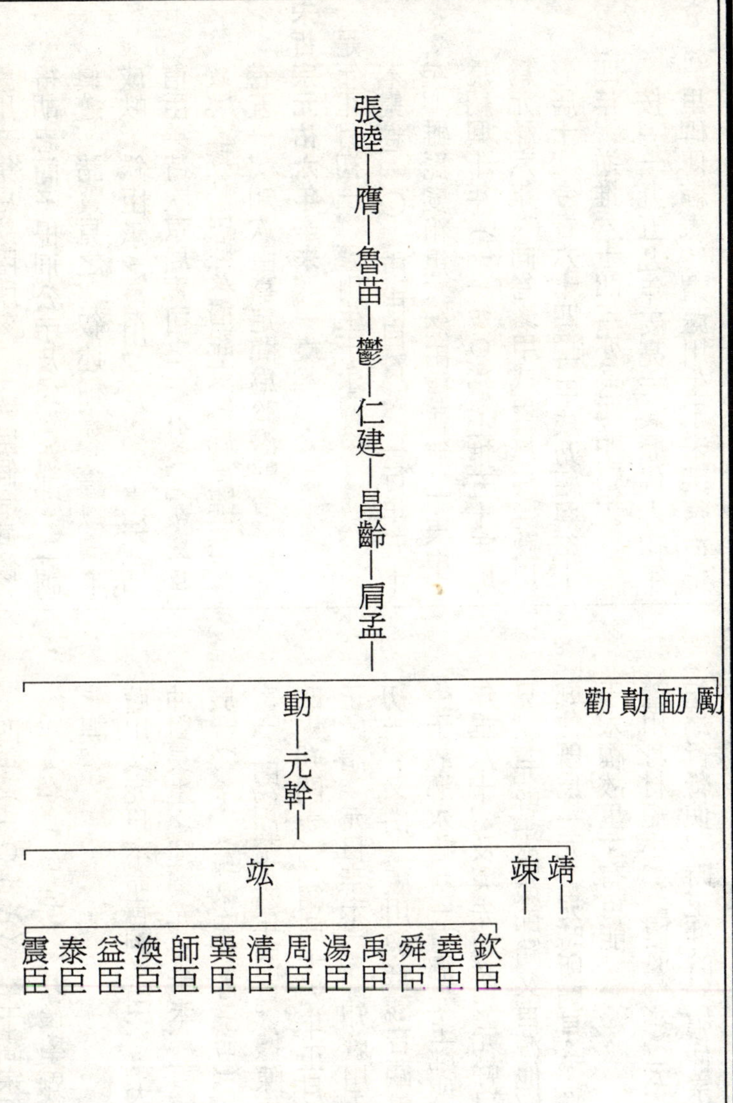
張睦
膺
魯苗
鬱
仁建
昌齡
肩孟
勱
勔
勣
勸
動
元幹
靖
竦
竑
欽臣
堯臣
舜臣
禹臣
湯臣
周臣
清臣
巽臣
師臣
渙臣
益臣
泰臣
震臣

蘆川文集爲欽臣所刻，「欽臣假令武攸，得胡忠簡子提刑公示及《賀新郎》二詞眞迹，諸賢見之，叙述稱嘉，謹以模本成帙。欽臣承乏潛川，并以家集鋟梓，信臣弟待次京局實司之」（引文見張欽臣跋）。據欽臣跋及潛說友《咸淳臨安志》卷五一，知欽臣嘉定間爲於潛縣令。

宋哲宗元祐六年辛未，一歲。

是年正月初一，蘆川生于永福。

本集卷一〇《庚申自贊》：「行年五十矣，雖髭髮粗黑，然田廬皆無。」庚申，爲紹興十年（一一四〇），上推五十年即爲元祐六年。同卷《甲戌自贊》：「蘆川老居士，今春六十四。」甲戌乃紹興二十四年，逆推六十四年亦爲元祐六年。

按：一九五九年姜亮夫《歷代人物年里碑傳綜表》謂蘆川生于宋英宗治平四年（一〇六七），卒于高宗紹興十三年（一一四三），其後學界因襲之，誤。

蘆川《元日本命青詞》曰：「太歲丙寅，冲對長生之運；元日辛未，首臨本命之辰」（殘本《歸來集》卷一四）。「太歲丙寅」，即紹興十六年丙寅。據陳垣《二十四史朔閏表》，紹興十六年正月辛未朔，正所謂「元日辛未」，據知蘆川生于正月初一。又由《蘆川豫章觀音觀書》知其生于故鄉永福：「有鄉先生鄭俠介夫者，年垂八十，及與先祖游，元幹兒時所願見。」元幹十餘歲即隨父宦游他鄉，里人鄭俠既爲「元幹兒時所願見」，唯元幹生于永福故里才有可能。

蘆川身材短小，《詩說雋永》云：「李伯紀爲行營使，時王仲時、張仲宗俱爲屬，王頎長，張短小。」（《苕溪漁隱叢話》後集卷三六引）蘆川亦自謂：「爾形侏儒，而行容與。」（本集卷一〇《自贊》）然爲人頗風流倜儻，其師徐俯有詩贊他道：「詩如雲態度，人似柳風流」（《苕溪漁隱叢話》卷三六引《詩説雋永》）。

崇寧三年甲申，十四歲。

此間蘆川在鄴，與父執唱和，莫不駭其敏悟。

蘆川年幼喪母，「蓋余母亡時，元幹方丱角（《蘆川豫章觀音觀書》），故其早年即離故里隨父生活。其父執歐陽懋曰：「余崇寧間，與安道少卿同仕于鄴（今河北臨漳見）。公餘把酒以詩相屬，時仲宗年未及冠，往來屏間，亦與座客賡唱，初若不經意，而辭藻可觀。莫不駭其敏悟」（本集卷一〇《題跋》）。「崇寧間」，難以確考，姑繫于本年。

大觀四年庚寅，二十歲。

蘆川在豫章，問句法于徐俯，并結社唱和。本集卷九《蘇養直詩帖跋尾六篇》云：「往在豫章（今江西南昌市）問句法于東湖先生徐師川，是時洪芻駒父、弟炎玉父、蘇堅伯固、子庠養直、潘淳子眞、呂本中居仁、汪藻彦章、向子諲伯恭，爲同社詩酒之樂。余既冠矣，亦獲攘臂其間，大觀庚寅辛卯歲也。」

按：上列諸人多屬江西詩派。趙彦衛《雲麓漫鈔》卷一四載：「呂居仁作《江西詩社宗派圖》，……宗派之祖曰山谷，其次陳師道無己、潘大臨邠老、謝逸無逸、洪朋龜父、洪芻駒父、饒節德操、祖可正平、徐俯師川、林敏功子仁、洪炎玉父、汪革信民、李錞希聲、韓駒子蒼、李彭商老、晁冲之叔用、江端本子之、楊符信祖、謝邁幼槃，夏倪均父、林敏功、潘大觀、王直方立之、善權巽中、高荷子勉，凡二十五人，居仁其一也。」（《苕溪漁隱叢話》前集卷四八所載略有出入）故曾噩序蘆川文集云：「蘆川老隱之爲文也，蓋得江西師友之傳，其氣之所養，實與孟、韓同一本也。」（本集卷一〇附録）蔡戡《蘆川居士詞序》亦曰：「少監張公，早歲問道于了齋先生，學詩于東湖居士，凡所游從，皆名公勝流。」蘆川亦自謂詩法得自江西派：「予晚生，雖不及見東坡、山谷，而少時在江西，實從東湖徐公授以句法。東湖，山谷甥也。」（本集卷九《亦樂居士集序》）結社諸人中，向子諲、汪藻是在豫章任職，其餘諸公乃是「從游者」。向子諲《酒邊詞》之《水調歌頭》序云：「大觀庚寅閏八月秋，薌林老（即子諲）、顧子美、汪（原誤刻為「江」）彦章、蒲庭鑒，時在諸公幕府間。從游者，洪駒父、徐師川、蘇伯固父子、李商老兄弟。是夕登臨，賦咏樂甚……。」又可參《獨醒雜志》卷四「汪彦章爲豫章幕官」條。

徐府，字師川，號東湖居士，洪州分寧人，黄庭堅外甥。靖康中，因不滿張邦昌僭位，挂冠致仕。後累官至簽書樞密院事、參知政事。爲人以名節自任，詩名更著。自蘇軾、黄庭堅等去世後，徐俯一時爲詩壇領袖。呂本中謂：「徐俯師川少豪逸出衆，江西諸人皆從服焉」

（《東萊呂紫微師友雜志》）。《宋史》卷三七二有傳。

洪芻，字駒父，江西南昌人，亦爲黄庭堅外甥。與兄朋、弟炎、羽皆有詩名，幷稱「四洪」。紹聖元年進士，崇寧三年入元祐黨籍。靖康中，官諫議大夫，坐罪除名勒停，長流沙門島，晚節不終。有《老圃集》等傳世。事蹟略見陸心源《元祐黨人傳》卷八。

洪炎，字玉父，洪芻弟。舉進士，爲穀城令。坐以兄弟皆元祐黨，同貶竄。累官著作郎、祕書少監。高宗初召爲中書舍人。時方倥偬，除目填尾，炎操筆立成，訓詞典雅，同列嘆服。事蹟具陸心源《宋史翼》卷二七《文苑傳》。有《西渡集》傳世。

蘇堅，字伯固，福建泉州人。與蘇軾多所唱和，情誼甚篤。蘇軾自嶺南北返時，蘇堅父子專程至韶州迎接。終建昌軍通判。其事參《京口耆舊傳》卷四及清王文誥《蘇文忠公詩編注集成總案》各卷。

蘇庠，字養直，初以病目，自號眚翁。後徙居丹陽之後湖，更號後湖病民、後湖居士，蘇堅子。少能詩，蘇軾見其《清江曲》，大愛之，謂「置太白集中，誰疑其非」，自是聲名藉甚。所交皆一時名士，與徐俯尤相厚善。曾慥跋其遺文曰：「舊聞宗匠推詩匠，親見東湖説後湖。」平生無意仕進，終老布衣。徐俯嘗薦之于朝，終不起，天下無問識與不識，皆高其節，好事者往往圖其形以相贈。有《後湖集》，今不傳。事蹟見《京口耆舊傳》卷四、錢士升《南宋書》卷六五。

潘淳，字子真，江西新建人。少穎異，

好學不倦，淹貫經史百家之言，師事黃庭堅，尤工詩。以蔭補建昌縣尉。陳瓘劾蔡京，言者目淳爲瓘親黨，坐奪官，不以介意。歸，自稱谷口小隱。其事蹟參《江西通志》卷一三四。

呂本中，字居仁，世稱東萊先生，壽州（今安徽鳳臺）人。官至中書舍人。陸游稱其詩文「汪洋宏肆，兼備衆體，間出新意，愈奇而愈渾厚；震耀耳目而不失高古，一時學士宗焉」（《渭南文集》卷一四《呂居仁集序》）。傳世有《東萊先生詩集》、《東萊呂紫微師友雜志》、《紫微詩話》等。其生平具《宋史》卷三七六本傳。

汪藻，字彥章，饒州德興（今屬江西）人。累官至翰林學士。其「鴻文碩學，暴耀一世。人知其名，家有其書。而詩律高妙，興寄深遠，亦非近世詩人之所能及」（《宋名臣言行録》別集卷七）。尤長于四六文。事蹟入《宋史》卷四四五《文苑傳》。

政和元年辛卯，二十一歲。

是年，蘆川仍在豫章，與徐俯、呂本中等結社唱和。

政和二年壬辰，二十二歲。

是年，蘆川已入太學上舍，有聲名。

本集卷八《賀張參政啓》自稱：「某庠序諸生，門闌舊屋。」《宗譜·少師文靖公記》謂蘆川「初游太學，與其同舍郎交德最深」。《南宋文範·作者考上》：「張元幹，……徽宗時太學上舍。」《宋詩鈔·歸來集鈔》：「張元幹，……太學上舍。」李綱嘗言：「予昔與安道少卿游，聞仲宗有聲庠序間籍甚」（本集卷一〇《題跋》)，都言蘆川爲太學上舍生，并有聲名。然未言何時。本集卷一〇《題跋》有何㮚跋云：「仲宗，昔余太學同舍郎。嘗哀其亡友唐慤生詩帖，軸而藏之。標飾燦然，如以達人貴公得氣，予時嘗書之，嘉其朋友之義。」按：何㮚政和五年進士第一（《宋史》卷三五三《何㮚傳》，詳後譜宣和五年），何㮚既與蘆川爲太學同舍，當在政和五年之前。而政和三年蘆川已出仕（詳下年），故其爲太學上舍生必在三年之前，即本年。

按：宋行太學三舍法，始入太學者爲外舍，外舍升內舍，內舍升上舍。定期考試其業，優等以次升舍。一歲一試，上內舍；隔年一試，升上舍。到徽宗崇寧五年，每年一試上舍生，成績優等則免于禮部試，即賜及第，釋褐推恩（參《宋史》卷一五七《選舉志》，馬端臨《文獻通考》卷四二《學校》，《宋史紀事本末》卷三八《學校科舉之制》）。蘆川明年由上舍及第釋褐，故知本年必在太學上舍。

初春，在東都，有詞。

本集卷七《菩薩蠻·政和壬辰東都作》有「春淺錦屏寒」，「正是踏青時」諸語，知其初春已在東都太學中。

後到許昌謁蘇轍。

本集卷九《跋蘇黃門帖》：「蘇黃門頃自海康歸許（今河南許昌）下，安居云久。政和二年，晚生猶及識之。衣冠儼古，語簡而色莊，眞元祐巨公也。」蘇黃門，即蘇轍。按，《四庫全書·蘆川歸來集提要》及《南宋文範·作者考上》誤以「蘇黃門」爲蘇軾，遂謂「元幹及識蘇軾」，實則蘇軾早于十年前去世，元幹何由「及識」？而《宋史·蘇轍傳》載：「崇寧中，蔡京當國，又降朝請大夫。罷祠，居許州，再復太中大夫致仕，築室于許，號潁濱遺老。自作傳萬餘言，不復與人相見。終日默坐，如是者幾十年。」蘇轍是時居許，故蘆川得以一識。

按：是年十月三日，蘇轍卒于許昌（曾棗莊《蘇轍年譜》）。蘆川拜識蘇轍，當在十月之前。

政和三年癸巳，二十三歲。

是年，蘆川出仕澶淵。

本集卷一有《洛陽陳去非自符寶郎謫陳留酒官予時作丞澶淵舊僚友也》詩。考宋胡穉《簡齋先生年譜》：「政和三年癸巳，時年二十四，以釋褐歸上舍第，授文林郎。八月，充開德府（即澶淵，今河南濮陽縣）教授。……六年八月，解開德教官而歸」（又詳見白敦仁《陳與義年譜》），知陳與義在政和三年至六年仕于澶淵。蘆川既爲同僚，則其官于澶淵，亦當在此期間。蘆川在澶淵踪迹，本集卷九《陳中行宣事樂府跋尾》亦有記載：「往在東郡（即澶淵）時，稔聞陳公中行瑰奇倜儻之士。」

然蘆川何年始仕澶淵，尚需考查。陳與義政和三年出仕，蘆川爲其僚友，或當同時筮仕。前引蘆川《跋蘇黃門帖》謂政和二年在許昌謁蘇轍後，「已而與其外孫文驥德稱相遇澶淵」。文驥，文與可孫，蘇轍外孫。陳與義是年有《次韻謝文驥主簿兼示劉宣叔》詩云：「坐令習主簿，下與鷄鶩伍。遙知竹林交，未肯一時數。……子才亦落落，傾蓋極許予。

四夔照河濱，一笑寬逆旅」（《陳與義集》卷一，編年見白敦仁《陳與義年譜》卷一）。據知文驥本年嘗到澶淵與去非唱和，則蘆川與文驥「相遇澶淵」亦在是年，此又可證蘆川于是年出仕澶淵。

按：《四庫全書·蘆川歸來集提要》謂蘆川「自《跋祭祖母劉氏文後》稱『宣和元年八月，獲緣職事，道過墓下』，則徽宗時已仕宦」，而文學研究所編《唐宋詞選》張元幹小傳據此直言蘆川「在宣和元年出仕」，殊未深考。

蘆川仕于澶淵，官職未詳。當因太學上舍及第，釋褐授官。本年三月癸酉，有上舍生十九人及第（《宋史》卷二一《徽宗紀》），陳與義即其一（見翟汝文《忠惠集》卷四《敕賜上舍及第第一人陳公輔除承事郎第二人第三人胡松年陳與義并從事郎制》，又參白敦仁《陳與義年譜》卷一）。不知蘆川是否亦在十九人之列？俟考。

政和四年甲午，二十四歲。

是歲，蘆川在澶淵任職。

説詳上年，又參後譜宣和四年。

蘆川任職期間，已立家澶淵。本集卷三《蘭溪寄蘇粹中》：「鴻雁北飛知我意，爲傳詩句濮陽城。」卷四《高尚居士》詩亦有「往在澶淵過我家」之句。《戊午歲醮詞》也曾回憶道：「中原別業，蕩兵火以無涯」（殘本《歸來集》卷一四）。然不知何時成家。

政和五年乙未，二十五歲。

是年，蘆川當仍在澶淵任職。

蓋宋時官制，一任三年，故推知蘆川當

繼續任職，惜無佐證，以俟後考。

政和六年丙申，二十六歲。

是年春，嘗回福建，途經延平，作《風流子》詞。

是年陳與義任期屆滿，解開德府教授而歸。蘆川嘗亦因秩滿而離開澶淵。

本集卷五有《風流子·政和間過延平雙溪閣落成席上賦》，據知政和間蘆川嘗回故鄉福建，途經延平（今福建南平），適逢雙溪閣落成，遂作是詞。

考嘉靖《延平府志》：「延平府負山阻水，爲七閩襟喉。劍溪環其左，樵川帶其右」（卷一）。雙溪即指劍溪、樵川之「二水交流」。而雙溪閣「在府城外劍津上」（卷四）。據蘆川詞，知雙溪閣落成于政和間。詞中有「使君行樂處，秦箏弄哀怨，雲鬟分行。心醉一缸春色，滿座凝香」云云。可知詞作于春天，閣當落成于此時。詞中「使君」，姓謝，名未詳。黃裳《演山先生文集》卷一五《延平閣記》（原題注：「後蔡元長改名雙溪閣」）載：「治平三年，延平閣以火廢，……延平之有閣，素以山水之勝知名于士大夫間，往來登賞，吟咏酬唱，興盡而歸去，蓋與滕王閣、岳陽樓之得山水無以異也。謝侯遂繕土木之功，以協士大夫之所知，與衆共焉。不日而閣成，以命予記。」

按：黃裳，字冕仲，延平人，元豐五年狀元及第。政和三年閏四月至政和六年知福州（《北宋經撫年表》卷四），而延平隸屬福州。黃裳作此記當在政和三年至六年間，雙溪閣亦即落成于此間。上譜謂蘆川政和四年、五年俱任職澶淵，如果不錯，則蘆川只可能于政和六年過延平，逢雙溪閣落成之慶。雙溪閣形勝，黄裳記之頗詳，可參。

重和元年戊戌，二十八歲。

是年，蘆川客居京城（説詳下年）。

宣和元年己亥，二十九歲。

是年，蘆川又得官，因公事回閩。

本集卷一〇《題跋》翁挺曰：「賴仲宗及爲小官時，周旋荒遠。」「周旋荒遠」，即指「適閩越數千里」（同卷徐俯語）回閩事，故知蘆川本年又得一小官，但官職不明。

此次回閩，蘆川自稱是因「獲緣職事」（本集卷一〇跋《祭祖母彭城郡夫人劉氏墓文》），而據陳與義《送張仲宗押戟歸閩中》詩，知「職事」乃是「押戟」。

三月，離京赴閩

本集卷一〇《蘆川豫音觀章觀書》（下簡稱《豫章書》）：「元幹以宣和元年三月出京師。」

按：蘆川既于三月離京，則此前必在京城，其晚年所作《次友人寒食書懷韻二首》言嘗居京城開封，「往昔升平客大梁（大梁，即古城開封），新煙然燭九衢香」（本集卷三），當在此時。蓋是時蘆川諸父皆仕宦于朝，有家在京師。劉路謂蘆川離京赴閩，是「去親庭，適數千里外」（本集卷一〇《題跋》）。既曰「去親庭」，其家在京可知。又鄧肅言：「仲宗上冢時，諸父各列于朝，不能即歸，仲宗乃干父之蠱耳」（同上）。此言蘆川諸父此時皆任職于朝，蘆川回閩掃墓，乃是代諸父盡責。正因蘆川諸父皆爲朝廷顯宦，有家在京，故蘆川客居此地，過着裘馬輕狂的生活。其《蘭陵王·春恨》云：「尋思舊京洛，正年少疏狂，歌笑迷著。障泥油壁催梳掠。曾馳道同載，上林攜手，燈下初過早共約」（本集卷五），即記其事。由此觀之，蘆川三月離京前，必居京城數月，故前譜謂其重和元年客居京師也。

途中，枉道信陽，拜謁姨母。

《豫章書》：「先是，姨母寓信陽，老矣。元幹所未識，枉道拜之。悲余母早逝，而喜元幹長大也，爲留數日。」

六月，至永福故鄉，得乃祖手迹，刻諸石；并掃祖母劉氏墓，爲文以祭。

《豫章書》：「六月至鄉里，……得先祖特進手澤于外孫陳氏，蓋先祖幼養于姑，長則爲其婿。劉氏無男子，而祖母止出一女，適陳氏，亦不壽，……觀夫買田作供，以爲久遠計，不委之子孫，而授之陳氏，所以貽子孫慊者，可見矣。」所謂「手澤」，指乃祖肩孟熙寧八年爲其外翁、外婆及亡妻劉氏于常州武進縣「買田作供」之契約（包括畫押）（詳本集卷一〇《大監蘆川老隱幽巖尊祖事實》）。蘆川得乃祖手澤後，爲「庶幾克成先祖之志」，乃刻鄙文，以告後來。」

按：幽巖，指福州福清縣幽巖寺。方勺《泊宅編》卷四載有幽巖寺神異之事，事涉迷信，不錄。

又祭掃祖母劉氏墓，并作《祭祖母彭城郡夫人劉氏墓文》。其自跋此祭文曰：「元幹獲緣職事，道過墓下，翦伐荆棘，掃除阡隧，并得翁媼之墳祭拜焉。」《豫章書》云：「繚山以垣，加植松柏，揭氏號于門，庶別他墳焉。」「是行也，既得劉氏三冢治完之，且獲是書以傳于家，則窮年奔走，亦復何憾！」

蘆川上述二舉，一時名賢皆多之。「宣政間，游定夫、楊龜山、陳了翁、朱喬年、李伯紀、洪駒父、徐師川、吕居仁名賢三十餘家，咸題跋嘆美之」（《宋詩鈔·蘆川歸來集鈔》）。兹舉幾條，以見一端。陳了翁（瓘）曰：「爲士而能尊其祖，爲子而能干父之蠱，此可久之習也。辭采燦然，足以有譽于世矣。」游酢、楊時皆稱蘆川「于尊祖追遠之義盡矣。吾將見其流風所被，使鄉邦民德歸厚，必自兹始也。」陳、游、楊皆當時「儒門老尊宿」，而對一青年推許如是，足見蘆川品節操行之特異、交游處世之非凡。誠如鄧肅、汪藻所言：「夫了翁，百世師也。下視時輩，如黄茅白葦耳！干蠱之語，豈輕以予人？仲宗于是爲賢。」「其贈言皆百世之師，後之觀仲宗者，可以知其爲人矣」（皆見本集卷一〇《題跋》）。

在鄉期間，曾謁鄭俠，結識僧隆老。

《豫章書》：「有鄉先生鄭俠介夫者，年垂八十。及與先祖游，元幹兒時所願見，贄書及門，適已抱病，延入卧內，歡若平生。而遺言餘旨，預聞一二。後數日遂哭之，若有待然。」鄭俠，字介夫，號西塘。早年受知于王安石，後見賞于東坡，名振朝野，爲元祐黨人，屢遭貶謫。宣和元年卒，年七十九。《宋史》卷三二〇有傳（又參《宋人軼事匯編》卷九引《梅磵詩話》等）。

季夏，結識閩中高僧西禪隆老。

本集卷一〇《祭西禪隆老文》：「粵時宣和己亥季夏，圜項加冠，以笑以語，傷今念古，師適我同。由爾定交，有孚于中。」

按：隆老事迹未詳，唯祭文中稱：「吾閩有禪，師必稱首」，知其爲閩中高僧。後蘆川遭時多難，賴此老撫恤（詳後譜宣和三年）。蘆川詩多談禪論佛，當曾受此老影響。

十一月，離鄉。

《豫章書》：「六月至鄉里，十一月乃復始行。」

宣和二年庚子，三十歲。

正月，蘆川到達豫章，爲家書以訓子孫。

去年十一月，蘆川離閩，是年正月已抵豫章，作家書叙其返鄉得乃祖手澤、祭掃祖母墓事。書末紀年爲：「二年正月十四日，豫章觀音觀書」（見《豫章書》）。

二月，與徐俯、洪芻游，二人皆爲之題跋。

洪芻題蘆川太父手澤，稱蘆川「慈孝最隆，其爲文章善自稱道」。紀年爲：「宣和二年二月二十七日。」

按：凡諸賢題跋，皆由蘆川出示太父手澤，名賢當面題書，故凡爲題跋者，蘆川必與之游。蘆川正月十四日在豫章，二月二十七日洪芻爲之題跋，當亦在其地。徐俯是時亦在豫章，爲蘆川題跋，稱其「不忘其本也」（以上皆見本集卷一〇《題跋》）。

自豫章，下白沙，阻風吳城山，有詞。

本集卷五《滿江紅·自豫章阻風吳城山作》：「寒食清明都過卻」，據知詞作于春日。又卷九《跋楚甸落帆圖》：「往年自豫章下白沙，嘗作《滿江紅》詞，有所謂『綠卷芳洲生杜若，數帆帶雨煙中落』之句。」白沙，在豫章之北二百里。自豫章赴南康，須過白沙，故知詞作于本年。吴城山，「在（南昌）府城東北一百八十里，臨大江」（謝旻等《江西通志》卷七）。

春，陪陳了翁游廬山，逗留累月，常與之商榷古今治亂成敗。

與洪、徐游後，即離豫章赴南康，陪侍陳了翁。本集卷九《跋了堂先生文集》：「少時有志從前輩長者游，擔簦蹻蹶，不舍晝夜。宣和庚子春，拜忠肅公于廬山之南，陪侍杖履，幽尋雲煙水石間者累月，與聞前言往行，商榷古今治亂成敗，夜分乃就寐。」卷四《上平江陳侍郎十絕》序：「頃在宣和庚子年，獲拜先生于南康（今江西星子縣），留山中者久之，蒙跋太父手澤。」詩亦曰：「酒酣怒髮上冲冠，四十年前廬阜南。杖履周旋痛開警，願爲小子頗嘗參。」

按：是年，陳了翁居南康。李心傳《舊聞證誤》：「《國史》：宣和二年方臘反時，陳忠肅在南康。」故蘆川前往拜謁，後同赴廬山。

了翁對蘆川一生影響甚著，故于其人，當詳述之。陳瓘，字瑩中，號了堂，亦稱了翁，謚忠肅。「好讀書，至老不倦，每觀百家之文及醫卜等書，開卷有得，則片紙記録，粘于壁間，環座既遍，則合爲一編，前後凡數十冊」（俞文豹《吹劍録·三録》）。元符庚辰，入右司諫，力論蔡京奸邪，必爲國禍，弟卞妄引王安石《日録》詆誣神宗。未幾出爲無爲軍。

建中靖國初，入爲都司，上書責曾布并及私史事，復出海陵。崇寧元年貶廉州、楚州。其平生論蔡京、蔡卞，皆披摘其處心，發露其情慝，最所忌恨，故得禍，不使一日少安（周必大《益公題跋》卷二《題陳忠肅公尊堯集稿》，又見《宋史·陳瓘傳》）。汪應辰亦稱陳瓘生死力排權奸者，天下一人而已：「若乃辨白是非，如指諸掌；探索隱伏，如見其肺肝。反復傾盡，不遺餘力。奸臣憤疾，磨牙搖毒，必欲不俱存而後已。摧沮撼頓，流離顛沛，無所不至。而氣愈壯，言愈切，則天下一人而已，忠肅陳公是也」（《文定集》卷九《陳忠肅公文集序》，又參陳振孫《直齋書録解題》卷一七）。

蘆川與了翁「商榷古今治亂成敗，夜分乃就寐」，可見二人氣味相投。因此之故，蘆川對了翁立身行事，欽佩異常，盛稱這位儒門老尊宿「立朝行己，三十年間，堅忍對峙，略不退轉，直與古人爭衡」。「二蔡懷奸首排擊，始終大節不同朝」（本集卷四《上平江陳侍郎十絶并序》）。又贊其「平生剛烈，論奸邪于交結之初；先見著明，力排擊于變更之際。去國而分甘百謫，篤信奚疑；尊君而獨奮孤忠，始終盡瘁」（本集卷八《賀陳都丞除刑部侍郎啓》），直到晚年仍深深懷念這位剛正之士。立身行事，終生以爲楷模。七十歲時有詩云：「前賢一節眞名世，此道終身公獨行。每見遺篇須掩泣，晚生期不負先生。」（同前《上平江陳侍郎十絶》）蘆川後「終不屑與奸佞同朝」（毛晉《宋六十名家詞·蘆川詞跋》），四十一歲就毅然挂冠致仕，的確「未負先生」。由此亦知蘆川思想淵源之所自。

蘆川此次游山，非獨爲幽尋雲石，還因目睹蔡京兄弟弄權，朝政日非，王朝將墜，「心知天下將亂，陰訪命世之賢」，故特地拜謁了翁，與之「商榷古今治亂成敗」，研求「平生王霸術」（卷二《過宿趙次張郊居二首》）。又請求了翁介紹當世賢士，了翁當即向他推薦李綱，希望蘆川能與之游處結交。蘆川有文記此事云：「往在宣和庚子，拜了堂先生廬山之南，心知天下將亂，陰訪命世之賢，先生指公（李綱）曰：『諱言久矣，乃者巨浸暴溢，都邑震驚，陰盛兵象也。貴臣方負薪臨河，有柱下史（指李綱）叩頭陛下，願陳災異大略。胸中之奇，曾未一吐，已觸鱗遠竄矣，異時眞宰相也。吾老不及見矣，子盍從之游？』」（佚文，詳後譜紹興十年）其後蘆川謁訪李綱并定交，實因了翁推薦，故蘆川侄孫張廣《蘆川詞序》云：「見了翁，談世事于廬山之上。了翁曰：『猶有李伯紀在，子擇而交之。』」公敬受教，從之游」（文淵閣四庫全書本《蘆川歸來集》卷首）。

按：了翁與李綱爲忘年之交，相知甚深。李綱《跋了翁墨迹》云：「余政和乙未自尚書郎謁告迎親霅溪，時了翁自天台歸通川，與余相遇于姑蘇，一再見有忘年之契。後四年當宣和之初，余以左史論事謫沙陽，了翁方居南康。其族人陳淵幾叟往見之，余因寓書通殷勤，且以序送淵，并致意焉。既而了翁答書，辭意懇懇，至舉狄梁公及本朝李文靖、王文正二公事業以相勉，予竊怪公相期太過，非所敢當也！」（《梁溪先生文集》卷一六二）于此可見了翁對李綱的推許愛重（又參《梁溪先生文集》卷末附李倫所撰李綱《行狀》）。蘆川與李綱、陳瓘都以天下爲己任，故一見如故。

游廬山時，有詩紀游。

曾季貍《艇齋詩話》：「古今游廬山詩，予得兩首絕佳。其一《潘子眞詩話》所載王光遠云：『明朝山北山南路，各自逢人話勝游。』蓋廬山之美不可盡，惟此兩句形容得極佳。又張元幹詩云：『古木寒藤挽我住，身非靖節誰能留。多慚不及鸞溪水，長向山前山後流。』此詩興致極高遠。」

按：是詩不見于蘆川本集，詩既寫游廬山，當作于本年陪侍了翁游山時。

是年徐俯謂「張侯仲宗近作，殊有老成之風，無復少年書生氣」（本集卷一〇《題跋》）。將此詩與《艇齋詩話》「興致極高遠」評語合參，知徐俯之言幷非溢美。惜乎蘆川早年詩作散佚殆盡，難窺全貌。

是年，嘗訪游酢，酢爲之題書。

游酢題跋，稱頌蘆川刻乃祖手澤「以詔子孫」的孝舉，末署「宣和庚子，建安游酢書」（本集卷一〇《題跋》）。據《游定夫先生年譜》，游酢是年罷知濠州寓居歷陽（今安徽和縣），蘆川嘗往拜訪，故游酢爲之題跋。

按：游酢，字定夫，北宋道學家，以文行知名，所交皆天下士，《宋史》卷四二八《道學》有傳。

宣和三年辛丑，三十一歲。

是年，因方臘起義，蘆川避亂還永福。本集卷一〇《祭西禪隆老文》：「別曾幾何（指宣和元年之别，見前），亂起方臘。克勘南征，爰奮北伐。四海横潰，我還舊廬。憂患薦罹，獨師恤諸。」

按：去歲十二月方臘攻陷杭州，「警奏至京師，時方聚兵以圖北伐（指伐遼）。王黼匿不以聞，于是凶焰日熾，附者益衆，東南大震。淮南發運使陳遘上言：『臘衆強，東南兵弱。乞調京畿兵及鼎、澧槍牌手兼程以來，使不至滋漫。』帝得疏，始大驚。乃罷北伐之議，詔以童貫爲江淮荆浙宣撫使，譚稹爲兩浙制置使，率禁旅及秦、晉蕃漢兵十五萬討之」（《宋史紀事本末》卷五四，《續通鑑》）。蘆川所謂「南征」即指童貫南下平方臘，「北伐」則指北伐遼國之議。又是年正月，「方臘陷婺州，又陷衢州。二月，陷處州」（同上），東南大震。南康一帶受戰事威脅，故蘆川「還舊廬」以避戰事，時當去年底或今年春，姑繫於本年。「舊廬」指永福故居，蓋其「先祖有舊屋在村落中」。此次回鄉，蘆川或遭艱舛，幸賴西禪隆老救助，故其有「憂患薦罹，獨師恤諸」之語。

宣和四年壬寅，三十二歲。

是年，劉路、歐陽懋爲之題跋。

是年，劉路題蘆川祖父手澤，謂「使人讀之慨然增邱壟之念」（本集卷一〇《題跋》）。劉路，永靜東光（今屬河北）人。《陳與義集》卷一有《題劉路宣義風月堂》詩。胡穉注：「劉路，丞相莘老（劉摯）第四子，字斯川。」劉路生平史不載錄，唯呂本中《紫微詩話》云：「劉師川，莘老丞相幼子，力學有文，嘗贈舍弟詩云：『大阮平生余所愛，小阮相逢亦傾蓋。濟陰未識情更親，信手新詩落珠貝。楊氏作公誰料理，臧孫有後誠可喜。長亭水落風雨多，無酒飲君如別何？』」（《歷代詩話》上册）知劉路亦能詩。陳與義《題劉路宣義風月堂》詩作于政和四年之開德府，時劉路爲宣義郎，與蘆川同在其地，二人相識，故今劉路爲之題跋。

據本集卷一〇《題跋》諸賢跋文之編次，歐陽懋題跋當在是年。文已屢見前引，據跋文之「再會于京師，仲宗事業日進，又數年，復見之，則卓然成材矣」語意度之，其與蘆川這次見面，當亦在京師。如是，蘆川是年在汴京。

按：歐陽懋，字德孺，自號靜退居士，廬陵人，歐陽修之孫。紹興元年由樞密院檢詳諸房文字出守，以徽猷閣待制知婺州（《建炎以來繫年要録》卷四八）。三年，改江南東路安撫使，知建康府（同上卷六六，《南宋制撫年表》卷上），後以徽猷閣待制提舉亳州明道宮。十一年九月，卒于衢州（同上卷一四一）。此其生平事迹之可考者。懋有《靜退居士文集》，今不傳。樓鑰曾序其文集云：「嘗見中書舍人王公銶銘公之墓云：『忠厚之質，孝友之性，皆稟于自然，不勞追琢。詩篇賦頌章奏碑志之文，古律雖殊，體制不一，各極其妙，而家法燦然，當時推能世其家者，惟公也。』……中遭亂離，挈族南徙，流離困苦，憂國愛君之心，

盡發于詩文中，皆不苟作。平生著述散逸爲可惜，然此足以不朽矣。」（《攻媿集》卷五二《静退居士文集序》）

宣和五年癸卯，三十三歲。

是年五月，蘆川在京城，何㮚兄弟與之題跋。

「宣和五年五月晦，仙井何㮚文縝」在京城爲蘆川題其太父手澤，嘉其孝友之義（本集卷一〇《題跋》）。是時何㮚在京任中書舍人。《宋會要輯稿》選舉二載：「宣和六年正月二十日以翰林學士承旨兼侍講修國史宇文粹中知貢舉、尙書吏部侍郎同修國史王時雍、中書舍人沈思、何㮚、王綯、左司諫高伯震并同知貢舉。」又《宋史》卷三五三《何㮚傳》：「何㮚，字文縝，仙井人。政和五年進士第一，擢祕書省校書郎。踰年，提舉京畿學事，召爲主客員外郎、起居舍人，遷中書舍人兼侍講。」宣和六年正月何㮚既在京以中書舍人同知貢舉，其宣和五年亦必在京任中書舍人或起居舍人，故蘆川在京得與游處。何㮚後官至宰相。靖康中，出使金營，遂留不返。後不食而死，年三十九（見《宋史》本傳）。《三朝北盟會編》卷八七載：「㮚在虜營題詩云：『念念通前劫，依依返舊魂。人生會有死，遺恨滿乾坤。』……㮚北遷，終不屈于虜。」于此可見其人。是時，與蘆川游者，復有何㮚之弟何槼。

按：今本《蘆川歸來集》將「槼文度」誤標名爲姓，誤字爲名，實則其人乃何㮚文縝之弟，名槼，字文度，見李心傳《建炎以來朝野雜記》甲集卷八何㮚題跋後有「槼文度同觀」云。

《何文縝建元帥議》：「靖康中，何文縝初相，虜再犯京師，康王在河北，文縝請以帛書拜王爲大元帥，淵聖可之。文縝既北去，御筆藏于其家。紹興中文縝之弟榘持詣秦丞相，乞進于朝，秦方主和，惡聞其事，抑不奏。秦死，榘知萬州，乃申建康，乞會申王府御筆所在，秦氏取而還之。」趙甡之《中興遺史》亦云：「時帝降指揮，其迹後在何栗弟榘之子處得之，宣付史館。」又《三朝北盟會編》卷八七曰：「何㮚，字文縝，……兄棠，字文植；弟榘，字文度。」又據《建炎以來繫年要錄》卷一八〇載：紹興二十八年七月乙酉，「右奉議郎知復州何榘言：『湖北路所賣茶引，歲有常額，其間戶口繁庶去處，年額不多，是致小商私販以規利，兼有人煙戶口未及前時，而引數頗多，科及保正，甚者不問貧富，以丁口一例科敷。』詔提舉參酌人戶多寡，通融措置，毋得科敷。榘，㮚弟也。」知何榘嘗知萬州、復州。又據《宋會要輯稿》職官七一，乾道二年五月何榘知眉州，侍御史王伯庠彈劾其知渠州時盜官錢數萬緡，遂落職。此其行事大略之可考者。

是夏，與陳與義、呂本中、蘇庠兄弟游京都，以詩唱和。

本集卷九《跋蘇訒君楚語後》：「頃在東都，一日，陳去非、呂居仁諸公，同予避暑資聖閣，以『二儀清濁還高下，三伏炎蒸定有無』分韻賦詩，會者適十四人，從周詩頗佳，爲諸公印可。然則阮嗣宗喜仲容（案：阮咸字仲容，為阮籍嗣宗之兄子），又常曰『吾不如與阿戎談』，方之養直惓惓如此，不爲過也。」據此可知蘇養直之侄從周亦曾與游。此事在宣和五年，蓋是年陳與義在京都任太學博士，有《游慧林寺以三峽炎蒸定有無爲韻得定字是日欲逃暑閣下而守閣童子持不可》詩記其事（見《陳與義集》卷一一，白敦仁《陳與義年譜》）。

按：資聖閣、慧林寺俱在京城相國寺。清周城《宋東京考》卷一一：「資聖閣在府治東北相國寺內。唐天寶四載建，閣上有銅羅漢五百尊及佛牙等。凡有齋供，取旨方開。都人夏月于此納涼。所謂資聖薰風是也。」同書卷一四：「相國寺在府治東北大寧坊……元豐中曾建東西兩廂，又立八院，東曰寶嚴、寶梵、寶覺、慧林，西曰定慈、廣慈、普慈、智海。」（又見李濂《汴京遺迹志》卷一〇，《河南通志》卷五〇）

陳與義，字去非，號簡齋，洛陽人，南渡之際傑出詩人。南渡前詩名已著，爲「洛中八俊」之一（見樓鑰《攻媿集》卷七一《跋朱巖壑鶴賦及送閭丘使君詩》）。有《簡齋集》。事蹟具《宋史》本傳。白敦仁先生《陳與義年譜》考證周詳，可參。呂本中、蘇庠已見前譜。蘇從周，事未詳。

上文謂「分韻賦詩」，蘆川當亦有作，惜其不傳。

按：宣和間蘆川本已有詩卷傳世，且有詩名。胡仔《苕溪漁隱叢話》前集卷五四云：「余宣和間居泗上，于王周士處見張仲宗詩一卷，因借錄之。

後三十年于錢塘與仲宗同館穀。……仲宗請余舉其詩，渠皆不能記，殆如隔世，反從余求之。」是時蘆川詩名頗著，時人李光曰：「仲宗平時負絕俗之文。」李綱稱：「聽其言鯁亮而可喜，誦其文淸新而不群。」張栻謂：「余頃未交張仲宗，先伯氏景方趣使交焉。然此時但見仲宗詩文蔚然可愛，固已恨得交之晚」（以上俱見本集卷一○《題跋》）。

六月二日，呂本中爲之題跋。

呂本中題跋在六月二日（詳見本集卷一○《題跋》），亦證上言蘆川與陳去非、呂本中等游資聖閣在本年夏。

冬，蘆川回閩，有《望海潮》詞。

本集卷七《望海潮·癸卯冬爲建守趙季西賦碧雲樓》詞，「建」爲建寧府，其時趙季西爲知府，據知蘆川是冬回閩。按。趙季西，名里未詳。《宋詩紀事》卷四一僅謂其爲「宣和間人」，并錄其《丹青閣》詩一首：「跨壑飛簷屋數楹，上橫山色下溪聲。等閑題作丹青閣，未必丹青畫得成。」又《方輿勝覽》卷一一云：「丹青閣，在（建寧府）開元寺側，元豐初，太守石禹勤建。宣和中，趙季西命名，且賦詩云。」

復按：蘆川所賦碧雲樓，在建寧府城內，然「不知何時建」（嘉靖《建寧府志》卷二○《古迹》）。

是年，曾往揚州，拜望王本，與其子承可游處。

本集卷九《亦樂居士集序》：「得非以皇祐中□□□與先祖同年進士。迨宣和初，少師公帥廣陵，予以年家孫展拜床下，復齒長貳卿三歲（據此可知王鈇生于一〇九三），輩行既同，情義不啻手足。景服言行之詳，誠莫予若也。」按「少師公」指王承可之父王本。承可祖父與蘆川乃祖張肩孟爲同年進士，此時當同在揚州，故蘆川稱「以年家孫展拜床下」。王本宣和五年末知揚州、淮南節度管内觀察使、揚州長史事（見《北宋經撫年表》卷四），上文「少師公帥廣陵」即指此時事。據知蘆川往揚州拜望王本在是年末，時當在回閩途中。

王本子名鈇，字承可，號亦樂居士，豫章人。前文「貳卿」即指其人（貳卿，侍郎之别稱，鈇官至尚書户部侍郎，故云）。見《揮麈録·後録》卷一一：「王鈇，字承可，會之（秦檜）舅氏，王本觀復之子。會之心欲用之，薦于上，謂有史才，……其後承可、獻之，皆爲貳卿。」據蘆川前文所叙，其在揚州當與承可游處甚歡洽，蓋「情義不啻手足，景服言行之詳，誠莫予若也」，當非虚語。

宣和六年甲辰，三十四歲。

是年春，蘆川還自閩中，訪李綱于無錫梁溪。

本集卷一〇《題跋》李綱跋曰：「今年春，仲宗還自閩中，訪予梁溪（在今江蘇無錫市内）之濱。聽其言鯁亮而可喜，誦其文清新而不群，予洒然異之。」

按：李綱，字伯紀，邵武（今屬福建）人，《宋史》卷三五八有傳。事蹟詳後各年。李綱自宣和三年五月至今，皆在梁溪居父憂（楊希閔《李忠定公年譜》），故蘆川得見于此。二公一見如故，暢談國事，縱論古今，遂成莫逆。

蘆川其後在祭李綱文中回憶此事云：「後數歲，始克見公梁溪之濱，歷論古今成敗，數至夜分。語稍洽，爰定交焉。」（詳後譜紹興十年佚文）

夏四月，抵毗陵，過訪楊時并求跋。

蘆川離無錫梁溪後，于四月初到達毗陵（今江蘇常州），拜訪楊時。楊時爲之跋其太父手澤。跋文末署「宣和甲辰四月辛亥（初四），龜山楊時書」（蘆川本集卷一〇附録）。

按：張夏《宋楊文靖公龜山先生年譜》載：楊時宣和五年三月「自婺州還毗陵。十月召爲祕書郎，以疾辭」。宣和六年甲辰，「寓毗陵，十月召爲祕書郎，仍令上殿。十二月，至京師入對」。可知本年四月楊時寓居毗陵。楊時乃當時「儒門老尊宿」，而無錫梁溪去毗陵不過數十里，故蘆川特地往毗陵造訪。楊時，字中立，號龜山，南劍州將樂（今福建明溪縣）人。北宋著名道學家，陳瓘、鄒浩等名流事以師禮，朱熹、張栻之學皆源于楊時。晚年力排和議，爲時所重。事蹟具《宋史》卷四二八《道學》本傳，有《龜山集》傳世。

是月六日，汪藻爲蘆川題跋。

汪藻跋文見蘆川本集卷一〇附錄。據《宋史·汪藻傳》和孫覿撰《汪公墓誌銘》，汪藻自宣和二年得罪時相王黼而落職，「寓家晉陵凡八年，終黼之世不用」（《浮溪文粹》附録《汪公墓誌銘》）。汪藻此時居常州，故能在楊時題跋後三日與蘆川謀面并爲之題跋。

同月十九日，過丹陽訪蘇庠，蘇庠爲之題

跋。

蘇庠跋文（見蘆川本集卷一〇附録）只書時間，未言地址。

按：蘆川此次由無錫北上，經毗陵，然後入淮河，游泗州，至河南商丘（詳後譜），無疑是沿運河走水路北上（參譚其驤《中國歷史地圖集》第六册第二三至二三頁），途中必經丹陽。由毗陵至丹陽，水路亦不過數十里，不日可到，而蘇庠多居丹陽，且其題跋距楊時之跋僅半月，故推知蘆川與蘇庠會晤，當在蘇庠隱居之地丹陽。十五年前，張、蘇二人同在豫章結社唱和，此次故友重逢，當留連數日。惜詞翰不留，難見二人風致。

同月晦日，蘆川寄書梁溪，向李綱求跋，綱允諾跋之。

李綱跋文見蘆川本集卷一〇附錄。

中秋，翁挺爲之題跋。

翁挺跋文已見前引。翁挺，字士特，崇安（今屬福建）人，李綱外兄。其時翁挺在何地與蘆川相遇，不詳。二人此次相會，當由李綱介紹。翁挺行事，參筆者《宋代詩人叢考》（一）（載臺灣《宋代文學研究叢刊》第三期）。

九月一日，遇王以寧，以寧有跋。

王以寧跋稱「仲宗之文，忠厚惻怛，叙事條暢，蓋其孝友淵源，所從來遠也」（蘆川本集卷一〇附録）。王以寧，字周士，湘潭人，此時在眞州任發運司管勾文字，常住泗州（參筆者《王以寧生平事蹟考略》，載《中國文學研究》一九八八年第一期）。蘆川遇王以寧，其地當在泗州一帶。

按：從丹陽沿運河北上入淮水，至泗州，行程最多不過三四天，而蘆川四月中旬在丹陽，至九月始至泗州，其間當曾游歷他處。本集卷九《飛泉圖》曰：「頃在龍舒，夏六月，與客游潛山天休觀。飛瀑當戶，聲如轟霆，落蒼壁萬仞下，使人毛骨竦寒，幾欲挾纊。」龍舒，即舒城，宋屬淮南西路（今屬安徽）。潛山，在今安徽潛山縣西北，蘆川「夏六月」往舒城，游潛山，考其行踪，似當在本年，然無佐證，姑繫於此，俟後確考。

十月二十八日，至宋城，謁劉安世。是日，劉安世觀王以寧等題跋，并題名于後（蘆川本集卷一〇附録）。劉安世本年居宋城（見《宋史·劉安世傳》），而宋城乃是由運河上京城的必經之地。故知蘆川謁劉安世是在宋城（今河南商丘）。

按：劉安世，字器之，早年受知于司馬光，爲元祐名流，屢遭貶謫，蘇軾嘗謂之「眞鐵漢」。《宋史》卷三四五有傳。

又按：蘆川晚年有懷劉安世詩云：「嘗佩了堂一則語，睢陽舉似劉潞州。大期不復見丙午，二老信然成古丘。」并自注曰：「先生嘗要達意于器之待制劉公云。」（本集卷四《上平江陳侍郎十絶》）蘆川既受陳了翁之托，向安世問候致意，則蘆川謁見安世，而安世又爲之當面題書可知。又劉安世嘗因陳瓘病，使人勉以醫藥自輔，并曰：「天下將有賴于公，當力加保養以待時用也。」（《宋名臣言行録·後録》卷一三《陳瓘傳》）可見陳、劉彼此相期甚遠，相知甚深。蘆川與陳瓘交厚，故周旋其間。

年底，蘆川當回到京城開封。

宣和七年乙巳，三十五歲。

是年，蘆川任陳留縣丞，與陳與義從游唱和。

陳與義去歲十二月，自符寶郎謫監陳留酒稅，是年初春至陳留（詳白敦仁《陳與義年譜》卷二），孟冬作《入城》詩云：「竹與聲伊鴉，路轉登古原。孟冬郊野曠，細水鳴蘆根。霧收浮屠立，天闊鴻雁奔。平生厭喧鬧，快意三家村。思生長林內，故園歸不存。欲爲唐衢哭，聲出且復吞。」是時蘆川正在陳留作縣丞，故作詩次韻，詩見本集卷一《洛陽陳去非自符寶郎謫陳留酒官予時作丞澶淵舊僚友也有詩次韻》。二人昔爲僚友，今又同僚，少不得詩酒往來，暢叙契闊。陳與義又有《招張仲宗》詩：「北風日日吹茅屋，幽子朝朝只地爐。客里賴詩增意氣，老來唯懶是工夫。空庭喬木無時事，殘雪疏籬當畫圖。亦有張侯能共此，焚香相待莫徐驅。」（《陳與義集》卷一四）蘆川任陳留縣丞，除見于上引詩題外，其《上范漕啓》亦有「場屋舊游，忝盍簪于伯仲；江湖巨鎮，嘗投贄于丞疑」（本集卷八）。陳留，今河南開封縣，正是「江湖巨鎮」，宋屬京畿路開封府（《宋史》卷八五《地理志》）。而京畿縣丞，爲從八品（《宋史》卷一六八《職官志》）。按縣丞，宋代爲一縣副長官，與縣令同治縣政，「初不置，天聖中因蘇耆請，開封兩縣始各置縣丞一員，在簿、尉之上，仍于有出身幕職、令錄內選充」

（《宋史》卷一六七《職官志》）。

二月，與王銍游，王銍爲之題跋。

王銍自謂「與仲宗游，且十五六年，得其治性修身、求師尚友之道，有軼于群公所稱者。若夫懷念祖德，俾發聞于人，特其盛德之一爾。宣和七年二月丙午，汝陰王銍書」（蘆川本集卷一〇附録）。

據知蘆川與王銍從游甚久。

按：王銍《雪溪詩》卷三有《洪駒父泛舟過潁同張仲宗出餞席間留詩爲别且邀用韻》詩：「已作分攜計，尤傷送客歸。經行汝南郡，爲問漢陰機。晚菊饒秋色，丹楓帶恨飛。平生無别淚，相對倍沾衣。」其二：「晚岸雲低月，相隨照夢歸。行藏嘆人境，開闔在天機。身與江山遠，書尋鴻雁飛。薄情怨青女，偏解透征衣。」知蘆川嘗于某年秋與王銍同游潁川，洪芻亦與焉。王銍，字性之，汝陰人，自稱汝陰老農。善屬文。不樂仕進，讀書五行俱下，他人才三四行，銍已盡一紙。記問該洽，尤長于國朝故事（陸游《老學庵筆記》卷二）。著作甚富，有《雪溪詩》、《默記》等傳世。《宋史翼》卷二七有傳。其父王莘，字樂道，蘆川亦曾與游，見蘆川本集卷九《跋東坡墨帖》：「往在東都時，見王丈樂道出示汝陰所藏歐陽文忠公雜書盈軸……。」

八月，李光爲之題跋。

李光題贊蘆川祖父手澤云：「仲宗平昔負絶俗之文，今又具高世之行，群公贈言，亦以不朽矣。」（本集卷一〇附録）

李光，字泰發，浙江上虞人。光爲劉安

世門人，學有淵源。出守宣州，保全危城，深著幹略，後以爭和議忤秦檜，垂老投荒終不改志。家藏書萬卷，著有《莊簡集》。《宋史》卷三六三有傳。

按：是年春王銍在京城，見王明清《揮麈後錄》卷八：「江子我……結廬都城之外，惟先人時時過之，每春容畢景也。乙巳歲春，與之俱至相藍，訪卜肆。」八月，李光亦在京城任符寶郎（《宋史·李光傳》）。王，李二人既分別于是年春、秋爲蘆川題跋，蘆川是時或者亦在京城。其任職陳留或當在秋後，且他在陳留與陳去非唱和亦是在冬日。

是年，蘇迨、張棫與游抃題跋。

蘇迨題蘆川太父手澤，贊其「行義之美」；張棫則曰：「余頃未交仲宗，先伯氏景方趣使交焉。然此時但見仲宗詩文蔚然可愛，固已恨得交之晚。乃今復以懿行見信于當世賢士大夫，則余曩日之所以愛仲宗者，殆誤矣。」

按：蘇、張跋文，皆無紀年。本集卷一〇附錄將二文編次在王銍跋後、李光跋前，而王、李之跋皆作于宣和七年，故蘇、張跋文亦當作于是年。

蘇迨，眉山人，蘇軾中子，官承務郎，與弟過俱善爲文（《宋史》卷三三八《蘇軾傳》附，又見《宋元學案》卷九九）。

張棫（一寫作「錶」），字景安，祖籍譙郡，淮陰人，張耒之子。馬純《陶朱新錄》：「張錶字景安，文潛之子也。俊邁有家聲。一日赴調得蔡州榷山市易務，方欲出京，當宣和間景龍門燈火極盛。晁以道自潁昌來潛觀，遇之途，景安欲拜而止之，曰：『豈非小字僧哥者乎？』曰：『是也。』乃邀登酒樓飲酣。贈以詩曰：『璧水衣冠明玉雪，市樓風月話江湖。莫學群兒敗家法，入門無不曳長裾。』景安，建炎中爲陝府教授。」（又參邵祖壽《張文潛先生年譜》）張景方，名未詳，陳與義政和三年所作《次韻謝文驤主簿兼示劉宣叔》詩有「堂堂吾景方（自注：張儀掾字），去作泉下士」（《陳與義集》卷一）之句，知政和三年張景方已卒，其趨使乃弟張棫交蘆川，當在此之前。可知蘆川與張氏兄弟結交已久，亦見蘆川與元祐黨人及蘇門諸作家之淵源關係甚密。

欽宗靖康元年丙午，三十六歲。

春正月，李綱爲親征行營使，蘆川入爲屬官。上郤敵書。

蘆川《祭李丞相文》曰：「越明年冬，虜騎大入，公在太常決策，力贊徽宗內禪之志，已而庭爭，挽回淵聖（指欽宗）南巡之輿。明目張膽，任天下之重，一遷而爲貳卿，再遷而爲右轄，三遷而爲元樞。建親征之使名，總行營之兵柄。辟置掾曹，公不我鄙，引承人乏。」（佚文，見後譜紹興十年）

按：李綱去年十二月丁卯（二十九日）除兵部侍郎；是年正月初四，除尚書右丞；初五辛未，拜親征行營使，「置司于大晟府，辟參謀官、書寫機宜勾當公事、管勾當文字、準備差遣、統制、統領、將領、準備差使等，擇文武官處之。吏房、戶房、兵房、工房，選三省人吏處之。上（欽宗）賜銀絹錢各一百萬貫匹兩，文臣自朝請大夫以下、武臣自武功大夫以下、及將校官告宣帖三千餘道，一切許以便宜從事」。二月庚戌，又除知樞密院事（李綱《靖康傳信録》上。又見《靖康要録》卷一、卷二，《宋史·李綱傳》等）。蘆川「一遷」、「再遷」、「三遷」云云，即指此事。蘆川當于正月初五李綱除親征行營使辟置官屬時參入帥幕。蘆川力主抗戰，本年曾「上卻敵書」（張廣《蘆川詞序》），而李綱早識蘆川才華志向，二人志氣相投，故羅致入幕。蘆川爲李綱行營屬官尚有如下佐證：《苕溪漁隱叢話》後集卷三六引《詩說雋永》：「李伯紀（綱）爲行營使，時王仲時、張仲宗俱爲屬。王頎長、張短小，白事相隨。一館職同在幕下，戲曰：『啓行營，大鷄昂然來，小鷄竦而待。』」案：「大鷄」二句，語本韓愈、孟郊《鬥鷄聯句》。蘆川本集卷八《賀薛帥移閫啓》：「某……從大將軍之幕府，曩雖預乎同僚。」按：「薛帥」，指薛弼，靖康元年薛弼亦在李綱幕府。《葉適集》卷二二《薛公墓誌銘》：「女眞犯京師。李綱定議守御，衆不悦，公意與綱同。除太僕丞，參其軍。」故蘆川與之同僚（參後譜紹興十五年）。又卷七《隴頭泉》詞云：「少壯時……奏公車治安秘計，樂油幕談笑從軍。」

正月初八、初九日，金兵圍攻汴京。蘆川一入李綱帥幕，正值金兵圍攻京城，旋即投入李綱指揮的京城保衛戰，與李綱一道，冒矢雨親臨城上指揮殺敵，與敵兵日夜奮戰。前引《祭李丞相文》續云：「直圍城危急，羽檄飛馳，寐不解衣，而餐每輟哺，夙夜從事，公多我同。至于登陴拒敵，矢集如猬毛，左右指麾，不敢愛死。庶幾助成公之奇勛，初無爵祿是念也。」于斯可見蘆川赤誠的愛國之心與臨陣殺敵的豪舉。此次戰鬥，李綱有詳細記載，可與此文幷參：正月初八，「是夕，金人攻水西門，以火船數十隻順汴流相繼而下，余（李綱）臨城捍禦，募敢死士二千人，列布拐子弩，城下火船至，即以長鈎摘就岸，投石碎之。又于中流安排杈木，及運蔡京家假山石，疊門道間。就水中斬獲百餘人。自初夜防守達旦，始保無虞。」初九乙亥，「方奏事間，傳報賊攻酸棗、封丘門一帶甚急，上命余往督將士捍禦。……抵門，賊方渡壕，以雲梯攻城，余命班直乘城射之，皆應弦而倒。……余與官屬數人登城督戰，激勵將士，人皆賈勇，近者以手炮檑木擊之，遠者以神臂弓強弩射之，又遠者以床子弩座炮及之，而金賊有乘筏渡濠而溺者，有登梯而墜者，有中矢石而踣者甚衆。又募壯士數百人縋城而下，燒雲梯數十座，斬獲酋首十餘級，皆耳有金環。是日，賊攻陳橋、封丘、衛州等門，而酸棗門尤急，虜箭集于城上如猬毛，士卒亦有傷中者，皆厚賞之。……自卯至申未間，殺賊數千，賊知守城有備，不可以攻，乃退師」（李綱《靖康傳信録》上，又見《續通鑑》，《宋史紀事本末》卷五六，《靖康要録》卷一等，唯字句略有出入）。李綱所謂「官屬數人」，蘆川正在其中。蘆川是後有詩回憶此次戰鬥云：「城守麾強弩，諸班果翕然。雲梯攻正急，雨箭勇爭先。中夜飛雷炮，平明破火船。」（本集卷二《挽少師相國李公五首》）以蘆川詩文與李綱所述互參，京城保衛戰的兩次戰鬥他都親自參加無疑。由此觀之，蘆川自謂「笑談曾擊賊」（本集卷二《送趙公遠往建康》）之壯舉并非夸飾。惜乎迄今人們只知辛稼軒衝鋒陷陣之偉業，而不知蘆川亦曾與金兵浴血奮戰。

二月初九，京師解圍，蘆川喜賦《丙午春京城圍解口號》。

《續通鑑》卷九六載，二月乙巳（初九），「宗望欲退師，遣韓光裔來告辭。帝遣虛中賫李綱所留割三鎮詔書以往。初，金人攻城，蔡懋禁不得輒施矢石，將士積憤，及李綱復用，下令能殺敵者厚賞。衆無不奮躍，金人稍有懼心，既得三鎮詔書，又肅王爲質，遂不俟金幣數足，引兵北去，京師解嚴」（又見《靖康要録》卷二，《宋史·欽宗紀》、《宋史·李綱傳》，《宋史紀事本末》卷五六，《大金國志》卷四）。是日，蘆川賦《丙午春京城圍解口號》歡呼此次大捷。

按：正月初金兵渡河，直逼京城時，宰相白時中等庸懦懼敵，主張欽宗逃棄京城，出幸襄鄧，以避敵鋒。而李綱力主抗戰，固守京城（詳《宋史·李綱傳》、李綱《靖康傳信録》等）。非李綱率三軍死守，都城早已不保，故蘆川詩有「九廟安全日，三軍死守心。倘爲襄漢幸，良復見于今」之句，稱頌李綱及三軍「死守」京城的愛國之心，而諷刺時相棄城逃跑之策。又可見蘆川力主抗戰，持論與李綱相同。

夏四月，因太宰徐處仁薦，蘆川任詳議司兵房檢討官，討論舊法事宜。

《靖康要錄》卷五載：四月九日，少宰吳敏奏：「伏望明詔宰執，置司辟屬，遵上皇詔旨，取祖宗舊法，悉加討論，復其宜于今者，以幸天下，成王酌先祖之道，宣王復古，庶幾在此。」「奉聖旨，依奏，置司討論。」既而詔少宰吳敏、太宰徐處仁各薦舊官十員，仍差宰臣充詳議提舉官。徐處仁踏逐到呂本中、范宗尹為吏房，趙柟、李車為戶房，劉寧止、張元幹（原誤刻為「先幹」）為兵房，安元、方若為禮房，莫儔為刑房，劉彥遠為工房；吳敏踏逐到梅執禮、晁說之為吏房，張慤、向子諲為戶房，折彥質為兵房，孫傅為禮房，胡安國、李樸為刑房，李彌大、江端友為工房，于尚書省令聽置司，以侍從官為參議，餘官為檢討，分六房使各討論，限半年結局。」「奉聖旨，依奏。提舉官差李綱、吳敏、徐處仁。」

按：詳議司雖置司辟屬，但因言者屢論以為不當置，故至月底仍未開局討論（見同書卷六）。五月十九日，詳議司罷（同書卷七）。詳議司無所建樹，蘆川亦未嘗言及。

六月初三，李綱遭投降派耿南仲等所忌，被排擠出朝為河北河東路宣撫使，蘆川嘗為之鳴不平。李綱出帥兩河，蘆川仍留京城。

蘆川《祭李丞相文》曰：「向使盡如壯圖，督追襲之師，半渡而擊，首尾相應，可使太原解圍，奈何反擠公，則有河東之役。仆嘗抗之曰：『榆次之敗，特一將耳。未當遽遣樞臣，此盧杞薦顏魯公使李希烈也，必虧國體。』且陳以禍福利害。退而告公，公雖壯我，而爲我危之。」

按：李綱被排擠出使兩河始末，其《靖康傳信錄》及《靖康要錄》卷七、《宋史·李綱傳》、《續通鑑》卷九六等言之甚詳：六月初三，以知樞密院事李綱爲河北河東路宣撫使，援太原。京師自金兵退，上下恬然，置邊事于不問，綱獨以爲憂，上備邊禦敵八策，不見聽用。每有議，復爲耿南仲等所沮，及姚古、种師中敗潰，种師道以病丐歸，南仲等請棄三鎮，綱言不可。乃以綱爲宣撫使，劉韐副之，以代師道。綱言：「臣書生，實不知兵。在圍城中，不得已爲陛下料理兵事。今使爲大帥，恐誤國事。」因拜辭，不許。臺諫言綱不可去朝廷，帝以其爲大臣游說，斥之。或謂綱曰：「公知所以遣行之意乎？此非爲邊事，欲緣此以去公，則都人無辭耳。」陳公輔言：「李綱書生，不知軍旅，遣援太原，乃爲大臣所陷，後必敗。」（此依《續通鑑》文）蘆川所料與諸公之見不謀而合，蘆川之勇于言事，富于謀略不難想見。此後葛勝仲贊蘆川「中臺宏講裨初政」（詳後譜建炎四年），當指此事。

七月十四日，會遇任申先，申先爲之題跋。

據本集卷一〇附錄，是日任申先爲蘆川題跋。

按：是年申先在京城任職，故其能與蘆川會遇。任申先，字世初，眉州眉山人（《宋史》卷三四五《任伯雨傳》附）。「靖康初，李伯紀薦任申先世初自布衣賜對。欽宗忽問云：『卿在前朝，曾上書乞取燕雲。』世初云：『誠有之。臣是時爲見遼國衰弱，謂我若訓練甲兵，遲以歲月，乘此機會，可以盡復燕雲舊地。初非欲結小羌擣其巢穴。此書尚在，可賜睿覽。』上云：『曾見之，使如卿言，燕雲之地，何患不得。』繼以嘆息，即批出賜進士出身，自是進用」（《揮麈録·後録餘話》卷一）。于此可略見其人風概。

九月二十七日，蘆川因支持抗戰，與李綱同日遭貶。

蘆川《祭李丞相文》曰：「既不及陪屬同列，有擇地希進之誚，即投劾以自白，議者猶不舍也，是歲秋九月，卒與公同日貶，凡七人焉。」又其《上張丞相十首》之「罪放丙午末」（本集卷二）即指此次貶謫。

按：九月戊寅（十九日），李綱罷宣撫使，以觀文殿學士知揚州。言者論其專主戰議，喪師費財。丙戌，落職提舉洞霄宮（見《靖康要録》卷一，李綱《靖康傳信録》，《續通鑑》）。李綱之貶，坐累者甚衆。《宋史》卷三八二《張燾傳》載：「靖康元年，李綱爲親征行營使，辟燾入幕。綱貶，親知坐累者十七人，燾亦貶。」又《宋史》卷四三五《胡安國傳》：「李綱罷，中書舍人劉珏行詞，謂綱勇于報國，數至敗釁。吏部侍郎馮澥言珏爲綱游説，珏坐貶，安國封還詞頭。……南仲大怒，何㮚從而擠之，詔與郡。」蘆川爲李綱所親知，「白事相隨」，李綱遭貶，蘆川自然亦在貶中，時在九月丙戌（二十七日）也。

冬，蘆川流落淮上，有《感事四首丙午冬淮上作》。

李綱罷職後，即歸梁溪。十月抵家，宿湛峴，游惠山，與昆弟嘯咏（見李綱《靖康行紀序》，《梁溪先生文集》卷一三六）。而蘆川則漂流漫游。冬，流落至淮上，聞京都失守，初春全城軍民死守之功一旦毀于誤國權奸之手，憤切扼腕，作《感事四首》以抒憤。參諸史實，蘆川此詩，堪稱實錄。

按：方回《瀛奎律髓》卷三二評汪藻《己酉亂後寄常州使君姪四首》云：「靖康中在圍城中者，呂居仁、徐師川、汪彥章皆詩人也。居仁多有痛憤之詩。師川以邦昌之名名其婢，而詩無所見。彥章至此乃有亂後詩，豈當時諸人或言之太過，恐忤時相而刪之乎？後秦檜既相，賣國求和，則士大夫噤不能發一辭矣。」而蘆川詩直斥「奸臣」「貪謀己」而誤國，痛恨「朝廷」「競投戈」而議和。其言直而切，不懼「忤時相」，其人之忠憤慷慨，于斯可見也。在國破君降，山河淪陷之際，仍「不堪宗社辱，一戰靖煙塵」，直欲力挽狂瀾于既倒，其人之英雄剛毅，又可知矣。

冬末，南下至鎮江，與劉質夫、蘇粹中同游焦山寺。

本集卷九《跋江天暮雨圖》：「頗憶丙午之冬，吾三人者，蘇粹中在焉。情文投合，皆親友好兄弟。嘗絕江同宿焦山蘭若，夜濤澎湃聲入夢寐中。」劉質夫、蘇粹中皆名里未詳。此後有詩唱和。

時江端友亦被黜渡江，蘆川有《次江子我聞角韻》。

江端友，字子我，開封陳留人。是年四月，以吳敏薦，賜同進士出身，除承務郎、諸王府贊讀。七月因上書辨宣仁皇后誣謗，被黜渡江，寓居桐廬之廬茨原（《宋史翼》卷一〇《江端友傳》）。渡江後，蘆川在鎮江、蘇州一帶與之相遇，故有是詩。

按：詩有「夫差故國縈寒水」，「飄泊似聞山寺近，眞成夜半聽鐘聲」之句，其地當在蘇州，去鎮江不遠，又「鐵馬南來忽振纓」，「舟中逐客謹逃名」亦皆本年時事。二人皆遭貶黜，「舟中逐客」蓋兼指也，故繫詩于本年。

靖康二年高宗建炎元年**丁未，三十七歲。**

是年春，至無錫梁溪，與李綱諸弟同游惠山寺。

本集卷一有《陪李仲輔昆仲宿惠山寺》詩，惠山寺在無錫縣西五里惠山第一峰之白石（《一統志》卷八七《常州府・寺觀》），與梁溪相去甚近。詩謂「三子俱人豪」，指李綱胞弟李維仲輔、李經季言、李綸叔易（參下年譜）。詩又曰：「寄書白帝城，問道屈原宅。三春聞《竹枝》，萬里共悽惻。」蓋去年十月初一癸巳朔，李綱貶建昌軍（今江西南城縣）安置，十二月二十八日庚申再謫寧江軍（《靖康要録》卷一一，《建炎以來繫年要録》卷四，下簡稱《要録》），而白帝城在寧江（今四川奉節縣）；又，自建昌軍至寧江軍，須經屈原故里秭歸一帶，故詩謂「寄書白帝城，問道屈原宅」，以寄意于萬里外的李綱。據詩中「三春」語，知詩作于本年春。

按：李綱并未至寧江。其《靖康行紀序》明言其靖康元年「十二月間」抵建昌，因兵火阻隔，至此時「復聞有寧江之命，即泛舟由臨川如豫章，……次宜春，遂由萍鄉、醴陵以次長沙，游道林岳麓寺，觀唐人篇翰，時二年仲春之初也。聞江陵爲潰兵所據，未果行，而見報有復官除資政殿大學士、領開封府事之命。」（《梁溪先生文集》卷一三六，又參同卷《靖康傳信録序》）李綱復官之詔命本在去年閏十一月初三已下（《靖康要録》卷一三、《宋史·欽宗紀》等），今年仲春二月李綱始聞命。李綱遂于四月初八日自長沙與龍圖閣學士湖南安撫使郭三益，偕率本路兵入援京師（《要録》卷四，又參李綱《靖康行紀序》、《靖康傳信録序》）。本年春，蘆川在無錫，因訊問不通，故不知李綱留滯長沙，未赴寧江之事。

未幾，南下避亂，過雲間訪黃用和，有詩。

本集卷三有《過雲間黃用和新圃》詩，而卷九《跋江天暮雨圖》有「劉質夫，建炎初與余別于雲間（今上海松江縣）」云云，據知是年蘆川避亂至雲間。詩有「故園怪我歸何晚，避地輸君樂未央」之句。黃用和，名鍰，福建浦城人。政和五年進士及第，嘗從楊時學，時器重之。及爲工曹，守將高其才，數委以事，適諸邑大水，按視官希部使者意，多不以實聞。鍰獨減放蠲田租十之八，使者怒。

鍰對答詳雅，卒如初請。再調西安丞。靖康初，李綱宣撫河東，辟爲幕屬。高宗紹興六年，以范冲薦，與呂本中同召赴行在所。七年拜監察御史（《要録》卷一一七），首陳七事，深見嘉納。會廷臣奏事，高宗曰：「鍰論人君治心事甚詳，當處以諫官。」會有尼之者，除江南西路提點刑獄公事，事在紹興八年也（《要録》卷一二二）。次年正月罷職（《要録》卷一二五），卒（時當罷職不久）。有奏議雜著、《論語類觀》、《唐史篤論》共二十卷（見嘉靖《建寧府志》卷一八、一五，清陳祚康《全閩道學總纂》卷二《黄鍰傳》，《宋元學案》卷二五略同）。《閩書》謂其「在臺逾月，風節凜然，天下誦直」。《宋史》無傳，故詳及之。

旋至杭州，寓居西湖。有《丁未歲春過西湖寶藏寺》詩。

本集卷九《跋少游帖》：「建炎丁未，寓居西湖。」又卷一有《丁未歲春過西湖寶藏寺》詩，知是春蘆川已南下至杭州，居西湖，曾游寶藏寺。

按：寶藏寺，一名寶藏院。「長興元年吴越王建，有武肅王祠，及碑後有古井，俗名烏龍井」（潛説友《咸淳臨安志》卷七七），故址「在方家峪畔」（田汝成《西湖游覽志》卷六《湖山勝迹》，又見《武林舊事》卷五）。

秋八月，因兵亂亡去。

前引《跋少游帖》：「建炎丁未，寓居西湖。秋八月，兵亂亡去。」又卷九《跋山居圖》：「建炎初載，秋八月，錢塘營卒嬰城作亂。官軍四集矣，臨川王叔毅爲新城令，提鄉兵來，旗幟精明，號令甚武。一日，服短後衣，投刀入眞承祖寨，陳攻打破賊策，尤覺眉目有英氣。是時，坐上見所持湖山形勢，水墨寫成，自云戲筆也，濃澹遠邇，歷歷可觀，予始知叔毅善畫。」據知，八月初兵亂起時，蘆川尚在杭州。據《要錄》卷八等載，杭州軍校陳通自八月初一兵變，至十二月辛酉御營司統制王淵討平，歷時四月（《咸淳臨安志》、《續通鑑》同）。故蘆川離杭避亂而去。王叔毅，名里不詳。其帶兵平定杭州兵變事，亦不見載于史書。

是秋，過宿同僚趙次張，有詩紀事。

本集卷二《過宿趙次張郊居二首》有「秋來初識面」，「露飛獨木橋」之句，知作于秋天。次張亦爲李綱屬官，綱罷職，次張亦歸。蘆川與之同僚，故曰「聽鷄休起舞，且共論天驕」，二人皆遭貶謫閑居，因而詩中慨嘆「平生王霸術，袖手有微吟」。但不知次張所居何地。趙次張，名九齡，明錢士升《南宋書》卷六五載其事略云：九齡游京師，遇名龍可者，飲于市肆，龍牽九齡臂，迫共飲，并留之。一日同出城比射，龍十發十中。俄謂九齡曰：「後三年此處皆北人，城必破。」（參洪邁《夷堅志》）後果如其言。九齡嘗爲李綱所辟，綱罷，九齡亦歸。又嘗識岳飛于行伍，趙鼎欲用之，有譖者沮而止。趙彥衛《雲麓漫鈔》卷七載其軼事云：「紹興甲寅乙卯間，劉麟導虜南侵，其時車駕駐平江。有趙九齡者，策士也，請決淮西水以灌虜營，朝廷不能用，已而韓世忠得虜酋約戰書曰：『聞江南欲決淮西水以浸吾軍。』書到之明日，虜實退師。當時但以爲卻敵之功，殊不知九齡之力爲多。」錄以備參。

建炎二年戊申，三十八歲，

是年，蘆川避亂吴越。仲冬，在梁溪與李綱諸弟從游。

本集卷一〇《題跋》李綱跋後有云：「後四年，歲在戊申仲冬既望，李維仲輔、李經叔易同觀于梁溪拙軒。時季言（李綸）如義興未還。」

按：所謂「同觀」，指蘆川出示李綱跋文後，李維兄弟觀之并題名于後，是知蘆川同在。梁溪，在江蘇無錫城西。蓋李綱「先世無錫人，父夔葬焉」（嘉靖《邵武府志》卷一一《李忠定公世家》），故有家于是。李維、李經、李綸皆綱弟，蘆川與他們都有詩唱和。

又與江子我從游。

與李氏兄弟游處之次日，又遇江子我。子我爲之題跋，稱「仲宗之用心見于行事者，每有過人，非獨此事也」（本集卷一〇《題跋》）。江子我是年七月壬寅罷尚書兵部員外郎、福建兩浙撫諭使（《要録》卷一六），避地閑居無錫（參程俱《北山小集》卷一〇《和江子我端友（戊申）》和《别後有懷子我追用巾字韻作寄》）。故蘆川得與游。

是年，遇趙子嶙，有詩相送。

趙子嶙，字公遠，宋太祖六世孫，少年登進士第，吏能精敏，所至有聲。「建炎三年，知湖州。時金人南侵，所過輒下，或空城邑去之。子嶙初至，慨然言曰：『朝廷所以立方面，置牧守，豈適爲平時計哉，亦惟一旦緩急，免斯民于阽危爾。』指城池言曰：『吾知死所矣。』」已而敵勢日張，鄰郡之民，或走險阻以自固，邦人請于子嶙。子嶙曰：『非計也，湖水鄉爾，我能往，寇亦能往。將安避？』乃躬率將士戮力乘城，艱難辛苦同之。天寒日晏，士卒未食不敢食；中夜以興，疾風暴雨不避，人皆感勵，願以死守。敵勢益迫，號令益精明。衆恃以無恐。顧闔門二百，指言曰：『守土吾職也，不敢顧其家。敵來吾以身先之，爾曹同一死爾。』從容暇豫，無異平時。或謂敵且浮舟而來，乃募多人，水行以鑿敵艦。誅巨木，沈廢舟，以絕間道。短衣微服，出入民間。民之利害，纖悉得聞。民有負薪及門，門卒難之，因留不與。子嶙聞，呼門卒痛懲之。且謂曰：『一束薪細事爾，平時強取于人猶不可，今何時耶？』豪強斂手，一毫無犯。倉卒遭變，乃應之從容。智略輻輳，雖平時出入兵間者，自以爲不及也。事甫定，宣撫使謬用武臣楊應臣來代，父老遮道閉關，不能留。御史以民言告于上。四年五月，黜應臣，還子嶙于郡。而堂會轉運使督緡錢十萬餉劉光世軍，而堂帖隨下。謂州故貸椿管錢二萬緡、米七千斛，期以十日償。子嶙言民力不支，請先軍需，後償欠，遂劾子嶙侮慢，貶秩而罷（《宋史翼》卷二〇，仲并《浮山集》卷四《趙公遠祠記》，又參周必大《省齋文稿》卷一七《跋趙湖州祠堂記》）。蘆川《送趙公遠往建康》詩曰：「王孫朝謁去，功業嘆流年」（本集卷二）。趙公遠于次年建守城之功。而詩謂「功業嘆流年」，當作于建炎三年前。姑繫於本年。詩中又有抒憤之語：「笑談曾擊賊，謀略盍臨邊。」

建炎三年己酉，三十九歲。

是年，蘆川已任將作監。四月前，落職。

曾噩《蘆川歸來集序》：「公諱元幹，字仲宗，任將作少監」（本集卷一〇附），蔡戡《蘆川居士詞序》亦稱「少監張公，早歲問道于了齋先生」（《定齋集》卷一三，又見本集卷一〇附），知蘆川嘗任將作少監。

今按：《宋史》卷一六五《職官志》謂將作監之職掌云：「將作監，舊制，判監事一人，以朝官以上充。凡土木工匠之政、京都繕修隸三司修造案；本監但掌祠祀供省牲牌、鎮石、炷香、盥手、焚版幣之事。元豐官志行，始正職掌，置監、少監各一人，丞、主簿各二人，監掌宮室、城都、橋梁、舟車營繕之事。少監爲之貳，丞參領之，凡土木工匠板築造作之政令總焉。」（又參馬端臨《文獻通考》卷五七）李綱《梁溪先生文集》卷三八將作監誥詞亦曰：「王者體國，凡宮室、門闈、高下廣狹之制，皆有法式，掌于有司。大匠（即將作監）之職，實總營造，厥任甚重，必惟其人。」將作監有大監、少監之分。大監（即「將作監」）官秩爲從四品，少監爲從六品（《宋史》卷一六八《職官志》）。曾、蔡二序謂蘆川爲「少監」，然蘆川孫刻其《幽巖尊祖事實》稱「大監蘆川老隱」，張廣《蘆川詞序》亦謂其「官將作大匠」，莊仲方《南宋文範·作者考上》亦稱「張元幹，……歷官至將作大監。」又蘆川之子嘗稱蘆川爲「吾家判監」（本集卷一〇附張欽臣跋），其友李彌遜、劉一止皆嘗稱「仲宗判監」（李彌遜《筠溪集》卷一七《和仲宗判監》，劉一止《苕溪集》卷五《張仲宗判監別近三十年經由余不訪予有詩次其韻》）。「判監」亦指將作（大）監，蓋因元豐以前舊官制稱將作監爲判監故也。同是宋人，一稱少監，一稱其大監，蘆川或由少監而轉大監。然蘆川何時任將作監，史亦不載。

今按：將作監于建炎三年四月庚申撤銷，并歸工部，至紹興三年十一月始復置。《宋史》卷一六五《職官志》：「建炎三年，詔將作監并歸工部。紹興三年，復置丞，仍兼總少府之事。」《續通鑑》：建炎三年四月庚申，「權罷祕書省。……少府、將作、軍器監歸工部（原注：紹興三年十一月庚戌復將作、軍器二監，惟少府監不復），皆以軍興并省也」。則將作監取消期間蘆川不得任此職，而紹興元年蘆川挂冠致仕，從此未出山，是其任此職必在建炎三年四月罷將作監之前。而是年蘆川對時事了如指掌，觀其《和韻奉酬王原父集福山之什》與《返正》（詳下）等詩迅速反映苗、劉之變，似是身歷目擊者，又明年所作《賀張參政啓》自謂「嘗陪法從」。蘆川是年或當隨行在任職，故姑定蘆川任將作監在本年四月之前。蘆川最遲在四月庚申（十三日）將作監歸工部時已罷職。本年五月所作《奉送李叔易博士被召赴行在所》有「整頓乾坤賴公等，我病只合山林居」，「平生故人半廊廟，老僧何患無門徒」云云，自是落職閑居時之憤激語。而本年三月所作之《和韻奉酬王原父集福山之什》謂：「胸中有成奏，無路不容吐。天高雲霧深，灑泣逃罪罟。」據此，三月間蘆川作此詩時當已罷職，故有報國無門、奇謀無用之嘆。而所謂「逃罪罟」者，或因遭讒受謗得罪而罷職歟？惜乎原委不詳，俟考。

又蘆川任將作少監時，曾充撫諭使。《宗譜·張氏題名志》：「元幹，朝議大夫將作少監，充撫諭使。宋□宗賜金牌書云：『雖無鑾駕，如朕親行』。」《宗譜·葉洋小姑張氏族譜序》亦謂：「張動生元幹，號蘆川，官至朝奉郎、將作少監，贈正議大夫，充撫諭使。御賜金牌云：『雖無鑾駕，如朕親作』。」

按：將作監掌領宮室、舟車營繕之事，所謂御賜「雖無鑾駕，如朕親行」云云，當是任將作少監時宋高宗所賜。撫諭使，高宗建炎元年始置。《宋史》卷一六七《職官志》云：「撫諭使，掌慰安存問，采民之利病，條奏而罷行之，亦不常置。建炎元年，帝謂輔臣曰：『京城士庶，自金人退師，人情未安，可差官撫諭。』于是以路允迪、耿延禧爲京城撫諭使，此置使初意也。是年八月，又令學士院降詔，且命江端友等奉詔撫諭諸路。其後，李正民以中書舍人爲江浙、湖南撫諭使，且令按察官吏，伸民抑冤。傅崧卿以吏部侍郎爲淮東撫諭使，采訪民間利病，及措置營田等事。或不以使名，則稱撫諭官，所至以某州撫諭司爲名，具宣恩言，俾民知德意，初無二致。」然未知蘆川爲何路撫諭使。

春末，王原父來訪，有詩次韻。

本集卷一《和韻奉酬王原父集福山之什》有「王甥兄弟宴，相過茶酒間」句。王原父或當爲蘆川外甥，然其名里不詳。據詩中所言時事，知詩作于是年三月間。詩曰：「天王巡江瀆，對壘眺淮楚。」事在本年二、三月間。蓋是年二月庚戌朔，江淮制置使劉光世阻淮拒金人，敵未至而自潰。壬子，高宗即匆匆逃往鎮江府。甲寅，至常州。丙辰，次平江府。戊午，次吳江縣。己未，次秀州。壬戌，駐蹕杭州（《宋史·高宗紀》、《要録》卷二〇、《續通鑑》）。三月和州防禦使馬擴上言：「翠華淹處淮甸，泥于請和，勢力日益窮蹙」（《續通鑑》卷一〇四）。「天王巡江瀆」云云，指此。詩又曰：「未聞誅叛亡，快憤斷腰膂。」「叛亡」，指是年三月初五日苗傅、劉正彦在杭州政變廢高宗、立皇子爲皇帝，改元明受事。四月一日張浚等平定叛亂，高宗復辟（詳下）。而詩曰「未聞誅叛亡」，則詩寫作于四月一日高宗復辟之前、三月初五苗、劉兵變之後。詩中「被酒踏寒雨」，亦是春日之事。

四月初，苗、劉之變平定，作《返正》詩抒懷。

「返正」，指高宗是年三月被苗、劉逼迫退位後，四月初一復帝位之事。《宋史·高宗紀》載苗、劉之變原委云：「三月辛巳，御營統制王淵同簽書樞密院事。壬午，扈從統制苗傅忿王淵驟得官，劉正彦怨招劇盜而賞薄。帝在揚州，閹官用事專橫，諸將多疾之。癸未（初五），傅、正彥等叛，勒兵向闕，殺王淵及內侍康履以下百餘人。……迫帝遜位于魏國公，請隆祐太后垂簾聽政。己巳（十日），改元明受。」（又見《要録》卷二一、《續通鑑》、《宋史紀事本末》卷六五《苗劉之變》、汪應辰《文定集》卷一一《書朱丞相〈渡江遺變録〉》）時禮部尚書張浚在秀州，謀舉勤王之師，浚以呂頤浩有威望，能斷大事，乃答書約共起兵，且告劉光世于鎮江，令以兵來會，頤浩得書，因上書請高宗復辟。甲午，呂頤浩率勤王兵萬人發江寧。乙未，劉光世部兵會呂頤浩于丹陽。丙申，韓世忠領兵發平江，至秀州。癸卯，呂頤浩、張浚傳檄中外，聲苗傅、劉正彥之罪，以韓世忠爲前軍，張俊翼之，劉光世爲游擊，頤浩、張浚總中軍，光世分兵殿後，討之（《宋史紀事本末》卷六五，《要録》卷二一、羅大經《鶴林玉露》乙編卷二《張魏公討苗劉》）。蘆川詩中「諸將爭傳檄」即指此事。又，四月戊申朔，高宗復帝位。庚戌，復紀年建炎。呂頤浩、張浚軍次秀州，頤浩諭諸將曰：「今雖反正，而賊猶握兵居內，事若不濟，必反以惡名加我。」進次臨平。逆黨苗翊、馬柔吉負山阻水爲陣，中流植鹿角以梗行舟，不得前（同上，又見《宋史·高宗本紀》、《揮麈録》後録卷九），故蘆川詩有「諸將爭傳檄，群凶尚阻兵」云云。是月雖返正，但苗傅、劉正彥尚未捕獲，故詩又曰「鯨鯢終必戮」。五月韓世忠擒苗、劉。七月，苗、劉伏誅，蘆川可謂有識。

五月，李經被召赴行在，蘆川以詩送行。

李經，字叔易，李綱弟，其被召赴行在所之時間，未見載錄。據蘆川本集卷一《奉送李叔易博士被召赴行在所》詩，知在本年五月間。詩有云：「眼看僭爲忽亡滅，逆黨未足勞誅鋤。萬方助順事可卜，火運要是穹蒼扶。」「僭爲忽亡滅」，指是年三月初五苗、劉之變，四月初一高宗即復辟，五月苗、劉被擒事。「逆黨」謂苗傅、劉正彦也。「萬方助順」，指張浚、呂頤浩、韓世忠、劉光世、張俊等路大軍共舉兵勤王討平苗、劉叛逆事（詳上《返正》詩考）。「火運」，蓋指宋朝「用火紀德」（見《續通鑑》紹興二年十二月甲午引趙霈言）。又苗、劉之變時改元「明受」，返正後復「建炎」年號，宋朝王運未墜，故有「火運要是穹蒼扶」云云。

按：《續通鑑》載本年三月，苗傅等嘗欲以忠州防禦史王彦爲御營統制，彦曰：「鴟梟逆子，行即誅鋤，乃欲污我。」此語可與蘆川「逆黨未足勞誅鋤」詩句相參。詩又曰：「于今荆淮付諸將，控帶川陝襟江湖。」據《要錄》卷二三載，是年五月戊寅朔，詔張浚爲川陝宣撫處置使，以川、陝、京西、湖南、湖北路爲所部。初，上問浚以方今大計，浚請身任陝蜀之事，置司秦川，而別委大臣與韓世忠鎮淮東，令呂頤浩扈駕來武昌，張浚、劉光世從行，庶與秦川首尾相應（周密《齊東野語》卷二《張魏公三戰本末略》，《宋史》卷三六一《張浚傳》、《宋史紀事本末》卷六八《張浚經略關陜》同）。張浚、韓世忠等大將經略荆淮、川陜在是年五月，而蘆川詩曰「于今」。據知詩作于五月間。詩又謂「與君痛飲遽成別」，未詳在何地餞行。是年春蘆川嘗與李經昆仲同宿惠山寺，此時送別，仍在此地耶？俟考。觀詩中「整頓乾坤賴公等」，「本朝再造舊基業，速拯涂炭疲氓蘇」諸語，知蘆川雖罷職但仍未忘懷現實、忘懷民衆也。按：李經，《宋史》無傳。據李綱《聞七弟叔易登科》詩知其宣和二年進士及第。綱詩曰：「憶昔塵忝初，非才厠群英。爾今又登科，相去才九齡。」（《梁溪先生文集》卷九）李綱政和二年進士，九年後即宣和二年。紹興八年七月由左從事郎、漳州州學教授改祕書省校書郎（《要録》卷一二一）。紹興十年正月初，卒。蓋《要録》卷一三四載是年「（李）綱之弟校書郎經早卒，綱悼恨不已，會上元節，綱臨其喪，暴得疾，即日薨」，而據知。此其事之可考者。

秋，避難至吴興。

是秋，蘆川避亂吴興，目睹國勢日削，南宋王朝僅存江南一隅，義憤填膺，遂賦《石州慢·己酉秋吴興舟中作》以抒憤。

按：吴興，指湖州。文學研究所編《唐宋詞選》注此詞謂「吴興，縣名」，不確。宋不置吴興縣，而有吴興郡，亦稱湖州（治所在今浙江湖州市），《宋史》卷八八《地理志》：「湖州，上，吴興郡，景祐元年，升昭慶軍節度。寶慶元年，改安吉州。

……縣六：烏程、歸安、安吉、長興、德清、武康。」（《元豐九域志》卷五同）《要錄》卷二二載建炎三年四月戊午，「時浙西七州，盜殘者五，惟蘇（州）、湖（州）獨存。」故蘆川避亂至此。

是年春以來，自真州（今江蘇儀征等縣）、楚州（今江蘇淮安諸縣）、通州（今南通市一帶）、泰州（今江蘇泰州、泰興等縣）以南諸郡，皆碎于潰兵；建炎初河南止破三郡，自黃潛善、汪伯彥專權以來，直至淮上，所存無幾（《要錄》卷二〇建炎三年二月己巳所載張澂劾黃潛善等二十大罪之三、之五）。又是年正月，盜張用、王善復叛，寇淮寧。用、善駐京西，連亘數州，自京西至光、壽，據千里之地，兵馬接迹不斷，擄掠糧食，所至一空。三月，苗傅、劉正彥兵變，盜邵青掠泗州。四月，盜薛慶據高郵，有衆數萬。秋七月，山東盜郭仲威掠淮陽軍（《宋史紀事本末》卷六六、《續通鑑》）。而蘆川詞曰：「群盜縱横，逆胡猖獗。欲挽天河，一洗中原膏血。兩宮何處？塞垣只隔長江。」可謂實錄。由詞中「唾壺空擊悲歌缺」云云，可見蘆川當時「憤切吞妖孽」之情。

又與徐師川泛舟太湖，有詞。

本集卷五《水調歌頭·同徐師川泛太湖舟中作》有云：「百二山河空壯，底事中原塵漲，喪亂幾時休！」此是建炎間戰亂頻仍時語，詞當是建炎年間作。而建炎元年秋八月前蘆川在杭州西湖寓居，建炎四年徐師川已至昭州（今廣西平樂）（參何薳《春渚紀聞》卷二《天繪亭記》）。故蘆川與之泛舟太湖只可能在建炎二、三年間。詞又曰「莫道三伏熱，便是五湖秋」，知詞作于三伏初秋時（蓋三伏在秋也），而是年秋蘆川在吳興。吳興即在太湖之濱，由吳興而至太湖泛舟是極方便之事。故繫此詞于本年。本詞謂「三伏熱」，而《石州慢》曰「微弄涼月」，本詞當作于《石州慢》之前，爲行文方便，故繫於此。

其間，嘗謁吳興顔魯公祠，有《拜顔魯公像》詩。

詩曰：「吳興祠堂祀百世，凜凜英姿有生意。」據《一統志》卷二八九《湖州府·祠廟》載：「顔魯公（真卿）祠，在歸安縣（今屬浙江湖州市）治西北府學左。」蘆川是年往返于吳興，詩當作于本年間。又詩曰：「唐家綱紀日淩遲，僭竊相連益昌熾。我公人物第一流，皇天后土明忠義。」「安知我公本不死，汝曹有知當骨寒。」「天遣神物常相護，要使亂臣賊子懼。」詩盛贊唐顔眞卿「忠義」之心，痛斥「僭竊」的「亂臣賊子」，當是有感于是年苗、劉叛逆。

臘月，追隨高宗行在至海邊，又遭讒得罪，幸汪公力救得脫，有感事詩。

是年十二月高宗沿海逃跑，先後至明州（今浙江寧波市）、定海縣（今屬浙江）等地。而蘆川作于本年底之《建炎感事》曰：「作意海邊來，初非事干謁。責我賣屋金，流言尙爲孽。汪公德甚大，游説情激烈。力救歸裝貧，一洗肝肺熱。」（本集卷一）據知其追隨行在至海邊，因遭讒得罪，幸賴汪公力救得免。

按：汪公，當爲汪藻，蓋蘆川交游中，

汪姓者唯汪藻一人。且是時汪藻任給事中兼權直學士院（何異《中興學士院題名》），一直跟隨高宗行在。本年十二月十六日高宗入海逃跑，汪藻仍陸行以從（參《要録》卷二九，趙鼎《建炎筆録》卷上）。蘆川因決計歸隱，不再隨行在逃命，遂與汪藻話别。詩中「他時期卜鄰，此日尤惜别」者，即謂此也。又汪藻年長十一歲，二人相交甚久（參前譜大觀四年），故蘆川臨别時殷勤致意：「請以兄事公，尺書未宜輟。」

又按：蘆川此次遭讒受謗事，詳情不可考。以詩意觀之，此事對蘆川打擊甚重，蓋其特意來海邊，投奔朝廷，并非爲爵禄官階，實爲一吐胸中成奏，獻平生王霸術，以「上復九廟仇，下寬四民苦」（《和韻奉酬王原父集福山之什》），不意群小流言誣謗，致使報國無門，請纓無路。這無疑堅定了蘆川退隱之心，然其内心又是何其痛苦怨憤！此後，蘆川屢言「我輩避讒過避賊，此行能飽即須歸」（《次韻奉送李季言四首》），「行矣收功名，遠過麒麟角」（《過白彪訪沈次律有感十六韻》），可見一斑。

詩又曰：「于今勢何殊，天王狩明越。諸鎮本藩翰，楚破闉城血。翠輿復東巡，蹈海計愈切。」

按：是年十月壬辰，高宗至越州。十一月己巳，以金兵逼近，又離越州。十二月丙子（初二），逃至明州（《宋史·高宗紀》，《要録》卷二九、三十，《續通鑑》同），「天王狩明越」即指此時事。而高宗仍向東逃跑，「蹈海計愈切」，時當十二月上旬。《要錄》卷二九載，是年十一月己巳，高宗次錢清堰，得杜充敗書，謂宰相呂頤浩曰：「事迫矣，若何？」頤浩曰：「金人以騎兵取勝，今鑾輿一行，皇族、百司、官吏、兵馬、家小甚衆，若陸行山險之路，糧運不給，必致生變。兼金人既渡浙江，必分遣輕騎追襲。今若車駕乘海舟以避敵，既登海舟之後，敵騎必不能襲我；江、浙地熱，敵亦不能久留，俟其退去，復還二浙。」高宗沉吟久之曰：「此事可行，卿等熟議。」庚午，呂頤浩聚議航海，遂決策移四明（即明州）。十二月壬午（初八），定議航海避敵（同上卷三〇，《宋史·高宗紀》、《續通鑑》同）。十五日，高宗入海，詩僅謂「蹈海」之「計愈切」，而未言入海，詩當作于定策航海後而入海之前。是知詩作于本年底也。

詩又有「瞻彼庳陛尊，孰與壯班列」云云，蓋指是月庚午，「定策航海，宰相呂頤浩奏令從官已下各從便而去，帝曰：『士大夫當知義理，豈可不扈從！若如此，則朕所至，乃同寇盜耳。』于是，郎官以下，或留越，或徑歸者多矣」（《要録》卷二九）。十二月庚寅（十六日），「從官以次行，吏部侍郎鄭望之以疾辭不至，給事中兼權直學士院汪藻以不便海舶，請陸行以從，許之。于是，扈從泛海者，宰執外唯御史中丞趙鼎、右諫議大夫富直柔、權戶部侍郎葉份……六人。而昕夕密衛于舟中者，御營都統制辛企宗兄弟而已.（同前卷三〇，《續通鑑》）。據詩中「瞻彼」語及所反映的朝廷決策，亦知蘆川在行在，蓋非身在朝廷，身歷目睹者不可能及時道出朝廷政事也。

按：蘆川是詩對高宗入海逃跑之計深表不滿，此意與當時識者之見頗合，《要錄》卷二九引張匯《進論》曰：「烏珠之犯江南也，朝廷豈不知敵所利者，騎也；我所利者，舟師馬步兵也。江浙之地，騎得以爲利乎？此皆騎之危地也，舟師步兵之利地也。烏珠有知，豈肯致身于此邪？若御駕親征，諸路進討，烏珠之敗必矣。而復望風之際，車駕泛海，爲敵乘之，得志而去，此失于退二也。」錄以備考。詩中又直斥「肉食知謀身，未省肯死節」，「議和其禍胎，割地亦覆轍」，在舉朝議和逃跑避敵之際，敢如此直言怒斥，則蘆川何如人，不難想見矣。

年底，舉家避亂重返吳興，過白彪，訪沈次律，有詩。

本集卷一《過白彪訪沈次律有感十六韻》：「浮家來水村，避亂畏矰繳。」知其舉家避亂至此。白彪，未詳何地。是年沈次律閑居家鄉吳興德清縣（詳下）。蘆川過訪之地，當在吳興。據詩中所言時事，可考定詩作于年底。詩曰：「翠華棲海隅，此戲尤太虐。」是年十二月初二，高宗逃至明州，十五日（己丑）乘船入海，十七日（辛卯）至定海縣，「棲海隅」指此時事。詩又有「乃者浙西帥，望風先即卻。坐令臨安城，開關猶白著。」

按：浙西帥指康允之。十二月十一日，

金宗弼攻臨安府，守臣浙西同安撫使康允之，未知爲金人，遣將迎敵于湖州，得二級。允之視之曰：「金人也！」遂棄城遁。十五日，臨安府陷（《要録》卷三〇，《續通鑑》、《宋史·高宗紀》）。據此，詩當作于十二月底，最遲亦在明年初。

沈次律，名琯，湖州德清人。宣和間任兩浙漕運，後奉使燕雲。會金人南侵，郭葯師叛降，琯爲藥師所執，臨以刃而不動。敵遣同李鄴赴闕議和，琯逃歸，指陳虛實，乞召兩河兵會河北邀擊之。不聽，著《南歸錄》以抒忠憤。建炎初，李綱薦除浙西帥，不赴。閑居終老。紹興初，鄉校衣冠雲集，琯升堂講《春秋》，聽者忘倦（《南宋書》卷六五）。沈與求有詩稱其「往年城下盟，殺氣橫九有。脱身賊中來，親戚驚老醜。抗言半渡擊，失計推禍首。誰能返秦璧，爭欲仇魯酒」（《龜溪集》卷一《和張仲宗送柯田山人歸隱》之五）。沈琯力主抗戰，當時以知兵名世，故蘆川詩稱其爲「英雄人」，「忠義等籌略，始終誓復仇，志願久已確。」蘆川與之「氣投」意合，以英雄許人，正是英雄自許。詩中針砭「一爲虛聲搖，顛沛幾失腳」的國勢，也諷刺當今皇上未能「速悔禍」，重用賢能之士，早日戡難，使「四海安耕鑿」。

按：蘆川過白彪訪沈次律時，遇沈與求，與求有詩和蘆川。其詩曰：「諸侯救周衰，能事存筆削。後學競專門，膚引迷注腳。寧知懼賊亂，誅意未爲虐。上皇志包荒，大度示恢廓。誤墮敵計中，九廟施箭鑿。將臣擁強兵，首鼠事前卻。專雄懷顧望，散黨失規着。坐令兩宮車，北轅狩沙漠。天王紹絶統，憤此國勢弱。嘗膽復大仇，此意良不薄。向來督眞奸，國典猶闊略。群公爭護前，循習久彌確。黄屋泛滄溟，黔首寄矰繳。世無管夷吾，老眼雙淚閣。何當誅賞行，浩嘆成溫噱。大明還中天，冰雪自銷鑠。」（《龜溪集》卷一《次韻張仲宗感事》）詩韻與蘆川詩同，故知爲和《過白彪訪沈次律有感十六韻》而作。沈詩之態度與蘆川詩頗爲不同，沈對皇上是多方開脱，徽宗（「上皇」）「志包荒」而「大度」，又謂高宗（「天王」）卧薪嘗膽，誓復大仇，諸如此類的奉承、歌功頌德語與蘆川詩之憤恨諷刺形成鮮明對照。蓋是時與求在朝任殿中侍御史，其作如是語，亦有以也。沈與求，字必先，湖州德清人，累官至知樞密院事、參知政事。《宋史》卷三七二有傳，有《龜溪集》傳世。

是冬，沈次律築新居成，蘆川有詩懷之。

本集卷二《冬夜有懷柯田山人四首》：「坐閲干戈擾，輸公已定居。」「羽檄來東越，風煙隔下塘。」是本年時事。又明年春，葛立方有詩和本詩韻（詳下），亦證詩作于本年冬。

按：柯田山人，沈次律别號，劉一止《苕溪集》卷五《次韻鄭維心賦次律見一亭》題注曰：「次律自號柯田山人。」以其築居柯田山故名。詩曰：「聞説新居好，山樊卜築深。」「新居」即指柯田山新居，其地在次律故鄉德清縣，蓋沈與求《寄次律兄學士柯田山新居》詩云：「柯田一曲抱清灣，兩角孤雲擁髻鬟。猿鶴驚心招舊隱，桑麻掠眼接通闤。似聞小築終年就，應是幽扉盡日關。爲報漆丁護鴉嘴，夜寒歸夢繞家山。」（《龜溪集》卷二）與求乃次律之弟，其寄詩題柯田山新居謂「歸夢繞家山」，柯田山居當在其家山，即德清縣故里。而蘆川詩又曰「直須期雪物，夜棹去相尋」，是時蘆川寓居之地當去德清不遠也。此又爲蘆川年底返回吴興之一證。

又按：是冬蘆川原有《送柯田山人歸隱》詩五首，然佚而不傳。蓋沈與求有《和張仲宗送柯田山人歸隱》詩也，兹將沈詩附錄于次。其一：「我家洄潭上，卜鄰左顧龜。中有隱君子，孤風邈難追。玩世逐虎鬼，祈年訊蛇醫。籬根縣匏壺，野蔓紛翠帷。客至勿遽迎，借問來者誰？」其二：「窮巷車馬絶，杖履得往來。老農起招呼，情話眞樂哉！意行忘早晏，佳處首重回。月出一犬吠，柴門風爲開。收還四方事，老子良足哀。」其三：「誰爲雙眼青，自失兩鬢黑。溪山招客子，占勝清涼國。古人如可作，晚歲意未及。是中但可飲，愼勿忘酒德。酒酣忿天驕，驚問兵誰勒。」其四：「往年城下盟，殺氣横九有。脱身賊中來，親戚驚老醜。抗言半渡擊，失計推禍首。誰能返秦璧，爭欲仇魯酒。着鞭空浪忙，好語得鷄口。」其五：「有弟在一方，丹臆危涕横。念言還鄉夢，遥夜懷紫荆。忽興攬衣坐，孤燈耿青熒。雁奴信何功？捫心愧鴻冥。棄置復棄置，終尋白鷗盟。」（《龜溪集》卷一）沈又有《鄭維心用張仲宗韻見贈復次其韻奉酬》五首，其四有「朔風吹飛霜，素色侵皓首」（同卷）句，知詩作于是年冬。據詩題又知同時唱和者尚有鄭維心。鄭維心，名里未詳，其與劉一止等皆有詩唱和，是亦能詩者。

建炎四年庚戌，四十歲。

是年春，蘆川寓居湖州千金村，與葛勝仲父子從游唱和，生活貧困，嘗絕糧，幷形于歌咏。

葛立方《歸愚集》卷一《大人游千金訪張仲宗以守舍不得侍行用仲宗韻二首》：「古寺依煙艇，一篙春水深。石壇幡轉影，玉殿磬流音。客有張公子，僧皆支道林。行行雲水窟，幽夢渺難尋。」其二：「聞道千金好，幽人已奠居。森森松繞寺，瀌瀌水循渠。旅泊未妨酒，長饑猶著書。謫仙詩酒地，今尚指匡廬。」立方此詩用蘆川去年冬所作《冬夜有懷柯田山人四首》之一、之二原韻，詩又有「春水」云云，則立方詩作于本年春固可知矣。詩題中「大人」者，指葛勝仲，蓋勝仲是時寓湖州菁山（參筆者《葛勝仲葛立方年譜》，文津出版社一九九四年版《兩宋詞人年譜》），故得與游。

按：千金村，在湖州。談鑰《嘉泰吳興志》卷三《鄉里》載歸安縣含山鄉有千金里。千金里，當即千金村也。據「奠居」語，知蘆川寓居此村。

按：蘆川避亂漂泊異鄉，生活貧困，衣食不繼。去歲《冬夜有懷柯田山人四首》即曰：「客里了無況，亂來何止貧。淹留頻換歲，老大更思親。泥飲思田父，供糧乏故人。自憐歸未得，不是白頭新。」是年，又嘗絕糧，幷賦《絕糧五絕》，葛勝仲有《次韻張仲宗元幹絕糧五絕》，詩云：「高賢往往突不墨，造化從來一小兒。執戟逐貧曾有賦，柴桑乞食豈無詩？」其二：「三頃無田空好歲，四郊多壘已仍年。遙知壁立書生舍，只有溪藤與麝煙。」其三：「飄蓬聞說旅途窮，我亦枯魚困轍中。裹飯獨期來見客，一杯當卜與君同。」其四：「冠玉何因常甕牖，身名未泰少安之。雀羅忽枉黃金彈，驚怖還應震失匙。」其五：「中臺宏講裨初政，學省雄文畏後生。不悟宦游成左計，只今無米糝藜羹。」（《丹陽集》卷二二）由「無米糝藜羹」及立方所云「長饑猶著書」，可見蘆川「旅途窮」困之窘況。蘆川《絕糧》原唱不見于本集，當佚。

葛勝仲，字魯卿，江陰人。登紹聖四年進士第，宣和間知湖州。建炎中，復知湖州。時群盜縱橫，聲搖諸郡，勝仲修城郭，作戰船，閱士卒，賊知有備，引去。歲大饑，發官廩振之，民賴以濟。紹興元年，丐祠歸。十四年卒，年七十二。謚文康。子立方，官至侍從（《宋史》卷四四五《文苑·葛勝仲傳》）。立方，字常之，紹興八年進士（《韻語陽秋》卷一八），官至吏部侍郎。孝宗隆興元年卒。立方「博極群書，以文章名一世」（宋沈洵《韻語陽秋序》）。有《歸愚集》、《韻語陽秋》等（參郭紹虞《宋詩話考》上卷及筆者《葛勝仲葛立方年譜》）。

春日，王銍來訪，蘆川有詩記事。

本集卷三《喜王性之見過千金村》：「春來書劄已西東，喜復相逢亂世中。萬事變更唯舌在，三年流落轉途窮。」蘆川自靖康元年「流落」至今，已是三年以上。「三年」，概言之也。宣和七年二人嘗相會（見前譜），至是復見，故有「喜復相逢亂世中」語。

又遇沈與求，日夜思鄉，與求作詩勉之。

蘆川久羈他鄉，日夜懷歸，屢形于歌咏。《冬夜有懷柯田山人四首》之三云：「故山常入夢，何日到吾廬？」《次趙次張見遺之什韻》曰：「海邊游子日思歸，新句勞君更置規。……定與故巢猿鶴老，此生無愧《北山移》。」沈與求聞之，即作詩勉之曰：「相逢無日不懷歸，又是春山聽子規。休嘆豺狼迷道路，似聞貔虎仆旂旗。那從薄俗求青眼，還向高堂念白眉。南望孤雲應目斷，殊方歲月易推移。」（《龜溪集》卷三《張仲宗有詩懷歸因次其韻勉之》）據詩首聯，二人相逢于是年春，蓋沈與求見蘆川去冬所作《次趙次張見遺之什韻》後，遂次其韻。

按：沈與求去年冬十月除殿中侍御史（《要録》卷二八），後因「被旨鞫獄江外」，未隨高宗行在至海，是年春後方赴行在所（參劉一止《知樞密院沈公行狀》），故蘆川得與相逢。

嘗與公澤處士往還，劇談時事，有詩次韻。

本集卷三《次韻奉公澤處士》：「屏迹苕溪少往還，時危尤覺故人歡。相期臘盡屠蘇酒，速享春來苜蓿盤。雪夜劇談戎馬入，風江絕嘆鐵衣寒。何年塞上煙塵淨，薄海蒼生慶乂安。」由「臘盡」、「春來」云云，知詩作于年初，而「雪夜」一聯當指去年底、今年初春金人大肆渡江南侵，直逼高宗逃至沿海事，詩當作于本年年初，又詩謂「屏迹苕溪」，當指寓居千金村，蓋苕溪源出天目山之南，東北流入德清縣（見《咸淳臨安志》卷三六「苕溪」條，《一統志》卷二八三《杭州府》「苕溪」條），而位于歸安縣東南四十里之千金村亦在此地。公澤處士，名里不詳。

見花飛，因感時事，有詩。

本集卷二《花飛》：「雨暗連兵氣，花飛點客愁。寓居皆野寺，相過只扁舟。」

按：千金村，傍溪多寺，前引葛立方詩有「聞道千金好，幽人已奠居。森森松繞寺，瀰瀰水循渠」，「古寺依煙艇」云云；蘆川《喜王性之見過千金村》亦自謂「雲收野寺侵廊水，月挂孤帆送客風」，故知。「寓居」一聯正合千金村形勝。「雨暗」云云，亦合本年時事。

嘗往菁山訪周元舉，有詩。

菁山，在湖州烏程縣南少西四十里，産黃菁，故名（見《一統志》卷二八九《湖州府》）。蘆川《訪周元舉菁山隱居》有云：「那知戎馬際，亦使山房驚。四海方蕩潏，積骸盈破城。」「賊舟會稍遠，請復安柴荆。」是年初春金兵曾乘舟追逼宋高宗至海，詩中所叙皆合本年初時事。又詩曰「蒼根鬱寒霧」，「稚笋肥晨烹」，據知詩作于是年春。是年前後蘆川思歸故里之心日切，故詩末結以「起予歸去來，故山今可行。胡爲困羈旅，浩嘆嘗呑聲」（本集卷一）。周元舉，名里未詳，徽宗初年與張守（其人詳後）太學同舍，能詩，與張守、葛勝仲父子皆有詩唱和。張守《毗陵集》卷一五有《晚霽獨坐戲呈周元舉劉希范許少伊同舍諸兄二首》及《元舉希范見和佳篇皆有懷歸之意頗合鄙趣因次元韻》等詩。葛勝仲《丹陽集》卷二一《菁山梅花盛開予獨未之知十一月二十二日周元舉察院餉數枝以詩謝之三首》有曰：「左幡不要宜春郡，應戀南枝映水鮮（原注：元舉被袁州之命，力辭不赴）。」葛立方《歸愚集》卷一有《周元舉侍郎梅花次韻三首》，卷二《周元舉待制挽歌詞二首》其一云：「平生器業負經綸，誰謂公才不秉鈞。讜論十年持紫橐，仁聲三郡駕朱輪。龜文豈是背無甲，駒隙俄驚歲在辰。宅夾清漳親義重，佳城引脰涕沾巾。」于斯可略見其人。

時友人劉希顏有詩感懷，蘆川次其韻。

本集卷二《次韻劉希顏感懷二首》：「春光垂老日，胡騎欲歸時。」是年春金兵離浙西北撤，「胡騎欲歸」指此。詩中「避謗疏毛穎，推愁賴索郎」是感于去年冬遭讒受謗之憤激語。而由「擬頌中興業，孤忠只自知」可想見蘆川此時懷抱、心態。劉希顏，名無極，丹徒人，政和五年進士，終尚書郎（《至順鎮江志》卷一八），《宋詩紀事》卷三九錄其詩一首。沈與求《龜溪集》卷一一《劉希顏眞贊》云：「目送孤鴻，心徹寒泉。風神散朗，儀狀毅然。掀髯一笑，呼吸雲煙。是爲宗廟之貴器，自號山澤之臞仙。」同書卷三有《劉希顏持節按縣招維心舟中小酌次維心韻》，據知希顏時正任職。是年劉希顏嘗居桐廬縣（詳後），來往于湖州、杭州一帶，故蘆川得與唱和。

春末，金兵離浙西，作《亂後》詩感事。

本集卷二《亂後》：「亂後今誰在，年來事可傷。雲深懷故里，春老尚他鄉。」明年春回閩，而詩謂春末尚在他鄉，當作于本年。

五月，故人張守拜參知政事，蘆川作二啓賀。

《宋史》卷三七五《張守傳》載張守「（建炎）四年五月，除參知政事」。而據《要錄》卷三三及《宋史·高宗紀》知拜相日在五月癸丑。蘆川聞之，遂作《賀張參政啓》二首以寄。文有「卜晤對以方賒，積瞻馳而彌切」（本集卷八）句，故知蘆川作啓時尚未見面。

按：張守紹興六年十二月又拜參知政事，蘆川此啓當作于首次拜參政時，因張守紹興二年至五年知福州（《福州府志》卷二八、《宋史》本傳、《南宋制撫年表》卷下），而文中幷未提及此事，亦無「復相」之語。文曰：「一旦貳卿，起相業于江海之上。」蓋張守建炎三年六月任尚書禮部侍郎，故稱「貳卿」。文中又稱「卓爾儒宗，袖然舉首」，「道妙經綸，文光黼黻，眞儒學之師表，擅名教之主盟。」此與宋人婁機在張守《謚議》中所言相合：「經世正君之學，淵源周孔，少策勛翰墨之場，膠葛三光，手織五雲，踐揚冰淸，亦既極文章禮樂之選」（《毗陵集》卷一六附録《故資政殿大學士正議大夫張公謚議》）。文中又自謂「顧林壑之餘齡，杜門省事；賴金蘭之末契，托迹偷安」。亦合本年閑居之行事。據「金蘭」「末契」，二人當情交甚厚。然彼此文集中未見有詩唱酬。張守，字子固，常州晉陵人。家貧無書，從人假借，過目輒不忘。登崇寧二年進士第，中詞學兼茂科。平生屢典州郡，皆有政績。論事明遠，與秦檜不協，官至參知政事兼權樞密院事。詳見《宋史》本傳。有《毗陵集》傳世。

是秋，江端友遷居桐廬縣，蘆川有詩送其行。

方回《瀛奎律髓》卷三二載江端友嘗「寓居桐廬之鸕鷀源」，然未言何年。考沈與求《龜溪集》卷三有《方允迪居鸕鷀谷江子我（端友）子之劉希顔（無極）行簡（一止）皆往依焉爲此寄韻》，據知前往居鸕鷀源者尚有江端友之兄、劉無極、劉一止，行前沈與求作此詩以寄。劉一止復有《攜家從允迪借居鸕鷀源沈必先侍御有詩寵其行次韻并呈二公》詩（《苕溪集》卷五）。

按：劉詩稱沈必先與求爲「侍御」，而與求是年五月試侍御史（《要録》卷二八），八月即罷，出知台州（同書卷三三），詩當作于是年五月後之夏秋間，進而可知江端友、劉希顔、劉一止往居鸕鷀源亦在是年夏秋時。據知蘆川《次江子我遷居韻》亦作于同時。詩曰：「避地湖山聊復爾，脱身兵火想當然。浮家泛宅非無計，坎止流行本信緣。」（本集卷三）此與蘆川本年避亂湖州，寓居千金村行事相合。又，江端友先後于靖康元年、建炎二年兩次遭黜，故詩又有「平生自省宜三黜，老去何心望九遷」云云。蘆川又有《送江子我歸嚴陵》詩曰：「久客驚秋晚，懷歸更送君。亂來俱避地，老去惜離群。」（本集卷二）「懷歸」、「避地」，皆合本年心態、行事。據「秋晚」，詩當作于是秋。按：嚴陵，即嚴陵瀨，其地亦在桐廬縣（《水經注》、《一統志》卷三〇二《嚴州府志》）。

是年前後，江子我嘗居德清新市，招蘆川同游。王銍有詩記其事。《雪溪詩》卷一《追和斜川詩二首并序》云：「歲後五日，僕欲從西湖追和斜川詩。是日，江子我居新市，招張仲宗同游，後□□而止，亦和此詩見寄。事之吻合有若此者。昔白樂天游（兹）〔慈〕恩寺，元微之在梁州，同日夢其地，各賦詩相寄。議者謂相望千里而神會，誠心流通，無足怪者。輒再和二篇爲寄，且識其異焉。」其二曰：「采藥游名山，恐是韓百休。款待下澤東，久師馬少游。兩公學眞隱，異世今同流。遇害能鳴雁，多情不下鷗。何如脱羈馬，尋壑與經丘。人生亦誤計，獨醒無匹儔。天地本虛靜，萬物自應酬。陰陽驅意氣，定能相勝不？况復漆室女，浪爲魯國憂。眞妄兩非是，湛然一無求。」詩謂江子我、蘆川「兩公學眞隱」，當是建炎間事。

是年，有送李季言詩。

本集卷四《次韻奉送李季言四首》其一：「向來敵帥窺吴越，穩泛樓船舍騎兵。開辟所無顛倒事，可能今日獨横行？」「穩泛樓船舍騎兵」指是年正月金兵乘船入海追擊宋高宗事。《要録》卷三一：正月丙寅，「御舟移次溫州之館頭。先是，金人自明州引兵攻定海縣，破之，遂以舟師絕洋，犯昌國縣，欲襲御舟。至碕頭，風雨大作，和州防禦使、樞密院提領海船張公裕引大舶擊散，敵乃去。上聞明州失守，遂引舟而南，與金人才隔一日。」而詩謂此在「今日」，據知詩作于本年。又其二：「藩鎮各傳新號令，山河那復舊提封。」事亦在今年。《宋史》卷三六二《范宗尹傳》：「呂頤浩罷相（時在建炎四年四月乙未，見《宋史·宰輔表》），宗尹攝其位，時諸盜據有州縣，朝廷不能制。宗尹言：『太祖收藩鎮之權，天下無事百五十年，可謂良法。然國家多難，四方帥守單寡，束手環視，此法之弊。今當稍復藩鎮之法，裂河南、江北數十州之地，付以兵權，俾蕃王室，較之棄地夷狄，豈不相遠？』上從其言，授宗尹通議大夫、守尚書右僕射、同中書門下平章事兼御營使（時在五月甲辰也，見《宋史·宰輔表》）。時年三十。……宗尹奏以京畿東西、淮南、湖北地幷分爲鎮，授諸將，以鎮撫使爲名，軍興，聽便宜從事。然李成、薛慶、孔彥舟、桑仲輩起于群盜，翟興、劉位土豪，李彥光、郭仲威皆潰將，多不能守其地。……又無總率統屬，且不遺援，不通餉，故諸鎮守鮮能久存者。及爲政多私，屢爲議者所詆云。」據此，詩當作于五月分藩鎮之後（參《續通鑑》卷一〇七所載是年五月甲辰日事）。觀蘆川之意，對范宗尹建議分藩鎮之事亦頗不滿。其三曰：「不見君家好弟兄，何人憐我最奇窮？」建炎三年蘆川曾與李氏兄弟交游，紹興元年後與李綱亦過從甚密，其「不見君家好兄弟」者，當在本年。據上三點，繫詩于本年。李季言，名綸，李綱少弟，行事不甚詳。其撰李綱《行狀》，末署「紹興二十六年六月右朝奉郎通判洪州主管學事賜緋魚袋綸狀」，則紹興二十六年李綸尚在世。

紹興元年辛亥，四十一歲。

是年初，蘆川以右朝奉郎致仕。

蘆川本集卷四《上平江陳侍郎十絶》序：「辛亥休官。」卷二《上張丞相十首》其九：「罪放丙午末，歸來辛亥初。」曾噩《蘆川歸來集序》謂蘆川「年方四十一已致仕。」羅大經《鶴林玉露》乙編卷三：「仲宗年逾四十即挂冠。」蔡戡《蘆川居士詞序》：「少監張公，……年未強仕，挂神武冠。」此皆蘆川本年挂冠致仕之明證。蘆川致仕之官，南宋胡穉謂「以將作監丞致仕」（《陳與義集》卷四《送張仲宗押載歸閩中》題注），今人多從其說，非是。蓋蘆川紹興十年所作兩篇《祭李丞相文》皆自稱「右朝奉郎致仕賜緋魚袋張元幹」（詳後譜紹興十年）。據宋人習慣，凡祭文中自稱，多全署官銜品秩，而蘆川不言以將作監丞致仕，足證胡說之誤，當以蘆川自叙爲據。

按：《宋史》卷一七〇《職官志》述致仕之制云：「凡文武朝官、內職引年辭疾者，多增秩從其請，或加恩其子孫。」「景祐三年詔曰：『其大兩省、大卿監、正刺史、閤門使以上致仕者，自今給奉并如分司官例，仍歲時賜羊酒、米面，令所在長吏常加存問。』其後又許致仕官子孫免選除近官。」又據同書卷一六九《職官志》，朝奉郎爲文散官，正六品（卷一六八《職官志》謂正七品），有秩無職。

蘆川壯年致仕之因，明毛晉以爲「仲宗平生忠義自矢，不屑與奸佞同朝」，遂「飄然挂冠」（《宋六十名家詞·蘆川詞跋》）。其説頗模糊。或以爲時秦檜當國，「專意與敵解仇息兵」，故蘆川不願再做官，將「奸佞」坐實爲秦檜。《宗譜·少師文靖公記》亦謂「紹興間，秦氏擅權，黨□甚盛。元幹力忤之，仕不得志，遂歸田里，以文章詩詞自娱。」此説似未妥，蓋秦檜爲相當國在本年八月，且其爲相時奸佞之迹并不爲人所盡知，而蘆川致仕在是年春，又蘆川歸山之念在建炎三年遭讒受謗後即已萌生，懷歸之意屢形于歌咏，故其致仕之因當與秦氏無涉。竊以爲蘆川致仕之由有二：一、自建炎初李綱罷相，國事日非，山河淪陷殆半，連江南一隅亦難保全。蘆川前年所作《建炎感事》曾曰：「巍巍開國初，眞宰（指李綱）創鴻業。一統包八荒，受降臨觀闕」，「于今何勢殊，天王狩明越。……肉食知謀身，未省肯死節。」李綱所創鴻業，皆毁于賣國權奸之手，蘆川義憤塡膺。目睹南渡以來，皇帝（高宗）非英明之主（參前《過白彪訪沈次律有感十六韻》），宰相多是權奸之臣，如黄潛善、汪伯彦、杜充之流唯務投降賣國以求榮；朱勝非、呂頤浩亦只知逃跑避敵，不肯「死節」抗戰；范宗尹以力主分藩鎮之議而得相，使「山河不復舊提封」，蘆川對當今朝廷失望已甚，耻與這班肉食者同朝；而「平生王霸術」又無法施展，只得歸山隱居，其後所作《戊午歲醮詞》曾道出個中消息：「少有意于功名，壯適丁于離亂。去國門者逾一紀，脫班簿者將十年。非不貪厚祿以利妻孥，私憂四海之橫潰；非不好美官以起門戶，痛憤兩宮之播遷。忍耻偷生，甘貧削迹。」（殘本《歸來集》卷一四）其二，建炎三年遭流言誣謗後，心有餘悸，憂讒畏譏，遂挂冠歸隱。去年有詩道：「我輩避讒過避賊，此行能飽即須歸。山川久有眞消息，世上從渠閑是非」（本集卷四《次韻奉送李季言四首》之四）；此後又有詩曰：「經營一飽亦細事，世亂畏途歸罷休。少年新進眞兒劇，浪喜功名不量力。」（本集卷一《西峽行》）《家公生朝青詞》亦曰：「與其蹈危機而涉世，曷若躬苦節以力田。」（殘本《歸來集》卷一四）爲「避讒」而挂冠，實出于無賴，故其挂冠之後，仍不能忘懷現實，「憂國愛君之心，憤世嫉邪之氣，間寓于歌咏」（蔡戡《蘆川居士詞序》）。至若致仕時日，當在今年初春，蓋蘆川嘗自謂：「歸來辛亥初。」其又有《次韻陳德用明府贈別之什》（本集卷三），當是致仕後離別吳越歸閩時答陳德用送行之作，因詩有「小隱故山今去好，中原遺恨幾時休」云云，致仕歸隱仍難休「中原遺恨」，可知蘆川此時懷抱。詩又有「春爭殘臘寒梅早，雨澀晴冬宿麥憂」句，知其歸隱故山時在初春也。陳德用，未詳。

過山陰，有詩送友人。

本集卷三《次韻送友人過山陰郡時夜別于舟中》：「濤江君去訪秦望，丘壑我歸爲楚狂。」據知其歸隱時嘗過山陰郡（今浙江紹興市）。詩曰：「活國未逢三折臂，憂時空轉九回腸。」蘆川憂時報國之心，眞無一日忘懷也。

年底，回到福州。

蘆川寓居江浙時，貧困無告，去歲作《次韻奉送李季言四首》嘗慨嘆「何人憐我最奇窮」，遂回故里。

按：蘆川《祭李丞相文》曰：「中間丁未至庚戌，公入秉鈞衡，歸自嶺海。而僕阻于江湖，有如參辰。辛亥至己未九載之內，公多居閩，歲時必升公之堂獲奉觴豆。」考楊希閔《李忠定公年譜》：「建炎四年庚戌，（李綱）自嶺表訪家邵陽，未幾挈家還邵武。」「紹興元年辛亥，居長樂。」又李綱《松風堂記》曰：「梁溪病叟蒙恩歸自海上，紹興辛亥之夏始挈其孥寓居長樂之天寧寺，寺據南山，棟宇宏麗。」（《梁溪先生文集》卷一三三）長樂，即福州，松風堂在天寧寺，《福州府志》卷二一《第宅園亭》載松風堂「在（閩縣）天寧山，李丞相綱謫居時寓之」。蘆川既在紹興元年辛亥能升李綱之堂「獲奉觴豆間」，則其至遲在是年底已回到福州。

紹興二年壬子，四十二歲。

是年，蘆川閑居閩中。正月初七，鄧肅爲之題跋。

「紹興二年人日，栟櫚鄧肅志宏」爲蘆川題《幽巖尊祖事實》（詳蘆川本集卷一〇附録），時鄧肅避寇福唐（今福州），故蘆川得與謀面。此又證去年底蘆川已回福州。

鄧肅，字志宏，號栟櫚居士（參《梁溪先生文集》卷一〇《游栟櫚二首并序》及嘉靖《延平府志》卷三「栟櫚山」條），南劍沙縣（今福建沙縣）人，與李綱爲忘年交，亦是堅定的抗戰派。《宋史》卷三七五有傳，今傳其《栟櫚先生文集》（詳參筆者《鄧肅年譜》）。

正月二十八日，里人辛炳爲之題跋。

辛炳跋文見蘆川本集卷一〇附錄。時辛炳罷職居閩，故蘆川得與游。《宋史》卷三七二《辛炳傳》載：「明年，張浚調兵潭州，以炳怯懦不能，罷之（按：時在建炎三年九月丙子，見《要録》卷二八），尋以起居舍人召，辭。紹興二年，復以侍御史召。」而《要錄》卷六一載紹興二年十二月戊子，「直龍圖閣、主管江州太平觀辛炳爲侍御史，趣赴闕。」據知辛炳召爲侍御史前，不在行在，而居故里。辛炳，字如晦，福州侯官縣人。登元符三年進士第。徽宗朝以疏劾蔡京而得罪。紹興中，除御史中丞，因反對議和，與秦檜不諧，以疾請外。紹興五年，知漳州，未赴而卒（《宋史》本傳）。孔凡禮《宋詩紀事續補》卷七輯存其詩二首。

四月，有《賀翟參政啓》。

翟參政，指翟汝文，蓋建炎、紹興間，任參知政事之翟姓者，唯汝文一人。《宋史·宰輔表》：「紹興二年四月庚午，翟汝文自翰林學士承旨、左中大夫知制誥除參知政事」（《宋中興學士院題名録》、《宋史·高宗紀》同）。蘆川此賀啓當作于翟汝文四月拜相初。文中謂「曾預登門之舊，莫陪賀廈之私」，據知蘆川早與汝文有交往，而今因居閩，無由登堂致賀。按：翟汝文靖康元年三月任翰林學士（《靖康要録》卷三），蘆川與之結識或在是時。翟汝文，字公巽，潤州丹陽人。徽宗朝曾爲中書舍人，外制典雅，一時稱之。欽宗即位，召爲翰林學士。高宗紹興元年，又召爲翰林學士兼侍講，故蘆川啓謂其「歷事三朝，馳聲四海」。汝文爲人剛直，不屈于秦檜。《獨醒雜志》卷一〇載：「秦丞相與翟參政汝文同在政府。一日于都堂議事不合，秦據案叱翟曰：『狂生！』翟亦應聲罵曰：『濁氣！』二公大不相能。」《宋元通鑑》又載：「翟汝文嘗詬秦檜爲金人奸細。」故汝文爲參政僅二月即致仕。《宋史》卷三七二有傳，其有《忠惠集》傳世。

五月三十日，在福州與友人祭鄧肅。

《宋史·鄧肅傳》：「紹興二年，避寇福唐，以疾卒。」蘆川本集卷一〇《諸公祭鄧正言文》：「維紹興二年歲次壬子，五月庚申朔，三十日己丑，友人宇文師瑗、張世才、王時、張宇林、楊休、王傳、蘇籀、余良弼、黃豐、洪柟、朱松、馮至游、吳叔虎、朱侑、李議之、張元幹等，謹以清酌素羞之奠，致祭于亡友正言鄧子志宏之靈。」祭文稱鄧肅「雅欲正色而立朝，率由直道而事君。始也風刺，名重諸生，幾中于奇禍。坐爲諫臣，耻賣友以自售，寧甘心而守貧」。蓋鄧肅宣和間在太學曾作詩諷刺花石綱，被黜出學。建炎初年極論劾僞命之臣，李綱罷相，鄧肅上書極言其不當罷，觸怒執政而罷職（參《宋史·鄧肅傳》），故云。

蘆川上述諸友生平多不明，兹將可考知者述如次。蘇籀，字仲滋，眉州人，蘇轍孫。高宗時官至太府監丞、將作監丞。孝宗時卒，年七十餘（《宋史翼》卷四）。有《雙溪集》傳世。是年前後，蘇籀在閩任職，其《雙溪集》卷七有《福州問候表》云：「臣某言，建炎三年十二月二十六日，有入内侍省東頭供奉官徐珣等，附海船至本州。……竊惟本路八州近寇諸隘，……長樂重鎮，行宫切鄰。」卷二《閩中秩滿一首》有「前日幕謀非妙伎，今時民謨愧良醫」云云。據此，其當是幕職。

余良弼，字巖起，順昌縣人，博學明經，鄉試第一。建炎二年登第，歷樞密院計議官，通判漳、泉二州。陳康伯入參政，以將作監丞召，會交趾回文，廣西漕臺用印異常，邊吏以聞，道改良弼廣西漕，至則繳而還之，蠻計遂沮。官至左朝請大夫、直祕閣、權發遣靜江軍府、充廣南西路兵馬都鈐轄、主管經略安撫司公事。乾道二年四月終于正寢（《胡澹庵先生文集》卷二七《廣東經略余公墓誌銘》、嘉靖《延平府志》卷一七）。是年前後，良弼在閩任職，上文謂其通判漳、泉二州，當在是時。又張守《毗陵集》卷三《薦余良弼等札子》云：「余良弼，識趣廉靜，氣節端諒。淹徊州縣，譽外甚休。臣頃帥福州，良弼實爲州幕，凡所建明，多體惠民之政。」張守帥福州在紹興二年九月至紹興五年（已見前），可見良弼在閩時間甚長。良弼有《龍山文集》，今佚。

朱松，字喬年，徽州婺源人，朱熹之父。

政和八年同上舍出身，授建州政和尉，後調尤溪尉。紹興四年召試館職，除正字。秦檜決策議和，松與同列上章極言其不便。檜怒，諷御史論其懷異自賢，出知饒州。紹興十三年卒（周必大《平園續稿》卷三〇《朱公神道碑》、《宋名臣言行録》外集卷一一，《宋史》卷四二九《朱熹傳》附，嘉靖《建寧府志》卷一八）。有《韋齋集》十二卷。

宇文師瑗，成都華陽人，宇文虛中子。建炎四年十月由朝奉郎、通判福州改提舉福建路市舶（《要録》卷四〇）。紹興元年十二月，以宇文虛中奉使守節不屈，詔令福州賜錢一千貫與虛中男師瑗（《要録》卷四九）。二年九月，添差福建路轉運判官，時師瑗奉母居閩中（《要録》卷五八、《續通鑑》、《宋史》卷三七一《宇文虛中傳》）。五年三月，知漳州（《要録》卷八七）。十二年八月，被索入金（《要録》卷一四五、《續通鑑》）。

王傳，字慶長，里籍不詳。孫覿《鴻慶居士集》卷二二《臨安府臨安縣學記》載其紹興十四年爲臨安知縣，曾修建縣學。文稱其「好學知方，不務出奇以立聲威，而以教化禮義爲世標表，有古循吏之迹」。此其事之可考者。

洪栟，字仲本，洪芻子、徐俯婿。亦能詩，嘗知永州（王明清《玉照新志》卷四）。蘆川本集卷八《代洪仲本上徐漕書》，即代洪栟作。書中謂：「粤自束髮，試吏四方，如九江、三吳，迨今七閩，……二十年來，從事州縣，所閲部使者多矣。」可見其人之大略。

八月，李易爲之題跋。

本集卷一〇附錄載李易是年八月題蘆川《幽巖尊祖事實》，稱蘆川之舉「誠可以風薄俗」。李易，字順之，江都人。高宗建炎二年狀元及第，授簽書江陰軍判官。紹興元年由太常博士轉工部員外郎，爲太常少卿，遷中書舍人，改直祕閣、知揚州，官至敷文閣待制，提舉江州太平觀。紹興十二年九月卒于秀州（莊仲方《南宋文範·作者考上》、《宋詩紀事》卷四三、《要録》卷一四六）。是年在福州帥幕爲參謀官，故蘆川得與謀面。《要錄》卷四九載紹興元年十一月戊戌，孟庾爲福建江西荆湖宣撫使。辛丑，孟庾請屯田員外郎李易爲參謀官，據知李易本年在福州。

是年，王浚明爲之題跋。

本集卷一〇附錄載有王浚明跋文，無紀年。考浚明行事及此跋編次，當作于本年前後。蘇籀《雙溪集》卷一五《故中奉敷文閣王公墓誌銘》載王浚明紹興初「以功遷直祕閣，改知建州。初，郡中有招降賊兵數千屯駐，已而復叛。坊市盡爲誘脅，賊黨僭竊，勢如蜂蟻。公徐行避寇，以仁厚素著，賊不敢害。上章自劾，除領宫祠。復起知秀州。未幾，又授亳州。」浚明知建州（今福建建甌）在紹興元年（參前張動事蹟考）。《墓誌》謂「公徐行避寇」云云，實諱之也。蘆川與游，唯是年前後才有可能，而此跋又編次于本年李易跋文前，事當在本年。王浚明，字子家，應天府虞城人。官至尚書兵部郎中。紹興二十三年七月二十三日以疾卒，享年八十五（見上引蘇籀所撰《墓誌》）。

紹興四年甲寅，四十四歲。

是年，蘆川居福州，有詩賀李綱生朝。

本集卷二《李丞相生朝三首》：「十年門下士，方獻此篇詩。」宣和六年蘆川與李綱定交，至今恰爲十年。又據趙效宣《李綱年譜長編》，李綱生于元豐六年閏六月初十日，蘆川詩當作于本年六月。按：李綱本年居福州，其《龍眠居士畫十六大阿羅漢贊》末署「紹興甲寅三月六日，梁溪病叟書于長樂城東報國寺」（《梁溪先生文集》卷一四一）。長樂，即福州（參陳元靚《歲時廣記》卷三一引《本事詞》：「李丞相伯紀退居三山，寓居東報國寺」云云。）據知蘆川是年亦在福州。蘆川本集卷三復有七律《李丞相綱生朝三首》，其三有云：「福城東際笙歌地，且祝千齡醉荔枝。」「福城東際」，指李綱所居之「長樂城東報國寺」，又可推知此三首亦作于本年。按：福州，蓋以「福起州名，樂生郡號」（黃裳《演山先生文集》卷二〇《長樂詩集序》），故稱「福城」。

夏日，與秦梓以詞唱和。

秦梓本年春二月壬寅以直祕閣提點福建刑獄公事（《要録》卷七三），到福州任後，蘆川與游，并有詞唱和。蘆川本集卷七《釆桑子·奉和秦楚材使君荔枝詞》即本年夏與秦唱和之作，蓋詞有「清暑榕陰」云云。榕樹，乃閩地特產。秦梓在閩期間，與李綱、呂本中等皆有詩唱和，《梁溪先生文集》卷三〇有《小圃初成秦楚材直閣有詩次其韻》、《送秦楚材還永嘉》等；《東萊先生詩集》卷一四有《奉和秦楚材直閣韻》等。

按：秦梓，字楚材，江寧人，與秦檜爲兄弟，然與秦檜不相能。秦檜當國，梓惡其所爲，「時有柳下司馬之目」（《至正金陵新志》卷一三）。秦梓能詩，《宋詩紀事》卷四五錄其詩一首。

是年，嘗與王傅游，有詩題其齋。

本集卷一《題王巖起樂齋》：「宦游適樂土，宴坐名樂齋。」

按：王傅，字巖起，山東蓬萊人（《宋詩紀事補遺》卷四四）。紹興二年至五年在福州任福建路安撫司幹辦公事，見張守《毗陵集》卷三《薦本路人材劄子》：「右儒林郎、本路安撫司幹辦公事王傅，學問不苟，識趣亦高。持身靖廉，論事詳審。在帥司四五年，前後招捕賊盜、贊畫之功爲多。」張守紹興二年至五年帥福州，故知其間王傅在閩。又《要錄》卷八五載紹興五年三月乙未，「右儒林郎福建路安撫司幹辦公事王傅入對，乞召見武臣。」五年三月王傅既已到臨安，其年初當已離閩。蘆川詩當作于紹興四年或稍前，姑繫於本年。

按：同時在福州之名賢題王傅之樂齋者甚衆。劉子翬《屏山先生文集》卷一九有《題王巖起樂齋三首》云：「數叢修竹擁齋居，興味翛然樂有餘。午枕睡酣窗寂寂，清風來去自翻書。」其二：「怪底愁端生不已，勞心逐事事無窮。陶然一點冲融趣，只在清虚淡泊中。」「我亦雲根結小房，年來與世略相忘。定知可蛻紛華事，不及弦歌氣味長。」呂本中《東萊先生詩集》卷一四《王傅巖起樂齋》詩云：「人生各有樂，所樂故不同。吹竽與擊缶，同在可樂中。孰能識至樂，不計窮與通。顏子在陋巷，肯憂家屢空？朝從聖師游，暮歸無近功。忽然若有合，此樂固無窮。當時二三子，因之開蔽蒙。君生百世下，久已聞其風。端居有遐想，客至聊從容。四壁倚蓬蒿，萬卷蟠心胸。回視世所求，失道迷西東。此樂既不遠，欲往吾其從。」張守《毗陵集》卷一五《題王巖起樂齋》：「靜者悅山林，誇者慕鐘鼎。人生各有適，所樂滯一境。王郎超世姿，名教得深省。窮通付風雨，一笑萬累屛。閑居祇疏水，開卷味自永。從事雖賢勞，游刃失綮肯。此心故休休，閱世徒耿耿。開軒理松菊，留客辦果茗。得趣地自偏，無塵句尤警。他年覿出處，廊廟即箕潁。」曾幾《茶山集》卷一《王巖起樂齋》：「歡悰挽不來，愁思推不去。達人方寸地，固有自樂處。得非山林歟，或用詩酒故。一朝不在眼，便覺少佳趣。人言顏子樂，瓢飲映蔬茹。何曾夢見渠，浪自起欣慕。此君與天游，于物初不寓。攜持小齋名，扁榜隨所住。要知眞樂事，未省離跬步。我亦欲晞顏，從君尚能屢。」錄以備參。王傅，履歷不詳。據《要錄》所載，紹興二十六年三月傅由知常州無錫縣通判臨安府（卷一七二）。八月，爲廣南路提舉市舶（卷一七四）。紹興三十年十一月知建州（卷一八七），三十一年六月知太平州（卷一九〇），十月又改提舉江南西路常平茶鹽公事（卷一九三）。據知紹興三十一年（一一六一）王傅尙在世。

紹興五年乙卯，四十五歲。

是年，蘆川居閩，六月，有詩寄錢申伯。

本集卷二《寄錢申伯二首》其二：「子去客昭武，今儂懷舊游。」

按：錢申伯去客昭武（即邵武，今屬福建），在是年六月。李綱有《送錢申伯如邵武》詩云：「錢郎與世苦不諧，胸次徒抱經綸才。行年五十猶未試（按：李綱詩作于本年，而謂申伯「行年五十」，逆推五十，得其生年在元豐八年），蟠蟄雖久愆風雷。掃除習氣趣空寂，華藏重重資游歷。世間幻妄此道眞，未必亨通勝窮厄。我方卧病南海濱，喜君襟抱時相親。胡爲乘興有所適，使我悵望歸飛雲。兵戈格鬥何時息，田園將蕪歸未得。同是天涯流落人，此心炯炯君應識。閩山六月丹荔枝，火齊堆盤侑一卮。願言及此復過我，歲晚勿負滄海期。醉鄉我已成眞隱，君亦逃禪學蘇晉。樂天不醉即談禪，此外悠悠眞須忍。」（《梁溪先生文集》卷三一）李綱此詩，據《梁溪先生文集》編年，作于紹興五年，又詩有「閩山六月」云云，知錢申伯是年六月往昭武。

錢申伯，名未詳，錢遜叔之侄，錢勰之孫，開封人（參《梁溪先生文集》卷一六七《錢公墓誌銘》）。建炎、紹興間避亂閩中，據紹興元年辛亥李綱《錢申伯自海陵避地臨汀聞余北歸相迓于武平賦詩見意二首》（《梁溪先生文集》卷二七）可知。申伯與李彌遜等亦有唱和，《筠溪集》卷一五有《次韻錢申伯山堂之咏》、《和錢申伯游東山聖泉》等詩。

夏間，呂本中有贈詩。

《東萊先生詩集》卷一五《渴雨簡張仲宗》：「强讀文書不補饑，只今一飽尚難期。薄雲未肯蘇禾稼，細雨才堪濕荔枝。」明年四月吕本中離閩赴朝（參後譜），詩當作于本年夏。

秋，王以寧過閩，蘆川以詩送行。

本集卷一《乙卯秋奉送王周士龍閣自貶所歸鼎州太夫人侍下》：「語離三秋風，念子萬里客。」王以寧（周士）紹興二年九月責永州别駕，潮州（今廣東潮縣）安置，至五年二月癸巳特許自便（見《要録》卷五八、八五）。以寧由潮州回鼎州途經福州時，蘆川相迓并以詩送其行。詩又有「相逢忽眼明，照影俱頭白。蘭若清夜長，連床話疇昔」云云，二人當同宿于某寺廟。「話疇昔」者，靖康元年二人俱爲李綱屬官，舊友重逢，感慨自多。是年，劉子翬在閩中，亦有《贈王周士》詩云：「逐客初從瘴海歸，平生未識想英奇。致身不負管城子，報國聊將雕面兒。舌在壯懷猶未已，途窮俗眼少相知。虎頭合是封侯相，笑挽天河會有時。」（《屏山先生文集》卷一八）「逐客初從瘴海歸」，正指以寧自潮州歸鼎州。時吕本中在閩，亦與之結社唱和。《東萊先生詩集》卷一四《贈王周士諸公》詩云：「共結香火社，同尋文字盟。王子潮州來，一笑冠欹傾。午飯展僧鉢，村醪傾客瓶。相逢但談道，絕口不論兵。未免俗眼笑，屢遭時輩輕。」王以寧其人，已見本譜前宣和六年。

紹興六年丙辰，四十六歲。

是年，蘆川在福州。初春，與吕本中等從游唱和。

初春，蘆川有《信中居仁叔正皆有詩訪梅于城西而獨未暇載酒分付老拙其敢不承》詩云：「十年喪亂豈記憶，一見新詩心目驚。平生公輩眞好友，意氣相逢共杯酒。只今流落天南端，悵望中原莫回首。及身強健頻看梅，此花到眼春光催。」

按：自靖康丙午之難至今，已十年，故詩有「十年喪亂」云云。是年，信中、居仁等皆在福州而喪亂前皆仕宦于中原，詩中「只今流落天南端」二句指此。又「一見新詩心目驚」之「新詩」，當指呂本中（居仁）《再簡范信中兼呈張仲宗》詩：「昨日之游樂不樂，主人愛客亦不惡。梅花遠近遍川谷，雨練（原注：一作「凍」）風揉未全落。明日之游復如何？城南城北梅更多。對酒我不飲，把盞君當歌。酒炙雖勤主人費，且幸吾黨頻相過。梅花縱落君莫嘆，與君同住海南岸。花開花落都幾時，君醉我醒人得知。相逢一笑俱有詩，如何不飲令君嗤。」（《東萊先生詩集》卷一五）此所謂「俱有詩」與蘆川之「皆有詩」相合；蘆川詩題謂呂居仁等「訪梅于城西」，而居仁詩謂明日游「城南城北梅更多」，則其「昨日之游」當是游城西，此又相合。居仁此詩據《東萊先生詩集》編年亦作于紹興六年之福州，據知是年春蘆川在福州。范寥時爲福建兵鈐（見陸游《老學庵筆記》卷三），故能在閩與諸公交游唱和。叔正，名里未詳。信中，姓范，名寥。信中，其字也，蜀人。其人慷慨好俠，行事頗具傳奇色彩，詳《宋史翼》卷七《范寥傳》及《梁溪漫志》卷一〇。

四月二十六日，在永福，有《薦拔水陸功德疏》。

殘本《歸來集》卷一四《薦拔水陸功德疏》云：「蘆川老隱紹興六年四月二十六日巳時，伏睹永福縣崇光寺前溪流暴漲，渡舡傾覆，士庶僧尼若男若女等約三十餘人幷皆溺死，即時呼舟拯救，共活五人。」

同月，呂居仁被召赴行在，蘆川以詞相送。

《要錄》卷一〇〇：紹興六年四月壬寅，「詔左朝請大夫主管台州崇道觀陳公輔、右朝請郎直祕閣主管台州崇道觀呂本中……幷召赴行在所，用史館修撰范冲薦也。冲奏：……本中文章典雅，長于史學，習學有淵源，敏于爲政。恬退之節，人所難能。以其不求聞達，故世罕知者」。離閩時，蘆川有《水調歌頭·送呂居仁召赴行在所》詞勵之。

按：呂本中離閩時有《將去福州》、《福建界首寄福州親舊書》、《將發福唐》（《東萊先生詩集》卷一五）等詩，皆作于初夏，故知蘆川詞亦作于同時。

紹興七年丁巳，四十七歲。

是年春，蘆川同諸僧游鼓山，有詩。

本集卷一有《奉同黃檗慧公秀峰昌公丁巳上元日訪鼓山珪慧公游臨滄亭爲賦十四韻》詩。上元，即正月十五日元宵節，故詩謂「聊將燒燈夜，付與兒輩看」。

按：鼓山，「距（福州）郡城東三十里，屹立海濱，高可十五里，延袤數十里，郡之鎮山也。《名勝志》云：

『山巔有巨石如鼓，或云，每風雨大作，其中簸蕩有聲。』故名」（《鼓山志》卷一）。慧公、昌公，不詳。

五月六日，夢與道人對歌，作詞紀之。

據本集卷五《沁園春·紹興丁巳五月六夜夢與一道人對歌數曲遂成此詞》。

紹興八年戊午，四十八歲。

是年，蘆川居福州。六月，李綱壽辰，蘆川以詩賀。

本集卷二《李丞相生朝》有云：「巨屛頻循撫，眞祠示眷蒙。」李綱先後于靖康元年爲河北河東路宣撫使，紹興二年爲荆湖南西路宣撫使兼知潭州，紹興五年十月至七年十月爲江南西路安撫制置大使兼知洪州，故謂「巨屛頻循撫」。紹興七年十月辛巳罷知洪州，提舉臨安洞霄宮（詳下），故曰「眞祠示眷蒙」。李綱去年十月罷職，本年正月還居福州（《李忠定公年譜》），而李綱生辰在六月初十日，故知詩作于本年六月。

秋，故人折彥質帥閩，蘆川侍游，幷有詩唱和。

本集卷三《代上折樞彥質生朝》：「秋風玉帳軍容肅，冷月鈴齋夜宴新。」折彥質紹興六年三月拜簽書樞密院事（《宋史·宰輔表》），故稱折樞。紹興七年十二月由提舉臨安府洞霄宮知福州，九年二月罷（《要録》卷一一七、一二六，《南宋制撫年表》卷下），而詩有「秋風」云云，又「玉帳」、「鈴齋」指將帥，州郡長官居地，折彥質是時任福建路安撫制置大使兼知福州，身份正合。

時蘆川又曾陪折彥質游山，有《用折樞韻呈李丞相二首》詩紀其事：「參陪仍許瘦笻支，長者登臨敢後期。……心知勝地都忘睡，喜聽連床共和詩。」

按：折彥質原唱不傳，李綱則有次折韻之作。《梁溪先生文集》卷三二《次韻折仲古安撫端明食荔子感懷書事之作》云：「卧病閩山強自支，嘗珍似與故人期。卻嗟老眼傷心日，又見輕紅著子時。萬事從來皆默定，一樽聊復賦新詩。使君不作楞梨看，他日逢人舉似爲。」李綱此詩作于紹興八年（據李集編年及趙效宣《李綱年譜長編》），蘆川詩與此同韻，且題「呈李丞相」，當是同時之作。蘆川詩所寫之「輕紅滿地」、「蟬嘶晚吹」，亦是秋日之景。折彥質，字仲古，雲中人。靖康元年爲李綱河北河東宣撫使司屬官。後官至參知政事，能詩文，有《葆眞居士》詩。其事蹟散見于《三朝北盟會編》及《建炎以來繫年要錄》等。

是秋，又曾陪李綱游鼓山，有詩唱和。

李綱有《游山拙句奉呈珪老幷簡諸公》記游：「嘉客同游海上宮，高僧問道得從容。乍驚暑退靈源洞，最愛亭開大頂峰（原注：峰舊為閣所遮，師徙閣而峰見，氣象雄偉）。傑閣初成切星斗，飛雲時到繞杉松。我來未盡登臨興，更待秋高灝氣濃。」蘆川用此韻和詩云：「海山幻出化人宮，樓觀新崇萬指容。……欲去更聞獅子吼，忘歸橋下興猶濃。」（本集卷三《再和李丞相游山》）李綱原唱依《梁溪先生文集》卷三二編次，作于紹興八年（參《李綱年譜長編》），蘆川詩即作于同時。蘆川時又作有《次錢申伯游東山韻二首》（本集卷三），知錢申伯亦同游。

游鼓山餘興未盡，賓主又相攜同游福州東山，李綱有《還自鼓山過鱣溪大乘榴花洞瞻禮文殊聖像漫成三首》記游，其一云：「一派寒流作小溪，松篁深處有叢祠。千年鱣骨專車在，百丈靈湫瀑布垂。粳稻豐穰欣歲樂，笳簫清咽報神私。更將小雨爲滂潤，正是農夫播麥時。」其三云：「乞得明時多病身，歸來林下養天眞。芒鞋竹杖未全老，葯竈酒壺隨分春。山寺遞傳鐘聲晚，田家收拾稻糧新。試窮溪上榴花洞，恐有桃源避世人」（《梁溪先生文集》卷三二）。時蘆川亦有次韻之作，本集卷三《游東山二咏次李丞相韻》即用李綱原韻。蘆川詩有「山屐數陪銷暇日，詩篇常許和陽春」之句，知蘆川同游東山。

按：《福州府志》卷五：「東山，在遂勝里城東十里，有洞曰榴花洞，有泉曰聖泉。」李、張二詩所言之「榴花洞」「榴花谷」，即東山形勝。又李綱詩題所言「文殊聖像」，亦在東山，見《梁溪先生文集》卷一六五《福州東山文殊菩薩疏》。

東山既歸之後，錢申伯有詩抒懷，蘆川以詩相和，本集卷三《次韻錢申伯游東山既歸述懷之章》即是與申伯唱酬之作，此詩幷用《再和李丞相游山》原韻，故知作于本年。

時友人鄒德久卒，蘆川有詩哭悼。

本集卷三《哭鄒德久二首用前韻》：「出守眞成夢蟻宮，天臺雲色亦愁容。」

按：是年三月鄒德久由比部員外郎出知台州，不久卒于任上。《要錄》卷一一八載，紹興八年三月辛丑，「比部員外郎鄒柄（即德久）知台州，以御史劾柄貪饕，而贊諂事張浚也。柄尋卒。趙鼎奏柄貧甚，無以歸葬，忠賢之裔，理宜優恤，乃賜其家百縑（原注：賜帛在五月壬申，不知柄以何日卒也）。」賜帛既在五月，德久當卒于五月前、三月後，蘆川此詩作于本年故已可知。又，詩題所言之「用前韻」指用上列本年秋所作游山四首韻，亦證《哭鄒德久二首用前韻》作于本年秋。蓋蘆川在福州，德久噩耗從台州傳來，自需數月。鄒柄，字德久，常州晉陵人。元祐名臣、道學家鄒浩之子。靖康元年爲李綱屬官，與蘆川爲同僚好友。故蘆川聞耗悲痛不已，連作四詩哭之。德久行事，見史能之《咸淳毗陵志》

卷一七。

是年冬，朝中奸相秦檜、孫近等策劃與金議和，蘆川聞訊後，作《再次前韻即事》（本集卷三），痛斥秦檜、孫近等主和賣國之權奸爲「群羊」。從詩中「睨柱倘能回趙璧，思鱸安用過吳儂」一聯可以看出，蘆川退隱實出于無路請纓之悲憤。倘能伸其謀略，酬其壯志，則不會效張季鷹之隱居。

按：詩題「再次前韻」，指次上述與錢申伯李綱唱和詩、哭鄒德久諸詩原韻，據知詩作于本年。

有題跋。

臘月既望，蘆川仍居福州，與趙無量游，本集卷九《跋米元章下蜀江山圖》云：「紹興八年季冬既望，趙無量會飯淪茗竟，出所藏米元章《下蜀江山》横卷，此老風流，晉宋間人物也……。」

按：是時趙無量「通守晉安」，蘆川居此（參明年譜），故與之「會飯瀹茗」。

又按：「晉安」，指福州，因福州在晉、宋、齊、梁時稱晉安郡，故名（參《閩都記》卷一、《讀史方輿紀要》卷九六《福州府》）。趙無量，名不詳，青社人，與蘆川「爲齊年故人」（詳明年譜），其「平生耽野史名畫」，爲人「坦夷」「和易」，紹興中卒（見殘本《歸來集》卷一四《追薦趙無量疏》）。

同月，李綱上疏反對議和，蘆川作《賀新郎》詞寄之。

本年十月丁丑，金以張通古、蕭哲爲江南詔諭使，與王倫偕來計議和事。舉國上下，群情激憤。十二月戊午，李綱在福州聞之，亦義憤填膺，即上疏反對議和曰：「金人變詐不測，貪婪無厭，縱使聽其詔令，奉藩稱臣，其志猶未已也，必繼有號令，或使親迎梓宮，或使單車入覲，或使移易將相，或改革政事，或竭取租賦，或朘削土宇。從之則無有紀極，一不從則前功盡廢，反爲兵端。以謂權時之宜，聽其邀求，可以無後悔者，非愚則誣也。使國家之勢單弱，果不足以自振，不得已而爲此，固猶不可；況土宇之廣猶半天下，臣民之心戴宋不忘，與有識者謀之，尚足以有爲，豈可忘祖宗之大業，生靈之屬望，弗慮弗圖，遽自屈服，冀延旦暮之命哉？」（《要録》卷一二四，又參《宋史·李綱傳》、《宋史紀事本末》卷七二）蘆川聞之，并感于時事之「群羊競語遽如許，欲息兵戈氣甚濃」（本集卷三《再次前韻即事》），遂慨然作《賀新郎·寄李伯紀丞相》，抒發其「氣呑驕虜」的壯志和對「欲息兵戈」權臣的義憤，以激勵李綱反和議的鬥爭。

按：文學研究所編《唐宋詞選》謂此詞作于紹興九年，未知何據。竊以爲，從當時和議事態的發展和蘆川對此事的態度來看，其詞當作于本年十二月戊午（初六）李綱上疏後不久，且詞中「宿雁落寒蘆深處」、「倚高寒」都是深冬情景。《四庫全書總目》卷一九八《蘆川詞提要》謂「李綱疏諫和議亦在是年十一月，綱斯時已提舉洞霄宮，元幹又有寄詞一闋。」是《提要》亦以爲蘆川此詞作于本年。唯「十一月」誤，當作「十二月」。

又按：李綱是時居福州（參《梁溪先生文集》卷一三九《福印清禪師語録序》「歲在戊午余寓長樂」）。蘆川亦居福州。

紹興九年己未，四十九歲。

是年二月，蘆川游雪峰山，時知福州折彥質離任，以詩送其行。

本集卷二《次折樞留題雪峰韻》：「故人容野老，勝踐見新詩。誰辨兼忘世，公當急濟時。春歸仍送別，好在出山遲。」是年二月，折彥質離任（見上年譜），故詩謂「春歸仍送別」。據「故人」一聯及詩題二人當同游雪峰山。雪峰山，「在福州府西百八十里，盤踞閩侯、閩清、古田、羅源四縣之境。舊名象骨峰，（五代）王閩時改今名」（《讀史方輿紀要》卷九六）。上有雪峰寺（《方輿勝覽》卷一〇）。

中秋，蘆川仍居福州，與趙無量游。

本集卷九《跋山居圖》：「青社趙無量通守晉安，出示叔毅所圖山居，開卷怳然，……念與無量、叔毅爲齊年故人，各已四十有九，齒髮向衰，而萍蓬無定，……倘問予山居之樂，則未必在二子下風也。紹興己未中秋蘆川老隱跋。」此謂趙無量通守晉安（即福州），而出示《山居圖》，又曰「山居之樂」，蘆川居晉安無疑。而去冬蘆川與趙無量在晉安會飯，則當時蘆川居晉安亦可知矣。

九月，新任福建路安撫大使、兼知福州張浚壽辰，蘆川上生朝詩以賀。

本集卷二《張丞相生朝二十韻》：「牙帳羅旌棨，萱堂合鼓笙。」是年二月張浚除福建路安撫大使兼知福州（《要録》卷一二六、《宋史·高宗紀》、《宋名臣言行録》別集卷三、劉一止《苕溪集》卷三八《張浚復資政殿大學士充福建路安撫大使兼知福州制》），故詩有「牙帳」云云。詩稱張浚爲丞相，蓋張浚曾于紹興五年二月拜右僕射、同平章事（《宋史·張浚傳》、《要録》卷八五、《宋史·高宗紀》、《宋史·宰輔表》等）。

按：本集卷一《紫巖九章八句上壽張丞相序》曰：「公帥閩之二年，歲在作噩秋九月中浣，有客作是詩以獻焉。」據知張浚生日在九月（張浚時年四十三歲）。

同時蘆川又有《代上張丞相生朝四首》，詩曰：「下車逢誕日，喜色照尊罍。」（本集卷二）知詩作于張浚到任之初。張浚，字德遠，漢州綿竹人，南宋中興名將，《宋史》卷三六一有傳。亦能詩文，《梁溪先生文集》附録有其《李伯紀丞相挽詩》（又見《宋詩紀事》卷三九）及《祭李伯紀丞相文》等。

紹興十年庚申，五十歲。

是歲，正月十五日，李綱病逝于福州。蘆川爲詩以悼之。

正月上元節，李綱臨其弟李經之喪，悲慟過度，暴得疾，即日逝世（《要録》卷一三四、李綸《李公行狀》、《李忠定公年譜》）。蘆川臨喪，幷作詩五首悼念，稱其「壯志深憂國，丹心篤愛君」。

按：此詩本集卷二題作《挽少師相國李公五首》，而《梁溪先生文集》附錄此詩，題爲《門人右朝奉郎致仕張元幹上》（據此亦證蘆川紹興元年致仕之官是右朝奉郎，而非將作監）。題曰「門人」，當是蘆川原題，而題作《挽少師相國李公》，應是其孫編集時所改。

是春，作《庚申自贊》。

本集卷一〇《庚申自贊》：「行年五十矣，雖髭髮粗黑，然田廬皆無。陶陶兀兀，遇飲輒醉，著枕即寐。一念不生，萬事不理。」言雖曠達，心實悲憤，觀其本年所作李綱祭文可知耳。

夏四月初五，自號眞隱山人，有《跋少游帖》等。

本集卷九《跋少游帖》：「紹興庚申初夏五日，眞隱山人書于水口精舍。」水口精舍，其地未詳。

按：所跋《少游帖》，係史持正所攜。史持正又藏有蘇轍書帖，蘆川同時又作《跋蘇黃門帖》（同卷）。史持正，人事不詳。

四月十五日，爲文祭李綱。

祭文本集不載，而見于《梁溪先生文集》附録，原題《張致政》，蓋因李綱之孫李大有編《梁溪集》收録諸家祭文，皆以人編次，蘆川早年致仕，故稱「張致政」。今依文中所叙，將題改作《祭李丞相文》，并將原文録之如下：

「維紹興十年歲次庚申，四月乙巳十五日己未，門生右朝奉郎致仕賜緋魚袋張元幹，謹以清酌庶羞之奠，昭告于故大丞相少師李公先生之靈。嗚呼哀哉！大鈞播物，造化茫昧，篤生豪傑之士，常與厄運會焉。王室多艱，肇自先朝；撥亂反正，扶危救傾。奮不顧身，孰如公者？然孤忠貫日，輒蔽于浮雲；正色立朝，俄傷于貝錦。雖用每不盡其所學，一斥則終不復收用，豈黔黎命輕而善類深否耶？此殆外侮間之，後□忌焉。使不得一日安于廟堂之上者，天也。道之不行，果厭溷濁談笑之頃，去若脱屣，是則公之英氣復藏山川，而精爽上騎箕尾，固無事蓍蔡，可逆而知也。嗚呼哀哉！我來哭公，異于衆人。往在宣和庚子，拜了堂先生廬山之南，心知天下將亂，陰訪命世之賢。先生指公曰：『諱言久矣，乃者巨浸暴溢，都邑震驚，陰盛兵象也。貴臣方負薪臨河，有柱下史叩頭陛下，願陳災異大略。胸中之奇，曾未一吐，已觸鱗遠竄矣。異時眞宰相也。吾老不及見矣，子盍從之游？』後數年，始克見公梁溪之濱。歷論古今成敗，數至夜分。語稍洽，爰定交焉。蓋瞻望最先，而登門良舊也。越明年冬，虜騎大入，公在泰常決策，力贊徽宗内禪之志，已而庭爭挽回淵聖南巡之輿。

明目張膽，自任天下之重。一遷而爲貳卿，再遷而爲右轄，三遷而爲元樞。建親征之使名，總行營之兵柄，辟置掾曹，公不我鄙，引承人乏。直圍城危急，羽檄飛馳，寐不解衣，而餐每輟哺，夙夜從事，公多我同。至于登陴拒敵，矢集如猬毛，左右指麾，不敢愛死，庶幾助成公之奇勛，初無爵祿是念也。虜退城開，群邪未盡，遂父子之間，人所難言。飛語上聞，大臣畏縮避事，公毅然請行，剖赤心，迎大駕，調和兩宮，再安宗廟，實係公之力。而宮傳疑暗，事乃大謬。向使盡如壯圖，督追襲之師，半渡而擊，首尾相應，可使太原解圍。奈何反擠公，則有河東之役。僕嘗抗之曰：『榆次之敗，特一將耳，未當遽遣樞臣，此盧杞薦顏魯公使李希烈也，必虧國體。』且陳以禍福利害。退而告公，公雖壯我，而爲我危之。既不及陪屬同列，有擇地希進之誚，即投劾以自白。議者猶不舍也。是歲秋九月，卒與公同日貶，凡七人焉。流落倦游，回首十有四載于茲矣。中間丁未至庚戌，公入秉鈞衡，歸自嶺海，而僕阻于江湖，有如參辰。辛亥至己未九載之內，公多居閩，歲時必升公之堂，獲奉觴豆間。乃登高望遠，放浪山巔水涯，相與賦詩懷古，未嘗不自適而後返，若將終焉，無復經世之意。迨夫酒酣耳熱，撫事慷慨，心發虞卿魯仲連之論，志在憂國。坐客皆曰：『師尙父鷹揚，衛武公淇澳，公則得之福祿，固未艾也。』別曾幾何時，天不憖遺，奪我元老。聞訃之日，若噩夢然，不知涕泣之横集也。嗚呼哀哉！儒學起家，位躋袞綉，慶覃子孫，始終爲我有宋師保之臣，夫復奚憾？所乏者壽考耳。人孰無死，期頤亦盡，如公之亡者，大節完焉。先民有言，死日然後是非乃定。定與未定，公庸何傷哉！百世之下，必有君子知所以處公者矣。嗚呼哀哉！疇昔公之在廊廟，猶僕之在幕府，雖大小殊途，貴賤異勢，其爲出處齟齬，略相似焉。公今云亡，殆將安仰？几筵肆設，恍惚平生，讀公遺稿，永無負于國家。視僕孤踪，果何報于知遇？幽明之中，賓主不愧。皇天后土，實聞此言。抆血塡膺，公其歆止。嗚呼哀哉！尙饗。」

十二月十三日，爲文再祭李綱。

十二月十四日，李綱「葬于福州懷安縣桐口大家山之原」（《梁溪先生文集》卷首附《年譜》）。蘆川于前一日爲文再祭李綱，文亦僅見于《梁溪先生文集》附錄，原題《再祭》，今改作《再祭李丞相文》，原文錄之如下：

「維紹興十年歲次庚申，十二月辛未朔十三日癸未，門生右朝奉郎致仕賜緋魚袋張元幹等，謹以淸酌庶羞之奠，致祭于故宮使大觀文相公贈少師李公墓下。嗚呼哀哉！昔炎正之中微兮，天步多難；揭孤忠而委質兮，公進每正。必迎鋒而犯難兮，□□□□。風雲之初載兮，遭大變而策勛；歷三朝而一體兮，輒坐困于讒人。豈君臣之不密兮，卒直道而弗信。時承平而水暴至兮，肇災異于先見；奮激烈于柱下兮，觸逆鱗而遠貶。歲收召于大荒落兮，式啓黃屋之內禪。特賜卮九而會百六兮，宇宙震駭。肆嗣王之膺圖兮，整紀律于既壞。城狐社鼠導外侮兮，封豕長蛇恣吞噬兮。嗚呼哀哉！扶神器之傾圮兮，公崛起而安之。挽帝裾將往兮，號召四方勤王之師。返木主于九廟兮，升皇輿于端門。撫六軍誓以死守兮，溥歡聲于乾坤。挺身爲金湯之固兮，被飛矢之雨集。公夙夜以盡瘁兮，屹萬仞之壁立。惟姚之舉雖未勝兮，虜已怯其敵而請和。夜三鼓扶疾而援兮，公承命靡知有它。彼利口之覆邦家兮，幸中傷以死禍。士舉幡以訟冤兮，公免胄以謝過。悼秘計之不行兮，決天源以灌注。掃匹馬無噍類兮，又沮擊于半渡。帝復用而愈交譖兮，公猶躬迎于太上。釋父子之危疑兮，叱宫傅之疑暗。遂力擠以并汾之圍兮，密授旨而撓公節度。凡可藉口以爲公害兮，衆莫恤其國之自蠹也。嗚呼哀哉！公百謫猶何傷兮，

剖赤心而奚言。虎豹守關而磨牙兮，徒闖首莫窺其天。非鐵心石腸兮，孰罹于斯之憂患。賴眞人之勃興兮，爰冊命以首相。披荆棘而立朝廷兮，欲盡護于諸將。辨逆順以正邦兮，尊廉陛于君上。論形勢而建都兮，以下策爲建康。用兩河之民兮，虜所懼也；定六等之罪兮，衆所怒也。涉鯨波而生還兮，皇明燭幽。身放浪于江海兮，惟王室之是憂也。遽蟬蛻而不返兮，皇一甲子而莫周。嗚呼哀哉！公之不死于忌毒兮，沒元身于牖下。慶長流而源清兮，可無憾于用舍。世或賣友以速信兮，予獨甘心而守窶。意東山之起兮，夫何哭于西州之路。諒功名之無用兮，老丘園其有素。亂曰：咽笳鼓而陳班劍兮，光師旅之徂征。森晝翣以披拂兮，風嘯嘯而馬鳴。朝發軔

乎永和，夕稅駕于湘口。眇銘旌兮涂車芻靈，岌豐碑兮龜趺螭首；龍左旋而虎右跱兮，幽宮坡阤。何止乎立萬馬兮，廣莫陵阿。象平生之胸次兮，吞雲夢者八九。公忽歸是中而千秋兮，堅帶礪于山河。築闕兮佳城，蹇天祿兮辟邪。紛斧斤于土木兮，悦貔貅之野宿。鬱夜竈以生煙兮，炯太白于蒼松之麓。公之神其猶仰□兮，冀旄頭之墜覆。仿祁連而表牟駝兮，圖遺像于雲臺。嗟予白首而煢煢兮，公先去果安在哉！涕淋浪兮酬此卮酒，歌楚些兮公亦聞否？嗚呼哀哉！尚饗。」

紹興十一年辛酉，五十一歲。

是年春，有詩送楊聰父。

本集卷三《辛酉別楊聰父》：「春風着意送將歸，爲賦清江落日低。」據知其與楊聰父別，在是年春。詩又曰：「家山彼此歸心速，歧路東西客夢迷。」蘆川是春當不在故里，故思歸家鄉，然未詳何地。楊聰父，名里不詳，從詩中「寓居長記對青猊」觀之，蘆川與之過從甚密，唱和亦多（詳本年編年詩）。

三月，在福州，以啓賀張浚復特進。

張浚于紹興七年正月始遷特進（《要録》卷一〇八、《宋史·高宗紀》、《宋史·張浚傳》等），本年三月癸卯，復特進（《要録》卷一三九、《宋史·高宗紀》、《宋史全文》卷二一、《中興聖政》卷二七等），蘆川聞之，作《賀張丞相浚復特進啓》，稱張浚「元戎十乘，聊作鎮于甌閩；泰階六符，忽騰輝于宸極」（本集卷八）。

是春，蘆川築鷗盟軒成，有詩書懷。

本集卷三《次友人書懷》云：「卜築幾

椽臨水屋，經營數畝傍山園。酒杯剩喜故人飲，書帙能遮老眼昏。」據此詩及本年冬呂本中贈詩（詳後），知蘆川時已卜築定居。詩又曰：「會見敵營如竹破，不應淮甸又兵加。」

按：是年正月金兵再次渡江南侵，「淮甸兵加」謂此。據詩中「腸斷春風楊柳花」，「布穀催春」云云，詩當作于本年春。又按。蘆川所居曰鷗盟軒，李彌遜《筠溪集》卷一七《題張仲宗鷗盟軒》詩云：「寄語沙頭不下鷗，詩翁新葺面江樓。早知世事翻覆手，更覺人生起滅漚。念盡不應書咄咄，身閑何用榜休休。徑須來結忘幾伴，春水浮天不繫舟。」「面江樓」與蘆川自謂「臨水屋」正合，故知鷗盟軒即蘆川是年所築之新居。李詩有「春水」云云，當亦作于是年春。

秋，宿鷗盟軒，有詞抒懷。

本集卷五有《永遇樂·宿鷗盟軒》詞，蓋蘆川居新第鷗盟軒感于時事，遂作此詞。詞有「涼飆天際」、「乍聞繞階絡緯」云云，據知詞作于秋天。

九月，張浚壽辰，蘆川作八首四言詩上壽。

本集卷一《紫巖九章八句上壽張丞相》序云：「公帥閩之二年，歲在作噩秋九月中浣，有客作是詩以獻焉。」

按：太歲在酉曰作噩（《爾雅·釋天》），是歲爲辛酉年，故曰「歲在作噩」（《續通鑑》卷一二四載宋史起自紹興十一年，而謂「起重光作噩（辛酉）正月，盡十二月」。可參看）。詩中蘆川對張浚期待甚切，謂「土宇未復，緊公辟之。士風未變，緊公革之。軍律未振，緊公鼓之。國論未休，緊公斷之。」據此，蘆川對世事仍耿耿于懷，并非「一念不生，萬事不理」者。

是冬，呂本中聞蘆川定居，寄詩問之。蘆川有詩答謝。

呂本中《寄張仲宗》云：「聞道張夫子，今年已定居。偶緣荔子債，遂絕故人書。歲月足可惜，溪山莫負渠。它年得相近，不必遠庖廚。」據《東萊先生詩集》卷一八編年，此詩當作于辛酉年冬之信州。

蘆川接詩後，即作《次呂居仁見寄韻》謝之：「老去猶爲客，誰人念退居。相望千里路，賴有數行書。白曬猶堪寄，烏牛正憶渠。何時聞枉駕，竹裏喚行廚。」（本集卷二）二人雖相約他年相會，然終未得一見也。

紹興十二年壬戌，五十二歲。

是歲，蘆川居福州。春，張浚離任，蘆川《上張丞相十首》送行。

本集卷二《上張丞相十首》：「閩粤諸侯地，春風盡去思。三年歌德政，萬戶繪生祠。」其二：「雪後風煙潤，春歸草木香。丹心馳魏闕，夢想萬年觴。」

按：張浚罷福建安撫大使兼知福州本在去年十一月辛酉（見《要録》卷一四二、《宋史·高宗紀》、《續通鑑》、《南宋制撫年表》卷下），然至今年春方離任，蓋繼任知福州程邁今年二月始到任（詳下）。從詩中「春風盡去思」，「春歸草木香」亦可知張浚今春才離閩。又詩有「賴公霖雨手，忍賦語離詩」，知詩乃張浚離閩時蘆川爲其送行而作。張浚自紹興九年帥閩，至其罷職時恰爲三年，故詩謂「三年歌德政」。詩中曾言及與張浚的交往：「賤子居閭里，明公總帥權。姓名誰比數，禮遇每周旋。老去無三窟，閑中有二天。知音何日報，願見中興年。」據「居閭里」云云，知蘆川在張浚帥閩期間皆居福州，二人常相往來，且相處頗投機，故蘆川有「知音」之嘆。詩中又有「小築開三徑，躬耕趁一犁」，亦證蘆川去年已筑室定居。

時又與彭德器、胡銓唱酬。

本集卷六《瑞鷓鴣·彭德器出示胡邦衡新句次韻》：「風光全似中原日，臭味要須我輩人。雨後飛花知底數，醉來贏取自由身。」

按：胡邦衡（銓）自紹興九年正月乙酉簽書威武軍節度判官廳公事至今，皆謫居福州，其與彭德器常通音問（參《胡澹庵先生文集》卷一二《與彭德器》），故德器能以邦衡新句出示蘆川。而是秋胡邦衡貶新州，蘆川有詞送其行（詳下）。《瑞鷓鴣》詞當作于本年或稍前，又據「雨後飛花」云云，知詞作于春末。此詞係次胡銓詞原韻，然胡原唱今不傳。蘆川尚有《病中示彭德器》詩云：「老病無堪正坐貧，交游相見賴情親。……君侯議論高千古，略假毫端問大鈞。」（本集卷三）詩亦當作于是年前後。彭德器，名里未詳，據胡銓《與彭德器》書信稱其「學士」，其時德器或亦任職于閩中。蘆川本集卷一〇有《彭德器畫贊》，可略見其人風概。

秋七月，胡銓貶新州，蘆川在福州作詞送其行。

紹興八年戊午，秦檜主和，胡銓時任樞密院編修官，上書請斬秦檜等以謝天下（原文見《宋史·胡銓傳》、《續通鑑》、《宋史紀事本末》卷七二），朝野震驚；金君臣聞之，亦爲之失色（參《宋名臣言行録》別集卷一三《胡銓》、葉紹翁《四朝聞見録》甲集、羅大經《鶴林玉露》甲編卷六），秦檜更是惱羞成怒，不獨必欲置胡銓死地而後快，且凡與胡銓有牽連者，亦重加貶謫。胡銓當即被除名、編管昭州。後秦檜因迫于公論，又改胡銓監廣州鹽倉。次年改簽書威武軍判官（任所在福州）。胡銓初上書時，宜興進士吳師古鋟木傳之，金人募其書千金，師古被流放袁州。胡銓謫廣州時，朝士陳剛中以啓爲賀，亦被謫知虔州安遠縣，遂死焉（《宋史·胡銓傳》、《要録》卷一二四、《宋史紀事本末》卷七二、《續通鑑》等）。紹興十二年七月初二癸巳，秦檜「諷臺臣論其前言弗效，詔除名勒停，送新州（今廣東新興）編管。張仲宗元幹寓居三山，以長短句送其行云……」（《揮麈録·後録》卷一〇）。此詞即本集卷五之《賀新郎·送胡邦衡待制謫新州》也。蔡戡《定齋集》卷一三《蘆川居士詞序》亦謂蘆川「喜作長短句，其憂國愛君之心，憤世嫉邪之氣，間寓于歌咏。紹興議和，今端明胡公銓上書請劍欲斬議者，得罪權臣，竄謫嶺海，平生親黨避嫌畏禍，惟恐去之不速，公作長短句送之，微而顯，哀而不傷，深得三百篇諷刺之義」。岳珂《桯史》卷一二亦載：「胡忠簡銓既以乞斬秦檜掇新州之禍，直聲振天壤。一時士大夫畏罪箝舌，莫敢與立談，獨王盧溪庭珪詩而送之。……時又有朝士陳剛中、三山寓公張仲宗亦以作啓與詞爲餞得罪。」今按：蘆川作詞送胡銓在王庭珪作詩送行之先。此由胡銓所叙可知。其《胡君商隱墓誌》有云：「紹興壬戌秋，某自福唐幕被旨，竄逐嶺表，道故里，商隱偕其兄……祖送不忍別」（《胡澹庵先生文集》卷二七）。又《監簿敷文王公墓誌銘》云：「紹興戊午，某以狂瞽忤時相，壬戌秋謫嶺表，士皆結舌。公（庭珪）獨作詩送某行，有『癡兒不了官中事，男子要爲天下奇』之句。詔江西帥沈昭遠鞠治以聞，除名竄夜郎。」（同書卷二九）據知，是年七月，胡銓在福唐（福州）聞謫命，出發時，蘆川作詞送其行（見上引《揮麈録》與《桯史》）；後過蘆陵時，王庭珪始作詩送之。

按：《宋名臣言行錄》別集卷一三上謂胡銓「往新州，其鄉人王庭珪者，棄官養志幾二十年，至是以詩送公（胡銓）。……邑大夫歐陽識使人訐之，除名編隸辰州。」據知是時庭珪棄官居鄉（又參胡銓《王公墓誌銘》），其後才爲歐陽識所訐而遭貶。

蘆川于舉世避嫌畏禍，結舌箝口之際，毅然率先作詞送胡銓，壯其行，將個人安危置之度外，蘆川爲人之剛直不屈，凜然正氣不難想見。又按蘆川此詞，當時傳之甚廣。南宋楊冠卿《客亭類稿》卷一四《賀新郎》詞序云：「秋日乘風過垂虹，時與一羽士俱，因泛言弱水蓬萊之勝。傍有溪童，具能歌張仲宗『目盡青天』等句，音韻洪暢，聽之慨然，戲用仲宗韻呈張君量府判。」

是秋，李仲輔卒，蘆川有詩悼挽。

本集卷二《挽李仲輔三首》：「三載重凶釁，一門皆異材。」李仲輔兄李綱伯紀、弟李經叔易皆于紹興十年卒，而詩謂「三載重凶釁」，李仲輔當卒于本年。詩又云：「淚盡餘青血，秋風萬壑哀。」據知仲輔卒于秋天。

按：紹興十年正月，李綱逝世後，李維即回閩任福建提刑司提點刑獄（《要録》卷一三四、《福州府志》卷二八），李維仲輔當卒于閩中。

秋，又逢新任福建安撫大使程邁生辰，蘆川上《福帥生朝二首》。

本集卷三《福帥生朝二首》其一：「玉帳生朝香霧飛，秋風欲到碧梧枝。回思十載折衝地，還鎮八州安靜時。《淇澳》會須歌綠竹，渭濱猶待獵非羆。止戈堂上多珠履，爭獻龐眉春酒詩。」

按：詩題所稱「福帥」，據《桐江詩話》知爲程邁（字進道）。《桐江詩話》云：「程進道，紹興初帥閩中，殄滅諸寇，以武庫爲止戈堂，一時諸公題咏甚多，汪彥章一詩最爲絶唱。詩云：『此老胸中百萬軍，暫勞試手犬羊群（《浮溪集》卷三一作「沸狼群」）。山頭不復望廷尉，柱後何須用惠文。解帶爲城聊戲劇，賣刀買犢便耕耘。三山勝處開華屋，千載人傳舊使君。』『千里閩山馹騎飛，天書趣解海邊圍。異軍方逐蒼頭起，元帥徐將白羽揮。翻就鐃歌春舉酒，收還烽火夜開扉。向來不事（《浮溪集》作「萬事」）關兵氣，都作風光坐上歸』。」

（三）《苕溪漁隱叢話》前集卷五三，又見《宋詩紀事》卷三六，《宋詩話集佚》卷上）止戈堂爲程進道所建，而蘆川詩曰「止戈堂上多珠履」，據知「福帥」即程邁。

又按：程邁先後兩次帥閩，建炎四年至紹興元年自中書門下省檢正諸房公事充集英殿修撰知福州（《要録》卷三一、《揮麈録·第三録》卷一，《南宋制撫年表》卷下），紹興十二年二月以顯謨閣直學士、左中大夫再知福州（《南宋制撫年表》卷下、《福州府志》，蘆川本集卷九《福州連江縣潘渡石橋記》），止戈堂爲其首次帥閩所作。梁克家《淳熙三山志》卷七云：「止戈堂，今安撫廳後架閣庫之北舊甲仗庫，……建炎四年建寇猖獗，程待制邁乞師于朝，乃出禁旅，命孟參政庾、韓少師世忠討之。紹興二年賊平（參本譜前張動事考），遂更名堂曰止戈（原注：有秦檜、孫近、汪藻、許份、張致遠、李彌遜、辛炳、張觷、洪炎、鄧肅、李芘、朱松等咏程公之功，今為《止戈堂集》）。」然蘆川此詩作于紹興十二年程邁再知福州時，此據詩中「回思十載折衝地，還鎮八州安靜時」可知。程邁十餘年後再帥閩，故有「回思十載」、「還鎮」云云。詩又有「秋風欲到」之句，故知詩作于秋天。

時又爲程邁賦《止戈堂》詩。

本集卷三《止戈堂》其二有「千騎重來竹馬迎」，「十年回首賴長城」云云，據知此詩亦作于本年程邁再帥閩時。

按：本年十一月程邁即罷知福州（《南

宋制撫年表》卷下），詩當作于此前。

中秋後，嘗陪程邁宴飲，有詞。

本集卷五《水調歌頭·陪福帥燕集口占以受官奴》：「已過中秋時候，便是菊花重九，爲壽一樽歡。」據知中秋後蘆川嘗陪程邁宴飲。詞中又有「閩嶠尤寬南顧」云云，亦證詞作于閩中。

程邁，字進道，新安黟（今安徽黟縣）人。登元符三年進士乙科。徽宗時提舉江西常平，民有訟田者二十年不決。邁閲其牘，問訟者年幾何？曰：「六十六。」邁曰：「爾所賫券乃慶曆三年，時方七歲，安得妻財置産。」訟者嘆服。建炎三年由太府卿遷起居郎，後改太常少卿。建炎四年爲福建安撫使兼知福州。紹興三年知溫州。紹興七年知信州，民嚚訟，吏巧于法，邁獲奸痛治之，境内慴服，訟訴爲衰。八年，爲江淮荆浙閩廣等路經制發運使，專掌糴事。九年正月，知鎮江府，同年八月移知饒州。紹興十二年再知福州，十五年正月卒，年七十八。所著有《浪漫編》五卷、奏議表啓三十卷、詩二百餘篇（《新安文獻志》卷八四《程公家傳》，又參《新安文粹》卷七羅願《程邁傳》），今皆不傳。《宋史》無傳，故詳及之。

十月十七日，蘆川游連江，會遇朱松。

本集卷一〇所附朱松題跋末署「紹興壬戌十月十七日觀于連江玉泉寺上方」，知是日蘆川與朱松相會，并出示諸賢題跋，朱松爲之題書。連江（今屬福建），宋屬福州。

時蘆川又應連江知縣阮朝瑞之請，作《福州連江縣潘渡石橋記》（見本集卷九）。

是年，汪藻知泉州，蘆川作啓以賀。《宋名臣言行録》别集卷七上載汪藻紹興十二年知泉州，據知蘆川《賀泉州汪内翰藻啓》（本集卷八）作于是年。汪藻嘗于紹興元年五月除翰林學士（《宋中興學士院題名》等），故啓稱汪内翰。汪藻，已見本譜大觀四年。

紹興十三年癸亥，五十三歲。

是年，蘆川在閩。二月二十二日，與富直柔游，富爲之題跋。

本集卷一〇附録富直柔是年二月二十二日跋蘆川《尊祖事實》曰："「觀仲宗此文，感念洛陽松楸，未知拜掃之日，不覺涕泗横集。」蘆川出示《尊祖事實》諸文後，富直柔方能「觀」之，故知是時蘆川與游。富直柔，字季申，洛陽人，故有「感念洛陽松楸」云云。靖康初，晁説之奇其文，薦于朝，召賜同進士出身，除祕書省正字，累官至同知樞密院事，《宋史》卷三七五有傳。

按：紹興十一年五月庚申，富直柔罷知泉州（《要録》卷一四〇），十二年正月落職奉祠（《要録》卷一四四），是年仍閑居在閩（參《宋詩紀事》卷四二富直柔《題萬象亭并序》、《淳熙三山志》卷七《公廳》），故蘆川得與游。富直柔亦能詩詞，然無集傳世。《宋詩紀事》卷四二録其《題萬象亭》詩一首，葛立方《韻語陽秋》卷一八又載其絶句三首，此其作品之僅存者。

二月晦，葉份與游并爲之題跋。

本集卷一〇附録葉份跋文曰："「紹興癸亥仲春晦，仲宗出此軸相示，并得熟讀諸公跋語。」據知蘆川與葉份曾游處。葉份，字成甫，延平人，累官至戶部尚書。《宋史》無傳，其事詳李彌遜《筠溪集》卷二四《葉公墓誌銘》及《要錄》各卷。

六月初一，蘆川在福唐與葉夢得游。

本集卷一〇附錄葉夢得跋文末署「紹興癸亥六月旦，觀于福唐東野亭」，據知六月初一蘆川與葉夢得同游福唐東野亭，夢得爲之題跋。

按：葉夢得去歲十二月自建康移知福州（參筆者《葉夢得年譜》），故蘆川得與從游。葉夢得，字少蘊，號石林，蘇州長洲人，累官至尚書左丞，《宋史》卷四四五有傳。夢得著述甚豐，清人葉德輝所編《石林遺書》最爲詳備。

中秋，葉夢得在福唐宴客，蘆川、富直柔皆與焉，蘆川有詞紀事。

葉夢得《念奴嬌·中秋宴客有懷壬午歲吳江長橋》詞云：「洞庭波冷，望冰輪初轉，滄海沉沉。萬頃孤光雲陣卷，長笛吹破層陰。洶涌三江，銀濤無際，遙帶五湖深。酒闌歌罷，至今鼉怒龍吟。回首江海平生，漂流容易散，佳期難尋。縹緲高城風露爽，獨倚危檻重臨。醉倒清尊，姮娥應笑，猶有向來心。廣寒宮殿，爲予聊借瓊林。」席上，蘆川依原韻作《代洛濱次石林韻》。詞曰：「吳淞初冷，記垂虹南望，殘日西沉。秋入青冥三萬頃，蟾影吞盡湖陰。玉斧爲誰？冰輪如許，宮闕想寒深。人間奇觀，古今豪士悲吟。蒼弁丹頰仙翁，淮山風露底，曾賦幽尋。老去專城仍好客，時擁歌吹登臨。坐揖龍江，舉杯相屬，桂子落波心。一聲猿嘯，醉來虚籟千林。」龍江，在福唐縣南，據此，葉夢得中秋宴客，當在福唐。

按：葉廷琯《吹網録》卷六謂葉夢得此詞「爲在建康時作」。其説云：「詞中有『高城』語，初不解作于何地，無從考證。後見《六十家詞》張仲宗元幹《蘆川詞》中有代洛濱次韻此題一闋云：『吴淞初冷……』。觀張詞『老去專城』及『坐揖龍江』等語，乃知公此詞是鎮建康時作（原注：考公第一次鎮建康，以紹興元年九月奉詔，辭而不允，十一月乙未始至，二年閏四月即被命提舉洞霄宫歸隱，未及遇中秋，是此詞作于再鎮時矣）。證以《石林詞》同調第三闋，題爲《次東坡赤壁懷古》韻，中有『萬里雲屯瓜步晚』之句，益信前闋爲建康同時所制無疑也。惟和者洛濱未詳何人。」葉廷琯之説，不足信。蓋蘆川詞所謂「老去專城」既可指鎮建康（按：葉夢得再鎮建康，在紹興八年至十二年），亦可指帥福州，廷琯似忘了葉夢得嘗鎮福州。又夢得同調《次東坡赤壁懷古》（《全宋詞》録此詞，而無此題）作于建康，然不能證明這首《中秋宴客》詞亦作于建康。詞同調但未必作于同時同地。今按：洛濱爲富直柔（參筆者《讀張元幹詞札記三則》，載《武漢師範學院學報》一九八二年第三期），富氏紹興八年二月知衢州（《要録》卷一一八），十年移知泉州（同書卷一三五），十一年五月罷知泉州，提舉臨安府洞霄宫（同書卷一三九），十二年正月落職（同書卷一四四）。紹興八年至十二年葉夢得鎭建康期間，富直柔不可能莅臨葉夢得在建康所辦之酒宴，蘆川此間皆在閩，亦不能與焉。葉、富與蘆川同聚唯是年才有可能。葉廷琯之誤，蓋不明白蘆川行踪、洛濱其人及其行事故也。

年底，蘆川有詩賀葉夢得壽辰。

本集卷一《葉少蘊生朝》云：「詔書移鎭來旆旌，山川草木知威名。」據知詩作于葉夢得初帥福州時。去年十二月二十二日夢得始奉命移知福州（已見前），到福州任最快亦當在是年正月，而夢得生日在冬十二月（詳下年），故蘆川去歲不可能作詩賀葉生日，詩作于本年。詩有「先生早貴當天升」、「出入四紀更寵榮」云云，夢得自紹聖四年（一〇九七）二十歲登第，至今已四十有六年，故概言之「四紀」。詩又曰：「大江千里依長城，控制勍敵堅其盟。」此句蓋稱頌紹興十一年二月葉夢得「團結沿江民兵數萬，分據江津」，阻止金兵渡淮事（詳筆者《葉夢得年譜》本年紀事），此又可爲詩作于本年之佐證。

紹興十四年甲子，五十四歲。

是歲，蘆川居閩。隆冬，有詞賀富直柔生日。

據汪藻《浮溪集》卷一三《賜同知樞密院事富直柔生日詔》：「隆冬方啓，上日惟良。氣鍾申甫之英，家襲韋平之慶。乃寵頒于牢醴，俾歸奉于庭闈。服我恩褒，增其壽祉。今賜卿生日羊酒米面等，具如別錄。至，可領也。」知富之生日在隆冬某月（當爲十一月）初一（「上日」，指每月初一)。是日，蘆川作《滿庭芳·壽富樞密》詞曰：「韓國殊勛，洛都西內，名園甲第相連。當筵綠鬢，獨占地行仙。文采風流瑞世，延朱履，絲竹喧闐。人皆仰，一門相業，心許子孫賢。問中興方慶會，再逢甲子，重數天元。千齡誰比？五福俱全。此去沙堤步穩，調金鼎，七葉貂蟬。香檀緩，杯傳鸚鵡，新月正娟娟。」（本集卷七）本年為甲子年，而詞曰「再逢甲子」，據知詞作于是年，亦見富直柔生于此前一甲子（一〇八四）。

按：富直柔紹興元年八月除同知樞密院事（《宋史·宰輔表》、《宋史》本傳），故稱「富樞密」。直柔乃北宋仁宗朝名相富弼之孫，富弼嘗封鄭國公、韓國公，又于西都洛陽建有亭園（參李格非《洛陽名園記》），故詞有「韓國」、「名園」云云。

年底，蘆川又有詩賀葉夢得壽辰。

本集卷三《葉少蘊生朝三首》其三：「元戎玉帳凜霜威，談笑何妨玉扇揮。平日丹心馳象闕，長年彩服奉慈闈。誰無五馬人生貴，獨有三奇命世稀。志在麟經成事業，頗聞天子詔公歸。」

按：是年十二月丁亥（初五，《石林遺事》卷上誤刻為「丁丑」），葉夢得特遷一官，提舉臨安府洞霄宮（《要録》卷一五二），而詩謂「頗聞天子詔公歸」，據知詩作于十二月丁亥前後，亦知夢得生日在是時。

紹興十五年乙丑，五十五歲。

是年二月，蘆川在永福，與李文中宴飲，有詞。

本集卷六《怨王孫》詞序曰：「紹興乙丑春二月既望，李文中置酒溪閣。日暮雨過，盡得雲煙變態，如對營丘著色山。坐客有歌《怨王孫》者，請予賦其情抱，葉子謙爲作三弄，吹雲裂石，旁若無人，永福前此所未見也。老子于此，興復不淺。」

按：李文中當是永福縣主簿，故蘆川與游，蓋是年蘆川有《送李文中主簿受代歸庭闈》詩曰：「豹隱猶遮霧，鸞棲遂及瓜。綠林方在境，彩服徑還家。」詩（本集卷二）據詩題與「及瓜」云云，知詩是李文中任期已滿，離任時蘆川送行之作。又據詩中「綠林方在境」一句知詩作于本年，蓋「綠林」指福建「大盜」管天下、伍黑龍等，《要錄》卷一五三載是年六月丙申，

「祕閣修撰、新知廣州薛弼充集英殿修撰，與敷文閣學士知福州莫將兩易。時虔、梅及福建劇盜有號管天下、伍黑龍、滿山紅之屬，其徒稍衆，攻劫縣鎮，鄉民作山砦自保。（莫）將言：漳、泉、汀、建四州，接江西、廣東之境，綠游手輩從賊，熟識小路，引其徒直衝縣鎮，如入無人之境。官軍不習山險，多染瘴疫，難于掩捕，乞委四州守臣，募強壯游手，每州一千人爲效用」（又參《宋史》卷三八〇《薛弼傳》）。詩謂「綠林方在境」，正是本年時事。

李文中，字里不詳，據《要錄》所載，知其紹興二十四年嘗爲太府寺主簿，卷一六六云：紹興二十四年四月戊申，「太府寺主簿李文中面對，言：『比歲州縣，

多侵用常平義倉米，既失經常之數，亦乖惠養之方，望詔有司申嚴其禁。』從之。」此其事之僅見者。葉子謙，名里未詳。《筠溪集》卷二二有《葉子謙研銘》。

九月，故人薛弼移知福州，蘆川作啓賀。

薛弼受移知福州之命本在是年六月（見上引《要録》卷一五三），然至九月始至福州（見《要録》卷一五四、《續通鑑》卷一二七），蘆川《賀薛帥移閩啓》當作于九月。蘆川靖康元年曾在李綱幕下與薛弼同僚（參前譜），故作此啓致意。

按：薛弼，字直老，溫州永嘉人，紹興八年至十一年知荆南（《南宋制撫年表》卷上），十三年知虔州（《要録》卷一四九），故蘆川啓稱其「嘗撫荆渚之上游，薦鎮贛州（即虔州）之劇郡」。其事蹟詳《宋史》卷三八〇本傳及《葉適集》卷二二《知廣州薛公墓誌銘》。薛弼亦能詩，《宋詩紀事補遺》録有其《建炎丞相成國呂忠穆公退老堂》詩。薛帥閩期間，與李彌遜有詩唱和，《筠溪集》卷一七有《次韻薛帥萬象亭》詩。

紹興十六年丙寅，五十六歲。

是年，正月初一，作《正旦本命青詞》。

殘本《歸來集》卷一四《正旦本命青詞》：「太歲丙寅，冲對長生之運；元日辛未，首臨本命之辰……伏願圓穹垂覆，列曜騰輝。償善貸以遐年，必曲全其晚節。俾遂隱居之志，聊存積慶之家。」

三月十二日，蘆川陪富直柔訪李彌遜于連江筠溪，有詞。

本集卷七《天仙子》詞序云：「三月十二日，奉同蘇子陪富丈訪筠溪翁于舊居，遂爲杏花留飲，歡甚。命賦長短句，乃得《天仙子》，寫呈兩公，末章幷發一笑。」

按：富丈，指富直柔；蘇子，指蘇粹之（其人不詳）；筠溪翁，即李彌遜，其舊居在福州連江縣西山。《筠溪集》附《筠溪李公家傳》謂李彌遜紹興十年「請祠，歸隱連江西山，榜其別業曰筠莊，自號筠溪眞隱」。彌遜《跋筠溪圖後》亦自謂：「李子倦游，歸自秣陵，至連江，曰吾祖之舊隱也，遂家焉。」（《筠溪集》卷二一）李彌遜，字似之，蘇州吳縣人。累官至尚書戶部侍郎。紹興八年，秦檜主和，彌遜力持不可。秦檜邀彌遜至私第，曰：「政府方虛員，苟和好無異議，當以兩地相浼。」彌遜嚴詞拒之。紹興十年，歸隱福州連江西山，十餘年不出，終老于家。事蹟具《宋史》卷三八二《李彌遜傳》。有《筠溪集》、《筠溪樂府》等傳世。

時又與富直柔等游天宮寺，有詩。

本集卷三《與富樞密同集天宮寺》詩云：「和氣從容一笑春，如公今是暫閑身。伊蒲饌設無多客，薝蔔花繁正惱人。已遣爐熏通鼻觀，更分茗碗瀹心塵。僧房長夏宜幽僻，杖屨頻來願問津。」張、富二人游天宮寺時，蘇粹之亦與焉。李彌遜有《仲宗訪我筠溪出陪富丈粹之游天宮寺見索屬和次韻》，詩曰：「作伴山翁覓轉春，凈坊俱現宰官身。蘭亭夢想如三月，蓮社追游少一人。雨磴勞君鳴屐齒，風軒爲我掃衣塵。應憐野老聞韶後，旋束蔬腸學練津。」（《筠溪集》卷一七）李詩係和蘆川詩原韻，所寫之事又與蘆川詩與前詞所叙相合，知蘆川是詩作于本年三月十二日訪連江李彌遜之後。此次游天宫寺後，蘆川復有《宫使樞密富丈和篇高妙所謂壓倒元白末句許予尤非所承謹用前韻叙謝》、《子立昆仲垂和游天宫寺既工且敏義不虚辱再此見意》二詩（本集卷三），皆用前《與富樞密同集天宫寺》詩原韻，可知作于同時。據此題又知一時唱和者尚有富直柔、子立兄弟。然富詩失傳，子立不詳。天宫寺，在連江縣三望嶺，宋元豐二年建（《連江縣志》卷七《名勝·寺觀》）。

六月，作詞賀李彌遜壽辰。

本集卷七《夏雲峰·丙寅六月爲筠翁壽》詞有曰：「新堂深處捧杯。乍香泛水芝，空翠風回。」蘆川或當于李彌遜宴席上作此詞。

秋社前，游建州溪光亭，有詞。

本集卷六有《點絳脣·丙寅秋社前一日溪光亭大雨作》詞。溪光亭，故址在建州（今福建南平市），嘉靖《建寧府志》卷二〇載：「溪光亭，在待賢坊左，宋時建。國朝洪武間改爲長平驛水亭。」建寧府，即建州。詞有「山暗秋雲，螟鴉接翅啼榕樹」之句，榕樹爲福建特產，亦證溪光亭在閩。

按：秋社，時在立秋後第五個戊日。往建州前，李彌遜有《送仲宗之建安》詩：「念子藍舁晚山裏，可能來共拾餘霞。」（《筠溪集》卷一七）

秋後，訪親于連江，有詩。

本集卷三《訪親于連江因過筠溪叩門循行嘆其荒翳不治有懷普現居士口占此章》

云：「筠莊主人何未歸，溪畔長林穿翠微。……公肯借庵容我老，爲公朝夕掃柴扉。」普現居士，指李彌遜，是時彌遜居福州横山，不在連江，故蘆川詩有「筠莊主人何未歸」云云。彌遜聞知後，即作《仲宗過筠莊作詩見招且有借庵之意次其韻》詩，曰：「横山留我正青眼，不是歸心久更微。病後團蒲隨地穩，望中落木故園稀。一區已辦雲爲蓋，四壁但從山作圍。不厭是中無一物，徑來相就老禪扉。」（《筠溪集》卷一四）按：是年秋，彌遜復有《次韻仲宗天寧見懷月余卧病横山得其詩頗動念所以末句見意》詩曰：「病逢木上坐，攜我曲欄行。遠水兼潮闊，層山帶角横。秋隨北雁到，愁向暮蛩生。正怯騷人句，詩壇莫浪盟。」然蘆川原唱失傳。

紹興十七年丁卯，五十七歲。

是年三月，在福州，嘗與葉份宴集，有詞。

本集卷五《念奴嬌·丁卯上巳燕集葉尚書蕊香堂賞海棠即席賦之》詞云：「氣涌三山，醉聽五鼓，休更分今古。」葉尚書指葉份。份字成父，曾任户部尚書，故稱「葉尚書」。本年居福州（參李彌遜《筠溪集》卷二四《葉公墓誌銘》），故蘆川得與游。據詞中「氣涌三山」云云，知蕊香堂在福州（三山），然故址未詳。

紹興十八年戊辰，五十八歲。

是年二月，與友人過連江寶積寺，有詩題壁。

本集卷二《戊辰春二月晦同棲鸞子送所親過寶積題壁間》：「春江因送客，雲嶠更登臨。」

按：寶積寺，在福建連江縣蛤沙，宋嘉祐二年建。見明王應山《閩都記》卷三一，《連江縣志》卷七《名勝·寺觀》。棲鸞子，未詳何人。

夏四月，與富直柔、李彌遜等游侯官精嚴寺。

殘本《歸來集》卷一四《精嚴寺化鐘疏》：「晉安郡西南隅，群山插天，林麓鬱蒼，彌望秀色，絕江而往，地號水西。中多蘭若，金碧輪奐，有古道場，是名精嚴寺。今榜曰顯忠資福院。歲在戊辰僧結制日，洛濱、最樂、普現三居士拉蘆川老隱過其所而宿焉……。」

按：所謂「結制」，又稱「結夏」，指佛僧坐夏，安居之制也，時在夏季四月十五日（參《夢粱録》卷三《僧寺結制》）。洛濱，指富直柔。普現，即李彌遜。最樂居士，不詳何人，向子諲《酒邊集·江南新詞》之《水調歌頭》詞序有云：「廛隱寄示與洛濱老人及鈞翁過最樂堂醉中秋月用鄙韻有妙唱。」最樂居士，當即最樂堂主人。「晉安郡」，此指侯官縣（參歐陽忞《輿地廣記》卷三四）。王應山《閩都記》卷一〇《湖西侯官勝迹》：「精嚴寺，在七都。唐長興二年建。有妙見亭、獨露庵、金界亭、盤陀石、金剛窟、清涼臺、月華庵、化峰亭、綠陰亭、喜見亭，俱宋元符間葺治」。

閏八月中秋，有詞抒懷并和舅父向子諲。

《水調歌頭》詞云：「今夕定何夕，秋水滿東甌。悲涼懷抱，何事還倍去年愁。……非是經年別，一歲兩中秋。」（本集卷五）

按：東甌，福州別稱（參祝穆《方輿勝覽》卷一〇《福州·郡名》、王應山《閩都記》卷一），據此，蘆川此詞當作于福州。

與此同時，乃舅向子諲在江西感時撫事，作《水調歌頭》詞。其詞序曰：「大觀庚寅閏八月秋，薌林老、顧子美、汪彥章、蒲庭鑒，時在諸公幕府間。從游者，洪駒父、徐師川、蘇伯固父子、李商老兄弟。是夕登臨，賦咏樂甚。俯仰三十九年，所存者，余與彥章耳。紹興戊辰再閏，感時撫事，爲之太息。因取舊詩中師川一二語，作是詞。」詞曰：「閏餘有何好，一歲兩中秋。補天修月人去，千古想風流。少日南昌幕下，更得洪徐蘇李，快意作清游。送日眺西嶺，得月上東樓。四十載，兩人在，總白頭。誰知滄海成陸，萍迹落南州。忍問神京何在，幸有薌林秋露，芳氣襲衣裘。斷送餘生事，惟酒可忘憂。」（《酒邊集·江南新詞》）大觀庚寅歲，蘆川亦在南昌問句法于徐師川，與子諲同游（見本譜大觀四年）。故蘆川得乃舅詞後，即作《水調歌頭·和薌林居士中秋》詞（本集卷五）。

按：同時李彌遜、楊無咎等皆有和作（見《全宋詞》第二册）。

時又與趙端禮游，有詞。

本集卷五《水調歌頭·爲趙端禮作》詞曰：「最樂賢王子，今歲好中秋。夜深珠履，舉杯相屬盡名流。……滿座燭光花艷，笑買烏巾同醉，誰問負薪裘。」知是詞在趙端禮宴席上作。此詞用韻與前調《和薌林居士中秋》全同，故知詞作于是秋。趙端禮，宋宗室。據李彌遜

《感皇恩·端禮節使生日》詞（見《全宋詞》及《筠溪樂府》），知端禮時任武職于福州，故蘆川詞曰「露華濃，君恩重，判扶頭。霓旌星節，已隨絲管下皇州」。又，張守《毗陵集》卷一六有《次韻曾天猷贈知宗趙端禮展鉢詩》：「幾人能信見前因，滿意肥甘叅色身。曾是鼎鐘華貴胄，肯同瓶鉢苦空人。招呼善友明初地，降伏心魔凈六塵。翻笑花間沾醉客，空看高冢卧麒麟。」此其人之可考見者。是年前後，蘆川與趙端禮過從甚密。九月重陽後，又與之登高賞菊，并有《臨江仙·趙端禮重陽後一日置酒席上賦》（本集卷五）。趙端禮于閩築有新居，落成時，蘆川賦《青玉案·燕趙端禮堂成》詞曰：「華裾玉轡青絲控。記年少，金吾從。花底朝回珠翠擁。曉鐘初斷，宿酲猶殢，綠鎖窗中夢。天涯相遇鞭鸞鳳。老去堂成更情重。」（本集卷六）據此，亦知蘆川南渡前在京城與趙端禮已有交往（參本譜宣和五年詞繫年）。此次重逢，故格外情重。

紹興十九年己巳，五十九歲。

是年，蘆川居閩。十月，與友人游鼓山。《鼓山志》卷六載是年十月戊辰，蘆川與袁復一等六人游鼓山石門，書石題名。六人自富沙至泉州，過晉安東山，登白雲峰，訪臨滄亭，盡覽海山之勝。

按：袁復一，字太初，錫山（無錫）人，時爲福建提舉常平公事。《要錄》卷一六一載其事云：「紹興十九年九月，丙申，「自建炎初，劇盗范汝爲竊發于建之甌寧縣，朝廷命大軍討平之。然其民悍而習爲暴，小遇歲饑，即群起剽掠。去歲因旱凶，民杜八子者，乘時嘯聚，遂破建陽。是夏，民張大一、李大二復于回源洞中作亂，安撫使仍歲調兵擊之，布衣魏掞之謂民之易動蓋因艱食。及秋，仍請于本路提舉常平公事袁復一，得米千六百斛以貸民，至冬而取，遂置倉于長灘鋪。自是歲斂散如常，民賴以濟，草寇遂息。」又，復一紹興六年嘗通判臨安府（《要録》卷九九）。此其事之可考者。

紹興二十年庚午，六十歲。

是年，蘆川在福州。秋，與李彌遜、富直柔從游唱和。

本集卷五《永遇樂·爲洛濱横山作》云：「主人勝度，文章英妙，合住北扉西沼。何事十年，風灑露沐，不厭江山好。」本詞代富直柔而作，詞中「主人」，指李彌遜，蓋彌遜于福州烏石山上建有横山閣（見《福州府志》卷五）。彌遜《蝶戀花·福州横山閣》詞云：「百疊青山江一縷，十里人家，路繞南臺去。榕葉滿川飛白鷺，疏簾半卷黄昏雨。樓閣崢嶸天尺五，荷芰風清，習習消袢暑。老子人間無著處，一尊來作横山主。」（《筠溪樂府》）蘆川是時與李彌遜、富直柔同聚横山閣，故以主人稱李。詞謂李彌遜「十年」「風灑露沐」，彌遜自紹興十年致仕歸隱連江（已見前譜），至今恰爲十年，故知詞作于本年。

按：「十年」或當舉成數而言，然明年蘆川已離閩，李彌遜又于紹興二十三年卒，故蘆川與之同聚横山閣只可能在本年或稍前。

蘆川同時又作有《八聲甘州·陪筠翁小酌横

山閣》，詞有「據胡床殘夜」之句，而前詞有「訪公良夜」云云，二詞當作于同時。本詞又有「嫩涼生處，濃露初霏」云，知詞作于是年秋。

紹興二十一年辛未，六十一歲。

正月初一，蘆川作生朝醮詞。

殘本《歸來集》卷一四《辛未本命歲生朝醮詞》云：「伏念臣粗識古今，唯知忠孝。幼從庠序，固嘗妄意于功名；壯挂衣冠，罔或冒居于寵利。士也各行其所志，時乎自棄以難逢。……適當元命之年，殆值劬勞之日，特延羽客，恭啓露壇，嚴禳禬于陰愆，倘導迎于純嘏。」同卷《本命日醮詞》亦曰：「獨念臣早師前輩，許奮孤忠。顧功名之會難逢，在出處之間加審。嫉邪憤世，徒有剛腸；憂國愛君，寧無雅志。去國門僅周二紀，歸故里殊乏一廛。未免口腹以累人，所望兒女之畢娶。晚節優游于井臼，甘心潦倒于山林。悉係生成，良增跼蹐。迨此建寅之月，適臨元命之辰，恭啓星壇，特延羽服，償其夙願，冀以小亨。」于此可窺見蘆川的個性及晚年心態。

是年，蘆川坐作詞送胡銓追赴臨安大理寺，削籍除名。有詞抒憤。

《揮麈錄·後錄》卷一〇載張仲宗以詞送胡銓往新州後「數年，秦（檜）始聞仲宗之詞。仲宗挂冠已久，以它事追赴大理削籍焉（原注：此一段皆邦衡之子澥手為刪定）」。《鶴林玉露》乙編卷三：「仲宗年逾四十即挂冠，後因作詞送胡澹庵貶新州，忤秦檜，亦得罪。」《桯史》卷一二：「時又有朝士陳剛中、三山寓公張仲宗，亦以作啓與詞爲餞而得罪。」

《宋史翼》卷七：「銓貶新州，元幹作《賀新郎》一闋送之，詞極悲憤，坐是除名。」《宋詩紀事》卷四五：「張元幹紹興中坐送胡銓詞得罪。」然上列諸說未言蘆川除名之時間。明毛晉《宋六十名家詞》戊集《蘆川詞跋》雖言之而誤，其說云：「紹興辛酉，胡澹庵上書乞斬秦檜被謫，（仲宗）作《賀新郎》一闋送之，坐是與作詩王民瞻同除名。」《四庫全書總目·蘆川詞提要》辨曰：「紹興八年十一月待制胡銓謫新州，元幹作《賀新郎》詞以送，坐是除名。考《宋史·胡銓傳》，其上書乞斬秦檜在戊午十一月，則元幹除名自屬此時。毛晉跋以爲辛酉，殊爲未審。」《提要》雖辨明毛晉之誤，然其說亦非。余嘉錫《四庫提要辨證》卷二四對此有詳辨，其引《揮麈錄》後云：「夫以人子敘其父之事，并及其同時知己之共患難者，則其年月出處，必無舛誤。然則胡銓之謫新州，乃其上書後之第四年。及銓再移吉陽軍，又經數年，元幹始被除名，皆非紹興戊午一年間之事也。今考《宋史·高宗紀》云：『紹興八年十一月辛亥，以樞密院編修官胡銓上書直諫斥和議除名，昭州編管；壬子，改差監廣州都鹽倉。十二年秋七月壬辰朔，福州簽判胡銓除名，新州編管。十八年十一月己亥，胡銓移吉陽軍編管。』銓本傳與紀并同，但有年而無月日耳。至其事之曲折，則《建炎以來繫年要錄》敘之爲詳，以《揮麈錄》所記合《宋史》推之，則元幹之被除名，似當在紹興二十年以後。毛晉以爲紹興辛酉者，既不知其所據，《提要》引《胡銓傳》謂在戊午十一月者，尤無稽之言也。《蘆川歸來集》條下，《提要》謂銓貶於紹興戊午，誤與此同。」余氏所辨極是，惜未考明蘆川削籍在何年。而本集卷一〇《甲戌自贊》言之甚明：「蘆川老居士，今春六十四。勇退急流中，畢竟只這是。胡爲元命年，輒下廷尉吏。」元命年，指六十一歲，即本年。「下廷尉吏」者，指「追赴大理削籍」事。

按：自秦檜專權用事，士大夫少失其意，禍輒不測。無賴之徒希其意旨，誣陷不附己者。紹興十八年知新州張棣奏劾胡銓，銓即移吉陽軍編管。十九年三月，嘗作啓送胡銓貶新州之鄭剛中，秦檜深恨不已，遂遣大理寺捕其子及其將吏賓客鞫治，獄成，同遭除名者三人，剛中移封州安置，其子貸死，送柳州。剛中至貶所，守臣趙成之希秦檜意，每窘辱之，剛中竟卒於貶所（《要録》卷一五九）。六月，王庭珪坐送胡銓詩除名。十月，知新州張棣再劾胡銓而升提舉荆湖北路常平茶鹽公事。知英州倪詧聞之，欲效法其事，即使兵馬都監捕洪皓家奴置獄中，釀成其罪。邵州守臣石稽中知辛永宗爲秦檜所惡，刻其罪。永宗被籍家，一簪不留（《要録》卷一六〇）。二十年正月，兩浙轉運使曹泳，言右承務郎李孟堅省記其父光所作《小史》，語涉諷謗，詔送大理寺。三月，獄成，詔昌化軍安置李光永不檢舉，右承務郎李孟堅除名，峽州編管。于是前從官及朝士連坐者八人（《要録》卷一六一）。秦檜既大肆迫害不附己者，鄭剛中、王庭珪皆因作啓與詩送胡銓而遭重貶，蘆川作詞送胡銓，秦檜聞之，自然不會輕易放過。然蘆川遭何人誣陷及下獄經過，皆不詳。

蘆川出獄，即被除名削籍。其致仕時尚有俸祿。除名後，即爲布衣。

按：蘆川被捕入獄時，被抄家，其詞多被搜去。張廣《蘆川詞序》云：「紹興末，忤時相意，語及譏刺者悉搜去，掇拾其餘，得二百餘首。」蘆川詞多有散佚，權奸之過也！無怪現存蘆川挂冠後之詞作，已見不出靖康建炎間那种批判現實的精神，原來「語及譏刺者」皆被搜去，令人憤恨！

蘆川出獄後，作《水調歌頭·罷秩後漫興》抒憤，以曠達之筆寫其不甘屈服、無所畏懼之懷。詞有「長夏啖丹荔」、「向西湖，藕花深處」等語，知詞作于夏日之臨安西湖。據此，夏日蘆川已出獄。

按：本年正月初一蘆川所作二首青詞，皆未言及入獄除名事。其追赴大理，當在本年新年之後。

初秋，漫游至太湖，有詞。

蘆川離臨安後，漫游至吳興、太湖一帶。故地重游，百感交集，念及建炎三年夏秋之間與徐俯同泛太湖，感時傷事；而今孤影飄零，壯志未伸，時過二紀，中原仍淪落敵手，不禁悲從中來，遂用當年《同徐師川泛太湖舟中作》原韻揮筆寫就《水調歌頭·追和》的壯詞。而據「三伏行見五湖秋」，詞當作于初秋時分，時令正與前詞「罷秩後漫興」相接。

紹興二十二年壬申，六十二歲。

是年，三月十六日，舅父向子諲卒，蘆川

當赴江西吊唁。

胡宏《五峰集》卷三《向侍郎行狀》謂向子諲「壬申三月十六日以疾卒于正寢，享年六十八」。《酒邊集》之《減字木蘭花·紹興壬申春薌林瑞香盛開賦此句》題注亦云：「是年三月十六日辛亥公下世，此公詞之絶筆也。」據知向子諲卒于江西臨江薌林別墅。蘆川聞噩耗後，當赴江西吊唁，惜未有確證。

紹興二十三年癸酉，六十三歲。

是年秋，蘆川游蘇州虎丘。

本集卷五《水調歌頭·癸酉虎丘中秋》詞曰：「此夜此生長好，明月明年何處？歸興在南州。老境一傖父，異縣四中秋。」

按：虎丘，顧祿《桐橋倚棹錄》卷一：「慎蒙《天下名山記》：『（虎丘山）在蘇州府城西北九里』。范成大《吳郡志》：『虎丘山，又名海涌山，在郡西北五里，遙望平田中一小丘』。」今日虎丘仍爲蘇州著名形勝。

紹興二十四年甲戌，六十四歲。

是年正月十四，有感事詩。

本集卷四《甲戌正月十四日書所見來日驚蟄書》：「老去何堪節物催，放燈中夜忽奔雷。一聲大震龍蛇起，蚯蚓蝦蟆也出來。」

春，蘆川在異鄉作《甲戌自贊》。

本集卷一〇《甲戌自贊》云：「蘆川老居士，今春六十四。……故山念欲歸，夙債尙留滯。」據知是春蘆川仍在異鄉，思歸而未歸。是秋蘆川在鎮江，春日，其或亦在此地。

七月，蘆川在鎮江，有詩。

本集卷一《祥符陵老許先馳歸閬因成伽陀贈别紹興甲戌秋七月書於鶴林山》曰：「今年坐在鶴林中，許我先馳海舟便。三山到日已秋深，且看山門騎佛殿。」詩謂「今年坐在鶴林中」，其在鶴林山當非一月。鶴林山，在今江蘇鎮江市。

九月，回到閬中，爲王叔濟作《亦樂居士集序》并詞。

前詩題謂七月祥符陵老先馳歸閬，蘆川當亦隨後返回故里，九月晦日應故人王鈇之子王叔濟之請作《亦樂居士集序》（本集卷九）。亦樂居士，即王鈇承可。其事詳前譜宣和五年。王叔濟，名湑，王鈇第三子（見《亦樂居士集序》），餘未詳。

是時又有《臨江仙·送王叔濟》詞。詞有「鴛鷺行間催闊步。秋來乘興凫趨」云云，本年秋九月叔濟請蘆川爲乃父文集作序，是詞當作於同時。又據詞中「鴛鷺行間催闊步」及「煩君爲我問西湖，不知疏影畔，許我結茅無」（本集卷五），叔濟當赴臨安任職，蘆川在閬爲之送行。

紹興二十五年乙亥，六十五歲。

是年，蘆川在臨安，與胡仔游。

胡仔《苕溪漁隱叢話》前集卷五四載：「余宣和間居泗上，于王周士處見張仲宗詩一卷，因借錄之。後三十年，于錢塘與仲宗同館穀，初方識之，余因戲謂仲宗曰：『三十年前，已識公于詩卷中。』蘆川請余舉其詩，渠皆不能記，殆如隔世，反從余求之。」

按：王以寧宣和五年冬始到泗州一帶任職，宣和六年九月王以寧首次與蘆川會面（見本譜宣和六年），胡仔于王以寧處得蘆川詩當在宣和六年之後，即使胡仔得蘆川詩在宣和七年，「後三十年」當指紹興二十四、五年。而紹興二十四年蘆川不在臨安，故其與胡仔在臨安「同館穀」當在紹興二十五年。又本集卷九《跋江天暮雨圖》云：「劉質夫，建炎初與余別於雲間，今乃相遇臨安官舍，出此短軸求跋。頗憶丙午之冬，吾三人者，蘇粹中在焉，情文投合，皆親友好兄弟，嘗絕江同宿焦山蘭若，夜濤澎湃聲入夢寐中。回首垂三十年矣。」自靖康丙午至本年「垂三十年」，亦證是年蘆川在臨安。

紹興二十六年丙子，六十六歲。

是年，蘆川當仍寓居臨安西湖。

本年行踪難以確考。去年譜引胡仔語謂「在錢塘與仲宗從游甚久」，據此本年蘆川當仍居臨安。

紹興二十七年丁丑，六十七歲。

是春，與友人鍾離少翁等游吳江垂虹亭。

本集卷五《水調歌頭·丁丑春與鍾離少翁張元鑒登垂虹》：「拄策松江上，舉酒酹三高。此生飄蕩，往來身世兩徒勞」。垂虹，指垂虹亭，由詞中「俯滄浪，呑空曠」可知。亭「在吳江縣長橋，宋慶曆中令李問建。蘇軾自杭移高密，與張子野等俱在松江，夜半月出，置酒垂虹亭上」（《一統志》卷六八《蘇州府》）。鍾離少翁、張元鑒，未詳。

夏五月，在嘉興，蘇庠從孫庭藻與游。

本集卷九《跋蘇詔君楚語後》末署「蘆川老人書于檇李弨棹亭中，丁丑仲夏望日」。檇李，嘉興之別稱。據文中所叙，此跋乃應蘇庭藻之請而作，時蘆川并作有《跋蘇庭藻隸書後二篇》（本集卷九）。庭藻，名著，丹陽人（《揮麈録·第三録》卷二），蘇庠之侄孫，蘇從周之子，與張孝祥有交游。張孝祥有《即事簡蘇廷藻著》（《于湖居士文集》卷八）詩和《題蘇庭藻所作張漢陽傳》（同上卷二八）等。

九月，陳正同除刑部侍郎，蘆川作啓賀之。

本集卷八《賀陳都丞除刑部侍郎啓》曰：「求忠臣于孝子之門，采令譽于名德之後。理應一揆，進或殊途。粤若了堂，眞儒長雄。」又稱陳都丞「夙奉過庭之訓，克遵良冶之傳」，據知陳都丞指陳瓘（了堂）之子陳正同，其時正同兼任樞密院都承旨，故稱。《要録》卷一七七載：紹興二十七年九月己丑，「中書門下省檢正諸房公事兼權樞密院都承旨陳正同權刑部侍郎，兼職如故。」蘆川之啓即作于此時。

按：正同，字應之，官終建寧府。事蹟具《宋史翼》卷一〇。

紹興二十八年戊寅，六十八歲。

是年，羈寓西湖之上，識周德友及張孝祥。

本集卷九《蘇養直詩帖跋尾六篇》謂大觀庚寅辛卯歲結社同游的徐俯、向子諲等九人「宰木久已拱矣，獨予華髮蒼顔，羈寓西湖之上，始及識德友，一日出示養直翰墨，凡六大軸，各索題跋」。

按：向子諲卒于紹興二十二年，汪藻卒于紹興二十四年，故云「宰木久已拱矣」。

又，本年三月和十二月周德友分別請

張孝祥、周必大題跋蘇庠詩帖（見《益公題跋》卷九）。張孝祥《跋周德友所藏後湖帖》云：「德友少時，趣尚奇偉，一斗百篇，諸老先生慕與之游。今歲晚矣，訖未有識，一飽之不謀，可嘆也。右《後湖書帖》自甲軸至己。紹興二十八年三月望。」（《于湖居士文集》卷二八）周德友請張孝祥所跋之蘇庠詩帖與蘆川所跋之蘇庠詩帖乃同一墨迹。蓋張孝祥所跋「右《後湖書帖》自甲軸至己」亦是六大軸，蘆川所跋之六大軸編號也正好是自甲軸至己軸，又張孝祥所跋時在「三月望」，蘆川所跋亦時當「連宵雨作青泥」之寒食節前後（見蘆川《蘇養直詩帖跋尾六篇》）。可見，周德友幾乎是在同時請張孝祥、張元幹爲之題跋，又二張此時皆居臨安，蘆川「羈寓西湖之上」，張孝祥則在臨安朝中任職。時、地、事皆合，張元幹本年居臨安西湖當無疑義。據此又可推知，張元幹與張孝祥之會晤當在本年。蓋周德友既周旋于二張之間，張孝祥爲少年新進（曾以狀元及第），張元幹乃老成尊宿，同氣相求，自當會晤。且張元幹有《跋張安國所藏山水小卷》爲證：「又況如吾宗安國得友人把玩短軸，裱而藏之，每出以示諸好事，……然則安國不忘故舊，風味如此，胸次可知矣。」（本集卷九）而張孝祥更有與《張大監》尺牘具言與蘆川之交往，「歲晏苦寒，共惟神扶偉幹，台候萬福。伏念某二年中都，數獲款侍。仰蒙篤宗盟之契，獎予非它人比，感激恩義，銘鏤不忘。大監尊翁以老成舊德，儀刑本朝，乃慕從赤松子游，褰裳去之。寓直祕府，均逸閑館。高名全節，照耀宇內。」（《于湖居士文集》卷三七）據此，二張之會晤，非止一次。張孝祥「數獲」張元幹之「款侍」，且獲張元幹這位「大監尊翁」之高度獎掄。時年二十七歲之張孝祥，能得六十八歲之「老成」「尊翁」張元幹之賞譽，正如當年張元幹獲「儒門老尊宿」陳瓘之贊許一樣，自會「感激恩義，銘鏤不忘」。按：張孝祥，字安國，號于湖，歷陽人，南宋前期傑出詞人。《宋史》卷三八九有傳。今人宛敏灝先生《張孝祥年譜》考證頗詳（載《詞學》第二、三輯），可參。

紹興二十九年己卯，六十九歲。

春日，郭從範示及張孝祥諸公詩，蘆川有詩次韻（本集卷二《郭從範示及張安國諸公酬唱輒次原韻》）。

按：王明清《玉照新志》卷五云：「紹興己（原誤刻為「乙」）卯，張安國為右史，明清與仲信兄、鄭舉善、郭世模（原誤刻為「禎」）、李大正、李泳多館于安國家，春日諸友同游西湖，至普安寺。于窗戶間得玉釵半股、青蚨半文，想是游人歡洽所分授，偶遺之者。各賦詩以紀其事。」郭從範所示諸公酬唱，當即此次春日游西湖時所賦。蓋蘆川詩有「春去花猶發」句，亦作于春日。惜張孝祥原唱不傳。郭世模，字從範，里籍不詳，《全宋詞》存其詞一首。

秋，再游吳江垂虹亭，有詞。

本集卷五《念奴嬌·己卯中秋和陳丈少卿韻》：「垂虹望極，掃盡太虛纖翳，明河翻雪。」據知蘆川是秋再游垂虹亭。陳丈少卿，當指陳正同。

是年秋，應陳正同之請，校訂《了堂先生文集》成。

本集卷九《跋了堂先生文集》：「兹者有辱次對，貳卿崇篤先契，不鄙荒唐，容許校讎《了堂文集》，得非目前賢士大夫及識先生者所存無幾耶？于是自夏涉秋，手加審訂。」陳正同紹興二十七年九月任刑部侍郎，故稱其爲「貳卿」。二十八年十二月丁亥，陳正同始知平江府（《要録》卷一八〇、《吴郡志》卷一一）。而蘆川本年在吴江（宋屬平江府），「自夏涉秋」會晤陳正同幷爲之校訂乃父文集，當在本年。

紹興三十年庚辰，七十歲。

是年，蘆川在蘇州，有詩幷詞。

本集卷四《上平江陳侍郎十絶》序云：「辛亥休官，忽忽二十九載，行年七十矣，日暮途遠，恐懼失墜，輒追記平昔所得先生話言，裁爲十絶句。書以獻於蘇州使君待制公克肖。」陳侍郎，指陳正同，其自紹興二十八年至本年三月辛巳知平江府（見《要録》卷一八四），故稱平江陳侍郎。正同三月辛巳離任，提舉太平興國宮，蘆川此詩當作於三月正同離任之前。

蘆川年屆七十，然壯志未衰，作《隴頭泉》詞抒懷云：「少壯時，壯懷誰與重論？視文章眞成小技，要知吾道稱尊。奏公車治安秘計，樂油幕談笑從軍。……整頓乾坤，廓清宇宙，男兒此志會須伸。」

（本集卷七）詞有「三十載黃粱未熟，滄海揚塵」句，自辛亥休官，至今已近三十年，據知詞作於本年前後。是時尚有《滿庭芳》詞，中有「三十年來，雲游行化，草鞋踏破塵沙」之句（本集卷七）。

紹興三十一年辛巳，七十一歲。

是年，蘆川卒。

《宗譜》載張巽臣所撰《宋中奉大夫潼州府路轉運判官提舉學事借紫張公墓誌》曰：「（竑）父元幹，故任朝奉郎將作少監，贈正義大夫。巽臣考（按：指張竑）紹興二十四年以少監遺澤補將仕郎。二十五年，準告授迪功郎、南劍州順昌縣尉。任滿，二十八年授信州戶曹，舉主關升從政郎。在任，丁少監憂，解官。」據此，蘆川卒于張竑信州戶曹任期內。宋制一任三年，張竑二十八年始任，而蘆川紹興三十年尚有詩詞創作，其卒當在紹興三十一年（參曾意丹《張元幹生平及其思想淵源考辨》，載《中州學刊》一九八七年第六期）。歷來存疑之蘆川卒年，今可確定。

蘇籀年譜

舒大剛 編

蘇籀（一〇九一—一一六四？），字仲滋，眉州（今四川眉山）人，蘇轍孫、遲子，過繼于蘇适爲後，居潁昌。政和四年，以祖蔭爲陝州儀曹掾。宣和初，入陝西轉運副使任諒幕。靖康之變，避亂至荆襄、婺州、福州，在閩嘗爲倉曹參軍。紹興三年，召爲大宗正丞。十三年，爲將作監丞。歷紹興府參議，通判衢州。後僑居婺州，孝宗時卒，年七十餘。

蘇籀自幼受祖輩薰陶，所作詩文雄快疏暢，「終有典型」。所著《雙溪集》十五卷，今存清抄本、《四庫全書》本、粤雅堂叢書本；《欒城先生遺言》一卷，收入《百川學海》。

蘇籀于《宋史》無傳，事蹟散見于《敬鄉録》卷七、《宋史翼》卷四等。本譜爲舒大剛編，作者繼編纂《蘇過年譜》之後，鈎稽史籍、筆記、志乘、文集中相關資料，撰爲此譜，力求全面考述蘇籀一生經歷，同時記録蘇氏子孫在元祐黨争後、南北宋之交的際遇，對于全面研究蘇氏後裔事蹟頗有裨益。

蘇籀，字仲滋，蘇轍孫，蘇遲子，爲蘇适之後。著有《雙溪集》十五卷。官將作監丞、奉常丞、福州倉曹參軍、會稽府參議、衢州通判等職。元吴師道《敬鄉録》卷七有小傳，甚爲簡略。蘇籀生活于北宋末、南宋初，身經事變，交遊亦廣，上至公卿，下至寒士，都有往來。這一時期，宋朝由北遷南，中原淪入異族統治之下，「元祐黨禁」也在此時被解除，元祐黨人的子弟，倍受垂青，大得恩遇。蘇過生平，經歷了北宋末年打擊「元祐黨人」全過程，蘇籀生平則反映了「元祐子孫」春風得意的歷史。蘇過、蘇籀兩人經歷，正好體現兩宋之交元祐黨争的原委。因此，在纂集《蘇過年譜》之後，有必要再編纂《蘇籀年譜》。在歷史上，對蘇籀爲人存在不同説法：有人説蘇籀「自處方嚴，不苟合，故仕止于此」（《敬鄉録》卷七）；亦有人説他「前後議論，自相矛盾，揣摩時好以進説，小人反覆，有愧乃祖實多」（《四庫總目·雙溪集提要》）；甚至有人斥「其爲人，熏心富貴，惟利是視，故獻媚權奸，求爲賣國牙郎而不可得，此蘇氏之不肖子孫！」（余嘉錫《四庫提要辯證》）到底真象如何？當然需要辨析。兹特勾稽史乘，列其行事，舉其議論；又兼採籀之諸父及昆仲事蹟，彙爲一編，以見一代文宗後裔之全貌，以定千古聚訟不一之是非。不當之處，識者幸有教焉。

元祐六年辛未，生于京師。

蘇籀，字仲滋。

蘇籀《欒城遺言》：「籀年十有四侍先祖（指蘇轍）潁昌，首尾九年，未嘗暫去。」蘇轍卒于政和二年（一一一二）十月，上溯九年即一一〇四年，爲崇寧三年。其時蘇轍自汝南還潁昌，不復再出，故籀得侍其側。由一一〇四年上數十四年，即一〇九一年，爲元祐六年。蘇轍《六孫名字說》（《欒城後集》卷二一。以下簡稱《後集》）：「适之子，長曰籀，幼曰範，書起于篆而究于隸，史籀始篆，篆隸皆成于滋也，故籀之字曰滋。」

蘇籀生父蘇遲，生母梁氏。後過繼與叔父蘇适，母黃氏。

元吳師道《敬鄉錄》（卷七）：「籀，字仲滋，遲長子，爲适後。」《宋史翼》卷四《蘇遲傳》附：「長子籀，字仲茲，爲适後。」籀子蘇詡《雙溪集後跋》：「先公監丞，欒城公長孫也。」按，蘇遲爲蘇轍長子，籀爲遲之長子，故得爲蘇轍之長孫。周亮工《書影》：「（遲）夫人姓梁氏，爲宋狀元顥之曾孫。」蘇遲《宋承議郎蘇仲南墓志銘》：「（适）娶黃氏，龍圖公寔之女，有賢德孝行，先仲南半年而逝。」（《文物》一九七三年七期。以下簡稱《蘇适墓誌銘》）

蘇遲，字伯充，小名梁，號涌泉。官至大中大夫，工部侍郎。蘇适字仲南，小名羅。官至承議郎，通判廣信軍。

蘇軾《端午遊眞如》：「高談付梁、羅。」自注：「梁、羅，遲、适小名也。」《吳禮部集》卷七《蘇文忠公雜書小冊》：「文定公長子涌泉少傳僑居婺，其家寶藏此冊」云云。柳貫《柳待制文集》卷一九《題東坡翁寄鄧道士詩》：「猶子遲者，文定公長子涌泉先生。」南宋孫汝聽《蘇穎濱年表》：「遲字伯充，官至大中大夫，工部侍郎，徽猷閣待制。紹興二十五年卒。」又云：「适字仲南，官至承議郎，通判廣信軍。宣和四年卒。」

叔父蘇遜，又名遠，字叔寬，小名虎兒。官至奉議郎，潼川府通判。

蘇軾《虎兒》詩云：「舊聞老蚌生明珠，未省老兔生於菟。」「於菟駿猛不似渠，指揮黃熊駕黑貙。」（《蘇軾詩集》卷一二，中華書局一九八二年。下稱《詩集》）王十朋注：「此篇爲遠姪作。」查慎行注：「子由第三子名遠，以甲寅年生，名虎兒。」《合注》：「遠後改名遜。」於菟，楚人稱虎爲於菟，見《左傳》宣公四年。蘇轍《和子瞻喜虎兒生》：「生男如狼猶恐尪，寅年生虎慰爺娘。」「試看猛虎在山崗，斧牙鉤爪旗尾揚。」（《欒城集》卷五，上海古籍出版社一九八四年。下同）《蘇穎濱年表》：「遜字叔寬，官至奉議郎，通判瀘州、潼川府，靖康元年卒。」

蘇籀有兄弟九人。

《蘇穎濱年表》：「遲二子：簡、策；适三子：籀、範、築；遜四子：筠、箴、箱、答。」

按：築，蘇轍《六孫名字說》作遜子；而出土蘇遲《蘇适墓志銘》作适子，爲後來過繼。

紹聖元年甲戌，四歲。

在穎昌。

蘇轍初貶汝州，再貶袁州，復分司南京，

筠州居住。過潁，留蘇遲、蘇适居焉，蘇遜隨轍南遷。蘇籀隨父在潁昌。

蘇轍《卜居賦·引》：「予初守臨汝，不數月而南遷，道出潁川，顧猶有後憂，乃留二子居焉，曰：『姑糊口于是。』」（《欒城三集》卷五。以下簡稱《三集》）

蘇軾《和陶停雲》其三：「遠虎在側，以寧先生。」

蘇遲、蘇适在潁川建宅築室，負責南北生活之需。

蘇轍《同子瞻次過遠重字韻》：「潁川築室久未成，夜來忽作西湖夢。」蘇過《冬夜懷諸兄弟》：「兩兄客潁川，耿耿懷去魯。近聞營菟裘，稍亦葺環堵。」（見《斜川集》，巴蜀書社出版一九九五年舒大剛等校注本。下同）

蘇遠在筠亦不廢學，借書鄰里，詩法可觀。

蘇轍《次遠韻》：「萬里謫南荒，三子從一幼。謬追《春秋》餘，賴爾牛馬走。憂病多所惡，問學非復舊。借書里諸生，疑事誰當叩？吾兒雖懶教，擢潁既冠後。求友卷中人，玩心竹間岫。時令檢遺闕，相對忘昏晝。兄來試謳吟，句法漸翹秀。暫時鴻雁飛，迭發塤篪奏。」（《後集》卷二）

本年，蘇軾有《寄虎兒》詩與蘇遠。

詩曰：「獨倚桄榔樹，閑挑蓽茇根。謀生看拙否，送老此蠻村。」（《詩集》卷三八）李注：「按虎兒，猶子遠也。」王文誥案：「虎兒乃黄師是婿，是時與其婦從謫筠州。」

蘇軾以龍尾硯寄蘇遠，稱之爲「小東坡」。

蘇軾《龍尾硯寄猶子遠》：「吾衰安用此，寄與小東坡。」自注：「遠爲人類予。」（《詩集》卷三九）王文誥：「子由謫筠，惟遠一房從行，時遠在筠州。」高似孫《硯箋》：「龍尾石，在水中極溫潤，性堅密，聲如玉。」歐陽修《硯譜》：「天下之硯，四十餘品，歙硯龍尾石，居第三。」

紹聖二年乙亥，五歲。

在潁昌。

蘇軾作和陶詩，寄許昌、高安、宜興諸子姪。

蘇軾《和陶貧士·引》曰：「余遷惠州一年，衣食漸窘，重九伊邇，樽俎蕭然，乃和淵明《貧士》七篇，以寄許下、高安、宜興諸子姪。幷令過同作。」詩之七曰：「我家六兒子，流落三四州。辛苦見不識，今與農圃儔。買田帶修竹，築室依淸流。未能遣一力，分汝薪水憂。坐念北歸日，此勞未易酬。我獨遺以安，鹿門有前修。」（《詩集》卷三九）王文誥曰：「子由有田在許，其自汝謫筠，過許，命遲、适因田爲食；及歸，遲、适力田已成，遂家于許，初非本意也。遠從子由于高安。邁、迨家宜興，公與過在惠。公嘗云：今一家作四處住也。」

紹聖三年丙子，六歲。

在潁昌。

冬，蘇遲自潁往筠州探親，有詩二首，轍次韻。

蘇轍《次遲韻二首》說：「老謫江南岸，萬里修烝嘗。三子留二子，嵩少道路長。累以二孀女，辛勤具餱糧。誰令南飛鴻，送汝至我旁。拊背問家事，嗟我久已忘。力耕當及春，無爲久南方。」其二：「幽懷澹不起，默坐識其意。長子念衰老，遠行重慚愧。」蘇軾《與范淳夫》（一○）：「某謫居瘴鄉，惟盡絕欲念，爲萬金之良藥。……長子邁自宜興挈兩房來，已到循州，一行幷安。……子由長子名遲者官滿來筠省覲，亦不久到。」又《和陶停雲》：「萬里遲子，晨興宵征。」

紹聖四年丁丑，七歲。

在潁昌。

二月，蘇轍再貶雷州，蘇遠隨行；蘇遲未及歸潁，送轍赴貶所。蘇軾再貶儋州，與蘇轍父子相遇于藤州，蘇軾書和韋蘇州詩贈蘇遲。隨後蘇遲歸許。

蘇平仲《跋文忠公和韋詩後》云：「文定公（蘇轍）亦自筠州徙雷州，五月十一日相遇于藤州，遂同行至雷。……是時少傅公（蘇遲）方自許下來省親，亦在行間，故文忠公爲書此詩。」

貶所月季再開，蘇遠賦詩，蘇軾、蘇轍、蘇過皆次韻。

轍《所寓堂後月季再生與遠同賦》：「何人縱尋斧，害意肯留枿」；「我行天涯遠，幸此城南茇。」（《後集》卷二）蘇軾《次韻子由月季再生》：「還爲久處計，坐待行年迎（子由明年六十）。」（《詩集》卷四一）過《次韻叔父月季再生》：「瘴海不知秋，幽人忘歲月。只記庭中花，幾度開還枿。憶昔移居時，始是青荑茁。殷勤主人惠，浸灌寒泉冽。」（清舊鈔本《斜川集》，國家圖書館藏）

蘇遠痛齒，有詩，蘇轍和其韻。

轍《次遠韻齒痛》：「喜汝因病悟，或免終身著。更須誦《楞嚴》，從此脫纏縛。」（《三集》卷二）

海道甚惡，雷、儋之間久不通信，蘇軾和

陶淵明《停雲》詩寄蘇轍、蘇遠。

蘇軾《和陶停雲》其三：「萬里遲子，晨興宵征。遠虎在側，以寧先生。」施注：「遲、遠，子由二子也。遠，小名虎兒。」（《詩集》卷四一）

蘇适以疾辭官居潁，給養南北。

蘇遲《蘇适墓誌銘》：「先人（指蘇轍）謫嶺表，不能盡室以行，則分寓潁昌，二孀姊在焉。仲南移疾而歸，求田問舍，縮衣節口，以備南北養生之具，而往來于其間。」

紹聖五年元符元年**戊寅，八歲。**

在潁昌。

蘇适生第四子斗老，蘇軾賦詩稱适似己。

蘇軾《借前韻賀子由生第四孫斗老》：「況聞萬里孫，已報三日浴。朋來四男子，大壯泰臨復。」「人言适似我，窮達已可卜。早謀二頃田，莫待八州督。」（《詩集》卷四二）《蘇适墓誌銘》：「伯父東坡公，以爲其才類我，尤喜與之論政事。」

蘇遠與蘇過作「重」字韻詩，蘇轍、蘇軾皆次韻。

蘇軾《過于海泊得邁寄書酒作詩遠和之皆粲然可觀子由有書相慶也因用其韻賦一篇并寄諸子姪》：「我似老牛鞭不動，雨滑泥深四蹄重。汝如黃犢走卻來，海闊山高百程送」；「譬兒雖是兩翁癖，積德已自三世種」；「六子晨耕簞瓢出，衆婦夜績燈火共。《春秋》《古史》乃家法，詩筆《離騷》亦時用。」（《詩集》卷四二）轍《同子瞻次過遠重字韻》：「兄弟六十老病餘，萬里同遭海隅送」；「大男留處事田畝，幼子隨行躬釜甕。」

蘇遠妻黃氏亦隨行，二年死于循州（今廣東龍川）貶所，有二子。

蘇轍《祭八新婦黃氏文》：「元符二年十一月四日辛未，舅姑躬以家饌酒果之奠，致祭于故八新婦黃氏之靈。吾不善處世，得罪乎朝。播遷南荒，水陸萬里。家有三子，季子季婦，實從此行。自筠徙雷，自雷徙循。風波恐懼，蹊遂顛絕。所至言語不通，飲食異和。瘴霧昏翳，醫藥無有。歲行方閏，氣候殊惡。晝熱如湯，夜寒沼冰。行道僵仆，居室困瘁。始自僕隸，浸淫不已。十病六七，而汝獨甚。天乎何辜，遂殞于瘴。」「二子雖幼，資可成就。姑自鞠養，無水火患。」（《後集》卷二十）

元符三年庚辰，十歲。

隨父在京師。

蘇适任太常寺太祝。

《蘇适墓志銘》云：「復出守太常寺太祝，逾年，又稱疾去職。」據《蘇潁濱年表》蘇适去職在崇寧元年（一一〇二）八月。據《宋史·宰輔表三》，韓忠彥爲相在元符三年四月至崇寧元年五月之間，凡三年。五月即再興黨禁，六月詔元祐弟子不得在京差遣，蘇适即罷太常寺太祝職。适之受命當在韓忠彥爲相之年冬月。《宋史·韓忠彥傳》稱韓爲相期間「上用忠彥言，數下詔蠲天下逋責，盡還流人而甄叙之，忠直敢言若知名之士，稍見收用」。朱弁《曲洧舊聞》卷九：「韓師朴元祐末自大名入相，其所引正人端士，遍滿臺館。」

建中靖國元年辛巳，十一歲。

隨父在京師。

蘇遲南迎蘇轍，過虔州，有贈孫志舉詩，蘇軾、蘇過皆和。

蘇軾《和猶子遲贈孫志舉》：「我從海外歸，喜及崆峒春。新年得異書，西郭有逸民」；「我家六男子，樸學非時新。詩詞各璀璨，老語徒周淳。願言敦宿好，永與竹林均。六子豈可忘，從我屢厄陳。」（《詩集》卷四四）過有《用伯充韻贈孫志舉》。

蘇遠後妻之父范百揆卒，父轍有祭文。

蘇轍《祭范子中朝散文》：「維建中靖國元年歲次辛巳十二月丁亥初十日丙申，……蘇轍謹以清酒庶羞之奠，致祭于故朝散范君子中之靈。蘇氏范氏，同出坤維。蜀公告休，居穎之湄。我老去國，歸亦從之。公逝久矣，見其長子。婚姻之故，莫我遐棄。一叩我門，遂不再至。」（《後集》卷二十）據曾棗莊先生推測，遠既喪妻後，當復娶妻，疑即此「婚姻」之謂。

今按：曾說甚是。蘇轍元符二年祭八婦文只稱「二孫」，而《穎濱年表》則舉遜四子，知在黃氏卒後，遠尙生二子，固已續娶無疑。又按，子中，應即百揆。東坡《范景仁墓誌銘》稱「子男五人，長曰燕孫，未名而卒」，自當不是轍所見之「長子」。而「次百揆，宣德郎監中嶽廟」者，即是實際上的長子。又稱「孫女六人」（《全宋文》第四五册卷一九九五），蘇過所娶，爲鎭第三子百嘉之女；蘇遠續娶，則百揆之女。

韓忠彥爲相，蘇适常與之論事。

《蘇适墓志銘》：「韓公師朴（忠彥）在

相位，數與之論事，嘗贊公口懷仁輔義，慰天下心。且曰：『子木有禍人之心，晉以勝楚。即公所長，曷師此言？他人雖有不善之意，夫何患焉？』韓公深然之。」

崇寧元年壬午，十二歲。

在潁昌。

蘇适罷太常寺太祝任，賦閑在潁，旋領宮祠，監東嶽廟。

《蘇适墓志銘》：「復出守太常太祝，逾年，又稱疾去職，領宮祠者六年。」據史載，崇寧元年五月庚申，「尚書左僕射韓忠彥罷」。乙亥，詔故追復司馬光、蘇軾等「各從裁減，追復一官，其元追官告幷繳納」。蘇轍等四十人，「行遣輕重有差」。又詔：「蘇轍、范純仁、劉奉世等五十七人，令幷三省籍記，不得在京差遣。」八月丙子，又詔：司馬光、蘇軾等「子弟，幷毋得官京師。」可見，蘇适罷任，乃徽宗朝再度打擊元祐黨人所致。蘇遲說他「稱疾去職」，乃諱言之。《蘇潁濱年表》直云：「八月丙子，詔司馬光等子弟幷不得任在京差遣，太常太祝蘇适與外任合入差遣。」

蘇邁、蘇迨葬其親蘇軾于郟城。蘇遠亡妻黃氏亦葬焉。

轍《再祭八新婦黃氏文》：「我昔南遷，自筠徂雷，自雷徂循。萬里之行，季子季婦，同此艱勤。婦生名家，有德有容，幼不逮門。繾綣相從，冒險涉瘴，初無咎言。」「瘴病彌月，藥石不效，卒殞當年。弱子稚女，躑躅吾側，念母悽然。」「命降自天，舉家北返，輿柩俱還。嗟哉吾兄，沒于毗陵，返葬郟山。兆域寬深，

舉棺從之，土厚且堅。種柏成林，以付而子，百年以安。」（《後集》卷二十）

崇寧二年癸未，十三歲。

在潁昌。

蘇轍北歸後，因朝廷打擊元祐黨人愈演愈烈，轍往還于汝、潁、陳、蔡，不安其居，籀之諸父皆往省視，行于詞章。

蘇轍《書楞嚴經後》：「崇寧癸未自許遷蔡，杜門幽坐。」（《後集》卷二一）又《汝南示三子》詩：「此生賴有三男子，到處來看老病翁。」又《思歸二首》其一：「汝南百日留，走遍三男子」；「兒言世情惡，平地風波起」；「老人思慮拙，小兒言有理」。（俱見《後集》卷三）

蘇遲侍蘇轍于汝南，歲欠，遲有詩，轍次韻寄适、遠（遜）。

遲詩不存。蘇轍《次遲韻寄适遜》：「饑民畏寒尤惡雪，旋理破裘紝敗纊。我雖久客未成歸，黍酒虀羹還潑節」；「潁川歸去知何時？祠官欲罷無同列。夜中仿佛夢兩兒，欲迓老人先聚說。」（《後集》卷三）

十一月，蘇遲作《對雪》詩，蘇轍欣然次韻。

遲詩不存。蘇轍《次遲韻對雪》：「平生聞汝南，米賤豚魚美。今年惡蝗旱，流民鬻妻子。」題注「十一月二十七日」（《後集》卷三）。

蘇轍爲蘇籀六兄弟作《字說》，勉以進德修業。

《六孫名字說》：「予三子，伯曰遲，仲曰适，叔曰遜。始各一子耳，予年六十有五，而三子各復二子，于是予始六孫。昔予兒子瞻命其諸孫，皆以竹名，故名遲之子，長曰簡，幼曰策。《易》曰『乾以易知，坤以簡能。易則易知，簡則易從。易知則有親，易從則有功。有親則可久，有功則可大。可久則賢人之德，可大則賢人之業。』故簡之字曰業。乾之策二百一十有六，坤之策一百四十有四。《易》之始，未有策也。文王演而重之，然後策可見。故策之字曰演。适之子，長曰籀，幼曰範。書起于篆，而究于隸，史籀始篆，篆隸皆成于滋，故籀之字曰滋。範，法也。王良與嬖奚乘，不獲一禽，曰：『我爲之範，馳驅終日不獲。一爲之詭遇，一朝而獲十。我不貫與小人乘，請辭。』故範之字曰御。遜之子，長曰筠，幼曰築。始予得罪于朝而放于筠，遜從而筠生。傳曰：『禮之于人，如松柏之有心也，如竹箭之有筠也，皆其堅者也。』故筠之字曰堅。孔子曰：『譬如爲山，未成一簣，止，吾止也；譬如平地，雖覆一簣，進，吾往也。』爲山者必築，前無所見，則未成一簣而止，苟有見矣，則雖覆一簣而進，進而不止，雖山可成也。故築之字曰進。予蓋老矣，而三子方壯，將復有子，而予不及見乎則已矣，如猶及見焉，則又將名之。俟其長而示之，使知名之之意焉可也。」

（《後集》卷二一）

蘇遠在潁川作《田園》詩六首，蘇過次韻。蘇過《和叔寬田園六首》，其六：「十年資章甫，人棄我亦閑。得從長沮遊，時把嚴陵竿。本非厭作吏，未忍違故山。朝來行西疇，果腹惟三餐。信哉負廓美，五斗何足干。長爲田舍翁，所樂非所歡。」紹聖元年南遷，至此已十年。又其五：「近聞復河湟，羽書獲萬姓。」童貫收復河湟，在崇寧二年六月。

蘇遠作詩贈李廌（方叔），蘇過次韻。過《和叔寬贈李方叔》：「哀哉兔絲蔓，生理寄所纏。君看秋風至，掃蕩何時安。誰令三徑荒，投老食屢艱。短綆謾自持，欲飲百尺泉」；「不求桑榆暖，乃慕松桂寒。學稼雖可賤，樂志良獨難。當觀五鼎食，不異瓢與簞。卜築願俱棲，勿學鷄相連。」

崇寧三年甲申，十四歲。

在潁昌。

本年六月戊午詔：「重定元祐、元符黨人及上書邪等者，合爲一籍，通三百九人，刻石朝堂。」壬戌，蔡京又書「元祐奸黨」一名姓進上，「于是詔頒之州縣，令皆刻石」。

正月，蘇轍自汝州還居潁昌，蘇遲兄弟築東齋居之。

蘇轍《葺東齋》：「兒孫喜相告，定省便早暮。」又《還潁昌》詩自注：「甲申正月五日。」（《後集》卷三）又《許昌靑詞》：「汝南經歲，老病逼身。今兹甲申建歲，……偶于歲首，復返舊廬。」（《後集》卷一九）

蘇符、蘇籀、蘇筠等兄弟得奉杖屨，從祖父蘇轍問學。

籀《欒城遺言》：「籀年十有四侍先祖潁昌，首尾九年，未嘗暫去侍側。見公終日燕坐之餘，或看書籍而已。世俗藥餌玩好，公漠然忘懷。」蘇籀《奠亡兄尙書龍學文》：「肇基二祖，潁川有蘇。希古孫陳，宣哲世模。步趨陪從，探討詩書。咨仿闕里，吟咏而雩。郟鄏松楸，墳籍衣盂。簡編櫝傳，吾道豈誣？公弱敦敏，躭玩經旨。康成王弼，風雅彖繫。《語》《孟》《檀弓》，發微究體。斟酌心精，應用詞綺。烱然獨識，灑落清製。緼袍顔巷，淹此國器。」（《雙溪集》卷一五）

按：籀子蘇詡《雙溪集後跋》謂籀「在潁濱親炙教誨十五餘年」，「五」字當衍。周必大《周益國文忠公集》卷五二《蘇文定公遺言後序》：「蘇文定公晚居潁昌，造道深矣。避禍謝客，從遊門人亦罕與言。其聞緒論者，子孫而止耳。然諸子宦遊，惟長孫將作監丞仲滋諱籀年十有四，才識卓然，侍左右者九年。」《宋元學案補遺》卷九九：「蘇筠，文定孫，籀、簡之弟也。大觀丁亥，文定閑居潁州，爲之講《論語》。」

蘇遲作《千葉牡丹》詩二首，蘇轍、蘇過有次韻詩。

遲詩不存。蘇轍《次遲韻千葉牡丹二首》其一：「潩上名園似洛濱，花頭種種鬬尖新」；「老人髮少花頭重，起舞欹斜酒力勻。」（《後集》卷三）蘇過《次伯充韻詠牡丹二首》其一：「珍重誰移洛下根，玉盤徑尺露花新」；「美惡本非春有意，栽培直恐伎凝神。」其二：「尤物端能耗地力，痴兒竟欲費精神。願回春色歸南畝，變作秋成玉粒勻。」伯充，即從兄蘇遲。

八月，蘇轍遣蘇适回蜀祭奠祖塋。

《蘇适墓志銘》：「先人嘗患不得歸祖塋，仲南代行者再。既至，則造石垣、建精舍、立僧規、益齋糧，爲經久之計。」蘇轍《遺适歸祭東塋文》：「維崇寧三年歲次甲申八月壬寅朔、二十一日壬戌，男降授朝議大夫、護軍、賜紫金魚袋轍，謹遣第二男、承事郎、監東嶽廟适，西歸致祭于先君贈太子太師、先妣程氏、五三君，追封成國太夫人之墓。」（《後集》卷二十）

崇寧四年乙酉，十五歲。

在潁昌。

蘇遲作《田舍雜詩》九章，蘇轍欣然和之。遲詩不存。蘇轍《和遲田舍雜詩九首幷引》：「吾家本眉山，田廬之多寡與揚子雲等。仕宦流落，不復能歸。中竄嶺南，諸子不能盡從，留之潁川，買田築室，賒饑寒之患。既蒙恩北還，因而居焉。然拙于生理，有無之計一付諸子。夏五月，麥方登場，遲往從諸農夫，簞瓢銍艾，知以爲樂。作詩九章，澹然有詩人之思。歸而出之，爲和之云。」（《後集》卷四）

崇寧五年丙戌，十六歲。

在潁昌。

正月，毁元祐黨人碑。詔書曰：「應元祐及元符末繫籍人等，遷謫累年，已定懲戒，可復仕籍，許其自新。」復又「大赦天下，除黨人一切之禁。」三省同奉旨叙復元祐黨籍曾任宰臣、執政官劉摯等十一人，待制以上官蘇軾等十九人。

以人口衆多，蘇遲等在潁川買田築室，蘇轍皆有題詠。

轍《閑居五詠·買宅》：「我老未有宅，諸子以爲言。東家欲遷去，餘積尙可捐。一費豈不病，百口儻獲安」；「生理付兒曹，老幸食且眠。」又《築室示三子》：「宅舍元依畢竟空，小乘慣住草庵中。」

生滯念餘妻子，百口僑居怯雨風。」又《諸子將築室以畫圖相示三首》，其一：「畫圖且作百間計，入室猶應三歲期。」其二：「舊廬近已借諸子，新宅分甘臨老時。」（《後集》卷四）馬廷鸞《遺老軒記》：「蘇黄門輔政于元祐，謫官于紹聖，歸居于崇寧，諸子爲之築廬潁濱，其自言曰：『吾潁濱遺老也。』」（《碧梧玩芳集》卷一八）

蘇遲與蘇适觀牡丹高祖園，歸報未開，父轍有詩戲之。

蘇轍《城中牡丹推高園廟遲适聯騎往觀歸報未開戲作》。（《後集》卷四）

七月，又詔繫籍人子弟可到京叙職。

按：自後蘇籀兄弟方始稍稍得序仕進。

夏，歲旱食艱，蘇遠往泉城獲麥，父轍有詩贊其「自幼讀書史」。

蘇轍《遜往泉城獲麥》：「少年食稻不食粟，老居潁川稻不足。人言小麥勝西川，雪花落磨煮成玉」；「五年隨俗粗得飽，晨朝稻米才供粥。兒曹知我老且饞，觸熱泉城正三伏」；「吾兒生來讀書史，不慣田間爭斗斛。今年久旱麥粒細，來歲未罷休饒老宿。歸來爛熳煞蒼耳，知還爾熟。百口且留終歲儲，貧交強半倉無穀。」（《後集》卷四）

中秋無月，蘇遠與父轍賦詩。

轍《中秋無月同諸子二首》，見《後集》卷四。

蘇在庭（元老）中進士來許，以文呈蘇轍，並從學文法。繼而「領漕歸蜀」，蘇轍、蘇過皆有詩送之。蘇籀親見其事。

蘇籀《欒城遺言》：「族兄在廷問公學文如何，曰：『前輩但看多做多而已，區以別矣。如瓜芋之區，自反而縮；如王祭不供，無以縮酒。』」又：「姪孫元老呈所爲文一卷，公曰：『似曾子固少年時文。』」元老，字在廷，又作子廷。是年蘇轍有《次遲韻示陳天倪秀才姪孫元老主簿》：「吾孫成鈞來，左右皆良朋。爲憐從兄弟，將冠未有稱。」又《再次前韻示元老》：「我老不知時，早歲誰誤稱？歸來理茅屋，對客食藜蒸。」又《送元老西歸》：「晝錦西歸及早秋，十年太學爲親留（自注：伯父（蘇渙）仕宦四十年，當時號為吏師）。」（《後集》卷四）蘇過《送在庭姪領漕歸蜀》：「迢迢六十年，乃復見曾孫。曾孫早讀書，待詔金馬門。一選文昌省，駸駸西掖垣」；「收拾五車書，歸掃西山墳」。元老爲蘇渙曾孫，于軾、轍爲族孫，于蘇過爲族姪，于籀爲族兄，《宋史·蘇轍傳》有附傳。史謂其「幼孤力學，長于《春秋》，善屬文」。舉進士，調廣都簿，官至太常少卿。有《九峰集》四十卷。軾轍得罪南遷，元老累致書問候，軾有《與元老書》多首。據轍、過詩意，其時元老初即第，官授廣都主簿。蘇轍又有《東塋老翁井齋僧疏》：「今因姪孫新授廣都主簿元老西歸」云云，元老見轍問爲文，即在此時。

冬復雪，蘇遲作詩，蘇轍次韻。

遲詩不存。轍《次遲韻復雪》，見《三集》卷一。

大觀元年丁亥，十七歲。

在潁昌。

蘇遲因卞氏舊室爲居，樹節儉之風以教子孫。

蘇轍《因舊》引：「予因卞氏故居改築新宅，其廳事陋甚。有柴氏廳三間，求售三百餘萬錢，力不能致。子遲曰：『因卞氏之舊而易，其尤不可。子孫若賢，當師公儉。』予愧其言，從之，作《因舊》詩。」詩：「一言愧吾兒，事忌與力爭。」（《三集》卷一）《姓氏瑤華》：「子由因卞氏故居改卜，其廳事陋甚，有柴氏廳三間，售三百萬錢，而力不足。遲曰：『因卞氏舊而易，其尤〔不可〕。子孫賢，當師吾儉。』子由賦《因舊》詩。」（《永樂大典》卷二四〇一引）

蘇遲等力于農耕，善待佃者，友人及蘇轍皆稱贊之。

蘇轍《示諸子》：「老去惟堪一味閑，坐令諸子了生緣。般柴運水皆行道，挾策讀書那廢田。兄弟躬耕眞盡力，鄉鄰不慣枉稱賢。裕人約己吾家世，到此相承累百年。」自注：「范五德孺近語遲：聞君家兄弟善治田，蓋取其不盡利爾。」

蘇籀兄弟從祖父蘇轍習《論語》，講畢，轍積講議成《論語拾遺》。

蘇轍《論語拾遺并引》：「大觀丁亥，閑居穎川，爲孫籀、簡、筠講《論語》。子瞻之說意有所未安，時爲籀等言之，凡二十有七章，謂之《論語拾遺》。恨不得質之子瞻也。」（《三集》卷七）籀《欒城遺言》曾記其祖父《論語》之說：「公講《論語》至『畏大人』曰：『如文潞公亦須是加敬，所言當信重之。』」

蘇轍又曾爲籀等講《老子》、《孟子》、《莊子》諸書。

籀《欒城遺言》：「公爲籀講《老子》數篇，曰：『高出《孟子》二三等矣。』」

又：「公解《孟子》二十餘章，讀至『浩然之氣』一段，顧謂籀曰：『五百年無此作矣。』」又：「公曰：『莊周多是破執，言至道，無如五千文。』」又：「公漠然忘懷，一日，因爲籀講《莊子》二三段訖，公曰：『顔子簞瓢陋巷，我是謂矣。』」

蘇籀與祖父同往泉城，轍作詩示諸孫。

轍《泉城田舍》：「泉城欲治麥禾囷，五畝鄰家肯見分。莫問三吳朱處士，似勝吾鄉揚子雲。陰晴卒歲關憂喜，豐約終身看逸勤。家世本來耕且養，諸孫不用耻鉏耘。」（《後集》卷四）

韓駒（子蒼）從蘇轍學詩，籀與之遊，轍贊其詩似唐儲光羲。

轍《題韓駒秀才詩卷》：「唐朝文士例能詩，李杜高深獨到希。我讀君詩笑無語，恍然重見儲光羲。」（《後集》卷四）籀《欒城遺言》：「公曰：『李方叔（廌）文似唐蕭，所以可喜，韓駒詩似儲光羲。』」《宋史·韓駒傳》：「駒字子蒼，仙井監人。少有文稱。政和初，以獻頌補假將仕郎，召試舍人院，賜進士出身，除秘書省正字。尋坐爲蘇氏學，謫。」「駒嘗在許下從蘇轍學，（轍）評其詩似儲光羲。」周必大《蘇文定公遺言後序》：「然公詩自工，謂儲光羲高處似陶淵明，平處似王摩詰，而以韓子蒼比之，子蒼由是知名。」（《周益國文忠公集》卷五二）《雙溪集》有與韓唱和詩，詳後。

蘇遠初筮仕，出監汝南酒稅，蘇轍、蘇過皆有詩送之。

轍《送遜監淮西酒并示諸任二首》，其一：「疇昔南遷海上雷，艱難唯與汝同來」；「相與閉門尋舊學，誰言復出理官醅？乘田委吏先師事，莫學陶令到即回。」（《三集》卷一）過《送八弟赴官汝南》：「君年逾三十，閉門試幽討。父兄逼從仕，攬轡方稍稍」；「效官麴蘖間，區區營一飽。」汝南，即蔡州，治今河南汝南縣。漢于其地置汝南郡，故過稱「汝南」。唐方鎮淮西道曾治于此，故轍稱「淮西」。宋置蔡州、汝南郡、淮康軍節度使。「諸任」，疑即眉山任氏。李石《方舟集》卷一六《李承信墓誌銘》：「眉之諸任爲望族。」

大觀二年戊子，十八歲。

在潁昌。

春，蘇遲有詩詠千葉牡丹，蘇轍有次韻詩。

遲詩不存。蘇轍集有《同遲賦千葉牡丹》：「造物不違遺老意，一枝頗似洛人家。」作于大觀二年春。又頭年有《謝人惠千葉牡丹》及《移陳州牡丹偶得千葉二本喜作》二詩，與此同韻，但韻脚用字不同。

按：蘇轍等寓居潁昌，多種牡丹，常有題詠。籀《欒城遺言》：「公潁昌牡丹時，多作詩，前後數四。有『潩上名園似雒濱，欲遣姚黃比玉眞』之句，又曰：『造物不違遺老意，一枝頗似雒人家。』稱道雒家，殷勤不已。」

晚春旱，蘇遲作詩，蘇轍次其韻。

遲詩不存。轍《同遲韻春晚》：「池塘春旱欲生塵，一雨能令草木新。」（《三集》卷一）

夏至得雨，蘇遲往泉店殺麥，父轍作詩送之。

轍《遲往泉店殺麥》：「老夫終病慵，長

子幸可仗。劬勞愼勿厭，餅餌家共享。秋田雨初足，已作豐熟想。歸來報好音，相對開臘釀。」（《三集》卷一）

蘇轍又有《示諸子》詩，贊蘇遲等才優、孝親、力田。《示諸子》：「諸子才不惡，功名舊有言。窮愁念父母，心力盡田園。志在要須命，身閑且養源。游魚脱淵水，何處有飛翻。」（《三集》卷二）「功名舊有」今卻無，「游魚脱淵」盼飛泉，皆元祐子弟受錮不遇之景況。

蘇籀從祖轍學詩文，爲轍所賞。籀《欒城遺言》：「公令籀作詩文，五六年後，忽謂籀曰：『汝學來學去，透漏矣！』嘗與文氏家姑言之，亦如此。」

蘇籀從祖父習《春秋》，頗通義例。籀《上朱僕射書》：「籀之不肖，爲天下安用？自幼竊好《春秋左氏》之學，以爲周孔之常道也。蓋《春秋》，天子之權也。」「施于後世王者，不可一日無也。」（《雙溪集》卷八，下引本書，只注卷數）籀《春秋》之學，蓋聞于乃祖，其《欒城遺言》屢載蘇轍《春秋》說教：「公言：『吾爲《春秋集傳》，乃平生事業。』」又：「公少年與東坡公治《春秋》，公嘗作論，明聖人喜怒、好惡，譏《公》《穀》以日月、土地爲訓，其説固自得之。」又：「公自熙寧謫高安，覽諸家之説，爲《集傳》十二卷。紹聖初再謫南方，至元符三易地，最後卜居龍川白雲橋，《集傳》乃成。嘆曰：『此千載絶學也。』既而坡公觀之，以爲古人所未至。」又：「潁昌吾祖書閣，有廚三隻，《春秋説》一軸，解注以《公》、《穀》、

《左氏》、孫復，卷末題『丙申嘉祐元年冬，寓居興國浴室東壁第二位，讀《三傳》』。次年夏辰時，坡公書名押字。少年親書此卷，壓積蠹簡中，未嘗開緘。籀偶開之，一一對擬，今黃門《春秋集傳》，悉皆有指定之說。想爾時與坡公同學，潛心稽考，老而著述大成，遺書具在，當以黃門《集傳》爲證據，坡公晚歲謂《春秋傳》皆古人未至，故附記之于斯。」又：「公言：『仲尼《春秋》，或是令丘明作《傳》，以相發明。』」又：「公言春秋時，先王之澤未遠，士君子重義理，持節操，其處生死之際，卓然凜然，非後世之士所及。蓋三代之遺民也！當時達者，語三代遺事甚多，今捨此無以考證。（按：《密齋筆記》卷三：呂東萊推此意，考究左氏著書源流，本于此。）」籀後來在朝論科舉，專優《春秋三傳》，蓋淵源于此。

蘇籀亦曾聞祖父《易》論。

籀《欒城遺言》：「公言先曾祖晚歲讀《易》，玩其爻象，得其剛柔、遠近、喜怒、逆順之情，以觀其詞，皆迎刃而解，作《易傳》未完，疾革，命二公述其志。東坡受命，卒以成書。初，二公皆讀《易》，爲之解說，各仕它邦，既而東坡獨得文王、伏羲超然之旨，公乃送所解予坡，今《蒙卦》猶是公解。」又：「公讀《易》，謂人曰：『有合討論處甚多，但未理會。』籀輩弱齡駑怯，憚于公嚴峻，不敢發問。今悔之無及。」

蘇轍作詩示諸孫，贊蘇籀等少年力學。

轍《示諸孫》：「少年貞力學，玄月閉書帷。老去渾無賴，心空自不知。交遊誰

識面？文字略存詩。笑向諸孫說，疏庸非汝師。」（《三集》卷二）

大觀三年己丑，十九歲。

在許昌。

上元夜，蘇适勸蘇轍觀燈，轍有詩。

轍《上元夜适勸至西禪觀燈》：「三年不踏門前路，今夜仍看屋裏燈。」（《三集》卷二）

蘇遠自淮西歸省，旬日而歸，蘇轍有詩。

轍《遜自淮南酒官歸覲逾旬而返送行二絶句》，其一：「官期未滿許寧親，平日宦遊無此恩。雨遍公田及私畝，學書兼得問筠孫。」筠孫，即蘇筠，遠子。其二：「乘田委吏責無多，舊學年來竟若何？開卷新詩可人意，到官無復廢吟哦。」（《三集》卷二）

九日陰雨，蘇遲等爲蘇轍作重九之會，蘇轍病中作詩示三子。

轍《九日陰雨不止病中把酒示諸子三首》：「旱久翻成霧雨災，老人腹疾強銜杯。官醅碁豆適初熟，籬菊黄花終未開。兒女共憐佳節過，鷄豚恐有故人來。衰年此會眞餘幾，薄酒無多不用推。」（《三集》卷二）

除夕，蘇籀等守歲，蘇轍有詩。

轍《己丑除日二首》，其二：「敲門賀客辭多病，守歲諸孫聽不眠。粗有官酤供夜飲，一瓶渾濁且稱賢。」（《三集》卷二）

大觀四年庚寅，二十歲。

在潁昌。

蘇适出監洛陽河南倉，蘇過作詩送之。

《蘇适墓志銘》：适罷太常任，「領宮祠者六年，起監西京河南倉」。蘇過《送仲南兄赴水南倉》詩：「近來彈冠非所好，黽勉聊從父兄迫。區區試吏倉庾間，定知蠟屐何曾得。嗟余白髮亦自笑，眷眷一官乃鷄肋。明年驅車走太行，政坐相如空四壁。」

按：崇寧三年，蘇轍《遺适歸祭東塋文》已稱适爲「監東嶽廟」，下歷六年，即是年。又蘇過詩說「明年驅車走太行」，指自己將官太原。考《斜川集》，過赴任太原在政和元年（一一一一），故得于是年爲适送行。

蘇适在洛，爲民請命，頗有惠政。

《蘇适墓志銘》：「時方買營繕之木，部使者俾仲南預其事，仲南力言：『優其值，則事可集，而民不病。』伊陽之人，以爲有陰德于我。」

九月九日，蘇遠自淮西致酒父前，轍有詩。

轍《九日三首》其三：「幼子淮西客，雙壺思老人。遠來經頤淡，細酌喜清醇。飲罷遙憐汝，歸來早及春。南齋昔未有，餘似舊時貧。」（《三集》卷三）

臘月，蘇遲作雪詩，轍次其韻。

遲詩不存。轍《臘雪次遲韻》，見《三集》卷三。

政和元年辛卯，二十一歲。

在潁昌。

九月，蘇遲自河朔歸省，于重九節前將到；籀姑父曹煥將于重九節後赴山陽，蘇轍作詩紀之。

蘇轍《辛卯九日三首》，其三：「河朔今將到，山陽近欲行。」自注：「遲歸自河朔，（重陽）節前當至；曹郎將赴山陽，節後當行。」（《三集》卷三）

政和二年壬辰，二十二歲。

在潁昌。

二月，蘇轍生日，蘇籀諸父及兄弟皆有詩相慶，蘇轍亦有詩。

蘇轍《壬辰生日兒姪諸孫有詩所言皆過記胸中所懷亦自作》：「生日今朝是，匆匆又一年。讀書眞已矣，閉目但茫然。」（《三集》卷三）

蘇遲等建南北堂，以北堂居父母，轍有詩。

轍《北堂》：「吾廬雖不華，粗有南北堂。通廊開十窗，爽氣來四方。風長日氣遠，六月有餘涼。兒女避不居，留此奉爺娘。」（《三集》卷三）又《上巳後》：「上巳已過數日，西湖尚有遊人。老人復歸閉戶，戶外百事日新。呼兒試問築室，春晚何日堂成？」「萬事汝勿告我，婚嫁自畢諸孫。」又《堂成》：「築室三年，堂成可居。我初不知，諸子勞劬。父母老矣，風雨未除。」「堂開六楹，南北四筵。」「西廂千卷，圖書之林。先人所遺，子孫是承。」「諸子之室，左右吾背。將食擊板，一擊而會。」又《卜居賦·引》：北歸後「居五年，築室于城之西，稍益買田。幾倍其故，曰：『可以止矣。』蓋卜居于此，初非吾意也。」賦曰：「吾將卜居，居于何所？西望吾鄉，山谷重阻。兄弟淪喪，顧有諸子。」「寄籍潁川，築室耕田。食粟飲水，若將終焉。」（《三集》卷五）西湖，此即潁川西湖；堂，即指南堂、北堂。

蘇遲官登封丞，蘇轍作詩送之。

蘇轍《送遲赴登封丞》：「昔我過嵩陽，秋高日重九」；「未老約來遊，何意七十後。吾兒性靜默，丞邑山路口」；「春山利遊觀，安輿即迎父。」（《三集》卷四）

夏，蘇籀表兄文九伏中曬麥，蘇轍作詩，籀次韻。

蘇轍《外孫文九伏中入村曬麥》：「春田不雨憂無麥，入囷得半猶足食。伏中日曬不可緩，旱田蒼耳猶難得。」（《三集》卷四）籀《次韻大父曬麥》：「西郊歲種十畝麥，自笑不耕惟坐食。吾人一飽已天幸，此外何心更求得。」（卷一〇）與之同韻。此詩爲蘇籀現存可考的早期作品。

秋，蘇轍令蘇籀賦舊扇、捕魚詩。

蘇籀《大父令賦舊扇》：「裁紈當團扇，當暑不離手。炎涼一推遷，委擲昏塵垢。」蘇轍《三集》卷二有《去年秋扇二絶句》，其二：「篋中秋扇委塵埃，春晚炎風拂面來。舊物不辭爲世用，故人相見莫心猜。」作于己丑（一一〇九）前；卷三亦有《感秋扇》詩：「團扇經秋似敗荷，丹青仿佛舊松蘿。一時用舍非吾事，舉世炎涼奈爾何？」作于政和二年（一一一二）卒前。籀《大父令賦捕魚》：「寒魚不樂水，遇汕輒來依。溪邊蓑笠翁，智深魚莫知。網罟既不設，釣竿亦罷攜。蕭然徒手來，一一收無遺。幽人買魚食，心亦憐魚癡。蚤知烹割苦，寧如在流澌。世人豈異此，外物常見羈。好在李斯犬，當觀莊子犧。」籀二詩當作于蘇轍卒前。

十月，蘇轍卒，蘇籀與父、兄弟輩俱居喪在家。

蘇轍晚年，閉門不出，以著書教孫爲樂。籀《欒城遺言》：「公每語籀曰：『聞吾語當記之勿忘，吾死無人爲汝言此矣。』」

蘇籀少見知于晁説之、張大亨、洪炎諸人。

《宋史翼》載籀「少以文學見知于晁以道、張嘉父、洪玉父諸人。」晁以道，名說之，大觀政和間居新鄭，與許下諸公後裔多唱和，又與籀之伯祖軾、轍有師生之誼。張嘉父，名大亨，吳興人，官直秘閣，蘇軾有《送張嘉父長官》等詩，見《詩集》卷三五；又從蘇軾習《春秋》，著有《春秋通論訓》十六卷。（《直齋書録解題》）玉父即洪炎，洪朋弟、洪芻、洪羽兄，幼從舅氏黃庭堅爲學，兄弟俱善詩文，號「四洪」。進士及第，爲穀城令，坐元祐黨，罷黜，起知潁上譙縣。

政和四年甲午，二十四歲。

在陝州儀曹任。

蘇适除服，爲信陽錄事參軍。頗多惠政。

《蘇适墓志銘》：「丁先人憂，除喪，授信陽軍司録事。溮水大溢，雨霔不止。城中惴栗。太守請告，以事付仲南。仲南倉猝不撓，命群司各守其所，令民無得竊出。辟祠廟以居老弱，鳩畚築以固堤防。水之所向，以身先之，衆皆趨赴，城賴以完。」又云：「時方廢紙錢，小民乏食，相率遮道。仲南請發義倉以濟衆，守曰：『未白使者，不可。』仲南曰：『事不可緩也。出粟而被譴，吾任其咎。』民賴以安。俄而被旨所在賑濟，衆始服其先識。」

以祖蔭，蘇籀爲官陝州儀曹掾，其弟簡爲假承務郎。

《宋史翼》卷四《蘇遲傳》附籀傳：「以祖蔭官陝州儀曹掾。」按：陝州治今河南陝縣。儀曹掾，宋諸州置曹官，分掌諸科。司理參軍，掌獄訟之事。通士郎以下任曹官者，稱掾。籀《上李丞相書》：「伏念昔日乘平書獄，頌法律者三年。」（卷八）即指此而言。《金華賢達傳》卷四《蘇簡傳》：「蘇簡字伯業，以祖恩補假承務郎。」

蘇符爲假將仕郎。

蘇山撰《蘇符行狀》（眉山出土，曾棗莊先生家藏拓本）：「叔祖黄門公沒，以遺恩授假將仕郎。」

是年張耒卒。其後蘇籀有詩題張詩卷。

籀《題張公文潛詩卷一首》：「群才奔正始，辨論軼髾卿。諸老力推轂，斯文有定評。龍旗叔孫氏，金筆左丘明。《杕杜》嘗嗤點，椒蘭足陷傾。窮途乖黨侶，陋室挂冠纓。彰炳流千載，嗟咨奠兩楹。桑枌墮兵火，簡札落寰瀛。態度雲霞蔚，瑰奇珠玉生。淵停眞可挹，川駛不留行。機杼班揚舊，笙竽陶謝幷。風騷齊穆若，郊島埒低平。百末芳蜂採，千歧理刃迎。斧斤皆閣束，鑿枘自天成。大論尤宏博，短章工冽清。精微演孔佛，剛毅獎周京。糲食何曾厭，高標不朽名。斐然愚小子，欽詠有餘聲。」（卷二）據詩「桑枌墮兵火，簡札落寰瀛」句，知作于南宋。詩又曰「嗟咨奠兩楹」，係用孔子夢坐奠于兩楹柱之間而卒之典，以謂張耒之卒。

政和末，蘇遠被命通判瀘州，蘇過作詩送行。

過《送叔寬弟通判瀘南》：「老人出鄉不得歸，西山潁水含清悲。脂車獨辦入蜀計，欒城季子眞男兒」；「想歡里門下父老，寒食上冢先蟆頤。吾弟平生得詩禮，大吾門戶惟子期。巴川僰道人鄙遠，誰肯仁義變蠻夷」；「請君攜泥一丸去，持此塞關安黔黎。」瀘南，即瀘州，政和五年，置瀘南緣邊安撫使司于此。叔寬通判瀘南，約在五年。《蘇潁濱年表》：「遜字叔寬，官至奉議郎，通判瀘州潼川府。」

政和七年丁酉，二十七歲。

在陝州儀曹任。

丁憂去職。

三月二十五日，蘇籀祖母史夫人卒。蘇适《蘇适墓志銘》：「丁嘉國夫人憂（離職）。」《蘇潁濱年表》：「七年三月二十五日，夫人史氏卒。同葬汝州郟城上瑞里。」

蘇籀在陝州任三年。晁說之自京師至關中，過陝州，作詩二首，勉籀以故家文學爲任。

籀《次韻答晁以道見贈二首》，其二：「鐵牛城下三年眼，剗見仇池社裏人。」（卷一）

按：鐵牛，張邦基《墨莊漫錄》卷四：「陝州大河南岸有物如鐵石狀，謂之鐵牛，舊有祠牢。唐末封號順正廟。」知鐵牛城即指陝州。晁說之《景迂生集》卷七《過陝州贈蘇儀掾仲滋》：「欒城孫子何來此，華國文章肯漫休？邂逅關山論家世，更期信息在西州。」又：「河擁秋聲客恨新，誰能出語共輪囷？信知文采生丹穴，不許文章屬外人。」籀詩與之同韻，即次其韻。又《廛居一絕》：「天碧綃幬障鐵牛，廛居煩促遠林丘。赫炎熾景烘煬竈，悵望金飈玉露秋。」（卷五）又《次韻范機宜感懷》（卷一）：「珪組紛紛蟻慕羶，徇人可否冀超遷。

傷哉遠略疲中國，慟矣長星出亘天。」又有《次韻范氏子園居即事三首》（卷一）當爲同時作。

西邊名將王厚子歸省襄陽，蘇籀作詩送行。

籀《送王機宜歸襄陽侍下一首》：「乃公振旅來，河湟新奏捷。詩社壯齋壇，荆州初妥帖。王郎賦《緇衣》，旦暮刷燕越」；「酸寒商公邑，會我縈仕牒。兒嗥羹不糝，女瘦裙剩摺。嫉邪髮衝冠，憂國鬢屢鑷」；「凄涼熊耳下，小雪輕塵浥。升堂語君公，浚治千樓堞。勉勉足兵食，孜孜撫疲薾。政成在簡易，可大賢人業。」

按：熊耳山，在陝縣南。詩所叙「酸寒商公邑，會我縈仕牒」，「凄涼熊耳下，小雪輕塵浥」，均爲陝州曹掾事。而「河湟奏捷」、「賦《緇衣》」等事，頗類王厚事蹟。王厚與父王韶俱爲宋西防名將，崇寧二年，王厚曾與童貫一道收復河湟。三年因羌人反叛，西部大震，厚坐逗留，降郢州防禦使。《宋史》有傳。宋郢州在今湖北鐘祥縣，處襄陽之南。「王機宜」，當即王厚之子，與籀同在陝州爲機宜文字；「赴襄陽侍下」，即探視其父王厚。

此外，蘇籀集有《二松賦》。賦有：「商邑巖巖，群山環中。膏液外湊，英靈內鍾。其人黃綺，其植曰松。翹翹我室，契闊朋從。二友忘言，冉冉秋冬。古之遺直，本具末豐。」（卷六）亦是時作。

蘇籀約于此地，作《牡丹賦》。

籀《牡丹賦》：「河洛之神，權輿此奇。何夜半之有力，刻朝新之瓊枝」；「爲汝

一笑而飲滿，心亦無成而無虧。」（卷六）

宣和元年己亥，二十九歲。

在陝西轉運司幕中。

任諒爲陝西轉運副使，薦蘇籀入幕。《宋史翼》卷四《蘇遲傳》附傳，謂籀自陝州儀曹掾，「任子諒薦入漕幕」。

按：籀入陝西漕司，不知確年。據《宋史·任諒傳》：諒，字子諒，眉山人。徽宗朝曾先後爲陝西轉運副使、都轉運使，兩知京兆尹，又嘗預言經略燕雲之弊及郭藥師必叛之事，後果如其言。郭藥師叛在宣和七年冬，其轉運陝西，當在宣和初年。

蘇适除服，請宮祠，未幾罷。

《蘇适墓志銘》：「（适）丁嘉國夫人憂。除喪，復得請爲宮祠。未幾，以省員而罷用。」

蘇簡調鄭州刑曹。

《金華賢達傳》卷四《蘇簡傳》：「蘇簡字伯業，以祖恩補假承務郎。宣和初調鄭州司刑曹。累官直秘閣。」《敬鄉錄》卷七、《宋史翼》卷四同。

蘇籀在陝漕，與咸陽令、何子應（祺）、陳叔易（恬）等人遊，有詩。

籀《咸陽令求清渭樓詩，和何子應長句》：「秦如蒹葭未飽霜，四維不舉空豪強」；「咸陽宮殿無尺瓦，直抵南山是禾稼。山巔冠闕總成塵，清渭東流無晝夜。昔日此水貫宮垣，今日淪漣縣樓下」；「我今爲子登樓賦，書版一諷悲興亡。」（卷一）籀又有《憶雍都》詩：「秦漢西都誰復加，茂陵賦筆大非夸。西瞻周道平如砥，南揖秦山翠削瓜。」乃晚年回憶其避地關中之情。又《次韻陳叔易遠別離三首》，其二有「憂端埒南山，那堪魯酒薄；人力未如何，天公良可託。」其三：「日近長安遙，山圍煙浪繞。星河通故都，冰雪迫彫槁。」（卷一）知作于避地陝西時。叔易，名恬，陳堯叟裔孫。北宋末，與晁説之同隱嵩山，號澗上丈人。大觀中召赴闕，紹興元年卒。能書，有《澗上丈人集》。《書史會要》卷六有傳。《侯鯖錄》卷七：「陳叔易崇寧中爲朱喬年薦得官，入京，晁以道有詩，……始者，叔易、以道皆居嵩陽，誓不出仕云。」據韓淲《澗泉日記》卷下：「何子應作《陳叔易墓誌》，甚佳。」韓淲爲韓億後人，韓元吉子，世居開封，南渡後休官二十年以卒。韓與呂本中爲姻家，與何、陳皆友，且與籀亦有連。晁説之又與陳叔易善，可見，何、陳、呂、蘇、韓，皆故家子弟，而相往還。

蘇籀又嘗遊華清池，作《湯泉賦》。

《湯泉賦》云：「陝西南坤，泉滃山澗」，「兕汙亡國，華清貴妃」，「予槁項黃馘，短髮威蕤。青衫直趨，老櫛自隨。頭輕目明，彈冠振衣，詠而風乎，配魯之沂。」（卷六）

蘇籀過藍田，謁呂大防墓，作詩。

籀《過故丞相呂汲公墳剎二首》，其一：「元祐推諧弼，乾坤豈小康。曹參尙清靜，蕭傅性剛方。報國無遺恨，興邦舉舊章。累年公議白，名與日星光。」（卷一）大防，本汲郡人，祖通葬藍田，遂家焉。哲宗朝，大防貶嶺南，卒，歸葬藍田。又籀《書輞川圖後》：「予壯歲遊藍田，不暇搜覽吊古，良可恨也。」（卷一一）

宣和中，蘇遲得戎州通判，欲歸蜀，有詩，蘇過次韻。

遲詩不存。過《和伯充兄唱酬二首一贈伯充一寄高仲貽》，其一：「倦客難堪走世塵，空嗟林下見何人。坐令歲月徂清夜，夢想田園趁食新。老境已浸無幾髮，垂堂共愛不貲身。一官聊爲家山住，要看明年濯錦春（自注：伯充時得戎倅，欲歸蜀）。」此首贈伯充。伯充，即蘇遲；戎州，即宜賓。詩稱「倦客」、「林下」、「老境」，皆晚年罷任境况；蘇遲之通判戎州，不見于史，唯過此詩有載。政和末年，蘇遠通判瀘南，過詩稱「脂車獨辦入蜀計，欒城季子眞男兒」，知蘇遠以前，二蘇子姪尚無入蜀爲官者，蘇遲通判戎州必在其後。又該年十月，蘇适下葬，蘇遲爲作墓誌幷書銘，其赴戎倅任，當在十月之後。其二：「家風凜凜嗣前哲，元祐庵中老道人（自注：仲貽家庵，自謂老道人）。形似子綦獨枯槁，詩如開府日清新。功名軒冕眞餘事，富貴籧篨誤此身。不有胸中萬頃波，肯教白髮負青春？」此寄高仲貽。仲貽名世則，高太后外孫，幼以恩補左班殿直。宣和末，金使泛海來，徽宗令其掌客。靖康初，佐高宗定位，除保靖軍承宣使，卒贈太傅，謚忠節。《宋史》有傳。據過此詩，知世則此時正退隱于許，建庵自晦，題名「元祐庵」，蓋即繫累于元祐黨爭；自號「老道人」，即有粃糠軒冕之意。此皆可補史書之不足。

宣和三年辛丑，三十一歲。

在潁居母喪。

籀母黃氏卒，籀自陝漕居母喪。

《蘇适墓誌銘》：「（适）娶黃氏，龍圖公寔之女。有賢德孝行，先仲南半年而逝。」

蘇簡滿任，改華州錢監。

《敬鄉錄》卷七：「宣和初調鄭州司刑，滿，監華州錢監。改京兆府曹。」

宣和四年壬寅，三十二歲。

在潁居母喪，復居父喪。

蘇适以薦，通判廣信軍，是年九月卒于任。

《蘇适墓誌銘》：「中山帥趙公述美薦通判廣信軍。時契丹亦亂，燕人歸附，金穀甲兵之務方興。仲南晝夜勤瘁，事得以濟，而疾亦作矣。加之同僚剛愎忤物，仲南亦不能堪。吏民憂其以病去，禱于塔廟者相繼。宣和四年九月八日卒于官舍，享年五十五。官至承務郎。」按：中山即定州，太平興國初置定武軍節度，慶曆八年置定州路安撫使，政和三年升中山府。趙述美，事蹟不詳。吳廷燮《北宋經撫年表》卷二「中山府」宣和四年，衹錄中山府知府事詹度，缺載安撫使趙述美，應據遲此銘補。廣信軍，治今河北徐水。蘇遲又說适「有識能斷」，「喜作論事文章，詩詞至多」，蘇轍以爲賢，蘇軾以爲類己：「先考欒城公，晚歲歸自南方。杜門宴寂，謝絕賓客，親戚故舊，知其不復有意于世也。喜有賢子以紹其後，蓋謂吾弟仲南也。先人亦常嘉其有識能斷，凡商略古今之事，必與之言焉。伯父東坡公以爲『其才類我』，尤喜與之論政事。雖仲南亦每自負，若將有爲于世者。」又謂适「且好學廣記，貫穿圖史，能窺前人之深意。手編其可用之言，將以施于行事，而非徒習空文者也，故其爲人晚益精審。少時，喜作論事文章，詩詞至多，不自貴重，亦不樂爲章句之學。蓋勇于爲義，健于立事，能爲人之所難，足以聳動人之耳目。」

宣和五年癸卯，三十三歲。

居喪在家。

十月三十日，蘇适及夫人黃氏葬于郟城縣上瑞里小峨眉山。蘇遲撰适《墓誌銘》，蘇過題寫誌蓋；蘇籀撰《母黃氏墓誌銘》，蘇過子蘇籥書誌。

《蘇适墓誌銘》：「娶黃氏，龍圖公寔之女，有賢德孝行，先仲南半年而逝。以五年十月晦日，合葬于汝州郟城上瑞里先塋之東南巽隅。子四人：曰籀，迪功郎；曰筥，早卒；曰範，承務郎；曰築，未仕。孫男二人，未名。」（見《文物》一九七三年七期）

宣和六年甲辰，三十四歲。

居喪在家。

冬十月庚午，詔有收藏蘇（軾）、黃（庭堅）之文者，并令焚毀，犯者以大不恭論。

梁師成約于是時訴于徽宗，後稍弛蘇文之禁。

《宋史·梁師成傳》：「自言蘇軾出子。是時，天下禁誦軾文，其尺牘在人間者皆毀去，師成訴于帝曰：『先臣何罪？』自是，軾之文乃稍出。以翰墨爲己任，四方儁秀名士必招致門下，往往遭點汙。」

宣和七年乙巳，三十五歲。

避亂荊襄。

冬，故遼降將郭藥師叛，引金人南侵。徽

宗遜位，欽宗繼立。朝議紛紛，或建議遷都于西安，或建議遷都襄陽，或建議遷都建康。蘇籀避地荆襄，有詩。

籀《避地咏史一首》：「量力難貪督亢圖，馮亭致地禍來歟？」（卷一）督亢圖、馮亭致地，皆喻故遼降將郭藥師、張穀以地投宋事。張穀先降金，後又降宋，金人借故伐宋，郭藥師導之以入。

靖康元年丙午，三十六歲。

在荆襄。

二月，壬寅，除元祐學術黨籍之禁。

金人攻逼東京，宋遣使請和，金責以金銀布帛，割太原、中山、河間三鎮，宋皆許之。籀作咏史詩諷之。

籀《避地咏史一首》：「摸金公子驅長戟，割地先生醉墜車。乘傳有人延劇孟，運籌何術困由余？」又晚年《憶雍都一首》：「飄泊荆吴最蕭瑟，厭聞胡漢更紛拏。」（卷一）又《送吴中大啓》：「籀趨風關陝，假蓋荆襄。」（卷一三）知籀曾避難于今湖北境内。又《上李丞相書》：「獫狁之故，調軍實論攻戰者又累任。皆蹭蹬而無功。」（卷八）其所謂「調軍實」、「假蓋荆襄」，當爲轉運戰資之職。

蘇遠卒。

《蘇潁濱年表》：「遜字叔寬，……靖康元年卒。」時年四十八歲。遠妻黄氏，繼娶范氏。有子四人。《潁濱年表》：「遜四子：筠、箴、箱、答。」又有子築，爲仲兄蘇适後。

蘇籀在避難期間，曾遊武昌，覽九曲亭；經黄岡，吊東坡，皆有詩。撫今追昔，感慨良多。

籀《遊寒溪次醅字韻題九曲亭》：「東坡

居士五年久，眞主未遽求鹽梅」；「方今九原如可作，足使四海無凋摧。」寒溪，在武昌，九曲亭，爲蘇軾貶黄州日所建，見蘇轍《武昌九曲亭記》（《欒城集》卷二四）。又有《東坡三絶句》：「門庭桃柳人人護，焚屋新遭盗跖餘。鄰社蕭條今尤劇，孫孫子子寶公書。」（卷一）

籀又有《南溪太息一首》，嘆東坡不遇；《舟中懷古一首》，斥好戰啓禍之非。南溪詩曰：「東坡曾賞南溪雪，他日流芳好事孫」；「太息九原何可作，逸才誰敢賦招魂。」（卷一）《舟中》詩：「耀德先王不耀兵，汪洋施澤在生靈」；「作俑亂生誠有自，覆車勢合亦難停」；「願以絲毫裨漢室，豈無弓矢斃胡星。」二詩皆靖康避難時所作。

籀寓荆湘期間，與洪縠瑞唱和頗多。

籀《次韻洪令縠瑞平遠臺》：「兼通西竺瞿曇意，欲和南風虞舜歌。怪石甘泉作檀施，長廊古殿蔭多羅。相期正始微言緒，詩眼休嫌俗吏過。」（卷二）《洪子再示論詩之意，答一首》：「文章三昧亦無多，甄品難甘狀杜何」；「擬續蘭臺快哉賦，後來作者豈容過。」（卷二）二詩作年不詳，但其後籀又有《次韻洪縠瑞摸臨臯亭四畫》：「退筆殘煤作冢池，庶幾極力更前追。尋源巴峽濤瀧派，得骨柯山鐵樹枝。」（臨臯亭，在湖北黄岡長江北岸，為蘇軾貶居期間所居。）《次韻洪令三月見寄》：「梅雨聞君醉山閣，麥風招我步濠梁。惜春見月那相貸，腸斷連山草樹長。」（見卷二）多荆楚景物，當作于避地荆湘時。

按：洪縠瑞當爲籀避地時縣令之字號，

其名俟考。

建炎元年丁未，三十七歲。

自荆襄移居吳中。

四月，金兵擄宋帝欽宗、太上皇徽宗及六宮皇族北去。五月，康王趙構即位于南京。是爲高宗。

六月，蘇遲直秘閣，除知高郵軍，未果。

《宋史翼》卷四《蘇遲傳》：「建炎初，累官尚書右司員外郎。元年六月，直秘閣，知高郵軍。守臣趙士瑗以發運使舉留，不受代。」

蘇簡充江浙制置司機宜文字。

《敬鄉錄》卷七：「建炎，充江浙制置書寫機宜文字。」《宋史翼》卷四：「建炎初，充江浙制置司書寫機宜文字。通判宣州，未上，改饒州。」

建炎二年戊申，三十八歲。

在婺州。

蘇遲改知婺州，籀從居。

蘇詡（籀子）《雙溪集後跋》：「建炎初南渡，侍伯祖侍郎居婺州近三十載。」《敬鄉錄》卷七：「遲字伯充，建炎二年以右朝請大夫直秘閣，知婺州。」《宋史翼》卷四：「（遲）改知婺州。」李心傳《繫年要錄》卷六元年六月庚午：「尚書右司員外郎蘇遲直秘閣知高郵軍，既而遲至高郵，守臣趙士瑗以發運司舉留，遮境不受代。詔貶士瑗二秩，令依舊在任，徙遲知婺州。」

蘇符以宣教郎爲國子監丞。

《繫年要錄》卷一三。汪藻《浮溪集》卷一《蘇軾孫從事郎蘇符改宣教郎制》：「論世者豈惟喬木，懷人者猶及甘棠。偉哉千載之英，緊我五朝之望。朕不及見，有孫而才。宜加改秩之榮，用示好賢之意。」

蘇籀作《去年一首》，傷時感事溢于言表。詩云：「去年敵窺清水崖，黃河狹隘冬凌頑」；「吳中據江恃舟楫，惴惴慄慄聊偷閑」；「旅人流徙隘城廓，歲事寒薄理勢然。」（《故鄉録》卷七引）

蘇籀上書戶部尚書葉夢得。

籀《上戶部尚書》（卷八）：「籀竊伏下風，從諸父昆弟嘗遊門下，究觀盛美之緒餘糟粕，不爲不久」；「近者避地江左，貧無置錐之地」云云。

按：蘇過等嘗與葉有通家之好，故籀得「從諸父昆弟嘗遊門下」，參《蘇過年譜》重和元年條。據《繫年要錄》卷二〇，建炎三年，「二月己巳，戶部尚書葉夢得守尚書左丞。」頭年正月載：「龍圖閣直學士葉夢得落職，提舉江州太平觀。」夢得之爲戶部，當在建炎二年與三年之間。

蘇籀上門下侍郎顏岐書。

籀《上門下侍郎書》：「籀篤志于學，圭筆之下，蓋嘗妄意計議今古天下之事，恥爲空言，必致實效。以前輩爲之宗盟，如山如嶽。」又曰：「閣下亞聖之裔孫，深得兗繹先生之文章風流。」（卷八）亞聖，此指顏回。兗繹先生，顏太初字。岐爲太初孫，顏復子。據《宋史·宰輔表》，建炎二年十二月，「顏岐自大中大夫尚書左丞除門下侍郎」。四月癸丑罷門下侍郎。

按：顏岐建炎初力攻主戰派李綱，誣葉夢得；其爲門下侍郎，遇苗、劉之亂，一味順成逆賊之意。于宋朝非忠臣，于顏淵非哲嗣。未知蘇籀何以推崇致此？又上書中言：「歷數前後亂吾邦家者，大概皆鴃舌之相也。譬如蛇蠆蝗蜮，遺類餘種，必爲巨害。仲尼作《春秋》，吳越未嘗稱人，荆舒咸在斥罰。今奈何不循覆車之戒，用閩蜑爲相乎？前此維揚禍變，一薛居州齊言，不勝楚人之咻；一屈原獨醒，未解衆人之醉。忠言至計，蔽于悍夫之當軸，剛狠怙權之所致，閤下政坐憂人之憂耳。事之不如尊意者，十常八九。可想見也。甚矣，世俗之難悟也。」按：籀所謂「用閩蜑爲相」即指李綱。綱祖籍邵州（在今福建），其祖始徙無錫，故籀謂其爲「遺類餘種」。據《宋史·李綱傳上》：「高宗即位，拜尚書右僕射兼中書侍郎。趨赴闕。中丞顏岐奏曰：『張邦昌爲金人所喜，雖已爲三公、郡王，宜更加同平章事，增重其禮；李綱爲金人所惡，雖已命相，宜及其未至罷之。』章五上，上曰：『如朕之立，恐亦非金人所喜。』岐語塞而退。岐猶遣其人封其章示綱，覬以沮其來。……岐與祠。」又所言「維揚禍變」，即建炎三年，高宗在揚州，爲金人所破，南逃渡江，「罪李綱以謝金人」，「金人焚揚州」而去。籀所云蓋指此。李綱雖多大言無當之處，然較之顏岐一意屈辱主和，優劣之際，不猶天壤之別乎！籀何桀犬吠堯如此！

顏岐論薦蘇籀，作謝啓。

《謝顏門下相公啓》，見卷一一。

蘇籀又作上宰相書。

籀《上時相書》：「籀不佞，謬忝讀書聞道，家傳古今治亂之學，理世及物之術。先儒之未悟，前聖之用意，盡發其樞，凜然略備，櫝載而善藏之」；「身經天下之擾攘，邦家之屯厄，當食不飽，坐以待旦，至于慟哭流涕也。蓬廬篳戶，貧守一席之間，無所役其心。狂狷不揆，思推所知以爲世用。凌厲憤悱，知難而不知退」；「恭惟主上，時乘六龍，撥亂反正。天下安危，注意閤下」；「舉直措枉，裁成中興之業。」（卷八）皆建炎初期情形。是時宰相爲黃潛善、汪伯彥，未知籀所上何人。

韓黯（少汲）赴官萍鄉尉，籀以詩餞行。

籀《送韓少汲萍鄉尉》：「大門人望舊旌旄，嶺表瀧頭罄錯刀。中饋從誰合紅鬯，鄄亭自詭絜征袍。青衫九品非君愠，黃卷連車慰我曹。蘭蕙滿山山水縣，遙知放意詠《離騷》。」（卷三）《盤州文集》卷七五《韓承議墓誌銘》：少汲名黯，開封雍丘人，韓億曾孫。以蔭補入官，官萍鄉尉、肇慶府通判，攝德慶府知府，移南恩州，不數月卒，年四十九歲，其時紹興二十三年正月。據籀詩意，少汲出仕，籀尚閑居，故有「慰我曹」之說。韓氏子孫，如韓持國、韓宗武之倫，北宋時俱居潁昌，蘇轍及蘇軾子孫皆與唱和。南渡後，韓氏後代與蘇氏又同居婺州，故少汲初仕萍鄉，蘇籀得以送行。又據晁說之《景迂生集》卷二〇，籀之妻亦韓氏，蘇韓又是聯姻之族。籀集中尚有《簡江國韓尉謝珍惠二絕》（卷三），韓尉，即萍鄉尉韓少汲。

蘇簡通判饒州。

《宋史翼》卷四，叙其「建炎初」在江浙制置司機宜與「紹興初」監都進奏院之間，曾「通判宣州，未上，改饒州」。

建炎三年己酉，三十九歲。

在婺州。

宋高宗自揚州入杭州。三月苗傅兵變，逼高宗遜位于皇子旉。四月，苗傅敗死，高宗復位。時朱勝非爲尚書右僕射兼中書侍郎，措置其間。籀作《上朱僕射書》。

按：《宋史·宰輔表》：本年「三月庚辰，朱勝非自守中書侍郎除通奉大夫、守右僕射，兼中書侍郎，兼御營使」；「四月癸丑，朱勝非罷右相，以觀文殿大學士知洪州。」籀書當作于罷相前。書稱：「籀嘗伏觀建炎復辟之詔，……方二凶人之肆逆也，婦人小兒頓足切齒，欲死之而不獲，雖有賁育之能，蒼猝之際，無益于算。閣下端委，神氣不變，朝堂之淺深，使彼莫得而窺。大直若屈，偉度絶人，陰離其黨，徐破其計。天地順叙，忠義炳著，稱爲社稷元勳之臣！」（卷八）籀所言與《宋史·朱勝非傳》所載相符。又曰：「閣下滌除四海，相王室，禮樂征伐之出，天下復平。籀亦願不負夙昔爲道之志焉，伏惟貸其狂率之誅。」

四月壬子，張浚以平苗、劉之亂，自禮部侍郎遷通奉大夫，除知樞密院事。籀作賀啓。

籀《賀張樞密啓》：「復辟之初，論功第一。」啓又稱「籀玷桑梓之坤維，仰節旄之公府」。浚蜀人，與籀同桑梓（卷一二）。

籀有《婺州謝增秩表》。

表云：「調發佐軍，幸無闕失；褒賞增秩，叨被寵榮。揣己何功，汗顔無措」；「凡率土之王民，誅無禮于君者。」（卷七）似即建炎初誅苗、劉逼宫之事，當代蘇遲作。

王次翁除江東轉運判官，籀代作謝表。

籀《代江東運判表》，自注：「代次公。」次公即王次翁，字慶曾，濟南人，《宋史》有傳。史不載次公爲江東轉運判官事。謂其紹興以前爲州縣官，紹興二年爲廣西轉運判官。召對不合，請祠，居婺州。秦檜當權，歷任諫官，直至副相。據此，其作江東運判，應在建炎年間。

八月，朱松監石井鎮，籀有詩送行。

籀《送朱喬年被薦舉監石井鎮》：「石井鎮初騰一鶚，管城子健斡千鈞。已然自足雄吾黨，其進祇應軼古人。衣被卉裳殊俗慣，解捐犢佩猾商馴。萬鍾他日扶危手，五斗怡怡爲奉親。」（卷二）朱喬年，即朱松，朱熹父。《宋元學案》卷三九謂松「政和八年同上舍出身，爲政和尉。父森卒于官邸，貧不能歸，即葬其邑。服除，調尤溪尉，監泉州石井鎮。紹興四年，召試館職。……十三年卒。」松監石井在建炎三年，次年五月離任。石井鎮，在福建泉州南安縣南。《明一統志》謂「紹興初朱松嘗爲鎮于此，有教及民」，在時間上小有差誤。按：據籀詩「已然自足雄吾黨」，蓋嘗與松同僚。

閏八月，閩中大旱，籀作《夏旱一首》。

詩曰：「陽厄會百六，驕亢慘如燬。素秋垂二七，十旬赤千里」；「雖然海有潮，何堪井無水。塞鼻炎煙鬱，吹面江風靡。憬俗雪不降，炎洲冰詎履。」海潮、炎洲、江風，皆福州、泉州風光。《繫年要錄》卷二七，建炎三年閏八月己亥，「詔差福建、廣南路歲買上供銀三分之一，以寬民力」（《宋史·高宗紀》一同），當因夏旱之故。

蘇遲有德于婺州民，遂家焉。

宋韓淲《澗泉日記》卷上：「祖宗時，婺州上貢羅一萬匹，靖康間五萬八千九十六匹，後知婺州蘇遲乞減數，葉夢得爲左丞，因奏陳之。高宗失聲嘆曰：『苦哉！吾民何以堪？』止令存二萬匹，餘悉蠲除。」元吳師道《敬鄉錄》卷七《蘇遲傳》：「（建炎）三年，以左朝請大夫直秘閣知婺州，奏減羅額。按《揮麈錄》：三年，葉夢得爲左丞，十四日罷。其自記奏對語云：知婺州蘇遲奏本州上供羅，皇祐敕額一萬疋，今增至五萬八千九百九十七疋，乞減一半。上惻然，令依皇祐云（法羅）〔夢〕得奏：『今用度不同，恐減太多，乞減二萬八千有零。』從之。父老爲立生祠，因家焉。」《宋史翼》卷四亦載遲「奏言本州上供羅，自皇祐中歲輸萬匹，崇寧中增至五萬八千匹有奇，民力凋敝，乞減其半。上驚惻，減二萬八千匹，仍給以本。父老立碑祠，因家焉。」柳貫《題坡翁書寄鄧道士》：「（遲）紹興中（應為建炎中）守婺，愛其山水清淑，因留居之。婺有蘇氏，實始于是。」

十一月，金兵渡江，連破撫州、建康。十二月，破臨安府、越州，宋高宗入潮州，旋入海。蘇籀等亦南下閩、廣以避兵。

建炎四年庚戌，四十歲。

在福州。

正月，金兵以舟師追高宗。二月，高宗至溫州。籀代福州守、建州守作慰問表。

籀《福州問候表》：「臣某言：建炎三年十二月二十六日，有入內內侍省東頭供奉官徐珣等，附海船至本州。伏聞大駕以十五日發自明州，及二十九日被溫州牒，備准劄子聖旨車駕權幸溫州者，遵海而巡，蓋不獲已。避狄之患，厥惟艱哉！」「惟本路，八州近寇，諸隘築堡立柵，募民爲兵。天成限隔之牢，地得金湯之固。」（卷七）《繫年要錄》卷三一：建炎四年，「正月丁巳，中書檢正諸房公事程邁充集英殿修撰知福州。時寶文閣待制知福州林遹言：敵犯閩中，請兵防守。又自言老病不任事，故以邁代之。」又《代建州上表》：「臣某言：準進奏院關報，大駕以二月十七日權駐溫州者。千艘悠濟，勤營衛于海隅；三捷奏功，朝衣冠于帝所。南牧之師悉遁，東巡之策最良。」「臣新叨守土，久忝殊恩。願奔行宮，省視官具；招輯戰士，啓先戎行。」（卷七）籀姑父王浚明兩知建州，皆在建炎、紹興初，此所代疑即王浚明。而籀之入福州，亦與王浚明在閩有關。詳籀代伯父蘇遲所作《故中奉敷文閣王公墓誌銘》（卷一五）。

徐俯至漳州，籀與洪炎作「建除」詩迎之。

洪炎《聞師川諫議至漳州作建除字詩十二韻迓之》：「建武下詔書，海嶠識明主。除吏得陽城，所喜逸民舉。」籀《奉和洪丈迎諫議徐公建除之什，并次元韻》曰：「建極翊皇輿，蓬廬懷致主。除書肆時夏，提綱衆目舉。滿朝想風采，愛及巾墊雨。平平戒自守，落落進攻取。定傾緊其人，防秋今尙暑。執輿岣嶁嶺，櫛風閩海浦。破的出新詩，江山繚樽俎。」（卷二）與之同韻。徐師川，即徐俯，《後村詩話》：「三洪（炎、朋、芻）與徐師川，皆山谷甥。」

蘇遲避地至臨海，與子蘇簡遊天柱山寺，有詩。

《赤城續志》：「遲，眉山人，字伯充，門下侍郎轍之子。官至戶部侍郎。建炎己酉，自婺女避地臨海，子簡偕來，遊天柱山寺，有詩，見《天台續集》。」（《永樂大典》卷二四〇一）

蘇遲作《戒殺文》。

孫應時《跋吳氏戒殺文》：「臨海吳君應龍出示其先世所傳《戒殺文》，乃建炎四年間眉山蘇公遲之所作也。蓋吳氏世居涌泉，而有溪出南山下，溪有魚千百頭，文叟者與之相樂如相知相忘者。其父不殺四十年，至文叟又不殺，懼子孫之或殺，而求蘇公爲此文以戒之。」（《燭湖集》卷一〇）

六月，蘇遲召入朝，爲中書門下檢正諸房公事。

《繫年要錄》卷三四：「直秘閣蘇遲爲中書門下省檢正諸房公事。」《宋史翼》卷四：「四年六月，召爲中書門下檢正諸房文字。」宋綦崇禮《北海集》卷四《朝散大夫直秘閣蘇遲可除中書門下省檢正諸房公事制》：「勑具官某：朕于故家，稱習名教，更練世務，見謂老成。曩陟郎闈，嘗聯宰屬。惟朝廷之事，臺閣之儀，其知之詳矣。宜還朝往踐此官，尙旣乃心，以佐而長。可。」

七月，丁巳，「申命元祐黨人子孫經所在自陳，盡還應得恩數」（《繫年要録》卷三五）。

辛酉，福建范汝爲率饑民反。州兵出討，爲其所破。籀代某州守作放罷表。

籀《代人謝放罷表》：「伏念臣草芥微賤，天地生成。願盡忠誠，無忝器使。郡當孔道，實爲逋盜之奔趨；釁起鄰邦，責在守臣之捍禦。不能固護于封壤，何以撫循于吏民？敢避嚴科，幸蒙罷免。」據謝表，當在范汝爲稱亂時。

八月，辛未朔，謝克家自禮部尚書遷中大夫、除參知政事（《宰輔表》）。籀作《賀謝參政啓》（卷一二）。

癸巳，命福建安撫使程邁會兵討范汝爲（《宋史·高宗紀》三）。

按：籀集內有《程帥父朝議年八十餘，諸人作詩褒咏，次韻一首》詩曰：「郎潛華首寤鑾輿，連帥元戎十乘車」；「萬石恬侯定非晚，閩人安枕夢維魚。」（卷一）《程帥新作止戈堂索詩謹賦三首》，其一：「邊庭氓隸敢滔天，亂領妖腰伏乃愆。獻馘牙門森戟纛，解嚴後廡戢戈鋋。勞歸宣潤奇材客，敕賜番禺饋米船。勸課蠶桑陳俎豆，頑愚悛悟悔從前。」（卷二）洪炎亦有《福州程使君止戈堂二首》：「鷗山閩海雨高深，幕府同開閲古今。堂號止戈賢守意，君名長樂聖君心。」都爲平亂之後作。朱松《韋齋集》卷三亦有《止戈堂》詩。《宋史·藝文志八》有程邁《止戈堂詩》一卷，當即衆人之詩的集編。籀又有《程待制邁父求挽詞》二首，其一：「太古衣冠綺季風，庬眉鶴骨似霜松」；「歸全五福殊無憾，密印行將一品封。」（卷二）當爲此時作。

九月，蘇遲知泉州。

《繫年要錄》卷三七：「中書門下省檢正諸房公事蘇遲直龍圖閣，知泉州。」《宋史翼》卷四：「四年九月，知泉州。」

富直柔升御史中丞，籀作賀啓。

籀《賀富中丞啓》（卷一二）。《宋史·富直柔傳》：「（建炎）四年，遷御史中丞。」

籀有《代謝賜茶藥表》。

謝表曰：「伏念臣瑣才無取，賦命數奇。矧經憂亹之餘，驟領蕃宣之寄」；「臣敢不推原斯意，勉盡其心。撫調發之瘡痍，雪鰥孤之困憊。芟夷寇亂，如決贅疣。」（卷七）按：疑代程邁作。

十月，以富直柔薦，蘇遲爲太常少卿。在任期間，于禮制多所建白。

《宋史·富直柔傳》：「直柔請罷右司侯延慶，而以蘇遲代之。上曰：『臺諫以拾遺補過爲職，不當薦某人爲某官。』于是延慶改禮部員外郎，而遲爲太常少卿。」富直柔，富弼孫。《繫年要錄》卷三八：「戊戌，新除直龍圖閣知泉州蘇遲爲太常少卿。……先是，御史中丞富直柔論延慶而援遲，故二人卒改命。」宋孫覿《鴻慶居士集》卷二六《蘇遲除右司郎官制》：「具官某：朕紹休鴻緒，思用老成。注想方深，愸遺興嘆。懷人愈遠，知狐突之敎忠；崇德象賢，庶臯陶之濟美。爾儒術之才，似其先人；忠厚之資，信于當世。屬靖康之初政，褒元祐之名臣，故家尚存，遺風如在。肆予纘紹，想見儀刑，擢自臺郎，延登宰屬。益思勉勵，光賁前人。」據制文，遲已被命右司，疑已草制而未果任。《宋史翼》卷四：「四年十月，以富直柔薦，爲太常少卿。」《宋代蜀文輯存》卷四八據《中興禮書》，錄遲論禮文六篇：《論合祭天地祖宗并配宜依皇祐詔書裁損狀》、《論大禮合用樂器請飭下兩浙東路轉運司修整具申狀》、《大禮合用竹木器請依例臨安府下諸路具製造狀》、《論明堂大次所費多可從宜排辦狀》、《孝明皇后元宮宜權宜修奉狀》、《論忌日服色狀》，皆作于太常任內。

十一月，富直柔簽書樞密院，籀作賀啓。

籀《賀富樞密啓》（卷一二）。《宰輔表四》「十一月戊申，富直柔自御史中丞除簽書樞密院事。」本傳作：「十月，除端明殿學士、簽書樞密院事。」月份微異。

蘇籀此時在福建爲官，初爲管庫，後升參軍。

籀《謝閩帥啓》：「右籀被命天闕，效官海邦」；「籀僚屬之內，官秩最卑。」又《謝帥司舉啓》：「管庫之卑，本何關于算略；判司之秩，但稍擢其久淹」；「年已至于不惑，道應得于少分。」又《謝劉憲啓》：「右籀伏承牒命，保舉某充改官親民任使者。……豈鄙判司之冗，未嫌管庫之卑。」又《牋任參政》：「籀捨筦庫而領邑，升從事而治中，少循寸進之階，誠爲拙官之喆。」（卷一二）治中，宋之曹官，當漢治中從事。俱可證籀在不惑之年（四十歲）曾爲官福建。此爲衆史所不詳，特于此舉明。又「判司」，指州郡諸曹參軍。

籀有《梅雨一首》。詩曰：「柑花銷殞荔殊小，海上雨雲氛氣昏。感慨干戈異鄉客，愁思骨肉與誰論。白魚紫笋淸庖隸，盧橘楊梅積市門。作吏天涯何所得？一春黃卷伴芳樽。」（卷一）荔枝、盧橘、楊梅，蘇軾嶺南詩有「南村諸楊北村盧」（自注：謂楊梅、盧橘也）、「盧橘楊梅次第新」所詠相同，皆嶺南物候。「作吏天涯」，更明白不過地告知尙爲官福建，故繫于此。籀有《凍雨一首》，詩曰：「淋淋凍雨滴春朝，正月寒威倍凓憀。汩淖不甘勞皁隸，執輿豈必勝芻蕘。素餐致寇思長策，失業疲甿想易招。馴伏豪強蘇餒乏，濟時籌略直須超。」（卷一）似爲閩中流民生亂而發。

籀送蘇文瓘，以詩述懷。

籀《贈蘇文瓘》：「君家庭戶聞風旨，吾事分毫等博屠。豈待曲終思雅頌，直緣背癢遇痲姑。」（卷一）詩謂「吾事分毫等博屠」，似指簿書決掌之筦庫官。

籀代人作醮詞。

籀《代醮詞一首》：「伏念妾隨夫干祿，去秦走閩，流落五載，尪孱數口。」（卷一五）

紹興元年辛亥，四十一歲。

在福州。

正月，高宗謂群臣曰：「福建僻陋，盜賊踵起，得非首領不知其疾苦乎？其令監司帥臣各條上弭盜及便民利物之事，朕當施行之。」籀應詔作表。

籀《應詔論福建盜賊表》言福建盜賊之盛云：「方今盜賊，如本路近日三十餘火，大者一萬，小者數千百人。姦民恃

亂以爲富貴之資，非但失業乏食者也」云云。（卷九）

蘇遲奏言易服遙拜徽、欽二宗。

《宋史·禮志二十六》：「紹興元年二月，太常少卿蘇遲等以徽宗、欽宗留北，有朔望遙拜之禮，乃言：『凡遇祖宗帝后忌前一日并忌日，皇帝自內先服紅袍遙拜訖，易服行禮。』從之。」《宋史·樂志五》亦載蘇遲議恢復明堂樂工之制，作「太常卿蘇遲」。

八月己卯，富直柔自端明殿學士簽書樞密院事除同知樞密院事（《宰輔表》）。籀作《賀富樞密啓》、《賀富知院啓》（卷一二）。

同月，蘇符除知蜀州，除夔州路提點刑獄（見《宋史翼》）。

蘇符作《劉一止除中書舍人制》（見《宋代蜀文輯存》卷四八）。

何薳曾于蘇軾子孫處見軾海南所書五賦。

何薳《春渚紀聞》卷六：「紹興之初，余于中貴任源家見其所藏幾三百軸，最佳者有徑寸字書《奎章閣記》，行書南遷《乞乘舟表》與《酒子賦》，又于先生（蘇軾）諸子處見海外五賦，字皆如《醉翁亭記》，而加老放。」

按：「先生諸子」應爲諸孫。邁、迨、過皆卒于北宋，何氏無由見之。又「海外五賦」應爲八賦，軾于海外嘗書平生所作八賦。據朱弁《曲洧舊聞》，八賦曾爲梁師成收藏，後入禁中，南渡後，何氏又于蘇軾子孫處見「海外五賦」，可見其賦又物歸原主矣。

蘇遲改外任，知處州。

《宋史翼》卷四：「紹興元年請補外，改

集英殿修撰，知處州。」

蘇簡入京，官都進奏院。

《敬鄉錄》卷七：「紹興初，監都進奏院。」

十月，籀作《跋摹連昌宮辭》。

跋曰：「伯祖東坡先生嘗爲《易傳》，以眞書發揚伏羲西伯之旨，嶺海草書，老筆精勁，自云不愧二王。遭亂後，家藏書帖散失略盡，尙明所模《連昌宮詞》，頓還伯英舊觀，而過于賀拔惒數倍矣。」尾署「紹興改元十月日，蘇籀題。」（卷一一）

蘇籀有《跋惠州芳華洲刻石》、《東山一首》。

《東山》詩曰：「骫髀田官委吏偕，山于吾屬倍靑哉。星言輿轎蒙蘢裹，山半振衣囂哄埃」；「架巖刳木泉悲響，鏁洞白雲花爛開」；「欲求出世三空義，一咄疏狂道眼裁。」（卷二）東山，在閩侯。《讀史方輿紀要·福建·福州府》閩縣「鼓山」：東山，在府東，舊有東山寺。田官、委吏，俱莞庫官之代稱。跋見卷一一。

紹興二年壬子，四十二歲。

在福州。

正月，蘇簡被送吏部。

《宋詩紀事小傳補正》：「蘇簡，轍之孫，紹興元年，朝奉郎監都進奏院。二年正月，與大理寺丞李處度并送吏部，限三日出國門。」引見《繫年要錄》卷五〇。

韓世忠、程邁平息范汝爲之亂，光復建州，籀作《群盜》詩。

詩云：「三州破竹勢，吏卒傷撓隳。越人竟何能，非復尉佗時。壺漿迎王旅，

克捷劍之湄。閩府幸安然，一毫未嘗虧。」（卷一）

時李綱在福州，力勸韓世忠寬宥協從。籀作《上李丞相書》。

書云：「只如本州群賊，閣下原其禍端，由殺子之報，辭切理明，刻于路隅，凶黨化之，油然忠孝之心生矣。」（卷八）據《繫年要錄》卷五一：正月辛丑，韓世忠收復建州。「初，世忠疑城中人皆附賊，欲盡殺之。資政殿大學士李綱時在福州，見世忠曰：『建州百姓多無辜。』世忠受教，……由是多所全活。及師還，百姓請祀之，世忠曰：『活爾曹者，李相公也。』」即籀書所指。書又云：「四十之仕，齒髮將老；九品之秩，炊舂無餘。」亦爲是時情形。建炎中，李綱以揚州失利被罷，籀上顏岐書，詆之不遺餘力，至是，又奉李爲丞相，是歌是頌。前後反覆，何其乃爾！書中且自詡：「獫狁之故，調軍實、論攻戰者，又累任，皆蹭蹬無功，而過則鮮矣。」將自己打扮成抗戰急先鋒，亦何臉皮厚至此！

有和王豐父、李綱鼓山詩。

籀《次韻待制王公出示李公丞相鼓山唱和之什不揆蕪累奉和一首》：「慷慨羊鄒遊，雍容裴白幷。溪谷有佳色，題品益光幸。渭濱行將獵，詔促預參乘。王公居客右，羊舌偕趙孟。小人繆好事，大冊挾長暝。擊節穆清風，續騷聊比興。」又有《次韻王丈豐父待制荔枝詩二十韻》（卷二）。洪炎亦有《次韻許子大、王豐父圓明送春之什》，俱作于福州。豐父爲王仲嶷字。

鄧肅（志宏）卒。籀曾與鄧唱酬。

籀《次韻鄧志宏三月辛卯大雨雹》：「雀鼠懷安怖入壁，聲侔海翻星隕石。疾雷破山萬壑沸，急雨懸河平地尺。」（卷五）鄧志宏，名肅，南劍沙縣（今福建沙縣）人。建炎初，李綱罷相，肅上書力爭，忤執政，拘繫吏部，罷歸居家。紹興二年卒。《宋史》有傳。籀避地福建，當與鄧有交往，故有此詩。

三月末，作《跋海棠夢大字》。

跋曰：「猗歟偉歟，如見眞本。庶幾遺範，贋者果能亂眞耶。」末署「紹興二祀季春下旬，蘇籀題。」（卷一一）籀又有《跋東坡拔冢帖》，謂：「先生蚤年在岐下，寫《楚詞》一章，云似鍾繇，筆能趨意。是時書畫已絶出世俗。自壯逮老，周遊四方，古人寄迹，無不臨遍。嶠南書帖，特爲超絶。嘗戲語云可比二王。所謂七十從心不踰矩者也。」《跋惠州芳華洲刻石》（係題延平范智聞所書惠州芳華洲刻石）俱無題款。《題崧嶺圖》，有「此圖僕故山也，觀二室間林壑寥落，使人增感懷耳」，在南渡後。

四月庚午，翟汝文自翰林學士承旨、左中大夫、知制誥除參知政事（《宰輔表》）。籀作賀表。

籀《賀翟參政啓》：「籀仰止門闌，視效繩矩」；「干彼縣令，飾小說以徒勞；渾于俗徒，謁大巫而自失。」（卷一二）

其時，任諒亦在福州，薦籀，作謝表。

籀《謝任參政》：「籀拾管庫而領邑，升從事而治中。」（卷一二）

按：《宋史·任諒傳》說諒自郭藥師叛後，復起知京兆，未幾卒。似卒于靖康年間。但《南宋制撫年表》根據

《西渡集》，任諒在南渡後，曾爲官于福州。又據籀該文，任似曾爲參知政事，惜《宰輔表》失載。

籀有《跋東坡詩及所書黄門記》：「二祖道德之範，見于筆墨，傳示來世，不容擬疑」，末署「是歲九月丙辰」。

七月，丁卯，張守知福州，籀作迎表。

籀《迎張大資啓》：「伏審釋會稽之組，虚講讀之司。改命魚符，薦領節鉞」；「海徼東南，悉屬天子之老」；「維無諸之都會，雜《禹貢》之島夷。」又《賀張參政入侍經筵啓》有「籀嘗備官屬，企慕光塵。」（卷一二）亦指在福州爲張屬下事。按《宋史·張守傳》：「建炎四年五月除參知政事，提舉洞霄宫，知紹興府。守以内祠兼侍讀，守力辭，改知福州。」

按：《宋史》所述，省略失當，據《宰輔表》，守除參知政事在建炎四年，提舉洞霄宫在紹興元年八月罷參政後。其除知紹興府、改知福州，自應爲紹興二年事。《繫年要錄》卷五六：「七月丁卯，資政殿學士、新除提舉萬壽觀、兼侍讀張守知福州。」兹從之。又《繫年要錄》卷九一載：「資政殿大學士、知福州張守提舉萬壽觀兼侍讀。」說明張守知福州，確以資政殿大學士加官。

程邁薦籀爲京官，籀作謝啓。

籀《謝程殿撰啓》：「馬首所向，三軍佇瞻；旄尾一揮，衆凶屏息。」指正月平息范汝爲之亂。又云：「亦知京秩之微芒，冀脱判司之冗瑣。」（卷一二）知籀次年大宗正丞之命，實得程邁推薦。

蘇籀與范子儀等遊福州東山、昇山、怡山，俱有題詠。

籀《招范子儀登昇山次范韻》：「東帶殊憎市聲沸，幅巾聊復隱居尋」；「長餅大白開狂喙，絶海驅山嘆未禁。」昇山，在閩侯縣北，《太平寰宇記》謂其山越王句踐時，從會稽飛來，舊名飛山；臨海人任敦從此升仙，唐時改稱昇山。又《次韻范子儀怡山飯訖訪王仙君舊迹一首》：「雲衲撞鐘集，鶴衣輿轎來。暫沽彭澤酒，豈礙太常齋。」又《次韻范子儀東山之什》：「東隅嶺嶠紆屈出，濃翠春粧日夕佳。僧老林丘黨猨鹿，地靈山澤產龍蛇。」據《宋詩紀事小傳補正》：范正國字子儀，純仁第五子，紹興初朝散郎知臨江軍。九年以吳表臣等舉，爲廣西路轉運判官。蘇籀與范子儀游，恐是時子儀罷職居閩。

范才元赴長樂倅，有唱和。

籀《送才元長樂倅》：「孰云相貳徒勞職，政恐東南弗復加」；「口占十列傳州檄，指畫千條靖海涯」；榕木覆街飛阜蓋，荔園供餉赫凝霞」；「咻彼夷音姑洛詠，歸來越橐換吳娃。」（卷三）長樂，在福州東南，今福建長樂縣。同卷又有《次韻范才元中秋夜》，有「常娥偕婺女，萬里玉京會」，亦同時作。

曾應孫子安招遊鼓山，有紀遊詩。

籀《遊鼓山一首》：「呼船起柂乘潮平，掠窗飄泊疏雨傾；漱石枕流東道主，櫛風沐雨吾曹行。」題下自注：「孫子安見招。」（卷一）孫子安，不詳。鼓山，在福建府閩侯縣東，山頂有巨石如鼓，故名。有大頂峰、小頂峰，爲幽雅之遊覽勝地。又有《僧庵崖上榴花》：「蒼崖有紅榴，照眼風櫺回。鶴頂磨丹明，猩脣染羅竟。」按：僧庵崖，在鼓山，籀《遊鼓山》有「草衣穴處避世士，木食澗飲安禪僧」句。

六月，與洪炎（玉甫）賦荔枝。

籀《和洪玉甫秘監荔枝三首》，其一：「閩中譜殊盛，唐相賦初工」；「驅蘆抵烏鵲，投李飫兒童。」其三：「瘴鄉駢瑣質，善地最蒲閩。冠絕林間品，難爲坐上賓。」洪炎《西渡集》卷下有《初食荔枝》二首，其二：「六月寓閩山，初逢荔枝丹。」

蘇籀罷福建任。

有《閩中秩滿一首》：「蠻府同僚問字奇，老成衣鉢舊箴規。颶風不訝飛黃雀，汙瀆猶將貸病鵶。前日幕謀非妙伎，今時民瘼愧良醫。徑從南浦攜書笈，吉貝裳衣皁帽帷。」《次韻洪穀瑞見和》：「此間空洞最無奇，整整從繩僅滿規」；「海浸冰銷元凱癖，玉盃繁露董生帷。」

蘇簡（伯業）賦詩相迎，籀和其韻。

《次韻伯業賦詩相迎喜予解秩》（卷二）。按：五年籀賀張守侍經筵啓有「罷秩三載」語，即指罷福建任。籀在閩廣，作詩很多，如《秋分》有「礎濕嵐昏近海多，劍霜清刮手親磨」；「坐令幽谷遷喬木，盛論中原喻尉佗。」自注：「余避亂，謀居吳中。」（卷一）《次韻待制王公……》有「鼓山」語，《梅雨》有「海上雨雲氛氣昏」、《陋居》有「遊宦」、「南溟」句，俱敘閩廣情物。還有《閩嶺賦》（卷六）、《奉安鎮閩王》（卷一五）等篇。

紹興三年癸丑，四十三歲。

在京師爲大宗正丞。

籀嘗代人謝時相呂頤浩。

籀《代謝呂相啓》（卷一二）。按，呂頤浩自建炎三年至紹興三年爲相，罷復不常。其最後一次罷相在紹興三年九月。故此啓必作于呂罷相前。

九月，蘇遲權刑部侍郎。

《繫年要録》卷六八：「九月庚辰，集英殿修撰蘇遲權尚書刑部侍郎。」《宋史翼》卷四：「三年九月，召權刑部侍郎。」

十月，蘇遲權工部侍郎。

蘇籀以右宣義郎爲大宗正丞（《繫年要録》卷一〇六）。

按，是年殿中侍御史常同上言：「自渡江以來，不除寺、監之官，……臣愚以謂當裁減諸路屬官之數，復除寺、監丞官。」是故籀有大宗正丞之除。又籀《擬上趙相公書》：「前歲修廢，除用諸丞，所添不過三十人。」

《繫年要録》卷六九、《宋史翼》卷四。

籀汲西湖東坡所浚井，有詩。

籀《汲東坡所浚井》：「帥貳英英駐節旄，繼唐流澤使滔滔。源深東絶三橋市，漲縮西湖二寸篙。溝駛甃堅無旱潦，瓶翻筒漏飲豚羔。私家誦佛千畦稻，官帑收功萬斛醪。」作于杭州，姑繫于初爲京官之時。

呂稽中（德元）爲川陝都督屬官，籀爲詩寄之。

籀《寄呂德元時爲都督屬二絶》，其一：「稍費江南萬側釐，多膽符檄喻亡齊。寬然折楚可入汴，已見票姚擒日磾。」其二：「祖生晚節並劉琨，獨免聲消賈謐塵。虎士淮淝初小捷，謝庭蘭玉絶常倫。」劉豫僞齊被廢于紹興七年，而宋金和議成于十一年，此後無「入汴」、「小捷」之事。呂德元，呂本中族人，有才器，張浚帥川陝，召德元入幕。後張浚罷，尹焞入蜀，德元從焞問學。《宋元學案》卷二七有小傳。張浚帥在建炎二年，紹興四年罷。

紹興四年甲寅，四十四歲。

在京師。

二月，張浚自川陝都督任召還，論者劾其「五年在外，誤國非一」，三月罷任。籀曾與之論兵。

五月，友人韓昴進士及第，爲常山主簿，籀作詩送行。

籀《韓簿之常山送行一首》：「勾稽俛首親朱墨，甘旨役心謀稻粱」；「題名塔廟經坊市，俯瞷煙雲越澗岡。相勉三餘牽著擬，助栽九畹待芬芳。縶維騏驥初從軛，強勁蒹葭要飽霜。縣小官閒無甚責，秩卑俸薄又何傷。」（卷二）常山縣，在浙江衢州西。籀《常山主簿題名記》：「衢所隸五縣，西曰常山」；「紹興四年二月庚申，資政殿大學士、宣奉大夫、陽夏郡謝公任伯知軍州事，言于朝，吾友韓君昴子平實被選辟。越三月某日，奉命視事。」韓簿，即主簿韓昴，字子平。籀集中尚有《瑞香一首呈韓子平》（卷三）。

八月，戊子，趙鼎被命都督川、陝、荆、襄，籀作《上趙樞密都督書》。

書云：「愚頑者嘗以書見張公，論兵不可必用，公易而不察也。閣下之此行，比之張公，時易勢殊矣。」見在張浚罷任後。又曰：「今六纛數日啓行，用人之際，下走潦倒百僚之下，效匍匐于邯鄲，受揶揄于燕薊，其迂鈍可笑，亦已甚矣。」（卷八）知在趙出師前。《宋史·高宗紀》四：紹興四年「八月庚辰，以趙鼎知樞密院事，充川陝宣撫處置使。」又「戊子，改命趙鼎都督川、陝、荆、襄諸軍事。」籀所賀乃改命之後。趙不果川陝之行。

九月，僞齊劉豫結金南犯，分道渡淮。宋以趙鼎爲左相，御駕親征。

是年，籀又作雪詩。

籀《甲寅歲雪一首》有「匀匀帝澤烝民粒，止止人寰世界塵。野渡舟沉堆鷺羽，豪家堂下散瑤珉。袁生高卧誠淸尚，慧可安心奈苦辛」一句（卷二）。

紹興五年乙卯，四十五歲。

在京師。

蘇籀作《賤胡樞密（松年）啓》。

據《宰輔表》，胡松年以紹興四年七月戊午朔，自左朝奉大夫、試吏部尚書遷端明殿學士，除簽書樞密院事。五年閏二月罷簽院。籀書當作于松年罷任前。書有「計拙百僚之下，摳衣未坐；蒙問五載之淹，使其忘故園之思。」籀建炎四年避地福州，于此五年，故曰「五載之淹」。

四月甲子，宋徽宗、寧德皇后鄭氏卒于金，籀作《挽詞》、《代慰國哀表》。

表曰：「臣某言，伏睹今月二十五日聖旨，太上道君皇帝厭世升遐；寧德皇后上仙者，訃自龍荒，哀恫中國。」（卷七）籀又有《徽宗皇帝挽詞》（卷四），爲同時作。

五月乙巳，高宗生日，籀作《祝聖壽表》

（卷七）。

七月，資政殿大學士、知福州張守提舉萬壽觀兼侍讀（《繫年要録》卷九一），籀作《賀張參政入覲經筵啓》。

啓文曰：「再念籀罷秩三載，待次一官。犬喪其家，托迹無所。」（卷一二）指紹興二年罷福州任，轉内京職。

十月，蘇符以右宣教郎、夔州路提點刑獄公事賜同進士出身，守尚書司勳員外郎。

《繫年要録》卷九四。胡寅《斐然集》卷一三《蘇符司勳郎官制》：「爾名臣之後，詞學甚優。内外踐更，名實相副。寵以儒科之目，往從勳府之聯。益究爾能，對兹榮訓。」

蘇遲告老，領宫祠，與富直柔、葉夢得等人遊。

《宋史翼》卷四：「五年告老，充宣徽閣待制，提舉江州太平觀。」《宋史·富直柔傳》：「六年，丁所生母憂，……起知衢州。……徜徉山澤，放意吟詠，與蘇遲、葉夢得諸人遊，以壽終于家。」

張浚都督江淮等處軍馬，蘇簡被選入幕。

《敬鄉録》卷七：「江淮開都督府，選入幕府。」

韓駒卒。籀曾和韓梅花詩。

籀《和卷中韓子蒼梅花詩三首》，其一：「先開媚晴昊，孤艷斷魂時。繞樹沈煙度，凌寒檀暈披。參橫明月觀，雪細影娥池。結實冥冥雨，君看雀啅枝。」（卷三）《宋史》本傳，韓子蒼卒于紹興五年。籀詩尚謂「君看雀啅枝」，似子蒼尚未卒。據詩意，韓子蒼似亦移居于婺州。

紹興六年丙辰，四十六歲。

在京師。

六月，友人韓昴修常山公廨，籀作記。

籀《常山縣主簿題名記》：「吾友韓昴子平實被選辟，越三月某日奉命視事，因舊廢館，繕公廨焉，君以謝公見用之意，不陋枳棘，不懈箴儆。所治雖小，務知者大。……逮終更伊邇，書來告曰：『凡官舍皆刻石題名……』。吾友效官如此，不患湮淪也，姑妄書之。紹興六年六月十日，眉山蘇籀記。」（卷一一）

朝廷省員，籀作書擬上趙鼎，論用士。

籀《擬上趙相書》：「伏聞朝論吏員猥衆，闕次極少，率一官而五人共之，一人任職，四人待次。仕者無窮，而常員有限，填咽充塞，不可區處，有至十年而後之任者。本祈奬拔之多，而賢路迫隘至于如此。近制：中都官待次日並罷斥。詳味美意，戒于汎濫，務在精切，此舉非不善也。前歲修廢官，除用諸丞不過三十，今者槩行朝兵府僚屬，以次皆黜之，不下七八十人，其間不容稍留矣」；「彼七八十人中，其志意才略尚有人也。今夫天下之勢，方且倒懸，神州陸沉，未能雪復。夷狄憑陵，腥穢寰宇，此政用才求賢之急也。負能挾策，自以絕出常流，則愍世憂時，亦誰能默坐而已耶？亦不容逝去也」；「士之無能無求、無思無欲，可以投閒散、群冗士者，莫如籀也。罷斥數中，不在有無多少之間，恃閣下之在上，猶復一鳴焉。」又其書謂：「今春虜犯淮泗，閣下實爲首相，捍患禦災之際，舉無遺策，虜以敗幷。」（卷八）據史載，六年二月，僞齊劉豫聚兵淮陽，爲韓世忠所挫。又《宰輔表》，紹興四年九月，趙鼎爲右僕射（右相）；

五年二月爲左僕射（左相），張浚爲右僕射（宋以左為上）。六年十二月趙鼎罷相知紹興府。趙爲首相在五、六年，而五年無戰事，則「今春虜犯」之事當指六年淮陽之戰。

籀以謝克家薦得改秩，作謝表。

籀《改秩牋謝資政》：「伏念在浚城之旟，進遷命秩；上泉山之牘，佩戴揄揚。」又曰：「如籀者倨僻迂疏，孤羈癯悴，承學以詩書爲業，扞挌未精；吏道以法令爲師，黽勉無害。二十五年于隨牒；十生九死于亂邦。隴月河冰，舊遊最壯，蠻聚夷落，屏卻未能。」《宰輔表四》：謝克家以紹興元年罷參知政事，以資政殿學士提舉洞霄宫。籀以祖父亡故（一一一二）蔭授官職，至此正二十五年。

十二月，甲辰，蘇符以尙書司封員外郎兼資善堂贊讀，赴行在（《繫年要録》卷一〇七），蘇遲爲其致書臺閣。

蘇遲《趨闕帖》：「遲頓首，再拜密邇。雖每聞動静，而書簡不繼，兹爲愧負。遲杜門與俗緣日遠，但僑寄非安，亦任運而已。小姪符自蜀趨闕，冒涉艱險，非晚遂至國門。遠來不知朝廷之儀，凡百有教之。幸甚。遲頓首，再拜。」（《寶真齋法書贊》卷一二）

按：五年蘇符授夔州路提點刑獄，是時授尙書司勳員外郎，赴杭州，與遲所云「自蜀趨闕」正合。

辛亥，張守自常州入見，即日除參知政事（《繫年要録》卷一〇七），籀作賀啓。

籀《賀張參政啓》：「伏審上眷舊勞，復還大政。」

按：守以建炎四年除參知政事，紹興元年罷。是年再除，故曰「還政」。又云：「籀夙侍芙蓉之府，樂逢桃李之蹊。」（卷一二）蓋指福建爲僚之事。

范正國由比部爲廣東轉運使，籀作詩送之。《送范比部持節廣東》：「羊城使者神仙中，苒苒叱馭凌雲蹤。綉袂吾徒強摻執，解手一舉南飛鴻。君侯烜赫標肉譜，文正烈祖忠宣父」；「轉糧遵海爰究度，併按三河應不避。」范比部，爲文正（仲淹）之孫，忠宣（純仁）之子。史稱純仁二子：正平、正思，而不及正國。正國，純仁第五子，紹興初知臨江軍，後九年以吳表臣等薦，爲廣西路提刑，被胡寅封還。《斐然集》卷一五《繳范正國廣西提刑制》：「謹按正國于故相忠宣公純仁爲季子，自廣東轉運判官被召，既至行闕。」據此，正國爲官廣東在前，提刑廣西在後，其赴任廣東當在紹興六年左右。其時正國被召至京，蘇籀亦在京，故得相送。按：籀集又有《代廣東漕謝表》（卷七）：「乘軺江左，深愧空餐；改轅嶠南，再蒙寵寄。」當即代正國作。

紹興七年丁巳，四十七歲。

在京師。

正月，癸未，陳與義自翰林學士除參知政事（《宰輔表》），籀作《賀陳參政啓》（卷一二）。

四月，蘇符以司封員外郎試秘書少監，仍兼資善堂贊讀（《繫年要録》卷一一〇），監修《神宗實録》，賜五品服（《蘇符行狀》）。

六月，臣僚言：「史館重修《哲宗實録》，元祐政事屢改紛更，尤當盡付天下公論，非（蘇）符所宜參預，望改閑慢差遣。」不許（《宋史翼》卷四）。

九月，丙子，趙鼎復除左僕射兼樞密使（《宰輔表》），籀作賀啓。

籀《賀趙相公啓》曰：「白簡霜威，嘗落姦邪之膽；追車日下，再掌宥密之機。副叶虛懷，從容爰立。霖雨未敷于三日，羽檄沓至于百函。制勝安邊，恨用休、璟之晚節；御軍卻敵，悉皆毅、裕之裁威。」又《賀趙丞相再入相啓》：「伏審被召鎮東，來歸揆路。」（卷一二）按：趙鼎以紹興四年二月初相，六年十二月罷知紹興府，七年九月再相。

秋，常同除御史中丞，籀作賀啓。

籀《賀常中丞啓》，見本集卷一二。常中丞即常同，常安民子，邛州臨邛人。《宋史·常安民傳》：「子同，爲御史中丞，自有傳。」《常同傳》：字子正，政和八年進士，紹興八年秋，以禮部侍郎召還，未數日，除御史中丞。紹興十年卒。

是年，籀撰《雜著》，主「以戰止戰，用武之時」。

籀《雜著》共八篇，含《嬐風》、《民情》、《進取》、《論將》、《刑禮》、《鑒裁》、《任將》、《知人》諸篇（卷一〇）。

十二月，祔徽宗皇帝、顯肅皇后靈位于太廟，籀作《徽宗祔廟慰表》。又有《徽宗帝、寧德皇后上仙薦疏》（卷七）。

紹興八年戊午，四十八歲。

領祠在婺州。

正月，張守罷參政知婺州（《宰輔表》），籀作《餞判府張參政》。

書云：「籀僑籍小生，邊侯賓佐，願慕談王之風旨，奉同鄉校之民瞻。」（卷一四）知已賦閑。又十年與樓仲輝書，有「領祠三載」語，則作祠官始于是年。

二月，戊寅，高宗自建業至臨安，籀爲人作《代駕幸臨安起居表二首》（卷七）。

本月，蘇符試太常少卿，仍兼資善堂贊讀。

三月，符言：「景靈宮神御現在溫州，將來四孟朝獻，乞比附國朝諒陰故事，行在設位，分命大臣行禮。」四月，符言：「徽宗皇帝、顯肅皇后至今未聞諱日。乞權于聞哀日，依祖宗忌辰例，建置道場行香。」從之（以上并《宋史翼》卷四）。

春，籀上書秦檜，主張和議。

籀《上秦丞相第一書》：「籀不佞，潛伏隴畝，積年甚多」；「以謂藝祖太宗之郡縣未復也，梓宮之未來也，太母求未歸也，淵聖之久留也」；「建炎以來，亟戰功求之逾十祀矣。……主上焦勞，日昃夕惕，恭謙屑屑，寒暑勤勤。如蹈虎尾，涉春冰焉。臣下當糜殞以承旨意。前此強寇興師，傾覆撓亂，塗炭宇內。其臣民往往助桀爲虐者，則亦何顏與我通好？故所遣使命徒勞而歸。今彼立新君，一時用事之臣，改易非前日矣。彼我之相與既非敵怨，故使命踵來，言還地講和。議者謂其情難測，事未可知」；「用侯公善誘之辯，賈生表餌之說，乃下議和之令，可謂導吾君以誠明仁孝！」云云（卷八）。

按：紹興五年正月，金太宗死，熙宗立，籀蓋謂此。檜以紹興八年三月再爲右僕射兼樞密使，籀此書作于是時。《四庫總目·雙溪集提要》：「獨是軾、轍之爲偉人，不僅以文章爲重，其立身本末俱不愧古賢，籀此集中乃有《上秦檜》二書及《庚申年擬上宰相書》，皆極言和金之利，所以歸美于檜者無所不至，不免迎合干進之心。」清張道《蘇亭詩話》卷二《故事類》上：「子由孫籀，适之子也，……又再上秦檜書，獻諛干進，殊隳家聲矣。籀官宣義郎，大宗正丞，將作監丞。」清伍崇曜《刊雙溪集跋》：「是書《四庫提要》已著錄，譏其上秦檜二書及《庚申年擬上宰相書》極言和金之利，所以歸美于檜者無所不至，固深中其失。……明德之後，必有達人，而欲其克繩祖武，風節、文章兩無所愧，亦綦難矣。籀又嘗賦《南園》詩云：『花驄油壁隱輕雷，消卻冰山不復來。壙土未乾爲餒鬼，園花雖好爲誰開。』厲樊榭等《南宋雜事詩注》引之，今載集中。殆暮年之作，閱歷已深，亦知冰山之不足恃歟？」

九月，蘇符自太常少卿守起居郎，仍兼資善堂贊讀（《繫年要録》卷一二二）。

十一月，蘇符爲中書舍人，免召試，升翊善。

見《繫年要錄》卷一二三、《宋史翼》卷七。又劉一止《苕溪集》卷三二《中書舍人蘇符磨勘轉官制》：「具官某，砥名勵節，見于身修；種學績文，自其家法。名從孤外，擢寘周行。領中秘之英游，訂曲臺之茂典。旋躡禁路，命演綸言。」《梁谿漫志》卷二：「北門、西掖之除，儒者之榮事也。其有不由科第，但以文章進者，世尤指以爲榮。熙寧則韓持國，崇寧則林彥振，皆嘗在北門。紹興初，徐師川（俯）賜出身，爲翰林學士；任世初（申先）、蘇仲虎（符）皆賜出身，爲中書舍人。」

秦檜欲以王倫充國信計議使，出使金國，以蘇符爲副，符稱疾不受命。

見《繫年要錄》卷一二三。《宋史·高宗紀》六：紹興八年十一月己亥，「復以（王）倫爲國信計議使，中書舍人蘇符副之，符辭以疾。……辛丑，詔：『金國遣使入境，欲朕屈己就和，命侍從、臺諫詳思條奏。』從官張燾、……蘇符……皆言不可。」又《秦檜傳》：八年，金人遣使來議和，與王倫偕至，「權吏部尚書張燾、……中書舍人蘇符、……同班入奏，極言屈己之禮非是。」《紹興正論》「蘇符傳」：「秦檜議以王倫爲國信計議使，而以符副之，符稱疾不受。」（《永樂大典》卷二四〇一）《宋史翼》卷四符傳：「十二月，與張燾、樓炤、晏敦復、薛徽言同入奏，言：『臣聞聖人與衆同欲，是以濟事。自古人君施設措置，未有不以從衆而成，違衆而敗者。伏見今日屈己之事，陛下以爲可，士大夫不以爲可，民庶不以爲可，軍士不以爲可。如是而求成，臣等竊惑之。伏望聖慈俯同衆情，毋遂致屈。』上覽奏愀然變色。」

十二月，籀代蘇符作謝人啓。

籀《代仲虎兄回蔣揚州啓》（卷一二）。仲虎即蘇符字。

冬，籀再上秦檜書。

籀《上秦丞相第二書》有「籀今春狂僭，冒干宰旅」；又云：「閣下揆政庇民，再尹天下，今僅一年。」俱證明作于是年冬。書贊和金之策乃「聖賢相逢，通于大道，柔遠能邇，和陰陽而平天地」云云（卷一四）。

紹興九年己未，四十九歲。

領祠在婺。

二月，蘇符試給事中。八月，符奏言：「已分屯吳玠軍馬，乞罷四川對糴米腳錢。」庚午，蘇符以給事中充賀金人正旦使。

見《繫年要錄》卷一三一。《宋史·高宗紀》六亦載：九年八月庚午，遣蘇符等使金賀正旦。

九月癸未，蘇符試尚書禮部侍郎，仍兼資善堂翊善。高宗以「旌賢廣惠」表蘇墳。

《繫年要錄》卷一三一、《宋史翼》卷四：「九月試尚書禮部侍郎，仍翊善。奏請郟城縣蘇軾墳寺援范鎮例賜名，詔以『旌賢廣惠』爲名。」劉一止《苕溪集》卷三二《蘇符禮部侍郎制》：「具官某學有家法，行如古人，回翔禁省之嚴，備磬討論之益。李揆第一，豈惟推重于中朝？張騫無雙，頗亦見詢于異域。春官之職，主賓具宜。爾其行義據經，斟酌損益，使一代之典，復出于搶攘之餘。」又《賜新除禮部侍郎蘇符辭免恩命不允詔》：「勑蘇符：省所奏免禮部侍郎恩命事具悉。朕于六卿之貳，必求望人，共理之司，尤爲異選。卿宏才偉識，博物洽聞，言必據經，事皆守古。論思之省，俾益居多。至于蒐補闕文，參稽舊典，宜卿之所樂聞也。卿不知禮，當誰知之？」

十二月，兀朮留蘇符等于東京，謀復取河南（《宋史·高宗紀》六）。

富直柔知衢州，籀作詩送之。

籀《送富樞知三衢三首》，其一：「琳館屢青書帶草，璽封薦捧紫芝泥。寅車暫此紆台紱，黃閣依前執命珪。表按山川褲襦內，勸農雲水插秧齊。論毗國是惟公韙，令順民心不曰卑。」（卷三）

按：《宋史·富直柔傳》載，直柔以建炎四年簽書樞密院事，紹興元年罷。「六年丁所生母憂」，「起知衢州」。故繫于此。

詩人徐俯知信州，籀題其詩集。

籀《題徐師川詩卷二首》：「學究村村自謂賢，西京涇渭派淪漣。古人聖處工研貫，新義阿時力洗湔。炳闊多聞包宇宙，闃寥餘韻出蹏筌。飄然徑造騷人室，老憒應加視後鞭。」（卷三）《宋史·徐俯傳》：徐俯字師川，洪州分寧人。紹興九年，知信州。中丞論其不理郡事，予祠。明年卒。俯才俊，與曾幾、呂本中遊，有詩集六卷。信州，在今浙江上饒市。籀詩，未提及其死事，故繫于其出知信州時。

紹興十年庚申，五十歲。

領祠在婺。

二月，王次翁以尚書工部侍郎試御史中丞（《續通鑒》卷一二二），籀作《賀王中丞啓》（卷一三）。

據《宋宰輔編年錄》，王于是年七月，自御史中丞除參知政事。

三月，蘇符知金人渝盟，自東京馳歸以告。

《宋史·高宗本紀》六：「三月丙申，蘇符自東京還。」《總案》：「明年三月，（蘇）符知其渝盟，急歸報，兀朮分四路入寇矣。」

蘇符自金帶回淪落異邦之蘇峴、蘇嶠。

《蘇詩總案》：「（軾）曾孫峴，字叔子，

官泉南舶司。」又周必大《省齋集·乾道丁亥泛舟遊山錄》：「峴乃過之孫也。居潁昌，陷金。符奉使，挈以歸。官太府寺丞，爲迨後。」

按：一同帶回者，尙有峴之兄嶠，韓元吉《蘇峴墓誌銘》：「中興渡江，始（蘇軾）諸孫有顯者，其二曾孫隔在許昌，相繼來歸，才望表表著見，天子識而用之。一曰嶠，字季眞，歷諫省，給事黃扉，待制顯謨閣。次則公也，諱峴，字叔子。兄弟一時馳名。」峴歷任海陵縣丞、太常主簿、太府寺丞、將作監丞，知邠州，吏部侍郎，太府卿，爲福建、江西轉運使，提舉福建市舶司，秘閣修撰。《宋史·蘇軾傳》稱：高宗「又以其文寘左右，讀之終日忘倦，謂爲文章之宗，親製集贊，賜其曾孫嶠。」當在此前後。

六月，樓仲輝（炤）丁憂居永康，籀作《上樓仲輝牋》。

見《宰輔表》及《宋史》本傳。牋文有「偶竊主祠之三載」（卷一三）語，知籀于時已領祠三年。

九月，蘇籍爲太常寺主簿。

《紹興正論》：「籍字季文，贈資政殿學士軾幼子過之子也。紹興十年九月，以右承事郎爲太常寺主簿。」（《永樂大典》卷二四〇一）《宋史翼》卷七：「峴叔籍，紹興中累官右承事郎，十年爲太常寺主簿。」

十二月，丙戌，蘇符擢禮部尙書，仍兼資善堂翊善（《繫年要録》卷一三八），籀作《代謝禮部尙書表》。

《宋史·蘇軾傳》：「高宗即位，贈（軾）

資政殿學士，以其孫符爲禮部尚書。」謝表曰：「邦禮專掌，春官望穹。貳卿方愧于官箴，六長所望于民譽。」（卷七）貳卿，指嘗作禮部侍郎。「被訪對于延英，屢奏備于黻座」，八年十二月蘇符曾與張燾等入對，即「訪對延英」之指。「眷錄前修，褒美先緒。施及不肖，誤被超升」，謂以祖父蘇軾恩得官。

籀作書擬上宰執，猶主和議。

籀《庚申年擬裁此書》：「籀齋沐裁書獻于某官上宰閣下」，庚申年即紹興十年。是時秦檜獨相，籀所上即秦檜無疑。書謂「和好之利，彼此共之耳。」

按：籀晚年有《鑒裁一首》，謂「喬公評老瞞，謫仙奇郭令。遠視數十載，偉歟眞智聖。……凡才慁世間，鑒裁惟其證。大奸初難辨，明者獨深省。若人與斯評，厥重如鐘鼎」；「掩卷坐前軒，老眼安敢瞑？」（卷一）晚年深悔不能深識遠見，早破秦氏之奸。

是年籀作《僑居一首》。

詩曰：「忽忽五十化，已往固莫及。祠官閬中隱，歉歲尸糁粒。毀方非瓦合，知白無伊鬱。世悅鄒駱駝，我賢揚執戟。浮雲儻來寄，最貴非儒術。塵緣且復且，只爾殊易輯。古人學《易》年，所受豈兒劇。」知籀猶領祠閑居于婺州。籀又有《夜涼》詩：「白屋秋聲裏，蹉跎旅食春。挑燈魯酒薄，拊枕越鷄晨」；「似聞川陝捷，吾道付峨岷」。川陝大捷在本年。

紹興十一年辛酉，五十一歲。

以朝奉郎在京師。

正月己未，蘇符入對，論《易》道，高宗

贊「符頗明經旨」。

《繫年要錄》卷一三九：「禮部尚書蘇符入對，因論《易》『同聲相應，同氣相求。水流濕，火就燥』之理。且言父子天合，誠意所在，雖遠必通。今金人敗盟，朝廷用兵，雖議和使者不復再遣，然誠心出于天合，不間遠近。則太后終必還饗慈寧之養。甲子，上語宰執，且曰：『符頗明經旨，自世俗觀之，此論似迂闊，而理有必然者。』」

三月乙巳，蘇符以權禮部尚書，兼資善堂翊善，兼侍讀（《繫年要録》卷一三九）。

籀入朝面對論和戰，提出「時攻而攻，時賂而賂」、「不廢兩途，隨事慎用」之説。

籀《面對論和戰劄子》開篇即曰：「臣聞禹抑洪水，拔萬世之患；高宗伐鬼方，三年克之。聖王巍乎建事策勳，蓋天闢隆平之路，治人事天，命世應期，不得不然也。逮夫中古豪傑之主，唐文皇之討頡利，漢高帝之賂冒頓，措置愜當，罔非偉績。亦各斟酌時適，廟算多得。然嚴尤謂之無策，未爲通論，乃是不知時勢而已。」（卷九）仍以和議爲基調。又論當時形勢曰：「竊惟陛下日昃焦勞，江海梁益，累年小康，而中原尚梗，強鄰堅敵，侵掠憑陵，日來事勢誠有間矣，而未集也。……和愈于戰，天下雖平，忘戰則危。聖德英猷，何特漢唐可比，其當戰也，揆江山夷險之勢，持重示弱，養威待釁，然後趨三捷之利，保萬全而奮，暫勞永逸，貴謀賤戰，以節制輯睦之衆，據險乘便，決機取勝。近日川陝、順昌、柘皋，殄殲醜類，如舉鴻毛。夫或驅除邊寇，或致幣穹廬，陛下卜之于天命，參之以人事，天誘戎酋之衷，知難而退，翕然更始，厭處中原，思歸窠穴。陛下此際，熟複長慮，合天下之耳目而察之，豈無最遠之見聞？歷古今成敗而推之，豈無最長之方略。時攻而攻，時賂而賂，文皇之雪耻非難，高帝之大度何怯。不廢兩途，隨事而慎用之。戰而非窮武拿禍，豺狼之群駭而遠遁；賂而非偷安目前，氈毳之性薰然馴服。」仍以支持當前和議爲主調，希冀金人「厭處中原，思歸窠穴」，然後乘勢收復。又提出當時治天下之策：「深念夫興王要略，豈不曰修政令，肅紀綱，理財用，洽恩信，精士卒，練將帥，飭守禦七者？」尚稱中肯。書中「川陝、順昌、柘臯」之戰，川陝、順昌之戰在十年，柘臯之戰在十一年二月。此書當作于十一年二月之後。

籀又作《時務劄子》，提出「以漸制敵」說。云：「三代聖王所以肇基王迹，必養銳畏天（命），以漸制敵人，故集大勳焉。漢垓下成擒，太公亟歸，君父之讎遂雪，漢之籌畫當矣，闇合于詩書也。嗚呼，朝廷行大道，隆名教，漢祖所不及，至于隱忍而知天命，卑遜而終不屈，比方三王與漢祖，皆一致耳。然今日所欲，未悉諧允如先王者，誠文教有餘，師律未甚競也。使授鉞非韓（信）、彭（越），則敵無所忌；銜命非陳（平）、酈（食其）、侯（生）、隨（何），則請求何獲。要當精推將臣，慎行人之選，不愛金幣，以結五利，廟堂計慮彌綸，坐以待旦，蕭張功名垂成矣。若夫留意捄求天下廉耻必勝之將，則強寇破膽。今世知兵者，豈無遺才乎。昨者戎心稍馴，貪我賜予，不恃戰爭。戰之賂之，相時而動，不可偏徇。此漢高取太公之策，閎夭出文王之術也。執事者宜熟思之。」（卷九）此論中「戰之賂之，相時而動，不可偏徇」，與《面對論和戰》同旨。

朝廷擬授籀典校秘閣之職，未果授。

籀《擬答館職謝啓》：「伏審待對北門，敷陳切務。進直東觀，典校秘文。」（卷一三）

籀因秦檜提攜，轉官朝奉郎。

籀《謝轉朝奉郎箋》：「右籀啓：准誥轉前件官者。資品纖微，惠澤沾被。」「至于熙事之輯，允賴公聽之明。伏遇太師公相，深喻誠明之源，挾持禮樂之實。不以三公而易其介，勸歌九叙而俾其成。」（卷一三）所謂「太師公相」即秦檜。檜傳，檜以是年「九月，加太師，進封魏國公。」

按：是年蘇符以忤秦檜而貶官，籀以頌檜而進爵，同出一門，何良莠不齊乃爾？

紹興十二年壬戌，五十二歲。

在京師。

二月，蘇符以議禮不合，罷禮部尚書（《繫年要録》卷一四四），以右朝散郎提舉江州太平宮（《宋史翼》卷四）。

蘇籍亦罷太常寺主簿。

《繫年要錄》卷一四四：「二月己丑，吏部尚書兼資善堂翊善吳表臣、權禮部尚書兼資善堂翊善蘇符、權禮部侍郎陳桷、郎官方雲翼、太常丞丁仲京、博士王普、主簿蘇籍罷。坐計論典禮，并不詳具祖宗故事，專任己意，懷姦附麗故也。（自注：臣嘗以此事問于符之孫宣教郎植，亦不能知其詳。《林泉野記》云：『初鼎議立普安、恩平二郡王為皇子，秦檜不欲宗强，勸上曰：鼎欲立皇子，待陛下終無子也。宜俟親子乃立。』）」《宋史·陳桷傳》：紹興十一年，「奉詔與吏部、太常寺討論典故」，「乃以皇子出閣禮例上之，或以爲太重。詔以不詳具典故，專任己意，懷姦附麗，與吏部尚書吳表臣，禮部尚書蘇符、郎官方雲翼、丁仲寧（當從《要録》作「太常丞丁仲京」），太常屬王普、蘇籍并罷。」又《秦檜傳》：「先是，議建國公出閣，吏部尚書吳表臣、禮部尚書蘇符等七人論禮與（秦）檜意異，于是表臣等以討論不詳、懷姦附（趙）鼎皆罷。」《紹興正論》：「十二年二月，有旨吳表臣、蘇符、陳桷、方雲翼、丁仲京、王普、蘇籍，坐不詳具祖宗典故，專任己意，懷姦附麗，并罷之。」（《永樂大典》卷二四〇一）《宋史翼》卷七、清張道《蘇亭詩話》卷二同。由此可見，蘇符、蘇籍罷任，涉及高宗立嗣之事，而在此事上，二蘇未附和秦檜。其後蘇符又曾因忤檜意遭貶，忠奸不兩立，炳然灼見。

八月，壬午，皇太后自金返，高宗親迎，籀作《賀東朝歸表》（卷七）。

蘇遲于是年遷一官，致仕。

見《宋史翼》卷四。張擴《東窗集》卷六《徽猷閣待制蘇遲轉左中大夫致仕制》：「具官某：天資渾厚，家學深醇。簡自朕心，列于禁路。迪忠嘉而彌厲，更夷險而弗渝。朕方厚奉祠之恩，閔勞以事；爾乃形引疾之請，將老于家。有嘉易退之風，徒鬱貪賢之志。俾升崇秩，用爲爾榮。尚勤藥石之功，益介年齡之永。」

蘇符與韓世忠飲于西湖，韓贈詞二闋。

《梁谿漫志》卷八：「紹興間，韓蘄王自樞密使就第，放浪湖山，匹馬數童，飄然意行，一日至湖上，遥望蘇仲虎尚書宴客，蘄王徑造其席，喜甚，醉歸，翌日折簡謝，餉以羊羔，且作二詞，手書以贈，蘇公緘藏之，親題其上云：『二闋三紙，勿亂動。』淳熙丁未，蘇公之子壽父山丞太府，攜以示蘄王長子莊敏公。」清張道《蘇亭詩話》卷五《補注類》引此文，并按：「此二則可補入《庚辰歲人日》詩『夢中時見作詩孫』句下注。又按：山字壽父，即放翁所云藏公墨迹者。」王文誥《蘇海識餘》卷四：「周公謹《野語》載韓世忠騎驢湖上遇蘇符仲虎事，當在紹興十二年壬戌以後。自建中靖國元年辛巳，計至壬戌凡四十二年，而世忠相遇尚在後，蓋仲虎已罷禮部尚書矣。自壬戌又十四年，至紹興二十六年丙子，十月乙亥，仲虎知邛州，卒，年將七十矣。孫植，官宣教郎。」

紹興十三年癸亥，五十三歲。

籀爲將作監丞。

蘇簡在明州，以《蘇氏易傳》示莫將。

范欽藏、范邦甸編《天一閣書目》卷一：「《蘇氏易傳》九卷。紹興南昌莫將後序云：『將初得先生《書》《易傳》於眉山士人家，舛誤幾不得讀。丁巳年，臨出蜀，得孫朝陽所藏《書傳》。癸亥年爲明州，得蘇簡所藏《易傳》。朝陽，眉山人，簡即先生族子，故所藏皆善本。」《宋史翼》卷四：「登朝爲太府寺丞，改將作監。」

二月，蘇符除知遂寧府，不赴，忤秦檜。《繫年要錄》卷一四八：「二月乙亥，左朝散郎、提舉江州太平觀蘇符知遂寧府，符有田在蘇，因逗居之。秦檜不樂符，遣還蜀。」

按：《宋史·宋汝爲傳》：「紹興十三年，汝爲（自僞齊）亡歸，作《恢復方略》獻于朝，且曰：『今和好雖定，計必背盟，不可遽弛。』時秦檜當國，置不復問。獨禮部尚書蘇符憐之，爲言于朝，換宣教郎，添差通判處州。」又《紹興正論》：「先是，宋汝爲自北境間行投岳飛軍中，飛遣赴行在，汝爲具言虜情，且曰：『今和議雖定，計必背盟。不可以遽絶武備。』秦檜聞之不樂，符力言于上，遂添差汝爲處州通判。」（《永樂大典》卷二四〇一）宋汝爲儒者，力主抗戰，爲秦檜所疾。蘇符卻爲之吁請，遂開罪于秦檜。遂寧不赴，乃欲加之罪，不過一借口耳。

籀領工有績，轉朝散郎。《謝轉朝散郎牋》：「右籀啓。準誥轉前件官者。俟罪冗僚，庀工陳力」；「委辦落成，計功予爵。」（卷一三）時方爲將作監丞。

官將作監丞。

紹興十四年甲子，五十四歲。

四月丙戌，籀上書高宗議補撰《五經正義》，高宗謂「此論甚當」。籀有《初論經解劄子》：「兩漢專門之流，白首講貫，授受相傳，深不負仲尼之旨。虎觀石渠，摳衣重席，論難紛紜，開益後人多矣。唐文皇時，初詔顏師古考究章程，孔穎達撰定《義疏》，遂爲天下定論。此兩漢魏晉以來千載儒術也。夫六經微言妙用，非可易解而遽曉，始學必由傳疏。近歲兵火，典籍殘缺，比日諸州刊印稍備。今之諸生，所以窮經，捨《正義》傳注則懵然矣。此非一代之所私，一家之偏說，一夫之獨智，輯合陶汰，千載宇宙之公是非也」；「臣願陛下，特詔名儒學官，既蓄聚唐之《義疏》，復錄近世儒臣以學顯者所著講解，申敕州縣，委自守貳，網羅募輯，刊刻抄錄，儲之太學」；「意者商較評品，假以歲年，加秩給費，纂而成編。古人有集傳、集解之號，補唐之《正義》闕遺。凡說皆通則兩存之，疑者闕之，不妄鑿正，庶幾孔氏之舊。」（卷九）以宋人傳注，以補唐人義疏。據《繫年要錄》卷一五一：「將作監丞蘇籀面對，乞取近世儒臣所著經說，集而成編，以補唐之《正義》闕遺。上諭秦檜曰：『此論甚當。若取其說之善者，頒諸學官，使學者有所宗一，則師王安石、程頤之說者，不至紛紜矣。』」

籀又上書，論收用勇武謀略之人。

籀《論收用武略之士劄子》：「愚竊見近世，干戈之際，武力常恨不振，今雖平康，豈遽弛焉。恭惟本朝藝祖之武，太宗之文，列聖重其光。所課試區別，天下之才，致太平，防患難，文武二柄，未嘗偏用。天生五材，缺一不可。《書》曰：『帝德廣運，乃武乃文。』今之識擢武士，不若用文士之易。天下之事，莫難于用兵，中國文明冠帶之俗，士嫻習于辭藝，不足者武也。」又論南宋軍旅曰：「今之宿將，例各休老。後輩威名著者幾人，勇智可用之輩，偶失于甄錄，或沉埋軍中，嫉于驕將，或汨于賤遠，無以自達；或獨犯文法」；「今之軍伍，既無出戰捕盜可賞，科舉粗收策略、弓馬之名。」要求：「莫若明詔在朝公卿，置籍甄品，時加召擢。絕出倫類，如祖宗時郭進、李漢超，削平之後曹瑋、李允則、种世衡之流，奇略高才，不易得矣。」（卷九）

籀有詩留別趙令穰（大年）及姪子十七秀才。

籀《留別趙大年并姪十七秀才》其一：「晉公賓佐選，英毅冠朝端。三日拂冠劍，一時增羽翰。世家存器質，國論佇圖難。從此執經卷，青氈拜近官。」此贈趙。其二：「君年有餘富，我老漸來侵。莽蒼麏鼯野，峙停鸞鵠音。藜羹秉觚牘，筆路向山林。商略古人意，孜孜不患深。」（卷三）趙大年，即趙令穰，宋宗室，仕至節度觀察留後。游心翰墨，尤工草書。哲宗時，端午進畫扇，爲帝所賞。《宋史翼》卷三八有傳。「十七秀才」，名不詳。據籀詩意，其時潛心經學，商略古人，與該年籀上書論諸儒義疏之情相合。

庚子，軍器監丞蘇策轉對，乞遠方之民委有孝行者，令州縣旌表。

按：策，蘇轍孫。見《繫年要錄》卷一五一。

七月，籀與蘇簡、蘇策遊龍井，有詩。

籀《甲子歲七夕與伯業、伯行遊龍井，

聽老出示次韻邊校理詩卷，奉同雅趣一首，借用嘲字》：「道隱祖風邈，訥齋重葺新」；「漢沔曾淪碣，長康工寫神；思芰在封植，春蘿容抗塵」；「休休儒墨行，汲汲宰官身。」（卷四）

籀次韻龍井僧人所示蘇籍、程寄庵詩。

籀《龍井僧全示寄庵樞密程公累篇季文弟新什求余繼其末一首》：「程蘇中興什，同庵有後前。前朝沙門首，辨淨超卓然。耆宿失聞聰，飫參餘小全。龍泓風篁巘，荏苒二十年。」（卷五）當同時作。

蘇符降二官，趣赴遂寧。

《宋史翼》卷四：「十三年二月，知遂寧府。符有田在蘇，因留居之。秦檜不樂。十四年，右正言詹大方劾符逾年不行，徘徊近地，窺伺時事，詔降二官，趣之任。」

約于是時，籀八舍弟赴桂林幹辦買馬事，籀有詩送行，以「德刑兩寄」、「日鬬神州」爲說。

籀《送都屬八舍人桂林買馬一首》：「夷德貪婪漢財賄，莫惜金多能使鬼。嘖玉難拘伏波式，上駟超搖獻天子。子今叱馭湘南裔，桂嶺下下復高高。烏驚獸駭征人喟，當官官事從容理」；「謝公總統修戎備，二柄德刑兼兩寄。不矜吾黨愈推能，宵旰潛心活國計。雜沓英豪乘虎騎，日鬬神州一百里。」（卷三）八舍弟，名不詳。蘇轍《六孫名字說》載蘇籀兄弟輩六人，《潁濱年表》謂轍「孫男九人」，蘇遲、蘇适不見添丁，唯蘇遜復生三子箴、箱、篗，所謂「八舍弟」，疑即蘇箱，事蹟不詳。

籀罷京官，有詩。

籀《解罷京局一首》：「運水擔柴力分遭，挾持泥古小儒勞。浙潮屹立岷峨上，越巘遮蟠江海滔。一葉鷗湍尋婺女，半生瓢汎信魚舠。曩時瓜步從容侶，好糝藜羹待共轑。」（卷四）

紹興十五年乙丑，五十五歲。

在紹興府參議。

春，正月丁未朔，高宗御大慶殿初行大朝會禮（《繫年要録》卷一五三），籀上《賀元會表》。

表云：「臣夙濫周行，坐縻補外。想簪紳之表箸，望雲日以神馳。」（卷七）可見籀已補外任。據《宋史翼》卷四：「（籀）補外，參議夔府。遠，不能行，改會稽。」或即此時之事。

籀以王次翁離任薦己，作書謝之。

《牋交代王中丞》：「伏念聯鑣接武，參朝禬于都門；斂板趨風，赴官期于閩嶠。畫圖莫逆，邑里素交。豈意睽攜，復叨更代。強寶婺衰慵之迹，登稽山佐謀之司。」稽山，即會稽山，在紹興。王中丞，原誤作宗丞，今正。又《賀王中丞啓》：「然不鄙蓬蒿而徙晚，罔憎筦庫以移交。笑常情之猥卑，見達人之大觀。樸遬小吏，偃伏下風。曾何毫末之裨，每借江河之潤。叨塵選取，出自稱知。誤沾周行，方依奬誘。摳衣坐末，或偶合于小言；仰首朝端，眞難逢之嘉會。」（卷一三）王次翁，嘗居婺州，故籀得與成「邑里素交」。

翟參議、曹機宜有書相賀，作啓答之。

籀《回翟參議啓》：「伏念睽違星紀，羈遊隨牒之踪；謨晝日綫，同舍爲僚之契。

浙湍遄駛，齊舫將臨。寵貺滕緘，記存撫念。諮諏幕府，參論咸推。」（卷一三）又《答曹機宜啓》，見同卷。

薛弼爲福建安撫使，籀作《餞薛帥》。云：「近者海邦騷動，以資略而任分憂。」（卷一三）又有「羽檄捷書」、「八州調護，四方悉平」語，與數年內福建民變事合。

辛酉，高宗親耕藉田，籀作《代賀親耕籍田表》（卷七）。

籀又有《務農劄子》（卷九）：「臣聞王政之先，務農爲本」；「昔承平，諸路之賦常不能自給，素所仰者，東南數十郡。今淮南往往爲斥候之郊，罕復種植，賦入惟恃二浙而已。吳地海陵之倉，天下莫及。稅稻再熟，貢綿八蠶。方今縑綺之美，不下齊魯，又增以鹺鏹籠榷之盛，夫復何加？」南宋財賦之入，倚重于兩浙。又曰：「嗚呼，孰與溫飽天下而富強邦國，非農也哉？四民之最苦辛，三務之最勞劇，苟寬裕其生生之業，則士商工及末務者，亦不匱矣。」主惜農本：「先聖有敦本興王之要道，田里之安，恃賢守令，亦不必其躬行阡陌以爲勸課，惟科斂正辭，惻怛務實，使民養生送死無憾。……太公言寬民之目曰：利之而勿害……，如是，地無遺利，家有羨餘，縣官豈在加賦侵牟而後足用？閭閻困乏，則邦本不固矣。」愛惜民力以培邦本，猶存東坡、潁濱家法。提出：「姑令有司量入爲出，出納之間，不失欽愼，歲計時辨，裁抑浮冗，累歲均省，必致京坻之豐，山嶽之儲，帶甲百萬，陳錫周洽，篋實盈溢，民有蓄藏」；「陛下待遇守令，賞罰以其勤惰于民，才否必由民之謗譽。誰敢不盡力哉？」節用培本，與東坡之說相近。文中言及「不必其躬行阡陌以爲勸課」，似與高宗親耕籍田、在形式上勸農有關。

五月，丙寅，高宗生日，百官上壽于紫宸殿，籀作《天申聖節疏》（卷一一）。

九月，丙辰，作《跋任氏東坡詩及所書黃門記》（卷一一）。

紹興十六年丙寅，五十六歲。

在紹興。

二月，蘇符復敷文閣待制，仍還蜀。

《紹興正論》、《宋史翼》卷七。劉才邵《檆溪居士集》卷六《賜蘇符辭免恩命不允詔》：「勅蘇符：省所奏辭免除敷文閣直學士恩命事，具悉。內閣所奉列聖之貽謨，邃在西淸，最號嚴近。……卿性全眞粹，學有本源，議論雍容，詞章華潤。名臣之後，能世其家。明命既頒，實孚群聽。惟令之行，義豈容辭？祇服訓言，亟請膺茂。所請宜不允。」

四月，作《跋般若心經後》。

跋稱：「潁川元輔意珠融通齋心所畫，虔奉般若志願篤矣。以梵夾示余，欲彼此同證善果，不容無言。紹興丙寅歲首夏中休日，眉山蘇籀題。」（卷一一）乃爲潁川舊人作。

籀又有書黃庭堅、秦觀、晁補之三人《長短句新集》題跋。

籀《書三學士〈長短句新集〉後》：「予晚生，希仰前修，汲汲與能，耳目屢接典刑故老，喜如獲麟鳳，屢于昏懵不知而作者，論文拊卷，每每興嘆。顧念九原莫作，述者有迹可傳，不忍置也。

……三公之詞，非專玩而獨鑒者，實四海九州有識之士共焉。故予言而不僭越耳。」（卷一二）作年不詳，姑繫于此。

籀有《迎吳郎中啓》。啓有「伏審明綸妙擢，廉按詳刑」，吳氏蓋爲浙東提刑。又「籀塵勞冗吏，漂寓衰踪。引領使塵，先景星而快睹」，仍在紹興任上。又有《回發解舉人啓》（卷一三），乃解元以書相謝，籀作答。《雙溪集》排在衢州諸書信前，當在紹興時作。

紹興十七年丁卯，五十七歲。

在衢州通判任。

籀移通判衢州，有致知府張舍人書、致前任林通判書。

籀《衢州張舍人啓》：「伏念近者解龜新命，易倅大邦。值中和樂職之秋，屬右移更代之日。願附青雲之素，敢陪皁蓋之遊。天幸適然，宦途優調。伏遇知府舍人待制，文盟藝苑，人瑞國華。」又《衢州交代林通判啓》：「伏念昔陪朝籍，並趨位著之聯；懇避換州，祗踐仁明之躅。自惟塵迹，每獲雲庥。伏遇交代通判寺丞，冠冕朝倫，圭璋民表。修飾治績，竦振能聲。英妙貳州，孰出高能之右，代移更戍，敢諮舊政之宜。」（卷一三）

籀謁廟，有祭文。

籀《謁廟文》：「籀奉朝命貳州，治中視事之初，虔謁祠下。慚其菲薦，冀達忱誠。」（卷一五）

十一月，敷文閣直學士趙不棄自臨安移知紹興府，籀作《餞趙敷文》。

餞文有「籀流落羈倫，侵尋晚邁」；「力任職之罔隳，願事賢之良幸」（卷一三）。

趙知紹興，而籀不作迎書，卻寄牋啓，知其已不在紹興府。

紹興十九年己巳，五十九歲。

在衢州。

九月，俞俟知紹興府，籀作《牋俞帥》書。書曰：「伏審疇咨文陛，均秩東潘。巍峨節制之尊，雄殺撫綏之略。聲騰疾置，歡溢搢紳。矧叨庇于屬城，實素承于風旨」；「惟會計之名邦，控東南之要地。必資全德，盡獲列城」；「籀夙荷恩知，欣聞大任。敢圖幸會，獲備官僚。」（卷一三）會計，即會稽，指紹興府。據《南宋制撫年表》，俞于是年九月知紹興，二十一年九月癸卯罷。屬城，即衢州，紹興府兼浙東安撫使，領婺、台、衢、處四州。其時籀在衢州，故稱屬邑，以公事不能分身，故寄牋以賀。

約于是年，籀迎衢州新知府章氏，作啓。籀《迎衢州知府章郎中》：「伏惟知府郎中蚤騫翔于廷右，久佚樂于侯封。冠門閥于雲霄，儼朝紳之領袖」；「籀稔聆華聞，嘗叨鈴齋。既周旋于惠慈，又貺枉于音誨。不意抗塵之迹，繆叨別乘之榮；照矚所因，參陪良幸。」（卷一三）別乘、參陪，皆指爲章知府通判。

紹興二十一年辛未，六十一歲。

在衢州。

七月，籀《跋（李）伯時二馬圖》。跋謂：「先祖黃門喜顧、陸、王、韓遺迹，龍眠集三馬見貽，效之者三人。其風儀雄傑，可任雙鉞三槐，所馭殆天廐之龍也。兵火後，粉繪羽化，惟絲字賡唱在櫝。今觀此仿佛間，感舊屢慨而已。紹興辛未孟秋，蘇籀跋。」（卷一一）

籀書王維《輞川圖》後。有「余攖務倥傯，汩俗浮囂，煩促海涯，諏度甄遣，涉筆占位，不謀食息，願釋此而靜其思。卯酉進止，寒暑罔避。搖手而吾僚發議，動足而簡書鐫詰。悔吝雖遠，荒嬉何裨？願置此而新其說。有憐而示之唐王右丞《輞莊矮紙圖》，披閱屬爾，灑然慕之。……余老矣，辯論著造，不少貶而懈，顧何益焉。遊止溪山，希眞秦伽，斜川、愚谷，誠不可圖也。玩味默存其間」云云，知仍爲官，蓋在衢州通判任。末署「紹興辛未孟秋，蘇籀題。」（卷一二）

籀在衢州，尚有與江、吳、錢、徐、周、高、曹、游等人書。

籀《回江少卿啓》，有「籀臞儒自哂，晚官念歸」，爲在晚年官于外鄉時口吻。又寄箋《婺州錢龍圖》：「籀舊族衰裔，薄官孤踪。曩貫籍于劍南，今僑寓于浙左。仰高平夙，幸恭梓以焉窮；府倅拘縻，從賀賓而獨阻。」府倅，即通判。錢新任婺州知府，籀以在衢爲通判，因公事纏身，無法親到祝賀。又《賤吳尚書》：「伏審光膺詔命，再蒞雄藩」；「籀僑籍治城，特紆顧眄。」亦作于同時。又《徐漕啓》有「憂患乘陵，歲月二紀」。兩紀，一紀十二年，自南渡至此已二十四年。又《賤周尚書》：「伏審光膺褒詔，寵畀近藩。東浙虛股肱之邦，中臺輟喉舌之老」；「籀聽卷履于翰端，嘗獲親近；買龔犢于部內，實賴惠慈。」又《謝高市舶啓》：「獲佐藩條于海隅，遵奉約束于部內」；「公儲積珍貝之夥，屬郡殫駑騫之勤。」又《迎賀曹漕啓》：「伏審寵被俞詔，召擢計臺」；「籀莫窺牆仞，詳諦風裁。冒尊府之威稜，具小夫之敝牘。」又《賀提舉游郎中》：「叱馭都門，颺舲浙浪。旌節光華乎境部，符移鼓動于屬城。」（卷一三）皆在婺州任上作。

籀又迎衢州新任知府吳某。

籀《迎吳中大啓》：「伏審昨被詔除，近鼇符守」；「伏惟知府中大公清良弼方。」似即上同卷《迎吳中大》、《餞吳尚書》二啓所賀人物，今又命知衢州。啓文又有「籀趨風關陝，假蓋荆襄。倒指計兩星之終，飛書陳二天之契。慕前修之牧相，《甘棠》匪遙；恃疇昔之陪遊，《蒹葭》繆倚。願際和同之美，允爲魯鈍之光。」兩星，一周星即十二年，自南渡（一一二七）至此正二十四年。

紹興二十二年壬申，六十二歲。

在衢州。

春雪，作詩。

《壬申春雪一絶》：「長天頓改楚雲容，初夕依微後攪空。點綴柳條紛若絮，未妨梅蘂衒芳叢。」（卷五）

婺州新守趙到任，籀作書。

籀《餞婺守趙殿撰》：「竊以壤地相鄰，閩浙貳邦之幸會。桑枌依賴，龔黄統理之攸宜。寶婺奥區，獸符重鎮。」（卷一三）

三月，丙辰，曹泳知紹興府，籀作《餞紹興曹帥》。

書云：「羈棲僑籍，待次屬州」；「恃閩浙之舊吏，攀桃李之成蹊。」曹知紹興年，從《南宋制撫年表》。據餞文籀尚在衢州。同卷次後又有《餞趙敷文》，「嘗偕部吏于計臺，復俾諮謀于賓佐」；「籀流落羈傖，侵尋晚邁。矯首桑枌之邈，介懷釜庾之供。」（卷一三）當亦同時作。

籀離任辭衢州，告別諸廟。

籀《衢州辭諸廟文》：「避親改命，暫貳本邦。梔車劇暑，荏苒小春」；「解印奉辭，敢伸虔荷。歸誠之懇，伏惟尚饗。」（卷一五）

紹興二十三年癸酉，六十三歲。

居婺州。

蘇籀姑父王浚明卒，籀代蘇遲作《故中奉敷文閣王公墓誌銘》，自注：「代伯父侍郎作。」（卷一五）

蜀人李谷、劉翁訪蘇籍于毗陵，又訪籀于蘭溪，籍、籀皆有詩唱酬。

籀《李隱卿名谷，與青城劉翁同舟至蘭溪，卿大夫修生者館之，道侶贈詩有李郎涉世似虛舟，片帆來渡楚江秋之句，毗陵家弟季文和此篇云夢蝶豈知眞是蝶，騎牛何必更尋牛。老夫亦慕道者，次韻和之，記劉李事蹟。劉本書生，工詩，奇異飄然塵外也》（卷四）。季文，即蘇籍，蘇軾孫、蘇過子，紹興十年爲太常寺主簿，十二年正月罷，直到二十五年復出。閑居期間即在毗陵，故籀稱之爲「毗陵家弟」。茲繫于復出之前一年，是時籀亦居婺州蘭溪。

紹興二十四年甲戌，六十四歲。

居婺州。

七月，蘇符知饒州。

《繫年要錄》卷一六七：七月丙辰，李文會知遂寧府，敷文閣待制、提舉台州崇道觀蘇符知饒州。又見《紹興正論》。

紹興二十五年乙亥，六十五歲。

居婺州。

正月，蘇符乞奉祠，提舉崇道觀。

《繫年要錄》卷一六八：「正月甲戌，敷文閣待制、新知饒州蘇符乞奉祠，上曰：『頃朝廷初議休兵，符頗以爲然。及王倫被留，遂復二三。今不復肯出蜀矣。』乃以符提舉台州崇道觀。」高宗謂符二三其說，乃指紹興十一年符以《易》理言外交事。

《紹興正論》：「二十五年，秦檜欲令符進職，上曰：『符軾之孫，與恩數甚善。』因言『符初贊和議甚力，後遂變其說』，遂除本閣直學士，尋提舉崇道觀。」（《永樂大典》卷二四〇一）

四月，籀堂弟蘇籍爲荆湖路提點刑獄。

《繫年要錄》卷一六八：「四月庚子，右朝散郎蘇籍爲荆湖路提點刑獄公事。籍，轍孫也。」

按：《要錄》誤。籍爲蘇過子，蘇軾孫，見晁説之《蘇過墓誌銘》、《宋史·蘇軾傳》附蘇過傳。

籀生父蘇遲卒，葬蘭溪靈洞。

《宋史翼》卷四：「（遲）二十五年卒，葬蘭溪靈洞。」《蘇潁濱年表》：「遲字伯充，官至大中大夫，工部侍郎，徽猷閣待制。紹興二十五年卒。」《敬鄉錄》卷七：「卒葬蘭溪靈洞，今栢貞院側。後贈少傅。婺之蘇氏，始此。」《宋史翼》卷四：「（遲）二十五年卒，葬蘭溪靈洞。」遲娶妻梁氏，有子三人。遲善爲文，長于詩，存詩一首，文六篇，墨迹二通。《欒城集》有和蘇遲詩十餘題，轍贊其「澹然有詩人之思」。晚年曾作茶花詩，子籀次韻。籀《次韻伯父茶花》二首，其一：「鳥倈傾藍雨初霽，瓊芳入眼霧冬昏。一枝膚雪壺中曜，靜几低窗養晏溫。」（卷三）《宋詩紀事補遺》錄其詩一首，《宋代蜀文輯存》卷四八錄其文六首，《寶眞齋法書贊》卷一二錄其手書《趨闕》一通，《燭湖集》卷一〇錄其《戒殺文》一道。一九七三年河南出土《蘇仲南（适）墓誌銘》一通，爲遲所撰幷手書，書法卓有蘇軾風格。

十二月甲申，周葵復直秘閣、知紹興府（《繫年要録》卷一七〇），籀作《餞周尙書》。

書云：「伏審光膺褒詔，寵升近藩」；「籀聽鄭履于朝端，嘗獲親近，買龔犢于部內，實賴惠慈。」（卷一三）時籀罷任家居于婺，婺爲紹興府屬州，故云「部內」。

籀僑居婺州，有《僑居》詩。

籀《僑居》：「買僮貸宅愈迂疏，穎士皆能講舊廬。典學前聞賀郯子，天人定勝取申胥。未應孤負囊中筆，粗爾消磨架上書。借問棼絲誰任理，豈惟短髮每晨梳。」

張浚母九十六壽辰，籀作詩。

籀《張孺人九十六歲簽判求眉壽堂詩二首》，其一：「經眼盡知三世事，含飴已看幾重孫。」其二：「蕭同叔子無令笑，綿上之推乃棄官。感羨此堂稱聖善，累從治劇勸平反。」（卷一）張孺人，疑即張浚母，《宋史》浚傳稱「浚事母以孝聞」。簽判，當即浚子張杓，嘗通判嚴州。嚴與婺近，故籀得與之交往。據《宋史·張浚傳》二十五年，判洪州，「浚時以母喪將歸葬」，知其母紹興二十五年已卒。

紹興二十六年丙子，六十六歲。

居婺州。

五月辛丑蘇符知邛州。壬寅，沈該自參知政事授左朝議大夫，守左僕射，同平章事（《宰輔表》），籀作《賤沈左相》（卷一四）。

七月，蘇符卒于蜀中，享年七十。朝廷增秩四等。

《蘇符行狀》：「除敷文閣直學士，越明年，除知邛州。命下未拜而薨，實二十六年七月丁未，享年七十。積官至左朝議郎，致仕遷左朝奉大夫。訃聞，特贈左中奉大夫，累封眉山縣開國伯，食邑七百戶。」《繫年要録》卷一七二：「敷文閣直學士、提舉台州崇道觀蘇符知邛州。」周麟之《海陵集》卷二〇《敷文閣學士致仕蘇符贈官》：「朕望喬木而思世臣，覽裳華而念君子。偉近代有儒門之盛，三英粲兮；訪諸孫于從槖之聯，一鑑亡矣。爰盼愍禭，用寄追褒。具官某擅雕龍之文，藴凌雲之氣，善繼厥祖，不隕其聲。方延閣升班，所冀得朝夕論思之益；而使藩圖任，庶幾聞中和宣布之詩。忽焉掛神武之冠，兹又奏茂陵之札。典刑垂盡，不復見于老成；議論具存，猶可想見其風烈。增秩四等，用光九原。惟英識之未淪，尚寵章之斯服。可。」

十二月，蘇籀與弟蘇簡、蘇策祭奠蘇符，籀作祭文。

籀《奠亡兄尚書龍學文》，稱「紹興二十六年十有二月戊戌朔、初六日癸卯，弟持服蘇籀與簡、策謹以清酌庶羞之奠，致祭于亡兄閣學尚書仲虎之靈」；「偉歟東坡，百代之師。公其元孫，家學在茲。舉朝注之，賈嘉子思。眞主龍翔，育材馬棧。廟廷評衡，僉音首柬。橫經資善，注記黃省。舒華發藻，不限先範。忠告之求，宜居給諫。超據西垣，代天筆舌。綸言雅奧，封章密勿。第七屬車，甘泉世職。請間論事，燕閒玉色。兼官彌近，臺閣跬陟。命實迍邅，三返岷峨。天涯地角，水陸奔波。牧守鄉邦，程路邈遐。排抑根卻，奉祠婆娑。惠洽鰥孤，薦多寒遠。推食解衣，周給衎衎。待人孔熾，自處疏淡。克家之珍，佐時之彥。」（卷一五）

紹興二十七年丁丑，六十七歲。

居婺州。

六月戊申，湯思退自知樞密院事，授右通奉大夫守右僕射，同平章事（《宰輔表》），籀作《牋湯右相》書（卷一四）。

蘇策領宮祠。

《宋史翼》卷四：「策字伯行，以外祖梁子美恩授將仕郎，主新鄭簿，辟江西帥屬。改秩知錢塘縣，諸軍審計司、軍器監丞，兼權吏部郎。出爲閩漕，守台州。丁父憂。終喪，奉祠十年而卒。」策當于是年除服領祠。

九月癸酉，參知政事張綱罷爲資政殿學士，知婺州（《繫年要録》卷一七七），籀作書。

籀《牋判府張參政》：「籀僑籍小生，邊侯賓佐。願慕談王之風旨，奉同鄉校之民瞻。吏士浹和，郊關相慶。」（卷一四）時居婺州，故稱「僑籍小生」。判，以高官就低職謂之判。

戊寅，陳康伯自吏部尚書兼侍讀爲參知政

事(《繫年要録》卷一七七),籀作書。

籀《賤陳參政》(自注:長卿)(卷一四),《宋史·陳康伯傳》,康伯,字長卿。

邵博(公濟)作亭于金華,籀題名「蒨絢」,并賦一絶。

籀《金華邵氏面山臨溪而居又架木爲亭雲林丘壑之勝趣乃兼得之邵氏求其名予誦東坡江郊詩名之曰蒨絢題一絶》,見卷三。同卷又有《邵公濟求泰定山房十詩》。邵公濟,名博,邵雍孫、伯溫子。《宋史翼》卷一〇謂其紹興八年受趙鼎薦之前,主管襲慶府仙源縣太極境,居犍爲。九年即知果州,繼而知眉州,二十二年七月被誣告罷,二十八年卒于犍爲。籀《泰定山房》詩有「延陵挂孤劍,吳月照峨岷」,當在邵眉州離任後,故繫于此。

是年,籀亦除服,擢奉常丞。

籀二十九年《上湯丞相書》有「又頃歲蒙睿訓,擢丞奉常」(卷八)。

爲奉常丞。

紹興二十八年戊寅,六十八歲。

二月丙申,陳誠之自同知樞密院事除知樞密院事(《宰輔表》),籀作《賤陳知院》(卷一四)。

乙巳,王綸自工部除同知樞密院事(《宰輔表》),籀作《賀王樞密啓》。

啓有「籀罷吏川峽之戍,即安琳館之祠。近傳好音,下風驚喜。附詞林之根蔕,託鈞量之帡幪。繆陳截截之言,難寫依依之意。」(卷一四)「川峽之戍」,指參議夔府之除;「吏」之,則「改會稽」之謂。「罷吏川峽之戍」,即罷會稽(紹興)任。琳館,仙府,即奉常。

籀曾上書，論取士優《春秋三傳》。籀《論取士專優春秋三傳劄子》：「《易》《詩》《書》及二《禮》，先王謨猷，貫穿詳備，課有厥程，惟《春秋》一經，前此廢絶不用」；「此書筆削乃文王之文，褒貶則周公之法。禮儀大宗，百王通典」；「丘明授經仲尼，厥爲附傳，非私意也。前代稱左氏古學所載，紬繹三代禮樂，上紀犧炎唐虞禹湯周孔遺軼，齊晉伯主尊獎王室，捨此何據焉？又公、穀二儒傳經子夏，二《傳》乃孔徒遺旨典則，非後世所及。西漢賈誼、賈嘉相與纂繼此道，光武中興，立《左氏》博士，唐文皇早歲受『麟經』之誼，晉代杜預宗趣淵源，大賢所業。夫治《春秋》之學，如賈及杜，皆名世偉人。臣願陛下明詔中外，有司場屋詩賦策論，命題措意，或用《春秋三傳》，禮闈取人，特優此孔經。」（卷九）此書作年不詳，當在奉常任上。

奉常丞。

紹興二十九年己卯，六十九歲。

正月丙辰朔，皇太后八十壽辰，高宗詣慈寧殿行慶壽禮（《高宗紀》），籀上《慈寧慶八十賀表》（卷七）。

七月丁亥，賀允中自吏部侍郎除參知政事（《宰輔表》），籀作《牋賀參政》書（卷一四）。

九月陳康伯、湯思退爲左、右僕射，籀作賀書。

籀《上湯丞相書》：「籀謹齋沐，裁書獻于昭文僕射相公閤下。……伏惟閤下稽古致時，應半千之期，攀雲附翼，盛蓋世之略。……方且興復汴雒，恢廓中原。

有成豈待三年，天下孰不傾心延頸而俟也。」又曰：「傾歲蒙睿訓，擢丞奉常。以其志尚有聞，區區所尚，心志確固。綸綍既出，必有所取。誠不敢少惰其志也。先祖遺訓曰：『士而無益于世，謂之苟生。』竊頌斯言，未嘗敢忘。」（卷八）又《牋陳僕射》：「伏惟集賢僕射相公毓粹元精，稟靈神岳。間出挺生于拔萃，淵懿自得乎時中。」（卷一四）《宰輔表四》：二十九年「九月甲午，陳康伯右僕射，湯思退左僕射」，二書即作于是年九月。

眉山族人二十八郎應試下第，籀作詩送歸。

《送蘇念八郎下第西歸梁益》：「金昌亭下泊舟艫，木馬關西趙郡蘇」；「吾髯軒軼登樓賦，汝器切磨清廟瑚。刷羽三餘鴻鵠舉，亨衢甲乙看先驅。」（卷四）似晚歲在京時作。

在奉常，有《疏懶》詩。

籀《疏懶一首》：「省寺周行占姓名，老耽攝養道幾成。生緣瑣屑同甕算，居處閴靜惟瓶笙。求己洗心祛習氣，知非窮理勇移更。鴻生彥士乖遊好，道秩禪流諧此情。」（卷四）情緒比較消沉，當在將罷奉常之前。

作王淮父挽詞。

籀《王季海求父朝議挽詞二首》，其一：「傳經拾科第，彩服匝庭軒。靴荂專方面，良弓補諫垣。」王季海，名淮，婺州金華人，紹興十五年進士。以薦，除監察御史，尋除右正言，論罷丞相湯思退。《宋史》有傳。詩僅及王淮爲諫官事，據《宰輔表四》湯罷相在紹興三十年。王父之卒當在此前後。

紹興三十年庚辰，七十歲。

領宮祠居婺州。

七月，周麟之自翰林學士兼侍讀，除同知樞密院事（《宰輔表》），籀作《餞周樞密》書。

書曰：「奮祠館之蕞質，瀆廟堂之具瞻。自揣頭顱，只會躬耕于隴畝；扶持門戶，不忍遐棄于箕裘。」知籀時領祠館、家居于婺。

樓炤卒，籀有詩悼之。

籀《樓樞密挽詞二首》，其一：「召直毫端準謨誥，甄評皮裏韞陽秋。槐班鼎輔膺榮柬，玉陛封章究遠猷。」其二：「岳鎮巍峨幕府雄，紫青頤旨稟趨風。布宣條目都無擾，求瘼慈祥槩所蒙。」對樓氏評價甚高。樓氏以紹興三十年徙廣州，未赴，卒。《宋史》本傳謂「炤早附蔡京改秩，爲臺諫所論。其後立朝至位二府，皆與秦檜同時。其宣諭陝西，妄自尊大，或者論其好貨失將士心云。」不知籀何以美化之？

是時，蘇籀歸蜀，與程揆、范元功、李石等人以文字往還。

籀紹興二十五年起爲湖南提刑，紹興末亦回蜀。李石《方舟集》卷一五《范元功墓誌銘》謂「方元功西歸，（李）石亦客成都，時蘇子籍、程子揆、王子灼、譚子拂雲與石群從，多俊人，日夕文字往來。」又卷一六《資州程使君墓誌銘》謂程「向之以文字往來者，如大蘇尚書公符、小蘇博士公籍」云云。考同卷《馮主簿墓誌銘》，李石以紹興二十九年罷太學博士，典成都府學，直至隆興二年皆在蜀，則其客成都與蘇籍文字往還，必在紹興末年。其時，蘇符已卒，故僅得與蘇籍相從。又：程揆，犍爲人，時知資州，隆興二年卒；元功，名圭，以字行，華陽人，范鎮四世孫；李石，資州人。

紹興三十一年辛巳，七十一歲。

領祠居婺。

三月壬午，楊椿自兵部尚書兼權翰林學士除參知政事（《宰輔表》），籀作《牋楊參政》書。

書有：「籀瑣瑣卑凡，拳拳傾向。藉鄉枌而瞻几杖，蒙顧校而先品流。幸待次而僑居，政屏身而退伏。」（卷一四）知其正領祠居婺。

庚寅，陳康伯自右僕射授左光祿大夫、兼左僕射，同平章事（《宰輔表》），籀作《牋陳左揆》書（卷一四）。

籀作《迎婺守周侍郎啓》。

書曰：「籀忝預僑人，欽跂公望。田疇務穡之隙，溪堂請益之初。」（卷一四）

按：據《宋史》，周葵嘗知婺州，孝宗即位，除兵部侍郎（《周葵傳》）。孝宗即位于本年六月。周知婺州，則在六月以前。同卷又有《牋判部汪侍郎》：「某冗齪凡流，夙僑屬部。偶合一詞之善，遂蒙温厚之顔。」亦同時作。

隆興元年癸未，七十三歲。

領祠居婺。

吴芾知婺州，作迎啓。

籀《迎知郡吴侍郎啓》（卷一四）。

按：吴侍郎，似即吴芾。《宋史·吴芾傳》：芾字明可，台州仙居人。秦檜當權時，曾通判處、婺、越三郡，知處州。孝宗初即位，出知婺州。至郡，勸民義役云云。

眞歇和尚遊龍翔，籀作詩送行。

籀《龍翔眞歇和尚求詩一首》：「象骨巖居閩府教，江海兩封黃紙召。孤雲自南仍更東，阻覲堯蓂友廊廟」；「疑蛇一祛病當愈，識路還家要有時。金華士女涕泗流，胡爲決往龍翔遊。」

隆興二年甲申，七十四歲。

領祠居婺。

吳芾知紹興府，寄賀牋。

籀《牋越帥吳侍郎》：「籀耕耘代祿，造請承顏。淥水紅蕖，不圖幸會；象籌韜略，誤寘空疏。」（卷一四）《宋史·吳芾傳》記其知婺州之後，復「知紹興府」，但不詳其年代。吳廷燮《南宋制撫年表》據志書載其知紹興在隆興二年，并云八月遷。今從之。

六月，陳康伯以少保、左僕射判紹興府，籀作《牋紹興帥陳左揆》（卷一四）。

《宋史·陳康伯傳》作「二年八月，起判紹興府」。《宋宰輔編年錄》卷一七作「六月」，稍異。次年（乾道元年）復起爲相，卒。

籀作鞏庭芝挽詩。

籀《鞏來若求厥父德秀挽詩》：「東魯懷經慕先哲，齋房僻處盛門徒。勉倍流寓推鄉校，優選文華慶仕途。」（卷五）鞏德秀，名庭芝，號山堂先生，東平須城人。建炎南渡居武義，以文章馳聲于時。紹興八年登第，授建德主簿，轉太平州錄事參軍，隆興二年卒。傳見《宋元學案補遺》卷二十引《武義縣志》。

作《迎丁侍郎啓》（卷一四）。

啓稱其「知府侍郎某官」，知即婺州知

府，蓋即繼吳芾來任者。啓曰：「籀慕樂事賢，耕稼封部。弗因刀筆之末技，曷表景仰之衷情。」

喩樗提舉浙東常平，籀作迎啓。

籀《迎喩提舉啓》：「慕文儒博約之規，平生咏嘆；展部使公參之禮，今者幸遭。眇鎭東油幕之僚，拜記室泥緘之稟。塵埃俗狀，玷瀆高明」；「恭惟提舉郎中，端敏聰哲，士林所宗」；「籀附山仰德，補隙寒官。受任權輿于代更，卑飛上賴于寬政」；「親近門闌，佩服訓言。」（卷一四）《宋史·喩樗傳》：樗字子才，嚴陵人。從楊時學，爲程頤再傳弟子。紹興初，與張九成俱反對和議，落拓下走，尋致仕。秦檜死，乃起爲大宗正丞，轉工部員外郎，出知蘄州。「孝宗即位，用爲提舉浙東常平，以治績聞」。淳熙七年卒。

籀居婺州，嘗作雪堂硯，作賦以記之。

《雪堂硯賦幷引》：「伯祖父東坡先生琢紫玉金石爲硯，圭首箕製，寘雪堂中，形範卓犖，鴻筆鉅墨，寬然運而有餘，先生以遺先人。此硯與詩書幷藏于家，子孫不忘，遭亂後不知所在。僕憂患餘生，悼失故步。北苑鳳咮山溪石，先生所謂勝龍尾者，因命工採斲，復爲斯製，庶乎不失舊物也。」（卷六）按高似孫《硯箋》：「龍尾石，在水中極溫潤，性堅密，聲如玉。」歐陽修《硯譜》：「天下之硯，四十餘品，歙硯龍尾石居第三。」何薳《春渚紀聞》卷九：「涵星研，龍尾溪石，風字樣，下有二足，琢之甚薄，先博士君得之于外姪黃材成伯，黃以嗜硯，求爲婺源簿云云。見龍尾硯乃婺州龍尾溪所産，爲當時名硯。」又籀所謂「北苑鳳味山溪石，先生所謂勝龍尾者」，乃指軾《鳳味石硯銘》，有「蘇子一見名鳳味，坐令龍尾羞牛後」語。

有夜飲詩，寄託寧死守節之志。籀《夜飲一首》：「微生無限死之徒，瓦解絲棼不易圖。一簣區區裨大塊，力行踽踽競長途。韜鈐籌策皆摧折，文籍條網總闊疏。誰料孟嘉爲謝傅，笑觀蔣幹待周瑜。」孟嘉謝傅，謂爲人所賞也。孟嘉，晉人，字萬年，傅，即太傅褚裒。《世説新語·識鑒》：「武昌孟嘉作庾太尉州從事，已知名。褚太傅有知人鑒，罷豫章還，過武昌，問庾曰：『聞孟從事佳，今在此不？』庾云『卿自求之。』褚顧睞良久，指嘉曰：『此君小異，得無是乎？』庾大笑曰：『然。』于時既嘆褚之默識，又欣嘉之見賞。」蔣幹待周瑜，謂被人遊説改投門庭。《三國志·吳書·周瑜傳》注：「初曹公聞瑜年少有美才，謂可遊説動也，乃密遣九江蔣幹往見瑜。……因謂幹曰：『丈夫處世，遇知己之主，外託君臣之義，内結骨肉之恩，言行計從，禍福共之，假使蘇張更生，酈叟復出，猶撫其背而折其辭，豈足下幼生所能移乎？』」觀此二典，蘇籀似曾被人所知，唯不願變節投靠，未能通達。吳師道《敬鄉錄》謂其「自處方嚴，不苟合，故仕止于此」，蓋非諛美之辭。

曾校讀蘇轍所作《古史》，有詩。

籀《校讎古史二首》，其一：「炎犧分紀到先秦，散脱前聞待發明。處士妄談紛戰國，專門阿黨蔽西京。塵沙滌蕩川歸海，故實符同史與經。夢奠老人遺意得，摩天巨刃不留行。」其二：「貌從周孔譏誣僞，臆斷詩書悉牴梧。悟鑒精明原本末，討窮商略較錙銖。所存偶免隨秦火，不喻遺忘笑漢儒。理勝凜然辭旨達，知音儻遇聖人徒。」

籀作米友仁筆硯賦。

籀《米元暉山研賦》：「今造物出奇，副一門冥討。明窗細氈，對管簡之嗜好。雲騰泉涌，好詞似之，號稱墨妙。時望公左右天造，允王國所珍，享南山壽考。有開必先，此焉讖兆。」（卷六）米元暉，即米友仁，米芾子。卒于乾道初（一一六五年）。籀此賦猶祝其「南山壽考」，必在友仁卒前。

婺州居所有雙溪，時一臨遊，籀有《臨雙溪》詩，其集亦因名曰《雙溪集》。

籀《雙溪詩一首》：「汪汪西步桃花候，去去南巒蒼狗雲。日煖汀沙牧人夢，春嬉凫鶩野夫芹。繚郛左右交流澮，彼岸煙昏漲梓枌。頷首悠然辨眞趣，會心比況有奇聞。」（卷三）

籀晚居婺，有薄田數畝，足以養老。

籀《娛老一首》：「多聞內殖每瞻烏，枉把春秋同蟪蛄。俗瑣未拋聊爾爾，古心內鶩亦區區。繫匏于越壤田薄，雙鯉銅梁僕賃痡。揄白追遊味殊寡，所圖榮綺訪仙臞。」（卷五）曾遊稽山，爲詩詠懷。《稽山漫作一首》：「三餐佚豫年其有，一醉陶然日不貧。發議詎堪登膴仕，費貲端爲速佳賓。屢空蜀信匱囊藥，稍傚越吟追里鄰。劉白殊無記人句，奇章高設豈應頻。」（卷五）三餐佚豫，非南宋初渡情狀，故繫入晚年。嘗執教學宮，有詩勸學徒。《誘學徒一首》：「瞥聞立睹且湛研，計索思臧義理穿。剖析賴經宗匠手，絕群羞拍腐儒肩」；「警策後生文憲種，若爲準擬即眞賢。」（卷五）詩稱「學徒」、「後生」，應是晚年口吻。又有《古勸學行》詩：「嗟予貧賤年將老，學古憂時滿懷抱。斯民陷溺豈無說，天下復平要有道。子思立教自明誠，伯業華巔愈貪討。」（卷二）

舊時關陝遊侶，多移居婺州，去國懷鄉，不無悽涼無奈之感。

籀《舊遊一絕》：「慨悵秦關舊儕侶，綾袍鞢鶡火鐮囊。南來放馬遵舟楫，鱸鱖西風號本鄉。」（卷五）籀在婺作有詩文多篇。如《臘雪一首》：「呑屋糝空皋越犬，如椽懸乳戰吳僧。」《苦熱二首》：「越吟吳詠兩參商，我那皋原儂水鄉。」《眉州禪僧一首》：「吳蜀跨萬里，余老師非壯。勉哉令修行，手書勞四柱。性命吾基本，權譎初不尚。」《示施又新同舍》：「華髮些些似不公，辰申齗齗有何庸。力抛羈紲片時適，談謔槃筵一笑烘」；「麥秋梅潤霖淫劇，旅汎殊諳干越風。」（并見卷四）

籀約卒於隆興年間。

籀卒無確年，考集中書牋表，最遲爲隆興二年致陳康伯知紹興府書，而對陳次年之卒無所涉及，也許當時籀已先陳作古。

蘇簡乾道二年卒。

簡嘗官嚴州守、建州守，再知嚴州，加直秘閣，帥洪州，除直徽猷閣，尋直龍圖閣，致仕。乾道初年（一一六五年）官授中大夫，二年卒。累贈少保，有《山堂文集》二卷。傳見《敬鄉錄》卷

七、《宋史翼》卷四。《宋詩紀事》及《補遺》錄其詩二首，《敬鄉錄》錄其詩六首、文一篇。簡有子二：蘇謣、蘇誦（《金華賢達傳》卷四）。

蘇策乾道二年亦卒，祔葬蘭溪蘇遲墓旁。策累贈朝議大夫。《敬鄉錄》卷七有傳，謂其「爲人明敏，遇事嚴辨。在錢塘，減稅課之無藝者；在閩，罷運鹽押綱以請求得之者；在台，禁私鹺而課入自倍；在吏部，主右選號爲精詳平允」。又見《宋史翼》卷四

蘇籀娶韓氏，爲韓琦後人。晁說之《宋太令人陳氏墓誌銘》：「孫女三，長適迪功郎蘇籀。」（《景迂生集》卷二〇）陳氏即堯佐孫女，適韓宗恕，宗恕即韓琦子，其孫女適蘇籀。

籀有子曰詡，淳熙中以朝奉大夫知筠州，有惠政，風俗爲化。六年，刊《欒城集》、《雙溪集》于筠；七年，重修筠州道院，周必大爲之記；繼而奉詔入朝，授吏部郎，進上《欒城集》。籀集中有《示兒子詡》：「屬詞更聽三年後，爲善須無一念乖。孔里高高若崧岱，論思積習見巖崖。」（卷三）

蘇詡《欒城集跋》：「今以家藏舊本，《前》、《後》并《第三集》合爲八十四卷，皆曾祖自編類者。謹與同官及小兒輩校讎數過，鋟版于筠之公帑云。時淳熙己亥中元日，曾孫朝奉大夫權知筠州軍州事詡謹書。」詡《雙溪集後跋》：「哀其（籀）平昔所述古律論撰爲十五卷，目曰《雙溪集》，并所記《欒城公遺言》一卷，因鏤板于筠之公帑，庶幾廣其傳焉。淳熙六年中

秋日男朝奉大夫權筠州軍州事詡謹誌。」又蘇森《跋》曰：「先文定公《欒城集》，先君吏部淳熙己亥守筠陽日，以遺稿校定，命工刊之。未幾被召至闕，除郎。因對孝宗皇帝，……翌朝，上詣德壽宮，起居升輦之際，宣諭左右催進。」周必大《益國文忠公集》卷二八《筠州重修道院記》：「元祐八年……八十有九年，眉山蘇侯詡領郡于兹，惠以養民，廉以持身。始至人安之，居一年人化之，乃新斯堂，以無廢前賢之遺迹，而永邦人無窮之觀。不遠千里，屬予爲記。……侯文定公之曾孫也，元豐六年公自宋幕謫官來筠，閲五年乃徙績溪。……有孫而才，以二千石篤餘慶于是邦。天之報施，固自有輕重哉。書以遺侯，刻立堂上。……淳熙七年四月七日。」

籀有孫森，開禧中亦爲朝奉郎、權知筠州軍事，重刊《欒城》、《雙溪》二集；繼知道州，又與周必大善，以《欒城遺言》示之，周爲作後序。

蘇森《欒城集後跋》：「森無所肖似，濫承人乏，到官之初，重念先君所刊家集遭際乙夜之觀，實爲榮遇。其板以歲久，字畫悉皆漫滅，殆不可讀，今撙節浮費，乃一新之」；「開禧丁卯上元日四世孫朝奉郎權知筠州軍州事蘇森謹書」。又見《欒城集跋》。

又周必大《蘇文定公遺言後序》：「（籀）記遺言百餘條，未嘗增損一語。既老，以授其子郎中君詡，郎中復以授其子道州使君森。予嘗與道州同僚，故請題其後。」（《周益國文忠公集》卷五二）

籀著有《雙溪集》十五卷、《欒城遺言》一

卷。

《宋史·藝文志四》：「蘇籀《遺言》一卷。」又《藝文志七》：「蘇籀《雙溪集》十五卷。」

蘇詡《雙溪集後跋》：「哀其平昔所述古律、論撰爲十五卷，目曰《雙溪集》，并所記《欒城公遺言》一卷，因鏤板于筠之公帑，庶幾廣其傳焉。淳熙六年中秋日，男朝奉大夫知筠州事詡謹誌。」

周必大《周益國文忠公集》卷五二《蘇文定公遺言後序》：「蘇文定公晚居潁昌，造道深矣。避禍謝客，從遊門人亦罕與言。其聞緒論者，子孫而止耳。然諸子宦遊，惟長孫將作監丞仲滋諱籀年十有四，才識卓然，侍左右者九年，記《遺言》百餘條，未嘗增損一語。」

按：是集後世收入《四庫全書》、《粤雅堂叢書》等叢書中。《四庫全書總目》謂「其詩文雄快疏暢，以詞華而論，終爲尚有典型」。